JN451390

커뮤니케이션과 사회 변동

컬처룩 미디어 총서 020

커뮤니케이션과 사회 변동

개정판

미디어 기술이 과연 세상을 바꾸는가

강상현 지음

culture look

컬처룩 미디어 총서 020
커뮤니케이션과 사회 변동 개정판
미디어 기술이 과연 세상을 바꾸는가

지은이 강상현
펴낸이 이리라

책임편집 이여진
표지 디자인 엄혜리

2015년 7월 20일 1판 1쇄 펴냄
2021년 8월 20일 2판 1쇄 펴냄

펴낸곳 컬처룩
등록 번호 제2011-000149
주소 03993 서울시 마포구 동교로 27길 12 씨티빌딩 302호
전화 02.322.7019 | 팩스 070.8257.7019 | culturelook@daum.net
www.culturelook.net

© 2021 강상현
ISBN 979-11-85521-97-8 94300
ISBN 979-11-85521-06-0 (세트)

* 2015 한국방송학회 학술상(저술부문)
* 2016 세종도서 학술 부문 선정
* 이 책의 출판권은 저자와의 계약을 통해 컬처룩에 있습니다. 저작권법에 의해 보호를 받는 저작물이므로 어떤 형태나 어떤 방법으로도 무단 전재와 무단 복제를 금합니다.

culturelook

차례

일러두기

- 한글 전용을 원칙으로 하되, 필요한 경우 원어나 한자를 병기하였다.
- 한글 맞춤법은 '한글 맞춤법' 및 '표준어 규정'(1988), '표준어 모음'(1990)을 적용하였다.
- 외국의 인명, 지명 등은 국립국어원의 외래어 표기법을 따랐으며, 관례로 굳어진 경우는 예외를 두었다.
- 사용된 기호는 다음과 같다.
  방송 프로그램, 신문 및 잡지 등 정기 간행물, 영화: 〈 〉
  책(단행본): 《 》

이 책의 초판이 나온 지 만 6년이 지났다. 출판사에서 여분이 없으니 수정·보완해서 증쇄를 하자고 했다. 그래서 일부 수정이 필요한 부분을 약간 손을 봐서 책을 낼까 했다. 그러나 그럴 수 없었다. 그새 미디어 기술이 많이 발전하고 세상도 많이 변했는데, 그대로 책을 낼 수는 없었다. 그래서 많은 손질을 했다. 적어도 바뀐 부분은 최대한 반영해서 책을 내는 게 필자의 도리라고 생각했다.

그러다 보니 처음에 보름 정도 잡았던 수정·보완 기간이 서너 배로 늘어났다. 그렇다고 내용을 완전히 바꾼 것은 아니다. 디지털 미디어 기술의 보급과 이용에 있어서 변화된 수치를 주로 최신화했다. 그 결과 12장 "한국 사회의 디지털 미디어 기술과 사회 변동" 부분이 크게 바뀌었다. 거의 새로 썼다고 할 정도다. 그리고 2015년 이후 최근까지 정보 통신 기술 발전에 따라 변화된 미디어 양상에 대한 보완도 다소 했다. 그새 사회경제적으로 4차 산업 혁명 논의와 함께 인공 지능(AI)이나 사물 인터넷, 빅 데이터 등등에 기술 진전이 있어 이에 대한 언급을 군데군데 추가했다. 그러다 보니 기존의 미디어 기술과 사회 변동의 관계를 보는 여러 관점 논의에 덧붙여 이른바 이러한 '지능화' 기술을 기반으로 하는 데이터 기반 '지능 정보 사회'와 관련된 논의와 함께 이에 대한 문제 제기라고 할 수 있는 '플랫폼 자본주의'에 대한 비판적 관점도 새롭게 추가하게 되었다.

따라서 초판에 비해 달라진 부분은 크게 세 가지다. 첫째는 국내 미디어 기술의 보급과 이용 및 그로 인한 사회적 영향과 관련된 데이터들을 최신화한 것이고, 둘째는 2015년 이후 사회경제적으로 새롭게 보급·이용되고 있는 일부 미디어 기술들에 대한 논의를 군데군데 보완한 것이다. 그리고 세 번째로는 미디어 기술과 사회 구조의 변화를 보는 다양한 관점에 기술결정론적인 특성이 강한 '지능정보사회론'과 사회구성론적 특성이 강한 '플랫폼자본주의론'을 하나씩 새로 보탰다는 점이다. 그 외 부분들은 대부분 초판 그대로 거의 유지했다. 이 책의 대부분을 구성하는 미디어 기술과 사회 구조의 관계에 관한 기존의 여러 관점에 대한 논의들은 대부분 그대로 두었다. 변화하지 않는 그러한 관점들은 그 자체로 여전히 유효하다고 보았기 때문이다.

그래서 새로 수정·보완한 이른바 이번 '개정판'은 완전 개정판이 아니라 부분 '수정판'에 가깝다. 변화되지 않은 것은 가급적 그대로 두고, 변화한 부분은 그 변화, 특히 변화된 수치들을 최대한 반영하려고 했다. 그 작업에 품이 많이 들었다. 그럼에도 부족하거나 오류가 있는 부분은 전적으로 저자의 책임이다. 다음에 기회가 온다면 그때는 정말 '완전한 개정판全訂版'을 만들고 싶다.

제한된 시간에 열심히 수정·보완 작업을 도와준 컬처룩의 이여진 편집장과 코로나 상황의 매우 어려운 출판 여건에도 새로 책을 내도록 흔쾌히 수락해 준 이리라 대표에게 감사의 마음을 전한다.

여름 장마가 시작된 모양이다. 개정판 서문의 맨 마지막 문장을 쓰는 바로 이 순간 바깥에 갑자기 굵은 비가 내리친다. 이 책 초판이 나왔던 2015년 7월 초, 메르스 사태로 스페인 여행을 돌연 취소하고 제주도로 함께 여행 갔던 아내가 뜻하지 않은 사고를 당했다. 그리고 세상을 떠났다. 세찬 빗소리가 마치 아내의 "수고했다"는 말처럼 들린다. 많이 부족한 개정판이지만 이 책을 아내 영전에 바친다. 코로나 사태가 빨리 종식되기를 바라며.

2021년 7월 초

만리동 고개 한 글방에서

미디어 기술의 변화는 놀랍다. 이제 스마트폰 하나면 웬만한 일은 거의 다 할 수 있는 세상이다. 작은 모바일 미디어 하나로 온갖 기존 미디어의 이용이 가능할 뿐 아니라 많은 일과 놀이와 여가 활동도 할 수 있게 되었다. 사람과 사람 간의 소통에 이어 사물과 사람 간의 소통도 가능해지더니 앞으로는 인터넷을 통해 온갖 사물과 사물 간의 소통까지도 가능해진다고 한다.

나는 어린 시절 텔레비전이란 것이 처음으로 우리 마을에 들어오던 때를 기억한다. 온 동네 사람들이 '전파상'(지금의 가전 매장에 해당) 앞에 모여 텔레비전을 보던 동네 시청 시대가 있었다. 각 가정에 TV 수상기가 대량 보급되더니 한동안은 가족 시청 시대를 겪었다. 요즘은 가끔 가족들끼리 TV를 보긴 하지만 저마다 스마트폰이나 PC를 통해 TV를 보는 개인 시청 시대가 되었다. 미디어 기술의 발전과 보급에 힘입어 우리의 미디어 이용 패턴이 달라지고, 우리의 일상생활도 크고 작은 변화를 겪고 있음이 분명하다.

새로운 미디어는 개개인의 일상생활뿐 아니라 선거운동이나 투표 방식에 변화를 줌으로써 정치 영역에도 변화를 주었고, 전자상거래나 닷컴 기업의 성장, 사무 자동화, 재택근무 등 경제 영역에도 많은 변화를 주었다. 새로운 소셜 미디어는 사회운동의 방식을 바꾸고 영향력을 크게 확대시켰으며, 다양하고도 새로운 사이버문화의 출현을 가능하게 만들었다.

분명 미디어가 세상을 바꾼 것은 사실이다. 그러나 '미디어'란 사람으로부터 독립된 기계나 사물이 아니라 어떤 사람들이 만들어 내고 운용하는 매개물이다. 모든 미디어에는 특정한 사람들의 의지와 욕망과 기획과 전략 등이 스며들어 있다. 그러한 의지와 욕망과 기획과 전략이 겉으로 드러나는 때도 많지만, 잘 드러나지 않는 경우도 적지 않다. 특정 미디어가 정치에 이용될 때, 경제에 이용될 때, 또 사회나 문화에 이용될 때, 그것이 보편적 이익이나 공익을 지향하는 선의에서 비롯되는 경우도 많지만, 많은 경우 특정 집단의 권력 강화나 경제적 이익 증진을 도모하기 위한 경우 또한 적지 않다. 겉보기에는 미디어 기술이 세상을 변화시키는 것처럼 보이지만, 실은 특정한 사람들이 미디어를 이용하여 세상을 (자기들 의지대로) 바꾸려고 하고 또 실제 바꾸기도 한다.

이 책은 바로 이렇게 다른 두 관점에 대한 기존의 학술 논의를 종합적으로 정리해 보려는 의도에서 시작됐다. 아주 단순하게 말하면 하나는 '미디어가 세상을 바꾼다'는 시각이 강하고, 다른 하나는 '세상이 미디어를 바꾼다'는 시각이 강하다. 이런 단순 논리를 다양한 관점에서 좀 더 복잡하고 세세하게 설명한 논의들이 여기저기 있어 왔다. 나는 오래전부터 그런 관점과 논의를 나름대로 모아 정리해 보려고 생각하고 있었다. 약 20년 전에 이를 다룬 책의 한 장章으로 썼다가, 이번에 그것을 확대해서 한 권의 책으로 묶어 내게 된 것이다.

그동안 국내에서는 "미디어가 세상(사회)을 바꾼다"는 얘기들이 압도적으로 많았다. 특히 1980년대 초 새로운 정보 통신 기술이 급속히 보급되면서 우리도 정보 사회로 간다는 주장들이 많이 등장했다. 더군다나 1990년대와 2000년대로 들어서면서 '정보화,' '디지털화'와 함께 'IT 강국 대한민국'이 강조되면서는 "디지털 미디어가 세상을 바꾼다"는 생각이 당연시되었다. 누구에 의한 '정보화,' '디지털화'이고 누구를 위한 'IT 강국'인지는 별로 문제시되지 않았다.

이런 시각의 불균형 속에서 한국 사회는 정부와 대기업을 중심으로 '정보화,' '디지털화'를 강력하게 추진해 왔고, 그런 광고주들에 크게 의지한 매스 미디어는 '정보화,' '디지털화'를 적극적으로 홍보하는 입장을 견지해 왔다. 수많은 관련 프로젝트에 의지해 온 학계 인사들도 대체로 그런 입장에 동조하는 편이었다. 한편에서는 세상이 미디어를 바꾸어 온 것이 사실이었지만, 다른 한편에서는 미디어가 세상을 바꾸어 온 것이 지나치게 강조되었다. 특히 우리나라의 경우, '미디어가 세상을 바꾼다'는 입장이 '세상이 미디어를 바꾼다'는 입장을 압도해 온 것으로 보인다. 그동안 '미디어가 세상을 바꾼다'는 시각에 대한 문제 제기와 '세상이 미디어를 바꾼다'는 관점에 대한 적극적 환기가 약했다는 얘기다.

그런 점에서 이 책에는 그동안 우리 사회에서 진행되어 온 '정보화'와 '디지털화'에 따른 미디어와 세상 변화에 대한 상당히 제한되어 온 인식의 범위를 확대하고, 지나치게 한쪽으로 경도되어 온 인식의 불균형을 극복해 보려는 의지도 어느 정도 담겨 있다

그러나 이 책에서는 우리 사회의 문제를 직접 다루기보다는 오래 전부터 외국 학계에서 제기되어 온 관점과 주장들을 주로 소개하고 있다. 이를 토대로 국내의 디지털 미디어와 사회 변화의 관계는 마지막 부분에서 제한적으로 다루고 있다. 우리 사회의 미디어 기술과 사회

변화의 관계에 대한 보다 직접적인 논의는 앞으로 계속돼야 할 과제라고 생각된다. 보다 구체적인 현상에 대한 분석과 해법 제시가 덧붙여진다면 더욱 알찬 내용 구성이 이루어질 것이라 생각한다. 추후 보완해 나갈 예정이다.

이 책을 쓰면서 많은 사람들에게 신세를 졌다. 이 책은 당연히 나 혼자만의 노력에 의한 결과가 아니다. 거의 20년 동안 연세대학교 신문방송학과 대학원에서 '정보사회론,' '미디어 기술과 사회 변동' 수업을 진행해 오면서 많은 대학원생들과 관련 문헌에 대한 발표와 토론의 기회를 가진 바 있다. 그런 과정에서 얻은 지적 성과들이 여기저기 알게 모르게 배여 있을 것이라 생각한다. 이 책을 내는 시기에 마침 연구실 조교를 맡았던 문소라 양이 마무리 교정을 보는 데 큰 도움을 주었다. 또한 그동안 시간만 끌던 작업을 마무리하도록 자극을 준 데는 컬처룩 이리라 대표의 도움이 컸다. 계약서를 쓴 것이 족쇄가 되어 그나마 이 책 마무리에 매진할 수 있었다. 타이핑만 해서 준 원고를 깔끔한 책으로 탈바꿈시켜 준 출판사 편집진의 도움도 말하지 않을 수 없다. 끝으로 대학 도서관 사서로 근무하면서 수많은 책들을 다루던 아내가 남편의 책 출판에 무심했을 리 없다. 내년이면 정년을 맞는 아내가 학교를 떠나기 전에 이 책을 직접 그 학교 서가에 꽂게 해 주고 싶은 마음도 있었다. 끝으로 이 책은 연세대학교 학술연구비의 부분적인 지원에 의해 이루어졌다. 모두에게 감사한다.

2015년 6월

잠실 골방에서

1장

미디어 기술과 사회 변화의 관계에 대한 인식의 확장

서론

요즘 세상이 참 빠르게 변하고 있다. 우리가 이용하는 미디어들도 하루가 다르게 바뀌고 있다. 세상도 변하고 미디어도 변한다면 둘의 관계는 어떠한가? 미디어가 세상을 바꾸는가? 세상이 미디어를 바꾸는가? 물론 미디어가 세상을 바꾸기도 하고, 세상이 미디어를 바꾸기도 한다. 서로가 서로에게 영향을 주면서 서로 변해 가는 것이 세상이고 미디어다. 이 책은 이러한 문제를 가지고 그동안 생각하고 토론하고 연구해 온 결과를 나름대로 정리해 보고자 시작했다.

미디어 역사는 곧 인류 역사와 궤를 같이한다. 인간이 다른 동물과 구별되는 가장 큰 특징 중 하나는 말을 한다는 것이다. 손짓, 몸짓, 표정도 어떤 의사를 전달한다는 의미에서 일종의 미디어이긴 하지만, 가장 인간다운 최초의 미디어는 '말'이다. 말에서 시작한 인간의 미디어는 그림과 문양, 문자, 인쇄술을 거치더니 19세기에 들어 근대 과학

기술과 만나면서 전신, 전화, 영화의 발명으로 이어지다가 20세기 초에는 라디오와 텔레비전의 출현으로까지 내려왔다. 20세기 중후반에는 컴퓨터와 컬러 TV, 인터넷, PC, 월드 와이드 웹(www), 포털의 등장으로, 그리고 지금 우리가 사는 21세기에는 IPTV와 OTT(Over-The-Top), 태블릿 PC, DMB, 스마트폰, SNS, LTE, 5G, 사물 인터넷 등등 더 새롭고 많은 미디어들이 이용되는 시대에 이르고 있다. 우리는 이들 미디어를 이용하여 많은 정보와 소식을 접하고 나누며, 다양한 오락과 소통은 물론 각종 업무 처리와 거래를 하기도 한다.

인류의 긴 역사 속에서 보면, 앞서 언급한 대부분의 미디어가 우리 생활 속에 들어온 것은 비교적 최근의 일이다. 말과 글과 인쇄 미디어를 제외한 미디어들은 이 세상에 나온 지 대부분 100년을 넘지 않았다. 근대 미디어인 전화와 영화, 그리고 라디오가 100년을 넘긴 정도다. 대표적인 현대 미디어라고 말하는 텔레비전과 컴퓨터는 아직 100년이 되지 않았고 인터넷은 50년을 살짝 넘긴 정도다. 나이로 치면 텔레비전이 80대, 컴퓨터도 70대가 되었다. 이런 어른 미디어에 비하면, 지금 누구나 사용할 수 있는 휴대폰은 30대 청년 미디어이고, 스마트폰이나 SNS 등은 한창 전성기를 누리는 꽃다운 나이의 미디어인 셈이다.

이처럼 갈수록 새롭고 다양한 미디어가 등장하면서 세상은 계속 새로운 미디어 시대를 열어나가고 있다. 그러한 미디어를 통해 우리는 시간과 공간을 초월하여 온갖 정보들이 오가는 세상에 살고 있고, 그러한 미디어를 통해 다양한 일과 놀이와 소통이 이루어지는 시대에 살고 있다고들 말한다.

그런 미디어 세상, 그런 미디어 시대를 바라보면서 일부 사람들은 미디어가 사람들의 지식과 생각은 물론 일상적인 삶에 크고 작은 영향을 미치고 있다고 말한다. 미디어가 세상에 일정한 영향을 미친다는 얘기다. 또 일부 사람들은 많은 경우 힘 있고 돈 있는 사람들이 미디어를 이용해서 자신들이 가진 정치적, 경제적 영향력을 계속 유지하려 하거나 더욱 확대하려 한다고 말한다. 또 자신들의 힘을 늘리고 돈을 더 벌려고 새로운 미디어를 만들어 내서 세상에 널리 퍼뜨린다는 얘기도 한다. 이는 세상 사람들이 새로운 미디어 지형에 영향을 준다는 얘기다. 물론 미디어가 세상이나 세상 사람들에게 영향을 미치는 면도 있고, 세상이 혹은 세상 사람들이 미디어에 영향을 미치는 경우도 있을 것이다. 어느 쪽을 강조하느냐에 따라 얘기가 많이 달라진다. 이를 시각 혹은 관점의 차이라고 말한다.

이 책은 그동안 제기되어 온 이러한 시각 차이, 관점의 차이에 주목한다. 새로운 (디지털) 미디어와 사회의 관계, 혹은 (디지털) 미디어 기술과 사회의 관계라고 해도 좋을 것이다. 물론 그 이전에 미디어와 사회의 관계에 관한 고전적인 연구들도 적지 않았다. 그러나 그것은 대부분 구두, 문자, 인쇄 미디어나 매스 미디어와 사회의 관계에 관한 것들이었다. 디지털 미디어의 효시라 할 수 있는 컴퓨터 등장 이후 디지털 미디어가 크게 확산되면서 그러한 미디어의 개발, 보급, 이용이 사회 변화와 갖는 관계에 관한 학술적 논의들은 1960년대와 1970년대를 거치면서 가시화되기 시작했고, 그것은 주로 '정보 사회의 도래'라는 지배적 담론과 연결되었다. 마치 기존의 매스 미디어와 대중 사회를 연결해서 말하듯, 매스 미디어 이후의 새로운 미디어, 즉 뉴 미디어는 종종 '정보 사회'와 연결해서 얘기되곤 했다. 멀티미디어나 모바일 미디어 그리고 스마트 미디어의 보급과 이용이 본격화되면서는 '정보 사회'란 말이 '사이버사회,' '네트워크 사회,' '유비쿼터스 사회,' '지능 정보 사회'의 출현과 연결해서 설명되기도 했다. 모두 정보 사회의 다른 표현이다.

이 책은 바로 이러한 새로운 미디어와 사회의 관계, 새로운 미디어의 변화와 사회 변화의 관계를 주로 조망한다. 그렇다고 '정보 사회' 관점에 관해 논의한다는 것은 아니다. 먼저 분명하게 밝혀 둘 점은 '정보 사회' 관점이란 이 책에서 다루는 여러 시각 혹은 관점 중 하나에 불과하다는 것이다. 새로운 미디어와 사회의 관계를 다룸에 있어, 이를 설명하는 여러 가지 시각과 관점이 존재하는데, 그중 하나가 '정보 사회' 관점이다. 또한 그렇다고 해서 '정보 사회' 관점을 여러 시각 중 '단지 하나'로 취급한다는 것은 아니다. 그러기에는 '정보 사회' 관점이 지닌 현상 설명력, 학술적인 논의에서 차지하는 실질적인 비중이 상당히 크기 때문이다. 새로운 미디어와 사회의 관계를 논할 때 많은 경우, '정보 사회'를 주장하거나 그에 대해 비판하는 시각의 대립을 보여 주는 경우가 많으며, '정보 사회'를 여러 각도에서 달리 조망하거나 역시 여러 각도에서 달리 비판하는 경우가 대부분이기 때문이다. 그런 점에서 이 책은 '정보 사회' 관점을 지지하든 아니면 그에 대해 반대하며 비판하든 관점이 다른 '여러 가지 정보사회론'이라고 해도 좋을 것이다.

이 책의 출발은 거의 25년 전인 1996년으로 거슬러 올라간다. 나의 첫 졸저였던 《정보 통신 혁명과 한국 사회: 뉴 미디어 패러독스》의 2부 "정보 사회로의 이행에 대한 논쟁"은 두 개의 장으로 구성되어 있다. 첫 번째 장은 '정보 통신 기술과 사회 변동에 관한 논의'(pp.83~95)이고, 두 번째 장은 '정보 사회로의 이행에 대한 제 관점의 구분과 비교'(pp.97~136)로 구성되어 있다. 당시 나는 국내외에 존재하던 새로운 정보 통신 기술과 사회의 관계에 관한 기존 논의를 나름대로 망라하여 분석, 평가하고 재분류하여 전반적인 논의의 지형을 설명해 보고자 했다. 그때 여러 관점을 크게 두 가지 입장으로 나누었다. 다분히 기술결정론적인 입장을 취하면서 '정보 사회'로의 이행을 지지하던 관점들과, 사회구성론적 입장에서 '정보 사회'로의 이행을 비판하는 관점들로 나누었다. 다시 전자의 경우는 정보경제론적 관점(정보생산론, 정보소비론, 기술경제패러다임론), 정보사회론적 관점(후기산업사회론, 정보사회론, 통제혁명론), 정보양식론적 관점 등으로, 그리고 후자의 경우는 산업경제론적 관점, 자본주의산업사회론적 관점(도구주의적 관점, 구조주의적 관점), 지배양식론적 관점 등으로 분류하여 그 각각에 속하는 학자들의 견해들을 살펴보았다.

당시에도 나는 '정보 사회'라는 말에 따옴표를 붙이는 것을 선호했다. '정보 사회'라는 것이 하나의 객관적 사실이라기보다는 새로운 정보 통신 기술과 사회의 관계를 보는 하나의 — 혹은 특정 이해관계 집단의 — 관점이라는 것을 강조하기 위함이었다. 그 생각에는 지금도 변함이 없다. 나중에 이 책의 내용 전개 속에서 드러나겠지만, 여전히 지금도 많은 학자들은 '정보 사회' 혹은 그와 유사한 다른 표현의 사회, 즉 '사이버사회,' '네트워크 사회,' '디지털 사회,' '유비쿼터스 사회,' '모바일 사회,' '지식 사회,' '스마트 사회,' '지능 정보화 사회' 등등의 표현을 선호하지만, 일부 학자들은 '정보 사회'가 아닌 여전한 '산업 사회'라고 보기도 하고, '정보 사회'보다는 '정보자본주의 사회'라고 말하기를 더 좋아하고, '정보 사회'보다는 오히려 '감시 사회'라고 해야 한다고 주장하기도 한다. 명칭뿐만 아니라 바로 이러한 시각 차이나 관점의 대립과 관련된 구체적인 내용들을 이 책에서 다룬다.

그동안 25년 이상, 길다고 하면 상당히 긴 시간을 지나오면서 나는 이 부분의 강의를 계속해 왔고, 그때마다 내용을 계속 보완하고자 했다. 특히 대학원 수업에서 국내외의 새로운 관련 문헌들을 찾아 학생들과 함께 읽고 토론하면서 앞서의 분류가 갖는 한계나 타당성을 계속 점검하고 또 수정하기도 했다. 그러면서 1996년 책의 2부를 독립된 하나의 단행본으로 출간할 계획을 이미 오래전에 세운 바 있었다. 책 전체를 새로 개정, 증보하기엔 역부족일 것이라는 판단 때문이었다. 다루는 주제나 범위가 너무 넓고 또 미디어와 사회의 변화 속도가 너무 빠르기 때문에 한 사람이 그것을 따라잡기는 도저히 불가능할 것이라고 애당초 겁을 먹었던 것이다. 그래서 이론과 관점 부분만을 다룬 2부를 보완하고 확장해서 별도의 책으로 만들어 보자고 오래전에 마음먹고 있었다. 그러나 생각보다 많은 시간이 흘렀다. 예상했던 대로 미디어의 발전과 변화 속도도 너무 빨랐다.

《정보 통신 혁명과 한국 사회》가 출판되던 1996년을 돌이켜보면, 그때는 갓 인터넷이 월드 와이드 웹을 통해 대중화의 길로 들어서던 때였고, 방송이 갓 디지털화의 길로 들어서기 시작하던 때였으며, 휴대폰의 대중화 시대가 막 열리기 시작하던 때였다. 때문에 실제 세상은 인터넷이나 디지털 방송이나 휴대폰이 대중적인 현상으로 가시화되기 이전의 시기였다. 그로부터 25년. 미디어 환경은 너무도 많이 달라졌다. 세상도 너무 많이 바뀌었다. 만약 이 책이 미디어 현상 자체에 관한 책이었다면, 완전히 다른 책을 썼어야 할 것이다. 그러나 이 책은 새로운 미디어 기술의 변화와 사회 변화의 관계에 관한 여러 관점을 다룬 책이다. 다행스러운 것은 미디어 기술은 급속히 변했고 사회도 많이 변했지만, 미디어 기술의 변화와 사회 변화를 보는 관점들은 그렇게 크게 바뀌지는 않았다. 시간이 지남에 따라 기존 관점을 미디어 환경 변화에 따라 '다르게 표현'하는 경우가 있고, 새로운 사람들에 의해 새롭게 제시되는 관점들이 추가되는 경우는 있어도 — 일종의 지적 개종이라고 할 수 있는 — 자신의 관점을 바꾸었다고 나서는 사람은 별로 눈에 띄지 않는다.

여전히 '정보 사회'라는 표현에 거부 반응을 보이며, '정보 지향적 산업 사회'일 뿐이라고 주장하는 이가 있는가 하면, '정보 사회,' '지식 사회,' '유비쿼터스 사회,' '스마트 사회' 등은 하나의 이데올로기에 불과하다고 비판하면서 보다 글로벌화된 '정보 사회'는 '초국적 정보 자본주의'라고 비판하는 이도 있다. 또한 '정보 사회'라는 말은 실제 '감시 사회'를 은폐하는 말에 불과하며 오늘날의 '정보 사회'는 사람들의 관계가 더욱 파편화된 '세포 사회'와 다름없다고 비판하는 학자들도 여전히 있다.

보다 최근에는 인공 지능과 사물 인터넷 등 정보 통신 기술의 고도화와 글로벌 플랫폼의 확장 및 영향력 증대 현상을 보면서 한쪽에서는 '지능 정보 사회'의 도래를 강조하는가 하면, 다른 한쪽에서는 '플랫폼 자본주의' 심화 현상이라며 이를 비판하기도 한다.

이 책은 바로 그러한 여러 관점을 체계적으로 분류하고 엮어서 소개한 것이라고 보면 된다. 관점이 다른 '여러 가지 정보사회론'의 확장판이라고 보면 될 것이다. 바람이 있다면 새로운 미디어 기술의 변화와 사회 변화의 관계에 관해 독자들이 좀 더 다양한 관점을 접함으로써 그와 관련된 인식의 지평을 넓히고 보다 균형된 시각을 가졌으면 하는 것이다. 이러한 의도와 목적에서 쓴 이 책의 구성은 다음과 같다.

1장 서론은 이 책의 출간 배경, 즉 왜 이 책을 쓰게 됐고 어떤 과정을 거쳐 이 책이 나오게 되었는지, 이 책에서 다루고자 하는 핵심 주제와 내용이 무엇인지 등을 소개한다.

2장은 새로운 미디어들이 등장하기까지의 미디어 발달사를 인간 커뮤니케이션의 진화라는 관점에서 다룬다. 미디어 발달사를 단순히 연대기적으로 서술하는 것이 아니라 인간의 '욕망과 지혜의 변증법'

이라는 차원에서 다루고자 했다. 특정한 시기에 특정한 미디어가 등장하게 된 것은 당대 인간의 특정 소통communication 욕망과 그 시대에 가능했던 지혜의 접합 및 지양 속에서 비로소 가능했다는 것이다.

3장은 미디어와 사회 변동의 관계에 대한 기존 논의를 전반적으로 다루고 있다. 먼저 미디어(기술)와 사회의 관계를 보는 양대 관점인 기술결정론적 관점과 사회구성론적 관점을 간단히 소개한다. 이러한 구도에서 매스 미디어와 사회의 관계를 유형론으로 구분하여 다룬 기존 논의를 알아본 다음, 새로운 (디지털) 미디어 기술과 사회 변화의 관계를 보는 기존의 제 관점에 대해서도 살펴본다. 그런 논의를 근거로 이 책에서 다루게 될 여러 관점의 지형을 대분류, 소분류하여 소개한다. '정보 사회' 등 새로운 사회로의 이행을 지지하는 관점들과 새로운 사회로의 이행을 부정하는 관점들로 크게 나누고, 그 각각에 해당되는 하부 관점들의 구성에 대해 설명한다.

4장부터 11장까지는 바로 그렇게 유형 분류된 새로운 미디어 기술과 사회의 관계에 대한 각 관점을 하나씩 소개하는 내용으로 구성되어 있다.

먼저 4장은 새로운 미디어 기술과 사회의 관계에 관한 가장 초기의 논의, 즉 출발점이라 할 수 있는 정보경제론적 관점으로 정보와 지식 생산 부분에서의 변화를 다룬 정보생산론과 정보의 소비와 이용 부문에서의 변화를 다룬 정보소비론, 그리고 경기 순환 과정에서 정보 통신 기술이 자본주의 경제의 침체 회복과 성장에 기여했다고 보는 기술경제패러다임론 등을 소개한다.

5장과 6장은 새로운 미디어 기술에 의한 가장 대표적인 사회변동론의 하나인 정보사회론적 관점을 다룬다. 5장은 주류 정보사회론의 등장 배경이라고도 할 수 있고, 그 효시라고도 할 수 있는 (대니얼 벨

Daniel Bell의) 후기산업사회론을 먼저 다루고, 그 뒤 1980년대에 접어들면서 대거 등장한 주요 주류 정보사회론자들의 주장과 견해를 소개한다. 대중적인 명성을 얻고 있는 미국의 앨빈 토플러Alvin Toffler나 존 네이스빗John Naisbitt, 일본의 마스다 요네지增田米二 등의 견해가 소개될 것이다. 그에 이은 6장은 보다 최근의 후속 정보사회론이라고 할 수 있는 사이버사회론, 네트워크사회론, 유비쿼터스사회론(초연결사회론) 등을 소개할 것이다. 보다 최근에 등장한 지능정보사회론도 추가했다. 이들 후속 정보사회론은 사이버공간, 네트워크, 모바일 미디어, 유비쿼터스 미디어, 사물 인터넷과 인공 지능 등 검토 대상으로 하는 미디어가 약간씩 다를 뿐 기본적인 논조는 — 여러 가지 신조어나 사용하는 주요 술어의 차이에도 불구하고 — 새로 개발, 보급, 이용되는 새로운 미디어나 정보 통신 인프라에 의해 뭔가 새로운 사회로 이행되어 간다는 주류 정보사회론자들의 논지를 크게 벗어나지는 않는다. 5장과 6장은 한데 묶을 수도 있지만 다소 분량이 많은 관계로 별도의 장으로 나누었다.

7장은 마크 포스터Mark Poster와 포스트모더니즘 이론가들을 중심으로 한 정보양식론적 관점을 소개한다. 사람들 사이의 상징적 교환 방식, 즉 주로 사용하는 미디어 기술의 변화가 사람들의 주체 인식이나 그들 상호 간의 관계 등에 변화를 준다는 관점들을 소개한다. 핵심은 새로운 미디어 기술로서의 전자 언어에 의한 사회 변화를 모더니즘에서 포스트모더니즘으로의 변화와 연결시켜 설명한다.

8장부터 11장까지는 4장에서 7장까지의 관점과는 상당히 다른, 비교적 대립되는 관점들을 소개한다. 4장에서 7장까지가 주로 새로운 사회로의 이행을 지지하는 관점이라면, 8장에서 11장까지는 새로운 사회로 이행되어 간다는 주장들에 대해 반론을 제기하는 관점들이다.

8장에서는 먼저 (주류) 정보사회론에 가장 비판적인 자본주의산업사회론적 관점을 다룬다. '정보 사회'를 오히려 '자본주의 산업 사회'라고 보는 견해들이다. 실제 정보사회론에 대한 가장 초기의 직접적인 비판은 자본주의산업사회론에서 나왔다고 할 수 있다. 자본주의산업사회론의 대표적인 비판적 이론가인 허버트 실러Herbert Schiller나 아르망 마텔라르Armand Mattelart, 니콜라스 간햄Nicholas Garnham, 빈센트 모스코Vincent Mosco 등은 모두 매스 미디어 상황에서도 대표적인 마르크스주의 비판 이론가들이었다. 그들은 대부분 미디어 정치경제학을 하는 사람들로서 매스 커뮤니케이션 상황에서 국가 내로는 물론 글로벌한 수준에서 독점 자본의 이윤 확대 동기가, 때로는 국가 부분의 통제 욕구와 결합하면서 새로운 미디어 기술의 개발, 보급, 이용을 촉진시켜 온 것으로 본다. 그러한 관점은 최근까지도 일부 마르크스주의자들에 의해 계승된다. 여기서는 크리스티안 푹스Christian Fuchs의 초국적정보자본주의론이 소개된다. 보다 최근에 등장한 플랫폼자본주의론도 새롭게 추가했다.

9장은 산업경제론적 관점을 다룬다. 여기서는 '정보 경제'가 아니라 정보를 지향하는 여전한 '산업 경제'라고 보는 산업주의적 관점과 1970년대 말 이후 자본주의 기업의 유연화 및 세계화 전략을 새로운 정보 통신 기술의 개발 및 이용과 연결시키는 조절 학파의 포스트포드주의 관점으로 나누어 소개한다. 조절 학파 이론은 자본주의 체제의 안정화와 관련된 논의이기 때문에 분석 단위나 수준으로 보면 8장(자본주의산업사회론)과 밀접히 연결되는 관점이기도 하다. 그러나 자본주의 체제 일반보다는 포스트포드주의 수용과 관련된 기업 단위의 전략적 선택을 강조한다는 점에서 9장에 포함시켰다.

10장과 11장은 지배양식론적 관점을 다룬다. 관점의 구성상 앞서의 '정보 양식'과 반대되는 관점에 서 있다. 최근까지의 미디어 기술 변화는 '정보 양식'의 변화가 아니라 '지배 양식'의 변화라는 것이다. 간단히 말해 기존 기득권층의 지배와 통제를 유지, 강화하기 위해 새로운 미디어를 개발, 보급, 이용한다는 것이다. 앞의 8장과 9장은 그것이 일개 기업이든, 자본주의 경제 체제이든 기존의 경제적 기득권층이 스스로의 이익을 보호하고 확대하기 위해 새로운 미디어 기술을 개발, 보급, 이용한다는 점을 강조하는 관점이라면, 10장과 11장은 정치적 함의가 더 큰 관점이라고 할 수 있다. 정치적 함의가 크다고 해서 정치적인 지배와 통제만을 다루는 것은 아니다. 정치적인 지배 세력은 물론 경제적인 기득권층도 자신들의 지배와 통제의 효율성 제고를 위해 새로운 미디어 기술에 크게 의존하고 있음을 강조하는 견해들이다.

10장은 지배양식론적 관점에 대한 간략한 설명에 이어, 주로 감시사회론적 관점을 집중적으로 다룬다. 오늘날 정보사회론적 관점이 새로운 미디어 기술에 의한 사회 변화의 긍정적 측면을 가장 빈번하게 설명하는 가장 지배적인 담론이라면, 반대로 새로운 미디어 기술에 의한 사회 변화의 부정적인 측면을 가장 빈번하게 언급하는 대안적 담론은 감시사회론이라고 해도 과언이 아닐 것이다. 감시 사회적 현상이 세계 도처에 빈발하면서 우리에게 새로운 '위험 사회'를 가장 강력하게 경고하기 때문이다.

11장은 지배양식론적 관점의 또 다른 하부 관점으로서 세포사회론적 관점을 다룬다. 10장의 감시사회론이 지배 세력이나 지배 집단에 의한 상당히 의도적인 기획과 시도를 반영한다면, 세포사회론은 그런 기획이나 의도와는 관계없이 새로운 미디어 기술의 보급과 이용이 확대될수록 부지불식간에 사회적 결속력이 약화되고 사회문화적 분열과 분화가 촉진되며, 사회 구성원의 고립이 심화되고 사회의 공적 영역이나 공론권이 약화될 것이라는 우려의 관점을 담고 있다. 사회적으로 그렇게 부정적인 변화들이 결과적으로는 기존 지배 세력의 지배력 유지와 확대에 도움을 주게 된다는 점에서 지배양식론의 한 지류로 포함시킨 것이다.

12장은 한국 사회의 (디지털) 미디어 기술과 사회 변동을 주제로 다룬다. 앞서의 여러 관점 논의들이 우리 사회를 설명하는 데 어떤 기여를 할 수 있을까를 자문해 보기 위한 부분이라고 보면 될 것이다. 그렇다고 이 장에서 그 답을 밝히고 있는 것은 아니다. 12장에서는 우리 사회의 디지털 미디어 수용과 개발 및 이용 과정을 역사적으로, 또 현실적으로 살펴보고 그러한 미디어의 개발과 보급과 이용이 우리 사회의 변화와 갖는 관계를 나름대로 짚어 보고자 한다. 디지털 미디어와 한국 사회의 변화를 이해하는 데 도움이 되는 구체적인 자료들과 가설적 특징들을 제시해 보았다. 그와 관련된 나름대로의 평가와 논의는 독자의 몫으로 상당히 돌리고 있는 셈이다. 이 역시 각자가 가진 새로운 미디어 경험이나 관점에 나름대로의 차이가 있다고 보았기 때문이다.

13장 결론에서는 앞서 다룬 내용들을 종합적으로 요약 정리하면서 나름대로의 소회를 밝히고, 아울러 이 책을 쓰고 난 후의 아쉬움과 이 책의 한계와 후속 과제 등을 간단히 언급했다.

이제 다음 장에서는 미디어 기술의 발전이 인간의 욕망과 지혜의 변증법적 결과인 동시에 인간 커뮤니케이션 진화의 역사라는 관점에서 태고로부터 지금까지 이어져 온 미디어 기술 발전의 긴 여정을 사회사적 관점에서 되짚어 보고자 한다.

2장

미디어 기술과 인간 커뮤니케이션 진화의 역사

미디어 기술 발전의 사회사적 이해

1. 미디어 기술과 커뮤니케이션 혁명

미디어 기술의 발전은 참으로 눈부시다. 특히 최근 이삼십 년간의 미디어 기술의 변화와 발전은 더더욱 괄목할 만하다. 1990년대 중반 이후 월드 와이드 웹의 등장으로 인터넷 이용이 급속히 대중화되었는가 하면, 무선 인터넷 혹은 휴대 인터넷 기술의 발전으로 이동 중에도 웬만한 데이터 통신이 가능한 시대가 되었다. 또한 각종 네트워크 기술과 모바일 미디어의 발전은 휴대 전화의 이용뿐 아니라 첨단 스마트폰을 이용한 매우 다양한 정보 통신 서비스의 이용과 새로운 사회적 관계망 형성도 가능하게 만들고 있다. 이미 인공 지능과 사물 인터넷의 발전으로 인간과 인간, 인간과 사물 간의 소통을 넘어 사물과 사물 간의 통신까지도 가능한 시대가 되고 있다.

미디어 기술만을 놓고 볼 때 그 변화와 발전은 가히 가속도적이라 할 만하다. 인간 상호 간을 매개하거나 특정 소식이나 정보를 전달 혹은 공유할 수 있게 하는 미디어는 이미 오래전부터 있어 왔다. 인간사에 있어 가장 오래된 미디어는 말이나 그림 혹은 문자와 같은 표현 수단이다. 이러한 언어와 상징은 아주 오랜 시간에 걸쳐 형성되고 발전해 온 것이다. 그러한 언어와 상징을 표기하여 전달, 전승시키는 매개물인 종이나 편지, 신문, 책 등의 출현과 발전도 비교적 오랜 시간에 걸쳐 이루어진 것들이다. 그러한 언어적 상징이나 기호 혹은 영상 등을 빛이나 전자기 신호 등을 통해 처리하거나 전달하는 기술인 사진, 영화, 라디오, 텔레비전 등의 미디어 기술의 등장과 발전은 인간의 긴 역사에서 본다면 매우 최근에 이루어진 성과다. 더군다나 컴퓨터의 출현과 그것의 응용으로 가능하게 된 디지털 미디어 기술의 혁신은 극히 짧은 기간 내에 이루어진 매우 놀랄 만한 결과다. 그러한 기술적 성과와 결과물들이 사람들의 일상생활 영역에 광범위하게 수용되고 이용됨으로써 일어나는 변화들 역시 과거에 경험해 보지 못한 새로운 것들이 많다.

이 책 전반에 걸쳐 미디어 기술의 변화와 사회의 변화가 갖는 관계를 살펴보는 데 주안점을 둘 것이다. 그러나 그에 앞서 미디어 기술의 변화에 주목하고자 한다. 인간 상호 간에 서로 자신의 생각이나 느낌, 지식, 정보 등을 전달하고 공유하는 기술인 미디어 기술은 어떻게 변화해 왔고, 왜 그렇게 변해 왔는지를 살펴보고자 한다.

여기서는 미디어라는 것 역시 인간의 욕망과 지혜의 산물이며, 그러한 미디어의 역사는 인간 커뮤니케이션 진화의 역사라는 것을 기본 전제로 한다. 어느 특정 시기에 특정한 사회나 국가에서 특정한 미디어 기술이 개발되고 등장하게 되는 것은 그 사회나 국가의 특정 구성원들이 지닌 당대의 특정한 욕망과 불가분한 관계에 있으며, 그러한 욕망을 충족시킬 수 있는 일정한 수준의 지식과 지혜가 가능할 때 비로소 그 사회에 특정 미디어가 등장하게 된다. 따라서 어느 시대, 어느 사회에서나 당대의 미디어 기술은 그 시대와 사회의 특정 구성원들의 욕망과 지혜의 변증법적 산물이라 할 수 있다.

미디어 기술이 초기의 극히 원시적인 상태에서 최근의 디지털 미디어로까지 발전해 온 전반적인 과정을 감안할 때, 기술 그 자체의 발전상은 — 그것이 인간의 삶에 실제 어떤 영향을 미쳤는지와는 별개로 — 한 단계 한 단계가 인간 상호 간의 소통과 지식 및 정보 공유의 가능성을 확장시켜 온 진화의 역사다. 역사의 특정 시기에 새롭게 등장한 새로운 미디어들은 그 이전의 미디어로써는 불가능했던 인간 커뮤니케이션의 기능적 한계를 기술적으로 극복하고 가능하게 했다는 점에서 진화의 역사라 할 수 있다.

인간의 욕망과 지혜의 산물로서의 미디어 기술, 그리고 인간 커뮤니케이션 진화의 역사로서의 미디어 기술의 발전 과정을 구체적으로 살펴보기 전에 보다 근본적인 문제부터 살펴볼 필요가 있다. 과연 미디어라고 하는 것이 인간에게 무엇인가 하는 점이다. 오늘날에는 다종다양한 첨단 디지털 미디어들이 개발, 수용, 보급, 이용되고 있지만, 시대를 거슬러 올라가면 사정은 전혀 달라진다.

왜 사람들에게 미디어라는 것이 필요했을까 하는 점이다. 이러한 의문을 갖고서 인류의 시원始原으로부터 지금까지 변화, 발전해 온 미디어 기술의 변천 과정을 살펴보게 되면, 어느 특정 시점에서 그 이전과 구별되는 인간 커뮤니케이션 기능의 혁명적 확장 국면을 보게 된다. 기존의 몇몇 커뮤니케이션 사학자나 미디어학자들은 이러한 변혁기를 '혁명revolution'이라는 이름을 붙여 구별하기도 하고, 미디어적

표 2-1 인간 커뮤니케이션과 미디어 기술 발달사 시대 구분

학자	시대 구분
마셜 매클루언(1964)	① 문자 이전, ② 문자, ③ 구텐베르크, ④ 전기·전자 시기
앤서니 스미스(1980)	① 문자, ② 인쇄, ③ 전자 혁명
에버렛 로저스(1986)	① 문자, ② 인쇄, ③ 텔레커뮤니케이션, ③ 상호작용적 커뮤니케이션 시대
존 피더(2004)	① 인쇄(1차), ② 컴퓨터(2차), 커뮤니케이션 혁명
빌 코바릭(2011)	① 인쇄, ② 영상, ③ 전자, ④ 디지털 혁명

특성에 따라 몇 가지 단계stage나 시기era로 시대 구분하기도 했다. 예컨대 일찍이 마셜 매클루언Marshall McLuhan(1962; 1964)은 인간의 미디어 발달사를 문자 이전, 문자, 구텐베르크, 전기·전자 시기로 구분하는가 하면,[1] 에버렛 로저스Everett Rogers(1986)는 문자, 인쇄, 텔레커뮤니케이션, 상호작용적 커뮤니케이션 시대로 구분하기도 했다. 그러한 시기 구분을 가능하게 한 미디어 기술의 변화 자체를 앤서니 스미스Anthony Smith(1980)는 문자 혁명, 인쇄 혁명, 전자 혁명이라고 했는가 하면, 존 피더John Feather(2004)는 인쇄/1차 커뮤니케이션 혁명과 컴퓨터/2차 커뮤니케이션 혁명으로 구분했다. 보다 최근에는 빌 코바릭Bill Kovarik(2011)이 인쇄술 발명 이후의 시기를 인쇄 혁명, 영상 혁명, 전자 혁명, 디지털 혁명으로 구분하기도 했다. 이들 시대 구분들이 약간씩 차이를 보이긴 하지만 전체적으로 보면 상당히 유사한 시대 구

1 매클루언이 자신의 저술에서 직접 분명한 시대 구분을 하고 있지는 않다. 그의 저술 내용을 근거로 미디어 시대를 이렇게 네 가지로 분류하기도 한다. 또 ① 문자 이전, 즉 부족 국가 시대, ② 구텐베르크 시대, ③ 전기 시대(서정우 외, 2001: 406~407), 혹은 ① 구두 커뮤니케이션 시기, ② 인쇄 시기, ③ 전자 미디어 시기(김정탁, 1998: 112~125) 등 세 가지로 분류하기도 한다.

분론이라 할 수 있다. 공통적으로는 인쇄술의 등장과 컴퓨터의 등장 등을 중요한 분기점으로 삼는 것 같다. 물론 이들 미디어의 등장과 그것이 사회적으로 미친 영향은 지대하다.

그러나 이들의 시대 구분을 종합해 보면, 대체로 다섯 가지 시기 구분이 가능하다. 문자 이전 시기(구두 언어 시기), 문자 시기, 인쇄 시기, 텔레커뮤니케이션 시기, 컴퓨터 등장 이후의 시기 등이다. 이들 각 시기를 특징짓는 미디어, 즉 말, 글, 인쇄술, 원격 통신 기술, 컴퓨터 등의 등장으로 인해 기존 미디어의 기능적 한계를 극복하면서 미디어를 통한 인간 커뮤니케이션의 기능이 단계별로 확장되고, 고도화되는 새로운 시기를 맞았다고 볼 수 있기 때문이다.

표 2-2는 각 단계별로 인간 커뮤니케이션의 기능 확장이 이루어진 과정을 간략하게 보여 준다. 먼저 인간의 가장 오래된 미디어라고 할 수 있는 말만이 있던 시대에 문자의 등장은 메시지 혹은 그것이 지닌 의미의 저장과 보존 기능이 획기적으로 개선되었다는 점에서 그 이전 시대와 구분된다. 많은 세월이 흐른 후 등장한 인쇄술은 그 이전에 비해 메시지의 다량 복제와 동일 의미 다자多者 공유가 가능

표 2-2 미디어 기술 발전과 인간 커뮤니케이션 기능 확장 과정(5단계)

시대 구분	시기	인간 커뮤니케이션 기능의 확장 국면
구두 커뮤니케이션 시대	B.C. 35,000~	가장 오래된 인간의 직접적 소통 미디어
문자 커뮤니케이션 시대	B.C. 4,000~	메시지의 저장과 보존 기능 획기적 개선
인쇄 커뮤니케이션 시대	8세기 이전~	메시지의 다량 복제와 다자간 의미 공유 가능
텔레커뮤니케이션 시대	1844~	메시지 전달의 신속성과 원격성 확보
디지털 커뮤니케이션 시대	1946~	기존 미디어 기능의 고도화와 디지털 융합

하게 되었다는 점에서 미디어의 새로운 기능 확장을 보여 준다. 과학 기술의 발전에 힘입은 근대적인 텔레커뮤니케이션 기술의 개발과 발전은 메시지 전달의 원격성과 신속성을 혁명적으로 개선했다는 점에서 그 이전 시기의 인간 커뮤니케이션 환경과 구분된다. 20세기 중반에 발명된 컴퓨터와 이를 기술적 기초로 한 디지털 미디어 기술의 발전은 그동안 인류의 미디어가 오랫동안 단계적으로 발전해 왔던 각각의 커뮤니케이션 기능, 즉 메시지의 저장과 복제, 전달 기능 등을 크게 고도화시키면서 동시에 이러한 제 기능을 통합적으로 개선했다는 점에서 획기적인 변화였다.

이러한 미디어 기술의 변화와 그로 인한 인간 커뮤니케이션 기능의 확장 국면을 여기서는 구두 커뮤니케이션 시대, 문자 커뮤니케이션 시대, 인쇄 커뮤니케이션 시대, 텔레커뮤니케이션 시대, 디지털 커뮤니케이션 시대 등 다섯 단계로 구분하여 좀 더 구체적으로 살펴보고자 한다.

2. 구두 커뮤니케이션 시대: 인류의 가장 오래된 미디어 '말'

국내의 한 노학자는 말을 인간 최초의 '매스 미디어'라고 한 적이 있다(최정호, 1982: 37). 굳이 말을 '매스 미디어'라고 한 것은 오늘날 흔히 말하는 '매스 미디어'라는 의미에서보다는 인간이면 누구나 사용하는 가장 오래된 보편적 커뮤니케이션 수단이라는 뜻에서일 것이다. 인간 상호 간의 소통을 위한 수많은 미디어 중에서 '말'은 가장 오래된 미디어라고 할 수 있다. 물론 최초의 인간이 생겨나자마자 바로 말을 시작했는지는 분명치 않다. 말이라는 것을 하기 전에는 손짓, 발짓, 몸짓을 했을 수도 있고, 어떤 표정을 짓거나 소리를 냈을 수도 있다. 즉 구두 언어를 말하기 전에는 비언어적 커뮤니케이션을 했을 것이다. 그것이 어느 단계에 가서는 입을 통한 '말'의 형태로 발전했을 것이다. 그리고 성경이나 신화 등에 나오는 것처럼 어떤 절대자나 신의 권능에 의해 인간에게 '말'을 할 수 있는 능력이 처음부터 부여됐을 수도 있다. 말의 기원과 관련하여 흔히 전자를 진화론적 관점, 후자를 창조론적 관점이라 구분하기도 한다. 여기서는 말의 정확한 기원을 따지려는 것이 주된 목적이 아니다. 그러나 인간의 말이 왜, 어떤 상황에서 생겨났는지는 생각해 볼 필요가 있다. 처음에도 그랬겠지만 지금도 여전히 인간 상호 간의 의사 전달은 물론 감정과 욕구 표현 등에 있어 말처럼 중요한 것은 없을 것이다. 말은 인간들에게 있어 가장 오래된 커뮤니케이션 수단일 뿐 아니라 지금도 여전히 가장 보편적이고도 중요한 미디어인 것이다.

말의 기원과 관련해서 먼저 창조론적 관점을 살펴보자. 신이 말을 만들었거나 인간에게 말을 하는 능력을 부여했다는 관점이다. 가장 대표적인 예가 성경이다. 성경의 창세기에서는 하느님이 인간을 만들었고, 하느님을 닮은 인간은 하느님처럼 처음부터 말을 하는 것으로 나온다. 창세기 1장 3절에서는 "빛이 있으라!" 하고 하느님이 먼저 말한다. 세상은 하느님의 '말씀'으로 만들어진다. 인간도 그렇게 만들어진다. 창세기 1장에서 3장 사이에는 하느님과 인간, 인간과 뱀(사탄), 하느님과 뱀, 인간(아담)과 인간(이브) 사이의 명령, 설득, 소통, 명명naming, 호명 등이 "말하다," "이르다"(이상 said), "부르다called," "답하다answered," "듣다heard" 등과 같은 말하는 행위에 관한 언급이 계속 등장한다. 성경의 논리대로라면 인간은 하느님의 형상대로 지어졌을 뿐 아니라 이미 그 생성기 때부터 하느님은 물론 다른 존재와도 말을 할 수 있는 능력을 타고났다고 보아야 할 것이다. 아니면 (성경에는 명시적으로 나와 있지 않더라도) 하느님이 어느 틈엔가 가르쳤든지 말이다. 어쨌거나 이 경우에도 인간의 말 기원은 절대자의 권능에서 벗어난 설명을 하기는 어려울 것이다.

또 하나, 다양한 여러 가지 말의 등장과 관련해서도 성경에서는 바벨탑을 통해 그 기원을 상상케 한다. 창세기 11장에서는 애초 같은 말을 사용하던 인간들이 바벨이라는 지역에 성읍을 세우고 하늘까지 닿는 탑을 세우려 들자 하느님이 그들의 말을 뒤섞어 사람들을 흩어 버렸다고 했다. 서로 다른 말을 쓰게 됨으로써 소통이 어렵게 되고 그로 인해 결국은 성읍 세우는 일을 못하게 했다는 것이다. 성경에 의하면, 세상에 존재하는 다종다양한 말들도 하느님의 뜻에 따라 그렇게 됐다는 것이다. 제2, 제3의 외국어도 하느님이 만든 셈이다.

그 밖에 고대 신화에서도 말의 기원과 관련하여 전해져 내려오는 것이 여럿 있다. 예컨대, 바빌로니아 신화에서는 나부Nabu 신, 그리고 인도 신화에서는 세상을 창조한 브라흐마Brāhma 신의 부인 사라스바티Sarasvati 여신이 인간에게 말을 가르쳤다고 한다(루소, 2002: 9, 171).

이러한 창조론적 관점(혹은 신수설)과는 달리 진화론적 관점에서 말의 기원을 주장하는 이들은 바로 인간의 삶의 조건이나 인간의 필요, 욕구 등과 말의 기원을 연결시킨다. 말이 등장하거나 인간이 말을 사용하게 된 원인은 인간이 살아나가다가 말을 하지 않으면 안 되는 절박한 상황에 봉착했거나 말을 하는 것이 더 나은 삶을 위한 불가결한 요건이라는 내적 판단과 욕구가 있었기 때문이라고 본다. 그러한 상황과 욕구 때문에 말이 생겨났고 말이 꾸준히 발전해 왔다는 것이다. 이러한 진화론적 관점에서 말의 기원에 관해 언급한 유명한 인물로는 프리드리히 엥겔스Friedrich Engels와 장자크 루소Jean-Jacques

Rousseau 등을 들 수 있다.

엥겔스는 〈원숭이가 인간으로 전화轉化하는 과정에서 노동이 한 역할〉이라는 논문에서 말의 기원과 발전을 생존을 위한 노동 과정의 발전에서 찾고 있다. 유인원에서 인간으로 진화되는 과정에서 인간의 선조는 서로 간의 협조를 바탕으로 한 공동 노동이 개별 노동보다는 더욱 유리하다는 것을 생각하게 되었고 그런 과정에서 "무엇인가를 서로 말할 필요가 있는 그런 단계에 도달하였다"고 했다. 그리하여 말은 노동과 더불어 인간을 더욱 사회적인 동물로 되게 하였고, 말의 발전과 노동의 발전으로 인해 인간의 뇌에 지속적인 자극이 주어짐으로써 인간의 제 감각 기관과 의식의 발전도 가능하게 되었다는 것이다. 노동하는 손과 생각하는 뇌와 입으로 하는 말이 서로 영향을 주고받으면서 동물과 구별되는 인간으로 더욱 진화, 발전해 왔다고 했다(황장엽, 1989: 15~17, 131~132).[2]

루소 역시 말이라는 것이 인간이 처한 특정한 사회적 조건 속에서, 인간의 필요와 욕구에 의해 생성, 발전되었다는 점에서는 엥겔스의 입장과 크게 다르지 않다. 그러나 루소는 말을 인간의 노동 과정의 산물로 보기보다는 인간 상호 간의 불평등한 사회적 관계의 산물로 본다는 점에서 차이가 있다. 루소는 말이란 것을 약자의 강자에 대한 의존의 욕구에서 찾았다는 점에서 특이하다. "자연으로 돌아가라"고 한 루소는 원래 사회적인 관계가 필요 없던 자연 상태에서는

2 엥겔스의 영향을 받은 미하일 일리인Mikhail Ilyin 역시 노동이 원숭이와 구별되는 인간을 창조했으며, 공동 노동을 통해 인간의 말이 생성, 진화되었다고 했다. 특히 일리인은 입을 통한 말 이전에 몸짓 말이 있었다고 보았다. 즉 인간은 처음에는 몸짓으로, 다음에는 말로 의사를 전달하는 법을 터득했다는 것이다(일리인, 2004: 133~148 참조).

인간이 독립적이고 자율적인 생활을 영위했고 말 또한 필요 없었지만, 인간의 관념이 확대되고 인간의 수가 많아지면서 그들 사이의 교통이 빈번해지자 의사소통 체계의 필요성이 생겨나게 되었고 따라서 말도 발전하게 되었다는 것이다. 루소에 의하면 말은 본래 약자의 필요에 의해 생겨난 것이다. 어려움에 처한 약자가 강자에게 도움을 요청하는 과정에서 말이 생겨났다는 것이다. 자신의 곤란하고 어려운 처지를 보다 자세하고 구체적으로 표현하고 강조하려는 몸부림 속에서 말이 발전하게 되었다고 했다. 배부르고 편안한 강자가 무슨 말이 필요했겠느냐는 식이다. 이러한 루소의 언어관은 어린아이가 태어나서 말을 배우는 과정에 대한 설명에도 그대로 연결된다. 아이가 태어나면서 우는 울음소리 그 자체가 '자연의 외침cry of nature'이자 곧 최초의 언어라는 것이다.[3] 아이는 쌌을 때, 배고플 때, 아플 때 울게 마련인데, 이 역시 약자인 아이가 강자인 어른에게 도움을 청하는 것과 같다. 울기만 하던 약자인 아이는 성장하면서 자신의 생존을 위해, 더 나은 도움을 받기 위해 이제는 울음 이상의 것, 즉 말을 통해 더더욱 많은 것을 요구하고 주장하고 자신의 감정과 욕구 등을 더욱 구체적으로 표현하게 된다는 것이다. 한 아이가 태어나서 말을 배우고 성장하면서 더욱 복잡한 사회적 관계 속에서 자신의 말을 더욱 세련되게 구사하게 되듯이, 인간의 말도 약자의 강자에 대한 의존의 욕구 때문에 생겨났지만 복잡한 사회적 관계 속에서 더욱 복잡하고 정교하게

3 루소(2002: 27~28)는 언어의 기원과 관련하여 "욕구는 첫 몸짓들을 유발했고, 정념은 첫 목소리를 토해 내게 했다"고 했다. 그리고 "도대체 언어는 어디에 기원하는 것인가? 정신적인 욕구, 즉 정념에서 온다⋯⋯ 사람들에게 목소리를 토해 내게 하는 것은⋯⋯ 사랑, 증오, 동정심, 분노 같은 것들"이라고 했다. 여기서 정념이란 보다 감성적인 욕구를 의미하는 것이다.

되었다는 것이다. 루소(1982)에 따르면, 바로 이러한 과정에서 말은 인간의 사회적 관계 속에서 점차 사람들 사이의 비교와 존경의 잣대가 되었으며 결국에 가서는 '불평등과 악덕의 제일보'가 되었다고 말한다. 말은 사회적 관계의 산물이긴 했지만, 루소는 사회 상태에서의 불평등한 말보다 자연 상태에서의 사람들 사이의 말 없음을 더욱 선호한 듯이 보인다.

결국 엥겔스나 루소는 그만큼 말을 하지 않으면 안 되는 상황에서 결국은 말이 생겨났고 서서히 발전해 왔다는 점을 강조한 셈이다, 일본의 마스오카 세이코松岡正剛 역시 이러한 관점에 서 있다. 그도 엥겔스와 마찬가지로 원숭이가 인간으로 진화하는 과정에서 말이 생겨났다고 했다. 그는 말의 기원을 인간의 직립 보행과 발정기 상실에서 찾고 있다는 점에서 특이하다. 진화 과정에서 인간은 두 발로 서서 걷게 되고 그에 따라 남녀가 자신의 은밀한 부분을 가리게 됨으로써, 다른 동물과는 달리 성 신호계가 은폐된 상태에서 상대방에게 사랑의 의사를 전하기 위해서는 몸짓이나 표정 외에 다른 보조적인 의사소통 수단이 필요하게 되었다는 것이다. 또한 그는 인간의 인후 발달에 따른 목구멍의 분절화가 자음의 발생을 가능하게 하여 말의 분화와 발전이 가능하게 되었다는 가설도 동시에 제기했다(마스오카 세이코, 1998: 83~91).

앞에서는 말의 기원과 관련하여 종교적 경전과 신화에 나타난 창조론적 관점과 말의 생성과 발전에 관한 진화론적 관점을 중심으로 살펴보았다. 말의 기원에 관해서는 실제 이 밖에도 많은 학설이 있다.[4]

4 이에 대해서는 장자크 루소(2002)의 역서 해제 중 "언어의 기원에 관한 여러 주장

말의 기원과 관련된 여러 입장이나 학설들 중에서 어느 것이 더 설득력이 있는지를 따져 보는 일은 매우 흥미로울 수도 있다. 그러나 여기서는 그것이 주된 목적은 아니다. 보다 중요한 것은 사람들이 처음에 왜 말을 하게 되었을까를 좀 더 적극적으로 진지하게 고민해 보는 일이다. 사람들이 처음에 말을 하기 시작했을 때, 그게 그리 쉽고 간단한 일은 아니었다는 점이다. 분명 그것은 너무나도 인간적인, 인간을 인간답게 하는 하나의 대사건이었다. 성경과 같은 창조론을 믿는다 해도 인간은 당초 하느님의 '말(말씀)'을 제대로 믿고 따르지 않음으로써 '에덴동산'에서 추방되는 비극을 감당해야 했다. 엥겔스나 루소, 혹은 마스오카 세이코와 같은 진화론을 따르더라도 인간이 처음 말을 하게 된 것은 말을 하지 않으면 안 될 아주 절박하고도 절절한 상황에 봉착하게 됐기 때문이다. 엥겔스의 견해를 따르면, 인간은 원시적 상황에서 살아남기 위해 일을 해야 했고 조금이나마 더 많은 것을 얻기 위해 공동 노동에 기대야 했다. 일을 하며 남에게 도와달라고 협조를 구하지 않으면 안 되는 상황에 왔을 때 인간의 입이 터진 셈이다. 루소의 입장에서 보면 말은 더더욱 절실한 것이었다. 척박한 환경에서 약자는 굶어 죽게 마련이다. 아이도 울어야 젖이라도 얻어먹을 수 있었다는 것이다. 약자의 읍소가 말이 되었다니 말이 없었으면 약자의 운명은 더 곤혹스럽게 되었을 것이다. 살기 위해서 말하고, 더 잘 살기 위해 말을 굳이 더 잘 해야 했다는 것이 루소의 말에 대한 솔직한 진단이다. 마스오카 세이코는 결국 두 발로 걸어 다니게 된 인간이 짝짓

들"(pp.166~187)을 참조하라. 여기서는 말의 기원에 관한 기존의 여러 주장들을 신수설, 의성설, 유추설, 감정표출설, 가창설, 몸짓설, 노동설, 의지설, 진화설 등 9가지로 구분해 설명한다.

기하기 위한 구애 과정에서 말문이 트이게 됐다는 얘긴데, 겉으로 봐서는 남녀 구분이 잘 안 되었다는 말로도 들린다. 그러나 이 역시 좀 더 진지하게 새겨 보면, 인간의 종족 보존을 위해서도 말이 그만큼 중요한 역할을 했던 셈이다.

어쨌든 말이 생기고 그것이 크고 작은 군거 집단과 사회의 공통 언어로 사용, 전승되면서 인간은 적어도 문자가 등장하기 전까지는 오랫동안 '말'을 중심 매개로 하는 구두 커뮤니케이션 시대를 거쳐 왔다고 할 수 있다. 표 2-2에서 보는 바와 같이 구두 커뮤니케이션 시대는 크로마뇽인이 말을 사용하기 시작한 BC 3만 5000년경부터 시작되었다고 본다. 그때 시작된 말이 지금까지도 사람들의 소통에 있어 가장 기본적이면서도 중요한 미디어로 사용된다. 특별한 장애가 있지 않는 한, 언제 어디에 살든 대부분의 사람들은 하나 이상의 특정한 말을 했고 하고 있다.[5]

말이라는 소통의 수단은 살아 있는 현장의 미디어이기도 하다. 죽은 자는 말이 없다. 말은 살아 있는 사람들끼리 직접 만나거나 한데 모여서 서로의 생각과 느낌을 주고받기도 하고, 어떤 것을 알리거나 누군가를 설득시키기도 하는 미디어다. 때문에 말은 사람들끼리 특정한 시간과 공간에서 직접 대면하여face to face 이루어지는 가장 현장성이 높고 생동감 넘치는 소통 매개라 할 수 있다.

그러나 이런 특·장점에도 불구하고 말은 한 번 내뱉으면 그대로 주워 담기가 어려운 미디어이기도 하다. 그 시간과 장소를 벗어나면 말

5 2009년 2월 유네스코의 소멸 위기 언어 연구 프로젝트인 '아틀라스'에 따르면, 전 세계에서 현재 사용 중인 언어(말)는 6,000여 개로 그중 2,500여 개가 사라질 위기에 처해 있다고 한다(《연합뉴스》, 2009. 2. 29).

은 말을 했던 그 순간의 의미를 그대로 보존하기가 어렵다. 원시 시대의 말이든 오늘날의 말이든 그런 특성은 매한가지이며, 프랑스어든 전라도 사투리든 그런 속성은 마찬가지다. 즉 말이란 말을 하는 바로 그 현장에서 가장 활성화된 생명력을 갖는 미디어다. 그 시간과 공간을 벗어나면 변화 혹은 변질되기 쉬운 미디어이기 때문이다. 일단 말을 하고 나면 그 말의 내용과 의미는 사람의 기억 속에서만 그 잔상이 남아 있을 뿐이다. 그런 탓으로 사람들은 이미 오래전부터 말이 갖는 의미의 보존을 위해 중요한 것은 노래의 형태로 바꾸어 암송하거나 구비口碑 전승시키는 지혜를 보태기도 했다. 내용이나 의미의 변형을 막기 위한 나름대로의 자구책이었다고 할 것이다.

그러한 노력에도 불구하고 말만이 있던 구두 커뮤니케이션 시대에는 이미 수많은 이들의 말은 설령 누군가의 기억 속에 그 일부가 일정 기간 남아 있었다 하더라도 대개는 망각의 세계로 사라져 갔고, 역사 저변의 깊은 침묵 속에 묻혀 버렸다. 말이 갖는 바로 이러한 한계를 극복하기 위해 메시지의 저장이나 의미의 보관 혹은 보존이 가능한 새로운 미디어가 등장했다. 그게 바로 글(문자)이고, 그림이나 문양은 그것의 보다 원초적인 형태라 할 수 있다.

3. 문자 커뮤니케이션 시대: 메시지의 저장과 의미의 보존

말을 하던 인간이, 아니 말만 하던 인간이 드디어 글자를 생각해 내게 되었다. 물론 그 이전에 인간은 자신의 관념 속에 있던 무언가를 표현하기 위해 그림을 그리기도 했다. 라스코 동굴이나 알타미라 동굴의 벽화가 그런 예다. 그러나 그림은 눈에 보이는 형상을 그대로 옮겨 놓으려는 주로 개인적인 모사물이다. 이에 비해 글자는 적어도 복수의 사람들이 서로 간에 약속된 추상적인 부호code 체계를 통해 어떤 메시지를 전달하거나 공유하려는 집단적 규약과 같은 것이다.

일반적으로 문자는 그림에서 출발했다고 말한다. 언어학자들은 처음 그림이 그대로 어떤 의미를 나타내는 그림 문자가 되고 이것을 더욱 간략화하고 추상화시켜 단어 문자가 되었으며, 다른 민족들에게 전파되는 과정에서 의미 부분은 빠지고 발음 부분만 남아 음절 문자가 되고 그것이 다시 음소 문자로 발전해 나가는 과정을 거쳤다고 본다. 이를 보다 간략히 설명하면, 그림에서 어떤 문양(그림 문자)을 거쳐 글자(문자)가 만들어진 셈이다. 그림이든 문양이든 글자든 거기에는 사람들이 살아가면서 경험하고 느끼고 생각하고 바라는 많은 것들이 깃들어 있다. 그런 소통의 매개물들은 경험이나 느낌, 생각, 소망, 감정 등을 표현하고 전달하고 서로 공유하기 위한 것이다.[6] 말로도 할 수 있지만 말은 말하는 그 순간에만 표현되고 전달되고 공유될 뿐, 시간이 지나면 곧 잊혀져 버린다. 그려 두거나 새겨 두거나 적어 두면 의미의 변질이나 망각을 방지할 수 있다. 그림이나 문양(그림 문자) 혹은 글자는

6 문양이나 글자는 그것을 사용하는 집단의 공동체성을 상징하는 것이기도 하다. 원시 씨족이나 부족 사회의 출토물을 보면, 거기에는 여러 가지 문양들이 새겨져 있음을 알 수 있다. 특정 씨족이나 부족은 공통된 문양을 사용하기 때문에 역사가나 고고학자들은 그것을 사용한 집단과 연대를 쉽게 추정한다. 특정 문양은 특정 집단을 상징하고, 그러한 상징을 통해 사람들은 집단 정체성을 공유하게 된다. 동일 상징을 공유하는 사람들끼리는 곧 같은 운명 공동체라는 인식을 갖게 되는 경우가 많다. 그것은 같은 문자를 사용하는 언어 공동체가 곧 같은 민족이거나 같은 운명 공동체인 경우가 많은 것과 같다. 씨족이나 부족 간의 싸움에서, 혹은 국가나 민족 간의 전쟁에서 이긴 쪽이 진 쪽의 문양(혹은 깃발)을 파괴하거나 언어를 말살하려 한 많은 역사적 사례들은 바로 상대방의 상징적 공동체성을 파괴 혹은 말살함으로써 승자의 지배력을 강화하려 했던 것과 다르지 않다.

말과는 달리 어떤 내용이나 의미를 고정시키거나 보존할 수 있는 장점이 있다. '의미의 냉장고' 혹은 냉동실인 셈이다.[7]

그림이나 문양보다는 추상화된 약속 코드인 글자는 그 요소의 조합을 통해 훨씬 많은 의미를 생성, 표현, 전달, 그리고 공유할 수 있는 장점이 있다. 바로 이러한 이유 때문에 인간 집단들은 이미 오래전부터 각기 나름대로의 문자를 만들어 사용해 왔다.

인간이 문자를 만들어 사용하기 시작한 것은 BC 4000~5000년경이라고 한다. 그림 혹은 그림 문자의 단계를 넘어 비로소 하나의 추상적인 단어가 만들어지고 그것이 음과 의미를 지니게 되는 최초의 단어 문자를 사용한 것은 고대 수메르인에 의해서다. 인류가 사용한 오래된 단어 문자 중 그 기록이 지금까지 남아 있는 것은 수메르 문자, 이집트 문자, 고대 중국 문자, 크리트 문자, 아메리카 대륙의 마야 문자, 아즈텍 문자 등 여섯 가지다. 현존하는 말은 7,139개나 되고, 문자 언어도 3,909개나 된다.[8] 현존하는 문자들은 크게 세 가지 계통으로 나눌 수 있는데, 로마 문자와 키릴 문자 등은 고대 이집트 문명의 문자에서 시작해서 셈 문자, 시나이 문자, 가나안 문자, 페니키아 문자, 그리스 문자 등으로 이어져서 오늘에 이르고 있다. 중국의 한자와 일본의 문자 등은 고대 중국의 상형 문자에서 발전한 한자에서 파생

7 글자를 모르는 사람들도 자신의 경험이나 지식 등의 의미 변질을 막기 위해 나름대로 지난한 노력을 한다. 동일 메시지의 반복 구술을 통한 기억의 강화다. 문맹文盲인 할머니가 손자에게 반복적으로 들려주는 옛날이야기나 집안 이야기를 상상해 보라. 그것이 손자에게는 할머니의 정겨운 옛날이야기로 들리겠지만, 할머니에게는 그런 반복적 얘기하기가 자신의 기억을 계속 유지하려는 나름의 지난한 노력일 수도 있다.

8 https://www.ethnologue.com/guides/how-many-languages와 https://omniglot.com/writing/stats.htm 참조하라.

되어 나온 것이고, 우리나라의 한글은 15세기 중반 조선에서 독창적으로 만든 글자다.

그렇다면 문자의 발명과 사용이 인간 커뮤니케이션의 역사에서 갖는 의미는 무엇일까? 문자 등장 이전의 시기는 인간 커뮤니케이션 환경이 주로 구두 언어인 말을 통한 소통과 의사 전달이 중심이었을 것이라 상상해 볼 수 있다. 말이 갖는 소통의 현장성과 직접성은 어떤 다른 미디어보다 탁월한 것이긴 하지만, 반대로 그로 인해 말은 기억하는 데 한계가 있고, 특정 의미를 변질되지 않게 보관이나 보존하기는 어려운 미디어라 할 수 있다. 이에 비해 문자의 등장은 특정한 의미를 지속적으로 보존하고 상호 의미를 공유하는 데는 매우 탁월한 기능을 갖는 미디어라 할 수 있다.

그런 점에서 문자, 즉 글자의 발명과 이용은 인간의 미디어 발달사 측면에서 본다면 말만이 있던 시대에 존재하던 인간 커뮤니케이션의 기능적 한계를 뛰어넘게 한 획기적인 것이었다. 그런 이유로 영국의 언론학자 앤서니 스미스는 인간의 3대 커뮤니케이션 혁명의 첫 번째에 '문자 혁명writing revolution'을 올려놓고 있다. 그 이전의 말과 함께 글의 등장으로 인해 인간은 가장 오래되고 지금까지도 지속되고 있는 말과 글의 언어적 미디어 체계를 성립시키게 된 것이다. 말만이 있던 시대에 글이 등장한 것은 비로소 글이라는 것이 그 시대의 뉴 미디어로 자리 잡게 된 것을 의미하는 것이라 할 수도 있다.

앞서 말한 바와 같이 문자의 등장으로 인해 이제 사람들은 뭔가를 기록할 수 있게 되었다. 돌이나 나무, 흙 따위에 어떤 의미를 새겨 넣을 수 있게 되었고, 죽편이나 파피루스, 양피지 혹은 종이같이 비교적 가벼운 것에 적어 넣어 어떤 메시지를 다른 사람에게 전달할 수도 있게 되었다.

또한 문자는 단순히 개인의 생각과 느낌을 기록하고 전달하는 데 그치지 않고, 주변에서 일어난 어떤 객관적 사실이나 역사적 사건을 기록하기도 하고, 국가나 개인이 소유한 자산이나 자원에 대해 기록해 두기도 하고, 종교적인 '말씀'이나 교육용 교재의 내용을 기록하기도 한다. 이러한 기록물을 통해 우리는 과거의 많은 것들을 기록된 대로 확인할 수 있고, 현실 속에 공존하는 여러 사람들과 기록물을 매개로 소통할 수 있을 뿐 아니라, 기록된 것을 배우고 익히면서 후학들을 가르칠 수도 있게 된 것이다. 인류는 문자를 통해 기록물을 남기게 됨으로써 드디어 스스로의 역사를 만들 수 있게 된 것이다.

그러나 여기서 유의할 것은 문자가 등장하던 당시로부터 오랜 기간에 걸쳐 문자는 그 사회의 보편적인 미디어가 아니었다는 점이다. 문자가 등장하고 이용된 시기는 아주 오래지만, 그것이 많은 사람의 상호 소통을 위한 보편적인 미디어가 된 것은 긴 역사에서 본다면 아주 최근의 일이다. 옛날부터 지금까지 사람이면 누구나 말은 하지만, 누구나 글을 아는 것은 아니다. 자연스럽게 습득되는 말은 말귀를 알아들으면 되는 것이지만, 글은 체계적으로 배우지 않으면 문맹文盲을 벗어날 수 없는 것이다. 애초부터 글은 특별한 소수의 사람들만이 가지는 특권적 미디어였다. 어느 시대, 어느 사회에서나 글은 항상 제한된 사람과 계층, 집단의 독점적인 전유물이 되어 왔던 것이다. 그런 탓으로 글은 한편으로 신성한 것이기도 했고 글을 아는 사람들은 대개 지배적 지위에 있는 사람들이었다. 보통 교육이 일반화된 근대 이전까지도 세계 도처에는 문자 사용으로부터 배제된 사람들이 많았다. 중세까지만 해도 유럽의 경우 귀족 계급이나 성직자가 아니면 그리스어나 라틴어 등을 익힐 수 없었고, 성서 역시 교회가 독점했다. 굳이 남의 나라 얘기할 것 없이 우리나라의 경우도 조선 말기까지 한

자는 양반 계층이 독점하는 배타적인 미디어였다. 일반 상민들의 문자 습득은 제도적으로 배제되었고 문자 교육으로부터도 철저히 소외되었다. 이미 문자가 등장하던 시기부터 문자를 통한 지식과 정보의 습득 및 교환은 힘과 권위의 상징처럼 되어 있었던 것이다.

미디어 발전의 역사를 보면서 단지 기술적인 진보 이외의 여러 사회적인 측면들을 고려하는 것도 인식의 지평을 넓히는 데 도움을 줄 것이다. 어떠한 미디어가 왜, 언제, 어디서, 어떻게 출현하고 발전했으며 그러한 미디어에 대한 접근과 이용이 어떤 사람들에게 한정되었는가, 그리고 그로 인해 특정 사회 구성원들의 사회적 관계에는 어떤 지속이나 변화가 있었는가를 이해하는 것은 중요하다. 인간의 역사라는 것이 다른 한편에서 보면 인간 커뮤니케이션 미디어의 역사와 궤를 같이해 왔기 때문이다. 이러한 관점은 문자 메시지를 다량 복제하기 시작한 인쇄술의 발명과 발전 이후 더욱 의미 있게 적용될 수 있다.

4. 인쇄 커뮤니케이션 시대: 메시지의 다량 복제와 다자간 의미 공유

말과 글은 인간 커뮤니케이션 과정에 있어 가장 기본적인 수단이라고 할 수 있다. 그런데 어느 일정한 단계에 이르러 인쇄술이 등장하게 되었다. 동양에서는 600년경에 책 인쇄가 시작되었다. 처음에는 나무판에 글자를 새겨 인쇄를 하기 시작했고, 나중에는 진흙이나 나무 조각 등으로 활자를 만들어 인쇄를 했다. 이러한 인쇄술이 더욱 발전해서 동양에서는 13세기, 서양에서는 15세기에 이르러 금속 활자를 이용한 인쇄물이 등장하게 되었다.

인쇄술을 이용하기 전에는 사람들이 표현하고 싶은 것을 직접 손으로 쓰고 새기고 했다는 얘기다. 그때는 동일한 내용을 여러 사람들에게 전달하고 싶을 때 손으로 일일이 베껴 써야만 했다. 인쇄술이 발명되기 이전의 책들은 모두 필사본筆寫本이다. 성경이나 불경 같은 경전 읽기는 물론, 서당의 교재도 한동안은 손으로 필사한 책들로 공부해야 했다. 신문의 경우도, 인쇄 신문이 나오기 전에는 '필사 신문'이라고 하여 필공들이 하나의 원본에서 시작해서 손으로 일일이 베껴서 신문을 만들어 냈다.[9] 손으로 베낀들 얼마나 베낄 수 있었겠는가. 그러다 보니 소량의 신문만이 생산되었고, 값도 그만큼 비쌀 수밖에 없었다. 힘 있고 돈 있는 사람들만이 독자가 되는 것은 당연했다. 인쇄술은 바로 이러한 동일 메시지 복제의 양적 제한성을 극복하게 만든 결정적 기술이 되었다. 인쇄술은 동일한 메시지의 다량 복제가 가능한 새로운 시대를 열었다는 점에서 가장 큰 의의를 찾을 수 있다. 때문에 앤서니 스미스는 이러한 '인쇄 혁명'을 인간 커뮤니케이션 역사에 있어 두 번째의 획기적인 변화로 보았으며, 존 피더 같은 이는 이를 1차 커뮤니케이션 혁명이라 할 만큼 중요한 변화로 꼽았다.

마치 말만이 있던 시대에 의미의 보다 안정적인 보존과 저장을 위한 문자의 필요성을 느꼈듯이, 말과 글만이 있던 시대에 말과 글만으

9 신문의 발전 과정 역시 인간 커뮤니케이션 미디어의 발전 과정을 그대로 보여 준다. 떠돌이 음유 시인이나 행상인들이 마을을 돌아다니며 노래와 구두 언어로 세상 소식을 전했다는 일종의 신문 현상인 발라드 저널리즘ballad journalism을 비롯하여, 편지 형식으로 소식을 전한 서한 신문, 동일한 내용으로 편집된 원본을 일정량 베껴서 배포한 필사 신문, 인쇄기를 이용하여 대량 복제·배포한 인쇄 신문, 전파 미디어를 이용한 방송 저널리즘 등을 거쳐 보다 최근의 인터넷 신문 등으로 발전한 과정은 미디어 기술 발전과 저널리즘의 발전 과정이 갖는 밀접한 관계를 잘 보여 준다.

로는 충족되지 않는 인간 커뮤니케이션에의 또 다른 새로운 욕구는 무엇이었을까? 인쇄술은 바로 이러한 새로운 욕구에 대한 당대적 반응이었다고 할 수 있다. 인쇄술은 동일한, 즉 같은 내용의 메시지를 더 많이 찍어 내고, 더 많은 곳으로 전파하고, 더 많은 사람들에게 전달할 필요성을 느꼈을 때, 당시에 동원 가능한 기술적 수준에서 출현하게 된 새로운 미디어였다.

이러한 인쇄술이 동양에서, 특히 우리나라에서 일찍이 시작되었다는 점은 새겨두어야 할 대목이다. 우리의 세계적인 자랑거리이기 때문이다. 처음에는 나무판에다 글자를 새겨서 인쇄한 목판 인쇄술이 600년경 중국에서 시작되었다고 한다. 중국의 목판 인쇄술이 우리나라에 전해져 불교 문화가 융성했던 신라에서 특히 발전하였다. 현재 세계에서 가장 오래된 목판 인쇄본이 불국사 석가탑에서 발견된 신라 시대(704~751년 사이)의 《무구정광대다라니경無垢淨光大陀羅尼經》이라는 사실은 세계적으로 공인된 것이다.[10] 고려의 팔만대장경판도 목판 인쇄술의 더할 데 없는 진가를 보여 준다. 특히 고려 시대인 1234년 세계에서 처음으로 금속 활자를 발명한 것도[11] 우리 선조들의 특출한 지

10 현존하는 목판 인쇄물 중에서 가장 오래된 《무구정광대다라니경》(국보 제126호)은 불국사 석가탑 탑신부에서 발견된 것으로, 가로 52cm 세로 6.7cm가량 되는 닥나무로 만든 종이를 12장 이어 찍은 약 7m 정도 되는 두루마리 형식의 인쇄물이다. 중국에서 (인도 승려에 의해) 한문으로 번역된 다라니경이 704년 신라로 들어와 751년 석가탑 건립 이전에 목판본으로 간행됐다고 한다.

11 청주 흥덕사에서 1377년 7월에 인쇄된 것으로 밝혀진 《백운화상초록불조직지심체요절白雲和尙抄錄佛祖直指心體要節》 역시 현존하는 세계 최고最古의 금속 활자본이다. 본래는 상, 하권으로 출간되었으나 지금은 하권만 남아 있다. 19세기 말 한국 주재 프랑스 대리공사를 지낸 콜랭 드 플랑시Collin de Plancy가 고서 수집 과정에서 발견하여 자국에 가져간 것으로, 지금은 프랑스 국립도서관에 보관되어 있다. 기록에 의하면 몽고가 고려를 침략하여 수도를

혜와 기술에서 비롯된 것이니 인쇄 커뮤니케이션 미디어에 관한 한 우리나라를 빼고는 그 역사를 얘기할 수 없게 된 셈이다.

그러나 불행하게도 우리나라의 경우는 인쇄 커뮤니케이션 미디어가 지닌 최대의 장점이자 특성인 다량 복제와 이를 통한 메시지의 대중화로 연결되지 못한 한계를 보여 주었다. 불력佛力으로 왕실과 나라를 구하고 살리려는 사업의 일환으로 인쇄술을 개발했는데, 그것은 주로 제한된 수의 보존용 불경 제작을 위한 것이었지 일반 백성에게까지 널리 읽히게 하려는 뜻에서 그런 것은 아니었다. 이에 비해 그로부터 200여 년 뒤인 1455년 독일의 구텐베르크가 발명한 금속 활자와 인쇄기는 종교 개혁의 와중에서 포교와 선전을 위한 인쇄 커뮤니케이션 미디어로 활용됨으로써 다량 복제 기술의 대중화를 기하는 결정적 계기가 되었다.[12]

개성에서 강화도로 옮긴 이후인 1234년과 1241년 사이에 금속 활자로 인쇄했다는 《상정고금예문詳定古今禮文》이나, 전란 중에 고려 무신 정권의 실권자였던 중서령 최이崔怡가 민심 수습을 위해 1239년에 기존의 금속 활자본을 바탕으로 목판으로 복각했다는 《남명천화상송증도가南明泉和尙頌證道歌》 등이 이미 금속 활자로 인쇄된 것임에 분명하다. 최근 국내 학계에서는 금속 활자인 증도가자 분석을 통해 현존하는 《남명천화상송증도가》가 세계에서 가장 오래된 금속 활자본이라는 주장을 제기하고 있다.

12 1999년 말 〈타임*Time*〉지는 2000년을 눈앞에 둔 시점에서 지난 1000년의 가장 위대한 발명품으로 인쇄술을 꼽았고, 인쇄술의 발명자인 구텐베르크를 10대 위인의 한 명으로 뽑았다. 히스토리 채널에서는 지난 1000년의 100대 인물 중 구텐베르크를 1위로 꼽았다. 그만큼 그의 인쇄술이 미친 영향이 막대했다는 얘기다. 그 이전까지만 해도 성경은 필사본에 의존해 극히 제한된 부수만을 제작해 왔는데, 그가 《42행 성서》(구텐베르크 바이블Gutenberg Bible 또는 마자린 바이블Mazarin Bible이라고도 함)를 인쇄한 이후 성경을 비롯한 인쇄물의 대량 복제와 이용이 가능하게 되었다. 구텐베르크의 인쇄술은 결과적으로 서구 사회의 종교 혁명과 시민 혁명은 물론 근대 과학 기술 발전과 근대화의 원동력이 되었던 것이다. 인쇄술을 종교 혁명에 활용한 루터 역시 인쇄술을 가리켜 "복음 전파를 위해 신이 내리신 최대의 선물"이라고 극찬했다.

서구에서의 인쇄술의 발명과 발전은 그 후 신교와 구교 간의 포교전을 위한 도구로, 각 정파나 국가 간의 정치적 선전의 도구로, 그리고 각종 도서나 신문 등 인쇄 미디어의 출간을 위한 핵심 기술로 급속한 발전을 이루게 되었다. 누구나 쉽게 볼 수 있는 대중적인 인쇄 신문의 출현이나 대중 교육의 보급도 이러한 배경에서 가능하게 되었다.[13] 인쇄 커뮤니케이션 미디어는 세상에서 일어난 일을 알리는 중요한 정보 전달의 수단인 동시에 사회적으로 유용한 지식을 전수하는 교육과 계몽의 수단이 되기도 했으며, 나아가서는 정치적 선전이나 상업적 광고를 통해 다른 사람들을 자기네 이해관계 속으로 끌어들이는 대중적 설득 커뮤니케이션 미디어로 발전하였다(Altschull, 1984: 9~10).

이러한 과정에서 사회적 기득권자들은 자신들의 기존 이익을 방어하기 위해 인쇄 미디어를 이용했고, 새로운 사회 세력 역시 자신들의 입장을 관철시키기 위해 인쇄 미디어를 이용하고자 했다.[14] 대중적인 미디어가 된 인쇄술을 이용하여 사람들을 자기 편으로 교화하거

13 미국의 언론사학자 J. 허버트 알철J. Herbert Altschull은 벤저민 데이Benjamin Day가 1833년에 창간한 〈뉴욕 선*New York Sun*〉을 최초의 매스 미디어로 꼽고 있다. 그에 따르면, 19세기 초 미국 동부는 산업화와 도시화가 본격화되고, 대중 교육과 정치적 민주화가 크게 확대되는 상황에서, 〈뉴욕 선〉에 의해 신문 보급이 급팽창하게 되었다는 것이다. 이러한 시대적 상황에서 데이는 신문 경영의 혁신을 단행, 신문 값을 기존의 1/6로 대폭 인하하는 한편 광고를 많이 유치함으로써 지대 수입보다는 광고 수입으로 신문사를 운영하는 큰 전환을 이루었다. 기사의 내용 역시 인간적 흥밋거리human interest story를 많이 싣는 한편, 보다 자극적인 기사 작성을 독려함으로써 독자 수를 크게 늘렸다. 결과적으로는 〈뉴욕 선〉이 당시 미국 언론의 선정주의yellow journalism와 추문폭로주의muckraker journalism를 선도한 대표적 신문의 하나가 되었다.

14 근대적인 인쇄 신문이 등장한 이후, 동·서양을 불문하고 주요 정치인이나 사상가, 사회운동가들은 책자나 신문, 팸플릿 등 인쇄 미디어를 이용하여 자신의 정치적 주장이나 사상을 펴는 경우가 많았는데, 그들 중에는 직접 신문을 발행하거나 신문 기자로 활동한 경우가 많았다.

나 설득하려는 노력들이 점차 일상화되기에 이른 것이다. 지금 서구 근대사에 사상적인 뿌리를 둔 것으로 보이는 언론 자유를 위한 투쟁의 역사도 따지고 보면, 대중화된 인쇄 미디어를 이용한 기득권에 대한 지속적인 저항과 그에 대한 계속적인 탄압의 역사에 다름 아니었다고 하겠다.[15]

앞에서도 언급했던 것처럼 인쇄술이 등장하기 전에는 어느 사회에서나 식자층이 제한되어 있었다. 글을 배울 수 있는 기회도 특정 지배층에 한정되었고, 그들이 지식을 독점했다. 그것은 곧 권력이기도 했다. 인쇄술의 발명과 발전은 바로 이러한 지식과 권력 독점을 파괴하거나 그에 도전하면서 지식의 대중화, 문화의 대중화, 권력의 탈집중화를 가져오게 했다.

인쇄술이 급속히 보급되면서 서구 사회에는 종교 혁명과 함께 르네상스가 찾아왔고, 계몽주의의 도래와 함께 근대적 시민 사회가 열렸다고 할 수 있다. 또한 인쇄술의 보급이 시민혁명 혹은 사회주의 혁명의 이념적 동력이 되기도 했다. 인쇄물을 이용한 대중 교육이 지식의 대중화와 사회 전반의 근대화를 가져오기도 했지만, 인쇄물을 이용한 선전, 선동이 이데올로기의 시대를 초래케 했다는 주장도 있다.[16] 또한 대량 복제된 (보다 감성적인) 인쇄물이 때로는 무비판적이고

15 서구 언론사에서 '언론 자유를 위한 최초의 항변서'로 흔히 존 밀턴John Milton의 《아레오파지티카*Areopagitica*》를 꼽는다. 밀턴은 1643년 자신이 쓴 《이혼론*The Divorce Tracts*》이 등록과 검열을 거치지 않았다는 이유로 의회에서 문제가 되자 당시의 출판허가제와 검열제에 대한 항의의 표시로 《아레오파지티카》(부제: 검열 없는 출판의 자유를 위해 영국 의회를 상대로 작성한 존 밀턴의 연설문)를 출판했다. 그러던 그가 크롬웰 집권 이후에는 크롬웰의 공화정에 반대하는 주장들을 '검열하는' 역할을 했다니 역사적인 아이러니가 아닐 수 없다.

16 앨빈 굴드너Alvin Gouldner는 문자와 인쇄술에 의한 개념적 상징conceptual symbolism에

맹목적인 대중 사회와 대중 문화의 형성과 발전에도 크게 기여했다는 지적도 있다. 긍정적인 기여가 있었는가 하면, 부정적인 폐해도 적지 않았다는 얘기다. 그러나 긴 역사의 지형에서 본다면 인쇄 미디어는 분명 보다 많은 사람을 문맹文盲의 상태에서 문명文明의 세계로 인도했고, 지식과 문화의 대중화를 선도했다는 점에서 인간이 만들어낸 최고의 발명품의 하나임에는 분명하다. 그러한 인쇄 미디어가 그동안 인간에게 어떤 영향을 미쳤는지를 하나하나 따져 보는 일은 그 나름대로 흥미 있는 일이 될 것이다.

5. 텔레커뮤니케이션 시대: 메시지 전달의 신속성과 원격성

말과 글이 서로 통하고, 메시지의 다량 복제가 가능한 인쇄술이 발달한 시기에 이르렀다고 해서 사람들 간의 정보 전달이나 소통엔 별다른 문제가 없었을까? 아무리 많은 양의 메시지를 다량 복제한들 그것을 일정한 장소로 이동시키기 위해서는 물리적인 교통수단을 이용할 수밖에 없던 시대가 있었다. 아니, 아주 적은 양의 메시지라고 해도 이를 아주 멀리까지 빠르게 전달할 필요가 있을 때에는 어떻게 해야 하나? 아무리 빠른 교통수단을 이용하더라도 거리가 멀면 정보 전달에는 그만큼 많은 시간이 소요될 수밖에 없을 것이다. 바로 이러한 상황에서 전신 기술의 발명은 정보 전달과 소통에 있어 시간과 공간적 장

의해 이데올로기의 시대가 열렸고, 텔레비전의 도상적 상징iconic symbolism에 의해 탈이데올로기의 시대로 접어들게 되었다고 했다(Gouldner, 1976: 167~170).

애를 획기적으로 개선한 미디어 기술의 또 다른 혁신이었다. 어떻게 하면 저 멀리까지 내가 알리고 싶은 것을 순식간에 전할 수 있을까? 인간은 이미 오래전부터 그런 상상적 기대를 했을 것이다. 동양에서 순간 이동을 위한 축지법을 생각해 낸 것도 그런 상상의 한 유형이었을 것이다.

1844년 미국의 새뮤얼 모스Samuel Morse가 최초의 (유선) 전신傳信 메시지를 송신했을 때, 그는 "하느님께서 위대한 일을 하셨다"는 메시지를 보냈다. 그가 생각해도 당시 그것은 충격적인 일이 아닐 수 없었을 것이다. 보이지도 않고 목소리가 닿지도 않는 곳에 있는 상대방에게 거리를 초월하여 순간적으로 바로 어떤 메시지를 보낼 수 있다는 사실은 당시로서는 신만이 할 수 있는 일이라고 생각했을 것이다. 그런 일을 모스가 해낸 것이다.

전신 기술의 발명과 발전은 오늘날의 여러 가지 텔레커뮤니케이션 기술을 가능하게 한 원천이 된 셈이다. 물론 인간은 옛날부터 원격지 간의 커뮤니케이션을 위해 산봉우리 사이를 잇는 봉화烽火나 봉수烽燧를 이용해 횃불 또는 연기 신호로 어떤 메시지를 보냈다. 말馬과 같이 이동 가능한 교통수단을 이용하여 원거리 간에 메시지를 운반하기도 했으며, 전서구傳書鳩와 같이 비둘기를 이용한 통신을 행하기도 했다. 그러한 원거리 통신은 모두 자연물이나 인위적인 교통수단을 이용한 것이었다. 그에 비해 전신술傳信術은 근대적인 과학 기술을 응용하여 원격지 간 텔레커뮤니케이션 기술의 새로운 역사를 활짝 열어 놓게 되었다.

그러한 원천 기술을 기반으로 그 뒤 전화나 무선 전신, 라디오와 텔레비전 방송은 물론 오늘날의 각종 첨단 모바일 미디어까지 발전하게 된 것이다. 처음에는 원격지 간에 단순히 약속된 코드code를 전달하던 단계에서 그다음에는 어떤 생생한 소리나 사람의 목소리를 그대로, 그다음 단계에는 실제적인 영상과 동영상까지도 그대로 생생하게, 멀리 그리고 널리 전달할 수 있게 되는 단계로 발전함으로써 한 단계, 한 단계가 경이로운 기술적 발전상을 보여 준 것이다. 모스의 전신술 발명(1844)으로부터 채 100년도 안 된 시기 동안 전화(1876), 무선 전신(1895), 라디오 방송(1920), 텔레비전 방송(1936) 등 근대적인 텔레커뮤니케이션 미디어들이 줄줄이 등장했던 셈이다. 그사이에 영화(1895)도 등장해 텔레커뮤니케이션 기술과 합쳐짐으로써 텔레비전의 등장이 가능하게 되었다.

바로 이러한 텔레커뮤니케이션 미디어는 메시지 전달의 원격성과 신속성을 동시에 보장한다는 점에서 이전의 미디어와는 차원을 달리한다. 멀리까지 신속하게 메시지를 전하고자 하는 기술적인 노력은 교통수단의 개선과 함께 오랜 기간에 걸쳐 조금씩 발전해 왔지만, 전신 기술에 이르러 획기적인 진전을 이루었다.

그러나 근대적인 텔레커뮤니케이션 기술인 전신술의 발명과 발전이 이루어진 19세기 중반으로부터 20세기 전반기에 이르는 기간은 국가 간의 전쟁과 함께 제국주의가 급속히 팽창하던 시기였다는 점에 유의할 필요가 있다. 멀리 있는 남의 나라를 지배하고자 하는 열강들의 식민지 쟁탈전이 치열해지면서 그들에게는 본국과 파견대 간에 신속하고도 정확한 정보 교환이 필요했을 것이다. 그것을 가능하게 하는 커뮤니케이션 기술에 대한 기대도 있었을 것이다. 그런 점에서 정보 통신 기술은 반드시 기술 그 자체의 논리에 의해서만 발전하는 것은 아니라는 생각도 하게 된다. 실제 전신술은 식민지 개척과 경영의 중요한 수단이 되었다. 구한말 우리나라에 전신 기술이 들어온 것도 같은 맥락에서 이해할 수 있다. 1880년대 청나라와 일본, 러시아 등 주변 국가들이 한반도를 넘볼 때, 그들은 경쟁적으로 한반도에 전신 선로를 가설하였고[17] 이를 그들의 영향력 확대를 위한 수단으로 삼으려고 했다(강상현, 1984: 60~63). 청일전쟁과 러일전쟁에서 승리한 일본이 1905년 을사늑약에서 우리의 통신권을 박탈한 것은 바로 우리의 정보 주권을 찬탈한 것이며 그로 인해 한반도에서의 주도권을 장악한 것을 의미한다. 기술 그 자체로 보면 참으로 새롭고도 놀라운 것이었겠지만, 전신 기술에 대한 주도권 장악이 한 나라의 운명을 좌우할 수도 있었다는 데 이르면, 미디어 기술 역시 '양날의 칼'이라는 점을 인식할 수 있을 것이다.

모스의 유선 전신 기술 발명과 이용 확대가 있은 지 반세기가 지난 뒤인 1895년 이탈리아의 전기공학자인 굴리엘모 마르코니Guglielmo Marconi에 의해 무선 전신 기술이 발명되고 실용화되었다. 헤르츠의 전자파에 기초한 마르코니의 무선 전신 기술은 주파수를 이용한 현대 장거리 무선 통신 시대를 열게 됨으로써 유선망을 이용하지 않고서도 정지 혹은 이동 간 원격 통신을 가능하게 하는 새로운 시대를 열었다. 이러한 무선 전신은 텔레커뮤니케이션 기술이 지니는 정보 전달과 소통의 신속성 보장과 함께 원격성遠隔性을 가일층 확대하는 결과를 가져왔다. 그러나 이러한 기술을 이용한 영향력 확대는 무선 전신 기술을 조기 채택하고[18] 군사력을 겸비했던 제국주의 시대의 영국에게 '대영 제

17 맨 먼저 청나라가 당시 조선과 '의주전선합동' 조약을 체결하여 1885년 인천-한성(서울)과 한성-의주 간을 잇는 육로 전신선 — '서로전선西路電線'이라고도 함 — 을 가설했다. 그 뒤 일본은 1888년 부산과 경성(서울)을 잇는 일명 '남로전선南路電線'을 가설했고, 러시아는 서울과 원산을 거쳐 블라디보스토크로 이어지는 '북로전선北路電線'을 가설하려고 했다. 결국은 청일전쟁과 러일전쟁에서 승리한 일본으로 이들 전신에 대한 관할권이 모두 넘어갔다.

18 마르코니는 자신의 무선 전신 기술이 모국인 이탈리아에서 인정받지 못하자, 영국으로

국'의 영예를 안겨 주기도 했다. 반대로 영국의 식민 지배를 받게 된 나라 입장에서는 무선 전신 기술이 역사적 멍에가 되었다고 볼 수 있다.

전화 역시 핵심적인 텔레커뮤니케이션 기술의 하나다. 전화는 전신과 같은 텔레커뮤니케이션 기술이면서 약호code 전송을 하는 전신과는 달리, 사람의 목소리를 직접 주고받는 것이다. 보이지도 않는 멀리 떨어져 있는 사람의 목소리를 들을 수 있다니 이 또한 얼마나 신기하고 놀라운 일인가? 그러한 전화기는 미국으로 건너간 이탈리아의 안토니오 메우치Antonio Meucci가 1854년에 발명했다. 그는 1871년부터 일시적인 특허를 얻어 3년간 매년 10달러로 이를 갱신해 왔으나, 1876년 알렉산더 그레이엄 벨Alexander Graham Bell이 200달러를 내고 메우치 전화에 대한 특허를 취득했다.[19] 결과적으로 벨이 메우치의 특허권을 빼은 것이다. 메우치는 이에 제소했지만 패소하여 망했고, 벨은 '전화 발명가'라는 명예와 함께 1877년 '벨 전화 회사'를 만들어 부자가 됐다. '벨 전화 회사'는 그 뒤 미국의 최대 기업 중 하나인 미국전신전화회사(AT&T)로 발전해 나갔다. 메우치는 2002년 6월 미 의회의 결의안에 따라 '최초의 전화 발명가'로 명예를 되찾았다.

뒤이어 등장한 라디오는 어떤 약호를 전달하는 것이 아니라 사람

건너가 특허를 얻었다. 그 뒤 장거리 무선 통신 실험들을 거치면서 영국 해군의 함선 통신에 활용됨은 물론, 유럽과 미국 간을 연결하는 대서양 횡단 공공 통신 사업으로도 발전했다. 영국 해군은 일찍이 이러한 기술의 놀라운 잠재력을 십분 활용함으로써 막강한 정보력을 군사력으로 활용할 수 있었다. 마르코니는 무선 전신 기술의 발명으로 1909년 노벨 물리학상을 수상하기도 했다.

19 최초의 전화기 특허 취득 과정에 대해 벨과 또 다른 발명가인 엘리샤 그레이Elisha Gray 간의 법정 소송도 유명하다. 여기서도 벨은 그레이가 먼저 발명해서 사용하던 송화기와 수화기를 이용해 특허 출원을 한 것이었는데, 법정은 먼저 특허 신청을 한 벨의 손을 들어주었다.

의 음성이나 음향 또는 음악을, 그리고 텔레비전은 움직이는 영상을 있는 그대로 멀리까지 전달한다는 점에서 미디어 기술사에 있어 또 하나의 획기적인 전기를 마련했다. '방송'의 시대가 열린 것이다. 방송 역시 메시지 전달의 신속성과 원격성을 보장한다는 점에서는 통신과 같은 특징을 지닌다. 그런데 통신이란 주로 한 장소와 다른 장소를 잇는 지점 간 커뮤니케이션point-to-point communication의 성격을 지니는 것과는 달리, 방송은 한 곳에서 메시지를 보내지만 그러한 메시지를 수신하는 것은 불특정 다수라는 점에서 차이를 보인다. 그런 점에서 방송은 전파 도달 범위 내에서의 광역성을 그 특징으로 한다. 그리고 통신은 주로 쌍방 간의 커뮤니케이션을 전제로 하는 것인 데 비해, 방송은 일방적인 것이라는 점에서 통신과 구별된다.[20]

방송 기술 역시 1, 2차 세계 대전을 거치면서 급속히 발전했다. 마셜 매클루언이 '핫 미디어hot media'[21]라고 말한 라디오는 전쟁 기간 중에 강력한 선전 선동 미디어로 이용되었다. 1920년대 처음 라디오가 등장했을 때,[22] 사람들은 그러한 미디어에서 흘러나오는 자극적인

20 (무선) 통신과 방송은 전파를 이용한 신호 전달이라는 점에서 본래 하나의 뿌리에서 출발했다. 그런 점에서 통신과 방송을 '쌍둥이 형제twin brothers'라 부르는 이도 있다. 그러나 시간이 지남에 따라 통신은 일대일 쌍방향 커뮤니케이션 미디어로, 그리고 방송은 일대다의 매스 커뮤니케이션 미디어로 분화, 발전했다. 보다 최근에는 미디어 기술의 디지털화에 따라 방송과 통신이 다시 하나로 융합되는 양상이 두드러지고 있다. 마치 이산가족이 재상봉하는 것과 같은 모양새다.

21 매클루언이 말하는 '핫 미디어'와 '쿨 미디어cool media'는 정세도definition과 참여도participation에 따라 상대적으로 구분되는 개념이다. 라디오와 같은 '핫 미디어'는 정세도가 높고(높기 때문에) 참여도가 낮은 미디어를, 텔레비전과 같은 '쿨 미디어'는 반대로 정세도가 낮고(낮기 때문에) 참여도가 높은 미디어를 말한다.

22 최초의 정규 라디오 방송은 1920년 11월 1일 미국 피츠버그의 KDKA 방송국에서 행한

목소리에 강렬한 인상을 받았다. 오늘날 라디오는 뉴스나 음악, 토크 프로그램 등 여전히 다양한 프로그램을 제공해 주고 있지만, 20세기 중반 이후에는 영상 미디어인 텔레비전이 주도적인 방송 미디어로 부상했다.[23] 텔레비전은 사진술에서 발전한 영화의 영상 기술과 방송 기술이 결합된 시청각 미디어로, 20세기의 가장 대표적인 미디어였다고 할 수 있다. 텔레비전 등장 이후 사람들은 아무리 멀리서 일어난 일도 카메라가 비추는 대로 현장을 생생하게 볼 수 있게 되었다. 특히 컬러 TV의 출현은 텔레비전 미디어가 가지고 있는 시청각 메시지의 원격성과 신속성과 현장성에 — 흑백이 아닌 컬러이기에 — 더 높은 사실성을 구현시킨 기술적 진전을 보여 주었다.[24] 뒤이은 비디오 녹화 기

대통령 선거(워렌 하딩Warren Harding 대 제임스 콕스James Cox) 개표 방송부터 시작되었다. 그 뒤 1921년 프랑스, 1922년 영국과 소련, 1923년 독일과 벨기에, 1924년 이탈리아, 1925년 일본 등에서 정식 라디오 방송이 시작됐다. 우리나라에서는 1927년 2월에 라디오 방송이 시작됐으나, 일제 치하이던 당시의 경성방송국(JODK)은 일본의 한 지방 방송국에 불과했다. 일본의 식민 지배를 위한 도구로 이식된 방송이었다.

23 최초의 정규 텔레비전 방송은 1936년 8월 영국의 BBC에 의해 처음 이루어졌다. 같은 해 독일의 히틀러는 베를린 올림픽을 TV 중계했다. 미국에서도 1939년 4월 뉴욕 만국박람회 개막식 중계로 TV 방송을 시작하는 등 유럽과 미국에서 TV 산업이 막 성장하려는 상황에서 2차 세계 대전이 발발해 텔레비전 방송은 잠시 주춤했으나, 종전 후 특히 1950년대와 1960년대의 컬러텔레비전 등장과 발전 등에 힘입어 전 세계적으로 급속히 확산되었다. 우리나라의 경우, 1956년 최초의 민영 상업 TV가 개국했으나 얼마 후 화재와 경영 부실로 문을 닫았고, 본격적인 텔레비전 방송은 5·16 군사쿠데타 이후인 1961년 12월에, 그리고 컬러텔레비전 방송은 5공 신군부 집권 이후인 1980년 12월에 개시되었다.

24 텔레커뮤니케이션 기술의 원격성과 신속성에 시각적 현장성과 컬러화를 통한 사실성, 전달의 광역성 등을 확대시킨 시청각 매체인 컬러텔레비전은 기술적으로 매우 탁월한 것임에 분명하다. 그러나 이러한 컬러 TV도 방송 방식에 있어서는 상당 기간 통일되지 않고 3분할되어 발전해 왔다. 미국의 NTSC 방식은 미국을 비롯해 캐나다와 중남미 국가, 아시아의 일본, 한국, 필리핀, 대만 등이 채택했고, 프랑스의 SECAM 방식은 개발 국가인 프랑스와 과거 프랑스 식

술의 발명은 영상 메시지의 대량 복제를 가능하게 했고, 케이블과 위성 기술의 발전은 케이블 TV나 위성 TV 등 영상 메시지의 전송로를 보다 다양화시키는 결과를 가져왔다. 또한 이러한 텔레비전 미디어 보급의 급속한 확산은 현대 대중 문화의 형성과 발전에도 큰 영향을 미쳤다. 매스 미디어로서의 텔레비전이 갖는 위력은 단지 문화적 면에서만이 아니라 현대 사회의 정치와 경제 질서는 물론 사람들의 의식 일반에도 크고 작은 영향을 미쳐 왔음을 우리는 잘 알고 있다. 방송이 단지 하나의 새로운 미디어 기술이었다는 차원을 넘어, 그것이 국내외의 정치경제적인 여러 역학 관계나 사람들의 다양한 삶의 양식과 맺고 있는 관계까지를 보다 폭넓게 바라볼 필요가 있다.

6. 디지털 커뮤니케이션 시대: 기존 미디어 기능의 고도화와 디지털 융합

기존의 미디어들, 즉 인쇄 미디어와 방송·통신 미디어들이 나름대로 발전해 나가는 와중에 컴퓨터가 등장했다. 2차 세계 대전 직후인 1946년 최초의 컴퓨터로 알려진 에니악ENIAC이 미국 펜실베이니아대

민 지배를 받던 나라들과 소련 및 그 영향권하에 있던 동구권 국가들이 대부분 받아들였다. 그리고 기술적으로 가장 개선된 독일의 후발 PAL 방식은 독일을 비롯한 대부분의 유럽 국가들과 과거 독일의 식민 지배를 받던 국가들, 그리고 중국, 쿠바, 북한 등 이른바 '자주성'을 내세우던 일부 제3세계 국가들이 주로 채택했다. 방송 방식과 같은 기술 자체는 중립적일지 모르지만, 그러한 기술의 채택은 다분히 정치적인 셈이다. 이러한 현상은 그 뒤 여러 가지 새로운 미디어들이 개발, 보급되는 과정에서 드물지 않게 나타나곤 했다. 유의해서 살펴볼 필요와 가치가 있는 부분이다.

학에서 발명된 것이다. 계산기의 연산 능력을 계속 발전시켜 오던 중 1만 8,000여 개의 진공관을 이용한 대형 자동 전자계산기가 그 위용을 드러냈다. 무게만 해도 32톤이라니 정말 '위용'이라 할 만하다. 엄청난 크기와 무게의 계산기인 셈이다. 그 당시만 해도 그 기계가 오늘날과 같은 미디어 환경을 이끌어 내는 기반 기술이 될 줄은 아무도 몰랐다. 2차 세계 대전 와중에서 대포와 미사일 등의 탄도 계산을 위한 군사적 목적으로 개발된[25] 그 기계가 오늘날에는 계산기 기능을 넘어 정보 축적과 처리, 전달, 공유는 물론 생활 속의 많은 도구들을 자동화하고, 크고 작은 수많은 일을, 즉 개인 수준의 사사로운 일에서부터 범지구적인 복잡한 일까지도 처리하고 관리하는 핵심 수단이 되었다.

그런 이유로 앤서니 스미스는 인간사에 있어서의 세 번째 커뮤니케이션 혁명으로 '전자 혁명'을 들고 있다(Smith, 1980: 3~23), 컴퓨터의 등장이 또 다른 새 커뮤니케이션 시대를 열었다. 따라서 '컴퓨터 혁명'이나 '디지털 혁명'이라 해도 무방하다. 존 피더는 이를 2차 커뮤니케이션 혁명이라 했다. 결과적으로 컴퓨터의 발명과 발전은 기존의 미디어 기술이 지닌 특성들을 복합적으로 크게 진전시켰다. 아무리 먼 거리에서라도 즉각적으로 서로 간에 필요한 메시지를 주고받을 수 있게 되었다. 디지털 혁명은 기존 문자 커뮤니케이션 기술의 보존성과 인쇄 커뮤니케이션 기술의 복제성, 그리고 텔레커뮤니케이션 기술의 신속성과 원격성을 고도화시켰을 뿐 아니라 실시간 및 비실시간 상호작용을 보다 진전시켰다. 디지털 기술에 의해 기존의 개별 미

25 미국은 2차 세계 대전 중인 1943년부터 탄도 계산을 목적으로 컴퓨터 개발을 시작했고, 종전 후인 1946년 진공관을 사용한 최초의 컴퓨터 에니악을 완성했다. 최초의 컴퓨터는 그런 점에서 '탄도 계산 컴퓨터ballistics computer'라고도 한다.

디어들을 하나로 통합하는 멀티미디어의 실현을 가져오기도 했다. 디지털 기술에 기반을 둔 컴퓨터의 발전과 이를 바탕으로 한 미디어 생태계의 변화를 조금 더 구체적으로 살펴보자.

먼저 컴퓨터 자체의 기술 변화를 보자. 초기의 대형 진공관 컴퓨터는 트랜지스터, 집적 회로(IC) 기술 등 반도체 기술의 발전과[26] 그에 힘입은 마이크로프로세서의 발전으로 이어지면서 컴퓨터 시스템의 경박단소화輕薄短小化, 데이터 처리 능력의 고속화와 대용량화, 그리고 시스템의 신뢰도가 크게 개선되고 전력 소비도 많이 줄었으며 가격 또한 매우 저렴해지게 되었다.

1946년 최초의 진공관 컴퓨터가 등장한 이후 1951년에는 최초의 상용 컴퓨터(유니백 1), 1964년에는 IC 회로를 이용한 최초의 컴퓨터(IBM의 시스템/360)가 등장했다. 1970년대에 접어들어서는 한편으로 대용량화 추세에 따른 슈퍼컴퓨터가 등장했는가 하면,[27] 다른 한편으로는 개인용 소형 컴퓨터가 등장하기도 했다.[28] 미국의 시사 주간지인 〈타임〉은 1982년 사상 처음으로 사람이 아닌 컴퓨터를 '올해의 인물'로 선정할 정도로 당시 컴퓨터의 발전은 괄목할 만한 것이었다. 그 뒤

26 1907년 미국의 리 드포리스트Lee DeForest가 발명한 (3극) 진공관은 1947년 벨연구소의 윌리엄 쇼클리William Shockley 등에 의해 트랜지스터의 발명으로 이어지면서 본격적인 반도체 시대를 열게 되었다. 1958년 텍사스 인스트루먼트사의 잭 킬비Jack Kilby가 여러 개의 트랜지스터 회로를 집적할 수 있는 반도체 집적 회로(IC)를 완성함으로써 IC 시대를 열었다. 이러한 IC 기술은 회로의 집적도 발전에 따라 그 후 LSI, VLSI, ULSI 등으로 발전하게 되었고, 보다 최근에는 초기의 트랜지스터보다 1000만 분의 1크기에다 반도체 칩 하나에 1조 개의 부품을 탑재할 수 있는 단전자單電子 시대로까지 발전했다.

27 1976년 크레이리서치사가 최초의 슈퍼컴퓨터인 '크레이 I'를 개발했다.

28 1977년에는 애플사의 8비트 PC(애플 II), 1981년에는 IBM의 16비트 PC(PC 5150)가 개발되었다.

에도 반도체 기술의 발전에 힘입어 컴퓨터의 성능은 계속 발전해 왔다. 처리 속도는 빨라지고 용량은 커지는 반면 크기는 더욱 작아지는 추세를 보여 왔다. 이제 사람들은 개개인이 자신의 개인용 컴퓨터를 휴대하고 다니는 시대로까지 발전했다. 데스크톱 PC와는 별도로 한동안 노트북 PC를 들고 다니더니 지금은 태블릿 PC를 가지고 다닌다. 게다가 스마트폰과 같은 휴대폰 자체에 다양한 컴퓨터 기능이 탑재되어 있다. 기술 발달에 따라 앞으로도 더 작은 컴퓨터나 쉽게 접어가지고 다닐 수 있는 컴퓨터, 심지어는 시간과 공간의 한계를 넘어 언제 어디서나 서로 연결되면서 이용 가능한 아예 보이지 않는 착용형 컴퓨터 시스템(ubiquitous/invisible/wearable computing)도 점차 현실화되고 있다.

이러한 컴퓨터의 발전과 함께, 컴퓨터 간의 통신 기술이 발전하면서 명실상부한 디지털 커뮤니케이션 시대로 접어들게 되었다. 컴퓨터 그 자체로서는 데이터나 정보를 저장하고 처리하는 데 그쳤지만, 컴퓨터 간의 연결을 통해 정보 및 데이터 통신이 가능하게 되었다. 그러한 컴퓨터 네트워크 간의 연결은 인터넷의 등장을 가능하게 했다. 1969년 10월, 미 국방부 산하 첨단연구계획국(ARPA: Advanced Reseach Projects Agency)이 분산형 패킷 교환망을 이용한 컴퓨터 네트워크(ARPANET) 구축에 성공함으로써 인터넷 시대가 열린 것이다. 이러한 네트워크 구축의 초기 동기는 소련의 핵 공격에도 군사 통신망을 안전하게 보호하기 위한 것이었으나, 미국 주요 대학과 연구소 간의 메시지 전송과 정보 공유 등을 위한 네트워크로 확대되면서 이용자 수요가 급속히 늘어나게 되자 국방부의 군사용 MILNET와 민간용 ARPANET으로 분리 운영되었다. 그 뒤 미국 국립과학재단(NSF)이 1986년 TCP/IP 기반의 NSFNet를 구축하자 이 망이 1987년부터는 ARPANET을 대신한 인터넷 기간망이 되었고 그때부터 인터넷이 본격적으로 전 세계로 확산되기 시작했다(http://soluweb.kr/220145015329).

또한 그에 뒤이은 1991년 스위스 제네바의 유럽입자물리연구소(CERN)의 팀 버너스리Tim Berners-Lee가 월드 와이드 웹World Wide Web을 창안하고 WWW 방식 네트워크 검색어인 HTML을 개발한 데 이어 미국 일리노이주립대학교의 마크 앤드리슨Marc Andreessen 등이 WWW 방식의 인터넷 웹 브라우저인 모자이크Mosaic를 개발, 이를 무료 배포함으로써 인터넷의 본격적인 대중화가 가능하게 되었다. 특히 (앤드리슨이 1993년에 모자이크를 상품화한) 웹 브라우저 넷스케이프Netscape와 (1995년 마이크로소프트의 운영 체제인 윈도에 내장되어 보급된) 인터넷 익스플로러 등이 등장하면서 인터넷의 대중화와 세계화는 더욱 가속되었다.

그 뒤 인터넷은 그 자체가 다양한 정보 통신 서비스의 핵심 네트워크가 되었지만, 인터넷망을 통해 기존 미디어가 서비스되는 형태로도 발전했다. 1980년대 초 온라인으로 서비스되던 전자 신문이 인터넷 신문으로 발전했는가 하면, 1990년대 중반에는 온라인 통신 업체들이 인터넷 포털 서비스(Yahoo, 1994)를 제공하기 시작했고, 그 뒤 인터넷을 통한 라디오 방송(1995)과 전화(VoIP, 1996), 웹 TV(1997), IPTV(2000) 서비스가 이루어지면서 기존 미디어 서비스가 대부분 인터넷을 통해서도 제공되는 단계에 이르게 되었다.

뿐만 아니라 1990년대 후반으로 접어들면서는 개개인이 인터넷상에 자신의 블로그(1997)를 만들어 여러 가지 정보를 제공하거나 공유하는 등 미디어의 개인화personalization 현상도 두드러졌다. 또한 초기의 인터넷 서비스는 주로 유선망을 통해 이루어졌으나 그 후 무선랜이 대중화되었고, 고속 이동 중에도 동영상 서비스까지 가능한 휴대 인터넷(예: WiBro, HSDPA 등) 시대를 열기도 했다.

디지털 미디어의 기초 기술인 컴퓨터와 그것의 기반 네트워크라고 할 수 있는 인터넷의 발명과 발전이 모두 군사적 목적에서 시작되었다가 점차 정부의 행정적인 목적이나 대학에서의 연구 목적 등을 거쳐 나중에는 상업적인 목적으로 상품화되고 산업화되는 길을 걸어왔다는 것은, 새로운 미디어 기술의 발전과 정치·경제적인 목적이 매우 밀접하게 연관되어 있음을 알게 한다. 이에 대해서는 뒤의 여러 장에서 구체적으로 다루게 될 것이다. 정보가 힘power이 되고, 정보가 돈money이 되는 것은 '정보 사회'에서만 통하는 논리가 아니고, '이미' 그리고 '언제나' 인류 역사의 태고 때부터 당대의 중요 정보는 당대의 중요한 힘이 되었고, 당시의 가치 있는 정보는 그만큼 당시의 가치 있는 재화가 되었던 것이다.

한편 이러한 컴퓨터와 인터넷의 발전과는 별도로 정보 통신 기술의 디지털화에 따라 무선 이동 통신 서비스도 비교적 짧은 기간 동안 괄목할 만한 진전을 보였다. 1970년대 초 무선 호출 서비스(1973)가 시작된 것을 비롯해, 1980년대 초에는 아날로그 셀룰러 이동 전화 서비스(1983), 그리고 1990년대 초에는 디지털 셀룰러 이동 전화 서비스(1991)가 시작됐다. 그러다가 1990년대 중반 이후 개인 휴대 통신(PCS) 서비스(1995)와 디지털 방식의 CDMA 서비스(1996), 그리고 범세계 위성 이동 통신인 GMPCS 서비스(1998)가 개시되었다. 2000년대에 들어서는 제3세대 이동 통신 서비스인 영상 전화 서비스(2006)와 제4세대 이동 통신인 LTE(Long Term Evolution, 2011)에 이어 5G(2019) 상용화 서비스도 이루어지고 있다.[29] 미래 이동 통신은 사람과 사람, 사람과

29 우리나라의 경우, 1982년 무선 호출 서비스 개시 이후 1997년 이용자가 1,500여만 명까

사물 사이를 넘어 앞으로는 사물과 사물 사이에서도 이루어질 것이라는 전망들이 제기된다.

컴퓨터와 디지털 기술의 발전은 앞서 살펴본 것처럼 한편으로는 컴퓨터 통신과 인터넷, 디지털 무선 이동 통신 등 새로운 미디어의 등장 및 발전과 함께, 인터넷을 통한 기존 미디어 서비스의 실현도 가능하게 했지만, 다른 한편으로는 전통적인 아날로그 미디어를 디지털로 전환시키는 일도 가능하게 했다. 전통적인 인쇄 신문 제작 과정을 CTS(Computerized Typesetting System)화하여 기사 DB 구축과 온라인 서비스를 가능하게 했고, 팩스 신문이나 주문형 신문의 제작도 가능하게 했다. 지금은 대부분의 주요 신문들이 인터넷으로도 서비스되고 있으며 인터넷판으로만 서비스하는 신문들도 많다. 잡지도 마찬가지다. 도서 출판 역시 제작 과정이 대부분 전산화(DPS: Desktop Publishing System)되어 있으며, 최근에는 전자책e-book 서비스가 크게 활성화되고 있다.

디지털 기술은 또한 기존의 아날로그 방송도 디지털로 대부분 바꾸어 놓고 있다. 기존의 아날로그 방송들은 1990년대 중반 이후부터 디지털로 전환되거나, 새로운 디지털 방송의 등장으로 이어졌다. 1994년 미국의 DirecTV가 디지털 위성 방송 서비스를 시작한 것을 비롯해, 1995년에는 영국의 BBC가 디지털 라디오 방송을 개시했다.

지 늘었으나, 이동 전화 보급이 늘면서 무선 호출기 이용자는 격감했다. 아날로그 셀룰러 방식의 이동 전화는 1984년 5월부터 서비스를 시작했고, 1996년 4월 디지털 CDMA 이동 전화가, 그리고 1997년 10월에는 개인 휴대 통신(PCS) 서비스가 도입되면서 국내 이동 전화 이용자는 폭발적으로 늘어났다. 1996년의 CDMA 방식 이동 전화 서비스와 2006년의 3G 영상 전화 서비스, 그리고 2019년의 5G는 우리나라가 세계 최초로 상용 서비스를 했다는 점이 주목할 만한 일이다.

1997년에는 디지털 케이블 TV가 선보이기도 했다. 특히 1998년에는 영국과 미국에서 기존의 지상파 TV를 디지털로 전환하여 방송하기 시작했으며, 그 뒤 디지털 위성이나 케이블, 지상파 방송 등을 통한 데이터 방송 서비스도 본격화됐다. 2000년대에 들어서면서는 인터넷을 통한 멀티미디어 방송(IPTV) 서비스가 전 세계적으로 확산되기 시작했고, 2004년과 2005년을 전후해서는 위성 DMB와 지상파 DMB와 같은 모바일 TV가 등장하기도 했다.

이러한 디지털 미디어의 발전 과정에서 과거에는 개별적으로 발전해 오던 미디어들이 점차 융복합화되는 양상을 보인다. 여전히 한편에서는 인쇄 미디어, 방송 미디어, 통신 미디어, 저장 미디어 등이 각기 나름대로 발전해 나가고 있지만, 디지털화 추세에 힘입어 이들 미디어 간의 전통적인 경계는 더욱 흐려지고 있다. 인터넷 신문과 같이 정보 통신망을 통해 특정 신문사의 뉴스가 전달되는가 하면, 잡지나 책의 내용이 웹진이나 전자책과 같이 인터넷을 통해 공급되기도 한다. 더군다나 방송과 통신의 융합 현상은 더욱 두드러지고 있다. 과거 완전히 구분되어 있던 방송망과 통신망이 이제는 하나로 통합된다. 방송망을 통해 통신 서비스가 이루어지는가 하면, 통신망을 통해 방송 서비스가 이루어지기도 한다. 케이블 TV 방송망을 통해 초고속 인터넷 서비스가 제공되고, 인터넷을 통해 웹 TV나 IPTV가 제공되는 것이 그러한 사례들이다. 방송과 통신은 이처럼 망 융합과 서비스 융합 외에 사업자 융합과 단말기 융합도 이루어지고 있다. 과거의 통신사업자는 이제 방송사업자이기도 하다. 반대로 과거의 방송사업자가 이제는 통신사업자가 되기도 한다. 국내의 거대 통신사업자인 KT와 SKT가 IPTV나 위성 DMB와 같은 방송 사업에 뛰어들었고, 국내 케이블 MSO가 초고속 인터넷 서비스에 이어, 인터넷 전화(VoIP) 사업에 뛰어들었던 것도 그러한 예들이다. 보다 최근에는 IPTV 사업자들이 케이블 SO를 인수 합병하는 추세이기도 하다. 점차 방송 통신 융합 서비스가 IP 기반 서비스로 수렴되고 있다.

이제 우리는 스마트폰이나 스마트 TV, 태블릿 PC 등을 통해 방송, 전화, 인터넷, 각종 동영상 서비스를 즐기거나 이용할 수 있고, 각종 놀이나 일 처리까지도 할 수 있는 디지털 모바일 멀티미디어 시대에 살고 있는 것이다.[30] 이제 개인들이 들고 다니는 스마트폰이나 태블릿 PC 등은 전화 통화와 방송과 통신 서비스 이용은 물론 다양한 일과 놀이를 할 수 있는 전형적인 융복합 단말기다. 가정의 거실에 걸려 있는 스마트 TV 역시 이제는 텔레비전 방송 외에도 대화면을 통해 인터넷도 할 수 있고, 화상 통화나 문자 교환을 할 수 있을 뿐 아니라 홈쇼핑이나 홈뱅킹은 물론 여러 가지 홈네트워킹 서비스를 이용할 수 있는 단말기이기도 하다. 디지털 융합으로 등장한 여러 가지 멀티미디어의 이용이 확대됨에 따라 사람들의 일과 놀이에도 많은 변화들이 일어나고 있다.

디지털 멀티미디어의 개발과 보급 및 이용이 사회 변화에 미치는 크고 작은 영향에 대해서도 물론 주목해야 한다. 그러나 새로운 미디어 기술의 사회적 영향 쪽에만 지나치게 주목하다 보면 왜 그러한 기술들이 어떠한 의도와 목적과 배경 속에서 개발, 보급, 이용되고 있는지를 헤아리는 데 소홀할 수 있다. 앞서 살펴본 바와 같이 인간 커뮤니케이션과 미디어의 발전과 진화 과정에는 어떤 특정한 한계 상황에

30 미디어 기술 발전과 인간 커뮤니케이션 진화와 관련된 각종 미디어의 연대기적 자료는 부록에서 보다 구체적으로 제시한다. 전체적인 흐름을 이해하는 데 도움이 될 것이다.

서 무언가를 해결하고 이루고자 하는 인간의 욕망과 함께 그것을 가능하게 한 지혜와 지식이 동시에 깃들어 있다. 놀랍고 화려한 기술의 이면에는 기존의 정보 전달이나 소통의 한계, 설득의 한계, 시장의 한계, 정치적 지배력의 한계와 그것을 극복하려는 의지와 기획과 노력과 전략과 정책 및 투자 등이 항상 관련되어 있다. 겉으로 보이는 기술적 성과에 매몰되기보다는 그 배경과 배후와 맥락을 읽어 내는 것이 매우 중요하다.

과거에도 흔히 늘 그랬지만 어떤 경우에서나 미디어 기술의 개발과 보급 및 이용 확대를 둘러싼 경쟁은 늘 치열했다. 산업화되고 사회적으로 널리 보급되는 미디어 기술이 있는가 하면, 흥행에 실패하고 사라지는 미디어 기술도 적지 않다. 흥하는 기업이 있는가 하면, 망하는 기업은 더 많다. 시장 확대에 성공하는 미디어 기업이 있는가 하면, 돈만 날리고 주저앉는 미디어 기업 역시 적지 않다. 최근 수십 년 동안 세계적인 미디어 기업들과 국내 미디어 기업들의 흥망성쇠를 보면 잘 알 것이다. 그 속에서 활동하는 개인들의 운명도 마찬가지다. 국가 간의 경쟁 역시 치열하다.

오늘날의 미디어 기술 발달과 변화는 기술 상호 간에도 많은 영향을 주고받지만, 그러한 기술 발달과 변화가 사회 제 수준, 즉 개인-기업-국가-세계의 운명을 좌우하는 중요한 변인이 되고 있음도 분명하다. 그런 점에서 인간 커뮤니케이션과 미디어의 발전 과정을 통시적으로 살펴본 데 이어, 미디어 기술이 사회에 미치는 영향과 사회가 미디어 기술에 미치는 영향을 종합적으로 조망해 봐야 한다.

또한 인간 커뮤니케이션과 미디어의 발전 과정을 통시적으로 살펴볼 때, '변화하는 것'과 '(별로) 변하지 않는 것'을 동시에 성찰해야 한다. 인간 상호 간의 정보 전달과 소통을 가능하게 하는 매개로서의 미디어 기술은 괄목할 정도로 많이 변화하고 발전해 왔다. 정보 전달과 소통을 어렵게 하거나 불편하게 하는 장애를 하나씩 극복해 왔고, 그 효율성을 계속 제고시켜 왔다고 할 수 있다. 이는 정보 전달과 소통의 기능적 확대 및 고도화 과정이었다고도 할 수 있다. 그러면서도 그 하나하나의 과정에 개입된 인간의 욕망과 지혜, 이해관계자 상호 간의 협력과 갈등과 경쟁의 논리에는 시대를 초월하여 어떤 유사한 공통점이 있는 것 같다.

인간 커뮤니케이션과 미디어 기술의 변화에 대한 통시적 고찰에 이어 다음 장에서는 미디어 기술과 사회 변화가 맺고 있는 관계에 관한 보다 이론적인 논의로 옮겨가 보고자 한다.

3장

미디어 기술과 사회 변동에 관한 기존 논의

2장에서는 인간 커뮤니케이션과 미디어 기술이 변화해 온 과정을 통시적으로 살펴보았다. 인간 상호 간의 정보 전달과 소통을 위해 그동안 여러 가지 미디어가 등장하여 발전해 왔고, 오늘날 아주 다양한 미디어들이 사람들 사이에서 이용되고 있는 현실에 대해서도 개략적으로 알아보았다. 미디어 기술만 변화해 온 것이 아니라 그사이 세상도 많이 바뀌었다. 세상의 변화, 즉 사회 변동에 대해서도 그동안 많은 논의가 있어 왔다.

이 장에서는 먼저 사회 변동에 관한 기존의 학술적인 논의를 간단히 짚어 보고, 기술과 사회 변동의 관계는 물론, 미디어 기술과 사회 변동의 관계에 관한 기존 논의들을 종합적으로 검토해 보고자 한다. 우리가 볼 때, 한편에서는 사회가 변화되고 있음을 부정할 수 없고, 다른 한편에서는 미디어 기술이 변화되어 온 점 역시 부정하기 어렵다.

바로 이러한 점에서 양자 간의 관계에 주목하면서 특히 미디어 기술이 사회와 맺고 있는 관계에 대한 기존 논의를 검토해 보려는 것이다.

미디어 기술과 사회의 관계에 관한 초기 논의는 주로 매스 미디어와 사회 변동의 관계에 관한 여러 연구 성과들이 있어 왔다. 보다 최근에 와서는 그 연장선상에서 컴퓨터와 인터넷을 비롯한 디지털 미디어 기술의 개발, 보급, 이용에 따른 사회 변화에 주목하는 연구들로 이어져 왔다고 할 수 있다.[31] 보다 최근에는 스마트 미디어나 모바일 미디어의 보급 및 이용 확대에 따른 사회 변화에 주목하는 연구도 늘고 있다. 계속해서 새로운 미디어들이 등장하고 그것의 이용이 대중화, 보편화됨에 따라 그러한 미디어 기술이 사회에 미치는 여러 가지 영향과 효과를 탐구하고, 또 반대로 그러한 미디어 기술이 어떠한 배경과 목적에서 선택적으로 등장했고 보급과 이용이 확대됐으며 그로 인해 어떤 집단이나 계층이 그 혜택을 보게 되었는지에 대해 관심을 갖는 것은 매우 자연스러운 일이다. 그러나 미디어 기술이 사회에 미치는 여러 가지 영향에 더욱 주목하는 연구 관점과 미디어 기술 등장과 보급 및 이용의 여러 가지 배경에 더욱 관심을 갖는 연구 관점은 미디어 기술과 사회 변화가 갖는 관계를 바라보는 방향은 물론 미디어 기술과 사회 변화의 원인과 결과 등에 대한 시각과 관점 역시 상당히 다르다고 할 수 있다. 이처럼 상이한 관점들에 대해서는 나중에 자세하게 살펴볼 것이다.

미디어 기술과 사회 변화의 관계를 서로 연결하여 논의한 것은

31 약간 단순화시켜 말하자면, 매스 미디어와 사회 변동의 연구가 '근대화' 테제에 주로 초점을 맞추어 발전해 왔다면, 뉴 미디어로서의 디지털 미디어와 사회 변동의 연구는 '정보화' 테제에 더욱 관심을 가지는 경향이 있었다고 볼 수 있다.

그리 오래된 일은 아니다. 미디어가 어느 정도 대중화된 이후의 일이다. 매스 미디어의 출현이 19세기 전반기라고 할 때, 그 등장 배경이나 사회적 영향에 대한 본격적인 논의는 그 이후의 일이다. 그에 비한다면 디지털 미디어와 사회 변화의 관계에 대한 논의는 최근의 일이라고 할 수 있다. 그러나 미디어 기술 변화와는 관계없이 사회 변동 자체에 관한 지적 관심과 논의는 아주 오래전부터 있어 왔다. 따라서 여기서는 먼저 사회 변동에 관한 기존 논의부터 짚어 본다. 그런 연후에 기술과 사회의 관계에 관한 간단한 논의를 거친 뒤, 미디어 기술과 사회 변동에 관한 여러 논의를 좀 더 구체적으로 살펴보고자 한다.

1. 사회 변동에 관한 기존 논의

이미 BC 5세기경에 그리스의 철학자 헤라클레이토스Herakleitos는 "만물은 유전流轉한다"는 유명한 말을 했다. 만물은 흘러가고 있으며, 무엇 하나 멈추고 있는 것은 없다는 것이다. 우리 속담에도 "자고 나면 인심도 변하고 세상도 변한다"는 말이 있다. 또한 불교에서도 제법무상諸法無常이라 하여 역시 모든 것은 생멸변화生滅變化하여 변천해 가며 잠시도 같은 상태에 머무르지 않는다고 했다. 우리가 흔히 쓰는 '인생무상'이란 말도 삶의 허무를 이르는 것이긴 하지만, 삶이 여일如一하지 않다는 것의 다른 표현이기도 하다. 이처럼 세상은 변한다. 사회는 항상 변화한다는 얘기다.

이러한 사회 변화에 대한 학술적 논의도 이미 오래전부터 다양하게 이루어져 왔다. 사회 변동에 대해 지금까지 확인된 학술적 논의는 14세기 중후반에 활동했던 아랍의 역사학자인 이븐 할둔Ibn Khaldun

에 의해 시작되었다. 그는 자기가 살던 중동 지역의 세상은 두 종류의 집단이 계속 순환하면서 교차해 왔다고 보았다. 그가 설명하는 사회 변동은 유목민nomadic man과 정착민sedentary man의 반복적 순환이다. 원래 험난한 사막 지역을 떠돌며 살던 유목민은 모진 환경을 이겨내기 위해 서로 강하게 결속하며 살아간다. 집단 응집력과 삶의 의지가 강하고 매우 전투적이다. 그들은 수시로 정착민을 공격한다. 본래 유목민이던 정착민은 도시를 이루어 모여 살면서 초기에는 나름대로의 문화를 꽃피우고 안정된 삶을 살아가지만 세월이 가면서 점차 나태해지고 무기력해진다. 집단 응집력이나 전투력도 점점 약해진다. 어느 시점에는 강해진 유목민의 공격을 받아 패퇴하여 쫓겨난다. 그로 인해 유목민은 정착민이 되고, 정착민은 다시 유목민이 된다. 긴 역사적 과정을 보면 이들 두 집단은 서로 순환하면서 자리바꿈해 왔다는 것이 할둔의 주장이다. 마치 시계추나 진자振子가 왔다 갔다 하는 듯한 모양의 순환론이다.

또 다른 순환론적 주기론은 아널드 토인비Arnold Toynbee가 저서 《역사의 연구*A Study of History*》에서 제기한 바와 같은 문명변동론이다. 그는 인류의 모든 문명은 생성, 성장, 침체, 해체의 과정을 거친다고 보았다. 어떤 문명이든 생성되고 나면 일정 기간 성장 및 발전해 나가다가 어느 시점에서 전성기를 거쳐 쇠퇴해지다가 소멸되고, 다시 새로운 문명이 생성, 성장, 침체, 해체된다는 것이다. 오늘날 천장과 바닥을 치며 진행되는 경제적인 경기 변동이나 사회 변동 과정을 물결wave에 비유하는 것과 유사하다.

한편 앞의 진자적 순환론이나 주기적 순환론과는 별개로, 서구 근대화와 그 이후의 사회 변화를 설명하는 과정에서 발전론적인 관점이 다수 제기되었다. 이러한 발전론적 관점에는 진화론적 발전론과 변증법적 발전론이 있다. 진화론적 발전론은 세상은 계속 발전, 진보, 진화해 간다는 입장을 취한다. 과거보다는 현재가, 그리고 현재보다는 미래가 더 발전된 상태라는 것이다. 이러한 관점을 흔히 '사회진화론Social Darwinism'이라고도 한다. 이에 비해 변증법적 발전론은 시간 흐름에 따른 발전은 인정하지만 그러한 발전의 동인을 달리 본다. 내적 모순과 갈등에 의해 기존 질서가 붕괴되면서 보다 발전적인 새로운 질서로 이행되어 간다고 보는 것이다.

진화론적 발전론의 대표적인 3인방으로는 오귀스트 콩트August Comte, 허버트 스펜서Herbert Spencer, 에밀 뒤르켐Emile Durkheim이 종종 언급된다. 콩트는 사회가 신학적 단계와 형이상학적 단계를 거쳐 실증적 단계로 발전해 간다고 했고, 스펜서는 군사형 사회에서 산업형 사회로, 그리고 뒤르켐은 기계적 연대에서 유기적 연대로 진화, 발전해 간다고 했다. 이들 모두 당시의 서구 사회의 근대화와 산업화 과정을 지켜보면서 사회는 낮은 단계에서 더 높은, 즉 더 나은 단계로 발전해 간다고 본 것이다. 이러한 발전 모델은 그 뒤 서구 사회는 물론 후진 국가들이 전통적인 사회에서 근대 사회로 이행되어 간다는 근대화 이론의 바탕이 되기도 했다.

이들 진화론적 발전론과는 달리 카를 마르크스Karl Marx의 사회변동론은 변증법적 발전론으로 분류된다. 사적 유물론에 입각한 그의 사회변동론은 원시 공산 사회에서 시작해서 고대 사회, 봉건 사회, 자본주의 사회를 거쳐 공산주의 사회로 발전해 나간다는 역사 발전 5단계설로 요약된다. 이들 단계마다 생산력과 생산 관계의 모순에 따른 계급 갈등이 존재하고 그러한 갈등을 통해 특정 시대의 달라진 새로운 생산력에 조응하는 새로운 생산 관계, 즉 계급 관계가 형성되며, 궁극적으로는 공산주의 사회와 같은 계급 없는 사회로 발전해 나간다는 것이다. 사회 변동을 설명함에 있어 역사적 조건과 계급 갈등이라는 변인에 특히 주목한다.

이에 비해 사회 변동을 사회심리학적 관점에서 논의하는 입장도 있다. 사회 변화의 핵심 동인을 특정 사회에 존재하는 구성원들의 인성personality이나 심리적 동기, 성향 등에서 찾는 입장이다. 예컨대, 근대화와 같은 사회 변동의 핵심 동인과 관련하여 에버렛 하겐Everett Hagen은 사회 구성원들의 '창조적 인성,' 데이비드 매클랜드David McClelland는 '성취 동기Achievement,' 조지프 칼Joseph Kahl은 '근대적 개인'을 강조했다. 사회 구성원들이 어떤 심리적 상태와 욕구, 동기, 사회심리적 특성을 지니고 있는가에 따라 변동에 미치는 영향은 크게 다르다고 본 것이다.

끝으로 사회 변동과 관련하여 가장 소극적인 관점으로서 구조기능주의적인 입장을 들 수 있다. 구조기능주의는 사회를 여러 하부 체계로 구성된 하나의 시스템으로 보고 각각의 하부 체계가 그 나름의 역할과 기능을 수행함으로써 시스템으로서의 특정 사회가 안정성(혹은 항상성homeostasis)을 유지해 나간다는 입장을 취하기 때문이다. 구조기능주의는 주로 체제 안정성을 설명하는 입장에 있기 때문에 사회 변동, 특히 사회의 구조적인 변화에 대한 설명에는 매우 소극적인 자세를 취한다. 예컨대, 탤컷 파슨스Talcott Parsons와 같은 구조기능주의자는 사회가 크게 경제, 정치, 사회, 문화와 같은 4개의 하부 체계로 구성된 것으로 보고, 이들 하부 체계는 각각 적응, 목표 달성, 통합, 잠재적 유형 유지와 같은 기능적 책무를 지니고 있다고 보았다. 각각의 하부 체계는 그 자체가 갖는 고유한 기능과 역할이 있기 때문에 그러한 역할 수행을 통해 사회 전체의 체제 안정을 유지하려는 속성이 있다는 것이다. 그러다 보니 다른 관점들에 비해 변화나 변동에 관

한 설명에는 상당히 인색한 경향이 있다.[32]

앞에서는 사회 변동에 관한 기존 논의를 바탕으로 몇 가지 관점 혹은 입장들이 있음을 확인했다. 미디어 기술과 사회 변동을 주로 다루는 이 책에서 이러한 논의가 무엇 때문에 필요한가? 우리는 앞으로 미디어 기술과 사회 변동의 관계를 논의하는 과정에서 불현듯 이러한 여러 기존 관점들의 잔상을 느끼게 될 것이다. 미디어 기술을 전혀 고려하지 않았던 기존 관점들임에도 불구하고, 이들 기존 관점들에서 미디어 기술과 사회 변동의 관계를 설명하는 것과 상당히 유사한 어떤 암시나 흔적, 혹은 논의의 패턴을 발견할 수 있기 때문이다.

예컨대, 우리는 디지털 미디어나 인터넷의 급속한 보급과 이용 과정에서 '사이버공간'에 관한 얘기들을 많이 한다. 그러한 사이버공간에서 네티즌들이 이런저런 웹사이트를 떠돌며 정보 검색을 하기도 하고, 시공을 초월하여 서로 온라인 채팅을 하거나 게임이나 거래를 하기도 한다. 모바일 미디어를 이용하여 이동 중에 서로 소통하기도 하고 갖가지 일과 놀이를 즐기기도 한다. 이런 현상을 두고 네티즌을 사이버공간의 '유랑민'에 비유하기도 하고, 모바일 세상의 새로운 '유목민'을 강조하기도 한다. 이런 발상은 인터넷 세상 이전의 '정착민'적인 삶이 온라인상 혹은 모바일 미디어를 이용한 '유목민'적인 삶으로 변화되고 있음을 암시하는 것이기도 하다. 불현듯 "유목민 → 정착민

32 이상의 논의들은 주로 로버트 라워Robert Lauer(1977/1989: 27~84)의 내용을 압축적으로 재구성한 것이다. 그 밖에도 사회 변동에 관한 기존 이론들을 네 가지 관점으로 분류한 리처드 애플바움Richard Appelbaum(1970/1987)의 논의도 참고하라. 그는 사회변동론을 순탄하고 누적적인 변동을 강조하는 진화론, 부분들 사이의 적응과 항상성을 강조하는 균형 이론, 내재적인 불안정성과 변동을 강조하는 갈등 이론, 그리고 사회가 진보하기도 하고 퇴보하기도 하는 등 일정한 방향성 없이 변화한다는 생성 몰락 이론 등으로 구분하여 설명한다.

표 3-1 전통적인 사회변동론과 최근의 '디지털 미디어와 사회 변동' 논의 유사점

구분	전통적인 사회변동론(예)	디지털 미디어와 사회 변동의 관계(예)
순환론적 관점	• 이븐 할둔(유목민 vs. 정착민)	• 사이버공간과 유목민적 삶
	• 아널드 토인비(생성, 성장, 침체, 해체)	• 기술 경제 패러다임 (상승, 번영, 하강, 침체)
발전론적 관점	• 오귀스트 콩트 (신학적 → 형이상학적 → 실증적) • 허버트 스펜서(군사형 → 산업형 사회) • 에밀 뒤르켐(기계적 → 유기적 연대)	• 대니얼 벨 (전 산업 → 산업 → 후기 산업 사회) • 존 네이스빗(산업 사회 → 정보 사회) • 앨빈 토플러(제1 → 제2 → 제3의 물결)
	• 카를 마르크스 (계급 갈등과 자본주의 비판)	• 마르크스주의(네오포드주의, 초국적 정보자본주의론)
구조기능주의 관점	• 탤컷 파슨스(적응, 목표 달성, 통합, 잠재적 유형 유지 등 4가지 기능과 하부 체계)	• 제임스 베니거(물질 처리 체계, 정보 처리 및 전달 체계 등의 하부 체계)
사회심리학적 관점	• 에버릿 하겐(창조적 인성) • 데이비드 매클랜드(성취 동기) • 조지프 칼(근대인)	• 컴퓨터(디지털) 마인드 • 컴퓨터(네트워크, 미디어) 리터러시

→ 유목민……"이라는 이븐 할둔의 아이디어가 스쳐 지나간다.

또한 나중에 다루지만 미디어 기술과 사회 변동을 논의할 때, 어떤 대중적인 미래학자는 정보 사회의 도래를 물결의 흐름에 비유하여 제1의 물결과 제2의 물결 이후에 생성된 제3의 물결이라 하기도 했고, 어떤 경제학자들은 상승, 번영, 하강, 침체의 주기가 반복되는 기술 경제 패러다임의 거듭되는 변화로 설명하기도 했다. 이런 식의 미디어 기술과 사회 변동에 대한 설명은 마치 토인비의 주기적인 순환론을 보는 듯한 착각에 빠진다. 토인비의 사회 변동에 대한 인식이 오늘날의 기술 변화와 사회 변동을 설명하는 과정에서도 유사하게 적용되고 있음을 보게 된다.

더군다나 정보 사회 도래와 관련된 다수의 지배적인 논의들은 진화론적 발전론을 그대로 따르고 있음을 또한 확인하게 된다. 가장 흔하게 인용되는 주장 중 하나인 앨빈 토플러의 제1의 물결(농업 혁명) → 제2의 물결(산업 혁명) → 제3의 물결(정보 혁명)이나, 그 멘토 격인 대니얼 벨의 전前 산업 사회 → 산업 사회 → 후기 산업 사회로의 3분류법, 그리고 가장 단순하면서도 일반적인 산업 사회에서 정보 사회로의 이행 논의 등은 모두 지속적인 발전을 강조하기 때문에 콩트나 스펜서, 뒤르켐류의 사회진화론의 기본 패턴을 거의 그대로 따르는 것이라 볼 수 있다.

미디어 기술의 발전 그 자체를 부정하는 것은 아니지만 새로운 미디어 기술의 개발, 보급, 이용을 둘러싼 다양한 이해관계의 대립이나 계급 갈등, 미디어 기술 발전에 따른 국가 내적 혹은 국제적인 불평등과 양극화 문제, 생산력으로서의 미디어 기술의 변화와 생산 관계로서의 계급 관계의 불변 등에 관심을 갖는 비판적 관점들은 마르크스의 변증법적 발전론을 상당히 닮아 있다는 생각도 하게 된다. 마르크스의 자본주의 비판론은 디지털 미디어 기술이 자본의 이윤 증대와 자본주의 체제 안정화를 위한 전략적 선택이란 관점들(예: 네오포드주의Neo-Fordism나 조절 학파 이론, 혹은 초국적 정보자본주의)로도 계속 이어져 오고 있다.

또한 우리는 미디어 기술이 급속히 개발, 보급, 이용되는 상황에서 새로운 사회로의 이행에 따른 적응 능력과 관련하여 컴맹이나 넷맹의 극복 필요성과 미디어 해독 능력의 제고 필요성을 강조하기도 하고, 컴퓨터 마인드나 디지털 마인드의 확산이 필요하다는 점을 강조하기도 한다. 새로운 기술 환경에 대한 사회 구성원의 적응 능력이 곧 새로운 지식 정보 사회로 이행하는 데 있어 성패를 가르는 핵심 동인이 된다는 입장이다. 이러한 주장들은 마치 앞서 살펴본 사회 변동에 대한 사회심리적 관점들과 어느 정도 유사하다는 생각이 들기도 한다. 사회 변동에 대한 고전적인 논의들이 과거만을 설명하는 데 유용한 것이 아니라 바로 지금 현재와 미래의 미디어 기술과 사회 변동의 관계를 논의하는 데도 어느 정도 유용한 시사점을 준다. 즉 앞에서는 사회 변동의 문제를 설명하는 데 이미 여러 관점이나 입장이 있음을 확인했는데, 이러한 여러 입장이나 관점들이 미디어 기술과 사회 변동의 관계를 설명하는 과정에도 은연중에 반영되어 있고, 또 나름대로 새롭게 적용시킬 수도 있겠다는 생각이 들기도 했다.

그러면 미디어 기술과 사회의 관계를 보다 직접적으로 다루는 학술적 논의는 없을까? 물론 적지 않다. 기본적으로는 기술과 사회의 관계를 다루는 논의에서 시작해서 다양한 수준에서 미디어 기술과 사회의 관계를 다루고 있는 연구들이 그동안 많이 누적되어 왔다. 어떤 기술이든지 간에 기술과 사회의 관계를 다룸에 있어 기술을 사회 변화의 주된 원인이나 핵심 동인으로 보는 관점이 있는가 하면, 사회적 조건이나 상황, 혹은 사람들의 사회적 관계가 기술의 개발, 보급 및 이용에 더 큰 영향을 미쳤다고 보는 관점도 존재한다. 이에 대해서는 뒤에서 좀 더 구체적으로 살펴본다. 그리고 많은 기술 가운데서도 미디어 기술(그냥 '미디어'라고 해도 무방)과 사회의 관계를 다룬 연구들도 상당히 많이 누적되어 왔다. 초창기에는 주로 매스 미디어와 사회의 관계를 보던 데서 뉴 미디어나 멀티미디어, 디지털 미디어와 같은 새로운 미디어 기술과 사회의 관계를 보는 여러 가지 다양한 관점과 관련 연구들이 그 뒤 계속 축적되어 왔다.

여기서는 먼저 기술과 사회의 관계에 관한 서로 상반된 논의에서부터 기존의 미디어와 사회의 관계에 대한 논의를 살펴본 다음, 새로운 미디어 기술과 사회 변화의 관계를 좀 더 체계적으로 검토해 볼 수 있는 새로운 관점 분류 체계를 설정해 보려고 한다.

2. 기술과 사회의 관계: 기술결정론 vs. 사회구성론

기술과 사회의 관계를 말할 때 종종 대립되는 관점이 존재한다. 기술결정론적인 관점technological determinism과 사회구성론적 관점social constructivism이 그것이다. 기술결정론은 사회에 미치는 기술의 영향력을 극단적으로 강조하는 데 비해, 사회구성론은 기술의 개발, 보급, 이용에 있어서 사회적 영향력을 역시 극단적으로 강조한다. 물론 이들 양자의 영향력을 인식하는 정도에 따라 많은 관점들은 이들 양극단 사이의 어느 한 지점에 놓인다고 할 수 있다. 이들 대립되는 관점이 기술이 먼저인가, 사회가 먼저인가를 따지는 사이에 기술과 사회가 서로 영향을 주고받으면서 함께 발전해 나간다는 기술과 사회의 공진화론적 관점co-evolutionism 혹은 상호작용론적 관점도 부분적으로 제기되곤 한다. 이들 각 관점에 대해 먼저 간단히 살펴보자.

1) 기술결정론적 관점

"풍차가 봉건 사회를 몰고 왔고, 증기 제분기에 의해 산업자본주의 사회가 도래했다." 이는 기술결정론적 관점을 보여 주는 대표적인 문구의 하나다. 비록 마르크스가 기술이 새로운 사회를 만든다고 단언적으로 말하지는 않았지만, 생산력을 나타내는 물질적 하부 구조로서의 기술이 특정한 생산 관계하에서 사회 변화의 중요한 동인이 된다는 점을 강조했음은 분명하다. 일찍이 윌리엄 오그번William Ogburn과

마이어 님프Myer Nimff도 증기기관의 발명으로 인해 교통이 발달하고 그에 따라 사람들이 농촌에서 도시로 이주함으로써 가족 제도에 중요한 변화가 나타났다고 했고, 프랜시스 앨런Francis Allen은 자동차의 발명으로 인해 정부 차원의 공공 서비스 및 정치적 영향력 확대는 물론 개인적인 차원에서도 건강과 성관습 및 성도덕 등 많은 변화들이 일어났다고 했다(Lauer, 1977: 151~166 참조).

위의 얘기들은 풍차, 증기기관, 자동차 등의 기술이 사회 변화의 중요한 동인이 되었다는 것이다. 일반적으로 기술결정론적 관점은 논의의 출발을 기술에서 시작하고 그로 인한 사회 변화를 설명한다. 대체로 왜 하필 그때 그 기술이었는가에 대해서는 굳이 말하지 않는다. 이는 기술이 그 자체의 고유한 발전 원리, 즉 과학 기술의 내적 원리에 의해 지속적으로 발전해 온 것으로 보기 때문이다. 그리고 사회와 무관하게 자율적으로 발전한 기술이 사회의 변화에 막대한 영향을 미치는 것으로 본다. 기술을 사회 변화의 원인, 즉 독립변인으로 보며, 사회 변화를 그 결과, 즉 종속변인으로 보는 것이다(Lauer, 1977: 151~180; 김환석, 1999: 69~71; 이호영 · 유지연, 2004: 27~30 등 참조).

이러한 기술결정론적 관점은 미디어 기술과 그것이 사회에 미치는 영향을 기술하거나 설명하는 논의 속에도 매우 광범위하게, 그리고 자연스럽게 스며들어 있다. 매스 미디어에 의해 대중 사회가 등장했다는 말이나 컴퓨터와 새로운 통신 기술의 발전에 힘입어 정보 사회가 도래했다는 주장도 은연중에 바로 이러한 기술결정론적 관점을 보여 주는 것이다. 그동안 제시되어 온 여러 가지 미디어 효과론들 중에도 기술결정론적인 관점에 서 있는 것들이 적지 않다. 미디어 기술에 의해 개개인의 가치관이나 감각비感覺比/sense ratio는 물론 지배적인 이미지 패턴이나 상징체계, 심지어는 문명의 특성이 바뀌기도 했다는 주장들이 그런 것들이다.

2) 사회구성론적 관점

사회구성론적 관점은 기술을 사회적 산물이며, 사회적 상황의 반영이라고 본다. 기술을 사회적 진공 상태에서 만들어졌다거나 기술 그 자체의 논리에 의해서 변화, 발전해 왔다고 보기보다는, 특정 기술은 사회적으로 선택된 것이고 그것의 변화와 발전 역시 사회적인 영역 안에서 이루어진 것으로 본다. 즉 특정 기술이 새롭게 만들어지는 것은 사회적인 여러 힘들과 과정들의 조합에 의해서라고 보며, 그것의 변화와 발전과 관련해서도 사회적 선택과 행위의 중요성을 강조한다. 사회적 상황과 사람들의 의도, 목적 혹은 정책 등이 우선적인 것이고 기술은 그러한 상황에서 만들어지고, 선택되고 이용되는 것이다(Winston, 1998; Lievrouw, 2002: 184~186; 김환석, 1999: 72~74; 이호영·유지연, 2004: 30~31 등 참조). 이런 점에서 사회구성론적 관점은 사회기술적 현상sociotechnical phenomena에 주목한다. 이를 사회결정론적 관점Social Determinism 혹은 기술의 사회적 형성론(SST: Social Shaping of Technology)이라고 부르기도 한다.

사회구성론적 관점에서는 미디어 기술에 대해서도 당연히 이러한 입장을 견지한다. 새로운 미디어 기술이 등장하고 널리 보급된 것이 기술 자체의 순수한 논리에 의해서라기보다는 특정한 사회적 관계와 조건하에서 사회적인 여러 힘들이 상호작용한 결과라는 것이다. 우리나라는 왜 컬러 TV 방송 방식을 미국 방식으로 채택했는가? 우리나라는 국내 가전 기업이 컬러 TV 수상기를 제조해서 외국에 판매하던 시기조차도 컬러 TV 방송을 왜 못하고 있었을까? 그것은 기술 자체의 논리와는 다른 정치적, 사회적, 경제적 요인들과 관련이 있다. 이미 1950년대에 시작된 컬러 TV 방송은 전 세계적으로 미국의 NTSC 방식과 프랑스의 SECAM 방식, 그리고 가장 뒤늦게 나온 독일의 PAL 방식으로 3분할되어 있었다. 당시 미국 방식은 미국과 캐나다와 중남미 국가들과 아시아의 친미 국가들이 채택했고, 프랑스 방식은 프랑스의 영향권하에 있던 아시아·아프리카 국가와 소련 및 소련의 영향력 아래 있던 동구권 국가들이 채택했다. 또한 독일 방식은 독일과 대부분의 유럽 국가들 그리고 독일의 영향을 받던 제3세계 일부 국가와 미국과 소련으로부터 일정한 거리를 두고 있던 당시의 중국, 쿠바, 북한 등이 채택했다. 한마디로 컬러 TV 방송 방식은 기술적 선호가 아닌 국가 간의 정치적인 관계에 따라 분할되는 구도를 보였다. 기술결정론이 아니라 국가결정론이라고 해야 할 정도다.

또한 우리나라 사람들은 1980년대에 들어서서야 국내에서 컬러 TV를 볼 수 있었다. 기술이 없어서가 아니라 국가 통치자가 막았기 때문에 못 본 것이다. 우리나라는 1970년대 이전에 이미 컬러 TV 방송이 가능한 상황이었음에도 불구하고, 당시 집권자였던 박정희 대통령이 컬러 TV는 사람들의 과소비 풍조를 조장할 것이라고 보고 아예 방송을 허용하지 않았던 것이다. 이 역시 기술 때문이라기보다는 권력의 의지에 의한 결과였다. 컬러 TV 방송이 허가된 것도 권력의 의지에 의한 것이었다. 그 뒤 전두환 정권이 들어서면서 컬러 TV는 국민에게 시혜를 베풀 듯 허용되었다. 이처럼 새로운 미디어 기술의 개발이나 보급이 여러 가지 사회적인 힘이나 요인들에 의해 좌우되거나 더 큰 영향을 받는다고 보는 관점이 사회구성론적 관점인 셈이다.

3) 공진화론적 관점

기술과 사회의 관계에 대한 공진화론적 관점은 양자의 관계와 관련하여 어느 하나의 다른 하나에 대한 관계를 인과관계로 보는 관점에 반대한다. 기술을 사회 변화의 원인으로 본다든지, 반대로 사회적 조건이나 사회적 관계를 기술 등장과 발전의 요인으로 보는 관점에 반대한다. 상호작용론적 관점이라고도 하는 공진화론적 관점은 기술과 사회는 서로를 조건 지으면서 진화하는 관계에 있다는 것이다. 특정한 계기에 있어서는 기술이 사회 변화에 지배적인 요인으로 작용하기도 하지만, 또 다른 역사적 맥락에서는 사회적 요인이 기술 확산(의 수준)을 견인하기도 한다는 것이다(Stewart & Williams, 2000; 이호영·유지연, 2004: 31~32). 이러한 관점에서 보면 기술과 사회는 서로 상호작용적interactive이거나 상호 의존적interdependent이다. 공진화론적 관점은 기술결정론적 관점처럼 기술이 사회에 미치는 일방적 영향을 그렇게 강조하지는 않는다. 사회적 상황이나 조건에 따라 기술이 미치는 영향이 그만큼 여과되거나 달라질 수 있다고 본다. 그리고 사회구성론적 관점처럼 사회적 조건이나 상황에 따라서만 기술 개발이나 선택이 일방적으로 결정되는 것으로도 보지 않는다. 어떤 상황에서는 특정 기술이 사회에 미치는 영향이 그만큼 클 수 있다는 점을 인정하기 때문이다. 기술과 사회가 서로를 조건 지으면서 서로가 상호작용적으로 영향을 미치면서 변화, 발전해 나간다고 보는 것이다.

이러한 공진화론적 관점 역시 보다 최근에 와서 미디어 기술과 사회의 관계를 설명하는 데 차용된다(Stewart & Williams, 2000; Lievrouw, 2002; Boczkowski, 2004 등). 미디어 기술이 도입되면 그러한 기술이 기존 사회에 미치는 영향은 상당히 선택적이며 또한 부분적일 것이라는 입장이다. 그러한 미디어 기술이 유용한 영역에서는 적극적으로 수용되어 일정한 변화가 일어나겠지만, 기존의 사회적 관행에 의한 선택적 수용으로 인해 예상보다는 그렇게 급속한 변화가 일어나지는 않을 것이라고 본다. 기술이 사회에 일정한 영향을 주긴 하지만 사회적 조건이나 관행이 기술의 특성이나 수용 여부에도 영향을 미친다는 것이다.

공진화론적 관점이 현실을 가장 적절히 설명할 수 있는 관점일 수 있다. 미디어 기술과 사회의 관계가 완전히 일방적일 수는 없기 때문이다. 기술이든 사회든 모든 현상은 상호작용적이고 또한 상호 의존적이기 때문이기도 하다. 그러나 이 책에서는 그런 관점이 갖는 실질적인 현실 적합성을 인정하면서도 이에 대한 지면 할애는 상당히 제한적이 될 것이다. 여기서는 미디어 기술이 사회에 미치는 영향을 강조하는 여러 관점과 사회적 조건이나 상황 혹은 어떤 의도나 목적이 미디어 기술의 개발, 보급, 이용 등에 미치는 영향을 강조하는 여러 관점을 중심으로 관련된 여러 논의를 소개하고 비교하는 데 주안점을 두기 때문이다. 닭이 먼저냐, 달걀이 먼저냐는 논쟁에서 닭이 먼저일 수도 있고 달걀이 먼저일 수도 있다는 주장에 대해 일면 수긍은 하되, 여기서는 — 일부 꼭 필요한 경우를 제외하고는 — 가급적 논외로 하겠다는 것이다. 어떤 쟁점에 대한 찬반 논쟁에서 찬성 측과 반대 측이 아닌 제3의 의견에 대해서는 가급적 논외로 하겠다는 입장과도 같다.

3. 매스 미디어와 사회 변동의 관계

미디어와 사회 변화의 관계에 대한 상당히 고전적인 유형 분류의 하나로 유명한 미디어 사회학자인 데니스 매퀘일Denis McQuail(1983; 1987)의 모델을 빼놓을 수 없다. 그는 기존의 문화와 사회 구조 간의 관계에 관한 칼 에릭 로젠그렌Karl Eric Rosengren(1981)의 모델을 원용하여 문화를 매스 미디어로 대치시켜 일찍이 미디어와 사회 변화의 관계에 관한 이론적 접근을 4가지 유형으로 분류한 바 있다. 그는 표 3-2에서 보는 바와 같이 문화(미디어)가 사회 구조에 영향을 미친다고 보는 이론적 견해들을 관념론idealism, 사회 구조가 문화(미디어)에 영향을 미친다고 보는 관점을 유물론materialism, 사회 구조와 문화(미디어)가 서로 영향을 주고받는 관계로 보는 관점을 상호의존론interdependence으로 구분하였다. 그리고 서로 간에 별다른 관계가 없다고 보는 관점을 자율론autonomy이라 했다. 주로 매스 미디어와 사회 구조의 관계에 초점을 맞춘 매퀘일의 분류 중 관념론은 앞서 얘기한

표 3-2 매스 미디어와 사회 구조 간의 상호 영향 관계 유형

구분		사회 → 미디어	
		그렇다	아니다
미디어 ↓ 사회	그렇다	상호의존론적 관점 (상호의존론)	기술결정론적 관점 (관념론)
	아니다	사회구성론적 관점 (유물론)	상호무관론적 관점 (자율론)

* 화살표 방향은 하나가 다른 하나를 규정하거나 영향을 미치는 방향.

* 네 가지 분류에 대한 ( ) 속의 명칭은 McQuail, 1987: 95 참조.

표 3-3 데니스 매퀘일에 의한 미디어와 사회 변화의 관계에 대한 기존 관점 분류

관점	미디어와 사회의 관계	미디어 인식과 관련 미디어 이론(예시)	
상호의존론	서로 영향을 주고받는다	주형자이면서 동시에 반영자	
관념론	미디어가 사회에 영향을 미치는 것이지, 사회가 미디어에 영향을 미치는 것은 아니다	주형자로서의 미디어	- 개인의 가치 변화 - 변화의 원동기engine - 기술(매체)결정론 - 배양 이론 - 문화제국주의
유물론	사회가 미디어에 영향을 미치는 것이지, 미디어가 사회에 영향을 미치는 것은 아니다	반영자로서의 미디어	- 고전적 마르크스주의 - 미디어 정치경제학 - 미디어헤게모니론 - 종속 이론
자율론	서로 무관하다	주형자도 반영자도 아님	

출처: McQuail, 1983: 95~103을 도표로 재구성한 것임.

기술결정론적 관점과, 그리고 유물론은 사회구성론적 관점과 대동소이한 것이다. 상호의존론은 상호작용론적 관점 혹은 공진화론적 관점과 유사한 것이라고 보면 될 것이다. 기술이 사회적 진공 상태에서 생겨나는 것도 아니고 또 기술이 사회에 아무런 영향을 미치지 않는다거나 기술과 사회가 아무런 관련이 없다는 것은 현실적으로 불가능한, 다만 이론적으로 유형화 가능한 영역이기 때문에 여기서 그러한 관점에 대해서는 별도로 언급하지 않는다.

매퀘일 역시 이론적으로는 미디어와 사회 변화의 관계를 네 가지로 유형화했지만, 실제 그 관계를 기술하거나 설명한 기존 이론이나 관점들은 표 3-3에서 보는 바와 같이 모두 관념론과 유물론에 집중되어 있다. 미디어가 사회 변화에 영향을 준다는 입장을 띠는 관념론의 예로는 미시적 수준의 개인 가치 변화에서부터 거시적인 수준의 문화제국주의론까지, 그리고 사회가 미디어에 영향을 미친다는 유

물론의 경우는 고전적 마르크스주의 이론에서부터 종속 이론에 이르기까지 대부분 마르크스주의 비판 이론을 그 예로 들고 있다. 매스 미디어와 사회 변화의 관계를 유형화하고 관련 이론이나 관점을 예시한 매퀘일의 논의를 중심으로 미디어와 사회 변화의 관계에 관한 몇 가지 고전적인 이론이나 관점들을 소개하면 다음과 같다.

1) 관념론: 기술결정론적 관점에 가까운 매스 미디어와 사회관계 이론

사회가 매스 미디어에 미치는 영향보다는 사회에 대한 매스 미디어의 영향력을 강조하는 견해에는 여러 가지가 있다. 표 3-3에 제시된 기술결정론적 관점에 비교적 가까운 기존의 '관념론'적 이론으로는 매체결정론, 발전미디어론과 문화제국주의론, 그리고 미디어가 사회 혹은 개인에게 상당히 큰 영향을 미친다고 보는 미디어 대大효과론 등을 들 수 있다.

(1) 매체결정론

매체결정론은 가장 극단적인 기술결정론적인 관점의 하나로, 캐나다의 경제사학자인 해럴드 이니스Harold Innis와 그의 제자인 마셜 매클루언에 의해 대표되는 관점이다. 그들은 인류 문명 발달사의 주요 단계가 당대의 지배적인 미디어 기술의 특성에 의해 규정된다고 보았다.

기술을 인간의 육체적 능력의 연장으로, 그리고 미디어 기술을 인간의 인식 능력의 연장이라고 보는 이니스(Innis, 1951)는 기술 혁신이 사회 변화를 초래하며, 그중에서도 커뮤니케이션 기술이 사회 변화의 주된 요인이라고 보았다. 또한 이니스는 서구 문명의 단계가 특정 커뮤니케이션 미디어의 지배 또는 우세에 의해 특징지어지는데, 그러한 미디어 기술이 문화와 제도에 영향을 주고 사회의 조직을 결정하게 된다고 하였다. 그는 미디어를 시간 편향적 매체time-biased media와 공간 편향적 매체space-biased media로 구분하여 커뮤니케이션 편향의 관점에서 서구의 역사를 설명했다. 그는 서구 문명이 인쇄술과 같은 공간 편향적 매체의 지나친 강조로 인해 위기를 맞고 있다고 진단했다. 이니스에 의하면 구어적인 문화를 형성하는 시간 편향적인 매체는 역사와 전통에 대한 관심을 조장하고 종교, 윤리, 형이상학의 성장과 위계적 조직의 발전을 촉진하는 데 비해, 인쇄술로 대표되는 공간 편향적 매체는 현재에 대한 관심과 국가의 성장과 팽창, 과학과 기술의 발전 등을 가져옴으로써 관료화, 기계화, 세속화, 제국주의의 팽창 등 그로 인해 서구 문화가 위기의 길을 걷게 되었다고 보았다. 이에 따라 이니스의 입장은 고대 그리스의 구어적 전통을 강조함으로써 시간 편향적 매체와 공간 편향적 매체 간의 균형 복원을 희망하였다.

매클루언(McLuhan, 1964) 역시 미디어를 인간의 확장으로 본다는 점에서, 그리고 인류의 역사 발전 단계를 미디어 발달에 따라 규정했다는 점에서 그의 스승 이니스와 맥을 같이한다. 매클루언은 인류 역사의 단계를 문자 이전 시대, 문자 시대, 구텐베르크 시대, 전기·전자 시대 등 4단계로 나누고, 각 시대별로 미디어 이용에 사용되는 감각비sense ratio에 따라 각 시대의 인간의 사고와 사회문화적 특성이 달라진다고 보았다. 문자 이전 시대는 곧 공동 생활을 하는 구성원들끼리 주로 말로 의사소통을 함으로써 이 시대에는 인간이 모든 감각을 동원하여 서로 소통을 하는 부족 국가 시대를 이루고 살았다. 그러나 인쇄된 언어에 의해 커뮤니케이션을 하게 되는 구텐베르크 시대에는 시각에 제한된 감각을 주로 사용함으로써 인간의 사고는 선형적이고 연속적인 패턴을 따르게 되었고, 그것이 결과적으로는 특수한 것에 제한되는 개인주의, 민족주의 등을 낳게 되었다고 보았다. 그리고 전기 시대에 와서는 TV와 컴퓨터 등 전기 전자 미디어의 발전으로 다시 시청각을 포함한 전 감각을 동원하여 보다 넓은 영역에 걸쳐 서로 의사소통을 할 수 있게 됨에 따라 전 지구적 범위의 재부족화retribalization에 따른 지구촌global village이 등장하기에 이르렀다는 것이다. 텔레비전의 등장을 매우 낙관적으로 바라본 매클루언은 TV의 출현으로 인류는 전 감각적 의사소통을 복원함으로써 구어 문화가 우세한 새로운 단계의 '신부족 국가 시대Neo-tribal stage'를 맞게 될 것이라고 예측했다.

이니스와 매클루언에 뒤이어 미국의 사회학자 앨빈 굴드너Alvin Gouldner(1976)도 미디어 기술에 의해 만들어지고 소비되는 상징체계의 특성에 따라 사회 변화가 이루어져 왔다고 보았다. 특히 그는 문자 중심의 상징체계에 의존했던 이데올로기 중심의 사회가 영상 미디어에 의해 탈脫이데올로기 사회로 이행하게 되었다고 했다. 굴드너는 18세기와 19세기를 거치면서 형성된 이데올로기 시대의 출현은 개념적 상징체계conceptual symbolism를 주로 사용하는 인쇄술의 광범위한 이용 때문이라고 보았다. 그리고 주로 20세기를 거치면서 등장, 발전해 온 영화와 텔레비전 등의 새로운 미디어는 기존의 인쇄 미디어에 의해 제공되던 개념적인 상징체계를 도상적인 상징체계iconic symbolism로 변화시킴으로써 이데올로기가 작용할 수 있는 여지를 좁히고 이데올로기 시대의 쇠락을 초래하게 되었다고 주장했다.

(2) 발전미디어론과 문화제국주의론

2차 세계 대전 이후 과거 식민지 지배를 받던 많은 나라들이 독립을 쟁취하고 새로운 국가 건설을 추진하면서, 자국민의 높은 문맹률을 퇴치하고 경제 발전 등 근대화modernization 과정에 자국민들을 적극적으로 참여시키기 위해 나름대로 미디어 기술을 활용하고자 했다. 신문, 라디오, 텔레비전 등의 매스 미디어가 국가 발전의 중요한 동력원으로 역할을 할 수 있을 것이라는 기대가 높았기 때문이었다. 이러한 과정에서 매스 미디어가 국가 발전과 근대화에 기여할 수 있다는 이론적 관점이 대두되었고, 그것을 발전 미디어 이론 혹은 발전커뮤니케이션론이라고 불렀다. 대니얼 러너Daniel Lerner(1958), 루시언 파이Lucian Pye(1963), 윌버 슈람Wilbur Schramm(1964) 등으로 대표되는 발전 미디어 이론가들은 제3세계 국가들이 매스 미디어 기술을 수용하여 이러한 기술을 통해 서구의 발전상이나 발전 모델을 소개하게 되면, 자국민에게 타자에 대한 '감정이입empathy' 능력을 고취시키고, 보다 근대적인 삶에 대한 인식의 지평을 넓히며, 근대화 과정에 적극적으로 참여하게 함으로써 전통적인 생활로부터 탈피하여 — 서구 사회와 같은 — 보다 발전된 삶을 누릴 수 있게 할 수 있다는 주장을 폈다.

이러한 발전미디어론은 그 후 개혁커뮤니케이션론으로 발전하기도 했다. 제3세계 여러 나라들이 근대적인 신제도의 도입, 영농 방식의 개선, 의료·보건과 가족 계획 등을 추진하는 과정에서 매스 미디어를 이용한 공공 캠페인을 통해 그 내용을 알리고 그러한 캠페인에 적극 참여하거나 새로운 개혁을 채택하도록 독려했다. 개혁 확산을 위해 미디어를 통한 정보 제공과 설득 전략을 이론적으로 체계화시킨 것이 개혁커뮤니케이션론이었다(Rogers, 1962; 1986).

그러나 다른 한편에서는 제3세계의 발전 커뮤니케이션 미디어가 서구적 가치를 도입함으로써 근대화에 도움을 주었다기보다는 오히려 서구 자본주의 가치와 소비문화를 도입함으로써 제3세계의 전통적인 가치와 고유한 지역 문화를 파괴시켰다는 관점도 있다. 문화종속론 혹은 문화제국주의론이 그것이다. 서구적 가치관과 서구 상품에 대한 선호를 부채질함으로써 약소 개발도상국들을 경제적으로 뿐만 아니라 문화적으로도 예속시키는 결과를 초래했다는 것이다(Schiller, 1969; Mattelart, 1979). 이 역시 미디어 기술에 의해 제3세계의 문화 식민지화가 이루어졌다고 보는 견해로, 매우 부정적인 시각에서 이긴 하지만 미디어 기술의 강력한 영향력은 인정하는 관점이다.

(3) 미디어 대효과론

앞서 살펴본 매체결정론이나 발전미디어론, 문화제국주의론도 따지고 보면, 보다 큰 국가적, 문화적 수준에서 — 그것이 긍정적이든 아니면 부정적이든 — 미디어의 영향력이나 효과가 매우 크다는 점을 인정하는 관점들이다.

분석의 수준을 개인이나 사회적인 수준에 맞추었을 때, 그동안 제시되어 온 많은 미디어 효과 연구에서도 미디어의 영향력이 매우 크다는 이론이나 가설들이 적지 않다. 예컨대, 1, 2차 세계 대전을 거치면서 가설적으로 제시되어 온 탄환 효과 이론이나 피하 주사 효과 이론 등은 선전이나 광고 등에서 매스 미디어의 효과가 매우 직접적이며 즉각적이라는 점을 강조한다. 그러나 1970년대 이후 20세기 말로 가면서 제기되어 온 침묵의 나선Spiral of Silence 이론, 배양 효과 이론cultivation theory, 미디어 프레이밍 효과framing effects 등은 미디어의 매체적 특성보다는 미디어의 메시지, 즉 콘텐츠 특성에 의한 영향력을 말하는 것이긴 하지만 미디어가 개인과 사회에 미치는 영향력이나 효과가 크다는 점을 강조하는 이론적 관점들이다.

먼저 비교적 장기적인 면에서의 미디어 효과를 강조한 침묵의 나선 이론(Noelle-Neumann, 1973; 1974)은 미디어가 특정 사건이나 사안에 대해 어떤 특정한 입장에서 이를 보도, 논평하게 되면 사회적으로 소외되는 것을 두려워하는 사람들은 자신의 견해가 미디어와 같으면 적극적으로 이를 표현하는 데 비해, 자신의 생각이 미디어와 다르면 이에 대한 자기표현을 꺼리게 된다고 보았다. 그 결과, 미디어의 목소리media voice는 실제보다 확대 인식되는 반면, 침묵하는 이들의 소리는 더욱 침묵하게 되는 결과를 가져옴으로써 미디어의 효과가 커지게 된다는 것이다. 특히 현대 사회의 미디어는 어디에나 널리 존재하며ubiquity, 대체로 비슷한 소리를 내는 경향이 있고consonance, 그러한 소리를 계속해서 내게 됨으로써cumulation, 그 효과가 더욱 커지게 된다는 점을 강조한다.

또 다른 장기적 효과 이론의 하나인 배양 효과 이론(Gerbner, 1973; Gerbner & Gross, 1976)은 종종 '문화 계발 이론'이라고도 하는데, 사람들은 미디어에 지나치게 많이 노출되면 미디어가 — 특히 텔레비전이 — 보여 주는 세상을 실제 세상의 모습으로 이해하는 경향이 있다는 것이다. 텔레비전에서 폭력물을 많이 본 사람들은 그렇지 않은 사람들에 비해 실제 세상에서 폭력이 난무하는 정도를 더욱 크게 느낀다는 것이다. 이와 같이 텔레비전은 시청자들에게 세계를 바라보고 이해하는 방식, 즉 세상에 대한 '지배적인 이미지 패턴dominant image pattern'을 배양하는 매우 큰 효과를 지니고 있다는 것이다.

그리고 프레이밍 효과 이론(Cappella & Jamieson, 1997; Scheufele, 1999)은 어떤 사건이나 쟁점 사안에 대해 미디어의 뉴스 보도가 그것을 어떻게 틀 지우느냐에 따라 사건이나 사안, 정책 또는 관련 인물에 대한 수용자의 추론, 생각, 판단 등에 영향을 줄 수 있다는 생각을 전제로 미디어가 사회, 즉 사람들에게 미치는 효과를 탐구한다.

2) 유물론: 사회구성론적 관점에 가까운 매스 미디어와 사회관계 이론

사회에 대한 매스 미디어의 영향력이나 효과를 강조하는 관점들은 대개 미디어를 사회 속에 새로운 틀을 만드는 어떤 주형자moulder로 보는 경향이 있다. 이에 비해 사회구성론적 관점에서는 매스 미디어가 기존 사회의 특성을 드러내거나 그에 따라 일정한 방향 혹은 방식으로 규정되는 사회의 반영물mirror 혹은 반사체로 보는 경향이 있다. 따라서 사회구성론적 관점에서는 기존의 사회 체계가 그 사회의 미디어 체계를 조건 짓거나 특성화하는 것으로 본다. 때문에 매스 미디어에 의한 사회 변화보다는 매스 미디어가 기존의 사회 질서를 반영하거나 기존의 사회 질서 혹은 지배 구조의 유지에 기여하는 것으로 본다. 이는 그 사회 체계의 특성에 따라 미디어 특성도 규정된다고 보는 미디어 유형론이나 자본주의 경제 체제하에서 자본가에 의해 소유, 통제되는 미디어는 그러한 사회의 지배 관계를 생산 및 재생산하는 데 기여한다고 보는 마르크스주의 경향의 비판 미디어 이론들이 포함된다.

(1) 사회 체계와 미디어 유형론

그 사회의 정치·경제·사회 체계 등의 특성에 따라 매스 미디어나 언론을 몇 가지로 유형화시키는 논의들이 있다. 그 대표적인 예로서는 기존 사회의 정치 체제가 갖는 특성에 따라 언론을 권위주의, 자유주의, 사회책임주의, 소비에트 전체주의 언론으로 나누어 논의한 프레드 시버트Fred Sibert, 시어도어 피터슨Theodore Peterson, 슈람(1956) 등의 《언론의 4이론*Four Theories of the Press*》이나, 서구 자본주의 국가(제1세계)와 공산주의 국가(제2세계), 그리고 개발도상국(제3세계)에서의 매스 미디어의 위상과 역할이나 미디어의 소유와 통제 관계, 그리고 언론 자유나 뉴스 미디어를 보는 관점 등을 비교한 논의들(Martin & Chaudhary, 1983; Altschull, 1984)을 들 수 있다.

《언론의 4이론》은 1950년대 냉전 체제에서 나온 사회 체계와 미디어 체계에 관한 고전 이론으로, 각 이론이 적용되는 사회 체계에 따라 매스 미디어의 주된 목적과 미디어에 대한 소유 및 통제 권한, 미디어에 대한 규제의 범위 등이 각각 다르다고 보았다. 또한 아직도 많은 나라들이 정부의 특허에 의해 미디어를 소유하고 종종 검열을 받으며 정부나 권력에 대한 비판이 금지되고 정부의 정책을 지지해야 하는 권위주의 언론 체제하에 있다고 보았다. 이러한 권위주의 언론의 특성은 주요 당원에게 언론에 대한 소유와 통제권이 주어져 있고 당에 대한 비판을 금지하며, 사회주의 체제와 당 독재에 기여해야 하는 소비에트 전체주의 언론에서도 비슷하게 나타난다는 것이다. 반면, 자유주의 언론 이론은 경제적인 수단을 지닌 누구나 미디어를 소유할 수 있고 '자가 수정의 원리self-righting principle'와 '사상의 자유 공개 시장free market place of ideas' 원리에 의해 미디어가 스스로 통제된다고 보았다. 또 이는 20세기 미국에서 보다 발전적으로 수정되어 개인의 사적 권리와 주요한 사회적 이익을 심각하게 침해하지 않는 한 말할 것이 있는 누구에게나 미디어를 이용할 수 있는 권한을 부여하며 미디어에 대한 통제는 공동체의 의견과 소비자 행동, 그리고 언론인의 직업적인 윤리 의식에 의해 이루어진다고 보는 사회 책임 이론으로 발전했다고 보았다. 이처럼 《언론의 4이론》은 기존 사회의 정치 체제가 갖는 특성이 그 사회의 언론 체계의 특성을 규정짓는 데 영향을 미치는 것으로 본다는 점에서 다분히 사회구성론적 관점에 서 있다. 다만 당시 냉전 체제하에서 소련 체제와 그 언론을 비판하고, 미국 사회와 미국의 언론이 갖는 상대적 우월성을 강조하려 했다는 점에서 다분히 이념적인 편향이 있었다.

한편 존 마틴John Martin과 안주 차우다리Anju Chaudhary(1983)는 그 후 전 세계의 미디어 체계를 서방 세계, 공산주의 세계, 제3세계 등으로 나누어 이들 세 세계가 매스 미디어의 역할과 언론의 자유를 어떻게 보고 있으며, 미디어의 소유와 경제적 통제 양상은 어떠하고, 미디어를 통한 뉴스 보도와 오락물 제공, 교육과 설득 및 여론 형성 등은 어떻게 이루어지는지 등을 비교 분석하고자 했다. 알철(1984) 역시 서구 자본주의(제1세계), 사회주의(제2세계), 개발도상국(제3세계)의 언론을 시장 언론 모델, 마르크스주의 언론 모델, 발전 언론 모델 등으로 유형화하여 이들 세 모델이 각각 언론의 목적, 위상과 역할, 그리고 언론 자유 등을 서로 어떻게 보고 있는지를 비교 고찰하였다. 이들은 제1세계, 제2세계, 제3세계 간에 존재하는 차이를 드러냄으로써 기존의 사회 체계가 갖는 특성에 따라 미디어 체계의 특성이 규정된다는 점을 강조한다. 특히 알철(1984: 261)의 경우, 이들 상이한 세계의 미디어들은 나름대로의 차이에도 불구하고, 기존 정치·경제 체계의 기본 가치들을 지지할 뿐 아니라 미디어의 재원을 공급해 주는 쪽paymasters의 이데올로기를 반영하는 경향이 있다는 점에서 매한가지라고 본다.

(2) 마르크스주의적 관점의 비판적 미디어론

《언론의 4이론》의 저자들이 자유주의 체제, 나아가 자본주의 체제하의 사회 책임 언론이 소비에트 공산주의 언론에 대해 갖는 우월성을 강조하는 경향이 있다면, 마르크스주의적 비판 미디어론은 자본주의 언론의 모순과 문제점을 지적하고 비판하는 데 초점을 맞춘다는 점에서 차이를 보인다. 그럼에도 불구하고 이들 양자는 기존의 사회 체제가 그 사회의 미디어가 갖는 성격과 특성을 규정한다고 보는 관점에서는 유사하다.

> 어느 시대에서나 지배 계급의 사상이 지배적인 사상이다. 다시 말해서 사회의 지배적인 물질적 세력인 지배 계급이 동시에 그 사회의 지배적인 정신적 세력이라는 말이다. 물질적인 생산적 수단을 통제하는 계급은 그 결과, 정신적인 생산의 수단도 통제하고 있으며, 그에 따라 정신적인 생산 수단을 가지지 못한 계급의 사상은 대체로 그에 종속된다 (Marx & Engels, 1989: 91~92).

이는 정통 마르크스주의 미디어관과 그것을 계승한 미디어 정치경제학적 관점에서 미디어와 사회의 관계를 엿볼 수 있게 하는 고전적인 문구의 하나다. 초기 마르크스주의는 자본주의 비판 과정에서 물질적 생산 수단을 지배하는 계급이 정신적 생산 수단도 지배한다고 했다. 정신적 생산 수단으로서의 매스 미디어는 지배 계급의 통제하에 있으며, 따라서 미디어란 지배 계급으로 하여금 그들의 권력을 계속 지탱해 나가기 위해 구축해 놓은 도구적 수단에 불과하다는 것이다. 즉 자본주의 사회의 지배 계급인 자본가들은 사회 내의 미디어를 장악하고 통제함으로써 사회적 모순을 은폐하고 그들의 언어로 사건과 사안을 해석하고 평가하여 제공한다. 그 결과, 피지배 계급은 지배 계급의 언어로 세상을 읽고 이해하게 됨으로써 지속적으로 허위의식에 사로잡히게 되고, 그로 인해 기존의 지배-피지배 관계는 계속적으로 재생산됨으로써 지배 계급의 지배력은 더욱 공고하게 되고 기존의 자본주의 질서가 계속 유지된다는 것이다. 그래서 정통 마르크스주의자의 한 사람인 로버트 킬로이실크Robert Kiloy-Silk 같은 이는 매스 미디어(= 언론)가 “허위의식의 원천”이며 동시에 “자본가의 병기창에서 없어서는 안 될 무기”라고까지 단언하였다. 정통 마르크스주의적 관점에서 보면, 상부 구조로서의 미디어의 능동성은 부정되며, 다만 지배 계급의 이익을 위해 허위의식을 생산 및 재생산하는 이데올로기적 도구에 불과하다. 요컨대, 자본주의 사회에서 자본가들의 소유와 통제하에 있는 미디어는 사회 변화와 변혁의 수단이 아니라, 기존의 지배 체제를 더욱 공고히 하는 이데올로기적 국가 기구(ISA: Ideological State's Apparatus)로서 역할하게 된다는 것이다.

미디어 정치경제학의 경우도 미디어 양식과 그 표현들이 기존의 사회관계 구조에 의해 결정된다는 입장을 취한다. 특히 자본주의 사회에서 물질적 생산 수단을 소유한 자본가 계급이 사상의 생산과 배포를 가능하게 하는 미디어(= 언론 미디어)와 같은 정신적 생산 수단도 역시 소유, 통제하기 때문에 이러한 미디어를 통해 자신들의 세계관과 설명을 지속적으로 알림으로써 노동자 집단의 사고를 지배하게 되고, 그러한 이데올로기적 지배가 기존의 계급 간 불평등 구조를 계속 유지시키는 핵심적 역할을 하게 된다는 것이다. 따라서 미디어 정치경제학자들(Murdock & Golding, 1977; Garnham, 1979)은 자본주의 사회의 미디어 산업 저변에 깔려 있는 경제 구성체와 그 과정을 구체적으로 분석함으로써 미디어 산업이 이윤 극대화와 자본주의 체제 정당화를 위해 작동하는 방식을 밝히고자 하였다. 이들은 자본주의 체제하에서의 기존의 지배 관계나 소유관계, 혹은 기존 지배 계급의 이윤 극대화 동기와 같은 경제적인 요인들에 의해 미디어의 성격을 규정하는 법적·제도적 장치나 미디어의 형식과 내용 등이 구성되고 결정된다는 것이다.

3) 상호작용론적 관점에서의 매스 미디어와 사회관계

앞서 언급한 기술결정론적 관점과 사회구성론적 관점은 미디어와 사회의 관계에서 각각 어느 쪽을 다른 쪽에 비해 상대적으로 더 비중 있는 규정자definer로 보는가의 차이로 구분한 것이다. 관념론, 즉 기술결정론적 관점은 미디어 기술이 사회에 더 큰 영향을 주고 나아가서는 사회의 성격이나 구조까지도 바꾸어 놓는다는 입장에 가깝고, 반대로 유물론, 즉 사회구성론적 관점은 사회적 필요나 목적에 따라 특정 미디어가 생성되거나 수용되고, 사회 체계의 특성에 따라 미디어의 특성이 규정되고 그에 따라 사회 체계가 다르면 미디어 체계도 달라질 수 있다고 보는 입장이다. 어느 쪽을 더욱 강조하는가에 따라 하나는 미디어 중심적 관점이라고 할 수 있고, 다른 하나는 사회 중심적 관점이라고 할 수 있다.

그러나 우리가 경험하는 실제 생활에서 보면, 매스 미디어와 사회의 관계는 어느 한쪽에 압도적인 비중을 줄 만큼 그렇게 일방적인 것 같지는 않다. 매스 미디어가 사회에 크고 작은 영향을 준다는 사실도 부정하기 어렵고, 또한 사회적 상황이나 요소들에 의해 매스 미디어의 성격이나 특성이 정해지는 경우도 얼마든지 있기 때문이다.

미디어와 사회의 이러한 상호작용론적 관계는 미디어 의제media agenda와 공중 의제public agenda의 관계, 미디어 프로그램 편성과 시청률의 관계, 그리고 미디어와 스타 시스템의 관계에서도 쉽게 발견할 수 있다. 미디어 효과론 중에서 널리 알려지고 비교적 오랫동안 연구가 이루어져 온 것 중에 의제 설정 기능Agenda-setting function이란 것이 있다. 이는 미디어가 강조하거나 비중 있게 다루는 뉴스 아이템이나 쟁점, 즉 미디어 의제가 일반 사람들의 화젯거리, 즉 공중 의제가 되는 경향이 있다는 주장에서 출발한 미디어 효과론이다(McCombs & Shaw, 1972). 분명히 사람들은 신문이나 방송에서 자주, 그리고 많이 다루는 뉴스거리를 화젯거리에 올리는 경향이 있다. 그런 점에서 미디어 의제가 공중 의제에 영향을 주는 것은 사실이다. 그러나 반대로 미디어는 사람들이 중요하게 여기면서 자주 화젯거리에 올리는 사람들의 공통 관심사를 미디어 의제, 즉 뉴스거리로 삼는 경우도 종종 있다. 또한 사회가 어느 정도 민주화되어 있는가에 따라 미디어에서 취급하는 뉴스가 실제 중요한 공중 의제가 되기도 하고 무시되기도 한다. 대체로 언론의 자유가 보장된 민주 사회에서는 미디어가 중요하게 다루는 것을 공중들도 중요한 화젯거리로 삼는 경향이 큰 데 비해, 독재 국가에서는 미디어가 특정 의제를 강조하더라도 사람들은 국가 홍보성 기사이거나 여론 조작형 뉴스로 보고 이에 별로 개의치 않는 경우가 많기 때문이다.

다른 예로, TV 미디어와 시청률의 관계를 보자. TV가 어떤 프로그램을 언제 방송하는가에 따라 시청률에 영향을 줄 수 있다. 반대로 특정 프로그램을 어느 정도의 사람들이 보는가에 따라 미디어의 편성 전략에도 영향을 준다. 시청률의 정도에 따라 다음의 봄철 혹은 가을철 프로그램 개편에서 특정 프로그램이 빠지기도 하고 새로 들어가기도 한다. 그에 따라 그러한 편성 전략이 다시 시청률에 영향을 미치는 상호작용적인 영향 관계가 되풀이되는 것이다.

우리는 또한 TV와 같은 매스 미디어가 새로운 스타를 종종 만들어 내고 있음을 본다. TV의 영향으로 인해 스타 팬클럽들이 만들어지면서 젊은이들 사이에 새로운 스타 추종 문화가 형성되기도 한다. 그와는 반대로 스타들이 TV 방송사의 프로그램에 영향을 주기도 한다. TV 방송사는 자사의 프로그램에 스타급 탤런트들을 캐스팅하고자 하고, 스타들의 동정이라야 뉴스 가치가 있는 것으로 생각한다. 방송이 스타를 만들고, 스타가 방송을 만들어 나가는 과정 역시 매스 미디어와 사회의 상호작용적인 관계를 보여 주는 아주 일반적인 예 중 하나다.

매스 미디어와 사회 변화의 관계에 대한 이러한 상호작용론적 관점이 갖는 나름대로의 현실 설명력과 그것이 지닌 설득력에도 불구하고, 많은 논쟁은 기술결정론적 관점과 사회구성론적 관점의 대립각 속에서 진행되는 경우들이 많다. 따라서 기존의 매스 미디어와 사회 변화의 관계에 대한 논의의 연장선상에서 이루어지고 있는 새로운 디지털 미디어와 사회 변화의 관계에 대한 기존 논의 검토 역시 이러한 양 관점의 대립적 구도를 중심으로 살펴보고자 한다.

4. 새로운 미디어 기술과 사회 변동의 관계

1) 기본 구도: 기술결정론적 관점 vs. 사회구성론적 관점

기존의 매스 미디어와 사회 변화의 관계에 대한 논의와는 별도로 또 다른 한편에서는 새로운 미디어 기술과 사회 변화의 관계에 대한 논의도 함께 진행되어 왔다. 여기서 새로운 미디어 기술이란 컴퓨터와 인터넷 등의 정보 통신 기술과 그러한 기술을 기반으로 한 뉴 미디어, 멀티미디어 등을 말한다. 주로 20세기 중반의 컴퓨터 발명 이후 새롭고도 다양한 디지털 미디어 기술이 등장하고 그 보급과 이용이 확대됨에 따라 그러한 기술이 사회 변화에 미치는 영향에 대한 지적 관심 역시 적극적으로 제기되었다. 한편으로는 디지털 미디어 기술의 개

표 3-4 새로운 미디어 기술과 사회의 관계에 관한 관점의 지형

이데올로기 →	테크놀로지 →	사회 구조의 변동
(의도, 목적, 정책, 조건, 관계)	(미디어 기술의 개발, 보급, 이용)	(산업 사회 → 정보 사회)

사회구성론 또는 수요유인론demand-pull	기술결정론 또는 기술추동론technological push

구분	기술결정론적 관점 ←	→ 사회구성론적 관점
기술-사회 간 영향의 방향	기술 → 사회	사회 → 기술
미디어 기술과 사회의 관계	기술에 의한 새로운 사회 등장, 발전	기존 사회 유지 또는 강화를 위한 새로운 미디어 기술 개발, 채택, 수용
기존 사회의 지속 또는 단절	불연속론	연속론
미래 사회 예측	정보 사회, 네트워크 사회, 사이버사회, 유비쿼터스 사회의 등장	여전히 산업 사회. 기득권 유지와 강화를 위한 감시 사회나 관리 사회

발, 보급, 이용이 새로운 사회의 도래를 가능하게 할 것이라는 주장들이 제기되었는가 하면, 다른 한편으로는 그러한 디지털 미디어 기술의 개발, 보급, 이용은 경제적, 정치적 기득권층이 그들에게 닥친 위기 상황을 돌파하면서 새로운 이익을 창출하거나 기존 이익을 계속 유지, 확대하기 위한 전략적 선택이자 새로운 기획의 결과물이라는 주장들이 제기되기도 했다. 전자의 주장이 앞서 살펴본 관념론, 즉 기술결정론적 관점에 가까운 입장이라면, 후자의 주장은 유물론, 즉 사회구성론적 관점에 가까운 입장이라고 할 수 있다.

표 3-4에서 보는 바와 같이 기술결정론적 관점은 새로운 디지털 미디어 기술의 개발, 보급, 이용이 새로운 사회의 등장을 가능하게 할 것이라는 전망을 제시하는 경향이 강하다. 예컨대, 컴퓨터와 인터넷 등의 새로운 정보 통신 기술이 널리 보급되고 이용됨에 따라 과거와

는 뭔가 다른 새로운 사회가 도래할 것이라는 예측이 다수 쏟아졌다. 새로운 정보 통신 기술에 의한 '정보 사회'의 도래를 예단하는 것이 그 대표적인 예다. 혹자는 이를 '고도 정보화 사회,' '지식 기반 사회,' '지가知價 사회'라고도 하고, 어떤 이는 '유선망 사회,' '네트워크 사회,' '사이버사회,' '디지털 사회'라고도 했다. 최근에는 '모바일 사회'나 '유비쿼터스 사회,' '초연결 사회,' '스마트 사회'라는 말까지 등장한다. 이러한 관점은 대개 기존 사회와는 다른 새로운 사회의 도래를 전망한다는 점에서 불연속론discontinuity, 혹은 단절론적 관점이라고도 한다.

이와는 반대로 사회구성론적 관점은 컴퓨터나 인터넷 등의 새로운 정보 통신 기술이나 그러한 기술을 기반으로 하는 여러 가지 디지털 미디어는 본래 경제적, 정치적, 군사적 기득권층이 자신들의 기존 지배력을 유지하거나 더욱 강화하기 위한 도구적 기술로 개발하거나 채택한 것으로서 이를 상품화, 산업화하여 널리 보급함으로써 자본의 이익을 극대화하고 통제를 더욱 효율화하기 위한 것이라는 입장을 저변에 깔고 있다. 때문에 새로운 디지털 미디어에 의해 전혀 새로운 사회가 도래하는 것이 아니라, 사회를 더욱 '감시 사회' 혹은 '관리 사회'화하고, '세포 사회'나 '유료 사회pay-per society'화함으로써 기존 사회의 지배 관계를 유지하거나 오히려 더욱 강화한다는 것이다.[33] 기존 사회의 지배 질서가 새로운 것으로 바뀌는 것이 아니라 계속 유지, 강화된다는 점에서 연속론continuity 혹은 지속론적 관점이라고도 한다.

물론 기술결정론적 관점과 사회구성론적 관점은 서로 다른 입장

33 '정보 사회,' '네트워크 사회,' '사이버사회,' '유비쿼터스 사회'는 물론 '감시 사회,' '세포 사회,' '유료 사회' 등에 대해서는 뒤의 별도의 장에서 자세히 다룬다.

의 극단적인 단면을 말한 것이다. 여러 다양한 관점들은 이들 양 관점의 연속선상의 어느 지점에 위치하는 셈이다. 다만 편의상 어느 관점에 더 가깝다는 이유에서 두 관점 중 하나에 포함시키고 있을 뿐이다. 이 책에서도 새로운 미디어 기술과 사회 변화의 관계에 관한 여러 관점들을 분류할 때도 그런 입장을 취한 셈이다.

2) 새로운 미디어 기술과 사회 변화에 대한 기존 관점 분류

돌이켜 보면, 새로운 미디어 기술과 사회 변화의 관계에 대한 여러 관점을 나름대로 분류해 본 시도들이 여기저기서 산견散見된다. 이 역시 대부분 기본적으로는 기술결정론적 관점과 사회구성론적 관점의 대립을 근간으로 한다. 단순하게는 이들 두 관점의 대립만을 적시摘示하는 경우도 있고, 거기에 별도의 관점을 추가하거나 보완하기도 한다.

앞서 매스 미디어와 사회 변화의 관계를 관념론, 유물론, 상호의존론, 자율론으로 네 가지로 나누었던 매퀘일의 경우도 자신의 분류를 후속 저술(McQuail, 1986)에서는 '미디어 중심적 관점'과 '사회 중심적 관점'으로 단순화시키기도 했다. 이는 기술결정론적 관점과 사회구성론적 관점의 다른 표현과 다름이 없다. 매퀘일보다 앞서 미디어 기술과 사회의 관계를 '기술결정론적 관점,' '기술징후론적 관점,' '의도론적 관점'으로 세 가지로 분류한 레이먼드 윌리엄스Raymond Williams(1983) 역시 그 후 새로운 미디어 기술과 사회 변화의 관계에 대한 관점을 분류할 때는 이를 보다 단순화해서 '후기산업사회론적 관점'과 '산업사회론적 관점'으로 구별한 바 있다.

매퀘일(1986)이나 윌리엄스(1983)에 앞서 새로운 미디어 기술과 사회의 관계를 보는 관점 분류는 1970년대 말 마크 포랏Marc Porat(1978:

17, 55)에게서부터 발견된다. 그는 논문에서 경제·사회적인 변화의 기본 동인big wheels을 기술로 보는 '기술결정론적 관점'과 부수적 동인little wheels으로 보는 '이데올로기통제론적 관점'을 대비시키면서 기술과 이데올로기의 상호작용 관계에 주목한 바 있다. 그는 정보 통신 기술의 혁명적인 변화가 시장, 제도, 법 체계 및 정치 수준에서의 변화를 가져온다는 기본 관점을 유지하면서도 정책 형성 단계에 비판적으로 개입하는 이데올로기 또는 사회적 설계social design가 정보 통신 기술에 미치는 영향에 대해서도 종합적으로 고려할 필요가 있음을 지적한다. 그는 기술결정론과 이데올로기결정론의 고전적 이분법에 근거하여 사회 변화에 대한 미디어 기술의 영향력을 1차적인 것으로 보면서도 기술의 개발, 도입 및 응용에 있어서의 이데올로기적 통제 가능성을 배제하지 않고 있다.

새로운 미디어 기술과 사회의 관계에 대한 기존 관점들을 단순인과론적 입장simple causal position, 징후론적 접근symptomatic approach, 표출론적 전통expressive tradition, 구조론적 전통structural tradition으로 나누는 제니퍼 슬랙Jeniffer Slack의 분류는 앞서 살펴본 윌리엄스의 분류에 새로운 대안으로서 구조론적 전통을 덧붙인 정도라 할 수 있다. 단순 인과론적 입장과 징후론적 접근은 각각 기술결정론과 기술징후론의 다른 표현이며, 표출론적 전통은 윌리엄스의 의도론적 관점과 대동소이한 것으로 볼 수 있기 때문이다. 여기서 슬랙은 미디어 기술에 대한 비판적 접근이 필요하다는 점을 강조하면서, 특히 비판적 접근에서도 새로운 미디어 기술이 지배 기득권층의 이익을 단순 반영하는 것이라고 보는 표출론적 입장, 즉 도구주의적 관점에서 한 걸음 더 나아가 미디어 기술을 정치적, 경제적, 이데올로기적, 이론적 층위의 다양한 접합에 의해 발명, 확산되고 구조화되는 것이라고 보면서

표 3-5 미디어 기술과 사회의 관계에 대한 기존의 관점 분류

연구자		관점 분류
레이먼드 윌리엄스	1975	기술결정론적 관점, 기술징후론적 관점, 의도론적 관점
	1983	후기산업사회론적 관점, 산업사회론적 관점
데니스 매퀘일	1983	상호의존론, 관념론, 유물론, 자율론
	1986	미디어 중심적 관점, 사회 중심적 관점
마크 포랏	1978	기술결정론적 관점, 이데올로기통제론적 관점
제니퍼 슬랙	1984	단순 인과론적 입장, 징후론적 접근, 표출론적 전통, 구조론적 전통
찰스 스타인펠드와 제리 살바조	1989	경제 구조적 관점, 정보 소비적 관점, 기술 하부 구조적 관점, 비판적 관점, 다차원적 관점
피터 실즈와 로한 사마라지바	1993	후기산업론, 산업론, 장기파동론, 권력 이론
프랭크 웹스터	1995; 2006	단절론적 관점, 지속론적 관점
이종구 외	2005	기술결정론적 입장, 사회구조론적 입장
이항우 외	2011	
강상현	1996	사회구성체의 연속성 강조 관점, 사회구성체의 불연속성 강조 관점
	2006	기술결정론적 관점, 사회구성론적 관점, 상호작용론적 관점
크리스티안 푹스	2012	연속-주관적, 연속-객관적, 불연속-주관적, 불연속-객관적 접근

* 연도는 연구자의 저술 연도를 표시함(참고 문헌 참조).

기술의 구성적 특성을 강조하는 구조주의적 관점의 수용이 필요하다는 점을 특히 강조했다(Slack, 1984a: 102~104).

또한 찰스 스타인펠드Charles Steinfeld와 제리 살바조Jerry Salvaggio는 새로운 미디어 기술과 연관된 '정보 사회'를 특징짓는 속성attribute에 대한 연구자들의 입장을 경제 구조적 관점, 정보 소비적 관점, 기술적 하부 구조 관점, 비판적 접근, 다차원적 접근 등 다섯 가지로 나누었다. 그들의 분류를 미디어 기술과 사회의 관계 관점에서 보면, 기술적 하부 구조 관점은 기술결정론의 다른 표현이며, 비판적 접근은 사회구성론 혹은 이데올로기결정론의 다른 표현이라 할 수 있다. 이 두 관점 외에 경제 구조적 관점과 정보 소비적 관점을 추가하고 다차원적 관점에서 '정보 사회' 현상을 조망할 것을 요구한 셈이다. 미디어 기술 발전과 연관된 새로운 사회 현상을 설명함에 있어 정보 산업의 생산적 측면(경제 구조적 관점)과 소비적 측면(정보 소비적 관점)의 연구를 별도로 분류한 점이 주목된다. 그들은 기존의 많은 이론들이 기술결정론적 관점에 지나치게 경도되어 있다고 비판했다. 그리고 기술 및 그러한 기술의 이용 방식은 특정 문화와 이데올로기의 산물이기 때문에 기술적 하부 구조뿐 아니라 각 나라의 문화 및 이데올로기에 따라 '정보 사회'에 대한 다양한 설명이 가능하고 여러 차원들을 복합적으로 고려하는 연구 관점이 요구된다는 점도 강조했다(Steinfeld & Salvaggio, 1989: 10). 또한 그들은 '정보 사회'를 특징지어 온 기존 논의에서의 주요 속성들 외에도 정보의 확산성과 정보–지식의 관계, '정보 사회'의 시·공간적 특성에 대한 새로운 관점의 연구도 필요하다고 했다(pp.12~13).

1990년대에 들어 피터 실즈Peter Shields와 로한 사마라지바Rohan Samarajiva에 의해 새로운 미디어 기술과 사회 변화의 관계에 대한 보다 심도 있는 논의가 제기된 바 있다. 그들은 새로운 미디어 기술과 사회의 관계에 관한 기존 연구자들을 입장 차이에 따라 후기산업론자, 산업론자, 장기파동론자, 권력이론가 등으로 나누고 이들 연구자들의 관점들을 앤서니 기든스Anthony Giddens의 구조화 이론 및 니코스 무젤리스Nicos Mouzelis의 '지배력/지배 관계' 개념 등에 연결시켜 비판적으로 분석했다. 이들은 기술결정론적 경향이 농후한 후기산업론자들에게 강한 거부감을 나타내는 동시에 '정보 사회'를 생산력과 생산 관계 차원에서만 고려하는 입장에 대해서도 이의를 제기했다(Shields & Samarajiva, 1993: 350~351). 이들은 새로운 미디어 기술과 연관된 사회 변동의 역동성에 관한 적절한 이해는 자본주의, 산업주의, 국가 등과 같이 서로 환원 불가한 요소들 간의 상호작용 관계를 파악하고, 생산력과 생산 관계 차원에서만이 아니라 지배력과 지배 관계, 나아가서는 소비력과 소비 관계, 유통력과 유통 관계 등을 함께 검토할 때 비로소 가능하다고 주장했다. 특히 인식론적 측면에서 이들은 지식 생산을 수정과 변형에 빈번히 개방되어 있는 환원 불가능한 사회적 과정으로 보고, 새로운 사회구성체로서의 '정보 사회'에 대한 기존 관점들 역시 경쟁 관계에 있는 다양한 담론으로서 그에 대한 인식 역시 재구성되고 거듭 변형될 수 있는 것임을 강조했다(pp.374~375).

한편 영국의 프랭크 웹스터Frank Webster는 정보 사회에 관한 제 이론들을 정리하면서 새로운 미디어 기술의 등장과 확산에 따라 부각되고 있는 새로운 사회, 즉 '정보 사회'에 관한 여러 논의들은 크게 두 가지 축으로 분류한다. 그는 주요 이론이나 주장들을 기존의 사회와는 다른 종류의 새로운 사회가 출현한다고 보는 입장(단절론)과 기존 사회의 지속 또는 그러한 사회 질서의 유지나 강화로 보는 입장(지속론)으로 나눈다. 전자의 대표적 이론이나 입장에는 후기산업사회론(대니얼 벨과 그 추종자), 포스트모더니즘(장 보드리야르Jean Baudrillard, 마크 포스터, 폴 비릴리오Paul Virilio), 유연적 전문화론(마이클 피어Michael Piore, 찰스 세이블Charles Sabel, 래리 허슈혼Larry Hirschhorn), 정보적 발전양식론(마누엘 카스텔Manuel Castells) 등, 후자에는 네오마르크스주의neo-Marxist(허버트 실러), 조절 학파 이론(미셸 아글리에타Michel Aglietta, 알랭 리피에츠Alain Lipietz), 유연적 축적론(데이비드 하비David Harvey), 성찰적 근대화론(앤서니 기든스), 공론장 이론(위르겐 하버마스Jürgen Habermas, 니콜라스 간햄) 등을 들고 있다(Webster, 2006: 7).

보다 최근에는 마르크스주의 비판 이론적 관점에서 '초국적 정보자본주의' 현상에 주목한 크리스티안 폭스(2012)는 기존의 '정보 사회' 이론들을 유형화하면서 한편으로는 '정보 사회'로의 이행과 발전을 지지하는 불연속론 입장과 여전히 '자본주의' 사회의 지속을 강조하는 연속론적 입장을 구분하여 제시했다. 다른 한편으로는 미디어 기술 중심적인 새로운 사회를 강조하는 객관적 입장과 정보와 지식 중심적인 사회를 강조하는 주관적 입장을 제시했다. 그리고 미디어 기술과 사회 변화의 관계를 보는 관점들을 이들 입장들이 서로 교차하는 네 가지, 즉 연속-주관적, 연속-객관적, 불연속-주관적, 불연속-객관적 접근으로 유형화시켜 제시했다. '초국적 정보자본주의'는 연속과 불연속, 그리고 주관적 접근과 객관적 접근의 어느 하나를 강조하기보다는 양자의 변증법을 고려하는 입장에 있음을 폭스는 강조했다. 이에 대한 자세한 내용은 뒤에서 자세히 다룬다.

한편 국내에서도 주로 사회학자들을 중심으로 '정보 사회'에 관한 논의가 일부 이루어졌는데, 이들 국내 사회학자들은 미디어 기술과 사회의 관계에 관한 기존 논의, 즉 정보 사회 관련 논의들을 기술결정론적 입장과 사회구조론적 입장으로 나누어 소개했다(이종구 외, 2005; 이항우 외, 2011).

앞서 언급했던 웹스터(1995; 2002; 2006)와는 별개로, 그리고 국내 사회학자들이 '정보 사회' 관련 기존 논의들에 대한 관점 분류를 하기 전에 이미 나는 새로운 미디어 기술과 사회의 관계에 관한 기존의 논의들의 분류틀을 비판적으로 평가하고, 새로운 분류틀을 설정하여 관련 논의들을 나름대로 검토, 분석한 바 있다(강상현, 1996: 83~136). 여기서는 그 내용을 다시 소개하고, 후속 논의를 위해 현시점에서 수정, 보완된 보다 새로운 관점 분류틀을 제시해 보고자 한다.

3) 기존 관점 분류에 대한 평가와 새로운 분류틀 설정

(1) 기존 관점 분류에 대한 평가

앞에서 살펴본 것처럼 미디어 기술과 사회 변화의 관계를 바라보는 관점에 관한 기존의 유형화 논의는 초기에 기술결정론적 관점과 사회구성론적 관점(혹은 이데올로기결정론)이라는 단순 이분법적 구도 위에서 이루어지다가 점차 이를 세분화하거나 정교화하는 방향으로 진전되고 있음을 알 수 있다.

여기서 기술결정론적 관점은 사회 변화의 기본 동인을 미디어 기술로 간주하는 것으로 기술이 사회 변화에 대해 자율적이고도 역동적인 힘을 행사한다는 데 강조점을 둔다. 매퀘일의 '관념론'과 '미디어 중심적 관점,' 슬랙의 '단순 인과론적 입장,' 스타인펠드와 살바조의 '기술 하부 구조적 관점' 등은 기술결정론적 관점의 다른 표현에 불과한 것이고, 스타인펠드와 살바조의 '경제 구조적 관점'과 '정보 소비적 관점,' 실즈와 사마라지바의 '후기 산업론'과 '장기파동론' 역시 미디어 기술의 생산, 소비, 산업화 및 기술 혁신에 따른 경제·산업적 변화를 전제로 한다는 점에서 — 다소 느슨한 형태의 — 기술결정론적인 관점을 보다 세분화한 양상을 보여 준다. 윌리엄스의 '기술징후론적 관점'과 슬랙의 '징후론적 관점'은 기술결정론적 관점만큼 미디어 기술의 사회 변화에 대한 강력한 규정력을 인정하는 것은 아니지만, 다른 요인들과 결부된 기술의 영향력을 어느 정도 인정한다는 점에서 이 역시 기술중심주의적 관점에 다소간 기대고 있다.

기술결정론적 관점과 대비되는 위치에 있는 사회구성론적 관점은 기술의 사회적 영향보다는 기술에 미치는 특정한 사회적 조건이나 상황, 그리고 사회적 관계의 영향력을 더 강조한다. 특정 집단이나 세력의 특정한 의도나 목적 관철을 위해 특정 미디어 기술의 개발, 보급이 촉진되고 그 이용 확산이 사회적으로 장려된다고 보는 입장으로, 이 경우 미디어 기술은 특정 집단이나 세력의 지배 이익을 유지, 확대하기 위한 매개적 위치에 있는 것으로 간주된다. 윌리엄스의 '의도론적 관점'과 '산업사회론적 관점,' 매퀘일의 '유물론'과 '사회 중심적 관점,' 포랏의 '이데올로기통제론적 관점,' 슬랙의 '표출론적 전통,' 스타인펠드와 살바조의 '비판적 관점,' 그리고 실즈와 사마라지바의 '산업론'과 '권력 이론' 관점 역시 사회구성론적 관점과 상당히 유사한 입장에 있는 관점들이다.

한편 슬랙의 '구조론적 전통'이나 스타인펠드와 살바조의 '다차원적 관점' 그리고 실즈와 사마라지바의 주장에서 대안으로 제시한 일부 관점 등은 미디어 기술과 사회의 관계를 설명하는 데 기술이나 사회적 조건(혹은 이데올로기)의 특정 요인에 치중된 관점의 한계를 비판하면서, 다양한 요소들 또는 여러 층위들이 복합적으로 작용하거나 개입하는 국면들에 대한 고려의 필요성을 강조하는 관점들이라고 볼 수 있다. 보다 최근의 관점 분류 시도들은 기존의 단순 이분법적 분류에서 점차 미디어 기술과 사회 변화의 관계에 대한 새로운 이론적 관점이나 설명 변인들을 끌어들임으로써 보다 다양한 관점들의 현존을 확인시켜 준다.

그러나 기존 분류들은 다음과 같은 몇 가지 점에서 여전히 일정한 한계를 보여 주기도 한다. 먼저 여러 관점에 대한 이들 분류 자체가 지나치게 단순하다는 점이다. 주로 기술과 이데올로기(의도, 목적, 정책 등)가 사회 변화와 맺고 있는 역학 관계 차원에서 상대적으로 어디에 비중을 더 두고 있느냐에 따라 분류하는 것이 그 주조를 이룬다. 기술결정론적 관점과 사회구성론(혹은 이데올로기결정론)의 대립 구조가 그것이며, 그 뒤 기술결정론적 관점은 기술결정론과 기술징후론으로 분화되고 사회구성론은 표출론적 관점(혹은 반영론적 관점이나 도구주의적 관점)과 구조론적(혹은 구조주의적 관점)으로 분화시켜 분류하는 경향이 있다.

두 번째는 보다 최근에 올수록 분류가 다양화되고는 있으나 분류 기준 자체가 분명하지가 않다. 예컨대, 어떤 분류(Steinfeld & Salvaggio, 1989)는 동일 분류 내에서 분석 대상에 초점을 맞춘 것이 있는가 하면, 분석 시각이나 방법에 초점을 맞춘 것도 있으며, 또 다른 분류(Shields & Samarajiva, 1993)는 몇 가지 이론적 관점만을 명확한 기준 없이 단순 나열한다.

세 번째는 분류한 각 관점들 간의 유기적 관계 또는 상호 간 공통점과 차이점에 대한 체계적인 설명이 대체로 결여되어 있다. 기술결정론적 관점과 사회구성론적 관점의 단순 이분법에서는 그 대조가 비교적 뚜렷이 나타나지만, 보다 최근 분류로 올수록 그 다양성이 증가하면서 관점 간을 변별할 수 있는 기준이 상당히 모호해지는 경향을 보인다.

따라서 미디어 기술과 사회의 관계에 대한 지금까지의 여러 논의 관점들을 종합적이고도 체계적으로 이해하기 위해서는 보다 명확한 분류 기준의 설정과 함께, 여러 관점들이 맺고 있는 관계는 물론 서로 간의 공통점과 차이점을 보다 분명하게 인식할 수 있는 새로운 분류틀이 요구된다.

(2) 새로운 관점 분류틀의 설정

나는 앞서의 논의를 바탕으로 지난 1996년 새로운 미디어 기술과 사회의 관계를 조망하는 여러 가지 이론적 주장이나 입장들을 포괄하면서 이를 체계적으로 이해할 수 있는 분류틀을 표 3-6과 같이 새

표 3-6 미디어 기술과 사회의 관계에 대한 관점의 재분류(강상현, 1996)

사회구성체의 불연속성을 강조하는 관점		사회구성체의 연속성을 강조하는 관점	
정보경제론적 관점	• 정보생산론 • 정보소비론 • 기술경제패러다임론	산업경제론적 관점	
정보사회론적 관점	• 후기산업사회론 • 정보사회론 • 통제혁명론	자본주의 산업사회론적 관점	• 도구주의적 관점 • 구조주의적 관점
정보양식론적 관점		지배양식론적 관점	

롭게 재구성한 바 있다. 이러한 분류의 근거는 각 주장 또는 입장이 미디어 기술의 개입에 따른 사회구성체를 불연속적인 것으로 보는가, 아니면 연속적인 것으로 보는가에 따라 크게 두 가지로 구성했다.

그리고 미디어 기술의 개입에 따라 불연속성을 강조하는, 즉 기존 사회 질서와는 구조적으로 다른 새로운 사회 질서 — 이른바 '정보 사회' — 의 출현으로 보는 입장들을 그 분석 수준이나 대상에 따라 정보경제론적 관점, 정보사회론적 관점, 정보양식론적 관점 등으로 나누었다. 미디어 기술의 개입에도 불구하고 기존 사회 질서의 유지 및 재생산, 즉 사회구성체의 연속성에 초점을 맞추는 입장들 역시 산업경제론적 관점, 자본주의산업사회론적 관점, 지배양식론적 관점 등으로 나누어 불연속성론의 세 가지 관점에 각각 대응시켰다. 그리고 이들 각 관점 내에서도 분석 대상이나 수준 또는 입장 등에서 비교적 뚜렷한 차이를 보이는 경향이 있는 경우에는 이를 보다 세분해 놓았다.

먼저 새로운 미디어 기술에 의해 기존 사회 질서가 '정보 사회'라는 새로운 사회 질서로 재구성되는 것으로 보는 불연속성 강조 관점은 처음에 — 1960년대 초 — 경제 영역에서 정보 산업 부문의 비중이 증대된다는 분석에 근거한 '정보경제론적 관점'[34]에서 출발하여 점차 그러한 경향이 1970년대와 1980년대를 거치면서는 기존의 사회 구조와는 질적으로 다른 새로운 사회 질서를 구축한다는 다수의 '정보사회론적 관점'[35]을 배태시켰다. 이것이 1990년대에 와서는 후기 구조주의 연구 경향들과 접맥되면서 정보 양식의 변화에 따른 언어·문화적 경험의 질적 전환과 함께 주체 구성 방식에 있어서의 변화를 설명하는 새로운 관점, 즉 '정보양식론'의 등장으로 이어지게 되었다. 이들 관점은 주된 분석 대상과 분석 수준 등에서 서로 차이를 보이고는 있지만 새로운 미디어 기술에 의해 기존 사회와는 다른 새로운 사회 구조나 사회적 관계를 만들어 내고 있다고 보는 점에서는 유사한 인식론적 전제를 갖고 있다.

한편 기존의 사회 질서가 새로운 사회, 즉 '정보 사회'로 이행되기보다는 기존의 산업 사회적 질서를 유지 또는 강화하기 위해 새로운 미디어 기술이 매개되고 있는 것으로 보는 관점 역시 몇 가지로 나눈 바 있다. 즉 미디어 기술의 급속한 변화와 발전을 정보 지향적이긴 하지만 여전히 산업화 과정의 연속에 불과하다고 보는 '산업경제론적 관점'과, 자본의 축적 욕구 실현과 자본주의 체제 유지를 위한 전략적 선

34 '정보경제론적 관점' 역시 1960년대 초 정보 및 지식 관련 산업체에서의 변화에 주목한 '정보생산론'에서 시작해서 1970년대부터 정보 소비 및 이용 부문에서의 변화에 주목한 '정보소비론,' 그리고 1980년대 자본주의 경제의 침체 이후 새로운 도약에 극소전자공학과 새로운 정보 통신 기술이 결정적인 역할을 한 것으로 보는 '기술경제패러다임론' 등의 세부 관점으로 구성되어 있다고 보았다.

35 '정보사회론적 관점' 역시 1970년대 대니얼 벨의 '후기산업사회론'을 모태로 하여, 1980년대 초반에 출현한 다수의 '정보사회론,' 1980년대 후반에 등장한 '통제혁명론' 등으로 구성된 것으로 보았다.

택이나 의도적인 사회적 설계에 불과한 것이라고 보는 '자본주의산업사회론적 관점,'[36] 그리고 새로운 미디어 기술의 개발, 도입, 보급 등을 자본과 권력의 감시 또는 통제 양식의 강화 과정으로 보는 '지배양식론적 관점'[37]으로 나누었다. 이들 관점 역시 분석 대상이나 수준 등에서 약간씩 차이를 보이고 있으나, 미디어 기술이 기존 사회 구조를 질적으로 변화시키기보다는 의도적인 기술 개발이나 선택 또는 그 적용을 통해 기존 질서를 오히려 유지, 강화시키는 매개적 위치에 있다는 유사한 인식론적 기반 위에 서 있다고 보았다.

요컨대 새로운 미디어 기술과 사회 변화의 관계에 관한 기존의 논의들은 1960년대 경제 분야에서 일어나고 있던 변화를 인식하고 이를 설명하려 한 노력에서 시작하여(정보경제론), 1970년대와 1980년대에는 새로운 미디어 기술이 사회의 여러 분야에 크고 작은 변화를 몰고 온다고 보는 논의들(정보사회론)로 확장되고, 1990년대에는 상징적 교환symbolic exchange의 변화가 사람들의 주체 인식은 물론 언어나 기호가 갖는 의미와 인간 상호 간의 사회적 관계까지도 변화시켰다고 보는 관점(정보양식론)으로 이어져 왔다. 물론 그 이후에도 이들 관점(정보경제론, 정보사회론, 정보양식론)은 미디어 기술의 발전 과정에서 명칭이나 분석 대상이 바뀌면서 계속 확장되어 왔다. 이들 관점은 모두 새로운 미디어 기술이 사회에 미치는 영향력을 강조하고 있고, 그 결과로

36 '자본주의산업사회론' 역시 새로운 미디어 기술 개발, 보급, 이용 등과 관련해서 (국가는 부수적이고) 자본의 의도와 목적을 강조하는 '도구주의적 관점'과 국가와 자본 양자의 의도와 목적을 모두 강조하거나 여타 복합적인 요소의 작용 등을 강조하는 '구조주의적 관점'으로 나누어 설명한다.

37 여기서는 주로 '감시사회론'을 다루었다.

과거와는 다른 새로운 사회 질서를 만들어 낸다고 보는 점에서 불연속적 단절론이라는 유사성을 지닌다.

이러한 논의들과는 대조적으로 다른 한편에서는 정보경제론을 비판적으로 인식하는 산업경제론과, 정보사회론과 대척점에 위치한 자본주의산업사회론, 그리고 정보 양식의 변화가 아닌 지배력의 강화로 보는 지배양식론 등이 미디어 기술에 의한 사회 변화보다는 오히려 미디어 기술을 통한 기득권의 유지나 강화 현상을 설명한다는 점에서 기존 사회 질서의 연속성을 강조하는 공통점을 지니고 있다.

이 책에서는 이러한 나의 관점 재분류가 기본적으로는 아직도 유효하다고 본다. 그러나 그러한 재분류 이후 상당 기간이 경과하면서 새로운 미디어 기술들이 대거 등장하고, 특히 디지털화에 따른 미디어 융합과 그에 따른 멀티미디어, 모바일 미디어, 스마트 미디어 등이 매우 다양하게 개발, 보급, 이용되었다. 그리고 유무선 초고속 인터넷의 발전에 따른 정보 통신 네트워크와 사이버공간의 확장 및 모바일 환경의 확대 등을 고려할 때, 새로운 미디어 기술과 사회 변화의 관계에 관한 기존 논의를 분류하는 작업 역시 재검토해야 한다고 보았다. 실제 그사이에 새롭게 등장한 일부 관점들에 대한 추가 문제도 고려해야 했다. 따라서 여기서는 새로운 미디어 기술과 사회 변화의 관계에 관한 새로운 관점들을 확대 포괄하면서 좀 더 체계적으로 그리고 종합적으로 그러한 관점들을 이해하는 데 도움을 줄 수 있는 수정된 분류틀을 표 3-7과 같이 새롭게 제시한다. 이러한 수정된 분류틀을 기준으로 이 책에서의 앞으로의 논의를 전개하고자 한다.

표 3-7은 새로운 미디어 기술과 사회 변화의 관계를 새로운 사회로의 이행을 지지하는 관점과 그것을 부정하는 관점으로 크게 두 가지로 구별했다. 이는 사회구성체의 불연속성 강조 관점과 연속성 강조

표 3-7 새로운 미디어 기술과 사회의 관계에 관한 기존 관점의 재분류(수정)

새로운 사회로의 이행을 지지하는 관점		새로운 사회로의 이행을 부정하는 관점	
정보경제론적 관점	- 정보생산론 - 정보소비론 - 기술경제패러다임론	산업경제론적 관점	- 산업주의적 관점 - 조절 학파 이론
정보사회론적 관점	- 후기산업사회론 - 정보사회론 • 사이버사회론 • 네트워크사회론 • 유비쿼터스사회론 • 지능정보사회론 - 통제혁명론	자본주의 산업사회론적 관점	- 도구주의적 관점 vs. 구조주의적 관점 - 초국적 정보자본주의론 - 플랫폼자본주의론
정보양식론적 관점	- 정보양식론 - 포스트모더니즘	지배양식론적 관점	- 감시사회론 - 세포사회론

관점으로 나눈 기존의 이분법과 그 의미상으로는 같은 것이지만 표현을 좀 더 쉽게 바꾼 것이다. '새로운 사회'라는 것이 경제적인 영역에 한정된 것일 수도 있고, 다양한 사회 영역으로 확대된 것일 수도 있으며, 어떤 거대한 문명 변동의 수준을 말하는 것일 수도 있다. 어쨌든 새로운 사회로의 이행을 지지하는 관점이란 새로운 미디어 기술에 의해서 그런 크고 작은 사회적 단위에서 분명한 변화가 일어나고 있다고 보는 관점들을 말한다. 반대로 새로운 사회로의 이행을 부정하는 관점이란 새로운 미디어 기술의 개발, 보급, 이용에도 불구하고 크든 작든 사회의 각 단위에서의 근본적인 본질적 변화는 없이 기존 사회 질서가 계속 유지 또는 강화된다고 보는 입장이다. 오히려 새로운 미디어 기술이 기존 질서를 유지하고 강화하려는 의도와 목적에서 적극적으로 개발, 보급된다는 입장을 반영하는 것이기도 하다.

이러한 두 관점을 기준으로 하여 새롭게 기존 관점들을 재분류한 것이 표 3-7인 셈이다. 여기서는 새로운 사회로의 이행을 지지하는 관점에 역시 정보경제론적 관점, 정보사회론적 관점, 정보양식론적 관점 등을, 그리고 새로운 사회로의 이행을 부정하는 관점에 산업경제론적 관점, 자본주의산업사회론적 관점, 지배양식론적 관점 등을 대응 배열했다. 큰 분류에 있어서는 이전의 재분류와 다르지 않다. 다만 그 각각에 포함되는 소분류 관점들이 더 추가되거나 세분화되었다. 이는 그간에 새로운 미디어 기술의 개발, 보급, 이용에 따라 미디어 기술과 사회 변화의 관계를 논의하는 새로운 관점이나 입장들이 추가적으로 생겨났기 때문이다. 이는 새로운 사회로의 이행을 지지하는 관점 중에서도 특히 정보 통신 네트워크와 사이버공간, 모바일 미디어, 그리고 인공 지능과 사물 인터넷 등의 확대에 따라 정보사회론적 관점이 주류 정보사회론은 물론 네트워크 사회, 사이버사회, 유비쿼터스 사회(초연결 사회), 지능 정보 사회 등으로 더욱 다양화되는 양상을 보였고, 새로운 사회로의 이행을 부정하는 관점들에서도 여러 가지 새로운 하부 관점들이 더욱 다양해졌다.

먼저 새로운 사회로의 이행을 지지하는 관점에서 정보경제론적 관점은 정보 산업의 생산 부분의 변화에 주목했던 정보생산론과 정보 소비 및 이용 영역의 지속적인 확대에 관심을 가졌던 정보소비론, 그리고 (자본주의) 산업 경제의 주기적인 변화 속에서 미디어 기술이 새로운 주기 변화를 선도한다고 본 기술경제패러다임론으로 나누어 그 각각을 살펴보게 될 것이다. 이 역시 기존의 재분류와 별로 다르지 않다. 다만 그 세부 내용들이 보다 구체화되고 최신화되었다고 보면 된다. 정보사회론적 관점은 먼저 그 출발점이 된 후기산업사회론에서 시작해서 이를 이어받은 주류 정보사회론과, 설명 방식이 다르긴 하지만 결과적으로는 정보 사회의 도래를 부정하지 않는 통제혁명론 등을 먼저 다루게 될 것이다. 그러고 나서 최근의 미디어 기술 변화에 따라 사이버공간과 네트워크와 시공간 초월적 모바일 환경 등을 강조하는, 일종의 유사 정보사회론이라 할 수 있는 사이버사회론, 네트워크사회론, 유비쿼터스사회론(보다 최근의 초연결사회론), 지능정보사회론 등에 대해 각각 다룰 것이다. 그리고 기존의 정보양식론적 관점은 마크 포스터의 정보양식론과 아울러 포스트모더니즘 이론가들의 정보사회관을 별도로 나누어 살펴볼 것이다.

한편 정보 사회로의 이행을 부정하는 관점에서 산업경제론적 관점은 산업체의 이윤 추구 동기나 기업의 조직화 원리 등 산업화 추세가 근본적으로 달라진 것은 아니지만 그러한 산업화가 정보 쪽을 지향한다는 점에 주목하는 산업주의적 관점과 새로운 미디어 기술의 개발, 보급, 이용이 자본주의의 위기 상황 극복과 불가분한 관계에 있다고 보면서 포드주의 대량 생산 체제에서 포스트포드주의로 생산 관리 및 노동 통제 방식이 변화하는 데 주목한 조절 학파 이론 등으로 나누어 살펴본다. 자본주의산업사회론적 관점은 먼저 자본주의 사회의 자본 축적과 체제 유지 및 정당성 확보 등을 위해 새로운 미디어 기술이 어떤 관계를 갖는 것인지를 규명함에 있어 국가에 대한 자본 우위론을 강조하는 도구주의적 관점과 국가와 자본 양자의 협의와 상호 이익을 강조하는 구조주의적 관점으로 나누어 논의하고, 이어 보다 최근에 새로운 미디어 기술에 의한 생산력에서의 변화와 기존의 자본주의적 생산 관계에 있어서의 불변을 함께 고려하면서 새롭게 제기되는 '초국적 정보자본주의론'과 보다 최근의 글로벌 플랫폼의 확장과 독점화 경향을 비판적으로 조망한 플랫폼자본주의론을 추가적으로 살펴본다. 다만 논의 전개 순서는 정보 사회 이행론에 대해 가장 비판적이면서 시기적으로도 가장 먼저 등장한 자본주의

산업 사회론을 먼저 다루고 이어 산업경제론적 관점을 다룬다. 그리고 그에 이은 지배양식론적 관점에서는 새로운 미디어 기술을 지배 효율성 제고를 위한 감시의 정교화와 통제의 확대 과정으로 보는 감시사회론과 미디어 기술 발전과 네트워크의 확장에도 불구하고 다른 한편에서는 소통에서의 배제와 디지털 정보 격차와 사람들의 사회적 고립 문제, 그리고 공론권의 새로운 구조 변동과 파편화 현상 등이 일어난다고 보는 세포사회론 등에 대해 살펴본다.

4장

정보경제론

지식이나 정보 혹은 그와 연관된 새로운 미디어 기술,[38] 즉 정보 통신 기술이 사회 변화의 중요한 한 요인이라는 생각을 체계적으로 정리하여 제시하기 시작한 것은 1960년대 초 산업 및 경제 영역에서부터였다. 당시 특히 미국과 일본 등에서는 지식과 정보를 생산, 유통시키는 산업 부문에서 어떤 변화를 감지하거나 예견하고 이러한 변화가 경제 영역에서의 중요한 변화라는 주장이 나타나기 시작했다.

처음에는 정보나 지식을 생산하고 유통시키는 산업 부문에서의

38 여기서 새로운 미디어 기술이란 컴퓨터 등장 이후의 새로운 정보 통신 기술들을 포함하는 디지털 커뮤니케이션 시대의 미디어 기술들을 주로 의미한다. 그런 의미에서 매스 미디어에 의한 대중 사회나 대중 문화 논의와는 구분된다. 오히려 뉴 미디어 기술의 개발, 보급, 이용에 따른 정보 사회 논의에 가깝다.

발전적 변화에 주목했던 것이 시간이 지남에 따라 그 뒤에는 정보나 지식을 소비하고 이용하는 부문에서의 변화에도 관심을 갖게 되었다. 그리고 1980년대에는 그 이전에 심각한 경제적 불황을 경험했던 자본주의 경제가 다시 상승 국면으로 돌아선 것은 극소전자공학과 새로운 정보 통신 기술의 등장에 따른 기술과 경제 영역에서의 기본적인 패러다임이 바뀐 데서 비롯되었다는 주장도 제기되었다.

여기서는 정보와 지식을 생산하고 유통시키는 영역에서의 변화에 주목하는 견해들을 정보생산론으로, 정보와 지식을 소비하고 이용하는 영역에서의 변화에 초점을 맞춘 관점들을 정보소비론으로, 그리고 정보와 지식 및 관련 기술의 변화가 경제 구조의 근본적인 변화, 즉 패러다임 변화의 핵심 요소라고 보는 견해를 기술경제패러다임론으로 규정하고 그 각각에 대해 하나씩 살펴보고자 한다.

1. 정보생산론

새로운 미디어 기술에 의한 사회 변동의 인식은 산업 혹은 경제 영역에서 정보나 지식의 생산이 차지하는 비중이 점차 증가하고 있음을 인식하는 데서 시작됐다. 새로운 미디어 기술에 의한 사회 변동 인식의 맹아적 형태는 정보생산 영역에서의 변화에 대한 인식에서 비롯되었다는 말이다. 이러한 인식을 대표하는 주장들은 1960년대 초에 등장했다. 1962년 미국의 경제학자 프리츠 매클럽Fritz Machlup은 구체적인 실증적 데이터를 통해 미국의 전체 산업에서 차지하는 지식 산업의 비중이 점차 증가하고 있음을 보여 주었다. 비슷한 시기인 1963년 일본의 우메사오 다다오梅棹忠夫 역시 지식과 정보에 기반을 둔 새로운 산업 시대의 출현을 예고했다. 지식 정보 산업의 성장과 그로 인한 산업 구조의 변화에 대한 이러한 선구적 인식은 그 뒤 많은 나라에서 정보 생산 영역에서의 변화를 측정하고 예측하는 연구들을 자극하게 되었다. 이러한 추세는 좁게는 지식 정보 산업의 발전을, 그리고 넓게는 새로운 (지식 정보) 사회의 출현을 예고하는 데 필요한 경험적 연구들을 양산하도록 했다. 정보생산론에 해당되는 초기의 인식 혹은 연구들은 새로운 (정보) 사회로의 이행을 지지하는 관점의 지적 단초를 제공해 준 셈이다. 여기서는 정보생산론에 속하는 몇몇 주요 연구들에 대해 먼저 살펴보기로 한다.

1) 프리츠 매클럽의 '지식산업론'

지식과 정보 부문이 산업 영역에서 차지하는 비중 증대를 구체적인 실증적 데이터로 맨 먼저 제시해 준 사람은 프리츠 매클럽이다. 그는 1962년 《미국에서의 지식의 생산과 유통*The Production and Distribution of Knowledge in the United States*》이라는 저서를 통해 미국 경제에서 지식 산업이 차지하는 비중이 빠른 속도로 증가하고 있음을 밝혀냈다. 그는 교육, 연구 개발, 커뮤니케이션 미디어, 정보 기기, 정보 서비스 부문 등 지식의 생산 및 유포와 관련된 산업을 '지식 산업knowledge industry'이라고 규정한다. 이러한 지식 산업이 미국의 전체 노동력 구성은 물론 수입 및 국민 총소득 등에서 차지하는 비중이 점차 증가하고 있음을 구체적인 데이터로 제시하면서, 지식 산업이 여타 산업을 앞질러 향후 '지식 사회'의 성장을 주도하게 될 것이라고 전망하기도 했다.

미국 전체 산업의 노동력과 소득 추이에 관한 그의 연구 결과에 따르면, 표 4-1에서 보는 바와 같이 지식 생산 부문 노동력이 전체 노

표 4-1 미국의 지식 생산 부문 노동력 구성 추이

(단위: 1,000명)

구분	1900	1910	1920	1930	1940	1950	1959
지식 생산 부문	3,097 (10.7%)	5,450 (14.6%)	7,707 (18.3%)	10,536 (21.6%)	12,116 (23.4%)	16,706 (28.3%)	21,754 (31.6%)
비지식 생산 부문	25,934 (89.3%)	31,836 (85.4%)	34,498 (81.7%)	38,150 (78.4%)	39,624 (76.6%)	42,293 (71.7%)	46,985 (68.4%)
계	29,029 (100%)	37,286 (100%)	42,205 (100%)	48,686 (100%)	51,740 (100%)	58,999 (100%)	68,739 (100%)

출처: Machlup, 1962: 384~385 재구성.

표 4-2 1940~1958년 미국 지식 생산 부문의 상대적 고용 및 소득 분포 추이

구분	1940 (소득은 1939)	1950 (소득은 1949)	1958 (소득은 1958)
(1) 전체 피고용인	4,490만 명	5,620만 명	6,560만 명
(2) 지식 생산 부문 피고용인	1,060만 명	1,530만 명	2,050만 명
(3) 지식 생산 부문 피고용인 비율: (2)/(1)×100	23.6%	27.3%	31.3%
(4) 전체 지식 생산 부문 소득	1,512,000만 달러	4,478,300만 달러	8,996,000만 달러
(5) 전체 피고용인 소득	5,212,900만 달러	15,419,000만 달러	27,740,000만 달러
(6) 국민 총소득	8,163,400만 달러	24,187,600만 달러	33,618,300만 달러
(7) 전체 피고용인 소득 대비 지식 생산 부문 소득 비율: (4)/(5)×100	29.0%	29.0%	32.4%
(8) 국민 총소득 대비 지식 생산 부문 피고용인 소득 비율: (4)/(6)×100	18.5%	18.5%	26.8%

출처: Machlup, 1962: 392~393 일부 재구성.

동력에서 차지하는 비중이 1900년 10.7%에 불과하던 것이 꾸준히 증가하여 1959년에는 31.6%로 3배가량 늘어난 것으로 나타났다. 또한 표 4-2와 같이 1940년부터 1958년까지 약 20년간의 지식 생산 부문 피고용자 비율은 전체 피고용자의 23.6%에서 31.3%로 증가했다. 전체 피고용인의 소득에 대한 지식 생산 부문 피고용인의 소득 비율도 1939년 29.0%에서 1958년 32.4%로 늘어난 것으로 나타났으며, 같은 기간 국민 총소득에 대비한 지식 생산 부문의 소득도 18.5%에서 26.8%로 증가했다. 지식 산업 부문의 이러한 노동력 및 소득 비율 증가 등을 들어 그는 미국의 산업 구조가 달라지고 있다고 주장했다. 그가 분석한 이러한 지식의 생산과 유통 부문의 변화는 그 뒤 '정보 사회'의 개념을 대중화시키는 경제적 근거로 종종 인용되곤 했다.[39]

2) 우메사오 다다오의 '정보산업론'

미국의 매클럽과 비슷한 시기에 일본에서도 문명생태학자인 우메사오 다다오가 문명사적 고찰을 통해 인류의 산업 발전사를 농업 시대, 공업 시대, 정보 산업 시대로 구분하고, 인류는 정신 산업화의 진전에 따라 공업 시대에서 정보 산업 시대로 이행되어 가고 있다고 주장했다. 그는 1963년 3월 일본의 대표적 종합 잡지인 〈중앙공론中央公論〉에 "정보산업론情報産業論"이라는 논문을 게재하여 새로운 산업 시대의 도래를 주장해 세인들의 큰 주목을 받았다.[40] 우메사오는 보통 상품과는

39 http://en.wikipedia.org/wiki/Fritz_Machlup

40 본래 우메사오의 "정보산업론"은 1963년 1월 일본의 아사히朝日 방송사가 발간하는 〈방송조일放送朝日〉 신년호에 실렸던 것인데, 그해 3월 〈중앙공론〉에 다시 게재됨으로써 그의 주장이 더욱 폭넓게 인식되게 되었다.

표 4-3 우메사오 다다오의 인류 산업 발전사의 3단계 시대 구분

시대 구분	농업 시대	공업 시대	정보 산업 시대
생물학적 비유	내배엽 산업 시대 (소화기관계)	중배엽 산업 시대 (수족 · 근육계)	외배엽 산업 시대 (뇌 척추신경계/감각 기관)
핵심 생산	식량 생산	각종 물자 및 에너지 생산	정보 생산
가격 결정 원리		일반 경제학의 가격 결정 이론	보시의 원리 (사회적/공공적 가격 결정 원리)

다른 독특한 나름의 특성 — 비물질성, 비계량성, 선불가치성 등 — 을 갖는 정보를 조직적으로 제공하는 정보 산업은 실질적인 물질을 매매하는 실업實業과는 구별되는 일종의 '허업'虛業으로, 이상한 의사 상품疑似商品을 다루는 기이한 산업이라고 전제하고, 이러한 산업이 인류의 산업사에서 차지하는 위치를 나름대로 논했다.

인류의 산업 발전사를 농업 시대, 공업 시대, 정보 산업 시대로 요약한 그에 따르면, 정보 산업은 공업 발달을 전제로 하여 생겨났지만 공업과는 다른 것으로서 공업 시대와는 다른 새로운 시대를 상징하는 것이다. 공업 시대가 물질 및 에너지의 산업화가 진보된 시대라면, 정보 산업 시대는 정신 산업화가 진행되는 정신 산업 시대와 다름이 없다. 1960년대 당시 일본은 제2단계인 공업 시대에 있고 세계의 공업화가 진행되는 와중에 일부에서는 제3단계인 정신 산업 시대가 발전했다는 것이다.

또한 우메사오는 3단계 산업 발전사에 생물학적 의미를 부가하여 농업 시대, 공업 시대, 정신 산업 시대를 각각 내배엽內胚葉 산업 시대, 중배엽中胚葉 산업 시대, 외배엽外胚葉 산업 시대라고도 한다. 농업 시대에 주로 생산되는 것은 식량이며, 그 시대에 인간은 먹는 것에 급급했다. 먹는다는 것은 동물인 인간에게는 이른바 소화기관계의 기능과 관계되는 것이다. 따라서 농업 시대는 소화기관계를 중심으로 하는 내배엽 제 기관의 기능을 충족시키는 시대였다. 두 번째 공업 시대를 특징짓게 하는 것은 각종 생활 물자와 에너지의 생산이다. 이 시대는 기계를 통해 인간 수족의 노동을 대행하는 시기로서, 생물학적으로 보면 근육을 중심으로 하는 중배엽 제 기관의 기능을 확충하는 그런 시기인 것이다. 그리고 가장 마지막 단계인 외배엽 산업 시대는 외배엽 제 기관 중에서 가장 대표적인 뇌 척추신경계통 또는 감각 기관의 기능이 확충되는 시기다.

인류의 산업사는 유기체로서의 인간의 제 기능이 단계적으로 확충해 가는 역사와 같으며, 인류는 현재 중배엽적인 공업 시대에서 외배엽적인 정신 산업 시대로 이행해 가고 있다고 보았다. 현대의 정보 산업 발전은 다가오는 외배엽 산업 시대의 등불이라고 평가했다.

특히 그는 외배엽 산업이 우월하게 되는 시대가 되면 외배엽 산업이 경제의 중심이 될 것이며, 그에 따라 정보와 같은 (의사) 상품의 가격 결정 원리도 중배엽 시대 때와는 달라질 것이라고 했다. 즉 공업 시대에는 물건의 가격이 일반적인 경제학의 원리에 따라 결정되었지만, '보시普施의 원리'[41]와 같이 정보 산업 시대에는 정보 제공자와 수용자 양쪽의 격에 따라 정보의 가격이 결정될 것이라고 주장했다. 또 외배엽 산업 시대에 맞는 새로운 경제학의 출현을 기대하기도 했다.

41 우메사오는 마치 스님의 인격과 단가檀家(절에 시주하는 사람의 집)의 격에 의해 보시의 액수가 결정되는 것과 같이 정보를 제공하는 쪽과 그에 대가를 지불하는 쪽 양자의 격에 의해 정보 산업 시대의 정보의 가격이 결정된다고 보고, 이를 '보시의 원리'라 했다.

1960년대 초에 나타난 매클럽과 우메사오의 이러한 초기 분석과 논의 등은 산업 경제 영역에서 지식 산업이나 정보 산업 또는 정신 산업의 비율이나 중요성이 점차 커지고 있다고 보고 향후 사회 질서가 새로운 양상 — 예컨대, 지식 사회나 외배엽 산업 시대 — 으로 변화해 갈 것임을 암시한다. 그러면서도 그들의 분석이나 주장은 여전히 지식이나 정보를 생산하고 유통시키는 산업계에서 일어나고 있는 경제적 변화에 한정되어 있다.

이러한 산업계의 경향과 관련하여 그 후에도 계속 유사한 주장이나 분석 결과들이 주로 미국과 일본에서 나타났다. 미국의 경우, 1960년대 후반에 피터 드러커Peter Drucker(1968)가 이를 '지식 경제knowledge economy'로 재개념화한 바 있다. 1970년대에 들어서는 마크 포랏(Porat, 1977)이 '정보 경제information economy'로 개념을 더욱 확대하고 하부 개념들을 세분화해서 미국 경제에 있어서 정보 부문이 차지하지 하는 비중과 그 추이를 보다 심층적으로 분석한 바 있다. 1980년대 이후에도 경제학자들을 중심으로 한 유사 분석들이 다양하게 이루어졌다(Jonscher, 1983; Schement et al., 1983). 일본에서도 자국 경제에서 지식 정보 산업이 차지하는 비중이 점차 증가한 새로운 현상에 대한 연구들이 계속 나타났다(Komatsuzaki, 1986; Ohira, 1987 등 참조).

그중에서도 가장 대표적인 연구는 매클럽의 연구를 이어받아 미국 경제에서 정보 부문이 차지하는 비중이 점차 증가한 현상을 더욱 체계적으로 계량 분석한 포랏의 연구다. 그의 분석 결과는 매클럽의 것과 함께 정보 사회로의 이행을 주장하는 여러 후속 연구에서 가장 자주 인용되는 중요한 논거의 하나가 되고 있기 때문이다.

3) 마크 포랏의 '정보경제론'

포랏은 자신의 스탠퍼드대학교 박사 논문에서 미국의 국가 경제에서 정보 활동information activity이 차지하는 비중에 관한 연구를 수행했다. 1977년 5월 상무성과 국립과학재단의 후원을 받아 자신의 연구 성과를 《정보 경제: 개념과 측정*The Information Economy: Definition & Measurement*》이라는 제목으로 출간했다.

포랏은 그 책 서두에서도 밝히고 있지만 "미국의 국민 총생산(GNP)에서 지식과 관련된 활동을 다른 활동과 비교하여 최초로 수량화한 인물은 프리츠 매클럽이었다"고 했다. 자신이 매클럽의 영향을 크게 받았음을 시인한 셈이다. 다만 좀 더 엄격하게 '정보 활동'을 개념 규정하고 이를 체계적으로 측정해서 미국 경제에서 '정보 활동'과

표 4-4 마크 포랏의 산업 분류에 따른 1차 정보 부문

대분류	소분류
지식 생산과 발명 관련 산업	연구 개발 및 발명업(민간), 민간 정보 서비스
정보 유통 및 커뮤니케이션 산업	교육, 공공 정보 서비스, 규제 받는 커뮤니케이션 미디어, 규제 받지 않는 커뮤니케이션 미디어
위기관리 산업	보험업, 금융업, 투기성 중개업
조사 및 조정·중개업	조사 및 비투기성 중개업, 광고 산업, 비시장적 중개 기관
정보 처리 및 전달 서비스업	비전자식 정보 처리, 전자식 정보 처리, 텔레커뮤니케이션 산업
정보재 산업	비전자식 소비 또는 중간재, 비전자식 투자재, 전자식 소비재 또는 중간재, 전자식 투자재
일부 정부 활동	연방 정부의 1차적 정보 서비스, 우편 서비스, 주 및 지역 단위의 교육
지원 시설 관련	정보(통신) 구조물 건설 및 임대, 사무실 공급

출처: Porat, 1977: 23.

표 4-5 국민 총소득에서 정보 부문 소득이 차지하는 비율 추이

(단위: 100만 달러, 시가 환산)

연도	정보 부문			국민 총소득 NI(D)	GNP(E) (10억 달러)	(A)/(D) × 100	(B)/(D) × 100	(C)/(D) × 100	(C)/(E) × 100
	1차 부문 소득(A)	2차 부문 소득(B)	1, 2차 합산 소득(C)						
1929	15,841	11,421	27,262	86,795	103.4	18.25	13.16	31.41	26.4
1930	14,232	10,273	24,505	75,382	90.7	18.87	13.63	32.50	27.0
1931	12,286	6,976	19,262	59,669	76.1	20.59	11.69	32.28	25.3
1932	9,831	3,830	13,661	42,785	58.3	22.97	8.95	31.92	23.4
1933	9,189	3,686	12,875	40,312	55.8	22.79	9.14	31.93	23.1
1934	10,385	5,468	15,853	49,415	65.3	20.90	11.07	32.97	24.3
1935	11,386	6,948	18,334	57,208	72.5	19.90	12.15	32.05	25.3
1936	12,985	7,800	20,785	65,013	82.7	19.97	12.00	31.97	25.1
1937	13,687	9,898	23,585	73,650	90.7	18.58	13.44	32.02	26.0
1938	13,582	7,905	21,437	67,372	85.0	20.08	11.73	31.81	25.2
1939	14,085	8,997	23,082	72,564	90.8	19.41	12.40	31.81	25.4
1940	15,005	10,810	25,815	81,124	100.0	18.49	13.32	31.81	25.8
1941	17,428	16,697	34,125	104,150	124.9	16.73	16.03	32.76	27.3
1942	21,350	24,709	46,059	136,923	158.3	15.59	18.05	33.64	29.1
1943	26,031	32,636	58,667	170,404	192.0	15.27	19.15	34.42	30.6
1944	29,083	35,063	64,164	182,601	210.5	15.92	19.20	35.12	30.5
1945	31,859	32,979	64,838	181,489	212.3	17.55	18.17	35.72	30.5
1946	32,498	33,839	66,337	182,101	209.6	17.84	18.58	36.42	31.6
1947	33,947	40.141	74,088	199,068	232.8	17.05	20.16	37,21	31.8
1948	37,982	47,723	85,705	225,860	259.1	16.81	21.13	37.94	33.1
1949	40,385	44,005	84,390	219,189	258.0	18.42	20.08	38.50	32.7
1950	44,055	51,163	95,218	242,826	286.2	18.14	21.07	39.21	33.3
1952	55,592	65,093	120,685	293,525	347.2	18.94	22.18	41.12	34.8
1954	62,947	67,775	130,772	305,238	366.3	20.61	22.20	42.81	35.7
1956	74,755	82,329	157,084	353,037	420.7	21.17	23.32	44.49	37.3
1958	84,902	85,555	170,457	370,807	448.9	22.89	23.07	45.96	38.0
1959	93,104	95,509	188,613	403,617	486.5	23.06	23.65	46.71	38.8
1960	98,935	99,314	198,249	417,970	506.0	23.67	23.75	47.42	39.2
1961	104,389	102,002	206,391	429,761	523.3	24.29	23.73	48.02	39.4
1963	118,899	119,385	238,284	484,026	594.7	24.56	24.67	49.23	40.1
1965	142,903	141,625	284,528	565,434	688.1	25.27	25.05	50.32	41.3
1967	173,935	162,253	336,188	655,617	796.3	26.53	24.75	51.28	42.2
1969	211,048	191,540	402,588	771,071	935.5	27.37	24.84	52.21	43.0
1970	226,160	197,180	423,340	804,425	982.4	28.11	24.51	52.62	43.1
1971	242,763	213,793	456,556	866,020	1,063.4	28.03	24.69	52.72	42.9
1972	266,293	239,085	505,351	956,771	1,171.1	27.83	24.99	52.82	43.2
1973	293,305	276,275	569,580	1,075,748	1,306.3	27.56	25.68	53.24	43.6
1974	337,670	289,761	627,431	1,185,712	1,406.9	28.48	24.44	52.92	44.6

* 이 표는 Porat, 1977: 66～68, 167, 171 등을 종합하여 저자가 재구성한 것임.

관련된 부문이 어느 정도이며, 그것이 어떤 장기적 추이를 나타내는지를 알아보고자 했던 것이다.

이를 위해 그는 '정보 활동'이라는 것을 "1차적인 기능이 경제적으로 가치 있는 정보를 생산, 처리, 전달하는 구체적인 산업과 직업 등을 포괄하는 것"이라고 정의하고, 미국 경제를 크게 정보 활동과 관련된 정보 부문과 그렇지 않은 비정보 부문으로 나누었다.[42] 그리고 정보 부문도 시장에 정보재나 정보 서비스 등을 직접 생산하여 공급하는 기업 등을 포함하는 '1차 정보 부문'과 정부나 비정보 기업 등 비정보 부문의 내부에서 생산하고 소비하는 정보 관련 서비스를 포함하는 '2차 정보 부문'으로 나누어 이들 각 부문이 1920년대 말부터 1970년대까지 미국 경제에서 차지하는 비중과 그 추이 등을 분석했다.[43]

주요 분석 결과를 보면, 표 4-5에서 보는 바와 같이 1929년에만 해도 국민 총생산National Income에서 차지하는 정보 부문의 소득 비율이 31.4% 수준이던 것이 1940년대 초반까지는 별다른 변동을 보이지 않다가 1940년대 중후반 이후 꾸준한 증가세를 보인다. 그러다가 1960년대 중반 이후 50%를 넘어서면서 1974년에는 52.9%를 나타낸다. 이 중에서 1차 정보 부문의 경우, 1929년 국민 총생산에서 18.3%이던 것이 1954년에 20%선을 넘어섰고, 1974년에는 28.5%를 나타냈다. 2차 정보 부문의 경우, 1929년 13.2%에서 1947년 20%를 넘은 이후 1974년 24.4%로 이 역시 꾸준히 증가해 왔음을 알 수 있다.

42 포랏은 정보 부문과 비정보 부문 분석을 위해 422개 종류의 직업을 정보 부문과 비정보 부문으로 나누고 (1차) 정보 부문을 다시 20여 개의 소그룹으로 나누었다.

43 정보 노동과 관련된 추이 분석과 관련해서는 1860년대부터 1980년대까지 추이를 살펴본다.

그림 4-1 미국의 정보 및 비정보 부문 노동자 추이(1860~1980)

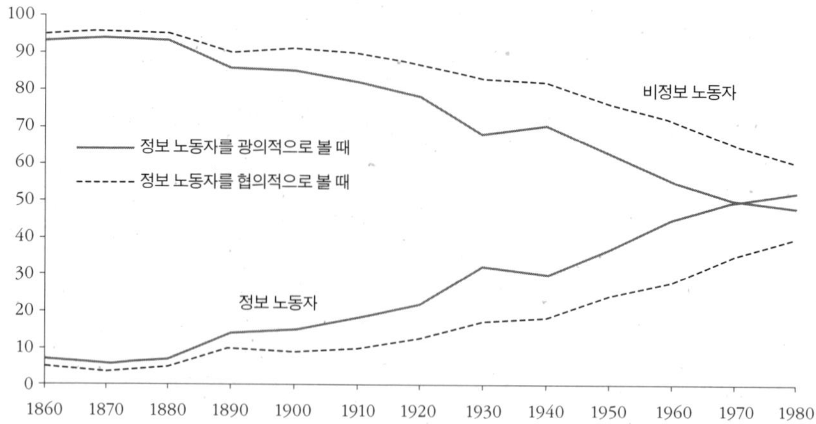

출처: Porat, 1977: 120.

그림 4-2 미국의 산업 부문별 노동력 구성 비율 추이

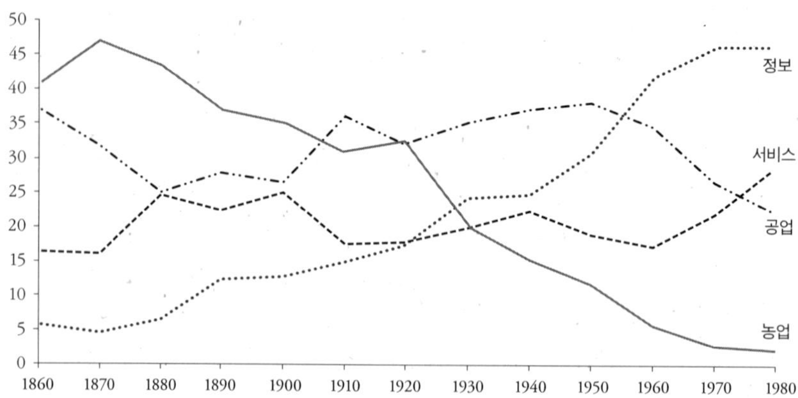

출처: Porat, 1977: 121.

표 4-6 미국의 산업 부문별 노동 인구 구성 추이*

연도	정보 부문	농업 부문	공업 부문	서비스 부문	합계
1860	480,604	3,364,230	3,065,024	1,375,525	8,286,283
1870	601,018	5,884,971	4,006,789	2,028,438	12,521,216
1880	1,131,415	7,606,590	4,386,409	4,281,970	17,406,384
1890	2,821,500	8,464,500	6,393,883	5,074,149	22,754,032
1900	3,732,371	10,293,179	7,814,652	7,318,947	29,159,149
1910	5,930,193	12,377,785	14,447,382	7,044,592	39,799,952
1920	8,016,054	14,718,742	14,492,300	8,061,342	45,288,438
1930	12,508,959	10,415,623	18,023,113	10,109,284	51,056,979
1940	13,337,958	8,233,624	19,928,422	12,082,376	53,582,380
1950	17,815,978	6,883,446	22,154,285	10,990,378	57,844,087
1960	28,478,317	4,068,511	23,597,364	11,661,326	67,805,518
1970	37,167,513	2,466,883	22,925,095	17,511,639	80,071,130
1980	44,650,721	2,012,157	21,558,824	27,595,297	95,816,999

* 표에서 보면 1910년 전후까지는 농업 부문 노동 인구가 가장 많다가, 1950년대까지는 공업 부문 노동 인구, 그 후로는 정보 부문 노동 인구가 가장 많은 것으로 나타났다. 이 표만으로도 농업에서 공업을 거쳐 정보 부문으로 노동 인구가 이동하고 있음을 알 수 있다.

포랏은 정보 부문의 소득 분석과 함께 정보 노동력에 대한 장기적 추이 분석도 했는데, 그에 따르면 1860년대에는 전체 노동력의 10%에도 미치지 않던 정보 노동자가 1975년경에는 비정보 노동자를 초과한 것으로 나타났다. 또한 정보 노동자는 비정보 노동자에 비해 소득 수준이 높기 때문에 1965년에 이미 총소득의 50% 이상이 정보 노동자에게 지불되었다고 분석했다.

또한 정보 노동력의 증가 추이를 보면, 1860년부터 1980년 사이 연평균 3.85% 증가했다. 같은 기간 전체 노동력의 연평균 증가율은 2.06%로 그만큼 정보 노동자의 증가율이 상대적으로 크게 높았음을 알 수 있다.

특히 그림 4-2와 표 4-6에서 보는 바와 같이 미국의 산업별 노동력 구성 추이를 보면 1950년대 중반 이후에는 정보 산업 분야의 노동자 비율이 가장 높게 나타나고 있음을 알 수 있다. 1920년대 이후에는 농업 부문 노동자, 1950년대 이후에는 공업 분야 노동자가 크게 줄어들고 있는 데 비해 서비스 노동자와 정보 노동자의 비율은 크게 증가하고 있음을 보여 준다. 1860년대 이후 1980년대까지의 노동력 구성 비율만을 보더라도 1900년대 초까지는 농업 노동자가 가장 많았고, 그때부터 1950년대 중반까지는 공업 노동자, 1950년대 중반 이후에는 정보 노동자가 가장 높은 비율을 나타내고 있음을 알 수 있다. 그림 4-2에 나타나 있는 것처럼 이러한 노동력 구성을 기준으로 해서도 산업 발전의 3단계 시대 구분이 가능함을 알 수 있다.

경제 영역에서 정보 산업 혹은 정보 부문이 차지하는 비율의 이러한 증가 추이는 그 뒤의 다른 연구들에서도 계속 나타났다. 예컨대 미국의 찰스 존셔Charles Jonscher(1983) 역시 미국 경제에서 정보 관련 종사자는 물론 정보 기술 및 정보 서비스에 대한 수요 역시 점차 증가한다는 분석 데이터를 제시한 바 있으며, 조지 셰먼트Jorge Schement 등(Schement et al., 1983)도 미국 내에서의 특정 지역, 즉 캘리포니아 지역의 정보 업종이 꾸준히 성장한 현상과 그에 따른 지역 내 산업 구조의 변화에 대한 관찰 결과를 제시해 준다. 일본의 경우도 오히라(Ohira, 1987)의 연구가 일본 경제에서 정보 산업 비중이 뚜렷이 증가하고 있음을 구체적인 데이터를 통해 보여 준다. 1970년 정보 관련 노동자가 전체 노동자의 35%, 전체 GNP 부가가치 대비 정보 부문의 부가가치 비율이 29.9%이던 것이 1983년에는 각각 40%와 36.3%로 증가하였으며, 정보 산업의 성장률 역시 비정보 산업의 성장률 3.9%보다 2배 가까운 7.7%를 나타났다. 고마츠자키(Komatsuzaki, 1986) 역시 일본 경제에서 정보 부문의 비중이 증가한다는 분석 결과를 내놓았다.

앞서 살펴본 대로 지식과 정보 관련 산업의 비중이 증가한다는 연구들은 1960년대 초부터 주로 미국과 일본을 중심으로 꾸준히 이루어져 왔다. 대부분의 연구들이 구체적인 데이터를 근거로 정보 산업의 지속적인 발전 양상을 보여 주기 때문에 어떤 변화를 이해하는 데 상당한 설득력을 갖는 것으로 보인다. 이러한 분석들은 산업 경제적인 영역에서 주로 정보나 지식 혹은 관련 기기를 생산, 유통시키는 분야에 대한 분석에 주로 한정하기 때문에 이를 통해 좀 더 넓은 사회 구조의 변화를 이해하는 데까지는 이르지 못한다. 하지만, 그러한 사회 변화를 설명하는 하나의 단초 역할을 한다. 1970년대와 1980년대에 들어 등장한 본격적인 정보 사회 이행론을 뒷받침하는 연구 혹은 주장들은 많은 경우 이러한 산업 경제 영역에서의 정보 부문의 지속적인 비중 증대를 사회 변동, 특히 '정보 사회'로의 이행을 뒷받침하는 중요한 논거로 종종 인용하기 때문이다.

2. 정보소비론

지식 산업이나 정보 산업이 그만큼 확대된다는 것은 지식과 정보 및 관련 기기의 생산 영역은 물론 그것의 유통과 소비 영역도 그만큼 커져가고 있음을 의미한다고 할 수 있다. 그만큼 수요가 있기 때문에 생산하는 것이고, 생산이 많아진다고 하는 것은 그만큼 그에 대한 이용과 소비가 늘어나는 것과 무관하지 않을 것이다. 정보 생산과 소비는 경제 논리상 동전의 앞뒷면과 같은 것이라고 볼 수 있기 때문이다.

이에 따라 1960년대 후반부터는 사회적으로 정보의 이용과 소비 혹은 정보 유통이 점차 증가하는 현상에 주목하여 이를 계량적으로 분석하는 연구들이 나타났다. 특히 이러한 연구는 초기에 일본에서 시작됐고 나중에는 국가 간의 정보화 수준을 비교하는 데까지 발전해 갔다.

1) RITE의 정보화 계수

일본에서는 1960년대 말부터 '정보화 사회' 개념이 등장하였고, 이러한 '정보화' 현상을 구체적으로 분석하고자 하는 움직임이 있었다. 그러한 시도는 1967년에 설립된 일본의 국제경제통신연구소(RITE: Research Institute of Telecommunications and Economics)에 의해 맨 먼저 이루어졌다. RITE(1970)는 일본 사회의 정보화 정도나 수준을 계량적으로 측정하기 위해서 '정보 율'(혹은 '정보 계수'라고도 함)과 '정보화 지표' 같은 개념을 고안해 내서 실제 측정했다.

'정보율'이란 전체 가계비 지출에서 정보 관련 활동비가 차지하는 비율이다. '정보화 지표' 측정을 위해 4개 부문 11개 항목의 척도를 만들었다. 표 4-7에서 보는 바와 같이 정보량(1인당 연간 우편 통수, 1인당 연간 통화 수, 100인당 하루 신문 발행 부수, 1만 인당 연간 서적 발행 종류,

표 4-7 일본 RITE의 정보화 지표 항목

구분	항목
정보량	1인당 연간 우편 통수/ 1인당 연간 통화 수/ 100인당 하루 신문 발행 부수/1만 명당 연간 서적 발행 부수/ 1㎢ 인구 밀도
정보 장비율	100인당 전화기 대수/ 100인당 TV 대수/ 100만 인당 컴퓨터 보급 대수
통신 주체 수준	취업 인구 중 3차 산업 종사자 비율/ 100인당 대학생 수
정보 계수	개인 소비 지출 중 잡비의 비율

1㎢ 인구 밀도), 정보 장비율(100인당 전화기 대수, 100인당 TV 대수, 100만 인당 컴퓨터 보급 대수), 통신 주체 수준(취업 인구 중 3차 산업 종사자 비율, 100인당 대학생 수), 정보율(개인 소비 지출 중 잡비의 비율) 등 네 가지 측면을 설정하고 각 측면에서 다시 구체적인 항목을 선정하여 이를 계량화했다. 또한 RITE는 1970년에 '정보화 사회'에 대한 나름대로의 기준을 설정, 노동 인구의 50% 이상이 정보 산업에 종사하고, 적령 인구의 50% 이상이 대학생이며, 1인당 GNP가 4,000달러 이상, 그리고 정보율이 35% 이상인 사회를 '정보화 사회'로 규정했다. 여기서 중요한 것은 RITE의 정보화 계수는 앞서 살펴봤던 매클럽이나 포랏 등의 정보생산론과는 달리 산업 구조적인 측면이 아니라, 정보 소비자이자 이용자인 사회 구성원들의 '정보화' 정도를 계량한다는 점이다. 즉 그들의 인구 구성적 특성(인구 밀도, 3차 산업 종사자 비율, 대학생 비율)과 정보 기기 보유 상태, 미디어 이용도, 소비 지출 내역 등이 '정보화'의 정도, 즉 정보와 지식의 소비, 이용 및 유통의 수준을 어느 정도 반영한 것으로 본 셈이다.

2) KISDI의 정보화 계수

우리나라에서도 이러한 RITE의 정보화 계수를 수용하여 국내 '정보화' 수준을 나름대로 계량한 바 있으며, 그 결과를 국가 간에 비교하기도 했다. 1982년 KAIST에서 RITE의 기준에 맞추어 우리나라 '정보화' 추이를 최초로 분석한 바 있으며, 1986년에는 KISDI가 일본의 RITE와 국내 KAIST의 기존 지표를 일부 수정, 보완하여 새로운 지표를 개발했다(표 4-8 참조). 1989년에는 이 지표에 의해 실제 국내 '정보화' 수준을 측정하고 이를 외국의 경우와 비교하기도 했다.

표 4-8 KISDI의 정보화 계수 항목

구분	항목
정보량	우편물 수 / 국내 전화 통화 수 / 신문 용지 사용량 / 발행 종류별 서적 부수 / 인구 밀도
정보 장비율	TV · 라디오 보급 대수 / 전화기 보급 대수
정보 이용 주체 수준	대학 재학생 수 / 1인당 국민 총생산 / 3차 산업 종사자 수
정보 기기 산업 규모	컴퓨터 통신 기기 · 음향 · 영상 분야의 각 부품 소재 산업 부문의 총생산액
정보 계수	가계 총지출 중 교통 · 통신비 비율/ 가계 총지출비 중 교양 · 오락비 비율

KISDI의 1986년 정보화 지표에서는 기존 네 가지 부문에 정보 기기 산업 규모를 추가했으며, 컴퓨터 보급 대수 대신 라디오 보급 대수를 포함시켰고 정보 이용 주체 수준에서 1인당 국민 총생산(GNP)을 추가했다. 또한 정보 계수를 잡비 비율 대신 교통·통신비 비율과 교양·오락비 비율로 대치했다. 전체적인 면에서는 RITE의 분석틀에서 크게 벗어나지 않았다. 정보 소비자 혹은 이용자 중심의 '정보화' 수준을 측정하던 RITE의 기준에 '정보 기기 산업 규모'를 포함시킴으로써 정보 소비 영역에 주로 한정했던 기존 RITE의 정보화 계수에 정보 생산 부문을 일부 포함하는 다소 애매한 결과를 가져왔다.[44] 그리고 정보 계수를 잡비 비율에서 교통·통신비와 교양·오락비의 비율로 바꾼

44 일본 RITE의 정보화 계수는 대부분 정보 이용자 차원을 중심으로 한 사회의 정보화 수준을 측정하는 항목들로 구성되어 있다. 따라서 '정보 기기 산업 규모'가 포함되면 정보 산업 측면, 즉 정보 생산자 측면의 정보화를 계량하는 항목이 포함됨으로써 이용자 혹은 소비자 차원의 '정보화' 측정이라는 성격을 무의미하게 만들 수 있다. 그러나 정보화를 산업, 즉 생산 영역의 정보화까지 포함하는 보다 포괄적인 것으로 본다면 긍정적인 평가도 가능할 것이다.

표 4-9 국가별 정보화 지표 비교(KISDI, 1989)

연도	한국	일본	미국	영국	서독
1980	100	274	521	290	308
1981	109	279	490	290	303
1982	117	281	533	294	305
1983	127	289	559	300	316
1984	132	293	585	311	322
1985	138	299	606	333	325
1986	150				
1990	217				
1995	321				
2000	473				

* 한국의 경우, 1986년 이후의 지표는 1980년도 평균성장률 8.1%를 적용하여 추정한 수치임.

출처: 최종원 외, 1989. 12.

것은 RITE의 정보화 계수에서보다는 정보 계수를 정보 관련 소비 지출로 보다 명확히 규정한 것으로 보인다.

이러한 기준에 의해 1989년 KISDI에서 수행한 정보화 계수의 국가 간 비교 결과는 표 4-9와 같다. 1980년대 초 석유 파동으로 인한 세계 경제 위기 상황에서의 약간의 지체를 빼고는 대부분의 국가에서 '정보화' 지수가 조금씩 상승하고 있음을 알 수 있다. 1980년대 초 '정보화' 수준에서 선진국과 상당한 격차를 보이던 우리나라의 경우도 꾸준한 상승세를 보이고 있으며 2000년대까지는 더욱 가파른 상승세를 예측한다. 실제 그러한 정보화 추이는 그 뒤 더욱 가속적으로 나타났다.

3) 일본 우정성의 정보 유통 센서스

위에서 살펴본 일본 RITE의 정보화 계수 측정과는 별도로 일본 정부(우정성)는 1970년대 초부터 일본 사회 전체에서 유통되는 정보량을 측정하기 위한 '정보 유통 센서스'를 실시했다. 1972년에 이미 1960, 1965, 1970년의 정보 유통량을 조사했던 당시 우정성의 정보유통센서스연구회는 1974년부터 정보 유통 센서스를 시작해 그 뒤에도 계속해 왔다. 우정성의 정보 유통 센서스는 정보 유통량을 중심으로 한 사회의 '정보화' 수준을 평가하기 위한 것으로, 이 역시 대개는 사회 전체에서 공급, 소비되는 정보량이 지속적으로 증가하는 경향을 계량적으로 보여 줌으로써 정보화의 진전 상황을 뒷받침하는 데이터를 계속 제공해 왔다.

우정성의 정보 유통 센서스는 여러 가지 정보 미디어를 전기통신계, 수송계, 공간계로 나누고 각 계열 혹은 미디어별 정보 유통량을 측정한 것으로, 시기에 따라 측정 대상 미디어와 계량 지표의 항목들이 조금씩 변해 왔다. 초기인 1974년부터 1987년까지는 표 4-10에서 보는 바와 같은 미디어(개인 미디어+매스 미디어)를 대상으로 공급 정보량과 소비 정보량 등을 측정하여 사회 전체의 정보 유통량을 정보 지표로 산출해 냈다. 당시 정보 유통량 측정 방법은 각 미디어별 표현 방식(음성, 문자, 영상 등)에 따라 기본 측정 단위(시간, 문자 등)를 설정하여 그에 따른 단위당 기본 단어 수word로 환산함으로써 각 미디어의 정보 유통량을 산출해 냈다. 이 방법에 따라 정보 소비율은 총소비 정보량을 총공급 정보량으로 나눈 값으로 나타냈다. 여기서 총소비 정보량은 실제로 소비된 정보의 소비량을 의미했고, 총공급 정보량은 수요 측면에서 소비 가능한 상태로 정보 공급자가 제공한 정보

표 4-10 일본의 정보 유통 센서스 조사 대상(1984)

구분	항목	미디어
전기통신계	전화	공사 전화, 공사 이동 전화, 자영 전화, 자영 이동 전화, 유선 방송 전화
	전보	공사公社 전보
	전신	가입 전신, 자영自營 전신
	데이터 통신	공사 데이터 통신, 자영 데이터 통신, 사설 데이터 통신
	팩시밀리	가입 팩시밀리, 자영 팩시밀리
	라디오	라디오 전송, 라디오 방송,* 유선 라디오 방송*
	텔레비전	텔레비전 전송, 텔레비전 방송,* 유선 텔레비전 방송*
수송계	우편	엽서, 편지, DM*
	인쇄	신문,* 서적,* 잡지,* 광고 인쇄물*
	복사	수교 문서
	녹음	레코드,* 테이프
공간계	대화	회화
	교육	학교 교육,* 사회 교육*
	감상	영화,* 연극,* 스포츠,* 옥외광고물*

* 표시된 것은 매스 미디어, 그 밖의 것은 개인 미디어.

의 총량을 나타냈다(정근하 · 김치용, 1992).

초기에는 정보 유통량을 공급 정보량과 소비 정보량을 중심으로 산출해 내던 데서 1988년부터는 원原발신 정보량, 발신 정보량, 공급 정보량, 소비 정보량, 누적 정보량 등 계량 지표 항목을 좀 더 다양화해서 측정했으며, 1992년부터는 이 중 공급 정보량을 선택 가능 정보량과 소비 가능 정보량으로 다시 세분하여 조사했다. 이런 상황에서 기존의 우정성 업무는 총무성으로 통합 이관되었고, 그 후인 2009년 1월 총무성 산하 정보유통센서스연구회에서는 급속한 미디어 환경 변화를 고려하여 새로운 지표 체계와 계량 방법을 개발하여 2001년

표 4-11 일본의 정보 유통 센서스 조사 대상 미디어(2009)

구분	미디어
전화(음성 통화)	고정 전화(가입 전화 · 공중전화 · ISDN), IP 전화, 휴대 전화, PHS
인터넷	인터넷
방송	지상파 TV 방송, 위성 TV 방송, 케이블 TV 방송, 지상파 오디오 방송
우편 · 엽서 · DM	엽서, 봉함 편지, DM
인쇄 · 출판	신문, 잡지, 서적, 무가지, 삽입 광고
패키지 소프트	음악 CD 소프트, 비디오 소프트, 게임 소프트

부터 2007년까지의 정보 유통량 추이를 새롭게 분석한 보고서(2009)를 내놓기도 했다. 여기서는 계량 대상 정보 유통의 범위를 정보 유통량과 정보 소비량 등으로 좀 더 한정해서 각 미디어별 유통 정보량과 소비 정보량 및 정보 소비율 등을 산출하고 그 추이를 살펴보았다. 계량 대상 미디어 역시 표 4-11에서 보는 바와 같이 새로운 미디어 상황을 반영하여 20개의 미디어를 전화, 인터넷, 방송, 우편·엽서·DM(Direct Mail), 인쇄·출판, 패키지 소프트 등으로 구분하여 각 미디어별 유통 정보량, 소비 정보량,[45] 정보 소비율 등을 분석했다. 측정 단위도 과거에는 시간(분), 문자, 페이지 등을 측정하여 단위당 기본 단어 수로 환산하여 계량했으나 새로운 계량 모델은 이를 kbps, Mbps, Mbit, MB, GB 등 비트 단위로 환산하여 측정하였다. 또한 이러한 유통 정보량과 소비 정보량 및 정보 소비율을 지역별로도 산출

45 특히 소비 정보량은 정보 소비자가 수신한 정보 중에서 의식적으로 인지한 정보량을 의미하며, 이를 산출하는 공식은 소비 정보량 = 유통 정보량 × 평균 이용률 × 평균 인지율이다. 정보 소비율은 소비 정보량을 유통 정보량으로 나눈 값이다.

표 4-12 정보 유통 센서스(2009)에 의한 일본의 정보 유통량 추이

계량 지표	단위	2001	2002	2003	2004	2005	2006	2007	2001년 =100	기간 평균 증가율
유통 정보량 전년 대비(%)	bit	3.85 (E+21)	3.87 0.6%	3.91 0.9%	4.04 3.4%	4.38 8.5%	4.99 13.8%	5.99 20.0%	155	7.6%
(참고) 총발신 유통 정보량 전년 대비(%)	bit	1.41 (E+23)	1.54 9.0%	1.64 6.6%	1.73 5.6%	1.87 8.2%	2.10 12.5%	2.45 16.5%	174	9.7%
소비 정보량 전년 대비(%)	bit	2.84 (E+17)	2.84 -0.1%	2.88 1.4%	2.88 0.1%	2.86 -0.7%	2.88 0.5%	2.96 2.9%	104	0.7%
실질 국내 총 생산(1) 전년 대비(%)	10억 엔	5.02 (E+05)	5.07 1.1%	5.18 2.1%	5.28 2.0%	5.40 2.3%	5.52 2.3%	5.62 1.8%	112	1.9%
총인구(2) 전년 대비(%)	인	1.27 (E+08)	1.27 0.1%	1.28 0.1%	1.28 0.1%	1.28 0.1%	1.28 0.0%	1.28 0.0%	100	0.1%

(1) 실질 국내 총생산은 내각부의 〈4반세기별 GDP 속보〉에 게재된 국내 총생산(지출측)을 말함.

(2) 총인구는 총무성의 〈인구추계〉(10월 1일 현재)에 있는 내용임.

* 위 표의 각 단위에서 E+숫자로 표현된 것은 10의 승수를 나타냄(예: E+21은 10^{21}, 즉 10의 21승을 말함).

하여 지역 간 차이를 비교 검토하기도 했다.

표 4-12에서 보는 바와 같이 일본의 경우, 2000년대 들어 유통 정보량은 기간 평균 7.6% 정도로 해마다 크게 증가한 데 비해, 소비 정보량은 기간 평균 0.7% 정도로 아주 완만한 증가세를 보이며 때에 따라서는 전년에 대비하여 감소하는 경우도 있음을 알 수 있다. 이를 미디어군별로 보면, 인터넷의 유통 정보량은 전년 대비 평균 81.5% 증가하여 2007년의 경우, 2001년에 비해 무려 35.7배 증가했음을 알 수 있다. 그에 비해 전화(음성 전화)를 통한 유통 정보량은 매년 감소하여 2007년의 경우 2001년 대비 60% 수준에 그치고 있다. 표 4-14에서 보는 바와 같이 소비 정보량의 경우는 유통 정보량에 비해 그렇게

표 4-13 미디어군별 유통 정보량 추이

미디어군	E+	2001	2002	2003	2004	2005	2006	2007	2007/2001 (기간 평균)
전화	17	8.23	6.89 (−16.3%)	6.08 (−11.8%)	5.39 (−11.3%)	4.94 (−8.4%)	4.84 (−2.0%)	4.67 (−3.5%)	0.6 (−9.0%)
인터넷	18	1.06	2.47 (133.5%)	6.00 (143.4%)	13.6 (126.4%)	20.7 (52.1%)	29.2 (41.3%)	37.7 (29.2%)	35.7 (81.5%)
방송	21	3.80	3.82 (0.5%)	3.85 (0.8%)	3.98 (3.2%)	4.31 (8.4%)	4.91 (13.9%)	5.90 (20.1%)	1.6 (7.6%)
우편·엽서·DM	17	7.60	7.92 (4.3%)	9.86 (24.5%)	13.0 (32.1%)	15.8 (21.6%)	17.2 (8.8%)	18.7 (8.2%)	2.5 (16.2%)
인쇄·출판	19	3.67	3.87 (5.4%)	3.62 (−6.4%)	3.67 (1.3%)	3.64 (−0.7%)	3.56 (−2.3%)	3.50 (−0.8%)	1.0 (−0.8%)
패키지 소프트	18	6.89	8.03 (16.4%)	9.58 (19.4%)	11.2 (16.9%)	11.7 (4.8%)	11.7 (−0.6%)	11.9 (1.8%)	1.7 (9.5%)
합계	21	3.85	3.87 (0.6%)	3.91 (0.9%)	4.04 (3.4%)	4.38 (8.5%)	4.99 (13.8%)	5.99 (20.0%)	1.6 (7.6%)

* 위 표에서 E+ 숫자로 표현된 것은 10의 승수를 나타냄(예: E+21은 10^{21}, 즉 10의 21승을 말함).

표 4-14 미디어군별 소비 정보량 추이

미디어군	E+	2001	2002	2003	2004	2005	2006	2007	2007/2001 (기간 평균)
전화	15	2.50	2.19 (−12.4%)	1.98 (−9.5%)	1.78 (−9.9%)	1.67 (−6.5%)	1.85 (−0.8%)	1.62 (−2.0%)	0.6 (−6.9%)
인터넷	16	1.41	1.47 (4.2%)	1.76 (19.8%)	1.87 (6.3%)	2.04 (9.3%)	2.16 (5.6%)	2.62 (21.5%)	1.9 (10.9%)
방송	17	2.26	2.27 (0.8%)	2.25 (–1.1%)	2.26 (0.6%)	2.26 (−0.4%)	2.25 (–0.2%)	2.29 (1.7%)	1.0 (0.2%)
우편·엽서·DM	15	2.53	2.46 (−2.8%)	2.42 (−1.7%)	2.35 (−3.1%)	2.30 (−2.2%)	2.39 (4.2%)	2.33 (−2.5%)	0.9 (−1.4%)
인쇄·출판	16	2.92	2.79 (−4.6%)	3.14 (12.6%)	2.91 (−7.2%)	2.74 (−5.9%)	2.80 (2.3%)	2.76 (−1.7%)	0.9 (−1.0%)
패키지 소프트	15	10.1	9.28 (−8.0%)	9.60 (3.5%)	9.87 (2.8%)	8.78 (−11.1%)	8.79 (0.2%)	9.09 (3.4%)	0.9 (−1.7%)
합계	17	2.84	2.84 (−0.1%)	2.88 (1.4%)	2.88 (0.1%)	2.86 (−0.7%)	2.88 (0.5%)	2.96 (2.9%)	1.0 (0.7%)

* 위 표에서 +숫자로 표현된 것은 10의 승수를 나타냄 (예: E+21은 10^{21}, 즉 10의 21승을 말함).

현격한 차이를 보이지는 않지만, 역시 인터넷을 이용한 소비 정보량이 전년 대비 증가율 평균 10.9%를 나타낸다. 2007년은 2001년보다 약 2배의 인터넷 소비 정보량을 나타낸다. 그 밖의 미디어군은 소비 정보량이 답보 또는 약간씩 감소하는 양상을 보였으며, 전화를 통한 소비 정보량이 가장 많이 감소한 것으로 나타났다.

4) 미국 MIT의 정보 유통량 조사

일본의 정보 유통 센서스가 있은 이후 그 방법을 원용하여 미국에서도 1980년대 초 유사한 연구가 이루어졌다. MIT의 이시얼 드 솔라 풀Ithiel de Sola Pool에 의한 정보 유통량 조사가 그것이다. 풀(1982)은 일본 우정성 연구에서 사용한 방법에 따라 1960년부터 1980년까지 미국의 정보 유통량을 조사했으며, 그 결과를 일본의 그것과 비교 분석하기도 했다.

MIT의 분석 결과에 의하면, 가장 두드러진 것은 조사 기간 중 정보량이 급속히 증가했다는 점이다. 미국의 경우는 1960년에서

표 4-15 미국 정보 유통량 조사의 조사 대상 미디어

구분	미디어
개인 미디어	제1종 우편, 텔렉스, 정보, 메일그램,* 팩시밀리, 데이터 통신, 전화
매스 미디어	라디오, TV, CATV, 레코드와 테이프, 영화, 학교 교육, 신문, 잡지, 서적, DM

* 메일그램Mailgram은 송신자 메시지가 우체국에 전기적으로 전달되어 인쇄되고 (보통 그다음 날) 우편 수단을 통해 받는 이에게 전달되는 전보 메시지의 한 형태다. 미국의 웨스턴 유니언사가 1970년 메일그램 서비스를 시작했지만 그 뒤 팩스 통신과 전자 우편에 가려져 잘 쓰이지 않다가 2006년 서비스가 중단됐다.

1980년 사이에 매스 미디어를 포함한 총정보 유통량의 증가율이 연평균 8.4%였으며, 일본의 경우는 1960년에서 1975년 사이 연평균 9.7% 증가해 GDP 평균 성장률보다 훨씬 높았다. 또한 그 기간 중 인쇄 미디어의 정보 유통량 증가율은 둔화되고 있는 데 비해서 전자 미디어의 정보 유통량 증가율은 크게 높아졌다. 미국의 경우, 편지와 같은 인쇄 미디어는 연평균 2.6% 증가에 그친 반면, 전화 등 전자 미디어는 6.3%의 연평균 증가율을 보였다. 일본의 경우도 1960년에서 1975년 사이 우편은 4.1%에 불과했으나 전자 미디어는 12.8%로 큰 차이를 보였다. 전자 미디어의 정보 유통량 증가는 초기에는 주로 전화 보급에 의한 것이었지만 그 뒤에는 데이터 통신에 의한 증가율 상승이 두드러졌다. 미국의 경우도 1979년 서비스를 시작한 데이터 통신에 의한 정보 유통량 증가가 연평균 28%로 특히 두드러졌다. 이 연구 역시 이러한 정보 유통량 증가 추이를 통해 미국과 일본 등에서 '정보화'가 급속히 이루어지고 있음을 보여 주고자 했다.

5) KISDI의 정보 유통 센서스

일본 우정성의 초기 정보 유통 센서스와 그로부터 영향을 받은 미국 MIT의 정보 유통량 조사 등을 근거로 해서 국내에서도 개인 미디어를 중심으로 한 정보유통센서스가 1986년에 KISDI(통신정책연구소)에 의해 이루어진 바 있다. 당시 KISDI의 노규형 등은 표 4-16에서 보는 바와 같이 14개 개인 미디어를 대상으로 하여 1960년대 초·중반(일부는 1970년대와 1980년대 초)부터 1984년까지 각 미디어별 총정보량을 산출하여 그 추이를 분석했다.

　당시의 주요 분석 결과를 보면, 우리나라의 경우도 정보 유통량

표 4-16 국내 정보 유통량 측정 대상 개인 미디어와 미디어별 대상 연도의 범위

정보 유형	개인 미디어	대상 연도
음성 정보	전화	1963~
	차량 전화	1974~
	전화 전용 회선	1974~
문자 정보	일반 전보	1965~
	경조 전보	1965~
	편지	1965~
	엽서	1965~
신호 정보	텔렉스	1974~
	텔랙스 전용 회선	1974~
그림 정보	팩시밀리	1983~
	팩시밀리 전용 회선	1979~
	모사 전보	1965~
데이터 신호	데이터 전용 회선	1974~
	DNS	1983~

* 자료의 상한 연도는 1984년까지임.

평균 증가율이 매년 14.5%로 GNP 성장보다 높은 폭발적 증가세를 보였으며, 1960년대와 1980년대를 비교할 때 전화 등의 전자 미디어에 의한 음성 정보가 편지 등의 문자 정보보다 그 비중이 더욱 증가하는 것으로 나타났다.[46] 해가 갈수록 데이터와 그림 정보의 유통량 증가율이 문자나 기호 정보의 그것보다 더욱 높게 나타났으며, 보다

46 1963년에 음성과 문자 정보의 비율이 60 : 40이던 것이 1984년에는 87 : 9로 그 차이가 훨씬 커졌다. 문자 메시지 전송과 SNS 이용이 증가한 최근의 음성과 문자 정보 유통 비율은 어떻게 변했을지 자못 궁금하다.

최근에 올수록 더욱 다양한 개인 미디어의 보급으로 인해 새로운 미디어 이용에 따른 정보 유통량 증가가 더욱 두드러지게 나타나기도 했다. 또한 정보의 내용 등 질적 측면에서 해가 갈수록 가사 정보 증가율보다는 업무 정보의 증가율이 두드러졌으며 그러한 경향은 향후에도 더욱 지속, 심화될 것으로 예측했다.

6) 미국 UC 샌디에고의 〈HMI? 2009〉

보다 최근에 이루어진 전국적인 정보 소비 연구는 UC 샌디에고 글로벌정보산업센터Global Information Industry Center의 〈HMI? 2009: 미국 소비자 보고서HMI? 2009: Report on American Consumers〉다. 이 연구소의 로저 본Roger Bohn과 제임스 숏James Short은 2008년 한 해 동안 미국 내의 국민 개개인들이 얼마나 많은 정보를 소비했는가를 계량적으로 분석하고 이를 1980년 상황과 비교했다. 1999년과 2002년에 UC 버클리대학의 피터 라이먼Peter Lyman과 할 배리언Hal Varian 역시 정보량과 관련된 연구를 수행하여 〈HMI? 2000〉과 〈HMI? 2003〉 등의 보고서를 낸 바 있다. 하지만 그들은 정보 소비 측면보다는 라디오 방송 시간이 얼마였고 얼마나 많은 책이 출판되었으며 작성한 이메일이나 전화를 건 통화수가 얼마인가 등과 같이 새롭게 창출해낸 정보나 콘텐츠의 양을 주로 분석하였다.

그에 비해 본과 숏의 〈HMI? 2009〉는 텔레비전과 라디오, 전화, 인쇄 미디어, 컴퓨터, 컴퓨터 게임, 영화, (녹음 또는 녹화된) 음악 등의 미디어를 분석 대상으로 삼았다. 2008년 미국 가정에서 이 미디어들을 통한 소비 정보량을 시간(INFO_H : Hours of consumption), 단어(INFO_W : Words consumed), 바이트(INFO_C: Compressed Bytes consumed) 단위로 측정

표 4-17 미국 가정의 미디어군별 정보 소비량(2008)

미디어군	전체 정보 소비량(전 인구)			비율(%)			미국인 1일 평균 정보 소비량		
	$INFO_H$	$INFO_C$	$INFO_W$	시간	바이트	단어	시간	기가 바이트	단어 수
TV	5.30E+11	1.72E+21	4.86E+15	41.62	34.77	44.84	4.91	11.75	45,100
라디오	2.39E+11	1.10E+19	1.15E+15	18.79	0.30	10.59	2.22	0.10	10,645
전화	7.89E+10	1.36E+18	5.68E+14	6.20	0.04	5.24	0.73	0.01	5,269
인쇄	6.49E+10	6.72E+17	9.34E+14	5.09	0.02	8.61	0.60	0.01	8,659
컴퓨터	2.08E+11	8.69E+18	2.93E+15	16.35	0.24	26.97	1.93	0.08	27,122
컴퓨터 게임	1.00E+11	1.99E+21	2.65E+14	7.86	54.62	2.44	0.93	18.46	2,459
영화	3.24E+09	3.56E+20	2.14E+13	0.25	9.78	0.20	0.03	3.30	198
음악	4.88E+10	8.85E+18	1.20E+14	3.83	0.24	1.11	0.45	0.08	1,112
계	1.27E+12	3.64E+21	1.08E+16	100.00	100.00	100.00	11.80	33.80	100,564

* 5.3E+11은 5.3×10^{11} = 530,000,000,000을 의미함.

하여 그 정도와 추이를 분석했다.

표 4-17에서 보는 바와 같이, 2008년 미국인들의 전체 정보 소비량을 시간으로 환산하면 1조 2,700억 시간, 바이트로 환산하면 3.64제타바이트(10^{21}),[47] 그리고 단어 수로 환산하면 1경 800조 단어를 소비하는 것으로 나타났다. 이를 미디어군별 시간 비율로 보면,

47 3.6제타바이트zettabytes의 정보 소비량을 책의 형태로 인쇄를 한다면, 7피트(213.36cm) 높이의 파일이 알래스카를 포함한 미국을 가로지를 수 있을 정도의 크기라고 한다.

TV를 통한 정보 소비가 전체의 41.62%로 가장 많고, 그다음이 라디오(18,79%), 컴퓨터(16.35%), 컴퓨터 게임과 비디오 게임 등(7.86%), 전화(6.20%), 인쇄 미디어(5.09%), 녹음/녹화한 음악(3.83%), 영화(0.25%)의 순으로 나타났다. 정보 소비량을 단어 수로 환산하면 TV(44.85%)가 역시 가장 높은 비율을 차지하지만, 그다음이 컴퓨터(26.97%), 라디오(10.59%), 인쇄 미디어(8.61%), 전화(5.24%), 컴퓨터 게임(2.44%), 음악(1.11%), 영화(0.20%) 순서로 미디어군 간의 순위에 다소 변화가 있음을 알 수 있다. 특히 소비 정보량을 바이트로 환산하는 경우에는 그러한 순위 변화가 더 크게 나타난다. 컴퓨터 게임(54.62%)이 가장 많은 정보 소비량을 보이며, 그다음이 TV(34.77%)이고, 나머지 미디어군들은 0.30%에서 0.02%로 매우 낮은 비율을 나타낸다.

미국인의 정보 소비와 관련된 분석 결과를 개인 차원에서 1인 1일 평균으로 보면, 표 4-17에서 보는 바와 같다. 즉 정보 소비 시간의 경우, TV를 하루 평균 4.91시간 시청하며, 라디오 2.22시간, 컴퓨터 1.93시간, 컴퓨터 게임 0.93시간, 전화 0.73시간, 인쇄 미디어 0.60시간, 음악을 0.45시간 이용한다. 그중 영화를 0.03시간으로 가장 적게 이용한 것으로 나타났다. 즉 미국인들은 하루의 절반가량(11.8시간)을 정보 소비에 쏟는 셈이다. 이러한 정보 소비를 단어 수로 환산했을 경우, TV를 통해 하루 평균 45,100단어, 컴퓨터를 통해서는 27,122단어, 라디오를 통해 10,645단어를 소비한다. 컴퓨터 게임과 음악의 경우는 각각 2,459단어와 1,112단어로 단어 소비가 매우 적은 것으로 나타났다. 그러나 정보 소비량을 바이트로 계산한 경우는 컴퓨터 게임이 18.46기가바이트로 가장 많고, TV 11.75기가바이트, 영화 3.30기가바이트로 그다음을 이어가고 있다. 하지만 나머지 미디어군들은 모두 0.1기가바이트 이하로 컴퓨터 게임이나 TV, 영화 등 영상 미디어들에 비해 크게 낮은 정보 소비량을 보이고 있음을 알 수 있다.

본과 숏은 자신들의 2008년 분석 결과를 풀 등의 MIT 정보 유통량 분석 결과(1982)와 비교하기도 했다. 이를 위해 당시 풀 등이 행했던 분석 단위(예: 단어)를 바이트 등으로 치환해서 비교 가능하게 만들기도 했다. 비교 결과, 1980년에서 2008년 사이에 미국인들이 소비한 단어들은 140% 증가한 데 비해, 28년간 소비한 바이트 정보량은 4배가량 증가한 것으로 나타났다. 소비한 정보 바이트는 매년 5.4%씩 증가한 셈이다. 이러한 연구와 분석 결과 역시 미국 가정에서 정보 소비량이 지속적으로 증가함으로써 '정보화'가 진전되고 있는 변화 양상을 구체적인 데이터를 통해 보여 준 셈이다.

7) 한국정보화진흥원의 국가 정보화 지수

앞에서 살펴본 정보화 계수, 정보 유통 센서스, 정보 유통량, 정보 소비량 등에 대한 조사는 주로 '정보화'의 진전에 따른 정보 유통과 소비 부문에서의 변화를 계량적으로 측정하기 위한 여러 나라에서의 다양한 노력을 보여 준다. 이들 조사 분석 작업은 주로 정부나 대학, 연구 기관에서 이루어진다. 그동안 국가 차원의 '정보화' 현황과 추이를 알아보기 위한 노력도 다양하게 이루어져 왔다. 정보 산업의 비중은 물론 정보 산업에 대한 투자, 정보 미디어의 보급과 이용 정도 등을 모두 포괄하는 조사도 있었다.

이에 비해 한국정보화진흥원[48]에서 실시한 2007년 '국가 정보화

48 한국정보화진흥원은 기존의 한국정보사회진흥원과 한국정보문화진흥원을 2009년에

표 4-18 국가 정보화 지수 구성 지표 및 산출 공식

부문	지표	목표치	산출 공식	출처
컴퓨터	PC 보유	80	(PC 보유 대수/인구)×100÷목표치×가중치	ITU
인터넷	인터넷 이용자	80	(인터넷 이용자 수/인구)×100÷목표치×가중치	
	초고속 인터넷 가입 가구	80	(초고속 인터넷 가입자 수/인구)×100÷목표치×가중치	
통신	유선 전화 회선	80	(유선 전화 회선 수/인구)×100÷목표치×가중치	
	이동 전화 가입자	100	(이동 전화 가입자 수/인구)×100÷목표치×가중치	
	무선 초고속 인터넷 가입자	50	(무선 초고속 인터넷 가입자 수/인구)×100÷목표치×가중치	
방송	TV 보유 가구	100	(TV 보유 대수/가구)×100÷목표치×가중치	
	CATV 가입 가구	100	(CATV 가입자 수/가구)×100÷목표치×가중치	

지수'를 보면 정보 관련 미디어의 보급과 이용 정도(주로 가입자 수)를 주요 지표로 삼고 있다. 한국정보화진흥원의 전신인 한국전산원은 1993년부터 국가 정보화 지수를 작성하기 시작하여 오늘에 이르는데, 1999년부터는 세계 주요 50개국을 대상으로 국가 정보화 지수를 산출하여 비교 분석한 바 있다. 당시 지수 산출을 위한 자료는 국제전기통신연합(ITU)의 데이터베이스에 수록된 통계 자료를 이용하였는데, 표 4-18에서 보는 바와 같이 2007년에는 국가 정보화 지수 산

통합한 기관이다. 한국정보사회진흥원은 1987년 설립된 한국전산원을 그 뿌리로 하며, 한국정보문화진흥원은 1984년 설립된 정보통신훈련센터와 1988년에 이 센터가 확대 개편한 정보문화센터 등을 그 뿌리로 한다. 특히 한국전산원 시절부터 《국가 정보화 백서》를 펴내면서 한국전산원에서 조사 분석한 국가 정보화 지수 등을 게재, 지금에 이르고 있다.

출을 위해 컴퓨터, 인터넷, 통신, 방송 등 4개 부문에 8개 지표를 설정했다. 컴퓨터 부문에서는 PC 보유 대수를, 인터넷 부문에서는 인터넷 이용자 수와 초고속 인터넷 이용자 수를, 통신 부문에서는 유선 전화 회선 수와 이동 전화 가입자 수, 무선 초고속 인터넷 가입자 수를 지표로 설정했다. 그리고 방송 부문에서는 TV 보유 대수와 CATV 가입자 수를 지표로 해서 각각의 지수를 산출했다.

국가 정보화 지수 산출에 앞서 살펴본 1999년과 2005년 사이의 각 부문별 정보화 수준을 보면, 먼저 컴퓨터 부문의 경우 50개국 전체의 인구 100명당 평균 PC 보유 대수는 1999년 19대이던 것이 2005년에는 34대로 1.8배 증가했다. 인구 100명당 PC 보유 대수는 스위스가 86대로 가장 많았고, 그다음 호주, 스웨덴, 미국, 캐나다 등의 순이었다. 모든 나라가 1999년에 비해 2005년 PC 보유 대수가 크게 증가한 것으로 나타났다.

인터넷 부문을 보면, 50개국 전체의 인구 100명당 평균 인터넷 이용자 수가 1999년 15명이던 데서 2005년 37명으로 2.5배 정도 증가했다. 초고속 인터넷 가입 가구는 2002년 100가구당 평균 9가구에서 2005년 27가구로 3년 사이에 3배 증가했다.

또한 통신 부문의 경우, 이동 전화 가입자는 인구 100명당 1999년 28명에서 2005년 78명으로 2.8배 증가했다. 하지만 유선 전화 회선 수는 신흥개발도상국의 경우는 높은 증가율을 보인 반면, 대부분의 선진국에서는 뚜렷한 감소세를 보였다. 대체재인 이동 전화 가입자가 늘어남에 따른 자연스러운 결과로 보인다. 무선 초고속 인터넷 가입자 수는 2005년 세계 50개국 인구 100명당 평균 3명이었으며 국가별로는 우리나라가 28명으로 가장 많았고, 그다음이 이탈리아(18명), 일본(14명), 포르투갈(9명), 홍콩(8명) 등의 순으로 나타났다.

표 4-19 세계 50개국의 평균 정보화 수준 변화

부문	인구 100명당	1999	2005
컴퓨터	PC 보유 대수	19대	34대
인터넷	인터넷 이용자 수	15명	37명
	초고속 인터넷 가입 가구 수	(2002년) 9가구	27가구
통신	유선 전화 회선 수	37.7회선	37.5회선
	이동 전화 가입자 수	28명	78명
	무선 초고속 인터넷 가입자 수	-	3명
방송	TV 보유 가구 수	127가구	141가구
	CATV 가입 가구 수	28가구	34가구

2007년 분석에 처음 도입된 지표라서 구체적인 변화의 정도를 알 수는 없지만, 주지하다시피 그 뒤 무선 초고속 인터넷 가입자 수 역시 크게 늘어났다.

끝으로 방송 부문의 정보화 수준을 보면, 50개국 전체의 100가구당 평균 TV 보유 가구는 1999년 127가구에서 2005년 141가구로 약 1.1배 증가했다. CATV 가입 가구의 경우는 1999년 28가구에서 2005년 34가구로 연평균 5% 정도씩 증가한 것으로 나타났다. 1999년에 100가구당 50가구이던 우리나라가 2005년 95가구로 급성장해 가장 많은 가구가 CATV에 가입한 것으로 나타났다.

이러한 정보화 수준을 국가별로 지수화하는 경우, 최종 지수값은 100과 0 사이에 놓이게 된다. 각 지표별로 가장 정보화 수준이 높은 나라의 경우는 100에 가깝고 나머지 나라들은 그 상대적 수준에 따라 지수가 결정되는 셈이다. 1999년부터 2007년 사이의 국가 정보화 지수를 보면, 1999년에서 2002년까지는 미국이 지수 99로 지수 순위

표 4-20 국가 정보화 지수 자료를 통해 본 우리나라의 정보화 수준 변화

부문	인구 100명당	1999	2000	2001	2002	2003	2004	2005
컴퓨터	PC 보유 대수	25(20)	40(9)	48(8)	49(8)	51(9)	52(15)	53(17)
인터넷	인터넷 이용자 수	24(11)	41(6)	52(1)	55(2)	61(3)	66(3)	68(5)
	초고속 인터넷 가입 가구 수	–	–	–	70(1)	73(1)	77(1)	77(1)
통신	유선 전화 회선 수	45(24)	48(21)	49(18)	54(19)	58(15)	58(10)	56(11)
	이동 전화 가입자 수	51(8)	58(18)	62(21)	68(21)	70(24)	76(26)	79(29)
	무선 초고속 인터넷 가입자 수	–	–	–	–	–	–	26(1)
방송	TV 보유 가구 수	120(30)	120(31)	116(40)	146(24)	124(36)	125(29)	126(31)
	CATV 가입 가구 수	50(10)	59(9)	65(8)	77(4)	88(3)	86(4)	95(1)

* ( ) 속은 50개국 중 순위.

1위를 차지했으며, 2003년에는 스위스, 그리고 2004년부터 2007년까지는 스위스가 계속 1위를 차지했다. 우리나라의 경우는 1999년 50개국 중 22위에서 2000년 19위, 2001년과 2002년 14위, 2003년 12위, 2004년 7위로 계속 상승세를 보였으며, 2005년부터 2007년까지는 계속 3위를 차지하는 호조를 보였다.[49]

이러한 국가 정보화 지수는 국가 간에 서로 상대적인 것이기 때문에 우리나라와 같이 계속 지수나 순위가 상승하는 경우도 있지만, 나라에 따라서는 지수 자체나 순위는 내려갈 수도, 오르내릴 수도 있는 것이다. 그에 비해 각국의 정보화 수준을 확인하는 부문별 지표들

49 이 지수는 4개 부문 8개 지표를 모두 총량한 국가 정보화 지수를 말한다. 1999년부터 2005년까지의 각 부문 및 지표별 지수와 국가 순위 역시 별도로 나와 있다(한국정보사회진흥원, 2007: 473~484 참조).

의 경우, 새로운 정보 통신 관련 미디어의 보급 정도나 가입, 이용자 수는 해가 갈수록 대개 증가하는 경향을 보인다. 이러한 데이터는 곧 정보의 유통과 소비가 증가하는 것으로 간주되며, 그러한 변화를 두고 대개 '정보화'가 진전되고 있는 것으로 평가하는 경향이 있다.

표 4-20은 정보화진흥원의 국가 정보화 지수 산출 과정에서 나타난 1999년에서 2005년 사이의 우리나라 정보화 수준을 지표별로 뽑아서 별도로 정리한 것이다. TV 보유 가구 수를 제외하고는 대부분의 미디어 보급 및 가입자 수(혹은 가입 가구 수)가 꾸준한 증가세를 보이고 있다. 특히 1999년부터 2005년 사이 6년 동안에 PC 보급 대수와 CATV 가입 가구 수는 2배, 인터넷 이용자 수는 3배 가까이 증가했다. 초고속 인터넷 가입 가구 수와 무선 초고속 인터넷 가입자 수는 세계 1위를 달릴 정도로 높은 혹은 빠른 보급률을 나타낸 바 있다. 이러한 증가세 역시 우리나라의 '정보화'가 급속히 진전되고 있음을 보여 주는 대표적인 예시가 된다. 정보를 유통하고 소비하는 새로운 미디어의 보급과 이용이 계속 늘어나고 있다는 것이다. 이 역시 우리 사회 변화의 일면을 설명하려 한 하나의 시도라고 할 수 있다.

8) 국제기구에 의한 국제 정보화 지수

한편 각 국가별 정보화 지수와는 별도로 여러 국제기구들은 국가별 정보화 수준을 측정하여 정보화 지수를 산출하고 이를 해마다 발표하고 있다.

먼저 국제연합(UN)은 경제사회국을 중심으로 2002년 이후 매년(2008년부터는 격년으로) 전자 정부 발전 지수와 온라인 참여 지수를 평가해 발표하고 있다. 국제전기통신연합(ITU)은 ICT 발전 지수, 세계경

표 4-21 국제 정보화 지수별 우리나라 순위

지수명	우리나라 순위(조사 대상 국가 수)							작성 기관	비고
	2006	2007	2008	2009	2010	2011	2012		
전자 정부 발전 지수	-	-	6 (192)	-	1 (192)	-	1 (193)	UN	웹 측정 지수, ICT 인프라 지수,* 인적 자본 지수
온라인 참여 지수	-	-	2 (192)	-	1 (192)	-	1 (193)	UN	온라인 정보 제공, 정책 참여, 정책 결정
ICT 발전 지수	-	-	-	2 (154)	3 (159)	-	1 (155)	ITU	ICT 접근성, ICT 이용, ICT 능력**
네트워크 준비 지수	14 (115)	19 (122)	9 (127)	11 (134)	15 (133)	10 (138)	12 (142)	WEF	환경, 준비도, 활용도

* ICT 인프라 지수에는 PC 보급 대수, 인터넷 이용자 수, 전화 회선 수, 이동 전화 가입자 수, 유선 인터넷 가입자 수 등이 포함되어 있다.

** ICT 접근성은 ① 인구 100명당 유선 전화 회선 수, ② 인구 100명당 이동 전화 가입자 수, ③ 인터넷 이용자 대비 국제 인터넷 대역폭, ④ 컴퓨터 보유 가구 비율, ⑤ 가정에서의 인터넷 접속 가구 비율, ICT 이용은 ① 인구 100명당 인터넷 이용자, ② 인구 100명당 유선 초고속 인터넷 가입자 수, ③ 인구 100명당 초고속 인터넷 가입자 수, ICT 능력은 ① 성인 문해율, ② 중등 교육 기관 총취학률, ③ 고등 교육 기관 총취학률 등을 지표로 사용한다.

출처: 한국정보화진흥원, 2013: 57을 일부 재구성.

제포럼(WEF: World Economic Forum)은 '네트워크 준비 지수' 등을 조사해 발표한다.

전자 정부 발전 지수의 경우 온라인 서비스 성숙도를 나타내는 웹 측정 지수와 정보 통신 인프라 지수, 인적 자본 지수 등으로 구성되어 있는데, 우리나라의 경우 2008년 192개국 중 6위(0.8317)이던 데서 2010년(0.8785)과 2012년(0.9283)에는 계속 1위를 유지하는 것으로 나타났다. 온라인 참여 지수 역시 2008년 192개국 중 2위이던 데서 2010년과 2012년 모두 1위를 달리고 있다. 각종 미디어의 보급과 이용 등을 지표로 삼고 있는 ICT 발전 지수에 있어서도 2009년과 2010년 150여 개국 중 각각 2위와 3위이던 데서 2012년에는 역시 1위로 올라선 양상을 보여 준다. 다만 네트워크 준비 지수는 우리나라가 네트워크 환경(정치·규제 환경, 비즈니스와 혁신 환경 등)과 네트워크 준비도(인프라 및 디지털 콘텐츠, 가격 적정성, 활용 능력skill) 등은 세계 20~30위권인 데 비해, 네트워크 활용도(개인, 기업, 정부 부문 활용도)는 1~2위권을 나타내며, 전체 네트워크 준비 지수에 있어서는 2010년 15위에서 2011년 10위로 상승했다가 2012년에는 12위로 다시 내려가는 양상을 보였다(한국정보화진흥원, 2010; 2011; 2012; 2013).

국제 정보화 지수의 경우도 ICT 발전 지수와 같이 각 국가의 정보 통신 기술 보급과 이용 측면을 중심으로 지표를 구성하는 경우도 있으나, 대부분의 국제적인 지수들은 정보화와 관련된 정책과 기술 및 시장 환경과 정보 통신 기술 보급과 이용 등을 모두 망라하고 있음을 알 수 있다. 한때 보급되는 미디어의 소비와 이용을 중심으로 정보화 지수를 도출하기도 했으나 최근에는 각 국가의 정보화 지수가 매우 다양한 지표로 구성되고 있다. 미디어 기술 변화에 따라 어떤 지표는 제외되고 또 어떤 지표는 새로 추가되는 등 지수를 산출하는 항목에도 적지 않은 변화가 있음을 알 수 있다. 정보화 지수를 구하는 측정 항목이나 그로부터 산출된 지수, 그리고 그에 따른 국가별 상대적 순위가 해마다 변화되고는 있지만, 대부분의 새로운 정보 통신 기술과 새로운 미디어의 보급률이나 이용 정도는 각 국가별로는 물론, 전 세계적으로도 대부분 계속 증가하는 추세를 보이고 있다. 국가 간의 상대적 순위는 들쭉날쭉해도, 새로운 미디어를 통한 정보나 지식의 소비와 이용은 계속 늘어나고 있는 셈이다. 보다 최근의 우리나라 국가 정보화 지수와 국제 정보화 지수에 대해서는 12장의 표 12-24와 표 12-25를 참조하기 바란다.

3. 기술경제패러다임론

앞서 살펴본 정보생산론과 정보소비론 관련 연구들이 경제 영역 내에서의 정보 산업 생산 부문과 정보 소비 혹은 이용 부문에 주된 초점을 맞춤으로써 비록 제한된 영역에서나마 '정보화' 혹은 새로운 사회로의 이행론을 뒷받침할 수 있는 경제적 근거를 제공한 것이라면, 1980년대 중후반에 제기된 기술경제패러다임론적 관점의 연구는 새로운 정보 통신 기술이 기존 자본주의 경제 상황의 중요한 변화 요인으로 작용했다는 점을 강조함으로써 간접적으로나마 미디어 기술이 사회 변화에 기여한다는 또 다른 경제적 근거를 제공해 준다.

이러한 관점의 대표적인 주창자로는 카를로타 페레즈Carlota Perez (1986)와 크리스 프리먼Chris Freeman(1987; 1988; 2001) 등을 들 수 있다. 이들의 관점은, 자본주의 경제가 공업화 이후 40~60년 주기로 상승, 번영, 하강, 침체의 순환을 반복한다는 니콜라이 콘드라티예프Nikolai Kondratiev의 장기파동론과, 그 원인이 기업가의 심리적 요인 및 그에 의한 중심 기술heartland technology의 혁신에 있다는 조지프 슘페터Joseph Schumpeter의 주장에 크게 의존한다. 그들은 당시 극소전자공학 및 그 중심 기술인 정보 통신 기술의 혁신에 의한 자본주의 경제의 새로운 조정 국면을 '5차 파동의 상승 국면'이라고 주장했다.

프리먼은 기술 혁신의 범주를 점진적 개혁, 급진적 개혁, 신기술 체계의 등장, 그리고 신기술 패러다임의 출현 등으로 구분하고, 신기술 체계에 있어서의 어떤 변화가 아주 드물기는 하지만 극적인 양상을 띠게 될 때 새로운 기술 패러다임이 출현하게 된다고 보았다. 그에 따르면, 현재 전개되는 새로운 기술 패러다임의 전환은 이전 단계에서의 에너지 집약적이고 비유연적이며 대량 유통적인 생산 기술이 정

그림 4-3 콘드라티예프 파동

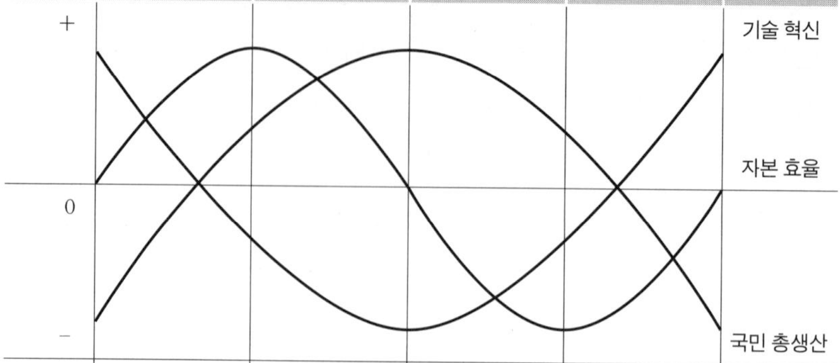

	상승 9~10년	번영 13~14년	하강 14~16년	침체 14~15년
1차 파동	1782~1796	1792~1805	1806~1818	1822~1832
2차 파동	1837~1846	1842~1855	1861~1868	1877~1882
3차 파동	1892~1896	1902~1908	1916~1918	1932
4차 파동	1946~1947	1955~1957	1968~1971	1982~1987
5차 파동	1996~2002	2005~2012	2016~2018	2032~2042

출처: 이공순, 1994. 5. 19: 74의 그림 참조.

보 집약적이고 유연적인 전산 기술, 즉 정보 기술 패러다임으로 바뀐 데서 비롯된다(1987: 12~16). 그리고 이처럼 새로운 정보 기술 패러다임이 "급속한 기술 혁신은 물론 산업 부문에서의 비용 하락과 가격 면에서의 인플레 억제 효과를 가져다주고…… 다른 모든 부문들에도 영향을 미치고 있다"는 것이다(1988: 14~15). 특히 그는 정보 기술의 확산에 따른 기업의 관리 구조나 과정 및 태도 등에서의 근본적인 변화들을 예시하면서 이를 일종의 '문화 혁명'이라 칭했다.

카를로타 페레즈(1986) 역시 철강과 포드주의 대량 생산 패러다임기(1930~1980)인 4차 파동기를 거쳐 오늘날에는 극소전자공학, 즉 새로운 정보 통신 기술이 핵심적인 기술을 이루는 5차 파동으로 이행한다고 주장하면서 그러한 기술이 새로운 고용 창출이나 생산성 증대라는 경제적 효과 외에 기업 내 종사자들에게 규칙과 관습의 변화까지도 요구하게 된다고 했다. 표 4-22와 표 4-23에서 보는 바와 같이 페레즈는 1770년대부터 2000년대까지 기술 혁신에 의한 다섯 차례의 대파동이 있었다고 본다. 그는 이를 산업 혁명, 증기기관과 철도 시대, 철강·전기 및 중공업 시대, 석유·자동차 대량 생산 시대, 그리고 정보 통신 기술 시대로 구분하여, 각 시기별 중심 국가와 기술 혁명의 기폭제가 된 주요 계기, 그리고 각 대파동기의 기술 경제 패러다임(주요 개혁 원리)을 나름대로 기술했다.

특히 그가 관심을 갖는 핵심 시기는 1970년대부터 시작된 5차 파동기다. 미국에서의 마이크로프로세서의 등장이 그 출발의 결정적 계

표 4-22 5단계의 연속적인 기술 혁명(1770년대~2000년대)

기술 혁명	각 시기의 일반 명칭	중심 국가	혁명의 계기/분수령	연도
1차	'산업 혁명'	영국	크롬포드에 아크라이트 공장 설립	1771
2차	증기기관과 철도 시대	영국(유럽 대륙과 미국으로 확산)	리버풀-맨체스터 간의 '로켓' 증기기관차 실험	1829
3차	철강, 전기 및 중공업 시대	미국과 독일이 영국에 점차 접근, 추월	피츠버그에 카네기 베세머 철강 공장 설립	1875
4차	석유, 자동차, 대량 생산 시대	미국(처음엔 독일과 주도권 경쟁), 후에 유럽으로 확산	디트로이트의 포드 공장, 최초의 T형 모델 도입	1908
5차	정보 통신 기술 시대	미국(유럽과 아시아로 확산)	산타클라라에서 인텔 마이크로프로세서 발표	1971

출처: Perez, 2009: 9.

기가 되었고, 그러한 기술을 기반으로 한 정보 통신 기술의 발전과 확산을 통해 그 이전과는 전혀 다른 새로운 기술 경제 패러다임이 출현하게 되었음을 그는 강조했다. 4차 파동기(석유, 자동차, 대량 생산 시대)는 대량 생산과 대량 소비 시장, 규모의 경제, 수평적 통합, 제품 표준화, 에너지 집약성, 기능적 특화와 위계적 피라미드 구조, 중앙 집중화/대도시 중심, 국가 중심의 세계적인 합의 또는 대립 등이 강조된 반면, 5차 파동기(정보 통신 기술 시대)는 패러다임 자체가 달라졌다는 것이다. 표 4-23에서 보는 바와 같이 5차 파동기에는 그 이전과는 달리 시장

표 4-23 발전의 5대 파동과 각 파동의 기술 경제 패러다임

발전의 대파동	기술 경제 패러다임(주요 개혁 원리)
1차	공장 생산, 기계화, 생산성/시간 엄수와 시간 절약, 이동의 유동성(수력을 이용한 기계 및 운하와 여타 수로를 통한 운송을 중시), 지역 네트워크
2차	응집(집중화된) 경제/산업 도시/전국적 시장, 전국적 네트워크를 가진 권력 중심, 발전 척도, 표준화된 각 부분, 기계로 만든 기계, 필요한 에너지(증기), 기계 및 운송 수단의 상호 의존적인 이동
3차	거대 구조(철강), 공장의 규모의 경제/수직적 통합, 산업을 위해 광역화된 힘(전기), 생산력으로서의 과학, (카르텔을 포함한) 세계적 네트워크와 제국, 범세계적인 표준화, 통제와 효율성을 위한 원가 계산, 세계 시장 지배력을 위한 거대 규모/지역인 경우는 '소규모'가 성공적
4차	대량 생산/대중 시장, 규모의 경제(상품 및 시장 크기)/수평적 통합, 제품의 표준화, (석유 의존적) 에너지 집약성, 합성 물질, 기능적 특화/위계적 피라미드 구조, 중앙 집중화/대도시 중심-교외화, 국가 단위의 국력 중시, 세계적인 합의와 대립
5차	정보집약성(정보 통신 기술에 기반을 둔 극소전자공학), 탈중심화된 통합/네트워크 구조, 자본으로서의 지식/무형의 부가가치, 이질성, 다양성, 적응력, 시장 분화/틈새시장의 확대, 범위의 경제 및 규모와 결합된 특화, 범지구화/ 세계적인 것과 지역적인 것의 상호작용, 안팎으로의 협력 중시/다양한 집합체 고려, 즉각적인 접촉과 행동/즉석 글로벌 커뮤니케이션

출처: Perez, 2009: 18.

이 분화되고 틈새시장이 확대되며, 범위의 경제 및 규모와 결합된 특화specialization, 탈중심화된 통합, 자본으로서의 지식, 무형의 부가가치, 이질성과 다양성, 네트워크 구조, 범지구화, 세계적인 것과 지역적인 것의 상호작용, 안팎으로의 동시 협력, 다양한 집합체, 즉각적이고 순발력 있는 접촉과 행동, 범지구적인 즉각 즉석 소통 등이 중요한 원리로 강조된다는 것이다. 그러한 기술 경제 패러다임의 변화는 바로 새로운 정보 통신 기술 혁신에 따라 새로운 미디어들이 다양하게 개발, 보급되고 광범위하게 이용되는 상황에 기인한다는 것이다.

페레즈나 프리먼 같은 기술 경제 패러다임론자들은 초기 슘페터주의자와는 구별되는 신슘페터주의자로 분류된다. 그 이유는 그들이 기술 체계의 혁신을 주기적인 장기 파동의 새로운 국면으로 인식한다는 점에서는 슘페터의 입장을 따르지만, 변화의 근본 원인을 기술 혁신이나 기업가의 심리적 요인에서만 찾는 것이 아니라 기술 혁신을 사회 제도적인 요인과 연계시키고 있다는 점에서는 차이를 보이기 때문이다. 즉 급속한 기술 혁신에 따른 기술 경제 패러다임의 변화에 대해 사회 제도적인 여건이 적절히 대응할good-match 경우에 파동 상승이 이루어져 나가는 것이라는 단서를 달고 있는 것이다. 이와 관련해 그들은 1980년대에 나타났던 자본주의 경제의 구조적 위기는 정보 통신 기술의 발전을 근간으로 하는 새로운 기술 경제 패러다임에 대한 사회 제도적 적응이 지연된 데 연유했던 것으로 본다.

보다 최근에는 다니엘 슈미훌라Daniel Šmihula(2009)에 의해 이러한 콘드라티예프의 장기파동론 및 슘페터의 기술혁신론을 결합한 기술경제패러다임론적 관점이 이어지고 있다. 그는 현대 사회와 자본주의 경제의 시기를 표 4-24와 같은 6단계의 장기적인 경제 파동으로 보고 각 단계 역시 특정 기술 혁명에 의해 비롯된다고 주장했다.

표 4-24 다니엘 슈미훌라의 6단계 장기파동론

단계	연도	기간	파동의 특성
1	1600~1780	180년	금융-농업 혁명의 파동
2	1780~1880	100년	산업 혁명의 파동
3	1880~1940	60년	기술 혁명의 파동
4	1940~1985	45년	과학-기술 혁명의 파동
5	1985~2015	30년	정보 통신 기술 혁명의 파동
6	2015~2035?	20년?	후기 정보 통신 기술 혁명의 가설적 파동

슈미훌라는 각각의 새로운 파동은 과학 기술의 진보가 가속화되는 데서 기인하는 것으로 봄으로써 기술 혁신에 따른 장기 파동을 강조하고 있고, 또 5차 파동을 정보 통신 기술 혁명에서 비롯된 것으로 본다는 점에서는 기존의 기술 경제패러다임론자들과 유사하지만, 그러한 기술 혁명의 가속화에 따라 단계가 지날수록 파동의 주기가 계속 짧아지고 있음을 강조하고 있다는 점에서 차이를 보인다. 1단계인 금융-농업 혁명에 의한 1차 파동의 주기는 1600년부터 1780년까지 180년이 걸렸지만, 산업 혁명에 의한 2차 파동은 100년, 그리고 정보 통신 기술에 의한 5차 파동은 1985년부터 2015년까지 불과 30년밖에 걸리지 않았다고 본다. 또한 기술 발전과 새로운 기술을 장기적인 경제 발전의 결정적 요인이라고 본다. 슈미훌라는 각각의 파동이 모두 혁신 단계innovation phase와 활용 단계application phase 등 두 가지 단계를 거친다고 보았다. '기술 혁명'이라 할 수 있는 혁신 단계는 실제 생활에 적용할 수 있는 형태로 개혁이 일어나서 그것이 실제 맨 먼저 적용되는 단계까지를 말한다. 활용 단계는 혁명적인 개혁의 수는 감소하는 대신 기존의 개혁을 활용하고 그것을 확산시키는 데 관심을

그림 4-4 정보 통신 기술 혁신(5차 파동)에 이은 6차 파동 예측

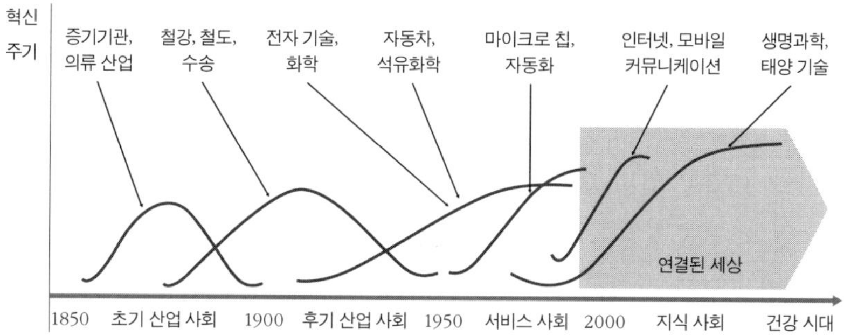

출처: Moody & Nogrady, 2010.

쏟게 되는 단계를 말한다. 그런 단계에서는 특정한 개혁 또는 일련의 개혁이 이용 가능하게 되면, 새로운 개혁을 만들어 내기보다는 기존의 개혁을 채택하고 확산시키며 이용하는 데 투자하는 것이 더욱 효율적인 것이 된다고 보았던 것이다. 또한 기술 혁신과 관련된 각각의 파동, 즉 주기는 가장 혁명적인 변화가 일어났던 영역에 의해 그 특성이 결정될 수 있다고 보았다. 그는 각 파동의 마지막 부분에서 경제 위기와 경기 침체 현상이 나타나는데, 2007~2010년 사이에 있었던 글로벌 경제 위기는 다가오고 있는 '정보 통신 기술 혁명 파동'의 마지막 파고의 결과라고 말한다. 그 뒤 이러한 5차 파동기에 이어지는 6차 파동을 예측하는 연구자들도 나타나고 있다.[50]

요컨대, 기술 경제 패러다임론자들은 정보 통신 기술 혁명이 기

50 예컨대, Moody & Nogrady(2010)의 경우, 점차 자원이 고갈되어 가는 지구 환경 속에서 자원 효율성을 높이고 환경 보호를 우선으로 하는 클린 테크놀로지 혁명이 일어나면서 6차 파동이 시작되고 있다고 한다.

술 경제 패러다임 변화의 핵심 요인임을 강조한다. 그러나 이들은 정보생산론이나 정보소비론 관련 연구들과 마찬가지로 사회 전반의 구조 변화를 설명하는 데까지는 나아가지 않았다. 기술 혁명과 그에 따른 기술 경제 패러다임 수준의 변화에 주된 초점이 맞추어져 있는 셈이다. 그리고 정보 통신 기술에 있어서의 혁신을 새로운 변화의 주된 동인으로 보고 있으면서도 사회 제도적인 조건과 결부시켜 그러한 변화 가능성을 논의한다는 점에서 단순한 기술결정론보다는 다소 융통성 있는 기술징후론적 경향을 보인다고 할 수 있다.

5장

정보사회론 1

새로운 미디어 기술에 의한 산업과 경제 영역에 있어서의 변화를 설명하거나 예측하던 연구들이 계속적으로 이어지는 가운데 어느 시점에 이르면, 그러한 영역을 뛰어넘는 부분에서의 변화를 기술, 설명, 예측하려는 지적 움직임이 나타나게 된다. 정보경제론적 관점의 초기 연구들이 등장한 후 1970년대 이후에는 정보 산업의 생산, 유통, 소비 부분에서의 변화를 경제 외적 영역에까지 확대 적용하려는 일련의 주장이나 연구들이 나타나기 시작했던 것이다. 정보 통신 기술이나 관련 미디어들의 발전을 기본 동인 또는 매개로 하여 '후기 산업 사회'나 '정보 사회,' '지식 사회,' '정보 시대' 또는 어떤 새로운 사회나 시대의 도래를 주장한 지적 흐름이 그것이다. 정보 통신 기술의 발전이 산업이나 경제 영역의 변화의 동인일 뿐 아니라, 사회의 다른 제 영역까지 광범위한 영향을 미침으로써 과거와는 질적으로 혹은 구조적으로 다른 새로운 사회나 시대가 전개될 것이라는 주장이 그런 것들이다. 이를 통칭하여 넓은 의미에서 흔히 '정보사회론'이라고 부른다. 이들 대부분은 정보 사회와 같은 새로운 사회로의 이행을 지지하는 입장에 있다고 볼 수 있다.

그러나 그러한 넓은 의미의 동종 '정보사회론'도 좀 더 자세히 들여다보면, 서로 간에 조금씩 차이나는 여러 관점들이 혼재하고 있음을 알게 된다. 각 주장이 등장한 시기에 따라서도 다소간의 차이가 있고, 각 주장들이 변화의 대상 범위를 어떻게 보는가 혹은 변화의 어떤 측면에 더욱 주목하는가에 따라서도 약간씩 차이가 있음을 알 수 있다.

새로운 정보 통신 기술이 산업·경제적인 영역을 뛰어넘어 사회 구조 전반에까지 새로운 변화를 준다는 주장은 등장 시기를 기준으로 본다면 크게 두 가지로 나눌 수가 있다. 하나는 1970년대와 1980년대에 나타난 후기 산업 사회 혹은 정보사회도래론이고, 다른 하나는 1990년대 이후 새로운 정보 통신 기술이 갖는 기술적 특성을 중심으로 한 또 다른 후기정보사회특성론이라 할 수 있다.

후기 산업 사회 혹은 정보사회도래론은 그 이전의 정보경제론적 관점의 연구 결과들에 크게 의탁하면서 사회 구조의 질적 변화를 예상하기 시작한 1970년대 초 대니얼 벨의 후기산업사회론을 비롯하여, 정보 통신 기술에 의한 사회 전반의 다양한 구조적 변화까지를 본격적으로 예단한 1980년대 초반의 주류 정보사회론 등이 속한다. 그리고 새로운 사회구성체로서의 정보 사회의 출현은 인정하되 그것이 정보 통신 기술에 의한 기계론적 결과라기보다는 경제, 정치, 사회적인 통제 위기를 해소하기 위한 사회 체계 자체의 기능적 수요에 의한 것이라고 보는 1980년대 중반의 통제혁명론적 관점 등도 정보사회도래론에 포함된다고 할 수 있다.

그리고 후기정보사회특성론에는 새로운 미디어 기술에 의해 형성된 보다 다양하고 복잡한 정보 통신 네트워크의 특성과 그것이 사회 전반에 미치는 영향에 주목한 네트워크사회론, 컴퓨터 통신이나 인터넷 등의 보급과 이용 확대에 따라 형성된 사이버공간의 특성과 그것의 사회적 영향에 주목한 사이버사회론 등이 속한다. 그리고 유무선 네트워크의 확장은 물론 각종 모바일 기기와 전자 칩 등의 보급 및 이용 확대에 따라 형성된 유비쿼터스 미디어 환경과 그것의 사회적 영향에 주목한 유비쿼터스사회론(또는 모바일사회론이나 초연결사회론)은 물론 그 연장선상에서 인공 지능 및 사물 인터넷 등 지능화 기술을 기반으로 한 지능정보사회론 역시 후기정보사회특성론에 포함시킬 수 있다.

먼저 이 장에서는 비교적 초기 정보사회론이라 할 수 있는 관점들을 후기산업사회론, 주류 정보사회론, 통제혁명론 등으로 나누어 각 관점의 기본 입장이나 관련 학자들의 주요 주장 등에 대해 살펴보고자 한다.

1. 후기산업사회론

지금은 너무 흔하고 당연한 얘기가 됐지만 미래 사회는 '정보 사회'가 될 것이라는 주장을 가장 체계적으로 예단하고 지속적으로 주장한 대표적 학자로 흔히 대니얼 벨을 꼽는다. 벨은 정보사회론을 주창한 실질적 원조에 해당한다고 볼 수 있다. 그의 주저 중 하나로 1973년에 발간된 《후기 산업 사회의 도래*The Coming of Post-Industrial Society*》가

표 5-1 대니얼 벨이 요약한 사회 변동의 일반 개요

구분	전 산업 사회	산업 사회	후기 산업 사회		
해당 지역	아시아, 아프리카, 남미	서유럽, 소련, 일본	미국		
경제 영역	1차	2차	3차	4차	5차
	자원 채취 농업, 광업 어업, 임업	제품 생산 제조업 가공업	운송 공공 시설	무역 금융 보험 부동산	보건 교육 연구 정부 레크리에이션
주요 직업	농부, 광부, 어부 비숙련 노동자	반숙련공 엔지니어	전문 기술직 종사자 과학자		
기술	천연자원	에너지	정보		
설계	자연과의 게임	가공된 자연과의 게임	사람들 사이의 게임		
방법론	상식과 경험	경험주의와 실험	추상적 이론: 모델, 모의 실험, 의사 결정 이론, 시스템 분석		
시간관	과거 지향 즉흥적 대응	기민한 현실 적응과 객관화	미래 지향 예측		
기축 원리	전통주의: 토지 및 자원의 한계	경제 성장: 투자 결정에 대한 국가적, 사적 통제	이론적 지식의 중심성과 체계화		

출처: Bell, 1973: 117.

정보와 정보 통신 기술에 의한 새로운 사회의 출현을 예고하기 때문이다. 초기에는 '후기 산업 사회'라는 말을 썼지만, 그 이후 특히 1980년 이후의 그의 저술은 그것이 '정보 사회'라는 말로 바꿔 사용하기 때문이기도 하다.

벨의 핵심 주장은 그의 저서에서 요약 제시한 표 5-1에 잘 정리되어 있다. 현대 사회의 변화가 갖는 특징적 요소와 그 원인 규명에 특히 많은 관심을 가졌던 그는 역사적으로 서유럽 국가들과 일본, 미국 등이 뚜렷한 발전적 추세에 있다고 보았고, 특히 미국이 그러한 변화를 주도한다고 생각했다. 그런 이유인지 그는 전체적인 사회 변화의 방향을 당시 서구 사회가 경험하고 있던 산업 사회를 중심으로 그 이전 단계인 전 산업 사회pre-industrial society에서 산업 사회industrial society를 거쳐, 후기 산업 사회post-industrial society로 이행해 가는 것으로 보았다. 특히 18세기 초반 영국을 시발로 일어난 산업 혁명이 농업 중심의 전 산업 사회를 제조업 중심의 산업 사회로 이행시킨 계기가 된 것처럼, 20세기 후반에 진입하면서 서비스 산업 등이 중심이 된 후기 산업 사회적 징후들이 특히 미국을 중심으로 나타난다고 보았다.

표 5-1에서 보는 바와 같이 벨은 아시아, 아프리카, 남미 등의 후진국들은 여전히 농업, 어업, 임업, 광업 등 자연 자원을 그대로 채취하는 1차 산업 중심의 산업화 이전 단계에 머물러 있으며, 제한된 토지와 자원에 의존하는 과거 지향적 전통주의에 매몰되어 있고, 자연을 대상으로 자연과 싸워 온 기존의 경험과 상식에 반복적으로 의존하는 삶을 유지한다고 평가했다. 그에 비해 서유럽과 일본, 소련 등 먼저 공업화를 이룬 선진국들은 가공된 자연fabricated nature을 대상으로 각종 실험과 경험주의적 방법론을 적용해서 다양한 제품을 생산하는 제조업 중심의 2차 산업이 발달된 산업 사회의 단계에 있다고 보았다. 공장 중심의 제조업이 중심이 되는 산업 사회는 수많은 반숙련 노동자들과 엔지니어가 핵심 직업군을 이루고 에너지 의존적인 산업 구조와 경제 성장을 위해 국가와 사적 자본이 적극적으로 개입하는 그런 양상을 지닌다고 주장했다. 그러한 과정에서 산업 사회의 생산성과 효율성이 계속 증대되면서 산업 사회는 제조업 등에서의 과잉 잉여로 인해 새로운 산업적 질서가 형성되면서 질적으로 다른 사회 구조로 이행되어 나간다고 보았다.

벨은 바로 미국이 다른 나라들에 앞서 산업 사회 이후의 새로운 단계, 즉 후기 산업 사회의 단계로 접어들고 있다고 보았다. 후기 산업 사회 단계에서도 '더 적은 것으로 더 많은 것을 획득하려는' 경제적 효율성의 원칙이 적용되면서, 제조업의 생산성 증대로 인해 발생한 과잉 잉여를 바탕으로 이제는 자연이나 가공된 자연이 아닌 바로 인간을 대상으로 인간 상호 간에 경쟁하는 새로운 산업이 발전하게 된다고 보았다. 그것이 표 5-1에 제시된 3차, 4차, 5차 산업으로 분류한 일련의 서비스 산업군이다. 바로 이러한 산업들이 발전한 후기 산업 사회에서는 '정보'와 '정보 기술'이 그러한 변화의 원천이 된다는 것이 벨의 핵심적 주장이다. 그가 후기 산업 사회의 기축 원리axial principle라고 한 '이론적 지식theoretical knowledge'이 오늘날 우리가 흔히 말하는 '정보'이며, 그가 종종 강조한 '지적 기술intellectual technology'이 '정보 기술'이다. 그는 정보 기술에 의해 집대성되고 체계화된 이론적 지식을 바탕으로 하는 후기 산업 사회는 각종 정보를 기반으로 모델링을 하고, 시뮬레이션을 하며, 시스템 분석 등을 통해 합리적 의사 결정을 함으로써 미래에 대한 예측과 통제가 가능한 보다 과학적인 세상으로 발전해 갈 것이라고 보았다. 그러므로 합리성과 효율성이 극대화된 후기 산업 사회는 이론적 지식과 지적 기술에 대한 의존도가 높기 때문에 과학자나 전문 기술직 종사가가 주도하는 그런 사회가 될 것이라고 내다봤다.

이러한 입장에서 벨은 후기 산업 사회라는 개념의 다섯 가지 차원dimensions 혹은 요소components를 다음과 같이 요약 정리한다(Bell, 1973: 12~33).

첫째, 후기 산업 사회의 경제는 기존의 제품 생산 경제에서 서비스 경제로 변화될 것이다.

둘째, 후기 산업 사회에서는 전문 기술직 종사자가 직업적 우위를 점하게 될 것이다.

셋째, 후기 산업 사회의 기축 원리는 이론적 지식이 사회 개혁과 정책 형성의 원천으로서 그 중심을 이루게 될 것이다.

넷째, 후기 산업 사회는 기술에 대한 통제와 기술 평가 등을 통해 보다 미래 지향적인 사회가 될 것이다.

다섯째, 후기 산업 사회에서의 의사 결정은 주로 새로운 '지적 기술'의 창조와 활용을 통해 이루어지게 될 것이다.

먼저 벨은 후기 산업 사회의 가장 큰 특징 중 하나로 경제 구조가 바뀐다는 점을 강조했다. 산업 사회의 제조업 중심 경제가 서비스 경제로 바뀐다는 것이다. 콜린 클라크Colin Clark의 1, 2, 3차 산업 분류법을 거의 그대로 이어받아 2차 제조업 중심에서 3차 서비스 산업 중심으로 바뀐다는 것인데, 벨은 이러한 3차 산업을 3, 4, 5차 산업으로 재분류했다. 이를 통칭해서 서비스 산업으로 부르는 셈이다. 결과적으로는 산업 사회의 발전에 따른 생산성 증대와 과잉 잉여로 인해, 2차 산업은 보다 적은 인력으로 보다 많은 것을 생산할 수 있게 됨으로써 나머지 노동력은 이제 사람들을 대상으로 하는 보다 고급한 서비스 산업에 더 많이 종사하게 되었다는 것이다. 이러한 경제 영역에서의 변화와 관련하여 벨은 서비스 중심 경제로 가장 먼저 이행한, 당시로서는 최초의 유일한 국가를 미국이라고 했다. 당시(1970년대 초) 미국은 노동력의 60%가 서비스 경제에 종사하고 있었고, 1980년까지 70%로 늘어날 것이라고 내다봤다. 벨의 '서비스 경제' 개념은 그 후 많은 논란이 되어 온 것이 사실이다. 물론 벨은 대인對人/personal 서비스와 업무business 서비스로 구분하여 선진국의 경우 후자 중심 서비스 경제가 확대되고 있음을 강조하지만, 선진국의 서비스 경제에서 차지하는 많은 노동력이 열악하고도 불안정한 대인 서비스에 종사하고 있음을 간과했다는 반론도 적지 않다. 이러한 논란에도 불구하고 1980년대에 와서 그의 '후기 산업 사회' 개념은 은연중에 '정보 사회' 개념으로 바뀌어 사용되었다. 그런 와중에 후기 산업 사회에는 서비스 경제의 비중이 증대된다고 했던 그의 주장도, 정보 사회와 관련해서는 전체 산업/경제 영역에서 정보 산업이나 정보 경제가 차지하는 비중이 계속 증가되어 왔음을 뒷받침하는 예시(예: 포랏의 연구 결과)를 드는 것으로 바뀌게 된다.

벨은 후기 산업 사회의 또 다른 특징으로 직업 분포에 있어 전문 기술직 종사자의 우위를 강조한다. 그는 산업 사회는 기계를 작동시키는 데 필요한 단순한 작업을 위해 극히 단기적인 훈련만을 받고 현장에 투입된 반半숙련 노동자들이 주류를 이루었다고 했다. 산업 사회는 블루칼라 노동자가 직업 집단의 다수를 구성하고 있었다는 것이다. 그러나 서비스 경제의 확대는 사무실 작업, 교육, 정부의 공공 행정 등이 강조되면서 화이트칼라 노동자의 수요를 크게 늘리게 되었다. 이러한 추세 속에서 미국의 경우 1956년 화이트칼라 노동자의 수가 산업 사회 문명 국가 중 처음으로 블루칼라 노동자의 수를 앞서게 되었다는 것이다. 뿐만 아니라 통상 대학 교육이 필요한 전문 기술직 종사자의 수는 더욱 큰 증가율을 보였는데, 1940년에 390만 명이던 데서 1964년에는 860만 명으로 늘었고, 그러한 추세라면 1975년에는 1,320만 명으로 늘어날 것이라고 예측하기도 했다. 한마디로 체계적인 지식과 정보를 더 많이 갖고 있고 또 더 많은 지식과 정보가 필요한 노동 인력의 증가가 계속 두드러지게 나타나고 있다는 것이다.

한편 벨은 앞서 살펴본 바와 같이 서비스 경제나 직업/노동 인력의 변화와 관련된 데이터 등을 통해 사회적인 변화 추세를 이해할 수도 있지만, 보다 근본적인 사회 변화의 이해를 위해서는 기축 원리가 되는 사회 체계의 특성을 구체적으로 규정하는 방법을 통해서도 가능하다고 보았다. 그러한 점에서 그는 기존의 산업 사회의 기축 원리가 제품 생산을 위해 인간과 기계를 서로 연결시키는 데 있었다면, 후기 산업 사회는 사회적 통제와 개혁 및 변화를 위해 지식을 조직화하고 그럼으로써 — 정치적으로 관리해야 하는 —새로운 사회적 관계와 사회 구조를 만드는 것이라고 했다. 특히 벨은 후기 산업 사회에서는 지식 그 자체의 성격이 바뀌게 된다는 점을 강조했다. 의사 결정의 조직화와 변화를 이끌기 위해 결정적으로 중요한 것은 '이론적 지식'이라는 것이다. 여기서 이론적 지식이 중요하다는 것은 경험주의보다는 이론이 더 중요하다는 것을 의미한다. 이론적 지식은 지식을 추상적인 상징체계로 부호화, 체계화함으로써, 자명한 공리公理 체계 속에서 여러 가지 다양하고 상이한 경험 영역들을 조망하는 데도 사용할 수 있다. 이론적 지식, 즉 이론적으로 일반화된 지식은 사회 통제와 변화에 유용하게 기여할 수 있다는 점을 강조한 셈이다.

이러한 벨의 생각은 그가 요약한 후기 산업 사회의 네 번째와 다섯 번째 특성을 설명하는 데 그대로 이어지고 있다. 이론적 지식을 기축 원리로 하는 후기 산업 사회는 기술 변화와 관련해서도 이론적 지식에 근거하여 그것을 평가하고 예측하는 새로운 양식을 취함으로써 사회 변화의 새로운 차원에 이를 수 있다는 것이다. 즉 특정한 기술을 도입하기 전에 그에 대한 기술 평가를 미리 체계적으로 함으로써 기술에 대한 적절한 통제와 함께 기술 도입이 가져올 수 있는 폐해를 차단 또는 최소화할 수 있으며, 기술이 사회에 미칠 수 있는 긍정적 효과를 극대화할 수 있다. 그런 의미에서 벨은 후기 산업 사회는 기술에 대한 통제와 기술 평가 등을 통해 보다 미래 지향적인 사회가 될 것이라고 내다본 것이다.

끝으로 벨은 후기 산업 사회를 특징짓는 핵심적 요소의 하나로 '지적 기술'을 들고 있다. 벨은 산업 사회가 제품 생산을 위해 '기계 기술machine technology'에 주로 의존했다면, 후기 산업 사회에서는 조직화된 복잡성을 관리해야 하고 자연에 대한 게임은 물론 인간 상호 간의 게임 속에서 합리적 선택을 해야 하기 때문에 새로운 지적 기술intellectual technology에 더욱 의존하게 될 것이라고 했다. 즉 미래로 갈수록 세상은 더욱 복잡해지고 그럴수록 서로 영향을 주고받는 수많은 변인들을 갖고 있는 거대 체계를 제대로 관리하고 조정·통제해야 하는 문제가 생기게 된다. 이러한 문제를 해결하기 위해 20세기 중반 이후 정보 이론, 사이버네틱스, 의사 결정 이론, 게임 이론, 효용 이론utility theory, 확률 이론, 복잡계 이론 등 여러 가지 이론들이 등장하고 발전하게 되었다. 벨은 이러한 이론들을 응용한 기술들을 '지적 기술'이라고 했다. 그러한 지적 기술은 합리적 행동을 규정하고 그러한 합리적 행동을 달성하기 위한 수단을 찾으려는 노력, 즉 불확실성과 위험성을 줄이고 확실성을 제고시키려는 노력과 밀접한 관계에 있다고 보았다. 바로 인간의 삶 속에서 그러한 불확실성을 줄이거나 해소하고 복잡성을 관리할 수 있는 새로운 수단이 컴퓨터인 것이다. 다소 비약이 있긴 하지만, 벨에게 있어 새로운 지적 기술이란 다름 아닌 컴퓨터, 즉 정보 기술이라 해도 무방할 것이다.

요컨대, 벨에게 있어 '이론적 지식'이란 정보의 다른 표현이고, '지적 기술'이란 정보 기술과 같은 것이다. 그는 후기 산업 사회 이행의 핵심 원리와 원천을 정보와 정보 기술에서 찾은 것이라 할 수 있다. 그런 탓으로 1980년대에 이르러 그는 초기의 '후기 산업 사회'를 '정보 사회'라는 말로 보다 쉽게 바꿀 수 있었을 것이라 생각된다.

예컨대, 벨은 1980년 〈정보 사회의 사회 구조Social Framework of the Information Society〉라는 비교적 긴 논문을 발표한 바 있다. 거기서도 그는 정보 사회로의 이행과 관련된 구체적 근거로 정보 경제의 양적 증대 및 이론적 지식과 지적 기술의 발전에 주된 초점을 맞춘다. 먼저 정보 경제의 발전과 관련해서는 앞서 살펴봤던 마크 포랏의 데이터, 즉 국민 총생산(GNP)이나 소득에서 차지하는 정보 부문의 비율은 물론 정보 부문 노동자의 비율 역시 증가한다는 데이터에 그대로 의존한다(Bell, 1980: 521~523). 그리고 과학적 지식과 공학의 결합 및 응용에 의한 이론적 지식의 발전과 지적 기술로서의 정보 통신 기술의 발전이 정보 사회의 사회적 특성을 규정하는 핵심 요소임을 강조한다.

그런 점에서 벨의 관점은 한편으로는 정보경제론의 논거에 크게 의존하면서 다른 한편으로는 뒤이어 나타나게 되는 주류 정보사회론의 바탕이 되어 주는 가교적 위치에 있다고 볼 수 있다. 즉 그의 후기 산업 사회로의 이행론은 상당 부분 서비스 경제로의 변화 혹은 정보 경제 영역에서 일어나고 있는 변화를 근거로 해서 주장된다는 점에서 한쪽 다리는 정보경제론에 걸치고 있었다고 볼 수 있다. 그러면서도 다른 한편으로는 사회 변화의 특성을 산업 경제적인 영역에서의 변화에만 국한해서 보지 않고, 후기 산업 사회가 갖는 몇 가지 사회 구조적 특성 변화 — 즉 전문 기술인 중심의 지식 계급의 지위 상승, 이론적 지식과 지적 기술 및 기술 평가와 예측 등에 의한 사회의 합리성과 통제 가능성 증대 등 — 까지 논의했다는 점에서 미디어 기술 변화를 사회 구조 변화의 중요한 요소로 더욱 확장해서 다루었다고 할 수 있다.

요컨대, 벨은 정보와 정보 기술을 사회 변화의 핵심 요인으로 보았다. 후기 산업 사회의 도래를 결국 과학 기술의 발전에 따른 사회 변동으로 본다는 것이다. 그러다 보니 과학과 기술의 합리성을 강조하게 되고, 그러한 합리성에 근거해서 전문 기술직 종사자들이 지배적인 계층으로 부각되며, 그들이 끌어가는 미래 사회는 따라서 합리적이면서도 인본주의적인 서비스 중심 사회가 될 것이라는 낙관적 전망으로 이어졌다고 할 수 있다. 그러한 까닭에 벨의 기술 중심적 사회 변동관, 미래에 대한 낙관적 전망, 미국 중심의 후기산업사회이행론 등은 당시 마르크스의 견해와 상당히 대조를 이루는 입장이라는 지적도 있었다. 마르크스의 노동가치설을 정보가치설로 대치시키고 있다거나, 공산주의 사회를 궁극적 도달점으로 삼고 있던 마르크스의 역사 발전 5단계설에 대한 대안으로 벨의 후기 산업 사회 혹은 정보사회론이 등장했다는 등의 주장도 있었다. 그만큼 벨의 견해와 주장은 그것을 둘러싼 그 후의 많은 논란에도 불구하고, 새로운 정보 통신 기술에 의한 현대의 사회 변화를 설명하는 데 있어서 많은 지적 자극을 주었다. 그의 《후기 산업 사회의 도래》는 실제 새로운 미디어 기술의 개발, 보급, 이용이 크게 확대되는 과정에서 큰 주목을 받았던 저술의 하나가 되었다. 그런 점에서 넓은 의미의 정보사회론적 관점의 독자적인 한 축을 이루면서도, 그 뒤에 등장한 1980년대 주류 정보사회론의 한 뿌리이자 출발점이 되었다고 볼 수도 있다.

그럼에도 불구하고 다른 한편에서는 벨에 대한 비판도 만만치 않다. 지나치게 기술결정론적인 입장에 경도되어 있다는 지적이 많다. 이론적 지식과 지적 기술에 입각한 과학 기술의 발전, 즉 정보 통신 기술의 발전이 결국은 이전과는 질적으로 다른 새로운 사회의 도래를 가능하게 한다는 입장이라는 것이다. 그러다 보니 특정한 정보 통신 기술이 왜 특정한 방식으로 제도화되었는지에 대해서는 묻지 않고 이미 주어진 것으로만 간주할 뿐 아니라, 그러한 기술들이 자체 역동성을 가지고 사회 변화에 개입하는 것으로 보기 때문에 기술과 연관된 권력관계를 보지 않는 등 다분히 현상 유지적이라는 비판도 있었다(Shields & Samarajiva, 1993: 358). 미래 사회를 합리적인 사회로 보는 낙관적 전망은 단지 정보 통신 기술이 지닌 기술 합리성에 근거한 것에 불과하다고도 했다(Garnham, 1985: 67). 특히 프랭크 웹스터는 정보와 지식의 역할이 과거보다 증대되고 전문직이 늘어난 것은 사실이지만 그것이 벨의 견해처럼 새로운 사회의 도래를 주장할 만큼 충분한 근거는 되지 못한다고 비판했다(Webster, 1995: 42~43). 그리고 벨이 말하는 서비스 경제는 1, 2차 산업이 아닌 모든 것을 포괄하기 때문에 개념적으로 매우 모호할 뿐 아니라, 방법론적으로도 서비스 부문 노동에 대한 분석에 오류가 많다고 했다. 실제 서비스 부문은 벨이 말하는 것처럼 2차 산업의 잉여를 소비하는 것이 아니라 오히려 2차 산업의 생산 활동을 지원하는 보조적 위치에 있는 경우가 많기 때문이라는 것이다. 또한 그는 벨이 후기 산업 사회를 정보 사회와 동일시하는 것에 대해서도 결코 동의할 수 없었다(pp.46~50).

2. 주류 정보사회론

서구 사회의 산업화가 가속되고 있는 상황에서 학계에서는 산업화 이후의 미래 사회에 대한 전망들이 다양하게 제기되었다. 그중에서도 벨의 후기산업사회론은 특히 지식과 정보, 그리고 그와 연관된 기술 혁신이 사회 변화의 주요 동인이 된다는 점을 지적했다는 점에서 주목받을 만했다. 그러나 당시 벨의 관점은 산업화 이후의 새로운 사회 도래에 대한 나름대로의 독특한 전망에도 불구하고 여전히 많은 변화를 산업 경제적인 영역 안에서 찾고 있었다. 사회 전반의 구조적인 변화나 다양한 질적 변화에 대한 보다 광범위한 예단은 1980년대에 와서 본격적으로 나타났다. 이에 속하는 논자들을 '주류 정보사회론자'라고 할 때 대표적 인물로는 미국의 앨빈 토플러, 존 네이스빗, 제임스 마틴James Martin, 윌슨 디저드Wilson Dizard, 프레데릭 윌리엄스Frederick Williams 등과 영국의 톰 포레스터Tom Forester, 프랑스의 시몽 노라Simon Nora와 알랭 밍크Alain Minc, 그리고 일본의 마스다 요네지 등을 들 수 있다.

미국과 유럽, 일본 등 선진 산업 국가들에서 새로운 사회의 도래와 관련된 유사한 주장들이 거의 동시에 '폭발적으로' 등장했다는 것은 매우 흥미로운 일이다. 당시 그 국가들이 상당히 비슷한 상황에 처해 있었다고 볼 수도 있고, 유사한 변화의 소용돌이를 경험했던 것으로 읽을 수도 있다. 사실이 그랬다. 그러한 상황과 변화에 대해 한쪽에서는 매우 희망적인 발전과 진화를 예단했다. 새로운 정보 통신 기술의 발전을 토대로 하는 '정보 사회'의 도래를 예찬했고, 다른 한쪽에서는 선진 자본주의 국가들이 산업 경제적 위기 상황에 처함에 따라 그러한 상황을 극복하기 위한 몸부림으로 이해했다. 새로운 탈출구를 찾는 일종의 산업적 구조 조정기에 접어들었다고 본 것이다. 바로 전자가 여기서 살펴볼 주류 정보사회론자들의 입장이라면. 후자의 경우가 뒤(8장)에서 살펴보게 될 자본주의산업사회론자들의 비판적 견해들이다.

주류 정보사회론자들의 출현에 도화선 역할을 한 사람이 앞서 살펴본 벨이라면, 기폭제 구실을 한 사람은 미래학자 앨빈 토플러라고 할 수 있다. 특히 1980년에 출간된 토플러의 《제3의 물결*The Third Wave*》은 당시 미국을 중심으로 한 서구 국가들의 정보 산업 진흥 정책 등과 맞물리면서 당시의 사회 변화와 미래를 이해하는 대중적인 '전도서' 역할을 했다. 그에 뒤이어 1980년대 초에 정보와 지식 및 그것을 생산, 유통시키는 기술의 개발과 보급 및 이용이 새로운 사회 출현의 토대가 될 것이라는 유사한 주장들이 쏟아져 나왔던 것이다. 여기서는 그중 몇 가지 대표적인 사례를 소개하고자 한다.

1) 앨빈 토플러의 제3의 물결 사회론

토플러는 《미래 충격*Future Shock*》(1970), 《제3의 물결》(1980), 《권력 이동*Powershift*》(1990) 등 10년마다 출간한 3부작으로 유명하다. 이들 3부작은 모두 급속한 사회 변화를 설명하고 예단한다는 점에서 공통적이다. 그에 따르면, 《미래 충격》은 '변화의 과정,' 《제3의 물결》은 '변화의 방향,' 그리고 《권력 이동》은 '변화의 통제'에 대해 기술하고 있다. 이 중 《제3의 물결》이 정보 사회의 도래를 가장 집중적으로 조망하고 체계적으로 설명한 그의 가장 대표작이라고 할 수 있다.

토플러의 3부작은 모두 급속한 사회 변화에 주목하면서도 1970년의 《미래 충격》은 지식과 기술에 의한 과도한 변화의 속도에 대해 심각한 우려를 나타냈다. 하지만 1980년의 《제3의 물결》은 지식과 정보 기술에 의한 그러한 변화를 불가피하면서도 긍정적인 방향으로의 변화로 묘사하고 있으며, 1990년의 《권력 이동》은 그러한 낙관적 전망을 더욱 보완했다.

《미래 충격》에서부터 토플러는 서구 사회가 전혀 새로운 사회로 이행되어 가고 있다는 것을 기본 전제로 깔고 있다. 즉 기존의 산업 사회에서 새로운 초산업 사회super-industrial society로 이행되어 가고 있다는 것이다. 바로 이러한 변화를 일으키는 가속 장치는 기술이고, 지식은 그러한 가속 장치를 움직이게 하는 연료에 해당한다고 보았다. 결국 지식 획득이 가속화됨에 따라 사회 변화가 가속화되고 있으며, 미국은 이러한 초산업주의적 변화의 선봉에 서 있다는 것이다. 토플러는 이렇게 빠른 변화에 제대로 적응하지 못하는 현상을 '미래 쇼크'라는 일종의 질환으로 진단했다. 이렇게 빠른 변화 속에서 미래의 인간은 아주 짧은 시간 안에 달라지는 상황을 빠르게 이해하고 그러한 변화에 즉각적으로 적응해야 하기 때문에, 많은 것이 일회적, 일과적, 일시적인 것으로 되고, 시간과 공간에 대한 개념도 달라질 수밖에 없다고 했다. 또한 과학적, 기술적, 사회적 변화가 가속됨으로써 인류의 화학적 구성과 생물학적 안정성까지도 위협받을 수 있다고 보았다. 미래의 인간은 선택권의 부재가 아니라 주체할 수 없는 선택권의 범람 때문에 고통을 받게 될지도 모른다고 예단했다. 즉 미래 인간은 과잉 선택권의 희생물이 될 수도 있다는 것이다. 그는 이것을 초산업주의적 딜레마라고 했다. 바로 기술에 의한 가속적인 변화, 통제할 수 없는 변화는 생활의 적敵이 될 수 있다는 것이다. 이처럼 고삐 풀린 가속화 현상을 멈추게 하기 위해서는, 인간이 자신들의 미래를 예견하고 설계해야 할 뿐 아니라 진화 그 자체를 의식적으로 관리해야 한다고 주장했다.

기술에 의한 가속적 변화를 우려했던 토플러의 미래에 대한 불안한 전망은 《제3의 물결》에서 매우 희망적인 메시지로 바뀐다. 변화의 불가피성은 인정하면서 변화의 방향은 긍정적인 쪽으로 선회한 것이다. 그가 생각했던 《미래 쇼크》에서 대비시킨 산업 사회와 '초산업 사회'는 《제3의 물결》에서 제2의 물결 사회와 제3의 물결 사회로 명칭을 갈아입는다. 제1의 물결은 농업 혁명에 의해, 제2의 물결은 산업 혁명에 의해, 그리고 제3의 물결은 정보 혁명에 의해 도래되는 것으로 묘사된다. 책의 대부분은 제2의 물결 사회와 제3의 물결 사회를 대비시키면서 변화를 설명한다. 그리고 세계에 대한 이해는 바로 제2의 물결에 의해 형성된 산업주의를 보존하려는 사람들과 이를 밀어내려는 사람들 간의 치열한 싸움이 벌어지고 있음을 환기시킨다.

토플러는 제2의 물결로 인한 산업주의는 대량 생산과 대량 유통, 대량 소비, 즉 대량화와 대중화를 위해 모든 것을 표준화하고 전문화하고 중앙집권화, 집중화, 동시화, 극대화하는 경향이 있었다고 보았다. 이를 위해서는 산업주의에 복종하도록 하는 대중 교육이 필요했다. 매스 미디어와 대중적인 오락 및 레크리에이션도 필요했다. 이러한 대중화 과정에서 생산과 소비는 물론 생산자와 소비자도 분리되었다. 생산자와 소비자의 분리 현상은 표준화, 전문화, 동시화, 중앙집중화를 더욱 강화시키는 압력이 되기도 했다.

그러나 제3의 물결에 의한 컴퓨터와 텔레커뮤니케이션 기술의 발달로 기존의 매스 미디어가 탈대중화되면서 많은 변화가 일어나게 되었다는 것이다. 토플러는 제2의 물결의 기술이 인간의 신체적인 힘을 강화해 주었다면, 제3의 물결의 핵심 기술인 컴퓨터는 인간의 정신적인 힘을 강화해 준다고 보았다. 그는 제3의 물결 문명에서 가장 기본적인 원료는 상상력을 포함한 '정보'라고 했다. 이러한 정보를 생산, 유통, 소비하게 만드는 정보 통신 기술의 발달 및 이용 확대로 인해 그동안 분리되었던 제2의 물결 시대의 생산과 소비는 다시 연결되고, 소비자가 곧 창의적인 생산자가 되기도 하는 생산소비자prosumer가 대거 출현하게 될 것이라고 했다. 이러한 생산소비자의 출현은 물론, 전자 재택근무 체제의 보급, 새로운 기업 내 조직 구조의 등장, 생산의 탈대중화와 자동화 속에서 앞으로는 가정이 미래 사회의 보다 중심적인 단위로 재등장할 것이라고도 했다.

또한 기존의 공장과 사무실에서도 단순히 기계적인 반응을 보이던 수동적 노동자보다는 분별력과 창의력을 갖춘 노동자를 더 필요로 하게 될 것이며, 산업주의 시대의 표준화되고 위계적인 조직 체계는 보다 다양하고 네트워크화된 조직 체계로 탈바꿈하게 될 것이라고 했다. 그러한 과정에서 미래의 개인들은 새로운 커뮤니케이션 미디어를 통해 자신의 자아상을 더욱 적극적으로 구현하는 생산소비자가 되고, 가정과 공동체의 유대는 더욱 강화되며, 글로벌 네트워크의 발달로 인해 초국적 기업과 세계적인 조직 체제가 나타나면서 국가의 전통적인 위상은 점차 약화 또는 붕괴되는 양상이 나타날 것이라고 내다봤다. 토플러는 새로운 정보 통신 기술의 발달과 이용 확대로 인해 참여와 연대가 더욱 강화되는 반직접 민주주의semi-direct democracy의 도래를 예견하기도 했다.[51] 그러면서도 마지막 부분에서는 이러한 변화에 저항하면서 기존의 산업 사회 질서를 옹호하는 제2의 물결 세력과 이에 대항하며 새로운 세계를 열어 가는 제3의 물결 세력 간의 싸움이 현대 사회의 가장 중요한 정치적 문제임을 다시 강조했다. 이를 '내일을 위한 초투쟁'이라고 말하는 토플러는 당연히 제3의 물결 세력의 손을 들어 주었다.

다시 10년이 지나고 나온 토플러의 《권력 이동》은 《제3의 물결》의 속편이라고 보면 된다. 제1의 물결, 제2의 물결, 제3의 물결이라는

51 여기서 반직접 민주주의란 대의제와 자신들을 직접 대표하는 직접 민주주의를 혼합한 정치 원리를 말한다(Toffler, 1980: 427).

용어를 폭력(근육), 부(돈), 지식(마음)이라는 각 시대의 중심 자원으로 대치한 것에 불과하다. 이러한 자원을 통해 부의 창출 체계나 권력에 질적 변화가 일어나고 있다는 것이다. 그는 폭력(근육)에 의존했던 권력과, 부(돈)에 의존했던 권력, 그리고 새롭게 등장한 지식(마음)에 의존하는 권력을 각각 저품질 권력, 중품질 권력, 고품질 권력이라고 하면서, 현재와 미래는 지식에 기반을 둔 부 창출 체제와 권력 구조가 중심을 이루고 있음을 거듭 강조한다.

토플러에게 있어 새로운 부 창출 체제의 키워드는 역시 지식(또는 데이터나 정보)이다. 지식은 선진 경제의 중심적 자원이다. 새로운 부 창출 체제에서는 지식의 교환 없이는 새로운 부가 창출되지 않으며, 토지, 노동, 원료 및 자본 등과 같은 종전의 생산 요소는 기호화된 지식이 이를 대체함으로써 그 중요성이 계속 감소된다고 했다. 과거에는 그러한 생산 요소와 생산 도구 등을 노동자가 가지는 경우가 드물었다. 그러나 새로운 부 창출 체제에서 가장 강력한 부의 증식 도구는 바로 노동자의 머릿속에 있는 기호, 즉 그들의 지식이다. 따라서 새로운 시대의 주역은 자본가도, 블루칼라 노동자도, 경영자도 아닌 창의적 지식을 행동과 결합시키는 혁신자, 즉 창의적인 지식 노동자라는 것이다. 그 결과로 산업 혁명에 의해 분리되었던 생산자와 소비자가 새로운 부 창출 체제에서는 재결합한다는 것이다.

《권력 이동》에서도 그는 새로운 부 창출 체제를 지지하는 세력과 낡은 공장 굴뚝 체제 옹호자 간의 충돌을 우리 시대의 가장 지배적인 경제적 대립으로 보았다. 또한 앞서 말한 것처럼 산업 혁명에 의해 분리되었던 생산자와 소비자가 새로운 부의 창출 사이클에서 재결합함으로써 생산소비자의 융합 현상이 나타나고 있음도 아울러 강조했다. 새로운 정보 통신 기술에 의해 가능해진 탄력적 주문 생산, 즉 탈

대량 생산과 그에 적합한 임시변통적 조직adhocracy의 발전 및 위계 체제의 네트워크 체제로의 변화 등도 강조했다. 《제3의 물결》에서 강조했던 기본 논조가 새로운 단어와 예시들을 빌어 거의 그대로 재반복되고 있는 것이다.

초기호 경제 출현, 지식 가치 상승, 권력-모자이크power-mosaic, 네트워크 권력, 권력-지식power-knowledge 등과 같은 용어 등도 모두 지식 기반의 보다 탄력적인 경제와 권력을 강조한 개념이라고 보면 된다.

토플러는 《권력 이동》에서도 전반적으로는 지식과 정보, 혹은 관련 기술들의 경제적, 사회적 영향력을 강조하지만, 말미에 가서는 지식이 불평등하게 배분되어 있는 현실을 인정하면서 지식의 불평등한 배분에 따른 권력의 과잉 집중이나 과소 집중에 대한 우려와 함께 '사회적으로 필요한 질서' 이상의 '잉여 질서'에 대해서는 반대 입장을 분명히 한다. 그의 이러한 도덕적 판단에도 불구하고 그는 여전히 새로운 부 창출 체제와 권력의 중심 자원인 지식의 중요성을 강조하고 있으며, 도처에서 지식을 장악하기 위한 투쟁, 즉 정보 전쟁infowar이 벌어지고 있음도 시인한다. 그러한 투쟁을 어디쯤에서 멈춰야 할 것인지 그 적정선이 모호할 따름이다.

이와 같은 토플러의 3부작과는 별개로 1980년 《제3의 물결》이 출간된 직후인 1980년대 초에 새로운 정보 통신 기술에 의한 새로운 사회 변화를 강조 또는 예견하는 저술들이 연이어 나왔다. 미국의 경우, 제임스 마틴의 《텔레마틱 사회*Telematic Society*》(1981a)와 《유선망 사회*Wired Society*》(1981b), 프레데릭 윌리엄스의 《커뮤니케이션 혁명*Communications Revolution*》(1982), 윌슨 디저드의 《도래하는 정보 시대*The Coming Information Age*》(1982), 존 네이스빗의 《대변동*Megatrends*》(1984) 등이 그런 경우이고, 프랑스의 시몽 노라와 알랭 밍크의 《사회의 정보화

The Computerization of Society》(1980), 일본의 마스다 요네지의 《정보화 사회情報化社會》(1981), 그리고 영국의 톰 포레스터의 《하이테크 사회*High-Tech Society*》(1987)가 그런 예들이다. 이들은 서로 각기 다른 제목을 달고 있지만, 새로운 정보 통신 기술에 의한 새로운 사회나 시대의 도래를 강조한다는 점에서는 대동소이했다. 이들의 핵심 주장은 보다 멀리는 벨의 후기 산업 사회로의 이행론을 닮아 있었고, 보다 가까이로는 토플러의 제3의 물결 사회를 닮아 있었다. 토플러의 제3의 물결 사회가 마틴(1981)은 '유선망 사회' 혹은 '텔레마틱 사회'로, 마스다 요네지(1981)는 '정보화 사회'로, 포레스터(1987)는 '하이테크 사회'로 변형 묘사한 것에 불과했고, 노라와 밍크(1980)는 '사회의 정보화'로, 윌리엄스(1982)는 '커뮤니케이션 혁명'과 '전자 르네상스의 출현'으로, 디저드(1982)는 '정보 시대의 도래'로, 그리고 네이스빗(1984)은 산업 사회에서 정보 사회로의 이행을 포함하는 '대변동'으로 본 것이다. 이들은 당시의 컴퓨터의 발전과 보급 확대는 물론 정보 통신 네트워크의 확장 등을 목격하면서 과거와는 질적으로나 구조적으로 다른 새로운 사회나 시대의 출현을 예고했던 셈이다. 그런 점에서 이들을 주류 정보사회론자라 불러도 무방할 것이다.

이들 주류 정보사회론자들은 새로운 정보 통신 기술에 의한 사회 변화를 경제적인 영역에만 국한시키지 않고 사회의 여러 영역에서 일어나는 다양한 변화까지를 설명하고 예측했다는 점에서 앞서 다룬 정보경제론적 관점이나 후기산업사회론적 관점보다 확장된 변화의 영역을 다루고 있다. 예컨대, 앞서 살펴본 토플러(1980)의 경우만 보더라도 정보 통신 기술의 발달에 힘입은 미디어의 탈대중화 혹은 전반적인 탈대량화 추세 속에서 개인의 인성은 물론 생산(자)과 소비(자)의 관계, 가정과 공동체의 유대, 정치 제도의 특성과 국가의 역할 변화는 물론, 글로벌 네트워크의 확장 속에서 기업 조직이나 국제 기구의 성격과 역할에도 많은 변화가 일어날 것이라고 예견했다. 윌리엄스(1982) 역시 커뮤니케이션 기술 혁명에 의해 인간 생활의 여러 부문 — 정치, 교통, 보건, 노동, 교육 등 — 에서 일어날 변화를 예견하면서 미래 사회를 전자 환경 속에서의 제2의 문예 부흥기로 묘사한다. 마틴(1981a)의 경우도 고도 통신망을 통한 국가 간 정보 교환의 활성화와 그에 따른 세계 문화 양식의 다양화 등을 낙관적으로 전망했다. 디저드는 그러한 변화의 선봉에 미국이 서 있음을 특히 강변했다. "…… 미국이 새로운 시대, 즉 정보 시대로 들어가고 있다는 것이 분명해진다. 우리나라는 농업 사회에서 산업 사회를 거쳐 정보 사회로의 3단계 이동을 완성한 첫 번째 나라이고 지금 새로운 패턴이 등장한 사회"임을 강조했다(Dizard, 1982: 2). 또한 네이스빗(1984)은 산업 사회에서 정보 사회로 이행되는 변화를 비롯하여 중앙집권적인 대의민주제에서 분권적인 참여 민주주의로의 전환, 지역 경제의 국제 경제로의 통합 등 10가지 영역에서의 거대한 변동을 예단했다. 일본의 마스다 요네지(1981) 역시 정보화 사회의 경제는 정보 사업자와 정보 이용자가 동시에 정보의 생산자이자 소비자가 됨으로써 '동반 상승적 경제synergetic economy로 발전하는 것' 외에 사회 전반도 '시너지와 사회적 이익의 원리'를 지향하는 자발적 공동체로 변모할 것이며, 의회 민주주의 대신 참여 민주주의에 의한 정치적 협치協治와 시민운동에 의한 사회 변화가 활성화되고 물질주의적 가치가 합목적적 가치로 대치되어 나갈 것이라고 전망했다.

다음은 정보 사회로의 이행을 비롯한 대변동론Megatrends을 전개한 네이스빗의 견해와 마스다 요네지의 정보화사회관을 그들의 문헌 속에서 좀 더 자세히 살펴봄으로써 주류 정보사회론자들의 대동소이한 유사 주장들을 구체적으로 확인해 보고자 한다.

2) 존 네이스빗의 《대변동》

주류 정보사회론자의 한 사람이라 할 수 있는 미국의 존 네이스빗은 1984년 당시의 세계적인 변화의 흐름을 10가지로 정리해서 《대변동》이란 책으로 출간했다. 그 10가지란 범세계적인 추세가 산업 사회로부터 정보 사회로 이행하는 것을 비롯하여, 동력과 에너지에 기반을 둔 기술 중심에서 하이테크high tech/하이터치high touch 기술로, 국가 중심 경제에서 세계 경제로, 단기 처방과 대응에서 장기 처방과 대응으로, 집중화에서 탈집중화로, 기관 중심의 제도적 후원과 지원에서 자립 자조로, 대의제 민주주의에서 참여 민주주의로, 위계적인 관계나 체제에서 네트워킹으로, 잘 사는 나라(north) 중심에서 어려운 나라(south)에 대한 배려로, 양자택일식 선택에서 다양한 선택 가능성으로 전반적인 조류가 바뀌고 있다는 것이다.

네이스빗은 이 중에서도 특히 산업 사회에서 정보 사회로 이행되는 변화가 가장 미묘하면서도 폭발적인 대전환megashift이라는 점을 강조했다. 특히 그는 미국의 경우, 1950년대 중반, 정확히는 1956년과 1957년 두 해 사이에 정보 사회로의 전환이 시작되었다고 보았다. 그 근거로 1956년 화이트칼라 노동자가 블루칼라 노동자의 수를 처음으로 능가하기 시작했다는 것을 들었다. 그때부터 일반 제조 상품보다는 정보 상품을 생산하는 노동자가 일반 제품을 생산하는 노동자들보다 많아졌다는 것이다. 또한 1957년에 소련의 인공위성 스푸트니크가 발사됨으로써 글로벌한 위성 커뮤니케이션 시대가 열리고 여기에 미국이 자극을 받게 된 것도 정보 사회로 전환하는 데 중요한 한 요인이 되었다고 보았다.

네이스빗은 산업 사회에서 정보 사회로의 이행과 관련된 다섯 가지의 핵심 사항을 언급했다. 그것은 ① 정보 사회라는 것이 지적인 추상 개념이 아니라 분명한 경제적 실제economic reality라는 점, ② 컴퓨터와 통신 기술의 혁신이 정보 소통 시간, 즉 정보 전달에 소요되는 시간information float[52]을 없애거나 극도로 줄임으로써 변화를 가속화시키게 될 것이라는 점, ③ 새로운 정보 기술이 처음에는 기존의 산업체 업무 영역에 적용되다가 점차 그 자체가 새로운 활동과 공정 및 제품을 만들어 낼 것이라는 점, ④ 읽고 쓰기 능력을 중시하는 미국 사회에서 그 어느 때보다도 그와 관련된 기본 능력과 소양이 요구되고 있지만 교육 시스템은 그러한 요구를 제대로 따라가지 못한다는 점, ⑤ 새로운 정보 시대에 있어서 비록 기술이 절대적인 것은 아니지만 하이테크/하이터치의 원리에 따라 결국은 성패가 좌우되고 말 것이라는 점 등이다(Naisbitt, 1984: 11).

먼저 정보 사회가 하나의 경제적 실체란 점과 관련해서 네이스빗은 그 증거로 마크 포랏과 데이비드 버치David Birch 등의 연구 결과를 예시한다. 그의 예시에서 포랏은 1967년 미국 경제에서 정보 경제가 차지하는 비중이 전체 GNP의 46%이고, 소득의 53%이며, 이 또한 급속한 증가 추세를 보이고 있다고 했다. 버치는 1970년대 미국에서 새로 생겨난 직업 중에서 제조업인 경우는 전체의 5%에 불과하며, 거의 90%가 정보, 지식, 서비스업에 속하는 것이라고 했다. 또한 1970년에

52 네이스빗이 말하는 'information float'이란 "커뮤니케이션 채널에서 정보가 전달되는 데 소요되는 시간의 양"을 말한다(Naisbitt, 1984: 15).

서 1978년 사이에 전체 노동력 증가율은 18%였던 것에 비해 경영·관리직은 그것의 3배가 넘는 58%, 보건 관리직은 118%, 공무원은 76%, 금융계는 83%, 시스템 분석가는 84%가 증가했다. 같은 기간 중 엔지니어의 증가율은 3%도 되지 않았다. 이미 미국 사회가 정보 사회라는 것은 이러한 수치가 구체적으로 보여 준다는 것이 네이스빗이 주장하는 첫 번째 핵심이다(Naisbitt, 1984: 11~14).

네이스빗은 또한 정보 통신 기술의 급속하고도 정교한 발전은 정보 전달자와 수신자(혹은 이용자) 간의 네트워크를 확장하고 정보 소통 시간을 크게 단축시킴으로써 이용자들이 정보에 보다 신속하고도 용이하게 접근할 수 있게 만들어 준다는 점을 강조했다. 정보 기술에 의해 생산, 공급되는 정보량이 폭발적으로 늘어났을 뿐만 아니라, 데이터베이스 구축과 온라인 서비스 등을 통해 이용자의 선택적 이용도 더욱 용이하게 되었으며, 현금 거래도 전자 화폐의 이용을 통해 거래의 속도를 크게 단축시켰다고 했다. 여러 부문에 걸쳐 정보 통신 기술에 의해 전달하는 정보의 양은 폭발적으로 늘어나고, 전달의 속도는 계속 빨라졌으며 전달에 소요되는 시간은 급속히 단축되어 왔다는 것이다. 네이스빗은 그 과정에서 정보 통신 기술에 의해 생산되는 정보는 감당할 수 없을 만큼 늘어났지만, 정작 필요한 지식은 여전히 모자라는 풍요 속의 빈곤 현상도 동시에 나타나고 있다고도 했다(pp.14~19).

또한 기술이란 처음에는 기존 업무에 적용되다가 점차 그 나름의 독자적인 영역을 만들어 나간다고 본 네이스빗은 새로운 기술이 발전해 나가는 세 가지 단계를 언급했다. 먼저 새로운 기술이나 개혁은 반발이나 저항이 가장 적은 부분에 적용이 되다가, 그다음 단계에서는 이전의 기술을 향상시키는데 이용되고, 그 후에 — 경우에 따라서는 한참 지나서 — 기술 그 자체의 새로운 적용이나 이용이 가능하게 된다는 것이다. 예컨대, 마이크로프로세서의 경우, 처음에는 자동인형을 만들거나 사람이 하기에 위험한 일을 하는 로봇 등을 만드는 데 도입되었다가, 그다음에는 자동차나 제조업, 재봉틀, 워드프로세서 등과 같이 기존 업무를 향상시키는 영역에 적용되었다. 보다 최근에 와서는 노동자들에 의해서 수행되던 일을 완전히 대체하는 현상까지 나타난다는 것이다. 이는 노동자의 실업과 탈숙련화라는 새로운 문제를 낳고 있는데, 그런 점에서 당시 네이스빗은 앞으로 자동화 현상이 노사 관계에서의 핵심 쟁점이 될 것이라고 내다보기도 했다(pp.19~24).

네이스빗은 미국 사회의 전반적인 학력 저하와 함께 사회 변화를 따라가지 못하는 교육 체계에 대한 비판도 아울러 했다. 특히 학교 교육에서 컴퓨터에 대한 교육 과정이 제대로 갖춰져 있지 않고, 기업의 많은 경영진들이 컴퓨터에 대해 거부감을 갖고 있는 것이 문제라고 지적하면서, 다가오는 정보 사회에서의 적응과 생존을 위해서는 컴퓨터 관련 과목에 대한 학교 교육의 강화와 함께 컴퓨터에 대한 기업 경영진의 거부감이나 경시 풍조가 바뀌어야 한다는 점을 강조하기도 했다(pp.25~29).

끝으로 네이스빗은 정보 사회로의 이행과 관련된 핵심 사항으로 하이테크/하이터치의 원리를 따르는 생활의 중요성을 강조했다. 그가 말하는 하이테크란 곧 컴퓨터를 중심으로 한 작업 환경과 생활 환경으로의 전환을 의미한다. 그리고 하이터치는 그런 가운데서도 사람들 간의 보다 직접적이고 유기적인 관계 맺음, 즉 인간적인 감성과 따뜻함 역시 중요하게 된다는 점을 동시에 강조한다. 그는 농업 시대에는 인구의 90%가 100%의 식량을 생산했지만, 이제는 인구의 3%가 120%의 식량을 생산한다는 예를 들면서 새로운 정보 사회에는 정보 산업의 비중이 가장 클 수밖에 없다는 것이다. 그러므로 네이스빗은 첨단 기술에 대한 재교육을 받아서라도 직장과 가정으로 밀려 들어오는 컴퓨터 풍경에 적응해야 한다고 역설했다. 그것은 산업 사회에서 자동차가 그만큼 중요했고, 자동차를 이용해야 했던 것과 같은 원리라는 것이다. 그러면서 그는 자동차를 이용해서 물리적인 공간physical space과 연결되던 우리가 새로운 컴퓨터 시대에는 전자적인 장치에 의해 연결된 개념적 공간conceptual space과 서로 마주하게 되었다는 점을 강조했다(pp.30~33).

요컨대, 네이스빗은 대변동의 큰 흐름 속에서도 정보 사회로의 이행이 가장 중요하고 큰 변화이며, 그것은 산업 영역에서 일어나는 분명한 경제적 현상일 뿐 아니라 정보 통신 기술의 혁신에 따른 정보 유통의 시공간적인 단축을 통해 사회 전반에 다양하고도 거대한 변화가 일어날 것임을 예고한다. 이런 대변동 과정에서 핵심적인 첨단 기술은 컴퓨터를 비롯한 정보 통신 기술이므로 이에 대한 학교 교육의 강화는 물론 기업 경영진의 인식 전환과 사회 구성원들의 조기 적응이 긴요하다는 점을 강조했다.

3) 마스다 요네지의 정보화사회론

앞서 언급했듯이 일본에서도 1980년대 초에 미국에서와 같이 정보 사회의 도래를 역설하는 주장이 나타났다. 그 대표적인 인물 중 한 사람이 마스다 요네지(1981)다. 이미 1960년대 초에 미국의 매클럽(1962)이 정보생산론적 관점에서 지식 산업의 성장과 발전 양상을 밝혀냈을 때, 일본의 우메사오(1963)가 정신 산업 시대(혹은 정보 산업 시대)의 도래를 역설했던 것과 같이 미국의 토플러(1980)가 제3의 물결 사회를 강조하자, 마스다(1981)는 '정보화 사회'(情報化社會 / Johokashakai)를 강조하고 나선 것이다. 그것은 그만큼 미국과 일본이 산업 구조적인 면에서나 시대 상황적인 면에서 당시 유사한 길을 가고 있었던 까닭이기도 할 것이고, 그에 따라 비슷한 진단과 전망이 나왔다고 볼 수도 있다.

마스다 요네지는 《정보화 사회》에서 정보 사회의 경제는 정보 사업자와 정보 이용자가 동시에 정보의 생산자이자 소비자가 됨으로써 '동반 상승적 경제'로 발전할 것이라는 낙관적 전망을 내렸다. 그것은 산업 영역에서만 그런 것이 아니고 사회 전반에서도 '시너지와 사회적 이익의 원리'를 지향하는 자발적 공동체가 발전할 것이라고 예단했다. 그 밖에 정치적으로는 의회 민주주의 대신 참여 민주주의에 의한 협치governance와 시민운동에 의한 사회 변화가 활성화되고, 물질

그림 5-1 마스다 요네지의 산업 사회와 정보 사회 비교 도식

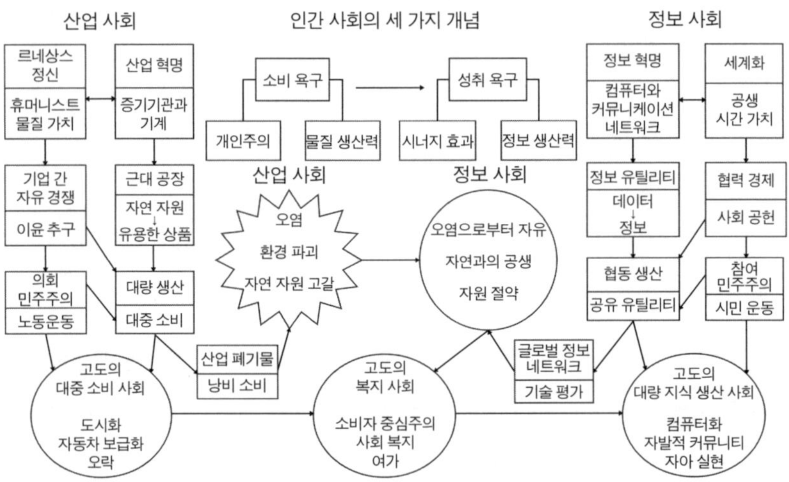

출처: Masuda, 1990: 19.

주의적 가치가 합목적적 가치로 대치되어 나갈 것이라는 등 매우 낙관적인 미래 사회상을 제시했다. 이러한 그의 견해는 그 뒤 자신이 요약 재구성한 논문(1990)에 아주 간명하게 잘 정리되어 있다. 그 내용은 그림 5-1 및 표 5-2와 같다.

표 5-2 마스다 요네지의 산업 사회와 정보 사회의 패턴 비교

구분	산업 사회	정보 사회
혁신 기술		
핵심	증기 엔진(동력)	컴퓨터(저장, 연산, 통제)
기본 기능	육체노동의 대체와 확장	정신노동의 대체와 확장
생산력	물질 생산력	정보 생산력
사회 경제 구조		
상품	유용한 제품 및 서비스	정보, 기술, 지식
생산 중심처	공장(기계, 장비)	정보 설비(정보 네트워크, DB)
시장	새로운 세계, 식민지, 소비자 구매력	지식 전선, 정보 공간
주도 산업	제조업(기계, 화학 산업)	지적 산업(정보, 지식 산업)
산업 구조	1차, 2차, 3차 산업	매트릭스형 산업 구조(1, 2, 3, 4차/시스템산업)
경제 구조	상품 경제(분업, 생산과 소비 분리)	동반 상승 경제(협업 생산과 공용)
사회 경제 원리	가격 법칙(수요 공급 원리)	목적 법칙(동반 상승적 피드포워드)
사회 경제 주체	기업(사기업, 공기업, 제3섹터)	자발적 공동체(지역/정보 공동체)
사회 경제 체계	자본의 사적 소유, 자유 경쟁, 이윤 극대화	하부 구조, 시너지 원리, 사회 이익 우선
사회 형태	- 계급 사회(집중화된 권력, 계급, 통제)	- 기능 사회(다중심, 기능, 자율)
국가적 목표	- 국민 총복지	- 국민 총만족
정치 형태	- 의회 민주주의	- 참여 민주주의
사회 변동의 힘	- 노동 운동, 파업	- 시민운동, 소송
사회 문제	- 실업, 전쟁, 파시즘	- 미래 충격, 테러, 프라이버시 침해
고도화된 단계	- 고도의 대량 소비	- 고도의 대량 지식 창출
가치		
가치 기준	물질 가치(생리적 욕구의 만족)	시간 가치(목적 성취 욕구의 만족)
윤리적 기준	기본 인권, 휴머니티	엄격한 자기 수양, 사회적 기여
시대정신	르네상스(인간 해방)	글로벌리즘(인간과 자연의 공생)

출처: Masuda, 1990: 19.

표 5-2와 그림 5-1에서 보는 바와 같이 마스다는 정보 사회의 전반적 특성을 산업 사회와의 비교를 통해 다음과 같이 정리했다.

(1) 먼저 산업 사회 발전의 중심에 있던 혁신 기술은 증기 엔진이었고, 그러한 기술은 인간의 육체노동을 대체하고 확장하는 것이었다. 이에 비해 정보 사회에서는 '컴퓨터 기술'이 발전의 핵심을 이루는 혁신 기술로서 그 근본 기능은 인간의 정신노동을 대체하고 확장하는 것이 될 것이다.

(2) 산업 사회에서는 증기 엔진의 발명에 의한 동력 혁명이 물질적인 생산력을 급속히 증가시키고 제품과 서비스의 대량 생산 및 제품의 빠른 운송을 가능하게 했다. 반면 정보 사회에서는 컴퓨터의 발전에 따른 '정보 혁명'이 정보의 생산력을 급속히 증가시키고 인지적이고도 체계화된 정보, 기술 및 지식의 대량 생산을 가능하게 할 것이다.

(3) 산업 사회에서는 기계와 설비들로 이루어진 현대적인 공장이 사회적 상징이 되고 제품의 생산 센터가 되었지만 정보 사회에서는 정보 네트워크와 데이터 뱅크 등으로 이루어진 — 컴퓨터 기반 공공 인프라와 같은 — 정보 설비가 기존의 사회적 상징인 공장을 대신하게 되고 정보 상품의 생산과 유통 센터가 될 것이다.

(4) 산업 사회에서의 시장은 새로운 대륙의 발견과 식민지 획득의 결과였고, 소비 구매력 증가가 시장 확대의 주된 요인이었다. 정보 사회에서는 '지식 전선knowledge frontier'이 잠재적인 시장이 될 것이며, 문제 해결 가능성의 증가 및 지속적이고도 역동적으로 발전하는 사회에서의 기회의 확장이 정보 시장 확대의 주된 요인이 될 것이다.

(5) 산업 사회에서는 경제 발전을 주도하는 산업이 기계·화학 공업이었으며, 전체 산업 구조는 1차, 2차, 3차 산업으로 이루어져 있었다. 이에

비해 정보 사회에서는 주도산업이 지적 산업intellectual industries이 될 것이며, 그러한 지적 산업의 핵심은 지식 산업knowledge industries이 될 것이다. 정보 연관 산업이 기존의 1, 2, 3차 산업 구조에 4차 산업으로 추가될 것이다.

(6) 산업 사회의 경제 구조는 ① 판매 지향적 제품 경제, ② 노동 분업을 활용한 생산의 전문화, ③ 기업과 가정 사이에서의 생산과 소비의 완전한 분리를 그 특성으로 하는 반면, 정보 사회의 경우는 ① 사회 경제적 발전의 축인 정보가 정보 활용을 통해 생산되고, ② 이용자에 의해 정보가 자체 생산되고 축적되며 이처럼 축적된 정보는 동반 상승적 생산synergetic production과 공동 활용shared utilization을 통해 더욱 확대될 것이다. 그리고 경제는 구조적으로 교환 경제에서 동반 상승적 경제synergetic economy로 변화되어 갈 것이다.

(7) 산업 사회에서는 보편적인 사회 경제 원리인 가격 법칙이 수요와 공급의 균형을 유지하는 보이지 않는 손이며, 전체로서의 경제와 사회는 그러한 경제 질서 안에서 발전한다. 그런데 정보 사회에서는 목적 원리goal-principle, 즉 목적과 수단의 원리가 사회의 기본 원리가 되며 공동 목적 달성을 위해 여러 기능을 할당하는 동반 상승적 피드포워드synergetic feedforward가 사회 질서를 유지하기 위해 작동하게 될 것이다.

(8) 산업 사회에서는 사회 활동의 가장 중요한 주체가 경제 집단인 기업이었다. 그러한 산업 사회의 기업에는 사기업, 공기업 및 정부가 소유하고 민간이 관리되는 제3섹터가 있었다. 정보 사회에서는 사회 활동의 가장 중요한 주체는 크게 지역 공동체와 정보 공동체로 나눌 수 있는 사회 경제 집단인 자발적 공동체가 될 것이다.

(9) 산업 사회에서는 사회 경제 체제가 자본의 사적 소유, 자유 경쟁, 이윤 극대화 등으로 특징되는 사기업 체제다. 정보 사회의 사회 경제 체

제는 공적 자본이면서 동시에 지식 지향적인 인간 자본인 체제 인프라의 우월성과, 시너지와 사회적 이익 원리를 구현하는 기본틀을 주된 특징으로 하는 자발적 시민 사회가 될 것이다.

(10) 산업 사회는 권력이 집중화되고 계층이 위계적으로 서열화된 사회다. 그러나 정보 사회는 다중심적이고multi-centred 상호 보완적인 자발적 사회다. 정보 사회는 자발적인 시민 사회의 자율적이고 보완적인 기능들에 의해 사회 질서가 유지되어 나가기 때문에 매우 수평적으로 기능적인 사회다.

(11) 산업 사회의 목적은 요람에서 무덤까지의 고도 복지 사회를 지향하면서 국민 총복지 사회Gross National Welfare Society를 건설해 나가는 것이다. 이에 비해 정보 사회는 각 개인을 위해 (미래 시간을 설계하고 현실화하는 가치라 할 수 있는) 시간 가치time-value를 실현하는 것을 목표로 삼게 될 것이다. 그리고 사회의 목표는 모든 사람들이 보다 나은 미래의 가능성을 추구하면서 가치 있는 삶을 향유할 수 있게 하는 것이 될 것이다.

(12) 산업 사회의 정치 체제는 의회제와 다수결 원리다. 정보 사회의 정치 체제는 참여 민주주의가 될 것이다. 동의와 참여와 소수 의견도 존중하는 시너지 등에 기반을 둔 시민들에 의한 참여의 정치, 자율 관리의 정치가 될 것이다.

(13) 산업 사회에서는 노동조합이 사회 변화의 중요한 한 힘으로 존재한다. 그리고 노사 분규가 하나의 무기나 수단으로 이용됨으로써 노동운동이 확대되기도 한다. 그러나 정보 사회에서는 시민운동이 사회 변화의 중요한 힘으로 존재하며 소송과 참여 운동이 시민운동의 무기가 될 것이다.

(14) 산업 사회에서는 실업에 의한 경기 후퇴, 국제적 갈등에 의한 전쟁,

파시즘적 독재와 같은 세 가지 유형의 중요한 사회 문제가 있었는데, 정보 사회에서는 급속한 사회 변화에 제대로 적응하지 못함으로써 야기되는 미래 충격future shocks, 항공기 납치와 같은 개인·집단 테러 행위, 개인 사생활 침해, 통제된 사회의 위기 같은 것이 중요한 사회 문제가 될 것이다.

(15) 산업 사회에서 가장 발전된 단계는 ― 자동차의 확산과 같은 ― 자동차화motorization 현상이 보여 주는 바와 같은 내구재 중심의 첨단 대중 소비 단계인 데 비해, 정보 사회의 가장 앞선 단계는 컴퓨터화에 의해 각 개인의 지식 창출은 물론 계속적인 자기 실현을 가능하게 하는 고도의 대량 지식 창출 사회high mass knowledge creation society가 될 것이다.

(16) 산업 사회에서는 생리적이고 물리적인 욕구를 만족시켜 주는 물질적 가치가 보편적인 사회적 가치의 기준이었지만, 정보 사회에서는 목적을 성취함으로써 얻는 만족을 추구하는 것이 보편적 가치 기준이 될 것이다.

(17) 끝으로 산업 사회의 정신은 윤리적으로 기본 인권을 존중하고 개개인의 존엄성을 강조하며 불평등을 극복하는 형제애 등을 존중하는 것을 의미하는 인간 해방이라는 르네상스 정신이었지만, 정보 사회의 정신은 ― 윤리적으로 엄격한 자기 수양과 사회에 대한 기여 등을 반드시 포함하는 ― 인간과 자연이 함께 조화롭게 공생할 수 있는 범지구주의 정신이 될 것이다(Masuda, 1990: 16~20).

표 5-2와 이를 설명하는 위의 내용 등을 통해서 볼 때, 마스다 요네지는 컴퓨터를 핵심 기술로 하고 정보 및 지식 산업을 주도산업으로 하는 정보 사회는 동반 상승적 경제 구조뿐 아니라 국민 총만

족을 국가적 목표로 하면서 참여 민주주의적인 정치 행태와 자율적인 다중심적 기능 사회라고 했다. 또한 정보 사회는 자발적 공동체가 사회 경제 주체가 되어 시민운동이 활성화되며 시간 가치를 중시하고, 엄격한 자기 수양과 사회 기여를 윤리적 기준으로 삼으며, 인간과 자연이 공생하는 글로벌리즘을 시대정신으로 삼는 사회라고도 했다. 이러한 마스다의 정보사회관은 증기 엔진을 핵심 기술로 하고 제조업을 주도산업으로 하며 상품 경제라는 경제 구조와 계급 사회적 사회 형태, 의회 민주주의 정치 형태, 사회 경제 주체로서의 기업, 노동운동 활성화 등을 특징으로 할 뿐 아니라, 물질 가치를 중시하고 기본 인권과 휴머니티 등을 윤리적 기준으로, 그리고 인간 해방(르네상스)을 시대정신으로 삼는 산업 사회와 극명하게 비교된다. 전반적으로 정보 사회는 산업 사회의 한계를 극복하는 보다 발전된 사회로 묘사된다. 미래에 대한 매우 낙관적인 전망에 기초한 셈이다. 정보와 지식 및 그

표 5-3 농업 사회, 산업 사회, 정보 사회 비교

주요 특성	농업 사회	산업 사회	정보 사회
1. 시기	10,000년 (현재 대부분의 제3세계 지속)	200년 (1750년 영국에서 시작)	?년 (1955년경 미국에서 시작)
2. 핵심 요소/ 기본 자원	식량	에너지	정보
3. 주된 고용 형태	농부	공장 노동자	정보 노동자
4. 핵심적 사회 기관	농장	철강 공장	연구 대학
5. 기본 기술	육체노동	증기기관	컴퓨터와 전자공학
6. 매스 커뮤니케이션의 성격	일방적 인쇄 미디어	일방적 전자 미디어 (라디오, 영화, TV)	탈대중화된 상호작용적 미디어

출처: Rogers, 1986: 13.

와 관련된 기술과 산업 등에 크게 의존함으로써 결과적으로는 정보 생산자와 이용자를 포함한 공동체 모두에게 이익이 되는 시너지 원리, 동반 상승적 경제, 동반 상승적 피드포워드, 인간과 자연의 공생 등이 가능한 희망적인 사회가 된다는 것이다. 대니얼 벨의 후기 산업 사회나 앨빈 토플러의 제3의 물결이 마스다에 와서는 산업 사회와 더욱 큰 대비를 이루면서 정보 사회의 미래상이 더 극단적으로 미화되는 양상을 보인다.

한편 미국과 일본은 물론 유럽의 주류 정보사회론자들에 의해 거의 유사하게 제기되어 온 정보 사회 도래와 관련된 많은 논의들은 1980년대 중반에 와서 표 5-3과 같이 보다 간단하게 정리된다. 사회는 전반적으로 농업 사회에서 산업 사회를 거쳐 정보 사회로 이행되며, 정보 사회는 컴퓨터와 전자 (통신) 기술 등을 기본 기술로 하고, 정보가 핵심 요소가 되며, 정보 노동자가 고용의 중심을 이루는 사회를 말하며, 이는 미국에 의해 주도된다는 식이다.

4) 피터 드러커의 지식사회론

마치 초기의 정보 경제에 대한 논의가 후에 정보사회론으로 확장된 것과 같이 초기의 지식 경제에 대한 논의가 나중에는 지식사회론으로 발전하기도 했다. 그 대표적 인물 중 한 사람이 피터 드러커다. 그는 이미 1969년 그의 대표작 중 하나인 《단절의 시대*The Age of Discontinuity*》에서 '지식 경제knowledge economy'라는 개념을 사용한 바 있었고, 같은 책 1992년판에서 '지식 기술knowledge technologies'의 중요성과 '지식 사회knowledge society'의 도래 가능성을 논한 바도 있다. 자본주의 사회가 '지식 사회'로 이행해 갈 것이라는 본격적인 논의는 그의 《후기 자본주의 사회*Post-Capitalist Society*》에서 보다 구체적으로 다루어졌다.[53] 즉 그는 자본주의 사회가 지식의 적용에 따른 질적 변화를 거듭해 왔다고 보았다. 지식의 적용을 통해 그간 산업 혁명과 생산성 혁명, 그리고 경영 혁명이 이루어져 왔다는 것이다. "지식이 연장(도구), 공정, 그리고 제품에 적용됐을 때 산업 혁명이 일어났고, 지식이 작업(일)에 적용됐을 때는 생산성 혁명이, 그리고 지식이 지식 그 자체에 적용됐을 때는 경영 혁명이 가능하게 됐다." 이러한 변화 속에서 자본주의는 이제 지식 사회로 질적 변화를 경험한다는 것이다. 보다 최근에는 생산의 기본 요소인 자본과 노동이 퇴색하고 지식이 유일한 생산 요소로 등장하게 됐다고 했다. 그러면서 "지식은 사회 구조를 근본적으로 바꾼다. 지식은 새로운 사회적 힘과 새로운 경제적 힘과 새로운 정치 체계를 창조한다"고도 했다. 지식이 사회 전반에 걸친 역동적 변화의 핵심 요소임을 거듭 강조한 셈이다.

또한 그는 '지식 노동자'가 지식 사회의 주도적인 집단이 될 것이라는 점도 강조했다. 마치 자본주의 사회에서 생산적인 곳에 자본을 배분할 줄 아는 자본가가 있는 것처럼, 지식 사회에서도 생산성이 있는 곳에 지식을 배분할 줄 아는 지식 경영자와 지식 노동자가 존재하며, 그들이 지식 사회의 주역이 될 것이라고 했다. 왜냐하면 지식 사회에서는 생산 도구이자 생산 요소인 지식을 그들이 갖고 있기 때문이라는 것이다. 그러면서 지식 생산성이 경쟁력을 결정하는 핵심적인

53 드러커는 자신의 '후기 자본주의 사회Post-Capitalist Society'는 반反자본주의 사회 혹은 비非자본주의 사회가 아니라고 말한다. 지식이 핵심적인 자원이 되고 단일 민족 국가가 글로벌한 조직체로 변화되는, 즉 지식 사회와 조직 사회적 특성이 강화되는 자본주의의 질적인 성격 변화를 말한다.

요인이라는 점도 강조했다. (지식에 대한 투자로부터 얻게 되는 수익을 나타내는) 지식 생산성을 높이기 위해서는 일반적인 지식보다는 실용적이고도 보다 전문화된 지식이 필요하며, 이를 위한 교육이 필요하다는 점도 역설했다. 때문에 지식 사회에서는 교육받은 사람educated person이 사회의 표상이고 상징이며 사회적 '원형'이라고까지 했다(Drucker, 1993: 26~30, 270~279).

이러한 드러커의 주장을 살피다 보면, 어딘지 대니얼 벨의 주장과 흡사한 데가 있음을 느끼게 된다. 벨의 '후기 산업 사회' 대신에 드러커는 '후기 자본주의 사회'라는 용어를 사용한다. 벨이 후기 산업 사회를 나중에 '정보 사회'로 바꾸어 부른 것과 마찬가지로 드러커는 후기 자본주의 사회를 '지식 사회'와 같은 의미로 사용한다. 벨이 후기 자본주의 사회의 기축 원리로 이론적 지식과 더불어 지적 기술의 창조와 활용을 강조한 것처럼, 드러커는 지식과 지식 기술을 강조한다. 또한 벨이 전문·기술직 종사자와 과학자가 주도하는 합리적 사회로 이행될 것이라고 본 것처럼, 드러커는 지식 경영자와 지식 노동자가 주도하는 지식 생산성이 중시되는 지식 사회로의 이행을 주장한다. 다만 벨이 '이론적 지식'을 강조한 반면, 드러커는 보다 실용적인 지식을 강조하고 있고(Kübler, 2005/2008: 297), 벨의 '후기 산업 사회'에서의 지식이나 정보는 정보 통신 기술에 의해 파생된 것이라는 점이 강조된 것에 비해, 드러커의 '지식 사회'에서의 지식은 지식 그 자체의 발전 및 적용 논리를 좀 더 강조하고 있다는 점에서 다소간의 차이가 있는 것처럼 보인다. 그러나 지식의 이전 및 적용에 따른 산업 혁명 이후의 생산성 혁명이나 경영 혁명 역시 실질적으로는 그리고 결정적으로는 발달된 정보 통신 기술의 지원을 받고 있다는 점에서 본다면 기술 혁신과 무관한 것이 아니라고 볼 수도 있다. 지식이 작업(일)에 적용된 생산성 혁명의 경우나 지식이 지식 그 자체에 적용된 경영 혁명은 시장은 물론 생산 과정과 노동 과정을 관리하고 통제하고 또 (시장과 노동과 생산과 소비 등의) 유연성을 확보하는 데 정보 통신 기술의 도움 없이는 불가능했을 것이라는 점을 — 드러커가 비록 직접적인 언급은 하지 않았다 하더라도 — 이미 우리는 알고 있기 때문이다.

그런 점에서 드러커의 지식사회론, 즉 후기자본주의사회론도 넓은 의미에서 보면 암묵적으로 혹은 명시적으로 '정보 사회'를 계승하고 발전시킨 것으로 볼 수도 있다. 또한 다른 측면에서 보면 '지식 사회' 개념은 '정보' 개념의 기술 공학적 협소함에서 벗어나 모든 지식의 복합적인 사회적 맥락을 제시해 준다고도 할 수 있다. '지식 사회'라는 개념은 모든 사회 영역에서 지식의 질적 중요성이 증대되고 있음을 말해 주는 것이기 때문이기도 하다(Kübler, 2008: 127~129).

3. 통제혁명론

앞의 후기산업사회론이나 주류 정보사회론적 관점이 대부분 정보 통신 기술을 1차적 동인으로 한 '정보 사회' 즉 새로운 사회로의 이행을 직접적으로 주장한 것이라면, 제임스 베니거James Beniger에 의한 통제혁명론적 관점은 '정보 사회'라는 새로운 사회로의 이행이라는 사회 구조적 변화는 인정하면서도 그 1차적인 동인을 체제의 통제 위기control crisis에서 찾고 있다. 그는 그러한 통제 위기를 극복하기 위한 매개로서 통제 기술control technology이 발전해 왔으며, 정보 통신 기술로 대표되는 새로운 통제 기술이 정보 사회 출현의 기술적, 경제적 기초로 작용한 것으로 본다.

1986년 《통제 혁명*The Control Revolution*》이라는 장문의 저서를 낸 바 있는 베니거는 기본적으로 사회 체제를 살아 있는 유기체와 같이 스스로의 균형 상태를 유지하려는 욕구를 가진 것으로 본다. "어떤 체제에 있어서든 전문화나 분화가 심화되면 그에 따른 기능들을 조정해야 하는 욕구가 커지게 된다"는 것이다. 여기서 기능 조정의 욕구란 통합의 욕구를 의미하는 것이다. 베니거는 또한 사회 체제가 물질 처리 체계와 정보 처리/전달 체계라는 하부 체계를 가지고 있는 것으로 본다. 그리고 그들 하부 체계의 기술 혁신이 계속되면서 사회는 역동적인 변화를 계속한 것으로 본다. 생산, 유통, 소비 등과 같은 물질 처리 체계의 변화에 정보 처리/전달 체계가 대응하지 못하면 그에 따른 통제 위기가 나타나게 되며, 그에 따라 그러한 위기를 극복할 수 있는 새로운 통제 기술이 필요하게 된다는 것이다.

베니거는 오늘날 컴퓨터를 비롯한 새로운 정보 통신 기술도 그러한 통제 위기의 극복을 위해 등장한 것으로 본다. 그러므로 정보 사회의 기술적, 경제적 조건으로서의 통제 위기는 이미 2차 세계 대전 이전에 존재하고 있었다고 보았다. 18세기 중후반의 급속한 산업화 과정에서의 시장 확대와 관료제 발전 과정에서의 관리 업무의 전문화, 그리고 동시에 사회 분화에 따른 아노미 현상의 증대 등은 이미 그 자체가 새로운 통제 기술을 요구하는 경제적, 정치적, 사회적 통제 위기였다는 것이다. 그리고 그러한 위기로 인하여 체제 안정화를 위한 정보 처리/전달 기술의 발전이 이루어졌다는 것이다.

그는 정보 사회의 출현은 이미 산업 혁명기의 통제 위기 상황에서부터 출발했다고 본다. 구체적으로 1830년대의 경제적 공황과 철도의 탄생 등이 모두 물질 처리 체계의 급속한 변화와 위기 상황을 초래하였고 이러한 통제 위기 상황을 극복하기 위한 정보 처리 체계에도 큰

표 5-4 미국의 각 부문별 노동력 구성 비율 변화 추이(1800~1980)

연도	각 부문의 전체 노동력 대비 비율				전체 노동력 (100만)
	농업	공업	서비스	정보	
1800	87.2	1.4	11.3	0.2	1.5
1810	81.0	6.5	12.2	0.3	2.2
1829	73.0	16.0	10.7	0.4	3.0
1830	69.7	17.6	12.2	0.4	3.7
1840	58.8	24.4	12.7	4.1	5.2
1850	49.5	33.8	12.5	4.2	7.4
1860	40.6	37.0	16.6	5.8	8.3
1870	47.0	32.0	16.2	4.8	12.5
1880	43.7	25.2	24.6	6.5	17.4
1890	37.2	28.1	22.3	12.4	22.8
1900	35.3	26.8	25.1	12.8	29.2
1910	31.1	36.3	17.7	14.9	39.8
1920	32.5	32.0	17.8	17.7	45.3
1930	20.4	35.3	19.8	24.5	51.1
1940	15.4	37.2	22.5	24.9	53.6
1950	11.9	38.3	19.0	30.8	57.8
1960	6.0	34.8	17.2	42.0	67.8
1970	3.1	28.6	21.9	46.4	80.1
1980	2.1	22.5	28.8	46.6	95.8

출처: Beniger, 1986: 24.

변화가 수반되었다고 보았다. 1870~1880년대의 경제 위기와 당시의 급속한 관료화, 세계 대전을 치른 직후인 1920년대와 1950년대의 전후 급속한 경제 부흥기에도 통제 위기를 겪게 됨에 따라 그에 대응할 수 있는 정보 처리 체계가 필요하게 되었다는 것이다. 2차 세계 대전 이후의 정보 통신 기술의 혁신과 발전도 통제 위기에서의 통제 기술의 혁신에 따른 통제 혁명의 한 결과라는 것이다. 이러한 그의 논리는 1970년대 초의 석유 파동에 따른 세계 경제 위기와 그에 대응하기 위한 정보 처리 및 전달 체계로서의 마이크로프로세싱 기술의 지속적인 발전에 관한 설명으로도 그대로 이어지고 있다.

또한 그는 정보 사회 출현의 기술적·경제적 기원과 관련하여, 미국 경제의 노동력 분포의 변화 추이를 보더라도 정보 사회로의 이행 추이를 구체적으로 알 수 있다고 했다(Beniger, 1986: 21~25). 1800년부터 1980년까지 미국의 농업, 공업, 서비스, 정보 등 네 개 부문의 노동력 변화를 정리한 표 5-4를 보면, 정보 부문의 노동력이 1830년대, 1880년대, 1920년대, 1950년대에 그 이전보다 비약적으로 늘었고, 1970년대에도 크게 늘어났다는 것이 베니거의 주장을 뒷받침하는 중요한 논거가 되는 셈이다.

베니거의 이러한 통제혁명론적 관점은 허버트 스펜서의 진화론적인 사회유기체설을 그 모델로 한다. 그러므로 다분히 구조기능주의적이다. 체제의 안정화 욕구에 대한 대응으로 정보 통신 기술이 발전하였고 그 결과 '정보 사회'로의 이행이라는 사회 구조적인 변화가 점진적으로 이루어지고 있다는 것이다. 그의 이러한 관점은 정보사회론적 관점에 속하는 여타 관점들이 지닌 기술결정론적인 성향을 뛰어넘고 있다는 점에서 주목된다. 그는 '정보 사회'로의 이행을 가능하게 하는 1차적 요인을 체제의 통제 위기라는 상황적인 것으로 돌리고 있다. 정보 통신 기술은 그러한 위기 상황에서 체제의 균형 유지를 위한 매개적인 요소로서 개입한다.

때문에 통제혁명론적 관점은 통제 위기라는 사회적 상황과 통제 기술이라는 매개적 요소가 상호 자동 반응하는 것으로 사회 변화의 과정을 설명함으로써 그러한 통제 위기에 개입하는 다른 요소, 즉 행위 주체와 그들 간의 갈등적 요소에는 눈길을 돌리지 않는다. 베니거의 관점 역시 구조기능주의나 사회진화론적 관점이 지닌 일반적 약점을 그대로 갖고 있다.

6장

정보사회론 2

1980년대 초입부터 본격적으로 등장하여 1980년대 전후반에 걸쳐 급속히 확산된 주류 정보사회론은 컴퓨터 기술의 발전 및 대중화와 밀접한 관계에 있다고 할 수 있다. 특히 1970년대에 두 차례에 걸친 석유 파동을 거치면서 그 당시까지 산업화의 길을 치닫던 미국과 일본, 유럽 국가들을 포함한 서방 선진국들은 1980년대에 접어들면서는 전반적인 산업 구조 조정이 불가피하게 되었다. 그 대안으로 결국 대부분의 국가들이 '정보화'의 길로 선회하게 되었다. 그 국가들이 정보 산업을 국책 산업으로 육성하게 되면서 자연히 정보 산업이 차지하는 비중도 크게 증가하게 되었다. 기본적으로는 '산업 사회'에서 '정보 사회'라는 새로운 사회로의 이행을 주장하는 주류 정보사회론은 그러한 흐름을 타면서 폭넓게 대중화되었다고 볼 수 있다.

1990년대 접어들어서는 정보를 처리하고 저장하는 컴퓨터 기술이 더욱 고도화되는 한편, 컴퓨터를 포함한 각종 미디어 간을 서로 연결하고 소통하는 통신 기술도 함께 발전하고, 그 이용자도 크게 늘어남에 따라 새로운 정보 통신 기술에 의한 사회 변화의 가능성에 대한 대중적 신뢰와 지지는 더욱 확대되었다고 볼 수 있다. 정보 통신 산업의 급속한 발전과 함께 이들 산업과 이익 조화적인 관계에 있던[54] 수많은 매스 미디어들 역시 그러한 산업적 변화를 사회적 변화와 연계시킴으로써 새로운 정보 통신 기술에 의한 새로운 사회 도래를 대중적 인식 속에 더욱 자연스러운 것으로 각인시키는 역할을 하기도 했다.

이러한 상황에서 새로운 정보 통신 기술과 관련 미디어들을 수용하고 이용하는 사회는 그러한 미디어 기술과 밀접한 관계에 있는 것으로 인식되기도 했다. 즉 새로운 정보 통신 기술과 관련 미디어들이 새로운 사회적 특성들을 형성해 나가는 데 있어 매우 중요한, 때로는 결정적인 역할을 하거나 영향을 미친다고 보는 관점들이 나타나게 된 것이다. 네트워크사회론, 사이버사회론, 유비쿼터스사회론(혹은 모바일 사회나 초연결사회론), 그리고 보다 최근의 지능정보사회론 등이 그러한 관점의 대표적인 예라고 할 수 있다. 이들 관점은 대부분 앞서 다룬 주류 정보사회론적 관점을 기본 바탕으로 하면서도 '네트워크,' '사이버,' '유비쿼터스,' '모바일,' '인공 지능과 사물 인터넷' 등 미디어 기술의 특정 부분이나 특성을 강조하는 관점이다. 네트워크사회론은 미디어 네트워크의 확장에 따른 정보 사회의 특성을 강조하고, 사이

54 흔히 '컴, 통, 텔'로 불리던 정보 통신 산업체들은 광고 수익에 크게 의존하던 매스 미디어들의 주요 광고주로 부상하였다. 이들 매스 미디어들은 정보 통신 기술과 관련 산업에 우호적인 기사나 프로그램은 물론 다양한 기획 특집물을 계속 쏟아냄으로써 정보 통신 산업의 홍보 매체 역할도 톡톡히 했다.

버사회론은 인터넷의 확산과 그로 인한 사이버공간의 확대 및 이용 증가에 따른 정보 사회의 특성을 강조하는 관점이다. 유비쿼터스사회론은 유무선 네트워크 기술과 반도체, 즉 전자 칩 기술의 발전은 물론 특히 모바일 미디어 기술의 발전 등에 따른 정보 사회의 특성 등을 강조하고 이를 분석, 평가하는 데 주안점을 둔다. 그리고 이른바 '4차산업혁명론'과 함께 등장한 지능정보사회론은 유비쿼터스사회론의 연장선에서 인공 지능과 사물 인터넷 등 더욱 지능화된 정보 통신 기술을 기반으로 하는 정보 사회의 새로운 특성을 강조한다.

요컨대, 이들 네트워크사회론, 사이버사회론, 유비쿼터스사회론, 그리고 지능정보사회론 등은 전통적인 주류 정보사회론적 관점을 이어받으면서도, 보다 최근에 더욱 확장되거나 발전해 가는 미디어의 두드러진 어떤 특성에 더욱 주목하여 변화되고 있는 사회를 설명하고자 하는 보다 새로운 부가적 관점들이다. 일면 상당한 유사성을 지니면서도, 특히 주목하거나 강조하는 지점이 약간씩 다른, 이들 관점에 대해 하나씩 살펴보고자 한다.

1. 네트워크사회론

'네트워크 사회network society'란 일반적으로 사람들 간의 연결과 소통을 중시하는 사회라고 할 수 있다. 그런 뜻에서 본다면 유사 이래 사람들 간의 연결과 소통을 중시하지 않은 사회는 없을 것이다. 인간관계 혹은 인간 사회 그 자체가 기본적으로는 사람들 간의 연결과 소통으로 이루어지는 하나의 실체이기 때문이다. 그렇게 보면 혈연, 지연, 학연 등으로 얽힌 전통적인 '연줄 사회'도 어떤 의미에서는 네트워크 사회라 할 수 있다. 그러나 여기서 말하는 네트워크 사회는 전통적인 대인 관계망보다는 정보 통신 기술과 미디어에 의해 매개된 사회 혹은 전자보다는 후자의 중요성이 더욱 커진 사회라는 의미가 더 강하다. 사람들을 서로 연결시켜 주고 서로 소통하게 하는 새로운 정보 통신 기술과 다양한 미디어가 발전함에 따라 그러한 기술 혹은 미디어가 사회적 특성을 새롭게 규정하거나 사람들의 삶에 새롭고도 큰 영향을 미치는 현상이 나타나게 되었다. 바로 이러한 현상에 특히 주목하면서 현대 '정보 사회'의 특징을 설명하고자 하는 일련의 관점을 네트워크사회론이라 할 수 있다. 그러한 관점에서 정보 사회의 네트워크 사회적 특성을 집중적으로 조망한 대표적인 연구자로 네덜란드의 커뮤니케이션 학자인 얀 판데이크Jan van Dijk[55]와 스페인 출신 사회학자 마누엘 카스텔 등을 들 수 있다. 여기서는 이들의 설명과 주장을 통해 그들이 바라본 네트워크 사회의 특성에 대해 알아본다.

1) 얀 판데이크의 네트워크 사회

판데이크는 20세기를 거치면서 현대 사회는 정보 사회로 이행되어 가고 있는 것과 마찬가지로, 대중 사회에서 네트워크 사회로 변환 중에 있다고 말했다(van Dijk, 1999: 220). 그러한 변화 과정에서 인간 상호 간

55 얀 판데이크는 네덜란드 트벤테대학의 사회학과 커뮤니케이션학 교수이며, 정보사회학과 뉴 미디어의 사회적 특성 등에 관해 연구하고 있다. 그의 저술 중 *The Network Society: Social Aspects of New Media*(1999). *The Deepening Divide: Inequality in the Information Society*(2005), *Digital Democracy: Issues of Theories and Practice*(2001) 등이 영어로 번역 출간되었다. *The Network Society*의 네덜란드어판 초판은 1991년에 출판된 바 있다.

의 매개 커뮤니케이션을 통합하고 상호작용성을 크게 증가시킨 미디어 기술의 발전이 매우 중요한 역할을 하게 되었음을 강조했다. 바로 사람과 사람, 조직과 조직, 지역과 지역, 국가와 국가 사이를 연결하는 미디어 네트워크의 확장과 발전이 새로운 유형의 사회를 탄생시켰다고 본 것이다.

판데이크는 네트워크를 사회적 네트워크와 미디어 네트워크로 구분하여 이들 양자의 결합 양식을 통해 사회적 특성과 그 변화를 규명하고 있다. 그에 따라 그는 현대 네트워크 사회를 "면 대 면 커뮤니케이션의 사회적 네트워크를 점차 대체시키거나 보완하고 있는 미디어 네트워크 속에서 사회적 관계를 더욱 조직화하게 되는 사회 형태"라고 정의했다(1999: 220). 즉 현대 사회에서 미디어 네트워크의 역할이 더욱 증대되고 중요하게 되었다는 것이다.

판데이크의 입장에서는 그러한 네트워크 사회의 등장은 커뮤니케이션 (기술) 혁명과 매우 밀접한 관계에 있다. 미디어 기술 혁신을 통하여 사람들 간의 소통을 매개하는 여러 가지 미디어들이 서로 통합되고 그러한 미디어를 통한 상호작용성이 크게 증대되었다는 것이다. 그는 통합integration과 상호작용성interactivity을 현대 커뮤니케이션 혁명의 본질로 보았다. 즉 디지털화를 통해 텔레커뮤니케이션, 데이터 커뮤니케이션 및 매스 커뮤니케이션 등이 점차 하나의 단일 미디어로 융합되고 이러한 융합 미디어를 통한 — 다양한 영역과 수준에서의 — 상호작용성이 비약적으로 증가하게 되었다는 것이다.

판데이크는 바로 이러한 미디어 네트워크를 통한 커뮤니케이션의 통합과 상호작용성의 증대가 시간과 공간의 의미를 근본적으로 바꾸어 놓게 되었고, 현대 사회의 모든 수준과 모든 국면에서 시간과 공간의 확장과 축소, 혹은 규모의 확장과 축소를 동시에 가능하게 만들었다고 보았다. 그러면서 판데이크는 네트워크의 확장, 커뮤니케이션의 통합과 상호작용성 증대에 따른 — 정치와 권력, 법률, 사회 구조, 문화, 심리 등 — 사회 여러 분야에서의 변화 혹은 변화 가능성을 나름대로 짚어나가고 있다.

다음은 판데이크의 《네트워크 사회*The Network Society*》에서 그가 제시하는 주목할 만한 분석틀이나 주장들을 몇 가지 살펴보자.

(1) 네트워크에서의 정보 유통 패턴의 통합

판데이크는 자신의 네트워크 사회 분석을 위해 여러 미디어들의 정보 유통 패턴을 몇 가지로 모델링하고, 기술 발전에 따른 미디어 융합과 상호작용성 증대 현상을 그러한 정보 유통 패턴들이 통합 네트워크로 발전해 나가는 과정으로 설명한다.

그는 정보 유통 패턴을 훈시allocution, 상담consultation, 등록registration, 대화conversation 등 네 가지 모델로 구분하고, 과거에는 각각 분리되어 존재하던 이러한 모델들이 네트워크 사회에서는 서로 연결되면서 하나로 통합되는, 즉 통합 네트워크integrated network로 발전한다고 보았다. 정보 유통 패턴과 관련하여 판데이크는 정보 흐름에 있어서의 모델 판단 근거로 센터central unit와 지역 단위local unit, 소스 정보source information와 결정 정보decision information 등을 제시하고 있다.

먼저 훈시 모델은 그림 6-1에서 보는 바와 같이 센터에서 제공할 소스 정보를 가지고 있고 또 그것의 주제, 시간 및 속도에 대한 결정도 센터가 주로 하게 되는 경우를 말한다. 제한된 채널만을 공급하는 라디오, 텔레비전과 같은 전통적인 방송 미디어가 여기에 속한다고 보면 될 것이다.

상담 모델은 제공할 소스 정보는 센터가 가지고 있는데, 어떤 것

그림 6-1 네트워크에서의 정보 유통 패턴의 통합

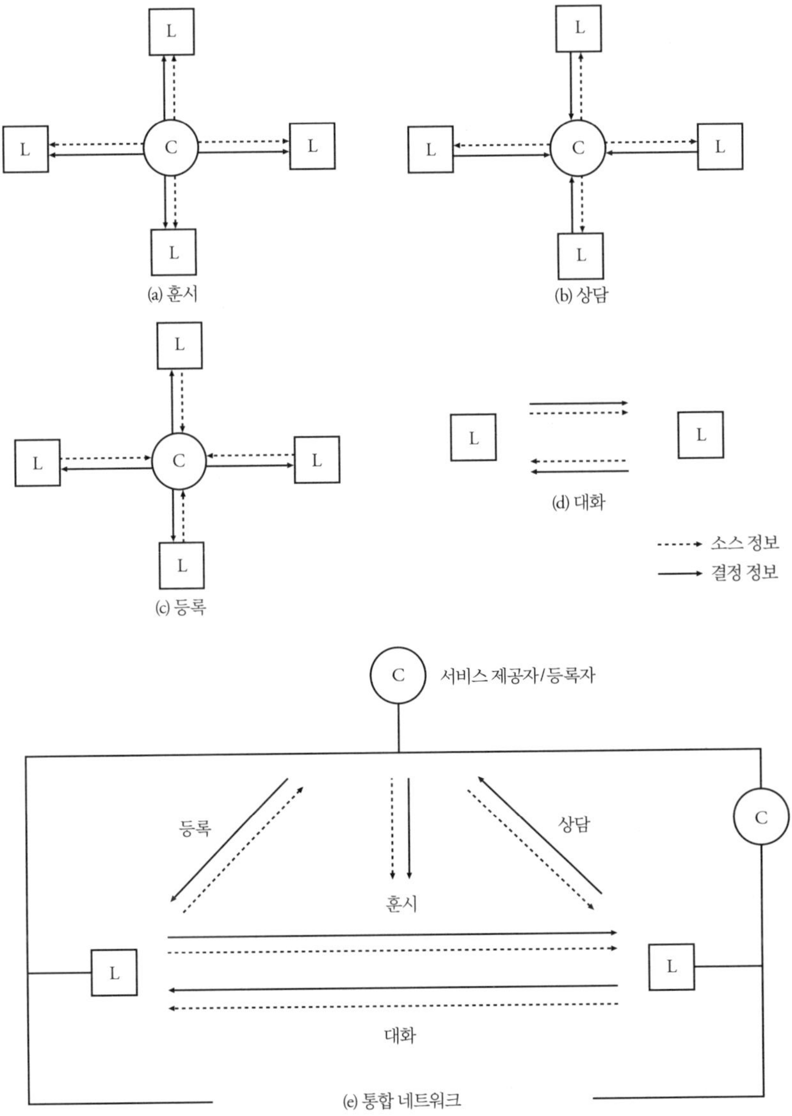

출처: van Dijk, 1999: 13.

을 제공받을지는 센터가 아닌 지역 단위에서 결정한다는 것이다. 콘텐츠는 센터가 가지고 있고 선택권은 지역이 가지고 있는 셈이다. 책, 신문, 잡지, 오디오와 비디오, 텔레텍스트나 비디오텍스, 오디오텍스, 인터렉티브 TV 등이 여기에 속한다. 여러 콘텐츠를 언론사나 제작자가 만들어 제공하지만 그 주제나 시간, 속도 등은 수용자, 즉 소비자가 결정한다는 모델이다.

등록 모델은 제공하는 소스 정보는 지역 단위에서 센터로 흘러가고, 어떤 콘텐츠 혹은 정보를 취할 것인지, 언제, 어떻게 그러한 정보를 받아들일 것인지는 센터가 결정하는 모델을 말한다. 여기에 속하는 것으로는 케이블을 통한 조사나 투표, 전자 예약, 텔레쇼핑이나 텔레뱅킹, 또는 원격 전자 감시 등을 그 예로 든다.

대화 모델은 센터가 따로 없고 둘 이상의 지역 단위가 서로 정보 교환을 하며 커뮤니케이션을 위한 주제나 시간, 속도 등을 각자 스스로 결정하게 되는 경우를 말한다. 전통적으로 전신 및 전화가 제한된 범위에서나마 이러한 경우에 속했고, 보다 최근에는 컴퓨터 네트워크, 즉 인터넷과 같은 경우가 여기에 속한다고 할 수 있다. 각 지역에서 서로 연결된 컴퓨터끼리는 각종 문자, 데이터, 음성, 그래픽 정보는 물론 동영상 정보까지도 서로 교환 가능하며, 관련 주제나 시간, 속도 등에 대한 결정도 네트워크에 연결된 각각의 컴퓨터가 하게 되는 것이다.

이러한 네 가지 모델의 정보 유통 패턴이 과거에는 미디어에 따라 각각 달리 적용되었으나 커뮤니케이션 혁명에 의한 미디어 융합과 상호작용성 증대는 이들 네 가지 모델이 통합된 하나의 네트워크로서 작동할 수 있도록 했다. 바로 이처럼 통합된 네트워크가 네트워크 사회의 하부 구조를 형성한 셈이다.

(2) 규모의 확대와 축소의 결합

통합된 네트워크가 네트워크 사회의 기본적인 하부 구조가 되면서 현대 사회의 모든 수준과 모든 국면에서 한편에서는 규모의 확장이, 그리고 다른 한편에서는 규모의 축소가 동반적으로 진행되는 양상이 두드러지게 되었다.

예컨대, 경제 조직의 경우 한편으로는 네트워크를 통해 국제적인 기업으로 확장되어 나가는가 하면, 다른 한편으로는 기업 활동의 도급과 하도급, 민영화와 탈중심화를 통해 평균적인 회사 규모는 계속 줄어들고 있다는 점, 정부와 공공 행정 기관은 갈수록 협력과 공조의 필요성이 커지는 한편으로 국가 및 지역 단위의 자결 움직임도 커져가고 있다는 점, 네트워크에 의해 범죄의 국제화·세계화가 확대되면서 이에 대한 정치적·법적 대응이 강조되는 한편으로 국가적 단위에서의 문제 해결의 어려움 때문에 자율 규제를 강조한다는 점, 확장되는 네트워크 속에서 한편으로는 개인들이 더욱 광범하고 이질적인 사회적 네트워크에 참여하면서도 다른 한편으로는 개개인이 보다 작은 가족 단위 속으로 혹은 더욱 사적인 영역으로 고립되어 간다는 점, 네트워크를 통해 한편으로는 매스 미디어 및 문화적 표현물들이 전 세계로 확산되어 나가지만 다른 한편으로는 보다 작은 규모로의 축소를 지향하면서 문화적 표현을 통한 자기 정체성 찾기에 골몰하고 있기도 하다는 점, 확장되는 네트워크를 통해 외부 환경에 대한 풍부하고 다양한 자극을 받음으로써 한편으로는 지각의 규모가 확대되기도 하지만, 다른 한편으로는 네트워크를 통해 홀로 이용하는 미디어에서 얻는 무수히 많고 다양한 인상들을 나름대로 처리하고 결합하려 들기 때문에 때로는 지각이 한정된 범위 속으로 축소되기도 한다는 점 등 네트워크로 인한 여러 영역의 규모 확장과 규모 축소가 동전의 양면처럼 동시에 일어난다는 것이다.

(3) 대중 사회에서 네트워크 사회로

판데이크는 규모의 확장 및 축소 과정의 상호연관성과 미디어 네트워크의 역할 증가로 인해 새로운 유형의 사회가 등장하게 되었다고 본다. 이를 '네트워크 사회'라고 명명하면서, 20세기를 거치면서 이러한 네트워크 사회가 이른바 기존의 '대중 사회'를 대체해 버렸다고 했다 (van Dijk, 1999: 23).

그에 따르면, 대중 사회는 산업 혁명 시기를 거치면서 많은 사람들이 산업화된 도시와 교역 중심지로 몰려들면서 발전하게 된 하나의 사회 유형을 말한다. 이러한 대중 사회에서는 이웃과 마을에 이미 존재하던 전통적인 공동체가 대규모 도시나 국가와 결합되는 경우에도 대개 그 특성이 그대로 유지되었다.

대중 사회의 기본 요소는 마을이나 도시의 이웃들과 강한 결속력을 이루고 있는 공동체의 대가구나 대가족들이다. 큰 회사의 경우에도 부서 간에 밀접히 서로 협력하고 있는 대규모의 연대 모임이 있음을 볼 수 있다. 그런데 대중 사회의 구성원들은 물리적으로 같은 장소에 서로 공존하며, 주로 면 대 면 커뮤니케이션과 긴밀한 사회적 네트워크를 통해 서로 소통한다. 대중 사회의 가구나 가족 내부 혹은 그들 상호 간의 커뮤니케이션을 위해서는 편지나 전화 같은 대인 미디어와 함께 신문과 방송 같은 매스 미디어가 이용되기도 한다. 그러나 대중 사회에서 대부분의 공동체는 매우 제한된 매스 미디어에만 접근할 수 있다. 판데이크의 입장에서 보면, 개발도상국가들은 대부분 이러한 대중 사회 단계에 머물러 있으며, 일부 선진국들도 부분적으로는 그러하다. 그림 6-2는 대중 사회의 사회적 하부 구조와 소통

그림 6-2 대중 사회의 구조

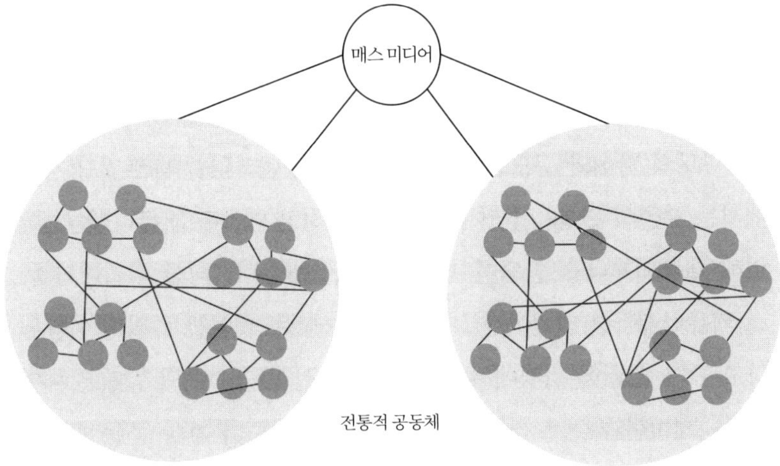

출처: van Dijk, 1999: 25.

의 하부 구조를 보여 준다.

판데이크는 20세기를 거치면서 전통적인 공동체는 점차 사라져 가고, 그 자리에 새로운 공동체가 등장하고 있다고 했다. 유기적 공동체organic community와 가상 공동체virtual community가 그런 것들이다. 그러한 새로운 공동체의 등장은 사회적 네트워크와 미디어 네트워크의 동반 확장에 따른 (국가화 및 국제화와 같은) 규모 확대와 (보다 작은 것을 지향하는 생활 및 작업 환경 같은) 규모의 축소가 동시에 일어나고 있기 때문이라고 보았다.

판데이크는 네트워크 사회에서는 한편으로는 자신의 가족, 이웃, 조직 속에서 계속 같이 살고 일하면서, 다른 한편으로는 대규모의 사회적 네트워크에 자주 참여하는 사람들로 구성된 새로운 공동체, 즉 유기적 공동체들이 등장하고 있다고 했다. 또한 한편에서는 분업과 대인 커뮤니케이션 및 매스 미디어가 확대되는 반면, 일상생활과 작업 환경은 더욱 소규모화되고 더욱 이질적으로 변하고 있다고도 했다. 이러한 유형의 공동체에 제대로 적응하기 위해서는 사회적 네트워크와 미디어 네트워크의 확장이 모두 필요하다고 본 것이다.

규모의 확대와 규모의 축소가 결합되어 나타나는 네트워크 사회에서는 기존의 면 대 면 커뮤니케이션이 점차 매개된 커뮤니케이션에 의해 대체되거나 보완되며, 다양한 대인 커뮤니케이션 미디어와 매스 커뮤니케이션 미디어가 그러한 매개 커뮤니케이션 목적에 이용된다고 했다. 그러한 과정에서 특히 정보 통신 기술(ICT)의 발전은 대인 커뮤니케이션과 매스 커뮤니케이션 사이에 이른바 가상 공동체로 이끄는 새로운 유형의 커뮤니케이션 형식이 생겨나게 되었다고도 했다.

그림 6-3 네트워크 사회의 구조

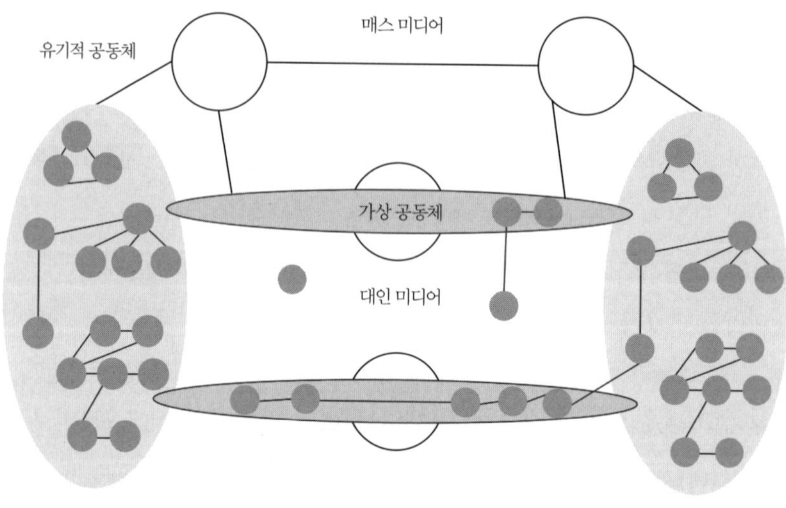

출처: van Dijk, 1999: 25.

판데이크는 사회적 네트워크와 미디어 네트워크의 확장에 따라 전통적 공동체가 점차 해체되고, 네트워크를 통한 새로운 유기적 공동체와 사이버공동체가 새롭게 생성, 발전함으로써 보다 복잡해진 네트워크 사회의 사회적, 의사소통적 하부 구조를 그림 6-3과 같이 제시한다. 이를 통해 현대적 공동체가 유기적 공동체와 가상 공동체를 어떻게 서로 연결시키고 있는지를 보여 준다.[56]

(4) 네트워크 사회의 사회 변화

그렇다면 판데이크는 그가 말하는 네트워크 사회에서 네트워크의 확장에 따른 사회 변화를 어떻게 보고 있는가? 판데이크는 현대 사회에서 네트워크 구조의 확산은 사회적 네트워크와 미디어 네트워크의 결합에 의해 더욱 촉진되고 있다고 본다. 또한 판데이크는 미디어 네트워크는 단순히 커뮤니케이션 채널이나 통로가 아닌 현대 사회의 중요한 사회적 환경이 되어 가고 있음도 강조한다. 그리고 새로운 환경으로서의 미디어 네트워크의 발전과 확산은 사람들 간의 직접적인 면 대 면 커뮤니케이션보다는 미디어 네트워크에 의해 매개되는 커뮤니케이션을 더욱 확대시키고 있다고 본다. 미디어 네트워크와 매개 커뮤니케이션이 사회적 네트워크와 면 대 면 커뮤니케이션을 대체하는 것이 아니라 그에 추가시키고 있다는 것이다(van Dijk, 1999: 222).

《네트워크 사회》의 후반부로 올수록 판데이크의 주장은 상당히

56 유기적 공동체는 물리적으로 같이 공존하는 상황에서 주로 면 대 면 커뮤니케이션을 이용하는 개인 간, 가구 간 그리고 생활 및 작업 연대 모임 간에 계속 유지되는 직접적인 관계들로 이루어져 있는 반면, 가상 공동체는 사람들 간의 관계가 어떤 특정한 시간과 장소 및 여타 물리적 조건들에 얽매이지 않는다는 점에서 가상적virtual이라는 것이다(van Dijk, 1999: 25~26).

조심스러워진다. 특히 그의 사회변동관이 그렇다. 그는 커뮤니케이션 혁명에 의한 네트워크의 확장과 그에 따른 사회 변화를 대중 사회에서 네트워크 사회로의 이행이라고 한 바 있다. 정보 사회로의 이행을 네트워크 측면에서 조망하면서 새로운 유형의 사회가 등장하고 있음을 강조했다. 그러나 향후의 정책을 논하는 책의 후반부 결론에서는 "변화는 혁명적이 아니라 진화적이며, 네트워크 사회는 전적으로 다른 유형의 사회가 되지는 않을 것"이라고 했다. 그는 미디어 발전 그 자체는 혁명적인 것이었지만, 미디어가 사회에 미치는 효과나 영향은 결코 혁명적인 것이 아니라고 했다. 그러면서 새로운 미디어가 사회에 미칠 수 있을 것 같은 잠재적 결과가 아무리 인상적이고 광범위할지라도 새로운 미디어가 현재의 선진 사회의 기초를 바꾸지는 않을 것이라고 덧붙였다(van Dijk, 1999: 222~223).

이러한 그의 결론은 네트워크 사회에서의 정치, 법, 경제, 사회, 문화, 심리 등 각 부문별 변화에 관한 전망에서도 전반적으로 상당히 유보적인 입장을 취하게 만들고 있다. 네트워크화의 진전이 많은 경우 반드시 긍정적이지만도, 그렇다고 부정적이지만도 않다는 것이다. 양쪽의 가능성이 모두 열려 있으며 그것은 사회 구성원의 선택과 보다 나은 가치 지향을 위한 정책적 대응과 투쟁의 여부에 달려 있다는 입장이다.

특히 판데이크는 네트워크 구조가 갖는 이중성, 즉 네트워크에 의한 규모의 확장과 규모의 축소의 결합은 중앙집중화와 탈중앙집중화, 중앙의 통제와 지역의 자율성, 통합과 파편화, 사회화와 개별화 등 서로 반대되는 사회적 결과를 둘 다 초래할 수 있다는 것이다. 예컨대, 네트워크들은 정치권력의 집중을 통해 보다 강력한 국가로 이끌 수도 있고 반대로 정치적 권력의 분산을 통해 시민과 이익 단체들에게 보다 많은 권력을 부여할 수도 있다는 식이다. 마찬가지로 네트워크는 국가에 의한 중앙집중화된 감시와 등록에 이용될 수도 있지만 동시에 지방 자치와 정치적 의사 결정에 있어서의 시민 참여를 위해서도 사용될 수 있다고 했다. 또한 네트워크는 인간과 조직 및 사회 전반의 안전을 증가시키는 데 도움을 줄 수도 있지만, 네트워크 기술의 사용으로 인해 개인과 조직과 사회에 대한 위험을 증가시킬 수도 있다고 했다. 네트워크는 또한 시간과 공간의 장벽을 넘어 그것을 확대할 수도 있고 축소할 수도 있기 때문에 경험의 폭을 넓힐 수도 있지만, 시각적 모델과 상징체계를 통한 경험과 학습에 의존하기 때문에 직접적인 경험을 줄이거나 약화시킬 수도 있다고 보았다. 네트워크가 인간 지각과 정신에 미치는 효과와 관련해서는 그것을 보다 복잡하게 할 수도 있고 반대로 보다 단순하게 만들 수도 있다는 양쪽 가능성을 모두 열어 놓고 있기도 하다.

물론 네트워크의 확장에 따른 사회 집단 간의 새로운 정보 격차 확대의 위험성과 네트워크에 의한 개인의 자율성과 프라이버시 침해 가능성, 그리고 커뮤니케이션의 양적 증가에도 불구하고 우려되는 커뮤니케이션의 질적 저하 가능성 등을 강조하면서 그에 대한 정책적 대응이 필요하다는 점도 역설하고 있다.

그러나 그는 "기술적 가능성이 자동적으로 사회적 현실이 되는 것은 아니다"라는 점을 강조한다. 그것이 긍정적인 가능성이든 부정적인 가능성이든 기술에 의해 자동 결정되는 것은 아니라는 입장이다. 그런 점에서 그는 스스로 기술결정론자와 거리를 뒀다.

판데이크는 전반적으로 기술, 즉 네트워크 기술을 포함한 새로운 미디어 기술이 초래할 수 있는 잠재적인 사회 변화의 가능성에 대해서는 어느 정도 인정하지만, 그것은 대응하기에 따라 긍정적 혹은 부정적인 결과를 초래할 수 있는 유동성이 있는 것이므로 — 복지, 안전, 민주주의, 사회적 평등, 개인의 자율성, 합법성, 커뮤니케이션의 양과 질, 인간 정신의 풍요 등과 같은 — 네트워크 사회에서의 바람직한 사회적 가치 구현을 위한 정책적 대응과 적절한 교육의 필요성을 강조했다(van Dijk, 1999: 231~241).

2) 마누엘 카스텔의 네트워크 사회

마누엘 카스텔은 여러 권의 저술을 냈지만, 무엇보다도 3부작으로 유명하다. 그는 '정보 시대: 경제, 사회 그리고 문화'라는 공통 주제하에 《네트워크 사회의 도래*The Rise of Network Society*》(1996), 《정체성 권력*The Power of Identity*》(1997), 《밀레니엄의 종언*End of Millenium*》(1998) 등 세 권의 책을 연이어 출간했다. 물론 다른 두 책에서도 네트워크 사회의 정체성이나 사회 변화, 네트워크 국가, 혹은 정보화 자본주의 등에 대한 논의를 이어가고 있지만, 3부작 중 첫 번째 책인 《네트워크 사회의 도래》에서 정보 시대의 새로운 사회적 특성인 '네트워크 사회'에 대한 그의 견해가 잘 정리되어 있다. 네트워크 사회에 대한 이 책에서의 그의 자세하고도 방대한 논의는 그 뒤에 발표한 그의 한 논문에 압축적으로 잘 소개되어 있다(Castells, 2004: 138~149). 여기서는 이를 재정리해서 소개한다.

그 글에서 카스텔은 네트워크 사회는 다음과 같은 세 가지 요소의 상호작용 결과로 보았다. 1970년대에 형성된 하나의 패러다임이라고 할 수 있는 정보 기술 혁명과, 1980년대에 자본과 국가의 모순을 극복하려 했던 자본주의와 국가주의의 재구조화 노력, 그리고 1960년대와 1970년대 이후 페미니즘과 생태주의를 근간으로 하는 문화적 사회운동 등 세 개의 독립적인 과정이 역사적으로 융합됨으로써 네트워크 사회가 등장하게 되었다는 것이다. 특히 그는 정보 기술 혁명과 네트워크 사회의 관계와 관련하여, 정보 기술 혁명이 네트워크 사회를 만든 것은 아니지만, 정보 기술 없이는 네트워크 사회가 결코 존재할 수 없었을 것이라고 본다(Castells, 2004: 139). 정보 기술 혁명이 네트워크 사회의 등장을 위한 필요조건임을 부인하지는 않은 셈이다. 여기서 그가 말하는 네트워크란 서로 연결되어 있는 결절들nodes의 집합으로서, 카스텔은 정보 시대에는 이러한 네트워크가 사회적 성격을 규정짓는 데 중심적인 역할을 하게 된다고 보았다. 또한 그는 네트워크 사회를 “네트워크를 통해 주요 기능들과 과정들이 구조화되는 사회”라고 했다(Castells, 2004: 148). 그러한 네트워크 사회에서는 정보가 사회 조직(화)의 핵심적인 요소이고, 네트워크 간의 메시지와 이미지의 흐름이 사회 구조의 기본적인 맥락을 구성한다고도 했다(Castells, 2000: 508).

또한 그 글에서 카스텔은 네트워크 사회의 9가지 특성을 가설의 형태로 제시하는데, 그 내용은 다음과 같다(Castells, 2004: 140~148).

(1) 정보적 경제

네트워크 사회에서는 관리 기술 및 기술 관리를 포함해서 기업, 지역, 국가 등의 생산성과 경쟁력의 원천이 ― 그 어느 때보다도 ― 지식, 정보, 그리고 그러한 지식과 정보를 처리하는 기술에 의존하는 경제가 중심이 된다. 이는 서비스 경제와는 다른 것이다. 수많은 서비스 활동에는 정보적이 아닌 활동이 있는 반면, 정보적 농업, 정보적 제조업, 그리고 여러 가지 유형의 상이한 정보적 서비스들이 있을 수 있다.

(2) 글로벌 경제

네트워크 사회의 글로벌 경제는 세계 경제world economy와는 다른 범지구적 경제를 말한다. 이는 하나의 실체로서 핵심적이고 전략적으로 중요한 활동들이 실시간에 범지구적 수준에서 하나의 단위로 작동할 수 있는 경제를 말한다. 글로벌 경제는 전 지구에 도달하는 것이긴 하지만, 그렇다고 전 지구를 포함하는 것은 아니다. 글로벌 경제에서는 전통적인 제1세계와 제3세계와 같은 구분과는 달리, 제1세계에서든 제3세계에서든 사회적으로 배제되는 제4세계가 출현한다. 특히 제4세계에서는 여자들과 아이들의 비중이 높다.

(3) 네트워크 기업

글로벌 경제의 연결성과 정보자본주의의 유연성의 핵심에는 새로운 조직 형태라 할 수 있는 네트워크 기업이 존재한다. 이는 기업의 네트워크network of enterprise와 다른 것이다. 네트워크 기업은 서로 상이한 일단의 기업이나 업무 부서들을 서로 연결시켜서 구체적인 프로젝트 수행을 위해 특별히 조직하는 것으로, 과업 완수 후에는 대개 해체하거나 재구성하게 된다.

(4) 노동과 고용의 변화: 유연 노동자

미국과 일본 등의 기술 선진국은 정보 기술의 발전에 따른 실업의 문제를 덜 겪는 편이다. 그러한 기술들로 인해 새로운 직업들이 많이 생겨나기 때문이다. 그러나 미국, 영국, 프랑스 등 선진국이라 하더라도 교육 수준이 낮거나 사회적으로 배제된 인구층이나 기술 후진국, 특히 농촌 지역은 심각한 실업난을 겪고 있다. 미국과 같이 실업이 크게 문제가 안 되는 국가의 경우도 새로운 기술들은 노동과 관련해서 상당한 우려와 함께 불만을 갖게 만들고 있다. 특히 1980년대의 보수적인 환경에서는 사회경제적인 재구조화 과정을 통해서 자본과 노동의 역학 관계가 자본에 유리한 쪽으로 변화되었으며, 네트워크 기업의 발전으로 인해 다운사이징과 하도급, 노동의 네트워킹 등이 성행하면서 업무와 노동의 유연성을 증대시키고 경영과 노동 간의 계약 협의를 개인적인 수준에서 하도록 만들었다. 그만큼 고용 안정성이 크게 약화된 것이다. 특히 정보 시대에 있어서 노동 분야의 가장 큰 변화는 과거 산업 시대를 특징지었던 노동의 사회화/봉급생활자화가 반전되어 버렸다는 점이다. '조직 남성organization man'은 가고 '유연한 여성flexible woman'이 들어선 것이다. 노동의 개인화와 그에 따른 노동 협상력의 개인화가 네트워크 사회에서의 고용의 주된 특성인 셈이다.

(5) 사회적 양극화와 사회적 배제

정보 시대에는 범지구화, 업무의 네트워킹, 노동의 개인화가 확대됨으로써 과거 노동자들을 대변해 왔던 사회 조직과 제도들, 특히 노조라든지 복지 국가 등이 약화되었다. 그 결과, 노동은 경영 관리 부분이나 시장에 대해 더욱 차별적인 관계에 놓이게 되었다. 노동은 계속적으로 변화·발전하는 기술과 교육에 적응해야만 가치 있는 노동으로 잔존할 수 있게 되었다. 가치 있는 노동자마저도 건강 문제나 연령상의 이유, 성차별뿐 아니라 자신의 업무와 지위에 적응할 수 있는 능력이 결여될 경우 직장에서 배제될 수 있는 상황에 놓이게 되었다. 이러한 일련의 경향 때문에 세계 대부분의 사회가 불평등과 사회적 양극화 그리고 사회로부터의 배제가 확대되는 양상이 뚜렷이 나타나고 있다. 상층부의 부익부와 하층부의 빈익빈 현상이 확대됨으로써 사회적 양극화는 심화되고 있다. 이러한 이유로 네트워크 사회에서는 정보자본주의의 블랙홀에 빨려드는 사람들의 비율이 급속히 증가하고 있다.

(6) 실질적인 가상성의 문화

우리는 컴퓨터 매개 커뮤니케이션(computer-mediated communication: CMC) 네트워크를 포함한 전자 미디어를 중심으로 조직되는 문화 속에서 네트워킹과 유연성, 그리고 매우 한시적인 상징적 커뮤니케이션의 유사한 패턴이 등장하고 있음을 목격한다. 모든 종류의 문화적 표현들은 점차 이러한 전자 미디어에 의해 표현되거나 그러한 미디어에 의해 규정당한다. 다양한 전자 미디어, 특정한 수용자들을 대상으로 한 메시지 송신, 범지구적인 연결, 상호작용성 등이 확대됨에 따라 하나의 지구촌이 아닌 주문된 여러 개의 작은 별장들을 대량 생산하는 쪽으로 가고 있다. 문화 시장은 점차 분화되며, 대중 수용자의 단일성을 깨는 개인들 간의 상호작용성이 증가한다. 바로 이러한 과정들이 '실질적인 가상성의 문화'를 만들어 낸다. 따라서 우리의 상징적 환경은 ― 우리가 매일 항해하는 ― 포괄적이고 유연하며 다양한 하이퍼텍스트 속에서 구조화되기 때문에 가상 현실virtual reality이 아니다. 이러한 텍스트의 가상성이 사실 우리의 실제, 즉 우리가 살아가면서 서로 소통하는 상징이다.

(7) 정치

모든 국가에서 이제 미디어는 중요한 정치의 장이라 할 수 있다. 모든 정치 활동이 미디어를 통해서 이루어지는 것은 아니지만, 미디어에 나타나지 않고서는 정치적으로 주변화될 수밖에 없다. 민주주의 정치에서 정치 마케팅은 정치적 경쟁에서 이기기 위한 기본적인 수단이다. 정보 시대의 정치 마케팅에는 미디어 광고, 전화 은행, 타깃 메일

링, 이미지 메이킹, 이미지 변형, 이미지 통제, 공적인 이미지로 미디어에 출연하는 일 등이 포함된다. 공격용 무기로 상대방의 스캔들을 이용하기도 한다. 정치는 일종의 경마이기도 하고 한 편의 드라마와 같은 것이다. 네트워크 사회에서 가장 중요한 것은 거기서 무엇을 말하고 있는가가 아니라 네트워크 자체에 접근하는 것이다. 네트워크에 포함되지 않는다는 것은 곧 네트워크 사회 자체에 완전히 참여하지 않는 것이 된다.

(8) 초시간적 시간

산업 시대에는 시계를 중심으로 한 시간 개념이 중심을 이루었다. 네트워크 사회의 논리를 특징짓는 새로운 시간은 인간 경험의 생물학적 시간이 아닌 '초시간적 시간timeless time'이다. 그것은 새로운 정보 통신 기술의 이용을 통해 시간을 소멸시키거나 시간을 압축시키려는 지난한 노력의 결과다. 그러한 노력을 하는 이유는 과거, 현재, 미래로 이어지는 연속성을 제거함으로써 시간의 순차성을 제거하기 위한 것이다. 네트워크 사회에서의 모든 지배적인 과정들은 초시간적 시간을 중심으로 구성되는 경향이 있다. 순간적으로 거래가 이루어지는 범지구적인 금융 시장, 즉각적인 속도전, 라이프사이클을 변경함으로써 50대까지도 확대 가능한 가임 연령, 생명 연장 등등이 그 대표적인 예다.

(9) 흐름의 공간

이제는 중요한 많은 일들이 멀리 떨어져 있는 정보 시스템들을 서로 연결하고 있는 전자 회로 간의 교환에 기반을 두어서 이루어진다. 흐름의 공간이란 흐름을 통해 이루어지는 시분할적인 사회적 실천들을 물질적으로 조직화하는 것이다. 여기서 시분할time-sharing이란 멀리 떨어져 있는 많은 사람들이 하나의 컴퓨터를 동시에 이용하는 것을 말한다. 장소의 공간the space of places은 여전히 일상생활 및 사회적·정치적 통제 등과 같은 경험의 지배적 공간이 되고 있다. 네트워크 사회에서 사회적 지배의 근본적인 형태는 장소의 공간에 대한 흐름 공간 논리의 우월성이다. 흐름의 공간은 장소의 공간을 구조화하고 특정화시킨다. 예컨대, 범지구적인 금융 시장에서 자본 축적의 차별적 부가 특정 지역에는 혜택이 되고 특정 지역에는 해악이 되는 경우, 그리고 특정 텔레커뮤니케이션 시스템이 도시 빈곤층을 배제하고 주변화시키면서 새로 발전하고 있는 교외로 연결되는 경우 등을 들 수 있다. 흐름의 공간이 장소의 공간을 구조화하는 것과 관련하여 카스텔의 《정보 도시*Informational City*》는 많은 것을 시사한다. 대도시는 정보통신망을 통해 세계로 뻗은 중심부와 바로 그 옆에 있으면서도 대도시 중심부와는 아무런 관련 없이 배제된 주변부라는 이중 구조를 지닌 이중 도시dual city라는 것이 카스텔의 견해다. 대도시 중심부는 글로벌 네트워크를 통해 서로 연결되어 있다. 네트워크를 통한 이러한 흐름의 공간이 정보자본주의의 지배적 공간 논리가 되는 셈이다 (Castells, 1989/2001 참조).

이상과 같이 네트워크 사회의 가설적 특성을 9가지로 요약 제시한 카스텔은 네트워크 사회란 곧 자본주의 사회의 특별한 한 형태로서 그것은 산업자본주의와는 다른 자본주의, 즉 정보자본주의 informational capitalism 사회라고 했다. 결론에서도 "네트워크 사회가 정보 기술에 의해 만들어지는 것은 아니지만, 정보 기술 혁명 없이는 그러한 사회적 형태가 불가능하다"는 점을 다시 한 번 강조했다.

그는 네트워크화의 진전에 따른 미래 사회의 전망과 관련하여 네트워크 논리가 강화될수록 ① 자본의 흐름에 대한 통제가 갈수록 어려워지게 될 것이고, ② 노동자들은 계속 개별 노동자화되고 외부에 위탁 또는 하도급 인력으로 되며, ③ 같은 시간에도 어떤 커뮤니케이션은 순식간에 글로벌화되는가 하면 어떤 커뮤니케이션은 주문에 의해 개별적으로 이루어지게 될 것이라고 보았다. 그리고 ④ 유가치한 사람들과 지역들은 서로 계속 연결되어 있고, 무가치한 사람이나 지역은 아예 절연되는 양상을 보이게 될 것이라고 전망하기도 했다 (Castells, 2004: 148).

이러한 그의 독특한 분석과 주장에도 불구하고 일부에서는 그의 견해가 여전히 기술결정론적인 입장을 벗어나 있지 않으며, 그의 네트워크 개념이 특별히 새로울 것은 없고, 그의 '정보' 개념 역시 상당히 모호하며, '정보 노동자'에 대해서도 실제보다는 과장되어 있다는 비판이 제기되기도 한다. 또한 정보 시대에 대한 그의 분석은 대개 산업 시대하고만 이분법적으로 비교 구분하는 단순성을 벗어나지 못한다는 지적도 있다.

카스텔은 정보 기술에 의해 네트워크 사회가 만들어지는 것은 아니라고 애써 자신의 입장이 기술결정론적인 게 아니라는 점을 밝히려 하지만, 그의 주저 첫머리에서부터 "기술 혁명, 특히 정보 기술 혁명이 사회의 물질적 기초를 가속적으로 변화시키기 시작했다"는 주장으로 출발한다(Castells, 2000: 1). 그는 기존의 산업주의가 정보주의로 이행되는 것을 정보적 발전 양식으로 설명하면서, 정보자본주의는 '지식 자체에 대한 지식의 작용'이 생산성의 주요 원천이 되는 곳에서 등장했으며 1970년대에 위기에 처했던 자본주의와 '정보 혁명'의 역사적 동시 발생을 통해 출현했다고 했다. 사용하는 용어는 조금씩 다르지만 카스텔의 주장은 벨의 주장과 기본적으로 매우 유사하다는 비판도 받고 있다. 이론적 지식과 지적 기술이 사회 변동의 주된 원천이며 이러한 정보와 정보 기술을 기반으로 산업 사회가 후기 산업 사회로 이행해 간다는 벨의 주장은 '지식 자체에 대한 지식의 작용,' '정보 기술 혁명'이 사회 변화를 촉진시킨다는 카스텔의 주장과 대동소이하기 때문이다. 정보 노동자나 전문가 집단이 새로운 사회에서 더욱 중요하게 된다는 주장이나 정보 노동자의 범위를 너무 넓게 잡는 것 역시 양자가 유사한 부분이라는 지적도 있다. 그리고 '정보'나 '정보 노동자,' '네트워크,' '서비스 경제,' '이론적 지식'과 같이 그들이 사용하는 핵심 용어들이 상당히 모호하다는 비판을 받기도 했다(Webster, 2006: 115~123; Garnham, 2004: 165~183).

2. 사이버사회론

1) '사이버사회'의 개념: CMC에 의한 새로운 공동체

'사이버사회cybersociety'란 말은 스티븐 존스Steven Jones가 컴퓨터 매개 커뮤니케이션에 의한 새로운 공동체 형성과 그러한 공동체에서 나타나는 여러 가지 새로운 사회 현상들과 관련된 글들을 모아 펴낸 그의 책에서 비롯된 것이다.[57] 그는 CMC에 의해 생겨난 새로운 형태의 공동체, 즉 새로운 사회구성체를 '사이버사회'라고 규정했다(Jones, 1998:

57 존스는 1995년 *CyberSociety: Computer-Mediated Communication and Community*란 책을 펴낸 데 이어 1998년 그 개정판인 *CyberSociety2.0: Revisiting Computer-Mediated Communication and Community*를 펴냈다.

xii). 결국 그가 말하는 사이버사회는 컴퓨터 매개 커뮤니케이션 행위에 의해 새롭게 형성된 공동체, 즉 사이버공동체cyber community 혹은 전자 공동체electronic community나 온라인 공동체online community를 의미하는 것이다. 따라서 사이버사회에 관한 논의는 기본적으로 컴퓨터 네트워크 구조를 기반으로 한 다양한 CMC에 의존하고 있으며, 컴퓨터 매개 커뮤니케이션에 의해 형성되는 사이버공간[58]과 사이버공동체에 관한 일련의 논의들과 연결된다고 할 수 있다.[59]

컴퓨터가 널리 보급되고 이들 사이를 연결하는 네트워크가 확장됨에 따라 그러한 네트워크로 연결된 사람들 간에는 정보와 데이터 교환은 물론 서로 간의 소통이 더욱 활발하게 이루어지게 되었다. 그러한 과정에서 서로 관심과 취향이 비슷한 사람들끼리는 일정한 그룹을 형성할 수 있게 되었고, 크고 작은 그룹들이 새로운 공동체를 형성하면서 보다 다양한 일과 놀이를 함께 할 수 있게 되었다. 인터넷의 발전과 확산은 컴퓨터 네트워크를 이용한 이러한 공동체 형성을 더욱 다양하고도 — 범지구적인 범위까지 — 폭넓게 할 수 있게 만들어 주었다.

이러한 상황에서 일부 학자들은 사이버공간 혹은 사이버공동체

58 사이버공간cyberspace이란 용어는 윌리엄 깁슨William Gibson의 1984년작 SF 소설인 《뉴로맨서*Neuromancer*》에 처음 등장하는 개념으로, 본래 깁슨은 상당히 부정적으로 사용했다. 즉 거대 기업들에 의해 지배되는 — 개개인의 통제권을 벗어난 — 공감각적 환상에 불과했다. 그러나 1990년대 이후 가상 현실과 인터넷의 발전에 따라 사이버공간은 '신개척지'라는 이미지와 함께 새로운 기회와 진보, 자유, 개인주의 등과 결합된 매우 희망적인 가능성의 영역으로 신화화된다(홍성태 엮음, 1996: 261~290 참조).

59 따라서 이하 본문에서는 '사이버사회'라는 표현 대신에 '사이버공간'과 '사이버공동체'라는 표현을 혼용해서 쓴다.

가 가진 기존 사회와는 다른 새로운 가능성을 강조하고 나섰다. 하워드 라인골드Howard Rheingold(1993)가 그 대표적 인물이다. 그는 사이버공동체를 "인터넷을 통해 많은 사람들이 다양한 정서를 가지고 긴 시간 동안 공개적 토론을 수행함으로써 가상 공간 내의 대인 관계망을 형성하게 될 때 나타나는 사회적 집합체"(p.5)라고 본다. 그는 사이버공동체가 기존의 공동체와 같이 물리적인 접촉은 이루어지지 않지만 정신적, 정서적 유대를 바탕으로 한 '우리 의식we-feeling'을 생성시킴으로써, 개인적인 수준에서는 소속감을 주고, 대인적인 수준에서는 공공이익을 추구하는 상호작용이 이루어지며, 정치적 수준에서는 자유로운 의사 표현을 통해 합리적인 합의에 도달할 수 있다고 주장했다. 또한 그는 인터넷을 통해 새롭게 형성되는 사이버공동체가 점차 상실되어가는 현실 세계의 공동체 기능을 회복시켜 줄 수 있다고 보았다. 즉 사이버공동체는 "현실 세계의 구속성과 도구성에 의해 소외되고 찌그러진 인간들의 공동체에 대한 갈구를 반영하는 것으로서, 고립된 개인들을 공동체 속으로 결집시키는 작고 포근한 세계라는 공동체적 이미지를 가지고 있다." 사이버공동체는 현실 세계의 대안으로서의 새로운 공동체를 형성해 줄 뿐만 아니라, 개개인들로 하여금 자신이 소속하고 싶어 하는 새로운 공동체를 보다 자유롭게 선택할 수도 있게 해준다는 것이다. 그러한 사이버공동체 안에서 CMC를 매개로 개개인들은 현실 세계의 제약을 벗어나 서로 다른 정체성 간의 기호적 상호작용을 통한 새로운 집단 문화의 창출도 가능하다고 했다. 즉 사이버공간에서의 우리들 자신의 정체성은 스크린 위에 자신을 부호화하고 또 타인의 부호를 해독하는 — 그럼으로써 서로를 상상하게 되는 — 일련의 상호작용을 통해 결정되는 것으로서, 그처럼 서로 상호작용하는 페르소나의 집합이 사이버공동체의 집단적 문화의 특성을 결정하게 된다고도 했다(p.61).

라인골드는 사이버공동체에 대해 긍정적으로 보았을 뿐 아니라 낙관적으로 보았다. 그러한 그의 입장은 가상 공동체가 지닌 유용성을 실질적으로 체득했던 WELL 참여 경험과도 무관하지 않다.[60] 그는 그러한 컴퓨터 매개 공동체가 향후 수십 년간 더욱 큰 네트워크로 발전해 나갈 것이라고 단정적으로 내다보기도 했다(p.58).

2) 사이버자유주의자들의 신개척지론

사이버공간이나 사이버공동체가 현실 세계의 보다 희망적인 대안이라는 낙관적 입장은 1990년대 초중반 사이버자유주의자들에 의해 더욱 극단적인 주장으로 나타났다.

1993년 미국 사이버자유주의자들의 대표적인 한 단체인 진보자유재단Progress and Freedom Foundation(1993/1996)은 "사이버공간과 미국의 꿈: 지식 시대를 위한 헌장"이라는 글에서 "미국은 계속 개인적인 자유의 땅이며 이러한 자유는 사이버공간에도 분명히 확장된다"고 했다. 신개척지를 계속 확장해 온 미국의 입장에서 사이버공간은 가장 최근의 뉴 프론티어라고 본 것이다. 생체 전자적 환경bioelectronic environment에 기반을 둔 계속 확장되는 사이버공간은 제3물결 사회의 신개척지로, 이는 사회 분열을 조장하는 원심력이 되기보다 점점 더 자유롭고 다양한 사회를 결속하는 접착제가 될 것이라고 낙관했

60 라인골드는 자녀 양육과 관련된 정보를 교환하던 WELL이라는 가상 공동체의 회원으로 참여하기도 했다. 자신의 아이가 아팠을 때 WELL 회원들과의 온라인 정보 교환을 통해 아이를 데리고 병원에 달려간 아내보다 더 빨리 아이의 증상과 처방에 대해 알 수 있었다고 했다.

다. 진보자유재단은 정보경제론자들이 말하는 지식·정보 산업 및 그 종사자들의 지배력 확대와 주류 정보사회론자들이 말하는 제3물결 문명의 도래 주장을 그대로 받아들이면서, 탈대량화와 분권화와 다양성, 개인성 및 자유 등이 제3물결 문명의 성공을 위한 열쇠이며, 제3물결 정부의 정책이 지향해야 할 목표라고 했다.

또한 1990년 "무無 속의 존재Being in Nothingness"라는 글을 통해 가상 현실과 사이버공간의 개척자들을 찬양했던 전자프론티어재단Electronic Frontier Foundation의 공동 설립자 중 한 사람인 존 페리 발로John Perry Barlow는 인터넷 통제가 가능한 미국의 통신개혁법안에 반대하여 1996년 2월 스위스 다보스에서 "사이버공간 독립선언문A Cyberspace Independence Declaration"을 발표했다. 다음 내용은 그 일부다.

> 산업 세계의 정부들, 너 살덩이와 쇳덩이로 된 지겨운 괴물들아! 나는 새로운 마음의 고향인 사이버공간에서 왔다. 미래의 이름으로 너 과거에게 이르노니 이제는 더 이상 우리를 건드리지 마라. 너는 이제 우리에게 환영받지 못하며 우리가 모듬살이 하는 곳을 통치하지 못한다…… 사이버공간은 웹에서 이루어지는 커뮤니케이션의 물결처럼 다양한 계약과 관계와 생각 그 자체로 이루어져 있다. 우리들 세계는 모든 곳에 있으면서 아무 곳에도 없지만 우리의 육체가 거하는 곳은 아니다. 우리는 인종, 경제력, 군사력, 출신 지역 등에 따른 특권과 편견 없이 아무나 들어갈 수 있는 그런 세상을 창조하고 있다. 우리는 비록 혼자일지라도 침묵이나 동조를 강요당하지 않으면서 누구나 어디에서나 자신의 믿음을 표현할 수 있는 그런 세상을 만들고 있다…… 우리의 육체에 대한 그대의 지배가 계속되는 바로 이때에, 적어도 가상 공간에서는 그대의 통치권으로부터 독립된 우리 자신, 즉 가상 자아

virtual selves를 선언해야 한다. 우리는 전 세계에 우리 자신을 퍼뜨려 누구도 우리의 생각을 구속할 수 없게 할 것이다. 우리는 사이버공간에서 마음의 문명a civilization of the Mind을 창조해 낼 것이다. 아마도 그 세계는 당신들 (산업 세계의) 정부가 과거에 이룩한 어떤 세상보다도 인간적이고 공정한 그런 문명 세계가 될 것이다.[61]

이러한 사이버자유주의자들의 인식에는 사이버공간 혹은 사이버공동체란 현실 세계의 구속과 규제로부터 자유로운 영역이고, 또한 그들의 새로운 개척지이기도 했다. 그들은 사이버공간이 현실 세계와는 독립된 공간이고 희망적인 공간이며 누구나 자신의 생각을 표현할 수 있는 자유롭고도 평등한 공간이라고 보았다. 통치권 혹은 정권으로부터도 독립적이며 인간적이고 공명정대한 바로 이 사이버공간에서 희망적인 문명 사회를 창조해 나갈 것이라는 결의까지도 보이고 있다.

이러한 낙관론은 자연히 사이버공간이나 사이버공동체가 현실 세계의 한계를 뛰어넘을 수 있는 현실 세계와는 구분되는 새로운 가능성의 영역, 낙관적인 희망의 공간이나 공동체로 인식되게 만들었다.

3) 사이버공간(공동체)에 대한 낙관론과 비관론

앞서 살펴본 라인골드나 발로 같은 사이버자유주의자들의 관점에서

61 http://w2.eff.org/Censorship/Internet_censorship_bills/barlow_0296.declaration에 게시된 선언문의 일부 내용을 발췌해 새로 번역한 것이다.

는 사이버공간이 현실 극복의 공간이며 희망의 공간이다. 사이버공간은 현실 세계가 갖는 공간적·시간적 제약을 넘어 언제 어디서나 누구와도 자유롭게 서로 소통하고 관계 맺을 수 있는 가능성을 열어 준 것이 사실이다. 사이버공간에 마련된 수많은 가상 공동체 혹은 온라인 공동체들은 거리, 시간, 신분, 성별, 인종, 계층 등을 초월하여 관심과 취향이 비슷한 사람들끼리의 다양한 일과 놀이를 위한 모듬살이를 가능하게 해 준다.

그런 점에서 사이버공간이나 사이버공동체는 공간적 구속이 없고, 공통의 관심사를 기반으로 하며, 경계가 열려 있고 상호작용이 가능한 공간이자 공동체라고 보기도 하고, 익명성이 높은 만큼 참여자들이 기존의 성별 차이나 위계 등을 벗어나 자기 나름대로의 정체성을 가지고 보다 자유롭고 평등하게 참여할 수 있다고 주장하기도 한다. 그럼으로써 이들 공간이나 공동체 참여자들은 자신이 참여하는 곳에 대해 소속감과 동질감 및 집단 정체성을 가짐으로써 그 나름의 연대감과 결속력을 갖게 된다고 말하기도 한다.

그러나 그러한 사이버공간이나 사이버공동체는 가입과 탈퇴가 비교적 자유롭고 자신의 실체를 드러내지 않아도 되는 높은 익명성으로 인해 현실 세계만큼의 강한 구속력이 없고 따라서 결속력에도 한계가 있을 수밖에 없다는 반론도 만만치 않다. 또한 사이버공간과 사이버공동체는 관심과 취향만이 비슷할 뿐 파편화된 개인들의 일시적인 이합집산이 반복되는 공간이기 때문에 그 연대감이나 결속력이 약할 수밖에 없고, 오히려 높은 익명성으로 인한 여러 가지 부작용과 문제점을 양산한다는 비판적 지적들도 많다. 그런 점에서 사이버공동체는 진정한 공동체가 아니라 의사 공동체pseudo-community에 불과하며 '원자화된 공동체'라는 비판을 받기도 한다(이재현, 2000: 183~185 참조).

특히 잰 펀백Jan Fernback(1997)의 경우, 사이버공동체는 구성원들이 쉽게 들어오거나 떠날 수 있기 때문에 전통적인 공동체보다 더 불안정하고 따라서 공적 영역의 파편화 경향을 가속화시킬 것이라고 내다봤다. 또한 데이비드 홈스David Holmes(1997)의 경우도 "사이버공동체가 개인화 또는 원자화를 확대함으로써 사회적 유대와 통합 및 연대성이 약화될 것"이라고 본다. 이들은 사이버공동체가 지리적 근접성이나 혈연관계가 아닌 관심의 공동체이기 때문에 사회 내 다른 사람들과의 접촉의 필요성을 감소시켜 결국 사회의 통합보다는 사회의 파편화balkanization를 초래한다고 주장했다(1997: 38~40). 스티븐 도히니파리나Stephen Doheny-Farina(1996) 같은 이는 "온라인상의 많은 공동체들이 파편적이고 유아독존적이며 자신들의 이익을 증진시키려는 이기적 집합체에 불과하다"고 비판했다(p.55). 그 밖에 로버트 퍼트넘Robert Putnam(1995)도 인터넷의 개인주의 문화 자체가 사람들 간의 협동과 상호 신뢰에 필요한 사회적 단서의 개입을 차단하기 때문에 사이버공동체는 결과적으로 협소한 공통 이해를 갖는 개인들의 토로 모임에 불과하다고 보았다.

제임스 카츠James Katz와 로널드 라이스Ronald Rice(2002)는 사이버공간과 사이버공동체의 긍정적 영향과 부정적 영향을 인터넷에의 접근과 관여, 사회적 소통과 표현 측면에서 표 6-1과 같이 정리한다. 한마디로 이용하기에 따라 좋은 점도 많고, 나쁜 점도 많다는 식이다. 우선 사이버공간으로서의 인터넷은 시간과 공간의 제약을 벗어나서 보다 많은 사람들에게 다양한 분야나 활동에 보다 동등하게 접근하고 참여할 수 있는 기회를 제공함으로써 온라인 상황에서도 사람들 간의 친교와 유대를 강화할 수 있고, 여러 가지 상호작용적인 일을 함으로써 사회문화적인 능력을 제고할 수 있게 해 준다는 것이

표 6-1 사이버공간으로서의 인터넷의 긍정적 영향과 부정적 영향

구분	낙관적 관점	비관적 관점
접근	- 지리, 사회적 계층, 인종과 종족, 연령, 성별, 시간(대), 이념 등의 차이를 넘어 보다 평등한 접근을 가능할 수 있게 함 - 보다 많은 참여 기회를 제공해 줌 - 새로운 자질을 발견할 수 있게 하고 문화적 역량을 더욱 풍부하게 만들어 줌 - 관용성, 즉 관용의 미덕을 더욱 크게 고취시킴	- 참여의 범위 축소, 인종 분리 촉진 - 담화/담론의 제약 - 정치적 입장 표명을 더욱 어렵게 함 - 문화적 전통들 침식, 침해 - 사이버파편화cyberbalkanization - 이익(추구)의 제한과 불편함 가중 - 대표성 결여로 정치적 정당성 위기 - 개인 및 전반적인 프라이버시 감소
관여	- 공동체의 물리적, 시간적 제약을 극복할 수 있도록 함 - 공동체를 부활(재생)시킴 - 자발적 참여(정신) 제고 - 정보 공유를 통한 공동체관 창출 - 지역 범주를 넘어서는 활동에 더욱 박차를 가할 수 있게 함 - 문화적 생산을 더욱 풍부하게 함 - 오프라인 관계를 보완해 줌	- 지역 및 고유 문화 파괴 - 사람들(의 노동력) 착취, 삶의 질 저하 - 사익 추구와 사이버파편화로 공동체의 균열과 해체, 공동체 관여도 감소 - 사회적 연결의 제한(고립, 아노미) - 과도한 사회적 연결 자극(중독) - 사이버스토킹 등 범죄 조장 - 인종 갈등 및 종족 분규 촉발 - 타자 및 이민족에 대한 혐오감 자극
사회적 소통과 표현	- 더욱 사교적일 수 있게 해 주고 사회적 소통과 표현의 다양성 및 빈도 증가 - 오프라인 상호작용을 보완, 강화 - 우애와 친교 강화 - 가족, 친구들과의 관계 지속 및 재건 - 청소년의 정체성 확립과 사회화 - 아이 봐주는 사람, 교실 등에 대한 감시와 모니터링을 용이하게 해 줌 - 글쓰기나 서신 왕래(메일) 활성화 - 새로운 창조적 예술 표현 기회 확대	- 다국적 기업에 의한 지배 강화 - 아동 포르노 및 아동 학대 등 고취 - 감성에 호소하는 사기극 창궐 - 다중 자아와 그에 따른 혼돈 - 창의성과 창조 정신 쇠퇴 - 지적 산물들의 질적 저하 - 표절 용이성 증대 및 표절 확대 - 예술적 순수성의 약화 - (성, 도박, 게임, 판타지) 중독 조장

출처: Katz & Rice, 2002: 6~12 참조.

다. 그러나 다른 한편으로는 사이버공간을 통해 그러한 접근과 참여와 상호작용의 기회가 제약 혹은 차별화되거나 반대로 지나치게 과도하게 됨으로써 새로운 여러 가지 문제들을 야기할 수도 있다는 것이다. 자연히 이러한 분석은 새로운 정보 통신 기술의 개발, 보급, 이용에 따른 사이버공간의 확대와 그 이용이 미치는 사회적 결과는 양날의 칼과 같으니 그것을 수용하고 이용하는 사회에서 알아서 대처할 문제라는 식으로 결론이 날 수밖에 없을 것이다.[62] 또한 기존 미디어에 대한 대안 미디어로서 사이버공간을 논의하는 경우에도 그 가능성과 한계가 동시에 고려될 수밖에 없는 것이다(강상현, 2000).

4) 사이버공동체에 대한 구성주의적 관점

보다 최근에는 사이버공간이 현실 세계에 미치는 긍정적, 부정적 영향을 논의하는 데서 한 걸음 더 나아가 현실 세계가 사이버세계와 맺고 있는 관계에 더 주목하는 관점들이 등장했다. 기존의 긍정/부정론 혹은 낙관/비관론은 사이버공간과 현실 공간을 서로 분리된 것으로 보고 사이버공간이 현실 공간에 미치는 영향력을 분석하고 평가하는 데 초점을 맞추었다면, 보다 최근의 논의는 현실 공간과 사이

62 1997년과 2001년 사이 영국의 25개 대학 76명의 연구자가 참여한 '가상 사회Virtual Society?'에 대한 22개 연구 프로젝트를 종합 정리하여 논의한 한 저술에서 제시한 전자 기술에 의한 가상 사회, 즉 사이버사회의 5가지 원칙rules은 시사하는 바가 크다. 그 내용은 다음과 같다. ① 새로운 기술의 활용과 이용 문제는 해당 지역의 사회적 맥락에 달려 있다, ② 새로운 기술과 연관된 공포나 위험은 사회적으로 상당히 불공정하게 편포되어 있다, ③ 가상 기술들은 실제 활동들을 대체하기보다는 보완한다, ④ 가상적이면 가상적일수록 그만큼 더 실제적이다, ⑤ 글로벌하면 할수록 그만큼 더 지역적이다(Woolgar, 2002: 13~21).

버공간이 서로 밀접한 관계에 있다고 보고, 현실 세계가 사이버공간 혹은 사이버공동체에 미치는 영향에 더 주목한다. 이러한 관점을 이원태는 "구성주의적 관점"이라고 했다(이원태, 2005).

이러한 구성주의적 관점도 두 가지로 분류하는데, 하나는 '사회적 구성론social constructivism'이고, 다른 하나는 '상징적 구성론symbolic constructivism'이다. 사회적 구성론은 현실 공간의 사회적 관계나 조건이 사이버공간에 그대로 투영 또는 반영되어 사이버공간 혹은 사이버공동체의 특성을 규정하게 된다는 것이고, 상징적 구성론은 사람들의 자유롭고 역동적인 상징적 상호작용에 의해 사이버공간에도 새로운 의미 공동체가 만들어지게 된다는 것이다.

사회구성론적 관점은 사이버공간이 온라인과 오프라인을 서로 분리된 공간이 아니라 매우 밀접한 연관성을 지니는 '유사한 공간'으로 보기 때문에 사이버공동체의 사회적 관계는 현실의 사회관계를 반영하는 것으로 본다. 이 관점에서는 사이버공동체는 현실적인 오프라인 사회관계의 연장에 다름 아닌 것이다. 사이버공간이 현실 공간과 다른 새로운 공간이 아니고, 사이버공동체가 현실 공동체와 다른 새로운 공동체가 아니라는 것이다. 바로 현실의 또 다른 공간이자 현실의 또 다른 공동체일 뿐인 것이다. 이러한 사회적 구성론은 현실 속에 존재하는 기존의 동창회나 동아리, 시민단체, 기업, 정부 기관 등이 사이버공간에 웹사이트를 만들고 온라인상에 게시판이나 대화방, 토론방을 만들어 동창, 회원, 소비자와 기업, 시민과 정부 간에 존재하는 관계와 활동을 사이버공간으로까지 확장해서 지속해 나가는 것에 불과한 것으로 보는 셈이다. 사이버공간과 사이버공동체는 기존 관계와 활동을 반영하고 확장한 것이지, 특별히 새로울 것이 없다는 입장인 셈이다. 이러한 관점은 현실 세계와 사이버세계가 맺는 밀접한 관계와 상호 연관성을 설명하는 데는 매우 도움이 되지만, 현실 공간의 한계를 넘어 사이버공간에서 새롭게 만들어지고 역동적으로 발전해 나가는 새로운 관계와 활동을 설명하기엔 어려운 한계를 지닌다.

한편 상징적 구성론은 사이버공동체의 실재성 근거를 그것의 물리적 실존이 아닌 '상징성'에서 찾는다. 사이버공동체는 상징을 기반으로 형성되는 상징적 구성체로 파악하는 것이다. 즉 사이버공동체는 참여자들이 자신의 공동체에 의미를 부여하고 공동체는 참여자들에게 다시 의미와 정체성을 부여해 주는 과정을 통해 구성된다는 것이다. 따라서 사이버공동체는 사회 구조 속에 존재하는 구조적 구성물이 아니라 상징과 의미와 규범 등의 공유를 통한 '상징적' 구성물로, 참여자들은 서로 주고받는 상징에 대한 해석적 과정을 통해 공동체에 일정한 의미와 정체성을 부여하고 공유하게 된다. 상징적 구성론 입장에서 사이버공동체는 참여자들의 온라인을 통한 상징적 상호작용과 의미 교환의 산물로, 참여자 개개인의 적극적인 활동에 의해 사이버공간 속에 새로운 의미 공동체를 얼마든지 새롭게 창조해 나갈 수 있다고 보는 셈이다. 실제 사이버공간에서 여러 가지 기존의 사회 관계나 시공간적 제약을 넘어 개개인의 관심과 취향에 따라 새롭고도 다양한 카페나 동호회, 커뮤니티들이 만들어져서 활동하는 사례들을 다수 볼 수 있다.

이러한 상징적 구성론은 개인들의 적극적인 참여 의지와 의미 공유에 따른 사이버공간에서의 여러 가지 새로운 공동체 형성과 그것의 발전 가능성을 설명하는 데는 일정 정도 도움이 될 수 있다. 그러나 상징을 통한 개인의 주관적 인식과 의미 공유에 의존하는 상징적 구성론의 관념적인 낙관론은 사이버공간 역시 현실 세계의 (복잡한 이해관계의) 반영이자 확장이라는 분명한 현실의 한 측면을 설명해 주지 못하는 한계가 있다. 또한 상징 해석과 의미 공유의 개인화 경향에 따라 상징구성론적 관점에서 바라보는 사이버공동체는 그것이 갖는 — 새로운 공동체를 새롭게 만들 수 있다는 — 낙관론에도 불구하고, 사회의 공적 관심사에 대한 집단적 대응과 구체적 실천에 있어서는 상당한 한계가 있다. 그럼에도 불구하고 사회구성론적 관점과 상징구성론적 관점은 사이버공간과 사이버공동체에 대한 단순한 낙관론과 비관론을 넘어, 디지털 미디어 기술에 의한 우리 사회의 복잡한 사이버공동체 문화를 설명하는 데는 매우 유용하다는 평가도 있다(이원태, 2005).

3. 유비쿼터스사회론(모바일사회론/초연결사회론)[63]

주류 정보사회론자들이 말하던 새로운 정보 통신 기술에 의한 미래 '정보 사회'가 유·무선 네트워크를 강조하면 '네트워크 사회'로 이름을 갈아입고, 확대되는 네트워크에 의해 역시 확장되는 사이버공간이나 사이버공동체에 초점을 맞추면 '사이버사회'로 명칭 변경되는 셈이다. 기본적으로는 모두 새로운 정보 통신 기술, 디지털 미디어 기술의 발전을 근간으로 하는 사회 변화에 주목한 셈이다. '유비쿼터스 사회'를 강조하는 일련의 주장들도 유사 계열에 속하는 입장이다.

유비쿼터스 사회의 도래를 주장하거나 그러한 사회의 전망에 대한 논의가 시작된 것은 2000년대에 들어와서다. 하지만 미래 사회의 전망과 그 특징을 '유비쿼터스'라는 개념과 연관시켜 수식하게 된 출

63 이 부분의 내용은 강상현(2006)을 수정·보완한 것이다.

발점은 흔히 1988년경 마크 와이저Mark Weiser가 제시한 '유비쿼터스 컴퓨팅ubiquitous computing' 개념이다. 당시 미국 제록스 팰로앨토연구소(PARC: The Palo Alto Research Center)에 근무하던 와이저는 기존의 것과는 전혀 다른 새로운 컴퓨팅 환경을 제창했다. 그는 컴퓨터의 발전 단계와 관련, 초기에는 진공관 컴퓨터와 같이 여러 사람이 달라붙어 한 대의 대형 컴퓨터를 이용하던 단계에서 점차 컴퓨터의 성능이 발전하고 소형화되면서 그 후 한 개인이 자신의 컴퓨터를 이용할 수 있는 퍼스널 컴퓨터 시대를 열었고, 앞으로는 도처에 '보이지 않는' 수많은 컴퓨터가 산재되고 서로 네트워크로 연결되어 언제 어디서나 접속이 가능한 그런 단계, 즉 유비쿼터스 컴퓨팅 단계에 도달하게 된다는 것이다.

마크 와이저에서 시작된 '유비쿼터스 컴퓨팅' 개념은 그 이후 컴퓨터에만 한정되는 것이 아니라 유비쿼터스 IT, 유비쿼터스 미디어, 유비쿼터스 네트워크 등등 새로운 미디어나 정보 통신 기술 전반으로 확대 적용되었다. 나아가 그러한 미디어 기술이 널리 보급되고 적용된 새로운 업무 영역이나 세상에 대해서도 '유비쿼터스 상거래u-commerce,' '유비쿼터스 의료 서비스u-healthcare,' '유비쿼터스 아파트,' '유비쿼터스 도시u-city,' '유비쿼터스 코리아u-Korea' 등등과 같이 '유비쿼터스'라는 수식어를 남발하는 상황까지 있었다. 마침내는 그런 세상을 '유비쿼터스 사회'라고 일컫기도 했다. 이러한 유비쿼터스 사회를 뒷받침하는 기술이 유비쿼터스 IT 혹은 유비쿼터스 미디어, 유비쿼터스 네트워크와 같은 보다 발전된 C&C(Computer & Communication) 기술이다. 정보사회론을 떠받치던 정보 통신 기술의 보다 최신화된 기술들이 유비쿼터스사회론을 떠받치고 있는 셈이다. 기존의 정보 사회가 한편으로는 네트워크 사회 혹은 사이버사회로 불리기도 하지만, 유비쿼터스 사회와 같이 마치 한 단계 업그레이드된 듯한 보다 새로운 이름으로 개념적인 리노베이션을 하기도 했던 셈이다.

여기서 중요한 것은 '언제 어디서나'다. '유비쿼터스ubiquitous'라는 용어 자체가 바로 "언제 어디에나 존재한다"는 의미를 갖고 있기 때문이다. 유비쿼터스 사회란 언제 어디서나 소통할 수 있고, 언제 어디서나 알고 싶거나 자신에게 필요한 정보를 얻을 수 있을 뿐 아니라, 나아가서는 언제 어디서나 시간과 장소의 구애를 받지 않고 자신이 원하는 일까지도 할 수 있는 그런 사회라는 의미를 갖는다. 그것은 언제 어디서나 연결될 수 있는 유무선 정보 통신 네트워크와 언제 어디서나 사람이나 사물, 상황 등에 대해 확인 가능한 데이터와 정보가 충분히 제공되기 때문에 가능하다는 것이다. 이미 정보 사회에 대한 논의를 하던 1980년대부터 미래 정보 사회와 관련해 '4A'(anybody, anytime, anywhere, anything) 혹은 '5A'(any device가 추가됨)가 실현될 것이라는 청사진들이 제시되곤 했었다. 모바일 미디어, 스마트 미디어, 유비쿼터스 미디어 등 첨단 정보 통신 기술이 더욱 발전함으로써 21세기에는 그러한 기술적 가능성이 보다 더 현실적으로 되자 이제는 아예 유비쿼터스 사회 혹은 '유비쿼터스 미디어 사회'(이상호·김선진, 2011)라는 보다 노골적인 이름으로 새로운 사회상을 제시하는 셈이다. 보다 최근에는 모바일 미디어, 스마트 미디어가 더욱 대중화됨에 따라 '유비쿼터스'라는 어려운 말보다는 '모바일 사회,' '스마트 사회'라는 보다 쉽고 간명한 말이 등장하는가 하면, '초연결 사회'라는 새로운 정책 비전으로 변형되어 제시되기도 했다.

1) '유비쿼터스' 미디어의 개념적 진화

미디어 전공자라면 '유비쿼터스'란 말이 그렇게 생소하지는 않을 것이다. 이 말은 1970년대 매스 미디어의 중·강효과론이 부상하던 시기, 어느 여성 학자가 이미 제시한 개념이기 때문이다. 매스 미디어가 여론 형성에 미치는 효과가 크다는 것을 강조했던 독일의 엘리자베스 노엘레노이만Elizabeth Noelle-Neumann이 언급한 바 있다. 그녀는 당시의 매스 미디어가 여론 형성에 미치는 영향력이 클 수밖에 없는 원인으로 매스 미디어가 갖는 편재성ubiquity, 협화성consonance, 누적성cumulation 등을 강조했다. 여기서 편재성遍在性은 미디어가 — 없는 곳이 없을 정도로 — 여기저기 널리 분포되어 있음을 의미하는 것이었다. 그러한 미디어들이 특정 사안에 대해 같은 소리나 의견을 내는 것이 협화성이며, 그러한 소리를 계속 반복해서 내는 것을 누적성이다. 즉 특정 사건이나 이슈에 대해 세상에 널리 퍼져 있는 미디어들이 거의 같은 소리를 반복해서 계속 내게 되면, 사람들은 그러한 소리가 사회의 다수 의견인 줄로 알고 — 실재하는 여론과는 무관하게 — 미디어 의견media voice과 같은 입장에 있는 사람은 자신의 의견을 적극적으로 드러내는 반면, 미디어와 다른 의견을 가진 사람들은 반대로 침묵함으로써 결과적으로는 미디어에서 강조하는 입장이 여론인 것처럼 되어 버린다는 것이다. 1970년대 상황에서 대중화된 미디어가 이미 널리 퍼져 있는 상황을 일컬을 때도 '유비쿼터스'란 말을 사용하고 있었던 셈이다.

이런 의미에서의 '유비쿼터스' 개념은 1980년대에 들어서면서도 비슷하게, 그러나 더 강렬하게 제시된 적이 있었다. 마셜 매클루언이 '전자 시대의 도사'라고 일컫기도 했다는 미국 뉴욕 대학의 토니 슈워츠Tony Schwartz(1994)는 저서 《미디어: 제2의 신*Media: The Second God*》에서 미디어, 특히 라디오와 TV 등과 같은 전자 미디어는 "어디에나 존재하지만 눈에 보이지 않고 전지전능하다"는 의미에서 신과 같다는 식의 논리를 전개한 바 있다. 특히 방송 미디어와 같은 전자 미디어는 전파가 눈에 보이지 않으면서도 어디에서나 시청취가 가능하고 그 영향력 또한 막강한 것이었기 때문에 언제 어디에나 존재하면서도 전지전능한 신 같은 존재라는 의미에서 '제2의 신'이라고 비유적으로 표현했다고 볼 수 있다.

그러나 1970년대와 1980년대의 '유비쿼터스한' 미디어는 널리 퍼져 있는 미디어이긴 하지만, 대개는 상호작용적인 미디어라기보다 일방적으로 전달하거나 수신하는 미디어였고, 대개 휴대 가능한 이동 미디어mobile이기보다는 가정이나 업소, 공공장소 등의 어딘가에 고정 비치된 미디어였다.

이러한 미디어 환경에서 1990년 이후 특히 21세기로 넘어오면서는 정보 처리 및 저장 기술로서의 컴퓨터 기술과 정보 전달 및 소통 기술로서의 통신 기술이 비약적으로 발전함에 따라 기존 미디어들이 고기능화, 다기능화되었을 뿐 아니라 미디어의 이동성과 상호작용성이 크게 진전되었다. 컴퓨터 기술의 비약적인 발전은 정보 처리 및 저장의 고속화, 대용량화와 함께 기기의 경박단소화를 가져왔고, 통신 기술의 발전은 유무선 네트워크의 발전과 광대역화를 가능하게 했다. 또한 이러한 전반적 과정은 미디어 디지털화와 함께 추진되어 온 것으로 미디어의 디지털화는 또한 여러 가지 융합 서비스의 출현을 가능하게도 했다.

따라서 2000년대 이후의 유비쿼터스 미디어는 널리 퍼져 있으면서도 미디어 간의 상호작용이 가능하고 정지 중에는 물론 이동 중에도 이용할 수 있을 뿐 아니라, 그러한 미디어를 이용해서 이용자가 자신에게 필요한 정보나 데이터를 언제 어디서나 얻을 수 있고, 다른 사람들과 소통할 수 있으며, 나아가 정보통신망을 활용해서 일을 처리할 수 있기까지 한 그러한 미디어를 말하는 것이다. 그런 점에서 '유비쿼터스'하다는 미디어의 개념도 계속 진화해 오고 있는 셈이다.

2) 유비쿼터스 사회의 기술적 기초: 컴퓨터와 네트워크 기술의 발전

컴퓨터와 인터넷, 스마트폰 등을 포함하는 정보 통신 기술(ICTs)의 발전은 끝없이 계속 이어지고 있다. 한편으로는 정보 처리 및 저장 기술이 놀라울 정도로 발전해 나가고 있고, 다른 한편으로는 정보의 전달 혹은 소통 기술이 급속도로 발전해 나가고 있다. 언제부턴가 이러한 기술 발전에 일정한 법칙성을 부여하기까지 한다. 전자의 경우, 우리는 '무어의 법칙'이라든가, '황黃의 법칙'을 종종 내세우고 있고, 후자의 경우는 '멧커프의 법칙'이나 '리드의 법칙,' '헌터의 제1법칙' 등을 들먹이곤 한다.

이미 하나의 유행어가 되다시피 한 '무어의 법칙Moore's Law'은 인텔의 공동 창업자인 고든 무어Gordon Moore 회장이 1965년에 "마이크로 칩의 처리 능력은 18개월마다 두 배로 증가한다"고 주장한 데서 비롯되었다. 컴퓨터 기술의 근간이 되는 마이크로 칩에 저장할 수 있는 데이터의 양이 1년 반마다 곱으로 증가한다는 것이다. 실제 그의 그러한 주장은 상당 기간 큰 오차 없이 적중되어 왔다는 점에서 '무어의 법칙'이 '반도체 제조의 바이블'로 여겨지기까지 했다.

그 뒤 반도체 업계의 대표 주자이자 이미 세계적인 기업이 된 삼성전자의 당시 황창규 사장이 "플래시 메모리 용량이 1년에 2배씩 증가한다"고 주장함으로써 이를 '황의 법칙'이라 일컫기도 했다. 이 역시 정보 처리 및 저장 기술의 일정한 발전 경향을 대표 상징하는 중요한 시사 용어가 되기도 했다.

한편 '멧커프의 법칙Metcalf's Law'은 정보 통신 네트워크의 효용성에 관한 것이다. 근거리 통신망인 이더넷Ethernet의 발명가이자 3Com의 설립자인 밥 멧커프Bob Metcalfe는 "통신 네트워크의 총가치는 그것에 연결된 사람 또는 장치devices 수의 제곱과 같다"고 했다. 아무런 연결이 되지 않은 한 대의 전화는 아무 가치가 없는 반면, 보다 많은 전화기 혹은 사람 간에 서로 연결된 전화망은 유용성과 실용성 면에서 훨씬 더 큰 가치 있다는 것이다. 이는 컴퓨터 통신의 경우도 마찬가지다. 서로 연결되어 있지 않은 컴퓨터나 몇몇 컴퓨터끼리만 한정적으로 연결된 경우보다 인터넷과 같이 전 세계의 수많은 컴퓨터끼리 연결된 경우에는 그 가치나 유용성이 그만큼 엄청나다.

그 뒤 데이비드 리드David Reed와 리처드 헌터Richard Hunter 같은 이는 멧커프보다도 네트워크가 갖는 전체적인 효과나 힘이 더욱 크다는 점을 강조했다. 멧커프는 네트워크 효과가 그에 연결된 사람이나 사물, 즉 노드node 수의 제곱에 비례한다고 했지만, 리드는 그러한 네트워크 속에서 만들어진 여러 커뮤니티들 내에서도 다양한 커뮤니케이션 활동과 상호작용이 추가적으로 계속 일어나기 때문에 시간이 지날수록 네트워크의 효과가 더욱 배가된다고 보았다. 또한 헌터는 "주어진 상황에서의 네트워크의 힘은 네트워크를 구성하는 사람 수의 제곱과 네트워크 구성원들의 내재적인 힘을 곱한 값"이라고 했는데, 이를 '헌터의 제1법칙'이라 부른다.

어쨌든 그간 이루어진 마이크로 칩이나 플래시 메모리의 발전 등은 곧 정보 처리와 저장을 위한 컴퓨팅 기술의 비약적인 발전을 의

미했다. 그리고 다양한 정보 통신 기기 간에 이루어지는 유무선 네트워크의 확장과 고도화 역시 통신 기술의 발전과 함께 그 영향력의 확대를 의미했다고 볼 수 있다.

결국 유비쿼터스 사회의 가장 기본적인 기술적 기초는 유비쿼터스 컴퓨팅과 유비쿼터스 네트워크의 결합을 말하는 셈이다. 간단히 말해서 곳곳에 퍼져 있는 컴퓨터 기능에 의해 처리, 저장된 특정 정보를 언제 어디서나 이용 가능한 전방위 네트워크를 통해 주고받거나 확인할 수 있는 그런 사회가 바로 유비쿼터스 사회인 것이다. 마크 와이저에서 시작된 '유비쿼터스 컴퓨팅'은 컴퓨터 기술이 고도로 발달하여 이제 컴퓨터 기능이 '눈에 보이지 않게disappearing, invisible, and silent,' 모든 사물에(혹은 사람에게까지) 널리 내재돼 있고pervasive and embedded, 네트워크를 통해 서로 연결되고 통합됨으로써networking and connecting 사람들이 정지 상태에서는 물론 이동 중에도nomadic, portable, and mobile, 즉 언제 어디서나 필요한 사람끼리 혹은 사람과 사물 사이에 소통이 이루어지고 필요한 정보나 지식을 얻음으로써 상황에 따른 적절한 대응과 다양한 활동을 할 수 있는 단계로 발전해 가고 있다. 그것이 바로 유비쿼터스 컴퓨팅과 유비쿼터스 네트워크가 기술적 기초를 이루는 유비쿼터스 사회의 기본적인 밑그림이라고 할 수 있다.

마크 와이저는 유비쿼터스 컴퓨팅을 "컴퓨터가 보이지 않게 내재되어 네트워크로 연결되어 있고 언제 어디서나 접속이 가능한 환경"이라고 했다. 하원규도 유비쿼터스 컴퓨팅을 "칩이나 센서와 같이 아주 작아서 도처의 사물 속에다 집어넣거나 입을 수도 있으며, 이들을 무선으로 연결시키는 것"이라고 했다. 즉 언제 어디서나 어떤 사람이라도 각종 단말기와 사물을 통해서 온라인 네트워크에 접속을 하고 서비스를 받을 수 있는 공간이나 환경을 가리킨다는 것이다. '차세대

PC'는 포터블portable, 웨어러블wearable 단계를 거쳐 점차 임베디드형embedded으로 진화해 갈 것이라는 전망도 이러한 유비쿼터스 컴퓨팅의 개념을 반영한 것이라 할 수 있다.

한편 일본 노무라총합연구소의 한 고위 간부는 유비쿼터스 네트워크를 "브로드밴드를 통해 유선·무선·통신·방송을 불문한 다양한 네트워크에서 데스크톱 및 모바일 PC는 물론 휴대 전화, 휴대 정보 단말기(PDA), 비디오 게임기, 자동차 내비게이션 단말기, 정보 가전 등 이른바 '모바일'한 IT 기기가 IPv6로 접속되어 상시 접속과 배리어 프리 인터페이스에 의해 지금보다 훨씬 더 자유롭고 쾌적한 콘텐츠를 쌍방향으로 이음매 없이 주고받는 환경"이라고 한 바 있다.

각종 정보를 처리하고 저장하는 컴퓨터를 온갖 사물들에 — 보이지 않게 — 내장시키고(예: RFID/USN, IPv6 등), 그것을 네트워크(예: BcN, WiBro, 홈네트워크, 4G 유무선 통합망 등)로 연결하게 되면 그러한 네트워크와 연결된 특정 단말기(예: 스마트폰, 태블릿 PC, DMB폰, 스마트 TV, PDA폰 등)를 가진 사람들은 언제 어디서나 시간적, 공간적 제약을 받지 않고 자신에게 필요한 정보나 지식을 얻을 수 있고 또 필요한 조치를 취할 수도 있다. 특히 이동 중인 상황에서도 휴대용 단말기를 통해 그러한 삶의 편익을 얻을 수 있는 기회는 더욱 커질 수 있다. 바로 이러한 점에서 유비쿼터스 컴퓨팅과 유비쿼터스 네트워크를 기술적 기반으로 하는 '미래' 사회를 '유비쿼터스 사회'라고 부르는 일단의 주장들이 제기됐던 셈이다.

다음은 좀 더 구체적으로 유비쿼터스 사회의 기술적 기초인 유비쿼터스 컴퓨팅과 유비쿼터스 네트워크가 서로 연결되어 작동하도록 하는 유비쿼터스 미디어 환경에 대해 살펴보자.

3) 유비쿼터스 미디어 환경과 유비쿼터스 사회로의 이행

(1) 유비쿼터스 미디어 환경

유비쿼터스 미디어 환경의 핵심은 앞에서 말한 유비쿼터스 컴퓨팅과 유비쿼터스 네트워크라고 할 수 있다. 정보를 처리, 저장하는 장치와 정보를 전달, 공유하는 장치가 서로 연결되고 널리 편재되어 있는 상황 혹은 환경이라고 보면 된다. 유비쿼터스 미디어 환경이 작동하도록 하는 데 모바일 미디어 역시 중요한 한 축을 형성하지만 이 역시 유비쿼터스 컴퓨팅이 작동하는 한 영역이면서 동시에 그 자체가 유비쿼터스 네트워크를 형성하고 있는 하나의 노드라고 할 수 있다. 유비쿼터스 미디어 환경의 한 노드인 모바일 멀티미디어 단말기 역시 유비쿼터스 컴퓨팅과 유비쿼터스 네트워크라는 기술적 기반 위에서 작동하고 있는 셈이다.

따라서 여기서는 유비쿼터스 컴퓨팅과 유비쿼터스 네트워크가 결합하여 작동하는 유비쿼터스 미디어 환경의 핵심 요소라 할 수 있는 RFID/USN, IPv6, 멀티미디어 단말기, BcN 등에 대해서만 간단히 언급하고자 한다.

RFID/USN 먼저 RFID(Radio Frequency Identification)란 IC칩과 무선을 통해 다양한 개체들의 정보를 식별, 관리할 수 있는 비접촉 인식 기술을 의미한다. 사물과 동물, 식물은 물론 특정 장소나 심지어 사람에게까지도 소형 IC칩 혹은 태그를 부착하거나 내장하는 경우, 그에 대한 위치나 상태 정보를 인식할 수 있는 기술이라고 할 수 있다. '전자 태그,' '스마트 태그,' '전자 라벨,' '무선 식별' 등 여러 가지 이름으로 불리는 RFID 기술은 기존의 바코드보다 훨씬 많은 정보를 저장할 수 있을 뿐 아니라 무선 네트워크와 연결되어 있기 때문에 전자 태그를 부착한 대상의 상태나 이동 상황 등을 실시간으로 감지할 수 있다. 바로 USN과 연결되어 작동하기 때문에 통상 RFID/USN이라 부른다. USN(Ubiqutious Sensor Network)은 사물, 동물, 식물, 특정 장소 등에 부착된 각종 센서들에서 수집한 정보를 감지하고 저장, 가공하여 무선으로 전달할 수 있도록 구성된 네트워크 기술을 말한다. 따라서 RFID/USN은 어느 것, 어느 곳에나 특정 전자 칩을 부착해 놓고 이를 무선 네트워크로 연결하게 되면 그에 대한 정보를 언제 어디서나 쉽게 감지하고, 관리할 수 있게 되는 기반 기술이라고 할 수 있다.

이러한 RFID/USN 기술은 이미 여러 영역에서 폭넓게 이용되며, 그 활용 범위가 크게 확대된다. 특히 소매 유통, 물류, 우편 분야에서 보면, 특정 물건이나 우편물이 발송에서 운송, 전달되기까지의 전 과정을 원격지에서 확인할 수 있다. 도로/교통 상황을 쉽게 파악할 수 있거나 이송되는 환자나 원격지에 있는 검진자에 대한 건강 정보도 RFID/USN 기술을 이용하여 정확하게 파악할 수 있다. 축산물이나 농산물의 재배 상황이나 상수원의 수질이나 공해 지역의 오염 정도도 원격 모니터링할 수 있으며, 가정이나 빌딩의 실내 상황이나 관리 상태에 대한 원격 검침과 제어 등도 가능하다.

우리가 흔히 경험하는 예를 들면, 버스 정류장이나 지하철역에서 기다리는 버스나 열차가 지금 어디에 와 있고 얼마 후에 탈 수 있는지를 쉽게 알 수 있다든지, 인터넷으로 아마존에 주문한 책이 지금 어디쯤 오고 있고 언제 배달되는지를 실시간으로 확인할 수 있는 것도 모두 RFID/USN을 이용하기 때문이다. 아동 성추행 전과자에게 채우는 전자 발찌나 대형 체인점이 재고 관리를 위해 제품에 RFID 태그를 붙이는 것 등은 모두 사람이나 사물의 위치나 이동 상태 등을 파악하거나 효과적으로 대상을 관리하기 위한 것이다(국내외의 여러 가지 적용 사례에 대해서는 http://ignoblesse.tistory.com/13 참조).

IPv6 그동안에는 인터넷을 통한 자료 전송이나 상호 소통을 위해 연결된 각 컴퓨터에 IPv4에 기반을 둔 IP 주소를 부여해 왔다. 그러나 유비쿼터스 미디어 환경에서는 컴퓨터들만 IP 주소를 가지는 것이 아니라 모든 사물들이 IP 주소를 갖게 될 것으로 내다본다. 앞서 살펴본 바와 같이 RFID/USN에 연결된 모든 사물, 사람, 동물, 식물, 특정 장소 등이 모두 IP 주소를 갖게 되는 상황을 고려할 때, 기존의 IPv4 체계로는 IP 주소가 태부족일 수밖에 없기 때문이다. IPv4에서는 32비트의 숫자로 주소가 표시되었기 때문에 가능한 조합이 약 43억 개 정도밖에 되지 않는다. 그러나 IPv6에서는 총 120비트의 길이를 갖는 주소로 가능한 조합이 43억의 4승인 약 340간澗 개의 천문학적인 주소가 나온다. 따라서 컴퓨터만이 IP 주소를 가지는 것이 아니라 네트워크상에서 데이터 소통을 필요로 하는 모든 사물이 IP 주소를 가질 수 있게 되고 그렇게 되면 전자 칩을 내장한 사물과 사물 간에도 정보 전달이나 통신이 가능하게 되는 것이다.

이처럼 풍부한 주소 공간이 보장되는 IPv6에서는 특히 이동성 지원 및 자동 주소 할당 기능이 있기 때문에 이는 모바일 미디어 환경에 더욱 적합한 주소 체계라 할 수 있다. IPv6가 부여된 이동 단말기의 위치가 변경되는 경우 그것의 위치 정보를 자동으로 구성할 수 있도록 지원하기 때문에 단말기 사용자가 외부에서도 홈네트워크에 연결된 기기들을 원격 제어할 수 있게 되는 것이다. 또한 IPv4에서는 수동으로 IP 주소를 설정하던 것이 IPv6에서는 자동으로 주소가 할당된

표 6-2 IPv4와 IPv6의 특성 비교

구분	IPv4	IPv6
주소 길이	32비트	128비트
주소 개수	약 43억 개	약 3.4 × 100간 개(거의 무한대)
QoS 처리	품질 보장 곤란 (QoS 일부 지원)	등급별, 서비스별로 패킷을 구분할 수 있어 품질 보장이 용이
보안 기능	IPsec 프로토콜 별도 설치	확장 기능에서 기본적으로 제공
자동 네트워킹	곤란(수동 할당)	가능(자동 할당)
헤드 옵션 처리	헤드에 옵션이 포함된 상태	옵션은 확장 헤더에 포함시킴
이동성 지원	곤란(비효율)	용이(효율적)

출처: 한국전산원, 2003: 13.

다. 'Plug & Play' 기능이 보장되기 때문에 가전제품을 구입해서 설치만 해도 홈 서버가 알아서 자동으로 IP 주소를 부여해 준다는 것이다.

하원규 등은 유비쿼터스를 "물리 공간에 전자 공간이 접목된 제3공간"이라고 말하고, 그러한 제3공간은 "완전한 유비쿼터스 환경이 구현되어 모든 사물에 전자 칩이 깃들고 그것이 네트워크를 통해서 서로 교신하게 될 때 이루어지는 공간"이라면서 "제3공간은 '모바일 IPv6'라는 이동 공간 주소 체계를 사용한다"고 했다(하원규 외, 2002). 이동성을 지원하는 거의 무한대에 가까운 IPv6 주소 체계로 인하여 관리 대상이 되는 수많은 사물들은 물론 동식물과 특정 장소나 환경 등이 각기 나름대로의 IP주소를 부여받게 되면, 그것은 곧 부착되는 전자 칩의 고유 번호가 되는 것이고 그것이 USN으로 연결됨으로써 언제나 어디서나 대상에 대해 알 수도 있고, 반대로 쉽게 알려지게도 되는 것이다.

모바일 멀티미디어 단말기 IPv6 주소 체계에서 각각 나름대로의 IP 주소를 갖는 사물과 동·식물, 혹은 사람과 장소 등에 장착된 전자 칩(RFID)이 유비쿼터스 센서 네트워크(USN)로 연결되어 있다고 해서, 유비쿼터스 미디어 환경이 완성되는 것은 아니다. 그렇게 연결된 네트워크와 역시 연결된 단말을 통해 전자 칩의 데이터나 정보를 언제 어디서나 실시간으로 확인할 수 있어야 한다. 특히 그러한 단말이 다양한 기능을 수행하는 멀티미디어 모바일 단말기일 경우, 시간과 장소의 구애를 덜 받고 이동 중에도 필요한 정보를 얻고, 타깃으로 하는 사물이나 환경, 사람 등의 상태를 확인할 수 있다. 개개인이 가지고 다니는 휴대폰이 초기에는 통신용으로만 사용되었으나 점차 무선 인터넷도 할 수 있고, 방송 수신도 가능하며, 실시간 교통 정보나 날씨 확인은 물론 각종 게임과 비즈니스, 원격제어 등도 가능한 융합형 멀티미디어 단말기로 진화해 왔다. 휴대용 개인 정보 단말기였던 PDA(Personal Digital Assistants)나 음악 및 동영상 저장 및 재생용으로 출발했던 PMP(Personal Multimedia Player) 역시 새로운 여러 기능들이 융합·결합됨에 따라 전반적으로 다기능이 통합된 하나의 멀티미디어 단말기로 발전하였다. 그 뒤 이들 미디어는 스마트폰이나 태블릿 PC 등의 이동형 멀티미디어 단말기로 발전, 크게 확산되었다.

BcN 앞서 언급한 RFID/USN과 BcN(Broadband convergence Network)이 결합하는 경우, 더욱 완성도가 높고 보다 확장된 유비쿼터스 미디어 환경이 조성된다고 본다. BcN은 유무선망과 방송·통신망이 모두 하나의 광대역 통합망으로 진화되어 보다 고도화된 방송과 통신 및 인터넷 서비스를 다양하게 제공하게 될 것이기 때문이다. RFID/USN은 전자 칩을 내장한 대상의 위치나 상태와 관련된 정보를 시간과 공간의 구애를 받지 않고 실시간으로 언제 어디서나 확인할 수 있는 네트워크에 초점이 맞추어져 있다고 하면, BcN은 주로 사람들 간에 유무선으로 컴퓨터와 통신용 단말기는 물론 방송 수신용 단말기까지도 서로 연결되게 함으로써 상호 데이터 전송과 공유는 물론 음성·화상 통화와 (주문형) 방송 수신과 동영상 교환 등이 가능하도록 하는 네트워크다.

결국 보다 고도화된 유비쿼터스 미디어 환경이란 IPv6 인터넷 주소 체계에서 각각의 IP주소를 갖는 칩을 내장한 수많은 사물과 장소, 동식물, 심지어는 사람까지도 RFID/USN으로 연결함으로써 그들의 위치와 상태를 시간과 장소에 구애받지 않고 용이하게 확인·관리할 수 있으며, 또한 유무선 방송·통신망을 통합한 BcN을 통해 언제 어디서나 인터넷 이용과 사람들 간의 음성 및 영상 통화가 가능하고, 방송의 선택적 수용도 얼마든지 가능한 그런 미디어 환경을 말하는 것이라고 할 수 있다.

이러한 유비쿼터스 미디어 환경에서의 미디어는 ① 다양한 기능을 수행하는 멀티미디어 기능과, ② 시간과 장소의 구애를 받지 않고 이동 중에도 언제 어디서나 이용 가능한 이동성, ③ 유비쿼터스 컴퓨팅과 네트워킹 기술의 지속적인 발전에 따른 고기능화, ④ 유무선 네트워크로 연결되어 있기 때문에 가능한 상호작용성, ⑤ 휴대 가능한 멀티미디어 단말기를 이용한다는 점에서 과거의 미디어들보다 훨씬 높은 개인화 경향 등의 기능적 특징도 더욱 뚜렷이 나타내고 있다.

(2) 유비쿼터스 사회로의 이행

유비쿼터스 미디어 환경을 강조하는 입장에서는 그러한 미디어 환경에 의한 새로운 사회의 도래를 자연스럽게 강조한다. 그것이 곧 '유비쿼터스 사회'다. 유비쿼터스 미디어 환경을 유비쿼터스 사회와 바로 연결시키려는 노력은 특히 IT 강국을 강조하던 2000년대 중반 우리 사회에서도 두드러졌다. 멀티미디어 PC와 차세대 이동 통신, 휴대 인터넷 등 새로운 유비쿼터스 미디어의 보급이 확대되는 시기를 전후해서 그간 m-Korea(mobile Korea)를 강조하던 한국 정부(정보통신부)는 이를 u-Korea(ubiquitous Korea)로 바꾸어 IT 강국의 미래 비전을 제시하기까지 했다.

예컨대 그림 6-4에서 보는 바와 같이 한국전산원에서는 각종 IT 기술을 인프라, 디바이스, 그리고 서비스로 나누어 그 현황과 전망을 통계치로 나타내 보이면서, 우리나라의 경우는 2010년경에 유비쿼터스 사회가 도래할 것으로 예견한 바 있다(한국전산원, 2006: 35~50). 이 보고서에 따르면 유비쿼터스 사회는 아날로그 시대와 디지털 시대를

그림 6-4 유비쿼터스 사회로의 이행과 미디어 환경 변화

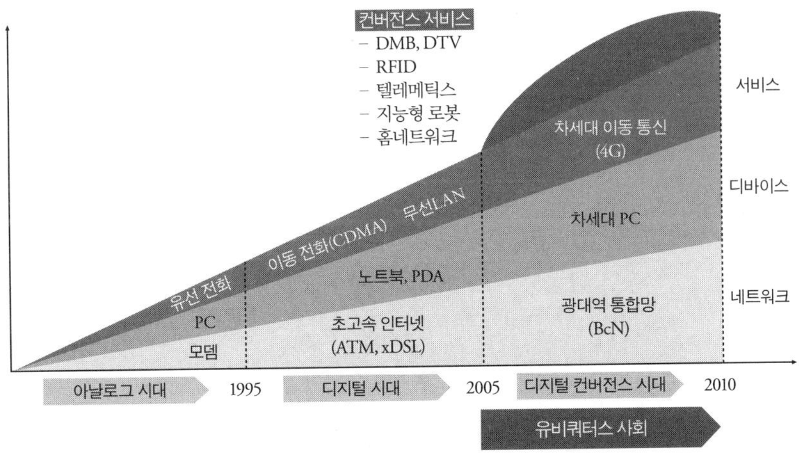

출처: 한국전산원, 2006: 38.

뒤이은 디지털 컨버전스 시대의 사회로 본다. 모뎀과 PC, 유선 전화가 중심이 되던 1995년까지를 아날로그 시대, 초고속 인터넷(ATM, xDSL)을 네트워크로 하고 노트북과 PDA 등을 주요 디바이스로 하면서 이동 전화(CDMA)와 무선랜 서비스가 주류를 이루던 2005년까지를 디지털 시대로 보았다. 그리고 광대역 통합망(BcN)이라는 새로운 유무선 통합 네트워크에 기반을 두어 차세대 PC를 주요 디바이스로 하면서 휴대 인터넷(WiBro)과 차세대 이동 통신 서비스를 주로 이용할 뿐 아니라 DMB, 텔레마틱스, 홈네트워크, RFID/USN, 지능형 로봇(URC) 서비스 등이 본격화하는 그 이후의 시기를 디지털 컨버전스 시대, 즉 유비쿼터스 사회가 구현되는 시기로 보았다.

4) 주요 국가의 유비쿼터스 사회 비전과 전략

(1) 외국의 유비쿼터스 비전과 전략

앞에서 디지털 환경에서의 유비쿼터스 미디어와 관련된 초기 개념은 미국의 마크 와이저의 유비쿼터스 컴퓨팅 개념에서 출발했다고 언급하였다. 정보 사회의 미래 형태라 할 수 있는 유비쿼터스 사회 구현을 위한 여러 연구나 구체적인 프로젝트들이 1990년대 중반 이후 미국과 일본, 유럽 등 선진국을 중심으로 대학, 연구소 혹은 정부 정책 등으로 추진되었다.

먼저 미국의 경우는 어디에서나 접속이 가능한 컴퓨터 환경을 조성한다는 차세대 IT 비전으로서의 유비쿼터스 컴퓨팅 개념을 구현하는 데 초점을 맞추어 기업과 대학을 중심으로 여러 가지 프로젝트를 수행해 왔다. 미국 제록스사 마크 와이저의 '유비쿼터스 컴퓨팅' 개념이나 IBM의 '퍼베이시브 컴퓨팅pervasive computing' 개념에서 보듯,

사물과 환경 속에 내재된 컴퓨터 네트워크를 통해 인간 중심의 주문형 서비스가 가능하도록 하는 시스템을 구축하려 한 노력을 비롯하여, 마이크로소프트사의 지능형 사무실 환경 구축을 위한 '이지 리빙Easy Living' 프로젝트(1995),[64] 유무선 통신 네트워크 기술과 웹 기반의 정보 통신 기술을 기반으로 현실 세계의 사람, 장소, 사물이 가상 세계에서도 연동하도록 한 HP사의 미래 도시 모델 '쿨 타운Cool Town' 프로젝트(1994),[65] 그리고 공기 속에 떠다니는 극소 초경량 컴퓨팅 시스템을 구현하려 한 캘리포니아대학의 '스마트 더스트Smart Dust'(1998)[66]와 공기처럼 풍부하고 언제 어디서나 이용 가능한 컴퓨터 환경을 구성하려 한 MIT의 '산소 프로젝트Oxygen Project'(1999) 등이 그 대표적인 예들이다(한국전산원, 2006: 52~55).

일본의 경우는 도쿄대의 사카무라 켄이 추진한 TRON(The Real-

64 MS사의 '이지 리빙'은 지능적 환경을 구현함으로써 편리한 삶을 지원하겠다는 프로젝트로, 지능형 환경 구축을 위한 프로토타입 아키텍처 및 기술 개발에 초점을 맞추었다. 이 프로젝트는 사람이 스크린 앞에 앉으면 자동으로 사용자를 인식해 메일을 검색해 주거나 미리 선택한 영화 상영을 실행해 주고 자리에서 일어서면 자동으로 중단되는 시스템을 비롯하여, 사용하던 컴퓨터에서 다른 컴퓨터로 이동하면 자동 로그아웃되고 새로운 컴퓨터에 자동 로그인되는 등의 시나리오를 담고 있다.

65 HP사의 '쿨 타운' 프로젝트는 전자 태그, 내장형 웹서버, 근거리 무선 통신이 가능한 PDA 및 웹 인프라 등의 기술을 활용하여 유비쿼터스 환경을 구현하는 미래 도시 모델을 만드는 것으로, 쿨 타운 미술관, 쿨 타운 회의실, 쿨 타운 버스 등을 운영하면서 이용 고객에 대한 다양한 서비스를 제공하고 원격 교육과 원격 의료, 자동 번역, e-비즈니스, 화재 및 방재 대응 서비스 등도 제공하는 프로젝트다.

66 미 국방성의 지원을 받은 캘리포니아대학의 '스마트 더스트'는 초소형 실리콘 모트silicon mote 안에 자율적인 센싱과 통신 플랫폼 및 무선 송수신 능력을 갖춘 보이지 않는 컴퓨팅 시스템으로, 곳곳에 뿌려진 스마트 더스트가 서로 연결되어 네트워크를 형성하고 기상 상태나 생화학적 오염, 병력이나 장비 감지 등의 주변 정보를 감지해 중앙 시스템에 전송하는 시스템을 말한다.

표 6-3 각국의 유비쿼터스 개념 비교

	미국	일본	EU
주요 용어	유비쿼터스 컴퓨팅 퍼베이시브 컴퓨팅	TRON 유비쿼터스 네트워크	AMI(Ambient Intelligence)
추진 배경	차세대 컴퓨팅 기술 개발 미래 IT 비전	소형화, 가전 기술 장점을 네트워킹으로 활용하여 경쟁력 강화	인간 중심 서비스 지향 미래 사회 연구에서 출발
초점	스마트 디바이스	상시 접속	지능형 서비스Intelligent service
주요 연구 분야	컴퓨터 디바이스	네트워크(네트워킹을 위한 장비와 부품 중심)	모든 사물 다양한 서비스
응용 사례	MS의 '이지 리빙' HP의 '쿨 타운 캘리포니아대학의 '스마트 더스트'	도쿄대의 TRON 토요타의 'PAPI' 총무성의 'UNS'	ISTAG의 '그랜드 챌린지' '스마트 이츠'
공통 특성	자율형/개인 맞춤형(Smart) + 네트워크 + 이동성		

출처: 한국전산원, 2006: 64.

time Operating system Nucleus) 프로젝트(1984)[67]나 노무라종합연구소의 '유비쿼터스 네트워크' 등의 개념을 통해 일찍이 국가적 차원에서 유비쿼터스 사회에 대한 높은 관심을 보여 왔다. 일본은 정부(총무성) 차원에서 2004년 u-Japan 정책을 마련, 유비쿼터스 네트워크 사회(UNS: Ubiquitous Network Society) 프로젝트를 추진한 바 있다. u-Japan의 정책 추진 방향은 "유무선을 총망라하는 종합적인 브로드밴드 상

67 생활 환경 주변의 모든 도구, 기구, 장비 등을 컴퓨터화하고 이를 서로 연결하여 생활의 편리함을 도모하겠다는 취지로 1984년부터 추진된 일본 최초의 유비쿼터스 프로젝트라 할 수 있다.

시 접속 네트워크를 확립하고, 그러한 네트워크에 다양한 디바이스를 접속시켜 u-네트워크 환경을 구축함으로써 콘텐츠, 일렉트로닉, 서비스 등 새로운 가치 창출 산업의 육성"을 추진한다는 것이었다. 그 밖에 토요타의 드림 홈 PAPI의 경우는 TRON과 첨단 기술 기반의 지능형 홈을 구축하는 것으로 유비쿼터스 네트워크를 이용하여 친환경적인 주택 환경을 구현하겠다는 것이었다.[68]

한편 유럽(EU)은 지능적 환경에서 인간 중심 서비스를 지향했는데, 유럽정보사회기술자문그룹(ISTAG: Information Society Technology Advisory Group)의 경우, EU의 차세대 비전으로 AMI(Ambient Intelligence)를 제시한 바 있다. AMI는 인간의 삶의 방식을 변화시키고 풍요로운 삶을 보장하는 미래 환경으로 지식 기반 사회와 유럽인의 사회적 욕구에 부합하는 '인간 중심 서비스'를 지향한다는 것이었다. 그러한 비전을 앞세우고 2030년의 미래 유럽을 위해 의복형 통신 장비(The Pervasive Communication Jacket) 개발 등 11개 대형 프로젝트를 수행한다는 그랜드 챌린지Grand Challenges(2004)나 사물에 소형 칩 '스마트 이츠Smart Its'를 내장해 감지·인식·컴퓨팅 및 무선 통신 등의 기능이 가능한 정보 인공물을 개발한다는 스마트 이츠 프로젝트(2001) 등이 그 대표적인 예들이다(강상현, 2006: 27~29; 박정은, 2005: 5~12 참조).

68 토요타의 드림 홈 PAPI는 가정 내 곳곳에 부착된 센서와 이를 연결한 유비쿼터스 네트워크를 활용하여 생체 바이오 리듬에 맞게 실내 온도나 습도 및 조명이 자동 조절되기도 하고, 현관문이나 셔터의 개폐, 엘리베이터의 작동, 날씨에 따른 자동 청소 기능 등 가정 내에서 여러 환경 변화에 따른 다양한 기능들이 다루어졌다.

(2) 한국의 u-Korea 정책과 비전, 그리고 그 후

우리나라의 경우도 이러한 외국의 추세에 발맞추어 2004년에 u-Korea 전략기획단을 발족시키고 u-Korea 추진 보고회를 개최한 바 있다. 2005년에는 u-Korea 기본 계획을 마련, 이듬해인 2006년 3월 국무총리를 위원장으로 하는 정보화추진위원회에 이를 상정 의결함으로써, 정부 차원의 정보화 촉진 기본 계획으로 확정한 바 있다.

"세계 최초의 유비쿼터스 사회 실현을 위한 u-Korea 기본 계획"이라는 제목을 달고 있던 이 계획은 IT 강국임을 자임하던 당시 정부(정보통신부)의 자신감을 반영하기도 하지만, 당시 정부는 한국이 정보화 사회 혹은 지식 기반 정보 사회의 단계를 넘어 새로운 단계의 사회, 즉 유비쿼터스 사회로 이미 진입해 들어갔다고 상정했다. 산업 사회(1960~1990)와 정보화 사회(1990~2005)를 거쳐 2006년부터 유비쿼터스 사회로 들어갔다고 보고, 2006년부터 2010년까지를 u-Korea 구축 단계로, 그리고 2011년부터 2015년까지를 u-Korea 정착 단계로 하여 각 추진 단계별 목표를 설정해 놓은 것이었다.

표 6-4 u-Korea 관점에서 본 유비쿼터스 사회의 도래

구분	정보화 사회(지식 정보 사회)	유비쿼터스 사회
핵심 기술	인터넷 네트워크	센서, 모바일
정부	원스톱, 무결정성seamless 서비스 통합·포털 서비스 백업 시스템에 의한 위험 관리	보이지 않는 서비스 실시간 맞춤 서비스 상시 위험 관리
기업	주로 거래(지불) 정보화	생산-유통-재고 관리 전 분야의 무인화
개인	표준화된 서비스	지능형 서비스

출처: 정보통신부, 2005. 1.

유비쿼터스 사회 실현을 위한 u-Korea 기본 계획은 정부, 국토, 경제, 사회, 개인 생활 등 5대 분야의 선진화를 위한 23개의 이행 과제와 70개의 세부 실천 과제를 제시하는 한편, 이를 위한 기본 동력으로서의 세계화, 산업, 사회 제도, 기술 등 4대 엔진 최적화 전략으로서 역시 16개 이행 과제와 44개의 세부 실천 과제를 제시했다. 특히 u-Korea 핵심 엔진으로서 기존에 시행되어 오던 IT839 전략의 지속적 추진과 발전적 보완을 강조했는데, IT839 전략에서 강조하던 미디어 기술들의 대부분은 앞서 살펴봤던 바로 유비쿼터스 미디어 환경에서의 핵심 요소들에 다름 아닌 것이었다.[69]

유비쿼터스 컴퓨팅이나 유비쿼터스 네트워킹 개념은 이미 1980년대에 등장했지만, 이를 국가 정책으로 끌어올려 유비쿼터스 사회의 도래로 확대 개념화한 것은 2000년대에 들어서다. 특히 IT 기술이 발전한 일본과 한국에서 정부 차원의 u-Japan(2004)과 u-Korea(2005) 등의 개념이 만들어지면서 국가 정책으로 추진하는 단계에까지 이르렀던 것이다. 특히 한국의 경우는 유비쿼터스 사회로의 이행을 강조하는 과정에서 이를 정보화 사회 혹은 지식 정보 사회에서 보다 진일보한 그 후속 단계로 봄으로써 유비쿼터스 사회를 정보 사회와 구별한다. u-Korea 기본 계획에 의하면 이미 한국 사회는 지식 정보 사회(1991~2005)를 넘어서고 유비쿼터스 사회 구축 단계

69 참여 정부에서 강조했던 정통부의 IT839 전략의 8대 서비스는 RFID/USN 활용 서비스, 광대역 융합 서비스, WiBro, HSDPA/W-CDMA, DMB/DTV 서비스, 텔레매틱스/위치 기반 서비스, u-Home 서비스, IT 서비스를, 3대 인프라는 광대역 통합망(BcN), u-센서 네트워크(USN), 소프트 인프라웨어를, 그리고 9대 신성장 동력은 이동 통신/텔레매틱스 기기, 광대역/홈네트워크 기기, 디지털 TV/방송 기기, 차세대 컴퓨팅/주변 기기, 지능형 로봇, IT SoC/융합/부품, RFID/USN 기기, 임베디드 SW, 디지털 콘텐츠/SW 솔루션 등을 말한다.

(2006~2010)를 지나 유비쿼터스 사회 정착 단계(2011~2015)에 접어든 셈이다. "세계 최초의 유비쿼터스 사회 실현"을 목표로 한 u-Korea 기본 계획은 빛바랜 한때의 정책적 슬로건으로 치부해도 되는 것인지, 아니면 스마트폰이나 태블릿 PC를 비롯한 각종 모바일 미디어와 스마트 미디어가 급속히 보급, 활용되고 있는 우리의 현재 진행형 사회상을 말하는지는 좀 더 검토해 봐야 한다. 참여 정부의 u-Korea 기본 계획이 후속 정권에 의해 정책적으로 어떻게 승계 또는 재구성되었는지도 함께 따져 봐야 할 것이다.

(3) '초연결 사회' 구상으로의 정책 진화?

실제 한국 정부의 '유비쿼터스 사회' 실현 정책은 이명박 정부로의 정권 교체 이후 한때 주춤하는 모습을 보이다가 박근혜 정부에 들어서면서 '초연결 사회' 실현 정책으로 옷을 갈아입고 다시 부활하는 양상을 보였다. 2014년 12월 국무총리 주재로 정보통신전략위원회를 열고 "인간 중심의 초연결 창조 사회" 실현이라는 비전을 제시하면서, 그와 관련된 5대 전략, 10대 의제를 추진해서 2025년까지 초연결 사회로 진입할 것이라고 했다. 정부 차원에서 '초연결 사회' 실현 정책을 공식적으로 천명한 셈이다.

여기서 핵심어는 '초연결 사회hyper-connected society'다. 본래 이 용어는 2001년 캐나다 학자인 베리 웰먼Barry Wellman과 애너벨 콴하세Anabel Quan-Haase 등에 의해 사용된 초연결성hyperconnectivity이라는 개념에서 시작된 것이다.[70] 국내에서도 2011년 5월 SBS가 개최한 제8회

70 웰먼과 콴하세는 초연결 사회를 "소셜 미디어 및 IT 혁명으로 사람과 사람, 사람과 단말

서울디지털포럼 행사 주제를 '초超연결 사회 — 함께하는 미래를 향하여'로 함으로써 '초연결 사회'라는 개념이 대중적으로 많이 알려졌다. 2012년 1월 스위스의 다보스에서 열린 세계경제포럼에서 '초연결 사회 대처'가 7가지 주요 의제의 하나로 채택됨으로써 세계적인 주목을 받기도 했다. 그러던 것이 박근혜 정부가 '창조 경제'를 강조하는 와중에 우리 사회가 지향하는 미래상의 하나로 '초연결 창조 사회' 실현이라는 그림이 그려진 것이다.

'초연결 사회'란 "IT를 바탕으로 사람, 프로세서, 데이터, 사물이 서로 연결됨으로써 지능화된 네트워크를 구축하여 이를 통해 새로운 가치와 혁신의 창출이 가능해지는 사회," "사람과 사물, 자연, 그리고 사이버세계가 네트워크를 통해 밀접하게 연결된 생활 환경," "만물이 모바일을 통해 인터넷에 연결되어 서로 통신하는 사회" 등으로 정의한다(한국정보화진흥원, 2013: 1~2, 7 참조). 좀 더 구체적으로 말하면 "네트워크를 통한 상시 접속과 연결 및 조직의 프로세서와 데이터에 관한 폭넓은 접근 가능성, 사물 인터넷(IoT: Internet of Things)[71]으로 대변되는 연결 대상의 확대, 상호작용, 풍부한 데이터와 정보, 상시 기록과 보관 등을 특징으로 하는 사회"라는 것이다(최민석 · 하원규, 2013: 14).

기, 단말가와 단말기 간에 긴밀하게 연결되어 이메일, 클라우드, 문자 메시지 등 다양한 커뮤니케이션 장치로 연결되어 있는 사회"라고 했다(한국정보화진흥원, 2013: 6 참조).

71 IoT(Internet of Things)와 유사한 개념으로 WoT(Web of Things), IoE(Internet of Everything) 등이 있는데, WoT는 "IoT와 개념적으로 거의 동일하지만 사물의 기능/데이터를 제어하는 고유의 프로토콜이나 방법으로 접근하는 것에서 벗어나 보편적이고 친숙한 웹 방식으로 접근"하는 것을 의미하며, IoE는 "사람과 사물에 이어 프로세서와 데이터가 상호 밀접하게 연결된 새로운 형태의 네트워크 환경"을 의미한다(한국정보화진흥원, 2013: 12 참조).

이러한 초연결 사회를 실현하는 핵심 기술에는 여러 가지가 있지만 그중에서도 다양한 객체를 연결하는 사물 인터넷과 그러한 연결 네트워크 사이를 흐르는 데이터 속의 가치를 찾아내는 빅 데이터가 중요하다고 강조된다. 사물 인터넷이란 기존의 유선 통신 기반 인터넷이나 모바일 무선 인터넷에서 더욱 진화된 단계의 인터넷으로서 "사물에 센서를 부착해서 실시간으로 데이터를 인터넷으로 주고받는 기술이나 환경"을 말한다. 연결 대상이 '사람'에서 '사물,' '공간,' '자연'에 이르기까지 광범위하게 확장되어 사람과 사람, 사람과 사물은 물론 사물과 사물 간에도 네트워킹과 센싱, 정보 교환 및 처리 등이 가능한 고도의 인터넷 연결망이라고 보면 될 것이다. 한편 빅 데이터는 "기존 데이터베이스 관리 도구로 데이터를 수집, 저장, 관리, 분

표 6-5 정보화 패러다임의 변화

구분	PC 시대	인터넷 시대	모바일 시대	초연결 시대
본격화 시기	1990년대	2000년대		2010년대 이후
사회 변화	정보 사회	유비쿼터스 사회		초연결 사회(창조 사회)
패러다임 변화	디지털화 전산화	온라인화 정보화	소셜화 모바일화	지능화, 개인화 사물 정보화
IT 기술	PC, PC 통신 데이터베이스	초고속 인터넷 WWW, 웹서버	모바일 인터넷 스마트폰	IoT, M2M, 빅 데이터
IT 이슈	PC, OS	포털, 검색 엔진	SNS, 앱 서비스	미래 전망, 상황 인식 개인 맞춤형 서비스
IT 비전	1인 1PC	전자상거래	손안의 PC, 소통	IT everywhere, 문제 해결, 신가치 창출 및 가치 연결

출처: 정지선, 2012(한국정보화진흥원, 2013: 3에서 재인용).

석할 수 있는 역량을 넘어서는 대량의 정형 또는 비정형 데이터 집합 및 이러한 데이터로부터 가치를 추출하고 결과를 분석하는 기술"을 말하는 것으로 그러한 기술은 사물 인터넷과 함께 초연결 시대를 여는 핵심 기술이자 성장 동력이라는 주장들이 제기되기도 했다(한국정보화진흥원, 2013: 7~13). 그러한 주장을 하는 이들은 초연결 사회란 바로 그러한 기술들을 서로 연결한 "네트워킹을 기반으로 인간의 생활 양식과 가치관에 거대한 변화를 일으키는 사회적 패러다임의 진화"라고 하면서 미래 초연결 사회는 "수많은 객체의 연결과 파생되는 데이터를 분석·활용하여 인간 중심의 행복하고 따뜻한 사회"로, '살기 좋고 걱정 없는 사회,' '쾌적하고 편리한 사회,' '지속 가능한 공존 사회,' '활기찬 창조 경제,' '다채로운 창조 문화'가 구현되는 사회라는 미래 비전을 제시하고 있다.

표 6-5에서 보는 바와 같이 초연결 사회는 정보 사회에 이은 유비쿼터스 사회 다음에 오는 사회로서 사물 인터넷과 빅 데이터, 그리고 M2M[72] 기술 등의 정보 기술을 기반으로 지능화, 개인화, 사물 정보화를 실현함으로써 전방위적으로 연결된 정보 기술을 활용하여 개개인에게 맞춤형 서비스를 제공하고 여러 가지 문제를 해결하며 새로운 가치를 창출하고 이를 서로 연결하여 공유할 수 있게 해 줄 것이라는 장밋빛 청사진을 펼치고 있다.

그러나 초연결 사회의 IT 기술 기반이나 그러한 기술로 인해 그

72 M2M이란 좁은 의미로 Machine to Machine의 약자로 "인간의 직접적인 개입이 꼭 필요하지 않은 둘 혹은 그 이상의 객체 간에 일어나는 통신"을 의미하기도 하고, Man to Man, Man to Machine 등을 모두 포함하는 개념으로 사람과 사람, 사람과 기계(사물), 기계(사물)와 기계(사물) 사이의 모든 연결과 통신이 가능하다는 의미를 나타내기도 한다.

려지는 미래 사회에 대한 그림들은 과거 '고도 정보화 사회'의 밑그림과 큰 차이가 없어 보인다. 주류 정보사회론자들이 그린 미래 사회상과 비슷한 부분이 많다. 그때도 컴퓨터, 네트워크, 정보 가치 등이 강조되기는 마찬가지였다. 그 뒤 유비쿼터스 컴퓨팅 환경 속에서 전자 칩인 RFID와 IPv6, 유비쿼터스 센서 네트워크(USN), 모바일 미디어 혹은 웨어러블 컴퓨터 등을 통해 유무선 네트워크가 서로 연결되고, 그러한 네트워크를 통해 언제 어디서나 어떤 디바이스를 통해서든 자신이 원하는 것을 할 수 있는 시대를 강조했던 유비쿼터스 사회와 무척 닮아 있는 것 같다. 다만 좀 더 시간이 지나면 고유한 아이디를 가진 전자 칩들이 더 많은 사물에까지 장착되어 유무선 인터넷으로 연결된 것이 사물 인터넷이나 M2M일 것이고, 그로 인해 더 많은 빅 데이터를 처리할 수 있을 것이라는 구상에 다름 아닐 것이다. 따라서 초연결 사회는 정보 사회나 네트워크 사회의 연장선상에 있는 것이고, 유비쿼터스 사회의 다른 표현 혹은 버전 정도라고 말할 수 있다. 용어나 표현을 좀 더 새로운 것으로 바꾼 것일 뿐 본질적인 그림은 대동소이한 것이다. 즉 '유비쿼터스 사회'와 '초연결 사회'는 같은 사회의 다른 표현에 불과하다. 어느 정도의 기술 발전을 반영하고는 있겠지만, '유비쿼터스 사회'에 이어지는 '초연결 사회'가 마치 전혀 새로운 사회인 것처럼 포장하는 것은 정책 이데올로기적인 성격이 강하게 작용하고 있는 것으로 보인다. 유비쿼터스 사회 다음에 초연결 사회가 온다는 식의 그림은 하나의 '사실'이라기보다는 오히려 특정한 사람들의 '기대'에 가깝다.

5) '유비쿼터스 사회' 혹은 '초연결 사회'의 두 얼굴

전자 칩과 그것의 네트워킹, 그리고 멀티미디어 단말기를 통해 그러한 전자 칩의 데이터나 정보를 멀리서도 확인하고 관리할 수 있는 유비쿼터스 사회에 살든, 사물 인터넷과 M2M, 빅 데이터 기술을 통해 사람과 사람 사이는 물론 사람과 사물, 사물과 사물 간에도 소통이 이루어진다는 초연결 사회에 살든 그러한 사회의 도래를 주장하는 이들은 비교적 인간 중심의 행복한 사회를 그려본다. 물론 편하고 좋은 점도 많을 것이다.

유비쿼터스 사회, 초연결 사회는 모든 사물과 환경에 고유 ID를 갖는 전자 칩을 부착 또는 내장함으로써 언제 어디서나 그것의 상태와 위치를 정확히 확인하고 통제할 수 있는 사회를 상정한다. 상호작용적인 네트워크를 통해 언제 어디서나 타인과 소통할 수도 있고, 필요한 정보를 취득할 수도 있으며, 시간과 장소의 제약을 받지 않고 제품을 구매할 수도 있고, 자신이 원하는 오락을 즐길 수도 있다. 적어도 네트워크로 연결된 세계 안에서는 무슨 일이든 자신이 원하는 일을 할 수 있는 그런 사회를 상정하고 또 그런 사회의 실현을 목표로 한다.

그러한 사회에서 장사를 하는 사람 입장에서는 자신의 가게에서 취급하는 제품의 수량과 위치, 상태 등을 정확히 알 수 있다. 주문한 물건들이 지금 어느 운송 차량에 실리어 어디쯤 오고 있는지도 알 수 있다. 현재의 교통 상황과 도로 상태로 봐서 언제쯤 그 물건들이 도착할지도 알 수가 있다. 현재 네트워크를 통해 어떤 유형의 소비자들이 어떤 물건을 얼마나 주문하는지, 언제 어떻게 배달해 주기를 원하는지도 한눈에 파악이 된다. 취급하는 물품의 출고나 재고 상태도 실시간으로 확인이 된다.

그러한 사회에서는 물건을 구매하려는 소비자들도 자신이 원하는 제품이 어디에 있는지를 쉽게 파악할 수 있다. 주문을 한 이후 자신에게 배달되는 물건이 정확히 자신이 원하는 것과 같은 것인지, 발송은 되었는지, 지금쯤 어디에 와 있는지 등을 집에 앉아서도 훤히 알 수가 있다. 그것은 버스 정류장에서 자신이 탈 시내버스가 지금 어디쯤 오고 있는지, 언제쯤 도착할 것인지를 미리 알 수 있는 것과 같다. 제품이나 차량에 전자 칩을 붙이고 네트워크로 연결하면 그것의 위치나 상태를 알 수 있기 때문이다.

이런 원리는 온갖 사물이나 동물, 식물, 자연환경, 사무실, 공장, 지하실, 도로, 운동장…… 심지어 다른 사람이나 프로세서, 데이터에까지도 적용될 수 있다. 어디든 전자 칩을 부착하면 제품의 신선도, 동물의 위치, 과일의 당도, 수질 오염 정도, 사무실의 온도와 습도, 공장의 출입자 수, 지하실의 조명, 도로의 교통 상황, 운동장 트랙의 마모 정도 등을 멀리서도 실시간으로 파악할 수 있다. 심지어 사람의 몸속이나 소지품에 전자 칩을 집어넣게 되면 건강 상태는 물론 현재의 위치나 이동 경로, 심지어는 그가 하는 말까지도 확인할 수 있을 것이다. 어떤 다른 작업 과정과도 연동해서 일 처리를 할 수 있고, 시공간적 한계를 넘어 데이터 간 연결 작업도 가능하다. 스마트 기기를 통해 사물 간에도 데이터 공유와 소통이 가능하다.

언제 어디서나 자신이 알고 싶은 것을 쉽게 알 수 있다는 것, 그럼으로써 변화되는 상황에 쉽게 미리 대처할 수 있고, 필요한 경우에는 원격 제어나 원격 통제까지도 할 수 있다는 것이 유비쿼터스 사회, 초연결 사회의 희망적인 비전에 해당되는 셈이다.

그러나 알고 싶은 것을 알 수 있는 사람에게는 그것이 도움이 되고 때로는 힘이 되지만, 반대로 본의 아니게 혹은 본의에 반해서 남에게 자신이 알려지게 되는 사람의 입장에서는 그것이 큰 문제가 될 수 있다. 유비쿼터스 사회를 구성하는 미디어 환경은 쉽게 남을 들여다볼 수 있게 하고, 남에 대해서 쉽게 알 수 있게 하는 만큼, 상대방의 입장에서는 개인의 사생활이나 프라이버시가 쉽게 침해될 수 있는 문제점을 안고 있다. '언제 어디서나' 알 수 있고 볼 수 있다는 것은 '언제 어디서나' 알려질 수 있고 보여질 수 있다는 것의 다른 표현이기 때문이다. 역설적으로 초연결 사회는 그만큼 연결로부터 벗어나기가 어렵다거나 본인의 의지와는 관계없이 — 타인의 의지만으로도 — 연결될 수밖에 없는 초강력 연결 사회라는 의미도 동시에 갖고 있다. '언제 어디서나' 남과 소통할 수 있다는 것은 다른 이의 입장에서 보면 그 사람 마음대로 내게 접근할 수 있다는 것이 되기 때문이다. 더군다나 그 다른 사람이 아주 힘 있는 사람이거나 조직이거나 국가일 경우, 나는 그 혹은 그들 앞에서 참으로 힘없는 나신裸身이 되고 마는 것이다.

유비쿼터스 사회나 초연결 사회 역시 힘의 불균형이 해소되지 않는 한 그것이 주는 혜택이 불공평할 뿐 아니라 그것이 미치는 부작용 역시 사회 구성원들에게 불균등하게 배분될 수밖에 없을 것이다. 그런 점에서 '공유와 감시'라는 유비쿼터스 사회의 두 얼굴을 간파한 리처드 헌터(2001/2003)의 탁견은 나름대로 주목할 만한 충분한 가치가 있다. 한국 정부가 미래 '초연결 사회'를 지나치게 낙관적, 낭만적인 정책 의제로 제시하는 사이에,[73] 국제기구인 다보스포럼은 이미 2012년

73 한국 정부는 2013년 12월 미래창조과학부가 '5차 국가 정보화 기본 계획'을 발표하면서 보다 빨라진 인터넷을 토대로 클라우드와 공공 빅 데이터, 사물 인터넷에 기반을 둔 네트워크 고도화를 추진함으로써 "국민 행복을 위한 디지털 창조 한국"을 실현할 것이라고 보고한 바

초에 소셜 미디어로 인해 연결성이 증대되는 사회에서 초래되는 사생활 침해와 안보 문제 등 "초연결 사회 대처" 문제를 핵심 의제로 제시하는 대조를 보였다. 왜 당시 시점에서 다시 '초연결 사회'가 강조되었으며, 누구에 의해서, 그리고 누구를 위해서 그러한 미래 사회 그림이 그려졌는지를 되돌아볼 일이다.

4. 지능정보사회론

"유비쿼터스 사회"와 "초연결 사회" 등에 이어 또 다른 이름으로 등장한 후기 정보사회론의 하나가 지능정보사회론이다. 지능정보사회론 역시 계속 발전해 온 새로운 정보 통신 기술에 의해 새로운 사회가 도래한다는 전형적인 기술결정론적인 논법을 따르고 있다. 다만 컴퓨터와 인터넷 등의 정보 통신 기술 대신 그것이 보다 고도화된 '지능 기술intelligent technology'을 강조한다. 정보 기술이든, 통신 기술이든 관련 기술이 더욱 '지능화'된다는 점을 강조하면서 지능 기술을 내장한 사물이나 지능 기술을 이용 또는 활용하는 사람들이 서로 연결되어 더욱 자동적으로 혹은 자율적으로 다양한 활동과 작업이 이루어지는 새로운 사회로 이행해 간다는 주장이다. 달리 말하면 더욱 지능화된 기술 기반의 유비쿼터스 사회, 초연결 사회가 도래한다는 것이니 기본적인 논리는 특별히 새로울 것이 없다. 좀 더 발전된 정보

있다. 그 1년 뒤인 2014년 12월에 이르러 국무총리 주재로 열린 정보통신전략위원회에서 "인간 중심의 초연결 창조 사회" 실현이라는 비전을 제시하면서 2025년까지 초연결 사회로 진입할 것이라고 했다.

통신 기술이 등장하면 좀 더 새로운 정보사회 도래론들이 주장되듯, 지능정보사회론도 마찬가지다.

다만 좀 더 새로운 정보 통신 기술이라는 것이 '지능 기술'이라는 이름으로 포장되고 있을 뿐이다. 여러 가지 지능 기술이 기술 기반이 되는 사회, 그리고 지능화된 기술들을 개발, 보급, 이용함으로써 그러한 기술적 특징이 사회적 특징의 변화에도 크고 작은 영향을 주는 그런 사회가 지능 정보 사회인 셈이다.

"지능 정보 사회"란 명칭은 그동안 우리 사회가 유비쿼터스 사회와 초연결 사회로 이행해 가고 있다고 강조해 온 한국정보화진흥원에서 그려 낸 새로운 그림의 이름에 다름 아니다. 앞서 살펴본 바와 같이 과거 노무현 정부의 정보통신부는 u-Korea 기본 계획을 발표하면서, 한국은 정보화 사회 혹은 지식 기반 정보 사회의 단계를 지나 2006년 "유비쿼터스 사회"로 들어갔다고 보고 2010년까지 이를 구축하고 2015년까지 이를 정착시킨다는 비전을 제시한 바 있다. 그랬던 것을 — 정보화 정책에 비교적 소홀했던 이명박 정부를 건너뛰고 — 2014년 12월 박근혜 정부 때는 "인간 중심의 초연결 창조 사회" 실현이라는 비전을 제시하면서 2025년까지 우리나라가 초연결 사회로 진입할 것임을 천명한 바 있다. 구체적인 내용은 앞서 살펴본 바와 같다.

그런데 그런 '초연결 사회' 실현 정책이 공표된 지 2년도 채 안 된 2016년에 '지능 정보 사회' 정책 비전이 새롭게 제시되면서 "초연결 사회"는 "지능 정보 사회"로 옷을 갈아입는다. 그 배경에는 '4차 산업혁명'이라는 새로운 글로벌 '혁명'론이 강력하고도 광범위하게 확산된 것과 무관하지 않다고 하겠다.

1) 4차 산업 혁명과 '지능 정보 사회'

2016년 6월 스위스에서 열린 다보스 세계경제포럼에서 당시 포럼 집행 의장이었던 클라우스 슈바프Klaus Schwab가 포럼의 주제를 "4차 산업 혁명the Fourth Industrial Revolution"으로 정해 이를 강조함으로써 전 세계적인 관심사가 되었다. 그는 "이전의 1, 2, 3차 산업 혁명이 전 세계적 환경을 혁명적으로 바꿔놓은 것처럼 4차 산업 혁명이 전 세계질서를 새롭게 만드는 동인이 될 것"이라고 했다.[74] 그는 또한 같은 제목의 글을 통해 "4차 산업 혁명 시기에는 하드웨어와 소프트웨어 및 생물학이 결합된 기술들, 즉 사이버물리 시스템cyber-physical systems의 기술 기반 위에서, 커뮤니케이션과 연결성이 더욱 진전될 것이라고 전망하였다. 특히 로봇공학, 인공 지능, 나노 기술, 양자 컴퓨팅, 바이오 기술, 사물 인터넷, 산업 인터넷, 5세대 무선 기술, 3D 프린팅, 그리고 완전 자율 자동차 등의 신기술 영역에서 발전이 일어날 것이라고 보고, 이러한 기술들이 더욱 정교화되고 서로 통합되면서 결과적으로는 사회의 여러 부분과 글로벌 경제 등에서도 변화가 일어날 것이라고 했다.[75] 슈바프는 "4차 산업 혁명은 기하급수적인 속도로 진화하고

74 슈바프에 의하면, 4차 산업 혁명은 1784년 영국에서 시작된 증기 기관과 기계화로 대표되는 1차 산업 혁명, 1870년 전기를 이용한 대량 생산이 본격화된 2차 산업 혁명, 1969년 인터넷이 이끈 컴퓨터 정보화 및 자동화 생산 시스템이 주도한 3차 산업 혁명에 이은 로봇과 인공 지능, 사물 인터넷 등의 신기술을 통해 실제와 가상이 통합되어 사물을 자동적, 지능적으로 제어할 수 있는 사이버물리 시스템 구축이 기대되는 산업상의 변화를 말한다.

75 https://en.wikipedia.org/wiki/Fourth_Industrial_Revolution; Schwab, Klaus (2016). *The Fourth Industrial Revolution*(https://books.google.co.kr/books?id=ST_FDAAAQBAJ). New York: Crown Publishing Group(published 2017).

있으며, 국가·기업·산업과 사회 전체 시스템을 통째로 바꿀 것"이라고 단언했다.

슈바프가 4차 산업 혁명을 주도하고 있다는 여러 기술들은 대부분 기존의 디지털 기술들이 더욱 지능화되고 자동화[자율화]된 기술들이다. 지능형 기술, 인공 지능 기술, 스마트 머신, 인지 컴퓨팅 cognitive computing 등으로 다양하게 불려 왔지만, 국내에서는 "지능 기술"로 정리되었다. "4차 산업 혁명을 주도하는 것도 결국은 지능 기술이며, 이러한 지능 기술을 기반으로 새롭고 혁신적인 패러다임 변화가 진행되면서 '지능 정보 사회'가 실현될 것"이라는 전망을 내놓게 되었다. 한국정보화진흥원에서 발간한 《새로운 기술, 새로운 세상 지능 정보 사회》라는 책은 이러한 인식을 잘 드러내 준다. 새로운 기술인 '지능 기술'이 새로운 세상 '지능 정보 사회'를 가져올 것이라는 것이다(한국정보화진흥원, 2016).

앞서 정보화 패러다임의 변화와 관련하여 한국정보화진흥원은 정보 사회 이후 유비쿼터스 사회를 거쳐 2010년대에는 초연결 사회로 이행되어 나갈 것이라고 한 바 있다. 그러한 초연결 사회에서는 사물 인터넷과 빅 데이터, 그리고 사물과 사람을 연결하는 기술 등에 의해 지능화, 개인화, 사물정보화 등이 가속되면서 그러한 "정보 기술을 바탕으로 사람, 프로세서, 데이터, 사물이 서로 연결됨으로써 지능화된 네트워크를 구축하여 이를 통해 새로운 가치와 혁신의 창출이 가능해지게 될 것"이라고 했다. 이미 초연결 사회로의 이행 전망에서 기술의 지능화, 지능화된 네트워크, 지능형 서비스 등 지능 기술을 초연결 사회의 기반 기술로 언급한 바 있다.

따라서 2000년대의 '유비쿼터스 사회' 구상을 2010년대 중반 정보 통신 기술과 서비스의 지능화가 더욱 진전되면서 '초연결 사회' 비전으로 새롭게 구성하여 제시하였으나, 곧이어 4차 산업 혁명을 새롭게 강조하는 상황에서 초연결 사회 구상도 '지능 정보 사회'라는 이름을 바꾸어 부르게 된 것으로 보인다. 즉 유비쿼터스 사회가 보다 진화된 그 이후를 "초연결 사회"라고 새롭게 그림을 그렸으나, 그 뒤 4차 산업 혁명을 강조하게 되면서, 3차 산업 혁명[컴퓨터와 인터넷 등 정보 기술]에 의한 정보 사회 이후를 4차 산업 혁명[인공 지능과 사물 인터넷 등 지능 기술]에 의한 "지능 정보 사회"로 부르게 된 것이다. 결과적으로는 정보 사회 이후의 유비쿼터스 사회와 초연결 사회를 한 데 묶어서 "지능 정보 사회"로 호칭 변경한 것이라고 봐도 무방하다.

2) 지능 기술과 지능 정보 사회로의 이행

그림 6-5에서 보는 바와 같이 지능 정보 사회의 등장과 발전을 강조하는 입장에서는 전통적인 산업 사회가 컴퓨터의 등장과 인터넷과 전자 메일의 활용은 물론 위성 통신과 디지털 통신망의 발전 등 정보 혁명으로 인해 정보 사회로 변화된 것이 하나의 패러다임 변화인 만큼이나 정보 사회에서 지능 정보 사회로 이행하는 것도 패러다임이 전환되는 정도의 큰 변화로 보고 있다. 기존의 정보 사회가 진전되면서 IoT의 등장 등 지능 기술의 발전과 초연결 혁명으로 인한 데이터의 폭발적 증가와 사이버물리 공간의 융합 및 기술 산업 간 융합으로 기술·경제 패러다임이 바뀌면서 지능 정보 사회로 이행해 간다는 것이다.

여기서 지능 기술이란 인간과 사물을 연결하는 사물 인터넷과 빅 데이터, 로봇공학, 나노 기술, 인공 지능, 증강 현실과 가상 현실, 임베디드 소프트웨어는 물론 무인 자동차와 무인 비행기 등을 포함하

그림 6-5 지능 정보 사회로의 이행론 도식

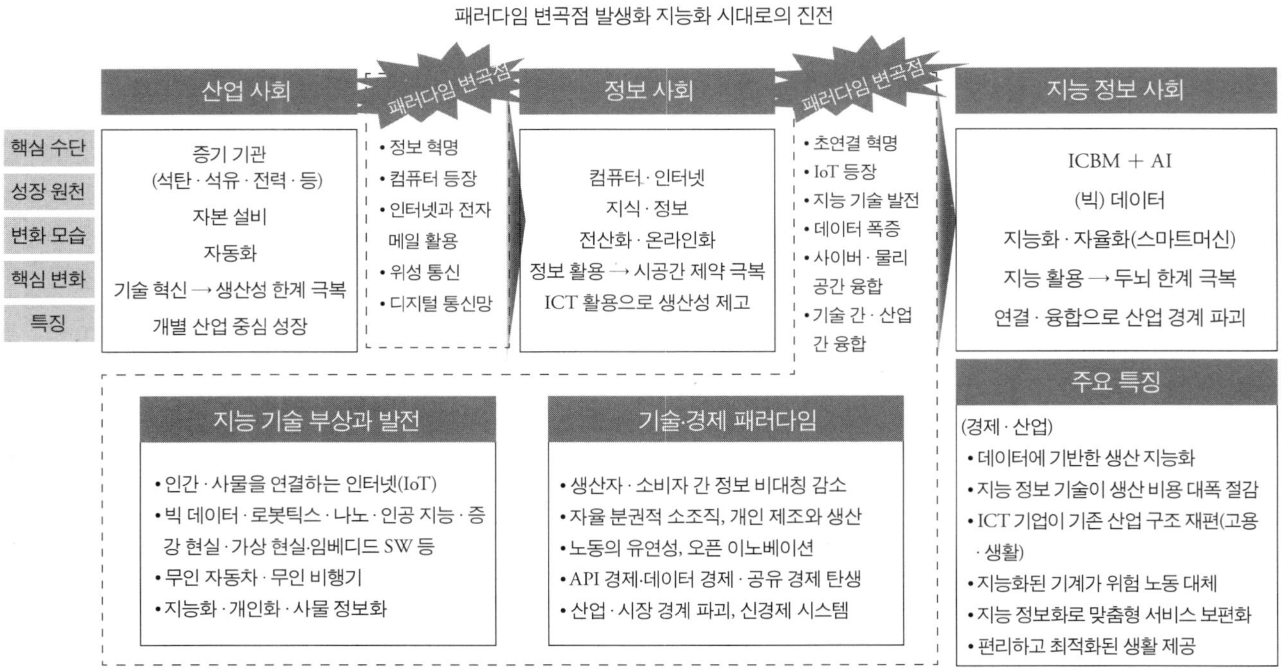

출처: 한국정보화진흥원(2016: 15)

고 있다. 이러한 기술들의 지능화, 개인화, 사물 정보화 등이 더욱 진전되면서 생산자와 소비자 간의 정보 비대칭이 감소하고 자율분권적 소조직이 발전하고 노동의 유연성과 개방적 개혁, API 경제Application Programming Interface Economy와 데이터 경제, 공유 경제가 생겨나며, 산업과 시장의 경계가 파괴되고 신경제 시스템이 구축되는 등 기술·경제 패러다임의 전환이 일어나게 된다는 것이다. 전망은 대체로 낙관적이다. 산업경제적인 측면에서도 데이터에 기반한 생산 자동화가 이루어짐으로써 지능 정보 기술이 생산 비용을 대폭 절감하고 ICT 기업이 기존 산업 구조를 재편하게 된다고 보고 있다. 고용과 생활 면에서도 지능화된 기계가 위험 노동을 대체하며, 지능 정보화로 맞춤형 서비스가 보편화되며 보다 편리하고 최적화된 생활을 제공하게 된다고 낙관하고 있다.

3) 지능 정보 사회의 패러다임 변화

정보사회에서 지능 정보 사회로의 이행을 기술 발전에 따른 연속적인 변화로 보기보다는 이를 패러다임 변화paradigm shift의 수준으로 확대 평가하고 있다. 또한 이를 기술, 경제, 사회 패러다임의 변화로 나누어 각 분야별 '변화'를 강조하고 있다.

먼저, 기술 패러다임의 변화와 관련해서 산업 사회에는 노동력과 천연자원이 힘의 원천이었고, 정보 사회에서는 정보와 네트워크가 힘의 원천이었다면, 지능 정보 사회에서는 데이터와 알고리즘이 힘이 되는 사회라는 것이다. 이러한 도식은 초기 정보사회론에서 농업 사회(식량과 천연자원)와 산업 사회(전기와 에너지)와 정보 사회(정보와 정보 기술)의 핵심 자원을 얘기하던 논법과 매우 유사하다. 또한 기술 패러다임

표 6-6 산업 사회-정보사회-지능 정보 사회 패러다임 변화

구분	산업 사회	정보 사회	지능 정보 사회
특징	· 19세기~20세기 중반 · 기계와 에너지 중심 · 생산 능력 제고	· 1960~2007년 전후 · 컴퓨터와 인터넷 중심 · 정보 활용 능력 제고	· 2013년 이후 · 데이터와 알고리즘 중심 · 생각하는 능력 제고
경제사회구조	· 제조업이 성장 견인(기계) · 노동력과 천연자원이 힘 · 위계적 기계식 사회 구조 · 상품 교역, 정보 국내 · 대량 생산 · 노동력 공급 위한 대량사회	· ICT가 성장 견인(컴퓨터) · 정보와 네트워크가 힘 · 수평적 네트워크 사회 · 상품 교역, 정보 교역 · 대량 정보 · 정보 연결 통한 사이버사회	· 신제조업이 성장 견인(기계+컴퓨터) · 데이터와 알고리즘이 힘 · 신뢰와 협력의 혼계 사회 · 상품 국내, 정보 교역 · 대량 지능 · 지능 사물 위한 플랫폼 사회

출처: 한국정보화진흥원, 2016: 90, 122.

의 변화와 관련해서 플랫폼의 중요성도 강조하고 있다. 지능 정보 사회에서는 기술에서 앞서는 것보다는 플랫폼에서 앞서는 것이 더 큰 경쟁력을 가지며, 그 사회의 플랫폼 발전 수준이 지능화 수준을 결정한다고도 했다.

경제 패러다임의 변화와 관련해서는 산업 사회와 정보 사회에서는 각각 기계 기반 제조업과 컴퓨터 기반 ICT가 성장을 견인했다면, 지능 정보 사회에서는 기계와 컴퓨터가 융합되어 제조업의 서비스가 가속화되며 융합형 신제조업이 성장을 견인한다는 것이다. 그리고 산업 사회에서 기계가, 정보 사회에서는 컴퓨터가 단순한 도구에 불과했으나, 지능 정보 사회에서는 기계와 컴퓨터가 융합되어 인간과 사물의 사고력을 강화하고 기계가 인간의 유능한 조력자로 등장한다고 했다. 또한 무역 중심이 물리적 상품 교역에서 데이터와 디지털 상품 교역으로 변화되어 갈 것으로 내다봤다. 즉 정보와 데이터의 급격한 양적 증대와 공간적 확대로 보다 빠르게 정보의 글로벌화가 진행되면서 실제 상품과 서비스, 자본 교역 등 전통적 의미의 세계 교역은 감소하는 반면, 국가 간에 디지털 정보(데이터) 교역은 급격히 증가할 것이라고 했다.

사회 패러다임의 변화와 관련해서는 기존 산업 사회의 위계적 사회 구조와 정보 사회의 네트워크 사회 구조가 복합적으로 결합된 혼계 사회混繫社會/heterarchy가 등장할 것으로 예단했다. 즉 위계적 구조의 산업 사회는 표준과 규제 등 신뢰 관리에는 능했으나 수평적 협력이 어려웠고, 네트워크 구조의 정보 사회에서는 수평적 협력은 능했으나 보안과 신뢰 등의 관리가 어려운 문제가 있었으나, 위계와 연계가 복합적으로 결합된 지능 정보 사회는 신뢰와 협력 중심의 모델로 발전해 나갈 것이라고 본 것이다. 또 지능 정보 사회에서는 지능 기술의 도움을 받아 보다 많은 사람들이 전문 지식과 능력을 공유할 수 있게 될 것이라고 했다. 산업 사회는 대량 생산을 통해 재화의 대중화를, 그리고 정보 사회는 인터넷을 통한 정보의 대중화를 실현했다면, 지능 정보 사회는 알고리즘을 통해 대량 지능의 공유가 가능하게 됨으로써 과거 소수 전문가들만 할 수 있었던 일을 일반인들도 쉽게 할 수 있게 된다는 것이다.

4) 지능 정보 사회 = 초연결 사회 = 플랫폼 사회?

지능 정보 사회는 사회 전체가 하나의 플랫폼으로 작동하게 되어 플랫폼 사회적인 특성이 강화된다는 지적도 있다. 지능 기술은 그것이 구현되는 사회의 플랫폼 수준에 의존한다는 것이다. 그래서 1차 산업 혁명이 공장을 중심으로 이루어졌다면, 4차 산업 혁명은 플랫폼을 중심으로 일어난다는 말도 나온다. 실제 새롭고도 다양한 플랫폼이 등장하고 있고 그 영향력도 커지고 있다. 지능 정보 사회는 지능화된 컴퓨팅 기술과 네트워킹 기술의 통합과 고도화에 따라 하나의 거대한 플랫폼처럼 작동하는 '플랫폼 사회'로 가고 있는 것인가? 아니면 이윤 창출을 위한 새로운 사업 방식으로서 디지털 기술을 기반으로 새롭게 등장하는 다양한 플랫폼이 치열하게 경쟁하면서 독점화가 심화되어 가는 '플랫폼 자본주의'의 양상을 보여 주는 것인가?

앞서 지능 정보 사회는 데이터와 알고리즘이 힘이 되는 사회라고 했다. 데이터를 연료로 하면서 알고리즘에 의해 작동되는 글로벌 온라인 플랫폼 생태계global online platform ecosystem에 의해 사회적, 경제적 트래픽이 더욱더 연결되어 이루어지는 사회를 "플랫폼 사회"라고도 한다(van Dijck, Poell, & de Waal, 2018: 4). 결국 데이터와 알고리즘을 기반으로 하는 지능 정보 사회나 초연결 사회, 그리고 플랫폼 사회는 유사한 사회 현상에 대한 다른 표현일 뿐이다.

빅 데이터와 알고리즘에 의한 지능형 기술의 적용과 그것의 범지구적 연결을 기반으로 하는 이러한 사회를 '플랫폼 사회'라고 일컫는 경우는 대개 — 앞서 살펴본 바와 같은 — 초연결 사회나 지능 정보 사회로의 이행론과 같이 대체로 지능형 기술에 의한 긍정적이고 낙관적인 경제적, 사회적 변화를 강조하는 경향이 있다. 이에 비해 이를 '플랫폼 자본주의'라고 일컫는 경우에는 거대 플랫폼 기업들의 이윤 추구와 경쟁으로 인한 독점의 심화와 그러한 과정에서 노동이 계속 배제되어 나가거나 더욱 무력화되는 현상을 강조하는 등 상당히 부정적이고 비관적인 견해를 보여 준다(Srnick, 2017; 이광석, 2021 등). 이에 대해서는 뒤에서 별도로 다룬다.

또 데이터와 알고리즘을 근간으로 하는 기술 경제적 변화와 글로벌 온라인 플랫폼 생태계의 확장을 '플랫폼 사회'의 등장으로 보는 또 다른 견해는 그것의 미래 전망과 관련해서는 상당히 유동적인 것으로 보는 경우도 있다. 즉 범지구적인 '플랫폼 사회'가 등장함으로써 사적 이익과 공적 가치들이 새롭게 충돌하기 때문에 이를 어떻게 균형 잡고 나갈 것인가 하는 것이 새로운 정책적 과제가 될 수밖에 없는데, 여기에는 기업과 정부와 시민사회의 주요 행위자들이 어떻게 대응하고 조율하느냐에 따라 그 결과가 크게 달라진다는 것이다. 그러면서도 특별히 정부의 역할을 강조한다. 정부는 시장 역학과 공정 경쟁의 장에서 중요한 결정권자일 뿐 아니라 시민과 소비자들을 대신해서 공적 가치를 협상하는 과정에서 사전에 미리 대책을 강구할 수 있고, 또 강구해야 하는 위치에 있기 때문이라는 것이다. 그러면서도 기업과 정부와 시민사회의 견제와 균형에 의해 공익과 공적 가치를 공유하는 지속 가능하면서도 민주적인 플랫폼 사회의 구현에 대한 기대를 강조하고 있다(van Dijck et al., 2018: 6, 166).

5) 지능 정보 사회의 빛과 그림자

한국정보화진흥원의 《새로운 기술, 새로운 세상 지능 정보 사회》에는 지능 정보 사회의 미래 그림도 그려져 있다. 국내 전문가들의 인터뷰를 통해 요약 정리한 내용을 보면, 지능 정보 사회는 "지능(효율화)이 극대화되어 국가 사회 전반이 혁신되고 새로운 가치가 창출되는 사회"로서 경제 분야에서는 인공 지능 기술을 기반으로 생산성이 극대화되고, 산업 간 경계가 희미해지며, 데이터 활용 능력의 중요성이 더욱 부각될 것이라고 전망했다. 국민 생활 측면에서는 데이터와 지능 정보 기술의 결합으로 개인 맞춤형 서비스가 일반화되며, 기계가 인간의 일을 대체하면서 일상생활에서 인간의 역할이 축소되고 여가 시간이 증대될 것으로 예측했다.

물론 역기능적인 측면도 언급하고 있다. 자동화를 통한 노동의 대체 속도가 가속화되면서 직업 구조의 변화로 인한 실업자 양산과 지능 정보 기술을 가진 자와 못 가진 자 간의 불평등과 양극화가 심화될 우려가 있다는 점, 그리고 인공 지능 간 접촉의 증가로 사람 간 접촉을 어색해하거나 꺼리는 몰인간성도 발생할 수 있다고 진단했다.

지능 정보화가 가져올 이러한 결과 전망의 양면성에도 불구하고, 전문가들은 지능정보화 추진이 거스를 수 없는 세계적 흐름 속에서 한국 경제의 재도약을 위한 필수불가결한 선택이라고 보고 있으며, 결과적으로는 생산성 향상과 신시장 창출, (사회경제적) 문제 해결 등 역기능 때문에 발생되는 피해보다 순기능 덕분에 발생하는 이익이 더 클 것이므로 지능 정보 사회로 가야 한다는 것이다(한국정보화진흥원, 2016: 47~51). 역기능에 대한 분명한 인식에도 불구하고 선택의 불가피성을 강조하고 있는 셈이다. 또한 역기능 대비 순기능의 상대적 이익이 더 크기 때문이라고도 했는데, 어떤 분야나 영역의 이익이고 누구의 이익인지도 좀 더 엄밀히 따져봐야 할 것이다. 과거 정보 사회로의 이행을 위해 정보화 추진을 정당화했던 논리는 물론, 유비쿼터스 사회로의 이행을 위한 정책 추진 정당화 논리 등을 지능 정보 사회로의 진입을 위해 지능정보화 추진을 강조하는 최근의 정책 정당화 논리와 비교 검토해 볼 필요도 있다. 비슷한 정당화 논리의 반복 혹은 지속적인 재생산이라는 측면에서.

7장

정보양식론

1990년대 들어 새로운 정보 통신 기술에 의한 사회 변동의 문제를 하나의 거대한 문화 변동으로 설명하려는 논의들이 등장했다. 그 중 하나는 인류의 문화 변동을 '정보 양식mode of information'의 변화로 보는 입장이고, 다른 하나는 모더니즘적 문화 경향에서 포스트모더니즘으로 넘어가는 문화 변동 과정에서 정보 통신 기술의 발전이 갖는 의미를 연결시켜 설명하는 관점이다. 전자는 후기 구조주의poststructuralism 관점에서 현대 사회의 미디어와 문화 변동을 설명하고, 후자는 후기 근대postmodernism적 관점에서 같은 현상을 설명한다는 점에서 큰 흐름은 대동소이하다. 정보양식론은 탈구조의 관점에서, 포스트모더니즘은 탈근대의 관점에서 둘 다 로고스 중심주의logocentrism 사회변동관을 부정하기 때문이다. 이들 두 관점은 모두 기존의 전통적인 글쓰기 문화나 근대적인 인쇄 문화로 구축되어 온 '언어'에 의한 주체 구성의 문제는 물론 구조, 이성, 이론과 진리 등의 거대 담론에 대한 문제 제기적 관점들이다. 이러한 문제 제기는 새로운 정보 통신 기술, 즉 디지털 미디어 기술에 의한 새로운 전자적 글쓰기에 의해 전통적인 '주체'의 개념은 물론 주체와 객체의 관계 등에 근본적인 변화가 일어나게 되었고, 계속해서 등장하는 새롭고 다양한 디지털 미디어들에 의해 수많은 기호와 상징 역시 폭발적으로 늘어남으로써 그러한 기호나 상징이 갖는 의미화 능력이 크게 약화되었다고 보는 것이다.

여기서는 먼저 후기 구조주의적 입장에서 새로운 디지털 미디어와 문화 변동의 문제를 다루고 있는 마크 포스터의 '정보양식론'에 대해 먼저 살펴보고, 대표적인 몇몇 포스트모더니즘 이론가들이 현대적인 미디어와 그러한 미디어로부터 제공되는 정보, 즉 기호와 상징들에 대해 갖는 유사 관점들에 대해서도 다루어 보고자 한다.

1. 마크 포스터의 정보양식론

마크 포스터(Poster, 1984/1990; 1990/1994; 1995a/1998; 1995b)에 의해 제기된 정보양식론적 관점은 새로운 정보 통신 기술에 의한 오늘날의 전자 커뮤니케이션이 기존의 말이나 글과는 질적으로 전혀 다른 새로운 언어적 경험을 창출함으로써 인간의 자아에 대한 관념은 물론 인간 상호 간의 사회관계에도 근본적인 변화를 야기시킨다고 주장한다.

포스터에 따르면, 인류의 정보 양식mode of information은 말과 글, 전자 언어 등 시대에 따라 상이한 유형의 상징적 교환이 주류를 이루면서 변화되어 왔다고 보면서 그러한 정보 양식이 이전의 사회와 새

표 7-1 정보 양식에 따른 시대별 주요 특성

시대 구분	상징	개인의 위상	기호의 역할
구두 시대	말	[몰주체] 개인과 자아는 집단과 공동체에 종속	기호가 고정화된 생활 방식에 상응하는 것만 나타냄
문자 교환 시대	문자	[주체] 개인과 자아, 시공간적으로 고정된, 합리적 주체 강조	기호의 현실 재현적 역할 강조 (실체에 대한 객관적 진리)
전자 매개 시대	전자 언어	[탈주체] 탈중심화, 분산, 다중화된 자아	불안정한 시뮬라시옹 기표의 흐름에 불과

로운 사회를 구분하는 기준이 된다는 점을 강조한다. 그는 인류의 역사를 상이한 유형의 상징적 교환에 따라 구두 시대the era of oralism, 문자 교환 시대the era of written exchange, 전자 매개 시대the era of electronic mediation로 나누면서 각 시대의 상징적 기호나 개인적 자아의 위상, 그리고 인간의 사회관계가 드러내는 특성을 논의한다.

먼저 말이 상징적 교환의 중심을 이루던 구두 시대는 사회 구성원 간의 대면 관계를 기초로 집단이나 공동체가 개인이나 자아에 우선하며 상징적 교환 역시 공동체에 이미 알려져 있고 집단 속에 이미 수용된 것을 강조하기 때문에 이 시대의 기호는 이미 고정화된 생활 방식에 상응하는 것만을 나타내는 역할 이상의 것을 하지 않으며 개인이나 자아 역시 집단이나 공동체에 종속되는 부수적 존재에 머물러 있었다고 보았다.

그러나 문자 교환 시대에 접어들어서는 글을 통한 상징적 교환을 통해 기호가 어떤 객체 혹은 현실을 있는 그대로 드러내는 재현적 역할representational role을 수행하게 되고, 문자를 통해 의사소통을 하는 개인이나 자아는 합리적인 존재로 간주되며, 따라서 집단이나 공동체

보다는 합리성에 기초한 개인적 책임이나 이성적 주체가 강조되었다고 보았다. 문자 교환 시대에 글은 실체에 대한 객관적 진리를 드러내 줄 수 있는 것이라는 '확실성'에 대한 믿음이 강조되었다는 것이다.

이러한 문자 교환 시대를 모더니즘적 시대로 본 포스터는 새로운 미디어 기술에 의한 전자 언어적 환경이 이전과는 전혀 다른 새로운 정보 양식 시대를 초래한다고 보았으며 이를 곧 포스트모더니즘 시대와 거의 같은 개념으로 받아들인다. 그는 전자적인 매개의 시대에 있어 상징적 교환의 중심을 이루는 전자 언어적 기호는 더 이상 무언가를 재현하는 것이 아니라 다양한 의미를 지닐 수 있는 매우 불안정한 '시뮬라시옹simulations'(원본과 복제물의 구분 자체가 소멸되는 과정)에 불과하다는 점을 강조한다. 전자 언어적 기호는 주어진 대상에 대해 어떤 고정된 의미를 나타내는 것이 아니라 지속적인 변이성을 갖는 '기표의 흐름'에 불과하다는 것이다. 이에 따라 개인적 주체나 자아 역시 '끊임없는 불안정 속에서 탈중심화되고 분산되고 다중적인' 성격을 지니게 되는 것으로 본다. 이러한 시뮬라시옹의 확산을 특징으로 하는 포스트모더니즘 시대에 있어서는 문자 교환 시대를 특징짓던 '확실성'에 대한 믿음이 약화될 수밖에 없다는 것이다.

요컨대, 포스터가 말하는 전자 매개 시대에 있어서의 새로운 '정보 양식'이란 대면적 말하기나 문자를 통한 글쓰기와는 상이한 전자 언어적 경험에 의해 매개되는 새로운 사회관계를 의미한다. 새로운 정보 통신 기술에 의한 전자식 커뮤니케이션은 사회적 커뮤니케이션의 시공간 관계를 변화시키고 주체와 객체, 즉 송신자와 수신자의 관계를 와해시킴으로써 기존의 여러 사회관계들을 대치시키고 새로운 사회적 관계망을 형성한다는 것이다(Poster, 1984: 168).

특히 정보양식론적 관점은 전자 언어가 세계에 대한 주체의 관계

표 7-2 마크 포스터의 전자 언어에 의한 주체 구성 관련 주요 견해

전자 언어	주요 내용
TV 광고*	- 광고에서 시청자는 부재 중인 주인공이 된다. - 시청자는 자신을 광고 속에 옮겨놓고 제품과 결합된 의미들과 하나가 되도록 권유를 받는다(TV 광고는 시청자들이 자신을 상품과 동일시하게 만든다). - TV 광고는 시뮬라크라, 꾸며 낸 이야기, 상상적인 것과 함께 작용한다. - TV 광고의 주체 위치 구성 효과는 말할 필요도 없이 크다. - 광고는 '진짜 사물'에 대한 지시체가 아니라 기표들의 자의적 연결로 가정한다. - 광고의 목표는 바람직한 라이프스타일의 서사 속에 기표들의 고리들을 연결하는 것이다. 펩시=젊음=섹시함=대중성=재미처럼 말이다. - 광고는 원본도 없고, 객관적 지시체도 없는 복사본인 시뮬라크라다. - 오늘날의 문화는 점차 시뮬라크라들로 구성되어 간다. - 이러한 시뮬라크라들은 함께 모여서 리얼리티의 새로운 질서를 만들어 나간다. - 문화는 '구성된 현실들'로 이루어져 있는데, 그것은…… 현실보다 더 현실적이다.
데이터 베이스**	- 데이터베이스가 개인의 부가적인 정체성을 구성하며, 이 정체성이 개인을 대신하게 된다는 점이 중요하다. 컴퓨터 데이터베이스와의 상호작용 속에서 정체성은 다중화된다. - 초파놉티콘super-panopticon에서의 데이터베이스는 개인이 그것을 자각하는지에 상관없이 각 개인의 정체성을 구성한다…… 개인은 이 데이터베이스에 의해 구성된 정체성을 바탕으로 취급받게 되는 것이다. - 데이터베이스는 초파놉티콘으로서 작동한다…… 파놉티콘과 달리 '수감자들'은 특정한 어떤 건물 속에 있을 필요가 없으며, 단지 그들의 일상적 삶을 평소와 다름없이 꾸려가기만 하면 된다. - 데이터베이스는 간수의 시선 없이도, 또한 어떤 인간보다도 정확하고 철저하게 우리를 '감독'한다. - 초파놉티콘이 지니는 영향력은 공적인 것과 사적인 것의 구분을 무력화시킨다. - 누가 어디에 있으며 무엇을 하고 있는지 데이터베이스는 그 흔적이 남게 되며, 이는 정보로 만들어져 컴퓨터 속으로 옮겨지는 것이다.
전자적 글쓰기***	- 전자 글쓰기는 워드 프로세싱과 하이퍼텍스트, 전자 우편과 메시지 서비스, 컴퓨터 회의를 포함하는 광범위한 글쓰기 실천을 포괄한다. - 전자 글쓰기는 또한 인쇄 문화를 전복시킨다…… 저자와 독자의 구별 짓기를 와해시키고, 작품의 정전성canonicity을 붕괴시킨다. - 메시지 서비스는 자율적이고 이성적이고 고정된 개인들이 아니라 유희적이며 상상력이 풍부하고 다중적인 자아를 만들어 낸다. - 컴퓨터 회의는 비권위적인 새로운 민주주의의 조건을 창조한다고 주장한다. - 전자 글쓰기는 (기록된 언어의 휘발성과 불안정성, 작가의 불확실성 등으로 인해) …… 주체를 탈안정화하고 개인들을 분산시키며, 자아의 통일성과 고정성에 대한 (기존의) 잘못된 생각을 부정한다.

출처: * Poster, 2005b: 399~401; ** Poster, 2005b: 401~405; *** Poster, 2005b: 405~407.

를 재구성하며 그러한 과정에서 오늘날의 지배 양식은 전자 언어에 의한 문화적 경험, 즉 새로운 언어 경험 속에 자리 잡고 있음을 강조한다. 전자 언어에 의한 주체의 재구성과 관련하여 포스터는 "새로운 정보 양식에 있어서의 주체란 더 이상 시공간의 특정 지점에 위치하여 그로부터 자신의 선택지를 합리적으로 가늠하면서 물리적이고도 확고한 입지를 누리는 존재가 아니다. 이제 주체는 데이터베이스에 의해 다중화되고 컴퓨터 통신 및 컴퓨터 회의 등을 통해 분산되며, TV 광고에 의해 탈상황화되어 반복 인식된다. 그리고 주체는 여러 상징의 전자적인 전달 과정에서 해체되면서 새로운 물질적 형태를 부여받게 된다"고 했다(Poster, 1990: 15). 현대의 지배 양식은 더 이상 정치적, 경제적 행위의 차원에서가 아니라 전자 언어를 통한 주체 또는 사회적 관계의 재구성 과정에서 담론의 형태로 실현되고 있기 때문에 전자 커뮤니케이션을 통한 새로운 언어적 경험에 대한 이해가 '새로운 비판 이론'의 요건임을 내세운다.

미디어 기술의 발전에 따라 질적으로 변화된 새로운 사회 질서 속에서 마르크스의 생산양식론이 적용될 수 없는 한계를 비판하고 이를 정보양식론으로 대치시킨[76] 포스터의 견해는 새로운 차원의 언

76 포스터의 '정보 양식' 개념은 1980년대 중반에 이미 등장했다. 그는 1984년 저서인 《푸코, 마르크스주의, 역사*Foucault, Marxism and History*》에서 '생산 양식 대 정보 양식'이란 대조어를 책의 부제로 사용했다. 그는 그 책에서 20세기 후반의 사회에는 마르크스의 노동 모델이 기반이 된 생산양식론은 더 이상 적용될 수 없다고 보고 그 대안으로 정보양식론을 제기했다. 그에 따르면 마르크스의 '노동'은 '사물에 작용을 가하는' 인간의 노동을 전제로 한 것이었는데, 이제 그러한 노동이 중심이 된 공장 체제는 점차 주변화되고 있으며 "인간의 다른 인간에 대한" 혹은 "보다 중요한 것으로서 정보에 대한 인간의 활동과 인간에 대한 정보의 활동"을 근간으로 하는 '서비스 경제,' '정보 노동자' 중심의 사회로 변했다는 것이다. 즉 그는 이전 사회를

어 경험에 의한 주체 구성과 사회관계의 변화에 분석의 초점을 맞추기 때문에 체계 수준system-level에서 '정보 사회'로의 이행을 주장한 앞서의 관점들과는 인식론적으로 상당한 차이를 갖고 있다. 그런 점에서 그의 관점을 '정보 사회'로의 이행론 계열에 놓는 것이 부적절할지 모른다. 그러나 정보 통신 기술에 의한 새로운 정보 양식, 즉 전자 커뮤니케이션을 매개로 한 새로운 언어적 경험과 그로 인한 주체 구성 및 사회관계의 재구성 등을 강조한다는 점에서 그 역시 미디어 기술의 개입에 따라 과거와는 불연속적인 사회구성체를 상정하는 것으로 보는 것이 타당하다.

또한 총체성 논리를 거부하는 후기 구조주의자의 한 사람인 그는 특히 대니얼 벨류의 후기산업사회론자나 정보사회론자들이 '정보 사회'로의 이행을 설명하기 위해 전체 역사를 포괄하려는 총체화의 오류를 범한다고 지적하고, 특히 정보를 언어적 사실로서보다는 경제적 사실로 다룸으로써 미디어 기술의 열려진 새로운 가능성을 인식하지 못했다고 비판했다.

그리고 그는 정보 양식에 근거한 현대 사회의 미래 전망과 관련해서는 그것의 억압적인 면과 해방적인 잠재력을 동시에 내다보면서, 억압적인 면을 극복하고 해방적인 데로 나아가기 위한 비판적 인식을 요구했다. 그는 전자 매개 시대에 있어 개인의 자아나 주체가 중심을 잃고 있으며 전자 언어의 특성상 객관적 실체를 분별하기가 더욱

노동 사회labor society라 부르는 것에 대비해서 후기 자본주의 사회를 정보 사회information society가 되고 있는 것으로 본다면 노동의 전제는 더 이상 비판 이론의 제1원리가 될 수 없으며, 사회적 장을 다른 기호로부터 개념화해 줄 수 있는 새로운 논리학이 요구되는데, 새로운 전제의 중요한 특징 중 하나가 '정보'라고 했다(Poster, 1984/1990: 65~67 내용 요약).

어려워지는 혼란에도 불구하고, 언어가 주체를 구성한다는 입장에서 새로운 희망을 찾고 있다. 앞서 살펴본 대로 마크 포스터는 전자 언어에 의해 매개된 커뮤니케이션은 주체가 구체적인 역사적 상황에서 담론과 실천에 의해 구성되는 것으로 본다. 그는 전자 언어는 개인의 자아나 주체를 다중화할 수도 있고 분산시킬 수도 있으며 상황에 따라 매우 가변적인 존재로 구성 및 재구성될 수 있다고 봄으로써 주체 구성을 제한해 왔던 기존의 주류 담론과 실천들에 일종의 도전장을 던진다. 즉 새로운 커뮤니케이션 기술을 매개로 한 전자 언어에 대한 그의 이해는 '저자에 의한 현실 규정'이라는 기존의 모더니즘적 권위에 맞서는 포스트모던 문화와 사회의 가능성에 나름의 힘을 보태는 셈이다(Poster, 1995b: 409~410).

2. 포스트모던 이론가들의 지식·정보관

1990년대 이후 사회 문화 사조의 새로운 한 흐름을 형성하고 있던 포스트모더니즘은 기존의 모더니즘에 대한 하나의 반란을 의미하는 것이었다. 포스트모더니즘의 대표적 이론가들이 앞서의 마크 포스터처럼 정보 사회의 문제를 직접적으로 혹은 집중적으로 다룬 것은 아니지만 그들이 모더니즘 사조를 비판하고 포스트모더니즘을 옹호하는 과정에서 새로운 미디어나 정보, 혹은 그와 연관된 새로운 사회문화적인 변화에 대해 의미 있는 언급을 하는 데 대해서는 주목할 만한 것들이 적지 않다. 그들은 모더니즘 시대로부터 포스트모더니즘 시대로의 이행을 주장하고 있는 만큼이나, 새로운 미디어나 정보, 혹은 그것이 갖는 사회적 의미나 영향에 대해서도 매우 새로운 해석을 가하기 때문이다.

포스트모더니스트들의 새로운 관점은 모더니즘의 지식(= 진리), 언어, 기호, 의미 등에 대한 그들의 반론에서부터 출발한다. 그들은 언어나 기호가 특정 현상을 객관적으로 드러내 보인다는 점에 반대한다. 그리고 객관적인 진리가 존재한다는 점에 대해서도 반대한다. 포스트모더니스트들은 진리란 존재하지 않으며 다만 진리에 대한 여러 가지 해석이나 설명이 있을 뿐이라고 본다. 그리고 언어나 기호를 통해 어떤 진리나 실체를 볼 수 있다는 점을 인정하지 않는다. 우리는 언어나 기호를 통해서 어떤 실체를 보는 것이 아니라 언어나 기호 그 자체가 우리가 바라보는 실체이며 따라서 우리가 보는 세계란 언어나 기호를 통해 구성된 세계라는 것이다. 때문에 우리는 정보의 대상이 되는 세계 그 자체 속에서 살고 있는 것이 아니라 이미 정보나 기호로 구성된 정보 세계/기호 세계 속에서 살고 있다는 것이다. 특히 디지털 미디어 기술이 급속히 발전하는 현대 세계는 그러한 정보나 기호가 범람하는 세계라는 점에서 포스트모더니스트의 새로운 사회관을 어느 정도 읽어 낼 수 있다. 이와 관련해서 프랭크 웹스터는 앞서 살펴본 마크 포스터 외에 세 명의 포스트모던 이론가들에 특히 주목한다(Webster, 1995: 175~186; 2006: 244~255). 장 보드리야르, 잔니 바티모Gianni Vattimo, 장 프랑수아 리오타르Jean-François Lyotard 등이 그들이다.

먼저 장 보드리야르(1972/1992; 1981/1992)는 현대 문화를 '기호의 문화'라고 단정 짓는다. 기호를 생산하는 미디어가 크게 발전하는 오늘날의 세계는 구경거리와 시뮬라시옹의 세계이며 따라서 현대인의 삶은 어떤 실체적 진실을 드러내거나 그것을 향해 있는 것이 아니라 기호의 끊임없는 순환 속에서 이루어진다는 것이다. 보드리야르 역시 기호라는 것은 무언가의 진실을 객관적으로 드러내는 표상적인 것이 아니라 무언가에 대한 선택적 모사로서의 시뮬라시옹에 불과한 것이라고 본다. 사람들은 기호를 통해 어떤 숨겨진 진리를 찾기보다는 기호를 보는 것의 경험을 단지 즐길 뿐이다. 그러므로 보드리야르에게 있어 의미란 것은 기호 속에 이미 내장된 저자 혹은 창작자만의 것이 아니다. 기호란 기표의 끊임없는 흐름 속에서 누구에게나 해석의 새로운 가능성이 열려 있는, 즉 의미의 해방 공간이 되는 셈이다. 그에게 있어 유사 현실과 시뮬라시옹의 질서로 이루어진 오늘날의 기호 세계는 '현실보다도 더 현실적인hyper-real' 것이 가능한 세계가 된다. 그러므로 오늘날 텔레비전과 광고, 그리고 사이버공간에서 폭발하는 기호의 세계는 보드리야르의 관점에서 보면 모더니즘 문화에서 포스트모던 문화로 이행하는 중요한 하나의 관건이 된다. 다매체 다채널 시대의 기호의 폭발 속에서 그는 새로운 시대, 새로운 사회로의 이행을 보는 셈이다. 그에게 있어 포스트모던 사회는 곧 정보 사회인 셈이다.

이탈리아의 잔니 바티모(1992/1997) 역시 포스트모더니즘을 선도하는 데 미디어의 발전이 매우 중요한 역할을 했음을 인정한다. 미디어의 성장에 따른 정보의 폭발적 증가는 어떤 고정된 실체나 '참된 것'에 대한 모더니스트들의 신념은 물론 그에 대한 사람들의 관념을 크게 약화 또는 붕괴시켜 왔다는 것이다. 미디어를 통해 다양한 기호로 묘사되는 다중적 실체가 등장하게 됨에 따라 사람들은 이제 어떤 실체가 어떤 고정된 의미만을 지닌다는 확신을 더 이상 갖지 못하게 되고, 오히려 다양한 기호 속에서 드러나는 차별성에 더 큰 관심을 가지게 되었다는 것이다. 바티모 역시 보드리야르와 매우 유사한 입장에 서 있다. 그는 미디어의 급속한 발전에 따른 기호의 폭발로 인해 특정 기호가 특정한 의미를 나타낸다는 의미화의 능력은 크게 약화되었지만, 그로 인해 사람들은 기호가 지니는 의미의 다양성을 하나의 구경거리로 즐길 수 있게 되었고 기호가 어떤 진리를 담지한다는 속박으로부터 해방될 수 있게 되었다고 보았다.

한편 포스트모더니즘의 또 다른 대표적 이론가인 장프랑수아 리오타르(1992) 역시 지식과 정보의 폭발 시대에 있어 모더니즘의 '진리' 주장이 크게 약화되는 시대적 추세를 다소 다른 근거 위에서 해명한다. '거대 이론' 혹은 '대서사'(= 큰 이야기)의 종말을 가장 강력히 주장한 포스트모던 이론가의 한 사람인 리오타르는 현대 사회에 있어 지식과 정보가 가지는 두 가지 경향을 강조한다. 하나는 수행성의 원리principle of performativity가 지배하게 된다는 것이고, 두 번째는 지식과 정보가 상품commodity으로 취급되는 경향이 더욱 두드러지게 된다는 것이다. 앞으로는 관념적인 이론적 지식보다는 실제적으로 유용한 지식과 정보만이 주도적으로 생산되고 그러한 지식과 정보의 상품화가 두드러지게 된다는 것이다. 그로 인해 결과적으로는 어떤 보편적 진리나 총체성을 내세우는 논의는 더욱 무력화될 수밖에 없다고 보는 것이다. 이러한 경향성 속에서 리오타르는 보편적 지식에 대한 기존의 신뢰가 상실됨은 물론, 전통적인 대학과 지식인이 몰락할 것으로 내다보았다. 그리고 모더니즘의 '진리' 주장이 갖는 폭력으로부터의 해방과 작고 사사로운 실천적 이야기의 유용성 등을 강조했다. 따라서 그는 앞으로의 새로운 사회에서는 추상적이고 관념적인 모더니즘적 이론의 지위가 크게 격하되고 개개인에게 실용성 있는 일상 속의 지식과 정보가 더욱 중요해질 것이라고 내다본 것이다.

3. 정보양식론적 관점의 특징과 한계

앞서 다룬 포스트모더니스트들의 지식/정보관이나 그로부터 간접적으로 추론할 수 있는 정보사회관은 지식과 정보, 혹은 기호의 폭발 현상이 모더니즘 세계에서 새로운 세계, 즉 포스트모던 세계로 이행되는 중요한 요인임을 보여 준다. 포스터의 경우는 전자 매개 시대의 전자 언어의 등장, 즉 새로운 정보 양식이 인간의 자아나 주체 관념은 물론 인간의 사회적 관계를 전혀 다른 차원의 것으로 변화시키는 핵심 요인으로 보고 있다는 점에서 상당히 기술결정론적인 성향을 보인다.

보드리야르나 바티모는 기호의 폭발을 통해 기호가 갖는 의미화의 능력이 약화되는 대신 기호가 갖는 다의미성으로 인해 모더니즘적 '진리'나 지식의 보편주의적 강제로부터 사람들이 해방될 수 있는 여지가 있음을 강조한다. 같은 결론에 도달하면서도 리오타르는 그 요인을 유용성 있는 지식과 정보의 지위 격상과 그것의 상품화 경향에서 찾고 있다. 그러나 이들의 인간 해방 논리는 그 자체가 매우 추상적일 뿐만 아니라 해방의 가능성을 단지 모더니즘의 진리 주장에 대한 거부, 의미화에서의 새로운 실천의 가능성 등 관념적인 수준에서 찾고 있다.

새로운 미디어 환경에서 지식과 정보의 폭증이나 기호의 폭발이 사회에 가져다줄 수 있는 혼돈을 인정하면서도 단지 그것을 즐긴다거나 그로부터 각자 나름대로의 새로운 의미화 주체가 될 수 있다는 낙관적 상대주의를 끌어내는 것은 그 자체가 일종의 관념적 유희로 전락할 소지가 다분히 있다.

이들의 논의 속에서는 왜 지금 이러한 변화가 일어나는가에 대한 해명을 찾기가 어렵다. 그리고 기호나 의미화 이전의 기술 자체의 문제, 그리고 그러한 기호 창출 기술의 개발과 확산을 도모하는 산업 경제적 현실에 대한 구조적 설명이 매우 결여되어 있다. '의미화의 정치'에 대한 논의는 있을지라도 새로운 미디어 기술의 개발, 보급과 이용이 갖는 '정치적 의미'에 대한 논의도 결여되어 있다. 그들의 논리대로라면 모더니즘에서 포스트모더니즘으로의 이행이라는 인식론적 전환에 대해서도 보편주의적인 설명은 유보되어야 한다.

다음 장부터는 새로운 미디어 기술 혹은 정보 통신 기술에 의해 기존의 사회와는 전혀 다른 새로운 사회가 도래할 것이라는 주장에 대해 의문을 제기하는 대표적 관점들을 소개하고자 한다. 그 논의들은 대체로 기술결정론적인 관점을 거부하고, 새로운 미디어 기술의 개발과 확산 혹은 이용이 기존의 정치경제적인 지배 부문의 특정한 의도나 목적, 설계에 의해 주도되고 있음을 강조한다. 따라서 그들은 새로운 사회 질서의 형성이나 사회의 구조적인 변동보다는 기존의 사회 경제적인 질서의 연장선상에서 그러한 질서를 유지, 강화하기 위한 수단으로서 새로운 미디어 기술이 개발, 보급, 이용되고 있는 측면을 강조하는 경향이 있다.

8장

자본주의산업사회론

1. '정보 사회' 이행론에 대한 비판적 관점

앞서 소개한 여러 관점들은 새로운 미디어 기술에 의한 사회 구조의 변화를 대부분 인정하는 입장들이다. 정보경제론적 관점들은 새로운 정보 통신 기술에 의한 산업 영역과 경제 영역에서의 변화를, 정보사회론적 관점들은 그러한 미디어 기술에 의한 크고 작은 사회 제 영역에 있어서의 변화를, 그리고 정보양식론적 입장은 미디어 기술의 변화에 따른 주체 구성의 변화는 물론 사람들 간의 사회관계의 변화 혹은 기호와 상징이 갖는 의미화 과정의 변화 등을 다루었다.

정보경제론적 관점은 산업 혹은 경제 부문 등 보다 한정된 범위에서나마 정보 통신 기술에 의한 사회 변화의 일단을 가장 먼저 감지하고 관련 관점들이 보다 구체적인 수치로 변화의 추이를 보여 준다는 점에서 나름의 의의를 갖는다. 또한 1960년대에 등장한 정보생산론적 관점과 1970년대 이후의 정보소비론적 관점, 그리고 1980년대에 등장한 기술경제패러다임론 등은 지금까지도 그 전통을 이어받은 유사 논의들이 계속되고 있다. 새로운 정보 통신 기술에 의한 새로운 사회로의 이행을 가장 대표적으로 그리고 집중적으로 강조한 관점은 정보사회론적 관점이라고 하는 데 대해 이의를 제기하는 사람은 별로 없을 것이다. 정보사회론적 관점은 1970년대 초 후기산업사회론으로 발아하여 1980년대 주류 정보사회론으로 확대되었으며, 그 뒤 디지털 미디어의 급속한 발전 논리에 기댄 사이버사회론, 네트워크사회론, 유비쿼터스사회론 혹은 초연결사회론 그리고 지능정보사회론 등으로 발전해 왔다고 할 수 있다. 한편 1990년대 부각된 정보양식론적 관점은 전자 언어에 의한 새로운 상징적 교환 방식이 기존의 모더니즘적 질서로부터 포스트모던한 새로운 문화를 창출한다는 점에서 새로운 정보 통신 기술에 의한 사회 변화를 문화적인 측면에서 강조한 또 다른 줄기였다.

이와는 대조적으로 그러한 변화에 대해 부정하는 입장 역시 몇 가지로 유형화시켜 볼 수 있다. 정보 통신 기술 혹은 미디어 기술의 발전을 자본주의 산업체 내부의 위기관리를 위한 기술 혁신과 그 선택으로 간주함으로써 그러한 현상을 기존 '산업화' 과정의 연장선이라고 본 산업경제론적 관점이 있는가 하면, 분석 수준을 다국적 기업을 중심으로 한 자본의 논리 및 자본주의 체제 일반에 대한 비판으로까지 확장한 자본주의산업사회론적 관점도 있다. 그리고 정보 통신 기술을 사회 전반에 걸친 감시 및 통제의 효율화를 위한 기술적 확장으로 보는 지배양식론적 관점도 있다.

산업경제론적 관점은 앞서 다룬 정보경제론적 관점과, 자본주의

산업사회론적 관점은 정보사회론과 각각 엇비슷한 분석 수준의 문제에 주목하면서도 인식상 서로 대립되는 관점이라고 볼 수도 있다. 산업경제론적 관점은 새로운 '정보 경제'의 출현에 대해 비판적인 인식을 보여 주며 그것은 단지 '산업 경제' 현상의 확장일 뿐이라고 주장하는 관점이다. 자본주의산업사회론적 관점은 '정보 사회'의 출현에 대해 비판적이며 그러한 현상 역시 기존의 '자본주의 산업 사회'의 확장된 국면일 뿐이라고 보는 관점이다.

산업경제론과 자본주의산업사회론이 경제적인 측면을 강조한 데 비해 지배양식론적 관점은 상대적으로 정치적인 측면을 더욱 강조하는 관점으로, 새로운 정보 통신 기술을 정치, 경제, 사회적인 지배 기술의 발전과 통제망의 확장으로 보는 시각이다. 이러한 관점들에서는 새로운 미디어 기술에 의한 새로운 사회의 등장과 출현에 대해 상당히 부정적이며 그러한 기술의 발전을 오히려 기존의 지배 체계가 더욱 정교화되고 광범위화되는 현상으로 본다. 그리고 정보양식론에서 주장하는 것처럼 포스트모던한 추세 속에서 사람들의 자율성과 해방 공간이 확대되는 것이 아니라, 감시 통제망의 확대와 정보의 상업화 속에서 시민 사회의 자율적인 영역이었던 공공 영역이 더욱 축소되는 것으로 본다. 또한 네트워크를 통해 사회 구성원들이 서로 통합, 결속하기보다는 오히려 계층과 관심사, 이해관계 등에 따라 더욱 분화, 분절됨으로써 사회 전반적으로는 분열과 파편화 현상이 심화된다는 것이다.

2. 자본주의산업사회론의 등장

앞서 언급한 바와 같이 새로운 정보 통신 기술과 사회 변동의 관계에 관한 논의에서 정보경제론과 정보양식론이 갖는 그 나름의 특징과 위상에도 불구하고, 새로운 정보 통신 기술에 의한 새로운 사회로의 이행을 가장 광범위하고 다양하게 주장한 입장은 정보사회론적 관점이라 할 수 있다. 정보 통신 기술에 의한 새로운 사회로의 이행론에 관한 한 정보사회론적 관점이 가장 대표적인 관점이다. 1970년대 초 대니얼 벨의 후기산업사회론을 모태로 하는 정보사회론은 1980년대 앨빈 토플러, 존 네이스빗, 제임스 마틴, 윌슨 디저드 등의 주류 정보사회론으로 확대되고, 그 뒤 1990년대 이후 네트워크사회론과 사이버사회론, 유비쿼터스사회론 등 동종이명同種異名으로 다양화되었으며, 2000년대에 들어서도 역시 새로운 디지털 미디어의 발전에 힘입어 '모바일 사회'나 '스마트 사회,' '초연결 사회,' '지능 정보 사회' 등의 새로운 명칭으로 갈아입는 모습을 보였다. 그러나 그처럼 다양한 명칭에도 불구하고 그 기저에 흐르는 공통점은 기존 주류 정보사회론의 기본 입장들을 공유한다는 점이다.

이러한 주류 정보사회론이 하나의 큰 흐름으로 등장하고 발전하던 1980년대 초반부터 이에 대한 반론 역시 강력하게 제기되었는데,[77]

77 후기 산업 사회나 정보 사회 도래론에 관한 구체적인 비판은 1980년대 초부터 강력하게 제기되었는데, 그 대표적인 예로 허버트 실러(Schiller, 1981), 빈센트 모스코(Mosco, 1982), 사라 더글러스와 토머스 구백(Douglas & Guback, 1984) 등을 들 수 있다. 실러는 저서 *Who Knows: Information in the Age of the Fortune 500*에서 정보 사회는 미국 자본주의를 견인했던 과정의 틀 안에서 이해될 수 있는 것이라면서 공적 영역에 있던 정보가 사적 영역으로 전이된 것은 자본주의적 가치에 의해 동기화된 것이라고 보았고, 이러한 '정보의 사유화'가 미국 거대

당시의 정보사회론에 대해 가장 비판적인 입장에 있던 관점이 바로 자본주의산업사회론이라고 할 수 있다. 자본주의산업사회론을 주장하던 학자들은 '정보 사회'라는 것을 인정하려고 하지 않았다. 새로운 정보 통신 기술에 의해 기존의 산업 사회가 정보 사회로 본질적인 변화를 경험했다고 볼 수는 없다는 것이다. 기존의 산업 사회 질서가 계속되고 있으며, 특히 자본주의적 산업 질서가 더욱 확대되어 가는 것이라고 보았다. 새로운 정보 통신 기술은 그러한 자본주의 산업 사회를 더욱 공고화시키는 도구나 수단에 불과하다는 입장을 견지했다.

이러한 입장은 과거 자본주의 사회에서의 매스 미디어의 역할에 대해 비판적 입장을 지녔던 학자들에 의해, 그러한 매스 미디어 비판의 연장선상에서 새로운 미디어에 대해서도 비슷한 비판적 입장을 취하는 모양새로 나타났다. 그 대표적인 학자가 허버트 실러, 니콜라스 간햄, 아르망 마텔라르, 빈센트 모스코 등이었다. 이들은 모두 마르크스주의 혹은 네오마르크스주의 비판 이론가들로 서구 자본주의 국가의 매스 미디어들은 자본가 계급 혹은 자본주의 국가의 대기업 이익에 봉사하는 지배 도구의 일부라고 생각했다. 그러므로 자본주의 사회의 주요 매스 미디어는 사회 변화 혹은 변혁을 위한 유효한 매개

기업에 의한 보다 큰 소유 집중을 초래했다고 했다. 그는 이러한 전반적 추세가 컴퓨터 혁명 등에 의한 것일 수는 없다는 주장을 계속 견지했다(Schiller, 1981: xii~xiii). 모스코 역시 정보 사회의 이름으로 제시된 많은 것들은 자본주의 발전의 일부로 설명될 수 있다고 하면서 정보사회론자들은 유토피아에 대한 "무의미한" 비전을 파는 것이라고 비판했다(Mosco, 1982: 2, 123~124). 또한 더글러스와 구백은 기존의 정치-경제-사회 질서가 근본적으로 변화되었다고 볼 증거가 없기 때문에 정보 사회를 혁명으로 보는 관점에 의문을 제기하면서 그들 역시 실러나 모스코와 마찬가지로 모든 정보 현상은 자본주의의 힘으로부터 결과되는 것이라고 설명했다(Douglas & Guback, 1984: 233~236).

라기보다는 기존 지배 질서를 유지하거나 더욱 공고화시키는 수단이라는 관점에서 미디어를 분석했다.

기존의 매스 미디어에 더하여 새로운 정보 통신 기술과 디지털 미디어들이 출현하는 상황에 대해서도 그들은 비슷한 입장을 취했다. 여기서는 정보사회론에 대해 가장 비판적이면서 동시에 가장 대립적인 관점으로 이들의 이러한 입장을 '자본주의산업사회론'으로 통칭하고자 했다. 이들의 입장에서는 새로운 정보 통신 기술에 의해 도래되는 사회는 새로운 '정보 사회'가 아니라 여전히 '자본주의 산업 사회'라는 것이다.

이러한 자본주의산업사회론적 관점은 새로운 정보 통신 기술의 발전이 자본주의 사회의 내적 과정에 어떤 방식으로 개입하고, 그 의미와 예상되는 결과가 무엇인지를 비판적으로 평가하는 데 주로 초점을 맞춘다. 이러한 관점은 정보 통신 기술의 발전을 '정보 사회' 이행의 주된 요인으로 보기보다는 자본주의 축적 과정의 안정화나 기존 지배 계급의 현상 유지 및 입지 강화를 위한 매개적 수단으로 간주하는 입장에 있다. 새로운 정보 통신 기술이 사회 질서의 새로운 변화에 미치는 영향impacts에 주목하기보다는 그러한 기술이 기존 사회 질서의 효율성effectivity 제고를 위한 사회적 선택social choice에 불과하다는 점에 더욱 주목한다. 그런 점에서 기술을 자율적인 것으로 본다거나, 새로운 정보 통신 기술에 의해 '정보 사회'라고 하는 새로운 사회 구성체로 이행한다는 기술결정론이나 기술징후론적 관점에 반대하며, 자본주의의 기존 사회 질서 속에서 정보 통신 기술이 개발, 확산되고 제도화되는, 즉 그러한 기술이 특정한 사회적 맥락 속에서 구성되는 과정에 관심을 가지며 그러한 과정의 사회적 근거를 설명하고자 한다. 요컨대, 정보 통신 기술의 발전과 그것의 산업화 및 사회화 과정을 산업 사회로서의 자본주의적 기존 사회구성체 내에서 일어나는 연속적인 체제 보수화 과정으로 보는 것이다. 그러한 과정이 자본 축적과 체제 정당화 및 억압 기제의 공고화에 기여한다고 봄으로써 자본주의 사회의 미래관에 대해 별로 긍정적이지가 않으며, 오히려 대부분의 경우 부정적인 전망을 갖는다.

1970년대의 맹아기를 거쳐 1980년대 초에 동시다발적으로 등장한 정보사회론적 관점들에 대해 가장 강력하면서도 대표적인 비판적 관점이라 할 수 있는 초기의 자본주의산업사회론적 관점은 크게 두 가지 관점으로 나눌 수 있다. 하나는 도구주의적instrumental 관점이고, 다른 하나는 구조주의적structural 관점이다. 먼저 도구주의적 관점은 정보 통신 기술의 발전을 지배 계급으로서의 자본가 계급의 총체적 이익이 단순 반영되는 것으로 보면서 여타 부문 — 특히 국가 — 을 자본의 논리에 종속시키거나 보조적인 요소로 보는 경향이 있다. 자본의 이해관계 혹은 자본의 지배 논리가 모든 것을 결정한다는 입장이다. 이에 비해 구조주의적 관점은 지배 계급 내부의 모순 및 갈등적 국면뿐 아니라 국가나 이데올로기 등의 상대적 자율성까지를 복합적으로 고려하면서 정보 통신 기술이나 그와 연관된 담론이 그러한 제 층위의 상호 연관 속에서 중층적으로 결정되어진 것이라고 보는 관점이다. 새로운 정보 통신 기술의 개발, 보급, 이용, 확산의 배후에는 자본의 지배 논리 외에도 여러 가지 다양한 요인들이 작용한다는 것이다. 물론 이 양자를 엄밀히 구분하기는 쉽지 않다. 마치 앞서의 후기산업사회론적 관점과 정보사회론적 관점이 지니는 유사성 때문에 서로 다른 것처럼 고려하기 어려운 것과 같다. 다만 여기서 양자를 구분하는 것은 보다 단순하게 말해서 도구주의적 관점이 경제적인 측면에서 자본의 논리를 상대적으로 강하게 강조하는 관점인 데 비해,

구조주의적 관점은 자본주의 체제 내에서 새로운 정보 통신 기술 발전이 갖는 정치적, 이데올로기적 함의까지를 함께 고려한다는 점이다.

이러한 두 관점 역시 2000년대의 급속한 미디어 디지털화와 자본주의 경제의 글로벌화 등과 맞물리면서 마르크스주의 입장에 대한 재평가와 함께 새로운 비판적 관점의 등장을 불가피하게 했다. 초국적 정보자본주의론과 보다 최근의 플랫폼자본주의론의 등장이 그 대표적인 예 중 하나다. 따라서 이 장에서는 20세기형 자본주의산업사회론으로서의 도구주의적 관점과 구조주의적 관점을 대표하는 몇몇 연구자의 관점을 소개하고, 이어 21세기형 자본주의산업사회론이라 할 수 있는 초국적 정보자본주의론과 플랫폼자본주의론에 대해 살펴보고자 한다.

3. 도구주의적 관점과 구조주의적 관점

1) 도구주의적 관점: 자본 > 국가

먼저 도구주의적 관점 또는 반영론적 관점에서는 새로운 정보 통신 기술 발전과 그것의 사회화 및 국제화 현상을 — 특히 선진 자본주의 사회의 — 자본가 계급의 필요와 이익에서 비롯된 사회적 구성물이자 선택으로 본다. 이러한 관점에 서 있는 대표적인 논자로서는 허버트 실러, 니콜라스 간햄, 케빈 로빈스Kevin Robins와 프랭크 웹스터 등을 들 수 있다.

실러의 경우, 오늘날의 '정보 혁명'이란 자본주의가 자본 축적을 추구하는 과정에서 구조적인 변동을 경험하고 있는 것이라고 말하며(Schiller, 1983: 251~252), 새로운 정보 통신 기술을 '자본주의의 재건을 위한 도약대'로서 특히 초국적 기업들(TNC: Transnational Corporation)이 세계 시장 지배를 목적으로 그러한 기술을 비즈니스 시스템의 도관으로 이용한다고 비난했다(Schiller, 1979: 25~26). 실러에게 있어 선진 자본주의 국가(정부)란 바로 세계적인 규모로 진행되는 다국적 기업의 자본 축적 과정에 효율성을 부여해 주는 정책적 지원 기관 이상이 아니다. 특히 실러는 1970년대에 서구 자본주의 국가들이 공통적으로 경험한 경제 위기가 새로운 정보 통신 기술의 등장과 밀접한 관계가 있다고 보았다. 실러는 주요 저서인 《정보와 위기 경제*Information and Crisis Economy*》에서 "세계 비즈니스 체제의 체제 위기에 대한 반작용으로 대부분의 선진 시장 경제에 새로운 정보 기술이 도입되었다"고 보고, 프랑스, 영국, 독일, EC는 물론 미국과 캐나다, 일본 등 서구 자본주의 국가들은 대부분 당시의 경제 위기와 경기 침체를 극복하고 새로운 성장과 고용 창출을 위해 새로운 전자·정보 기술을 발전시키고 이를 상업화하고 나아가 산업화하는 길을 택했다고 했다(Schiller, 1986: 2~5). 그런데 실러는 이러한 전자·정보 산업 육성에 있어 지배적인 역할을 한 것은 초국적 기업이며, 국가(정부)는 이를 도와주는 조력자에 불과하다는 주장을 일관되게 펼치고 있다. "새로운 정보 기술 부문을 결정적으로 움직여 나가는 것은 초국적 기업이며 국가는 보증인이자 보험자, 즉 초국적 기업의 보호자로서 모든 위험을 감수하면서 일반 국민이 낸 세금으로 경비를 지출한다"(p.6). 이처럼 서구 자본주의 경제의 위기 상황에서 "초국적 기업이 가장 우선적인 1차적 행위 주체가 됨에 따라…… 점차 권위는 국가로부터 초국적 기업으로 넘어가고 그러한 경향은 더욱 가속화되고 있으며…… 그러한 경향은 초국적 기업으로 하여금 자신들에게 부담이 되는 국가 정책은 회피하거나 수시로 철회시킬 정도로 그들의 영향력을 강화시키고 있다”(p.7)고 했다. 실러는 초국적 기업의 이윤 확대를 위해 새로운 정보 기술의 민영화와 상업화는 더욱 가속될 것이며, 이러한 정보의 상업화 추세는 초국적 기업의 권력을 더욱 강화시키고 국가의 권위를 그만큼 약화시키게 될 것이며, 결과적으로는 국가적으로나 국제적으로도 불평등과 불안정을 더욱 심화시킬 것이라는 매우 비관적인 전망을 내렸다(pp.7~12).

대표적인 미디어 정치경제학자인 간햄(1985) 역시 1970년대와 1980년대에 걸친 서구 자본주의 경제 위기의 맥락 속에서 자본의 축적 욕구와 새로운 정보 통신 기술 사이의 관계를 밝혀 보려고 했다. 특히 그는 다국적 기업이 극소전자공학과 정보 통신 기술에 막대한 투자를 하게 된 원인과 관련해서, ① 기존 소비 시장의 침체에 따라 정보 상품 및 서비스를 새로운 시장 영역으로 확대시키고, ② 마케팅 차원에서 소비자 대상 전자 채널의 접근권 및 통제권을 확대하며, ③ 경제 제 영역에서의 생산성 제고 및 통제 강화를 위해 다국적 기업이 새로운 정보 통신 기술에 투자하고 그러한 기술을 이용하고자 했다는 것이다. 간햄에게 있어서도 자본주의 경제에 있어 기업의 이윤 추구가 가장 우선적인 목적이며, 정책 기관으로서의 정부는 자본의 이익이나 자본주의 경제 체제의 유지를 위해 종속적, 부수적으로 기여하는 것이라고 보았다. 예컨대, 그는 미국 정부의 AT&T 해체 결정은 국가 방위나 전화 가입자에게 미치는 영향보다 거대 기업 AT&T가 정보 통신 시장에서 일본 기업과 경쟁력을 갖추도록 하기 위한 조치였으며, 유럽 국가에서의 정부 주도적인 뉴 미디어 방송 도입 역시 자본주의 경제의 위기 극복과 안정화에 기여하는 내수 시장 창출을 위한 경제적 고려에서 행해진 조치라고 보았다(Garnham, 1985: 68).

한편 간햄의 관점을 "새로운 기술에 대한 순전히 경제적인 분석에 가깝다"고 비판하는 로빈스와 웹스터는 "지금 일어나고 있는 변화를 단순히 경제적·기술적인 과정이라고 본다든지, 경기 침체 국면에서 새로운 상품과 시장을 만들기 위한 투쟁으로 보는 시각은 수정할 필요가 있다…… 커뮤니케이션 혁명은 경제적인 침체보다도 훨씬 많은 여러 가지 위기적 국면에서 사회적, 정치적, 문화적 관계를 재구성하는 과정을 반영하고 있는 것"이라고 했다(Webster & Robins, 1988: 45~46). 그들은 새로운 정보 통신 기술의 혁명적 변화는 역사적으로 자본이 노동력을 '동원'하고 관리·통제해 오던 방식이 이제는 작업장을 넘어 일상생활, 즉 사회생활 전반으로 확대, 강화된 것에 다름 아니라고 했다. 이러한 과정을 설명하기 위해 로빈스와 웹스터는 장폴 드 고드마르Jean-Paul de Gaudemar의 자본주의 노동력 동원 방식 변화 논의에 의존한 바 있다. 고드마르는 자본주의가 노동력을 동원하는 방식은 "절대적 동원"에서 "상대적 동원"으로 바뀌어 왔다고 했다(pp.47~52).[78] 로빈스와 웹스터는 '상대적 동원'이 극단화된 한 형태가 포드주의Fordism라고 했으며, 1970년대 포드주의의 위기 국면에서 자본에 의한 새로운 동원 전략이 새로운 정보 통신 기술에 의해 이루어지고 있다고 보았다. 정보 통신 혁명은 상대적이고 기술에 의지한 동원이, 즉 기술에 의존한 자본의 지배 논리가 작업장을 넘어서 사회 구성원들의 생활

78 고드마르에 따르면, 자본주의는 19세기 초의 '절대적 동원'의 시기를 거쳐 19세기를 지나면서 '상대적 동원'의 시기로 이행했다. 그는 '절대적 동원'의 시기에는 농촌 인력을 도시 노동자로 수용하기 위해 한편으로는 농촌 인력에게 공장에 적응하고, 다른 한편으로는 전통적인 생활 방식에서 벗어나도록 교화시키는 과정이었다면, '상대적 동원'의 시기에는 노동자들을 공장의 내적 규율, 즉 작업 기계에 맞추도록 함으로써 노동자에 대한 통제가 생산성과 잉여 가치 추출이라는 자본의 목표와 일치하도록 했던 것이라고 보았다.

세계 전반에까지 광범위하고 체계적으로 뻗치고 있다는 것이다. 따라서 정보 통신 혁명은 생활 양식으로서의 포드주의의 강화이자 그 변형에 다름 아니며, 사회생활에 대한 자본의 확고부동한 지배를 반영한다고 보았다. 정보 혁명을 통하여 이제 자본은 사회생활의 틈새와 구멍을 비집고 들어오는 단계에 접어들었다는 것이다(pp.51~57). 로빈스와 웹스터는 지식/정보를 통제하려는 기업 자본의 욕구가 공장을 넘어 사회 전반으로 확대되는 방식을 '일반화된 테일러주의generalized Taylorism' 혹은 '사회적 테일러주의Social Taylorism'라고 하면서 '정보 혁명'을 사회적 테일러주의 관점에서 비판적으로 평가했다(Webster & Robins, 1988: 65~66; Webster & Robins, 1986: 328~347 참조).

2차 세계 대전 이후 1970년대까지는 자본주의 경제가 테일러주의-포드주의-케인스주의의 삼각 편대에 의해 독점 자본주의적 대량 생산과 대량 소비로 이어지는 안정 성장을 누려 왔지만, 1970년대 석유 파동으로 인한 세계 경제 위기 이후 그러한 성장 모델이 한계에 부딪치게 되자 자본주의 경제는 새로운 길을 모색하지 않을 수 없게 된 셈이다. 공장의 생산성 향상과 노동 통제의 강화를 위해, 테일러주의에 의해 공장의 과학적 관리 기법이 확립되고, 포드주의에 의해 노동의 기술적 동원과 배치가 진전되었다. 케인스주의에 의해 자본주의 대량 생산의 위기를 조정할 수 있는 국가 개입이 정당화되었지만 그러한 노동력 동원과 관리 통제 방식으로는 더 이상 자본주의 안정화를 기대할 수 없게 된 것이다. '사회적 테일러주의'는 이제 공장을 넘어서 그 바깥 세계인 사회로까지 확장된 관리와 통제의 메커니즘을 반영하고 있는 셈이다. 새로운 정보 통신 기술은 "소비자 집단의 일상생활과 피고용인들을 관찰·분석하고 그들에 대한 통제를 강화하기 위해 기업 자본에 의해 개발되어 온 것"으로, 그 배후에는 "시장 통제에 불응하거나 풍부하고도 새로운 그러한 기술에 참여할 수 없는 이들의 반대를 차단할 수 있는 최신 감시 기술로 무장한 훈육 국가가 자리 잡고 있다"고 했다. 그들의 이러한 주장에서 볼 때, 새로운 정보 통신 기술은 기업 자본의 기획에 의해 설계, 확산된 것이며 국가는 그들의 이익을 보호하는 호위병적인 위치에 있는 것이다.

얼핏 보면 그들의 관점은 새로운 정보 통신 기술에 의한 사회 전반의 재구성, 즉 사회의 근본적인 질적 변화를 주장한 것처럼 보인다.[79] 그러나 그 역시 그러한 변화가 기본적으로는 자본의 의지에 의해 작동되는 것으로 보았다. 그들은 현재의 사회구성체가 "한편으로는 상당히 의미 있는 변화를 나타내면서도 다른 한편으로는 금세기 이래로 계속 진행되어 온 포드주의적인 사회관계를 지속·강화시키고 있는 것"으로 간주하고 있기 때문이다. "후기산업사회론자들이 꿈꾸는 정보 사회는 역사적 맥락에서 볼 때 테일러의 기술 관료적 관점의 연장, 강화일 뿐"이라고 했다. 그리고 "대니얼 벨이 새로운 단계로 본 것을 우리는 테일러-포드-케인스로 이어지는 기업 자본의 유지를 공고화하려는 시도의 연속으로 보고자 한다"고 했다는 데서 변화에 대한 강조보다는 그들의 연속론적 관점의 일단을 엿볼 수 있다.

79 이들은 "'커뮤니케이션 혁명'은 사회적, 정치적, 그리고 문화적 관계의 근본적인 재구성을 의미한다"거나 "새로운 극소전자공학과 정보 기술이 오락과 여가 활동만을 변화시키는 것이 아니라 아마도 사회의 모든 영역을, 즉 노동, 정치적 관리, 경찰이나 군사 활동, 커뮤니케이션, 소비를 모두 변화시키고 있다"고 하면서 이러한 변화와 재구조화는 자본의 생산성 제고와 통제력 강화를 위한, 사회생활 전반에 걸친, 즉 자본의 지배력 유지나 확대를 위한 도구적 변화로 보는 셈이다.

2) 구조주의적 관점: 자본 = 국가

구조주의적 관점은 새로운 정보 통신 기술의 발전이 자본의 축적 욕구를 단순 반영하는 것이라는 다분히 경제결정론적 입장에 이의를 제기한다. 즉 정보 통신 기술의 의미를 경제의 논리에 환원시켜 지나치게 단성적인univocal 것으로 보는 관점에 반대한다. 그러한 기술이 경제적인 요인 외에 서로 연관된 보다 다양한 층위 간의 접합에 의해 특정한 사회적 맥락 속에서 중층적으로 결정된다는 데 보다 관심을 갖는다. 그러한 관점은 아주 단순한 형태로 아르망 마텔라르(1979)에게서 발견할 수 있고, 보다 구체적으로는 앤드루 허먼Andrew Herman과 빈센트 모스코(Mosco & Herman, 1981), 그리고 제니퍼 슬랙(Slack, 1986) 등에게서 찾아볼 수 있다.

마텔라르는 일찍이 새로운 정보 통신 기술의 발전을 다국적 기업의 이윤 욕구와 초강대국의 정치적 통제 욕구의 상호작용 결과로 본 바 있다. 이윤 극대화와 시장 확대를 갈망하는 다국적 기업의 욕구와 다른 국가에 대한 정치적 통제를 행사하려는 미국 정부의 욕구 및 이들 양자 간의 교섭에 대한 절실한 욕구 때문에 새로운 국제 정보 수집 체계가 필요하게 되었고, 그 결과 새로운 정보 통신 기술의 개발이 정책적으로 추진되었다는 것이다(Mattelart, 1979: 328~330).[80]

80 새로운 정보 통신 기술 발전의 배경에 대해 자본과 국가의 이해관계가 양면적으로 작용한다는 마텔라르의 이러한 구조주의적 관점은 보다 최근에 와서도 그대로 이어지고 있다. "새로운 디지털 세계에 대한 논의는 매우 복합적이고 또 여러 학제적인 접근이 필요하기 때문에 기술결정론만으로 설명할 수는 없다"고 하면서, "사회적, 정치적, 경제적 행위자들이 개입하는 다중성multiplicity을 고려해야 하며…… 심각한 불평등과 이해 갈등을 겪고 있는 세계 경제 속에서 정보 통신 기술들이 각 사회에서 전유되는appropriated 방식과 관련된 복잡성과 모순

모스코와 허먼(Mosco & Herman, 1981: 69~71)은 도구주의적 관점이 현대 자본주의에 있어서 지배 이익 자체가 지닌 복잡성을 제대로 설명하지 못할 뿐 아니라 계급 투쟁의 가능성에 대한 강조를 결여하고 있다고 말했다. 그러므로 그러한 관점은 자본의 규정력을 지나치게 강조함으로써 국가를 지배 이익의 단순한 구현체로 보며, 자본 이외의 여타 부문을 수동적인 것으로 봄으로써 계급 투쟁의 가능성을 배제한다고 본 것이다. 그런 점에서 그들은 지배 이익 내부에 존재하는 이해관계의 복잡성과 계급 투쟁의 실제를 강조하는 새로운 관점에 서서 자본주의 사회에서의 새로운 정보 통신 기술이 지니는 정치경제적인 의미를 분석하고자 했다.

그들이 입지하고 있는 구조주의적 관점에서는 특히 '자본주의 국가'의 역할이 상대적으로 강조될 뿐만 아니라 자본 내부의 불안정성이 부각된다. 실제 정보 자원을 둘러싼 지배 계급(= 자본가) 간에는 빈번한 이해 상충이 존재하기 때문에 국가는 이러한 계급 동맹의 취약성을 보완하기 위해서 정책적으로 적극 개입하게 된다는 것이다. 그것은 단일하고도 강고한 계급 이익의 보호나 단순한 반영 차원이 아니라, 보다 포괄적인 자본주의 체제의 유지를 위해 국가가 능동적으로 개입한다는 의미에서 단순한 도구주의적 관점과 구별된다.

모스코와 허먼은 선진 자본주의 국가의 새로운 정보 통신 기술들은 자본 축적과 체제 정당화와 감시를 통한 반대파 억압 기제라는 점을 강조한다. 그러한 기술들은 선진 자본주의 경제의 주된 성장원이자 자본주의 체제를 정당화할 수 있는 의식 조작 기술이며, 동시에

들을 다시 생각할 필요가 있다"고 했다(Mattelart, 2003: 3).

세밀한 감시와 정밀한 무기 체계를 실현시킴으로써 반대 세력을 억압하는 경찰·군사적 정보 체계라는 점에서 새로운 정보 통신 기술은 자본가들의 주요한 관심과 참여 영역이 되고 있다는 것이다. 이때 국가는 그러한 가능성들을 실현시키는 방향으로 정책을 설정하려 한다는 것이다.

그러나 허먼과 모스코는 서로 이해 상충하는 지배 계급 간의 내부 균열과 갈등은 물론 노동조합과 소수 집단 등 반대 세력의 저항으로 인해 새로운 정보 통신 기술을 통해 기존의 커뮤니케이션 체계를 재구성하려는 국가 정책이 난관에 봉착했던 사실들에 주목한다. 바로 여기서 그들은 계급 투쟁의 새로운 가능성을 발견한다. 국가만이 상대적 자율성을 지니는 것이 아니라 피지배 계급에게도 저항의 가능성이 열려진다. 그들은 정보 통신 기술과 관련된 국가 정책이란 것은 자본가 계급의 이익을 일방적으로 반영하는 것이 아니라 지배 블록의 느슨한 동맹 속에서, 그리고 반대 세력의 저항이 지속적으로 존재하는 가운데서 변증법적으로 형성되어 나가는 것임을 강조했던 것이다.

모스코는 그의 또 다른 저술에서 새로운 정보 통신 기술이 기업 영역의 범지구적 확장과 국제 노동 분업 확대에 있어 기업의 이윤 확대와 통제를 위한 유용한 기술이 될 뿐 아니라 정부와 특히 경찰, 군부 등의 활동 및 사회적 통제를 위해서도 핵심 요소가 된다고 말했다. 이에 따라 기업과 정부, 특히 군부가 각기 이윤 추구와 통제를 위해 미디어와 정보 기술을 어떤 방향으로 특성화하고 이용하는지를 연구해야 한다고 강조했다. 이와 함께 정보 통신 기술과 관련된 (미국) 정부, 특히 백악관과 의회 간의 갈등 국면과 정부와 시민 사회 간의 갈등에 대해서도 지속적인 연구를 해야 한다고 강조한 바 있다(Mosco, 1989: 48~60).

한편 슬랙은 새로운 정보 통신 기술에 대한 이해뿐 아니라 그와 관련된 여러 담론 — 예컨대, '정보/정보 혁명/정보 시대' 등 — 의 이해를 위해서는 그러한 것들이 경제적인 측면뿐 아니라 정치, 경제, 기술, 이데올로기, 환경 등 상호 연관된 다양한 층위 간의 접합을 검토할 필요가 있다고 주장했다. 새로운 정보 통신 기술의 경우, 그것이 발명되고 개혁되는 이유나 그것이 구조화되고 이용되는 방식 등은 자본주의 체제 내 지배 블록의 사회적 선택에 의해 이루어진 것이라는 점을 인정하면서도 그것이 자본의 축적 동기만을 단순히 반영한 것이 아니라 경제, 정치, 이데올로기 등 여러 층위의 특정한 접합에 의해 중층적으로 결정되고 구성된다는 것이다(Slack, 1984a: 98~104).

이러한 그의 중층적 결정론은 '정보 혁명'을 하나의 이데올로기적 현상으로 보는 데서도 드러난다(Slack, 1984b: 247~256). 살아 있는 이데올로기, 즉 하나의 헤게모니로서의 '정보 혁명' 역시 특정한 정치, 경제, 이데올로기, 기술 및 환경적 실천의 접합을 통해 형성되고 구성되어 왔다는 것이다. 그는 오늘날의 정보 통신 기술의 발전이 '정보 혁명'이라는 담론으로 상식화되고 자연화된 현상 역시 사회구성체의 여러 층위들의 접합에 의해 특정한 방향으로 구성되어진 것으로서, 이는 그러한 기술 발전을 다른 시각에서 볼 수 있는 가능성을 크게 제한한다고 보았다. 그러나 그러한 접합은 견고한 것이 아니라 느슨한 구조 속에서 약한 부분을 가지고 있기 때문에 사회구성체 내의 여러 요소들을 재접합함으로써 '정보 혁명'에 대한 기존의 지배 이데올로기를 새롭게 변형시킬 여지가 있음을 강조했다. 즉 이데올로기적 투쟁의 열린 가능성을 통해 정보 통신 기술의 발전이 결코 기술 자체의 자율적인 발전 궤적이 아닐 뿐 아니라 그것이 반드시 사회 발전을 기약하는 것도 아니라는 인식을 확대할 필요가 있음을 강조했다. 그리고 정보 통신 기술의 발전이 이루어지는 현대 사회의 의미를 얼마든지 다른 시각에서 다른 의미로 재구성하는 대안적 인식도 가능하다고 주장했다.[81]

4. 초국적 정보자본주의론

앞서 다룬 도구주의적 관점과 구조주의적 관점은 공히 정보사회론적 관점에 대해서는 비판적이지만, 전자는 자본의 논리에 의한 기존 지배 질서의 유지를 위해, 그리고 후자는 자본과 국가(정부)가 각기 이윤 추구와 관리 및 통제 목적으로 서로 호혜적인 입장에서 새로운 정보 통신 기술을 개발, 보급, 이용한다는 점을 강조한다는 점에서 차이를 보인다. 정보사회론적 관점이 새로운 정보 통신 기술에 의해 새로운 사회가 도래한다는 것을 강조하는 데 비해, 이들 양 관점은 자본이든 국가든 새로운 정보 통신 기술의 도입과 이용을 통해 기존의 지배 질서를 유지하거나 더욱 강화하려 한다는 점을 강조한다는 점에서도 유사성을 갖는다. 기존의 자본주의 산업 사회적 질서가 계속된다는

81 슬랙의 이러한 주장이 담겨 있는 핵심 문장을 그대로 옮기면 다음과 같다. “정보 혁명에 대한 헤게모니적 접합은 놀라우리만큼 성공적이다. 계급, 인종, 성과 관계없이 정보 혁명 담론은 상식에 강력하게 소구하고 있으며, 이제 그것은 우리를 기만하기 위해 자본가들이 이용하는 도구가 아니라 우리가 살고 있는 세상 그 자체가 되어 버린 것이다…… 컴퓨터를 다루는 법을 모르는 아이들은 뒤처지게 되고, 정보는 이제 사고파는 물건이며, 범세계적인 경제는 더욱 정보 교환에 의존한다는 식의 이러한 헤게모니적 접합은 허위의식이 아니며 실질적인 정보 혁명으로 진행되는 것이다…… 그러나 이러한 이데올로기 접합은 재접합의 여지가 있는 틈새가 분명 존재한다…… 재접합될 가능성은 언제나 존재하는 것이다”(Slack, 1984b: 249~250).

지속론적 관점을 취한 것이다.

1980년대의 정보사회론적 관점에 대한 강력한 비판론으로 등장했던 지속론적 관점은 최근까지도 일부 학자들에 의해 다소 수정된 형태로 제기된다. 그 대표적인 인물의 하나가 오스트리아 출신 네오마르크스주의 미디어 정치경제학자인 영국 웨스트민스터대학의 크리스티안 푹스다.

그는 생산력과 생산 관계에 대한 마르크스의 구분이 정보 사회 논의를 이해하는 데 도움이 된다고 하면서, 후기산업사회론이나 정보사회론, 네트워크사회론 등에서 말하는 변화는 (정보적인) 생산력의 변화 — 하나의 경향성 — 를 의미하는 것이지(Fuchs, 2012: 424), 기존의 자본주의적 생산 관계에는 변함이 없다는 점을 강조했다.[82] 현대 사회는 정보의 생산력으로는 '정보 사회'라 할지 모르지만, 생산 관계에 있어서는 여전히 자본주의적이라는 것이다(p.430). 경제에 있어서 정보의 중요성이 어느 정도 부상하는 정보자본주의적 경향성은 있지만, 그렇다고 경제에서 차지하는 정보 영역의 비중이 지배적인 것은 아니며,[83] 자본주의적 생산 관계 측면에서 보면, 노동의 희생으로

82 푹스에 따르면, 정보적 생산력은 변했지만 자본주의적 생산 관계는 변하지 않았다는 자신의 그러한 입장은 자본주의 발전과 관련된 연속론(지속론)과 불연속론(변형론)의 변증법적인 결과라고 했다. 이러한 그의 입장은 다음의 문장에 잘 요약되어 있다. "자본주의 사회인가, 정보 사회인가? 비판적이고 변증법적인 이론에 따르면, 나는 현대 사회는 정보의 생산력 상태에 따라서는 하나의 정보 사회라고 제안하고자 한다. 그러나 반대로 현대 사회는 그것의 생산 관계에 있어서는 자본주의적이다. 사람들은 여전히 마르크스의 분석 대상이었던 19세기 중반에 살고 있는 것과 다를 바 없다. 그때와 마찬가지로 생산은 이윤을 얻기 위해 이루어지며, 그러한 목적을 달성하기 위해 (어느 정도는) 생산에 지식과 정보 기술을 이용한다."

83 2008년 세계 2,000대 기업의 총 자본 자산 비율을 보면, 금융 부문이 전체의 75.96%로 압도적인 비중을 차지하고 있고, 오일과 가스 등이 5.82%, 그다음으로 정보 부문이 4.63%에

자본에 이익을 줌으로써 사회경제적 불평등은 계속 심화된다고 했다(pp.428~429).[84] 자본주의적 생산 양식이 계급 관계 속에서 자본 축적을 위해 정보적 생산력을 이용하는 정도에는 변화가 있었지만, 정보적 생산력의 증대가 임금 비용을 줄이고 이윤을 극대화하려는 지배계급의 의도적인 계급 프로젝트인 이상, 계급 관계는 불변이고 불평등은 심화될 수밖에 없다는 것이다(p.427).

새로운 정보 통신 기술과 사회 변화의 관계를 바라보는 푹스의 논의에서 핵심 개념은 '초국적 정보자본주의transnational informational capitalism'다. 그가 사용하는 '초국적 정보자본주의' 개념에 깔려 있는 기본 생각은 화폐 자본의 축적the accumulation of money capital, 힘power, 그리고 개념 규정 능력cultural definition-capacity, 즉 착취와 지배와 이념적 정당화가 보다 초국적으로 되고 있으며, 이러한 흐름이 (주관적인 측면인) 지식 생산과 (객관적인 측면인) 네트워크화된 디지털 정보 통신 기술에 의해 더욱 큰 영향을 받고 있다는 것이다(Fuchs, 2009a: 397).

그림 8-1은 푹스가 생각하는 초국적 정보자본주의가 정보 사회

불과하다는 것을 그 예로 들고 있다.

84 주요 국가별 저임 직업low payed jobs과 임금 불평등 비율의 변화 추이

국가	저임 직업 비율			불평등 비율(D9/D1)		
	1995~2000	2001~2006	2007~2009	1995~2000	2001~2006	2007~2009
호주	13.5	14.5	16.8	3.0	3.1	3.3
캐나다	22.4	22.1	22.0	3.6	3.7	3.8
독일	16.6	19.2	21.2	3.1	3.2	3.3
영국	20.5	20.6	20.8	6.8	7.0	7.2
미국	24.8	23.8	24.5	4.6	4.7	4.9

출처: 국제노동기구, 2010; Fuchs, 2012: 429에서 재인용.

그림 8-1 푹스의 정보 사회 이론 유형 분류

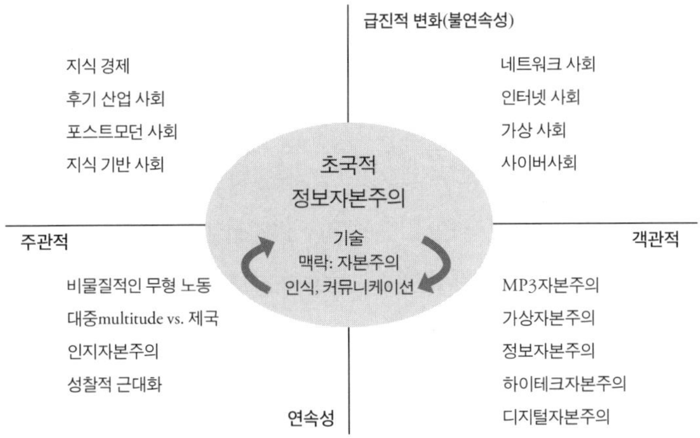

출처: Fuchs, 2012: 415.

에 관한 여러 논의 유형의 어느 지점에 위치하는지를 도식화해서 보여준다. '초국적 네트워크 자본주의' 혹은 '초국적 지식자본주의'라는 말과도 혼용하고 있는(Fuchs, 2009a: 399) 그의 초국적 정보자본주의는 정보 사회에 관한 이론적 관점에서 새로운 정보 통신 기술에 의한 근본적인 사회 변동을 강조하는 불연속론이나 사회 구조의 불변을 강조하는 연속론에 대해서는 모두 비판적이며, 동시에 이들 두 가지 관점의 변증법적 귀결임을 강조한다. 생산력에 있어서는 변화를 인정하면서도, 생산 관계에 있어서는 변화를 부정하기 때문이다. 또한 푹스의 초국적 정보자본주의는 기술결정론적이며 노동과 작용 주체agency의 형태가 어떻게 변화해 왔는지를 무시하는 (그림 8-1의 도표상의 오른쪽에 해당하는) 객관적 접근 시각은 물론, 기술이 작용 주체에 영향을 미치고 또 작용 주체에 의해 영향을 받기도 하는 하나의 힘이라는 점을 무시하는 (그림 8-1의 도표상의 왼쪽에 해당하는) 주관적 접근에 대해서도 반대한다. 즉 기술 지향적인 객관적 접근과 지식 지향적인 주관적 접근은 모두 불충분하다고 보고 역시 이 둘을 모두 고려하는 주관-객관 변증법에 기반을 둔다는 것이다. 초국적 정보자본주의 개념은 정보와 네트워크는 주관적인 면과 객관적인 면을 모두 갖고 있기 때문에 양쪽의 입장을 변증법적으로 지양한다는 것이다(Fuchs, 2012: 418~419).

초국적 정보자본주의는 자본주의 경제가 생산력으로서의 정보에 의존하는 정도가 점차 커져 가는 경향성을 표현하는 '정보자본주의'와 그러한 정보자본주의가 비용을 줄이고 이윤을 확대하기 위해 보다 글로벌화되는 초국적화의 경향성, 즉 초국적성을 반영하는 것이라고 할 수 있다. 푹스는 "초국적 정보자본주의는 현대 자본주의 발전에 있어서의 한 경향이고 매우 상대적인 것"이며, 초국적 정보자본주의가 오직 유일하다거나 지배적인 경향이라는 것을 의미하는 것은 아니라고 했다. "자본주의는 하나의 일반적인 생산 및 착취 양식인 동시에 서로 다른 여러 자본주의 생산 및 착취 유형과 형태의 구체적인 실현이자 공존이며 또한 상호작용이기도 한 것"이므로, 초국적 정보자본주의 역시 다른 여러 가지 자본주의와 연동하면서 나타난 현대 자본주의의 한 경향성임을 강조한다(Fuchs, 2012: 419~420). 그러면서 그는 오늘날 생산력에서 어느 정도가 정보적인 생산력인지를 경험적으로 분석하는 것은 나름대로 의미 있는 일이라고 보며, 자본주의 경제의 정보 의존도, 즉 자본주의적 생산 양식이 계급 관계 속에서 자본 축적을 위해 정보적 생산력을 이용하는 정도나 자본주의 사회의 심화되는 불평등 구조 등과 관련된 구체적인 데이터를 제시한다(pp.425~431).[85]

85 푹스는 2008년 세계 2000대 기업의 총 자본 자산에 있어서는 4.63%가 정보적이고, 이윤

푹스는 또 다른 글에서 미디어 정치경제학을 인터넷에 적용시키면서 '비판적인 인터넷 이론'(CIT: Critical Internet Theory)을 제시한 바 있다. 그는 지식과 정보의 생산은 본래 사회적, 협동적, 역사적인 것이었는데, 글로벌 정보자본주의에서 그러한 지식과 정보는 하나의 전략적 경제적 자원, 즉 새로운 형태의 자본 축적을 위한 중요한 생산력이 되었다고 했다. 본질적으로 사회에서 정보와 지식은 개인적인 것이 아닌 협동적인 과정을 통하여 서로 함께 생산하고 모두가 무료로 이용할 수 있는 공공재였으나 오늘날의 정보자본주의에서는 그것이 상품으로 취급됨으로써 '공공재로서의 정보'와 '상품으로서의 정보' 사이에 적대적인 관계가 존재하게 되었다는 것이다. 푹스의 입장에서는 지식이 모든 이에게 무료로 이용 가능하고 협동 과정에서 공동 생산되는 사회가 참된 정보 사회a true information society이며, 정보가 하나의 상품이 되는 정보자본주의는 정보에 대한 접근을 제한하고 정보를 인위적으로 사유재화하기 때문에 그러한 사회는 거짓 정보 사회a false information society다. 공공재로서의 정보와 상품으로서의 정보가 갖는 적대적 성격을 기반으로 푹스는 정보자본주의의 지배적인 실제인 전유 모델proprietary model과 함께 대안적인 생산 모델an alternative production model이 대립적으로 발전해 왔다고 했다. 전유 모델

에 있어서는 12.4%가 정보적이라고 했다. 여러 국가에서 상위 10% 소득군과 하위 10% 소득군 간의 격차는 계속 커져 가며, 일부 국가에서는 중간 소득 노동자와 하위 소득 노동자 간의 격차가 더 커진다고 했다. 전체 직업에서 저임 직업이 차지하는 비율 역시 점차 커진다는 데이터를 제시한다. "이들 데이터는 자본주의적 생산 관계가 고도로 층화되고 있으며, 거대 기업들은 엄청나게 큰 경제적 자금력을 보유한 반면, 마르크스가 말한 바와 같이, 노동자들은 자본주의적 풍요 속으로 직접 전입되어 들어가고 있는 경제적 부로부터 배제되고 있다. 노동의 빈곤이 곧 자본의 부가 되는 것이다"(Fuchs, 2012: 428~429).

은 인터넷과 같은 미디어와 사유재 또는 상품으로서의 정보를 이용하여 이윤을 극대화함으로써 자본 축적을 도모하려는 입장이고, 대안적인 생산 모델은 인터넷이나 정보를 모든 사람이 접근하여 그로부터 모두가 이익을 얻는 공공재로 보는 입장을 말한다(Fuchs, 2009b: 78~80).

이러한 이분법적 논의는 상품화된 인터넷 경제(상품 인터넷 경제)와 비상품화된 인터넷 경제(선물 인터넷 경제)에 대한 논의로 이어진다. 예컨대, 위키피디아Wikipedia나 리눅스Linux, 인디미디어Indymedia 같은 파일 공유 플랫폼의 경우에는 이용자에게 비용 부담 없이 무료로, 광고도 없이 제공된다. 사용 가치는 지니면서 교환 가치가 없는 비영리적인 선물gift로서 제공된다. 이에 비해 구글Google이나 야후Yahoo, 마이스페이스Myspace, 유튜브Youtube, 넷스케이프 같은 상품화된 인터넷 공간은 이윤 지향적 특성을 가지며 특히 높은 광고 요율을 보장받으려 이용자 수를 늘리기 위한 선물로서 무료 상품이나 플랫폼이 제공되기도 한다. 이 경우 무료로 제공되는 서비스는 선물 형태를 지니지만 상품의 교환 가치를 높이기 위한 미끼 상품과 같은 역할을 하는 셈이다. 이처럼 선물과 상품의 양면성을 지니는 인터넷 경제가 더욱 활성화된 것은 2000년대 중반 '인터넷2.0' 혹은 '웹2.0'이 등장하면서부터다. 마이스페이스나 페이스북 같은 소셜 네트워킹 플랫폼은 이용자들에게 웹 2.0 앱들을 무료로 제공한다. 이러한 앱을 통해 이용자는 여러 가지 무료 서비스를 제공받게 되고, 제3자에게는 광고면을, 이용자에게는 각종 부가 서비스를 판매함으로써 가능한 한 많은 이용자를 확보하려고 한다. 이용자가 많을수록 이익이 크고, 무료로 더 많은 서비스를 제공할 수 있게 되며 계속해서 더 많은 이익을 낼 수 있는 것이다(p.80).

푹스는 이러한 선물·상품 인터넷 경제the gift commodity internet

표 8-1 인터넷 선물·상품 경제의 구조

구분	인터넷 선물 경제	인터넷 상품 경제
정보의 위상	공공재로서의 지식과 정보	상품으로서의 지식과 정보
정보 생산과 소유	정보의 집단적(사회적/협동적/역사적) 생산	정보의 사적 전유(배타적 소유)
정보 이용	정보 이용은 모두가 무료	정보 이용 제한적, 유료화
경제적 특징	정보 선물 경제의 협동적인 면	정보 상품 경제의 경쟁적인 면
주요 모델	대안적 생산 모델	전유(배타적 소유) 모델
구체 사례	위키피디아, 리눅스, 인디미디어	구글, 마이스페이스, 페이스북
관련 사회 평가	'참된 정보 사회'	'거짓 정보 사회'
인터넷 선물·상품 경제		
상품화와 개인화의 변증법	* 지배 이익에 의한 사회[미디어, 웹2.0]의 상품화와 식민화 개인화 이데올로기 → 생산소비자 상품(화) → 소셜 네트워킹 플랫폼의 확장과 정교화 → 보다 많은 생산소비자 유인 → 개인화 촉진 → 개인화 이데올로기…	

출처: Fuchs, 2009b: 77~84를 요약해 재구성.

economy는 매스 미디어 상황에서 댈러스 스마이드Dallas Smythe가 주장했던 '수용자 상품audience commodity'의 현대적 형태를 보여 준다고 했다.[86] 마치 스마이드가 매스 미디어 수용자들을 광고주에게 팔리

86 스마이드가 말한 '수용자 상품'이란 매스 미디어 상황에서 미디어사는 자신들의 콘텐츠를 미끼로 해서 독자나 시청자들을 끌어모으게 되고, 그때 독자와 시청자들은 미디어사가 제공하는 콘텐츠와 함께 제공되는 광고에 노출되게 함으로써, 결과적으로는 그들 독자나 시청자는 미디어사가 광고주에게 팔아넘기는 상품이 된다는 것이다. 독자나 시청자를 많이 끌어모을수록, 즉 신문의 구독률이나 방송 프로그램의 시청률이 높을수록 그 신문이나 TV 프로그램의 광고요율은 올라가게 됨으로써 독자나 시청자들은 더 비싸게 팔리게 된다는 논리다. 스마이드의 주장을 그대로 옮기면, "수용자의 힘은 생산되고 판매되고 구매되고 또 소비되기 때문에 그것은 가격을 매기게 되는 하나의 상품인 것이다…… 당신들 수용자의 수는 당신

는 상품으로 인식했던 것처럼 푹스 역시 인터넷 이용자들을 인터넷 기업의 기업 가치를 높이거나 인터넷 플랫폼을 이용하는 광고주에게 팔리는 상품으로 간주했다. 웹 자체가 매스 미디어에서 자본이 채택했던 축적 전략에 다가서고 있다고 본 것이다.

> 구글로 데이터를 검색하는 이용자들, 유튜브에서 동영상을 올리고 시청하는 이용자들, 플리커Flicker에 개인 이미지를 올리고 검색하는 이용자들, 그리고 마이스페이스와 페이스북 같은 소셜 네트워킹 플랫폼에서 온라인으로 콘텐츠를 교환하거나 커뮤니케이션을 하는 친구들을 계속 모으는 이용자들은 광고주에게 팔리는 수용자 상품을 구성한다. 전통적인 매스 미디어에서의 수용자 상품과 인터넷에서의 수용자 상품의 차이는 후자의 경우 이용자들이 또한 콘텐츠 생산자들이라는 것이다. 거기에는 이용자 제작 콘텐츠(UGC)가 있고, 이용자들이 지속적인 창조적 활동, 커뮤니케이션, 공동체 구축 및 콘텐츠 생산에 참여한다. 이용자들이 텔레비전이나 라디오의 콘텐츠 수용에 있어서 보다 인터넷에서 더욱 능동적이라는 것은 많은 사람들끼리 커뮤니케이션을 할 수 있게 하는 인터넷의 민주적인 구조 때문이다(Fuchs, 2009b: 82).

인터넷 이용자들이 갖는 이러한 특성 때문에 푹스는 인터넷에서의 수용자 상품을 '생산소비자(생비자) 상품prosumer commodity' 혹은 '생산이용자(생리자) 상품produser commodity'이라고 했다. 이러한 생비자

들의 미지불된 노동 시간에 기여하며, 당신은 그 교환으로 프로그램 내용물과 광고를 받게 된다"(Smythe, 2006).

상품 또는 생리자 상품은 보다 참여적인 시스템을 향한 미디어의 민주화를 의미한다기보다는 — 매우 비판적인 입장에서 오히려 — 인간 창의성의 총체적 상품화를 의미한다는 것이다. 인터넷의 경우는 수용자 참여의 상품화가 기존의 매스 미디어에서보다 훨씬 용이한데, 이러한 인터넷 생비자 상품의 등장은 — 과거 발터 베냐민Walter Benjamin, 베르톨트 브레히트Berthold Brecht, 한스 마그누스 엔첸스베르거Hans Magnus Enzensberger 같은 비판 이론가들의 — 해방적인 미디어 구조에 대한 전망이 오늘날에는 자본 아래 포섭되고 있음을 보여 주는 것이라고 했다.

퓩스는 또한 인터넷의 웹2.0 환경에서 이용자 참여가 상품화되는 현상과 함께 인터넷에서의 광고가 더욱 개인화되는 현상을 지적하면서 이들 양자는 서로가 서로에 영향을 주면서 자본주의적인 개인주의와 축적과 정당화를 계속 진전시켜 나간다고 했다. 그리고 웹2.0 환경은 인터넷에서의 이용자 개개인의 참여와 차이를 강조하는 하나의 이데올로기라고 했다.[87] 인터넷에 참여하는 개개인들은 그 자체가 상품화되고, 상품화된 개개 이용자들의 활동은 컴퓨터와 데이터베이스에 의해 타깃 광고가 가능한 개인화를 더욱 용이하게 한다는 것이다. 보다 많은 이용자들이 참여함으로써 보다 많은 이용자들이 상품화

87 퓩스는 웹2.0을 "하나의 이데올로기이며 억압적 관용repressive tolerence의 한 표현"이라고 했다. 웹2.0 환경에서는 개인적인 표현들이나 창의성, 참여 등이 중요하다는 환상을 만들어 내지만 개인화된 정보는 정치적 결정과 권력 구조에 거의 영향을 미치지 못하며, 모든 사람들이 웹에서 자신의 의견을 말할 수 있는 것 같은 환상을 심어 주지만 실제로 정책 결정은 여전히 엘리트 집단에 의해 내려지며, 시민들은 그들의 일상생활에 변화를 가져올 만큼의 제도화된 권력을 가질 수 없고 정책 결정에는 거의 영향을 미치지 못하면서 기업 이익과 기업 통제에 의해 지배되는 세계에서 살고 있다는 것이다.

되며 보다 많은 이용자 상품이 다시 개인화된다는 것이다. 바로 이러한 순환 구조가 소셜 네트워킹 플랫폼을 비롯한 인터넷 기업을 더욱 확장시키고 시스템을 더욱 정교하게 만들면서 보다 많은 이용자를 다시 유인하고 유인된 이용자들을 더욱 개인화시킴으로써 이윤 극대화를 향한 자본주의적 확대 재생산이 지속적으로 이루어진다는 것이다. 푹스는 바로 거기에 '상품화와 개인화의 변증법'이 존재한다고 했다. 푹스는 현재 진행되는 것은 미디어와 웹2.0의 상품화와 식민화뿐 아니라 지배 이익에 의한 사회의 상품화와 식민화라고 말하고, 오늘날 우선적으로 필요한 것은 새로운 미디어의 지원을 받는 참여적 시스템을 지향하는 정치, 경제 시스템으로의 근본적인 변화라고 했다. 지식과 정보의 사회적, 협동적, 역사적 생산과 이를 모두가 무료로 이용할 수 있는 대안적 생산 모델과 '참된 정보 사회'를 강조하는 셈이다(pp.82~84).

5. 플랫폼자본주의론

앞서 언급한 푹스의 초국적 정보자본주의론이 2010년을 전후해서 제기된 새로운 비판적 정보사회론이라면, 2010년대 중반에 비슷한 관점의 또 다른 주장이 제기되었는데 그것은 닉 서르닉Nick Srnicek의 '플랫폼 자본주의Platform Capitalism'에 관한 논의다(Srnicek, 2017).

푹스와 마찬가지로 영국에서 활동하고 있는 캐나다 출신 학자인 서르닉(런던대학교 킹스칼리지)은 디지털 플랫폼이 21세기 자본주의의 새로운 비즈니스모델이 되었으며, 지속적으로 이윤을 추구하는 디지털 플랫폼의 속성은 물론 거대한 플랫폼 사이에서 나타나는 치열한 경쟁과 독점화 경향으로 인해 자본주의 사회의 불평등은 심화되고 결국은 장기 침체를 극복하지 못할 것이라고 전망하고 있다. 그러면서도 그에 대한 대안으로서 기업 플랫폼corporate platforms에 대한 국가 규제와 공공 플랫폼 개발의 필요성을 규범적인 수준에서 아주 간단하게 제안한다.

서르닉은 자본주의의 지속적인 이윤 추구 동기는 변함없는 본질이라고 본다. 그러나 2차 세계 대전 이후의 예외적인 일시적 경제 호황기를 지나 1970년대 장기적인 이윤율 하락과 제조업 부진은 자본주의로 하여금 새로운 이윤 창출을 위한 변화를 불가피하게 했으며, 경제 성장을 회복하고 활력을 유지하는 수단으로 데이터에 눈을 돌리게 했다고 보았다. 여기서 데이터가 곧 정보이고 이러한 데이터를 수집, 가공, 처리, 이용하는 기술이 정보 통신 기술이라고 했을 때 자본주의가 위기 극복을 위한 새로운 활로를 찾기 위해 정보와 정보 통신 기술에 눈길을 돌리게 되었다는 것은 특별히 새로울 것이 없다. 기존의 정보사회이행론에 대한 여러 비판적 관점과 별로 다르지 않기 때문이다.

그의 논의가 새로운 것은 21세기 선진 자본주의가 지속적인 이윤 창출을 위한 새롭고도 강력한 사업 모델인 '디지털 플랫폼' 모델의 등장과 발전에 주목했다는 점이다. 즉 지속적인 이윤 추구라는 자본주의의 본질은 그대로 지속되는 상황에서, 적어도 1990년대와 2000년대 초 한동안의 닷컴 거품과 붕괴 이후 디지털 플랫폼이 새로운 이윤 창출 기제로 급부상했다는 것이다.

1970년대 후반 제조업 중심의 자본주의 대량 생산 경제의 위기 이후, 산업의 정보화와 정보의 산업화 과정을 거치면서 정보 통신 기술은 기존 자본주의 기업들의 생산성과 효율성을 높이는 핵심 기술이 되었다. 유연 생산 체제로의 전환 확대는 물론 노동의 유연성과 주

변화도 강화되고 심화되었다. 인터넷의 확대와 상업화는 이러한 경향을 더욱 가속화시켰다. 글로벌 네트워크의 확장과 닷컴 기업의 부상은 디지털 경제의 확대를 가져왔고, 한동안 이 분야에 대한 막대한 벤처 투자도 집중되었다. 그러나 2000년대 초 닷컴 붕괴와 글로벌 금융 위기가 겹치면서 자본주의 경제는 또 다른 위기에 봉착하게 되었다. 한편에서는 지속적인 저금리와 양적 완화라는 통화 정책 속에서 자본주의 위기관리가 이루어졌고, 다른 한편에서는 지속적인 이윤 추구와 확대를 위한 새로운 사업 모델의 추구와 노동의 변화가 계속 이루어지게 되었다는 것이다(pp.9~35 참조).

그렇다면 21세기 자본주의의 새로운 사업 모델이자 이윤 창출 기제로 부상했다는 '플랫폼'이란 무엇인가? 서르닉은 플랫폼을 "거대한 양의 데이터를 추출하고 통제하게 하는 새로운 사업 모델"이라고 했다. 정보 통신 기술의 발전에 힘입어 이제는 데이터가 폭발적으로 늘어났다. 과거에는 데이터가 사업 활동의 주변에 있었으나 점차 핵심 자원으로 바뀌었다. 이제 데이터는 자본주의의 원료이자 핵심 자원이 된 것이다. "데이터는 많이 모일수록 그만큼 쓸모도 커진다…… 데이터는 알고리즘을 개선하고 경쟁에서의 우위를 보장한다. 데이터는 생산 과정의 최적화와 유연화를 촉진하며 저수익 상품을 고수익 서비스로 전환한다. 데이터는 노동을 통제하고 노동의 외주화를 촉진시키기도 한다"(pp.40~42). 플랫폼은 이러한 데이터를 독점하여 추출, 분석, 사용, 판매하는 점점 더 지배적인 사업 조직 방식이 되었다는 것이 서르닉의 주장이다. 또한 디지털 플랫폼이 강화될수록 저숙련 노동자들은 외부로 내보내지고, 이러한 노동의 외주화를 통해 삭감된 임금이 결국은 회사의 수익이 된다는 것이다. 요컨대, 데이터 추출과 분석 및 활용에 의존하는 플랫폼은 노동을 외주화, 주변화하고

심지어는 배제함으로써 이윤을 확대해 나간다는 것이다.[88]

오늘날 새로운 사업 모델이 되고 있는 플랫폼은 경제 전체로 파고들어 수많은 회사들이 플랫폼 방식을 채택하고 있다고 보았다. 그리고 이러한 플랫폼의 특징을 네 가지로 요약하고 있다. 첫째, 플랫폼은 다양한 이용자 집단, 즉 생산자, 공급자, 서비스 제공자, 소비자, 광고주 등을 매개하는 디지털 인프라 구조digital infrastructure를 제공한다. 둘째, '네트워크 효과network effects'를 만들어 내고 그에 의존한다. 즉 더 많은 사람들이 이용할수록 이용자는 더 많은 혜택을 누리게 된다. 그래서 플랫폼은 독점을 추구하는 경향을 보인다. 셋째, 플랫폼 기업은 주로 교차 보조 전략cross-subsidisation을 이용한다. 전체 사업에서 일부는 무료로 혹은 저렴하게 공급하여 이용자를 끌어들이고, 그것을 통해 다른 부문에서 수익을 올린다. 예컨대 구글의 경우처럼 메일 서비스를 공짜로 제공하고 이를 이용하는 수많은 이용자를 통해 광고 수익을 올리는 전략이다. 넷째, 플랫폼은 다양한 이용자가 지속적으로 관심을 가질 수 있게 설계되어야 한다. 그래야 이용자를 자체 생태계 안에 계속해서 묶어둘 수 있다는 것이다. 이러한 특징들이 플랫폼을 데이터 추출과 통제의 핵심 모델로 만들고 있다는 것이다(pp.43~48).

이어서 서르닉은 다섯 가지 유형의 플랫폼을 소개하는데 광고 플랫폼, 클라우드 플랫폼, 산업 플랫폼, 제품 플랫폼, 린 플랫폼이 그것이다. 물론 이들 유형은 하나의 기업 안에 공존할 수 있으며, 아마존의 사례에서 보듯 실제 많은 경우, 그렇게 운영되고 있다.

먼저 광고 플랫폼advertising platforms은 새로운 사업 방식으로서의

88 플랫폼에 의한 노동의 (재)배치와 위상 변화에 대해서는 이광석(2021) 참조하라.

표 8-2 플랫폼의 유형과 특징

유형	특징	사례
광고 플랫폼	이용자의 정보를 추출해 분석 작업을 거친 다음, 그 과정의 산물을 사용해 온라인 광고에 판매	구글, 페이스북
클라우드 플랫폼	디지털 사업에 필요한 하드웨어와 소프트웨어를 갖추고 고객 회사의 필요에 따라 빌려주는 방식	아마존웹서비스, 세일포스
산업 플랫폼	전통적 제조업이 인터넷 연결 조직으로 변신해 생산 비용을 낮추고 상품을 서비스로 바꾸는 형태 (그 과정에서 하드웨어와 소프트웨어를 직접 구축하는 방식)	GE, 지멘스
제품 플랫폼	전통적 제품을 서비스로 전환한 주문형 플랫폼으로, 임대 수익이나 구독형 서비스로 수익을 올리는 방식	집카, 스포티파이
린 플랫폼	자산 소유를 최대한 줄이고 비용도 가능하면 줄여서 수익을 내려는 시도	우버, 에어비앤비

출처: Srnickek, 2017: 49~50 내용 도표화.

플랫폼의 시작인 동시에 가장 성공적인 부분으로 꼽힌다. 대표적인 사례가 구글과 페이스북이다. 이들 기업은 처음에는 이용자들에게 검색 서비스와 사회관계망 서비스 등을 통해 다수의 이용자를 끌어모았으며, 그러한 이용(자) 데이터를 서비스 개선을 위해 사용했다. 그러나 나중에는 그러한 데이터를 광고 수익을 올리는 데 사용했다. 광고 플랫폼에서 그러한 데이터가 핵심 원료가 되는 것이다. 이용자의 온라인 활동에서 데이터가 추출되고 분석되어 광고주에게 판매됨으로써 수익을 창출하게 되는 것이다. 2016년 구글의 이러한 광고 수익 비중은 89.9%였고, 페이스북은 무려 96.6%였다.

광고 플랫폼은 이용자의 온라인 활동을 단순히 관찰하고 기록하는 데 그치지 않고, 체계적이고 엄밀한 과학적 분석을 거친 뒤 경매 시스템을 통해 광고주에게 판매된다. 단순한 데이터가 아니라 분석되고 예측된 데이터, 즉 "약속된" 표적 고객을 광고주에게 팔아넘긴다는 것이다(pp.50~60).

클라우드 플랫폼cloud platforms은 디지털 경제의 기초인 인프라 구조를 구축해서 자기 사업에 필요한 데이터를 수집, 분석하는 한편 다른 회사들에게 자산을 빌려줌으로써 높은 수익을 올리는 플랫폼이다. 대표적인 사례가 아마존이다. 아마존은 데이터 센터를 비롯하여 자동화된 물류 창고와 대규모 컴퓨터 장비에 막대한 투자를 했다. 아마존웹서비스(AWS: Amazon Web Service)는 서버와 스토리지, 컴퓨터 연산에 필요한 주문형 서비스를 제공하고 소프트웨어 개발자 도구, 운영 체제, 완성된 앱 전체를 빌려준다. 이를 빌린 회사들은 하드웨어, 소프트웨어 개발 도구, 앱 개발에 들어가는 막대한 시간과 비용을 절감한다. 클라우드 플랫폼 사업 모델로 전환한 아마존 같은 회사는 이들 하드웨어와 소프트웨어를 통합적으로 활용하여 자신에게 필요한 데이터를 지속적으로 수집하고 분석하여 이윤을 극대화한다. 여기서도 교차 보조 전략에 의존한다. 아마존은 데이터를 이용한 신속하고 저렴한 배송을 통해 대규모 이용자를 끌어들이고, 이 이용자들이 일단 플랫폼에 들어오면 다른 부분의 서비스를 통해 수익을 내는 전략을 구사한다(pp.60~64).

산업 플랫폼indistrial platforms은 전통적인 제조업 분야에 도입된 플랫폼을 말한다. 즉 기존의 전통적인 제조업이 하드웨어와 소프트웨어를 직접 구축하고 인터넷 연결 조직으로 변신하여 생산 비용을 낮추고 상품을 서비스로 바꾸어 나가는 것이다. 산업 플랫폼에서는 '산업의 사물 인터넷' 혹은 줄여서 '산업 인터넷' — 독일의 경우는 '산업4.0' — 이라는 것이 부각된다. 산업 인터넷이란 센서와 컴퓨터 칩을 생산 과정에 집어넣고 RFID 추적 장치 등을 물류 과정에 장착해 이 모두를 인터넷으로 연결하는 과정으로, 점차 많은 제조업 분야가 이러한 산업 인터넷을 구축함으로써 점차 스마트한 제조 역량을 확보해 나가고 있다는 것이다. '제조업의 발전소'라고도 하는 산업 플랫폼은 산업 인터넷을 움직이는 하드웨어와 소프트웨어를 구축해 터빈, 유전, 엔진, 작업 현장, 운송 트럭, 각종 앱 사이에 매개로 작용하며, 센서와 작동 장치, 공장과 공급업자, 생산자와 소비자, 소프트웨어와 하드웨어 사이의 연결을 확보하는 인프라를 제공한다는 것이다.

서르닉은 그 대표적인 사례로 미국의 GE와 독일의 지멘스를 들고 있다. GE의 프레딕스라는 플랫폼과 지멘스의 마인드스페어라는 산업 플랫폼은 이미 인프라 구조 서비스, 개발자 도구, 산업 인터넷 관리 도구 등을 제공하면서 스마트 제조 역량을 높이기 위한 투자를 계속하고 있으며, 이러한 도구들을 임대로 공급하면서 수익을 올리고 있기도 하다.

산업 플랫폼 역시 수집된 데이터를 바탕으로 미세한 장비에서 거대한 공장에 이르기까지 전 지구적인 제조업이 어떻게 작동하는지를 관찰할 수 있게 해 주며, 공장과 고객과 앱 개발자 사이를 매개하면서 스마트한 제조 역량, 즉 더 빠르고 더 저렴하며 더 유연한 서비스를 확보하기 위한 경쟁을 가속시키고 있다고 했다. 여기서도 네트워크 효과로 인한 독점적 지위 확보 경쟁은 예외가 아니라고 보았다(pp.64~70).

제품 플랫폼product platforms과 린 플랫폼lean platforms은 사물 인터넷과 클라우드 컴퓨팅 기술로 인해 가능하게 된 새로운 유형의 주문형 플랫폼이다. 둘 다 고객이 원할 때 자산을 빌려주는 플랫폼이다. 다만 제품 플랫폼은 자산을 소유한 다음에 빌려주는 플랫폼인 데 비해, 린 플랫폼은 자산을 직접 소유하지 않고 대부분 외주에 의존하여 고객이 원하는 서비스를 제공한다(pp.70~71). 자산이 있다면 그것은 소프트웨어와 데이터 수집 및 분석과 관련된 플랫폼 그 자체가 핵심 자산이다. 마치 자산이 없는 회사처럼 보인다. 그래서 '가상 플랫폼virtual platforms'이라고도 한다(p.76).

제품 플랫폼의 대표적인 사례로 집카Zipcar와 스포티파이Spotify를 들고 있다. 집카는 자동차를 소유하고 그것을 빌려준다. '제품을 서비스로 제공하는' 플랫폼이다. 글로벌 음악 플랫폼인 스포티파이의 경우도 휴대폰, 컴퓨터, 태블릿 등을 통해 매 순간 고객이 원하는 음악이나 팟캐스트를 손쉽게 찾아 즐길 수 있다. 제품 플랫폼은 마치 전통적인 신문 구독과 같이 원하는 음악이나 정보는 물론 칫솔, 면도기, 자동차, 주택, 심지어는 개인용 비행기와 제트 엔진마저도 이제는 직접 제품을 사는 것이 아니라 특정 서비스를 빌려서 이용할 수 있다. 그래서 이를 '구독자 모델'이라고도 한다. 서르닉은 이런 제품 플랫폼이 계속 번창하는 이유의 하나로 임금 하락과 정체를 들고 있다. 가계 저축이 감소하면서 제품을 사는 대신 그 대안으로 임대 사용이 늘어나고 있다는 것이다(pp.71~75).

린 플랫폼도 고객이 원할 때 자산을 빌려주는 사업 방식이지만 회사가 빌려주는 자신을 소유하지 않는 형태를 말한다. 관련 데이터를 수집하고 분석하고 활용하는 플랫폼만 갖고 있는 것이다. 나머지 모든 것은 거의 외주에 의존한다. 고정 자본, 유지 비용은 물론 노동자와 노동자 교육 훈련마저도 외주에 의존한다. 하드웨어와 소프트웨어도 클라우드 기업에서 빌려 쓴다. 그래서 이를 '초超외주화 모델'이라고도 한다. 서르닉은 대표적인 차량 서비스업체인 우버와 숙박업체인 에어비앤비를 그 대표적인 예로 들고 있다. 우버의 경우, 하드웨어와 소프트웨어도 아마존웹서비스에서 빌려 쓴다. 그 밖에도 구글의 지도, 트윌리오의 메시지, 샌드그리드의 이메일, 브레인트리의 결제 서비스를 빌려 사용한다. 우버는 다른 플랫폼에 기초한 대표적인 린 플랫폼의 하나인 셈이다. 그리고 우버는 노동자마저도 외주에 의존한다. 운전자를 '종업원'이 아닌 '독립 계약자'로 취급한다. 관련 데이터의 수집과 분석 및 활용에 전적으로 의존하는 우버는 차량 운행에 관한 데이터뿐 아니라 운전자에 대한 데이터도 수집한다. 심지어는 승객이 없을 때도 데이터를 수집함으로써 운전자가 무엇을 하는지, 또 어떻게 운전하는지까지도 분석하여 이를 비즈니스에 활용한다고 한다(pp.75~88).

그러나 서르닉은 이처럼 다양한 플랫폼의 등장과 발전에도 불구하고 그것의 미래 전망에 대해서는 매우 부정적이다. 그는 데이터 추출을 핵심적인 DNA로 하는 플랫폼 기업은 네트워크 효과 때문에 거대한 크기로 성장하지만 이로 인해 거대해지는 플랫폼들 사이에 치열한 경쟁이 펼쳐지면서 몇 가지 뚜렷한 경향이 나타난다고 보았다. 데이터를 기반으로 성장하는 플랫폼들은 데이터 층위의 모든 요소를 확보하려는 경향 속에서 데이터 추출을 점차 확대하며, 플랫폼 생태계의 확장에 따라 생태계의 관문을 지배함으로써 핵심 플랫폼의 지위를 유지하려는 지속적인 노력을 보이게 되는데, 이러한 과정에서 플랫폼 기업들은 동일한 시장과 동일한 데이터 영역에 진출함으로써 서로 비슷해지는 수렴 현상을 낳게 되고, 경쟁자를 물리치는 핵심 수단으로 이용자와 데이터를 자체 플랫폼 내에 계속 가두어 두려는 경향 혹은 폐쇄 전략이 강화된다는 것이다(pp.98~116).

서르닉은 이러한 플랫폼 자본주의의 경향 때문에 앞으로 플랫폼이 경제 전체로 계속 확산되면서 경쟁은 플랫폼 폐쇄를 더욱더 강화시킬 것이고, 광고 수익에 기대던 플랫폼은 직접 요금 사업으로 점점 더 전환하면서 임대 수익을 추출하는 쪽으로 변화될 것이라고 했다. 그리고 플랫폼의 수익 기반이었던 교차 보조 전략은 종말을 고하고, 공적 공간으로서의 인터넷도 점차 소멸될 것이며, 현존하는 소득과 부의 불평등은 접속의 불평등 형태로 계속 반복될 것이라고 내다보았다(pp.126~127).

그러나 그러한 부정적 전망에도 불구하고, 서르닉은 앞서 언급한 플랫폼 자본주의의 경향성도 있지만 정치적 노력으로 그 결과를 뒤집거나 멈춰 세울 수 있다고 했다(p.113). 그 근거로 국가가 플랫폼을 통제하는 힘을 갖고 있기 때문에, 기업 플랫폼의 규제뿐 아니라 — 국민들에 의해 소유되고 통제되는, 그리고 감시 국가 기구로부터 독립된 — 공공 플랫폼public platforms 개발도 가능하다고 주장했다. 플랫폼 자본주의에 대한 비판 속에서 '탈자본주의적 플랫폼postcapitalistic platform'을 요구할 수 있다고도 했다(pp.127~129). 그러나 그와 관련된 보다 구체적인 방안이나 전략적 제안이 부족한 단순한 규범적 주장에 그치고 있어 상당히 공허한 느낌이 든다.

9장

산업경제론

1. 산업경제론의 기본 입장

앞서 살펴봤던 정보경제론은 정보나 지식이 산업이나 경제에서 차지하는 비중이나 역할이 점차 커져 가고 있다는 것에 주목한 관점이다. 정보경제론은 정보나 지식이 비록 산업이나 경제에 한정하고 있기는 하지만 산업 구조의 변동이나 경제 체제의 변화에서 핵심적인 요소가 되고 있다는 인식을 반영한다. 이러한 관점은 이미 1960년대부터 등장한 것으로 새로운 미디어 기술과 사회 변동 논의의 출발점을 이루고 있다는 점에서 그 의의가 크다. 이러한 정보경제론은 처음에는 정보나 지식의 생산 영역에서, 좀 더 지나서는 정보나 지식의 소비 영역에서 일어나는 변화를 구체적으로 보여 주었으며, 그러한 연구 전통은 지금도 다양한 형태로 계속되고 있다. 또한 기술 혁신에 따른 자본주의 경제 체제의 변화를 설명하는 과정에서 기술경제패러다임론은 1980년대의 정보 통신 기술이 1970~1980년대 자본주의 경제의 위기 극복을 위한 중심 기술이 되었음을 강조하기도 했다. 특히 정보생산론과 정보소비론은 새로운 '지식 산업' 혹은 '정보 경제'의 등장을 강조했다. 새로운 정보 통신 기술이 새로운 산업이나 경제의 출현, 혹은 새로운 기술 경제 패러다임의 등장을 가능하게 했다고 본 것이다.

그러나 '정보 경제'라는 새로운 경제의 출현에 대해 일부에서는 거부 반응을 보인 바 있다. 정보나 지식, 그리고 정보 통신 기술의 중요성이 증대한 것은 사실이지만 그렇다고 그것을 전혀 새로운 경제의 출현으로 보는 것에는 반대한다는 의미다. 그것은 마치 앞서 다룬 자본주의산업사회론이 새로운 정보 통신 기술에 의한 '후기 산업 사회'나 '정보 사회'의 출현을 주장하는 것에 반대한 것과 같다고 할 수 있다. "정보 경제는 무슨 정보 경제냐"고 반문하면서 산업이나 경제에 있어서 정보와 지식의 중요성이 증가하고 산업이나 경제 발전을 위해 정보 통신 기술을 이용하거나 거기에 의존하는 정도는 커졌지만 경제 질서는 여전히 자본주의적인 '산업 경제'의 틀frame 속에 있다는 것이다. 정보 지향성이 높아졌다고 해서 기존의 산업 경제가 '정보 경제'로 변화되었다고 보는 주장에는 반대하는 것이다.

이러한 입장을 취하는 것에는 크게 두 가지 흐름이 있다. 하나는 산업주의적industrialism 관점이고, 다른 하나는 조절 학파 이론regulation school theory이다. 이 두 관점은 자본주의 산업 경제가 위기 상황에서도 나름대로의 자생력을 가지고 그러한 위기를 돌파해 나가는 과정에서 새로운 정보 통신 기술이 중요한 역할을 했다는 점에 동의한다. 이러한 관점은 앞서 다룬 자본주의산업사회론의 입장과도 유사해 보인다. 실제 상당히 유사하다. 그러나 산업경제론에 속하는 산업주의적 관점이나 조절 학파 이론은 자본주의산업사회론에 비해 분석 대상이나 분석 수준이 좀 더 구체적이고 자본주의 경제에 대해 덜 비판적이다. 자본주의산업사회론이 자본주의 일반 혹은 자본주의 경제 체제에 대해 보다 포괄적인 비판을 가하는 데 비해, 산업경제론은 자본주의 기업의 이윤 확대나 생산성, 효율성 증대를 위해 새로운 정보 통신 기술을 이용하는 메커니즘에 더 많은 관심을 갖는다. 그리고 그러한 자본주의 기업이 변화되는 기업 환경 속에서 생산성을 높이고 노동 통제 및 관리를 보다 효율적으로 하기 위해 정보 통신 기술을 이용하거나 나아가 그러한 기술을 새롭게 상품화 혹은 산업화하기 위해 어떻게 전략적으로 개입하고 노동과 타협을 하게 되는가에 더욱 관심을 갖는다. 자본주의산업사회론이 자본 축적과 계급 지배와 자본주의 체제 정당화를 위해 정보 통신 기술을 이용하는 데 더욱 관심을 가졌다면, 산업경제론은 (보다 구체적으로) 자본주의 기업이 변화하는 환경 속에서 스스로 생존, 진화하기 위해 정보 통신 기술을 어떻게 활용해 왔는가에 초점을 맞춘다. 그런 점에서 자본주의산업사회론은 자본이나 자본주의 체제에 대해 (상당히 부정적인 입장에서) 매우 비판적이지만, 산업경제론은 비판적이라기보다는 (비교적 중립적인 입장에서) 평가적이다.

다음에는 산업경제론적 입장에 해당되는 산업주의적 관점과 조절 학파 이론을 중심으로 이를 각각 살펴본다.

2. 산업주의적 관점

조지 세먼트와 레아 리브로Leah Lievrouw(Schement & Lievrouw, 1987) 등에 의해 강조되어 온 산업주의적 관점은 새로운 정보 통신 기술의 발전과 그 적용에도 불구하고 서구, 특히 미국의 산업 사회적 질서는 여전히 계속되고 있다는 입장을 취한다. 미국은 후기 산업 사회가 아니라 여전히 산업 사회이며, 다만 최근으로 올수록 '정보 지향적인 산업 사회information-oriented industrial society,' 좀 더 정확하게는 역사적으로 볼 때 정보 지향적으로 산업화가 진화되어 온 산업 사회란 것이다.

이러한 산업주의적 관점은 피터 드러커와 대니얼 벨, 앨빈 토플러, 톰 포레스터, 시몽 노라와 알랭 밍크 등에 의해 제기되어 온 '후기 산업적인 것으로서의 정보 사회information society as post-industrial' 관점에 대해서 반대할 뿐 아니라, 허버트 실러, 빈센트 모스코, 사라 더글러스Sara Douglas와 토머스 구백Thomas Guback 등의 '불변하는 산업자본주의로서의 정보 사회information society as unmodified industrial capitalism' 관점에 대해서도 반대하는 입장이다. 즉 산업주의적 관점은 새로운 정보 통신 기술에 의해 새로운 사회적 관계가 등장한다는 후기 산업주의적 관점에 대해서는 정보 사회의 기원을 미스터리나 기술 결정론으로 몰아갈 뿐 아니라 그러한 과정에서 자본주의가 미친 영향을 간과했다는 점에서 반대한다. 그리고 자본주의적 특징을 갖는 사회적 관계가 사회를 계속 지배한다고 보는 — 자본주의산업사회론의 다른 표현이라 할 수 있는 — 산업자본주의적 관점에 대해서는 자본주의의 역동성을 강조한다는 점에서는 어느 정도 맞지만 자본주의를 계속 진화되어 온 하나의 가치 체계라기보다는 하나의 전일적인 힘으로 보기 때문에 잘못된 것이라고 했다(Schement & Lievrouw, 1987:

34~40).

따라서 산업주의적 관점은 새로운 입장을 제시한다. 정보 현상은 산업자본주의의 지속적인 진화를 반영하고 있으며 그러한 진화의 결과로 미국이 정보 지향적인 사회가 되었다는 것이다. 구체적으로 미국은 자본주의적이고 산업적이지만 두드러지게 정보 지향적인 사회라는 것이다. 그런 의미에서 셰먼트와 리브로는 '산업 사회로서의 정보 사회information society as industrial society'라는 얼핏 보기에 모순적인 결론을 내린다. 그들이 볼 때 '정보 사회'란 산업 사회의 새로운 계승자도 아니고, 불변의 자본주의도 아니다. 즉 그들이 보는 '정보 사회'란 — 19세기의 주된 경제 활동이 물질적인 상품의 생산과 유통이었던 것과 마찬가지로 — 그것의 주된(1차적인) 경제 활동이 정보의 생산과 유통인 산업 사회라는 것이다. 그리고 이윤 동기에 기초한 자본주의 역시 이윤 추구를 위해 정보의 생산과 유통을 더욱 중요한 것으로 삼는 방향으로 발전해 왔다는 것이다. 아무리 정보 지향적이라고 해도 그것은 여전히 산업 사회라는 점에서는 지속론적 관점(연속성)을 유지하고 있는 셈이다. 동시에 주된 경제 활동이 물질적인 상품의 생산과 유통이던 데서 정보의 생산과 유통으로 바뀌었다는 점에서는 이행론적 관점(불연속성)을 지니고 있기도 하다. 따라서 산업주의적 관점은 변화와 지속성을 둘 다 강조하는 제3의 관점이라고 자칭한다.

> 미국이 산업자본주의의 특별한 한 형태를 계속 진화시켜 왔다고 주장하는 경우, 우리는 곧 산업주의가 정보 사회의 여전한 조직화 원리로 남아 있음을 의미하는 것이다. 그러나 새로운 정보 지향성을 주장하는 경우에는 우리 역시 오래된 원리가 — 아직은 잘 이해되지는 않는 — 새로운 방식으로 변화되었음을 또한 제안하는 것이다(p.44).

셰먼트와 리브로는 논문에서 특히 미국이 정보와 지식을 강조하고 정보 통신 기술을 계속 발전시켜 오게 된 것은 미국 자본주의의 산업화 과정의 직접적인 결과이자, 산업 사회의 독특한 진화의 결과라고 보았다(Schement & Lievrouw, 1987: 43~44). 그들은 경제적으로 볼 때 미국 자본주의의 역사는 국가의 자원들을 사적 재산으로 바꾸어 온 역사라는 점을 강조한다. 정보의 상품화 역시 이러한 역사의 현대적인 스토리라고 했다. 지적 재산권을 보장하는 특허와 저작권법의 제도화는 물론 신문 발행인에 대한 언론의 자유 보장 역시 상품으로서의 정보 판매를 허용한 것이라고 보았다. 정보, 카메라, 전화, 라디오 등의 개발도 사유재화된 정보를 보다 싼값으로 생산하고 유포할 수 있게 한 자본주의적 이윤 동기에서 비롯되었다고 했다. 정보의 생산과 유통에 대한 수요가 늘어남에 따라 정보의 상품화는 자본주의의 중요한 이윤 동기가 되었고 그에 따라 관련 미디어 기술이 계속 발전하고 정보의 생산과 판매를 위한 더 많은 정보 노동자가 필요하게 되었으며, 그에 따른 정보의 상업화와 산업화가 더욱 가속화되었다는 것이다.

셰먼트와 리브로는 정보의 상품화에 따른 정보의 산업화뿐 아니라, 자본주의 산업화 과정 역시 보다 정보 지향적으로 진화되어 갔다는 점을 강조했다. 산업자본주의의 발전과 함께 공장이나 기업은 점차 규모가 커지게 되고 시장 확대에 따른 규모의 경제를 실현하는 단계로 발전했다. 그러나 거대 기업들은 발전 과정에서 복잡한 조직을 운영하는 데 한계를 느끼게 되었다. 기업의 성장은 스스로 통제 위기에 직면하게 되었고, 이에 대한 해결책이 요구되었다. 바로 이 지점에서 충분한 정보와 그러한 정보를 수집하고 처리할 수 있는 수단이 필요하게 되었다는 것이다. 어느 순간부터 기업 경영자들은 직관적인 의사 결정보다는 합리적인 의사 결정이 더 낫다는 믿음과 함께 그러한 의사 결정을 하는 데 요구되는 정보를 얻을 수 있는 수단을 개발할 필요성을 느끼게 되었다. 결국 기업의 성공적인 경영 관리를 위해서는 합리적인 의사 결정을 위한 정보 시스템의 구축이 필요했고, 산업화 과정의 그러한 요청이 정보 서비스와 정보 기술 및 정보 노동자가 확대되고 성장하는 토대가 되었다. 합리적 의사 결정을 위한 정보 시스템 구축은 20세기가 지나는 동안 기업의 성공적인 경영 관리를 위한 하나의 패러다임이 되었으며, 이는 점차 공장이나 기업을 넘어 — 정부를 포함한 — 모든 조직 상황에서의 의사 결정을 위한 공인된 하나의 방식으로서 정보를 생산하고 유통시키는 범국가적인 하부 구조로까지 발전했다.

산업주의적 관점은 일견 정보 통신 기술을 통제 위기 해소를 위한 통제 기술로 보는 — 앞서 다룬 — 베니거(Beniger, 1986)의 통제혁명론적 관점과 상당히 유사한 것으로 보인다. 그러나 베니거는 그 결과 이전 사회와는 다른 '정보 사회'로 이행하게 되었다고 보는 데 비해, 셰먼트와 리브로 등의 산업경제론자들은 정보 통신 기술의 발전을 산업 사회의 연속성 속에서 이해한다. '정보 혁명'으로 일컬어지는 새로운 정보 통신 기술의 발전이 나름대로의 독특한 사회 구조 및 사회 관계를 형성하는 것은 아니라는 것이다. 단지 경제 부문에 있어서 정보의 중요성이 부각되고 정보 및 정보 기술의 상품화가 진전된 산업화 현상이 지속되고 있는 것으로 보고 있을 뿐이다(강상현, 1996: 113). 또한 대부분의 정보 기술은 처음에는 기업의 필요에 따라 (산업의 정보화를 위해) 개발되었지만, 나중에는 그러한 정보 기술이 시장에서 새로운 이윤을 창출할 수 있는 또 다른 상품으로서의 가치를 지닌다는 것이 인식되었을 때는 그것이 새로운 시장을 형성하게 되었다고 했다.

산업의 정보화에 이어 정보의 산업화 역시 더욱 가속적으로 진전되었다는 것이다(Schement & Lievrouw, 1987: 39~42).

셰먼트와 리브로의 이러한 산업주의적 관점은 '정보의 상업화와 산업화,' '정보 지향적인 산업 사회,' 혹은 '산업 사회로서의 정보 사회'라는 표현에서도 알 수 있듯이 '정보 사회'로의 이행에 대해서는 여전히 거부감을 나타내고 있음에도 불구하고 베니거의 관점에서와 같이 다소 구조기능주의적인 입장에 서 있기 때문에 '산업화' 과정에서의 자본주의의 진화는 다룰지언정 갈등적인 측면은 거의 다루지 않았다. 뿐만 아니라 자본주의 산업 경제에서의 정보 통신 기술의 위기관리적 위상에 초점을 맞춤으로써 보다 포괄적인 자본주의적 사회 관계나 '산업화' 과정에 개입하는 국가의 역할 등을 고려하지 못했다는 지적을 받기도 했다(Shields & Samarajiva, 1993: 361~363).

3. 조절 학파 이론

조절 학파 이론 역시 자본주의의 지속성에 관심을 갖고서 새로운 정보 통신 기술과 그 하부 구조가 자본주의의 위기 극복과 안정성 확보에 기여하는 바에 주목하였다는 점에서 정보 현상을 산업자본주의의 지속적인 진화를 반영한 것이라고 본 산업주의적 관점과 상당히 유사한 면이 있다. 정보와 정보 통신 기술이 자본주의의 지속적 안정화에 기여했다고 보는 조절 학파 이론의 핵심은 자본주의 축적 체계와 그에 상응하는 조절 양식의 변화에 대한 설명을 근간으로 하고 있다.

1) 축적 체계와 조절 양식

파리 그룹을 중심으로 한 일군의 프랑스 정치경제학자들로 구성된 조절 학파 이론가들[89]은 본질적으로 자본주의를 포함한 모든 체계는 불안정한 것이라고 보았지만 그러한 변화 속에서 연속성을 확보할 수 있도록 불안정성이 관리되고 규제되는 방식을 밝혀내려고 하였다(Webster, 2006: 64). 그들이 제기하는 근본적인 문제는 '자본주의는 어떠한 방식으로 영속성을 확보하고 있는가,' '자본의 지속적인 획득과 확대를 전제로 하는 체제가 어떠한 방식으로 그 안정성을 획득할 수 있는가,' '자본의 축적이 어떠한 방식으로 보장되는가' 등이다. 조절 학파는 자본주의가 내적으로 불안정한 속성을 지니고 있음에도 불구하고 어떻게 안정성을 보장받고 지속적으로 유지되는가에 관심을 가지고 이를 설명하고자 했다. 조절 학파는 어느 시기든 그 시대를 지배하는 축적 체계the regime of accumulation와 조절 양식the mode of regulation이 있다고 보고, 자본주의의 위기 극복을 통한 안정화, 즉 자본주의의 '재생산' 개념을 '조절'이라는 개념으로 환언하여 이를 설명하고자 했던 것이다.

여기서 말하는 축적 체계란 일정 기간에 걸쳐 이룩한 사회적 생산과 사회적 소비 간의 안정된 조응 형태를 말하며, 조절 양식이란 보다 구체적인 수준에서 축적 체계의 움직임을 조절하는 사회적 관계와 규범, 제도적 절차, 국가 형태 등을 종합적으로 일컫는 말이다.[90]

89 대표적인 조절 학파 이론가들로는 프랑스의 미셸 아글리에타(1979/1994), 알랭 리피에츠(1982/1993; 1987), 로베르 부아예Robert Boyer(1986/1991) 등을 들 수 있다.

90 달리 말해서 '축적 체계'라는 것은 지배적인 생산 조직, 수입이 분배되는 방식, 경제를 구

조절 학파 이론은 이러한 축적 체계가 서구 자본주의의 경우 20세기를 거치며 초기의 외연적 축적 체계[91]에서 내포적 축적 체계[92]로 이행되어 갔으며, 1970년대 중반 이후 내포적 축적 체계의 위기와 함께 축적 체계의 새로운 변화가 불가피하게 되었다고 보았다. 이러한 축적 체계의 변화와 마찬가지로 그에 상응하는 조절 양식의 변화도 있었는데, 외연적 축적 체계에서는 시장에 의해 경쟁이 사후 조절되는 경쟁적 조절 양식이, 그리고 내포적 축적 체계에서는 독점 자본에 의해 사전 조절되는 독점적 조절 양식이 각각 그에 상응하면서 자본주의의 위기적 상황을 안정화시켰다는 것이다.[93] 조절 학파는 2차 세계 대

성하는 각 영역의 연결 방식, 소비의 분배 방식 등을 의미하며, '조절 양식'은 축적 과정의 통합을 보장해 주는 규범, 습관, 법, 규제 네트워크 등 법규에서부터 교육 정책까지 사회적 통제가 성취되는 방식을 의미한다. 이들 두 개념에 대해 위키피디아는 좀 더 간명하게 언급한다. '축적 체계'는 포드주의나 포스트포드주의와 같은 생산과 소비의 시스템들을 말하며, '조절 양식'은 그러한 축적 체계를 통제하고 그 형태를 결정하는 사회의 성문법이나 불문법을 말한다. 조절 이론에 따르면, 모든 축적 체계는 조절 양식이 더 이상 그러한 축적 체계를 떠받쳐줄 수 없는 어떤 위기 지점에 도달하게 되며, 그때 사회는 새로운 조절 양식을 형성하는 새로운 규칙과 규범을 추구하지 않을 수 없게 된다. 이렇게 해서 새로운 축적 체계가 시작되며 그것은 결국 다시 또 다른 위기에 이르게 된다는 것이다(http://en.wikipedia.org/wiki/Post-Fordism).

91 외연적 축적 체계는 기술과 노동생산성의 향상이 없는 생산 과정의 단순 확대, 즉 절대적 잉여 가치의 생산 방식에 바탕을 둔 것으로 생산재 생산의 성장이 주도하는 축적 체계를 말한다.

92 내포적 축적 체계는 기술 및 노동생산성의 개선, 즉 상대적 잉여 가치 생산을 가능하게 하는 생산 방식에 기초하고 있으나 특히 사회적 소비의 확장에 의한 소비재 생산 부문의 성장으로 대량 생산과 대량 소비 간의 안정된 균형이 확보되는 체계를 말하는데, 이러한 체계의 전형적인 예가 바로 포드주의다.

93 경쟁적 조절 양식이란 시장 기구에 의한 사적 주체들 간의 경쟁 관계를 사후적으로 조절하는 것을 말하며, 독점적 조절 양식은 집단적으로 협상되고 기구적으로 독점화된 관계를 사전적으로 조절하는 것을 말한다. 포드주의는 고임금 및 단체 교섭, 기업 연계, 신용, 금융, 가격, 복지 서비스 등과 관련된 조건들을 독점 자본의 이익에 따라 조절하는 독점적 조절 방식의 전형적인 예다.

표 9-1 20세기의 축적 체계와 조절 양식(서구의 경우)

	~1914	1918~1939	1945~1973	1974~현재
축적 체계	외연적	내포적인 것의 형성기	내포적	유연적인 것의 등장? 위기의 연장?
조절 양식	경쟁적	경쟁적인 것의 위기	독점적	독점적인 것의 위기? 신경쟁적? 신보수적? 신조합주의적?

출처: Tickell & Peck, 1992: 194(조명래, 1999: 65에서 재인용).

전 이후 1970년대 초까지 내포적 축적 체계와 독점적 조절 양식이 서로 상응하면서 가장 진전되었던 형태를 '포드주의'라고 했다.

조절 학파의 관점에서 관심을 가장 끌게 하는 부분은 바로 이러한 포드주의 축적 체계의 위기와 그에 대응하는 자본주의의 조절 양식의 변화에 관한 것이다. 바로 포드주의에서 포스트포드주의Post-Fordism로 이행하는 국면과 그 과정에서 정보 및 정보 통신 기술이 수행한 역할에 관한 부분이다. 이를 이해하기 위해서는 먼저 포드주의 축적 체계의 특징과 그러한 포드주의 체계가 위기에 처하게 된 원인과 위기 상황의 특징, 그리고 그러한 위기 상황을 극복하기 위한 새로운 전략으로서의 포스트포드주의의 등장과 발전 및 그 과정에서 정보와 정보 통신 기술이 불가피한 핵심적 요소로 작용하게 된 메커니즘을 하나씩 살펴봐야 한다.

2) 포드주의의 위기와 포스트포드주의로의 이행

조절 이론가들이 자신들의 입장을 이론화했던 최초의 대상은 미국

표 9-2 포드주의와 포스트포드주의의 비교(1)

포드주의	포스트포드주의
■ 동질적인 제품의 대량 생산	● (특히 수준 높은 스타일과 양질의) 특화된 제품
■ 어셈블리 라인 같은 비유연적 기술 사용	● 특화된 제품 생산 위해 보다 단기적인 생산 라인 가동
■ 표준화된 작업 공정	● (컴퓨터와 같은) 신기술에 의해 더 많은 이윤 창출 가능한 보다 유연한 생산
■ 규모의 경제, 노동의 탈숙련화, 노동 강도의 강화 및 노동의 동질화	● 노동자들이 더욱 다기능화되고 더 많은 책임과 자율성 가짐
■ 관료화된 노동조합	● 관료화된 노조는 새롭고 더욱 세분화된 노동력의 이익을 대변하지 못함
■ 노조는 이윤 및 생산성 증가와 연계된 단일 임금 협상	● 분산된 집단적 협상이 중앙 집중화된 협상을 대체함
■ 임금은 계속 상승하고 대량 생산된 제품을 소비하기 위해 수요를 계속 창출해 내야 함	● 생산성을 높이고 비용을 줄이기 위한 가차 없는(냉정한) 압박
■ 기업체가 필요로 하는 대중(대량) 교육 체계가 대중 노동자에게 제공됨	● 중앙 집중화된 복지 국가는 다양한 사람들과 분화되고 보다 유연화된 기구들의 (보건, 교육, 복지 등에서의) 요구에 더 이상 부합하지 못함

출처: Ritzer, 1992: 174~176 참조.

의 축적 모델이었다. 대표적인 조절 이론가의 한 사람인 미셸 아글리에타는 포드 자동차 회사를 모델로 하여 일반화시킨 이러한 축적 모델을 '포드주의'라고 했는데, 이러한 포드주의 축적 체계는 대량 생산과 대량 소비 간의 조화로운 조응을 내부화하면서 서구 자본주의 역사에서 가장 안정된 축적 모델로 성장했다. 리피에츠 역시 2차 세계대전 이후 1970년대 초까지를 "포드주의의 황금기"라고 했다(Lipietz, 1987: 36~39).

이 기간 동안 포드주의 축적 체계에서는 — 포드 자동차의 사례에서 보는 바와 같이 — 미국 미시간주 디트로이트와 같은 광역 공업 지역에서 조립 라인과 연속 공정에 의한 자동차의 대량 생산과 대량 소비가 가능하게 되었고, 위계적이고 통합적인 중앙 집중식 대규모 기업 조직을 통해 규모의 경제를 실현함으로써 이윤을 극대화하였다. 노동 조직은 과업과 임금 체계가 표준화된 대규모의 조직화된 산업 노동자들, 즉 노조와의 집단적 교섭을 통해 관리되었으며, 점차 국내 시장에서는 제한된 일부 대기업 중심으로 집중화와 독과점화가 심화되고, 국가는 포드주의 축적 체계의 안정화를 위해 한편으로는 경제 및 관련 규제 정책에 개입하고 '보조금' 등 국가가 복지 지원을 하는 것이 정당화되었다.[94] 요컨대, 상품의 대량 생산과 대량 소비가 일반화되었으며 고용 구조에서 지배 집단은 산업 노동자였고, 이 기간에는 국민 국가nation-state가 경제 활동의 중심을 이루었으며 전국은 영역별로 제한된 몇몇 소수 (거대) 기업에 의해 독과점되었고, (케인스주의에 의해 지지된) 국가의 경제 개입이 정당화되었다는 것이다(Webster, 2006: 65~69).

그러나 대량 생산과 대량 소비, 산업 노동자, 집중화된 소수 독점 기업, 국가의 경제적 개입 등으로 특징되는 포드주의 축적 체계는 1970년대 초부터 위기 국면으로 전환했다. 제한된 시장 내에서의 기업 간 경쟁의 심화, 조직화된 노동의 처우 개선 요구와 빈번한 저항 및 파업 장기화에 따른 기업의 이윤율 저하, 특히 1973년부터 중동의 자원 민족주의로 인한 석유 파동 등은 포드주의 체제를 지속시킬 수 있는 동력을 크게 약화시켰다. 1970년대 중반 이후 포드주의 축적 체

94 당시 일관 공정에 의한 대량 생산을 가능하게 했던 포드주의와 과학적인 공장 관리와 노무 관리를 통한 생산성과 효율성을 극대화하려 했던 테일러주의, 그리고 국가의 정책적 개입을 정당화했던 케인스주의는 포드주의 축적 체계를 떠받치고 있던 자본주의의 삼각대라 할 수 있다.

표 9-3 포드주의와 포스트포드주의 비교(2)

구분		포드주의의 특성	포스트포드주의의 징표
기술의 패러다임	기술의 사용	- 조립 라인 기술 - 기계 속도에 조응한 과업(경직적)	- 로봇 체계, 컴퓨터, 신정보 기술, 텔레커뮤니케이션 기술(유연적)
	상품 생산의 주도적인 방식과 입지	- 소비재의 대량 생산 - 도시 중심지에 연결된 광역의 공업 지역	- 소량 생산의 증가, 컴퓨터에 지원되는 유연적 자동화의 증가, 소매 집약적 (주문제와 같은) 생산제의 확산, 서비스 부문의 성장, 하이테크 산업의 성장 - 신산업 공간, 구도심지의 재개발
	노동 조직의 체계	- 임금 관계의 일반화 - 과업 표준화를 통한 노동 조직화 - 집단적 교섭	- '핵심'과 '주변부' 노동 집단 간의 구분의 심화 - 집단적 교섭과 노조의 약화 - 지방화, 부문화된 교섭의 증대
축적/산업 조직	사업 조직의 지배적인 방식	- 대기업의 주도적인 역할 - 위계적이며 통합적인 조직 - 경영에 대한 접근: 집중화, 세부화, 기획 규모의 장점 추구	- 소규모 사업(체)의 역할 증대, 대기업 부문으로의 집중/집적의 진전 - 프랜차이즈와 하청의 확산(네트워크의 역할 증대) - 경영에 대한 접근: 전략적인 집중 통제, 전술적인 분산
	소비 방식	- 신용 제도에 의해 지원되며, 광고에 의해 촉진되는 소비재의 대소비	- 파편화된 소비층에 대한 인식 확산 - 개성적인 생활 양식 등장에 부응하는 시장 전략과 신상품 전략
헤게모니 구조	국가의 역할과 활동	- 경제 관리와 복지 지원이 중추적인 역할('보조금 지원' 국가) - 규제, 집중화	- 기존 경제/사회적 역할 도전 받음 - 새로운 축적 체계로의 이행을 지원하는 것이 중추적인 역할('기업가'적 국가) - 탈규제와 분권화, 지방화
	문화/이데올로기	- 소비문화 - 모더니즘 - 계급 혁명	- 여피Yuppie 문화 - 포스트모더니즘 - 신사회운동

출처: 조명래, 1999: 73.

계의 위기가 도래하였고 이에 대한 새로운 조절 양식이 불가피하게 된 것이다.[95] 바로 이 지점에서 '포스트포드주의'로 일컬어지는 변화가 불가피하게 되었다는 것이다.

경쟁이 점차 심화되는 상황에서 독점적 대기업들은 국내 시장을 넘어 보다 넓은 세계 시장으로의 확장을 도모해 나갔고, 그 과정에서 조직 규모를 더욱 슬림화하는 한편 대도시 혹은 그 주변에 집중화되어 있던 생산 조직들을 해외로 혹은 지역으로 분산시키고, 규모와 조직력이 약화된 노조와 노동자들과의 협상이나 계약은 보다 다양한 방식으로 개별화하며, 상품 생산과 소비에 있어서도 보다 세분화된 소비자 시장을 대상으로 다품종 소량 생산 및 주문 생산이 가능한 보다 유연한 시스템으로 바뀌는 양상을 보였다는 것이다. 이러한 과정에서 국가의 정책적 개입은 가급적 최소화하고 시장 논리에 맡기는 쪽으로 탈규제 혹은 신자유주의 정책이 보다 선호되었다는 것이다.

3) 포스트포드주의와 정보 통신 기술: 세계화와 유연성

이와 같은 포스트포드주의의 징표 혹은 특징들은 대부분 정보나 새

95 루빅은 포드주의 축적 체계의 위기를 10가지 통제의 문제로 요약한다. ① 생산성 하락, ② 임금 인상, ③ 시장 침체, ④ 생산의 국제화, ⑤ 재고의 과잉, ⑥ 품질 관리의 한계, ⑦ 저임 해외 노동 의존, ⑧ 생산·유통 부문에서의 기업 간 출혈 경쟁, ⑨ 정부와 기업의 관료화, ⑩ 공공 서비스 비용의 증대 등을 통제하기 어렵게 됨으로써 포드주의의 위기가 초래되었다고 보았으며, 이러한 포드주의의 위기, 즉 통제 문제를 해결하기 위한 새로운 기술로서 컴퓨터, 인공지능, CAD/CAM, 유연 자동화(유연 생산), 로봇, 센서, 정보 기술 등을 극소전자공학이 지원하지만, 이 역시 기득권층의 새로운 통제를 위한 동맹의 형성에 이바지하는 것임을 강조한다 (Roobeek, 1987: 136～143).

로운 정보 통신 기술 혹은 그 하부 구조의 지원이 없이는 불가능한 것들이다.

과거 집중화되어 있던 대규모 조직을 대폭 축소하여 외부로 아웃소싱하거나 지역이나 해외로 분산시키면서도 이를 효과적으로 관리하기 위해서는 각 지역이나 해외와 연결된 정보 통신 네트워크가 필수적이며,[96] 전국 혹은 전 세계에서 생산, 유통, 소비되는 자사 제품이나 서비스의 현황과 추이, 전망 등을 시시각각 점검하며 필요시 적절한 지시와 명령을 내리고 이를 수용하며 피드백을 보낼 수 있는 정보력과 정보 수집, 처리 및 전달 기술이 필요한 것이다. 세계화가 가속화되면 될수록 국내는 물론 전 세계를 연결하는 기업의 정보와 정보 통신 기술은 더욱 필수적인 기술이 된다. 시장이 세계화되고, 생산 조직이 세계화되고, 금융이 세계화되고, 커뮤니케이션 네트워크가 세계화된 상황에서 정보와 정보 통신 기술의 세계적 구축과 활용은 포스트포드주의 체제에서 더욱 필수적인 요소가 될 수밖에 없는 것이다.

또한 기업에서 제품을 생산하고, 조직 내의 노동을 관리하며, 시장에서의 소비자 행동에 효과적으로 대응하는 데 있어서도 정보 통신 기술은 필수적인 요소가 된다. 컴퓨터 기술이 생산 과정에 도입되면서 일어난 산업의 정보화와 자동화의 가장 큰 특징은 수치 제어 기계와 로봇 등에 의한 '유연 생산 체제(FMS: Flexible Manufacturing System)'의 확

96 포스트포드주의 체제에서는 한편으로 생산성을 높이고 다른 한편으로 조직화된 노동의 저항을 무력화시키기 위해 대기업들은 규모 축소restructuring와 수직적 해체vertical disintegration 전략을 주로 사용해 왔다는 지적도 있다. 기존 업무의 많은 부분은 외부로 아웃소싱하거나 하청을 주어 내부 조직의 규모를 대폭 줄이고 생산 라인 등은 지역이나 해외로 분산시키고, 이렇게 분산된 활동들은 중앙이나 본사에서 컴퓨터와 통신 설비 등을 통해 조정하고 통제함으로써 효율적으로 통제, 관리할 수 있다는 것이다.

립이며, 이는 생산 과정에서의 '물物의 흐름'과 이를 계획·관리·통제하는 '정보의 흐름'을 동기화하고 '필요한 상품을 필요한 때에 필요한 만큼' 생산함으로써 급격한 시장 변화에 적극적으로 대처하려는 새로운 생산 방식을 말한다. 이를 생산의 유연성flexibility이라는 말로 표현하기도 한다. 이러한 생산의 유연성 확대에 따라 기존의 대량 생산에서 다품종 소량 생산이 가능하게 되었고, 주문제 생산, 적기適期/just-in-time 생산 등이 가능하게 되었으며, 생산 과정이나 기업의 주요 의사 결정 과정에 노동자가 보다 적극적으로 참여할 수 있게 하는 추세가 확산되기도 했다.[97] 이러한 일련의 변화는 바로 관련 정보와 정보 통신 기술을 활용함으로써 가능하게 되었다고 보는 것이다.

포스트포드주의 체제에서는 노동을 관리하고 통제하는 데 있어서도 그러한 정보와 정보 통신 기술에 의존하는 바가 컸다. 노동력을 충원하고 관리하며 임금을 지불하는 시스템도 새로운 정보 통신 기술과 그 하부 구조를 활용함으로써 노동의 유연성을 훨씬 더 높일 수 있게 되었다. 과거에는 일정한 시기에 비교적 다수의 노동력을 일괄 채용하고 임금 지불도 월급제와 호봉제와 같이 근무 연한이나 서열, 직위 등에 따라 정액 지급하는 형태였지만, 포스트포드주의 체제에서 노동력은 개인의 능력이나 근로 조건에 따른 계약에 의해 정규직이나 비정규직 구분은 물론 인턴, 계약직, 파트타임 근무, 재택근무 등 다양

97 기술 혁신에 따른 생산 방식에서의 이러한 변화와 아울러 선진국 산업체에서는 노동을 조직하는 방식에서도 새롭고도 다양한 시도가 이루어진 바 있다. 일본의 적기 생산 방식, 도요타주의Toyotism, 서독과 스웨덴의 집단 작업Group Working 방식, 미국의 노동 생활의 질(QWL: Quality of Working Life) 운동, 이탈리아의 유연적 전문화flexible specialization 등이 그러한 것들이다.

한 방식으로 수시 고용되고, 임금도 개개인의 능력에 따른 연봉제나 성과급제로 전환하는 등 과거의 비교적 단순하고 표준화되던 충원 구조나 임금 관리, 근무 시간 등에도 유연성이 크게 증가했다는 것이다. 이러한 고용과 임금과 노동 시간 등의 유연성은 노동 시장 상황은 물론 충원된 노동자들의 직무 능력이나 성과에 대한 충분하고도 정확한 정보 수집과 분석과 판단이 이루어질 때에라야 가능한 일이다.

이러한 유연성 증가는 소비 부문에서도 마찬가지다. 기업의 입장에서는 자사 제품이나 서비스에 대한 소비 시장의 동향, 즉 소비자 취향이나 실질적인 소비자 행동에 대한 조사와 분석을 통한 소비자 관련 정보의 획득이 매우 중요한 일이 된다. 이를 위한 시장 조사나 소비자 조사 등에 역시 여러 정보 통신 기술이 다양하게 활용된다. 포스트포드주의 입장에서는 과거 대량 생산되던 제품의 획일적인 소비 패턴이 다양한 소비자 취향에 따른 개성적 소비로 추세가 변했다고 본다. 대량 생산과 대량 소비가 다품종 소량 생산과 개성적인 소비로 변화되었다고 보는 것이다. 이 역시 소비의 유연성이 그만큼 확대되었음을 의미하는 것이며, 이러한 유연성 확대에 따라 정보의 효율적 수집과 가공 처리 및 분석이 불가피하게 되었다는 것이다.

요컨대, 자본주의 기업 간의 경쟁이 더욱 치열해지는 상황에서 특히 전국적으로 시장을 독과점하고 있던 (대)기업들은 효율성(생산성) 증대를 통한 경쟁력 제고를 위해 한편으로는 더욱 자사의 기존 규모를 축소하면서 다른 한편으로는 시장을 더욱 확대해 나가려는 이른바 합리화 전략을 구사해 나갔다고 볼 수 있다. 더 작은 규모로 더 많은 것을 관리, 통제할 수 있을 때 효율성은 그만큼 증대되기 때문이다. 시장 확대 과정에서 세계화는 일반적인 추세가 된다. 글로벌 기업이 될수록 더 많은 정보와 통신 설비가 필요해진다. 시장이 커지고 넓어질수록 더 많은 정보가 필요하기 때문이다. 유연성은 다양성에 대한 기술적 대응이라고 할 수 있다. 대량 생산에서 다품종 소량 생산으로 갈수록, 대량 소비에서 개성적 소비로 갈수록, 그리고 보다 다양한 노동력의 충원과 관리와 평가를 위해서는 생산과 소비와 노동 관리 영역에서 그만큼 많은 정보가 필요하다는 것을 의미한다. 새로운 정보 통신 기술과 그러한 기술을 활용한 필요 정보의 충분한 수집과 처리, 정확한 분석과 평가가 전제되지 않고서는 기업들이 세계화에 대응할 수도 없고 생산과 소비 및 노동 관리의 유연성 제고도 불가능하다는 얘기다.

4) 포스트포드주의 vs. 네오포드주의

앞서 살펴본 포스트포드주의는 한편으로는 변화를 강조하면서 다른 한편으로는 지속을 강조한다. 축적 체계와 조절 양식에 있어서의 변화를 통해 자본주의의 안정성을 재생산하는 메커니즘을 설명하고 있기 때문이다. 특히 포스트포드주의 입장에서는 1970년대 이후 서구 자본주의가 직면한 축적 체계의 위기를 극복하기 위해 생산 방식과 조직 및 노동 관리 방식은 물론 국가의 역할 등에서 상당한 변화가 있었음을 강조한다. 포드주의에서 포스트포드주의로의 이행 자체가 중요한 변화를 의미하는 것이었고, 이러한 변화를 가능하게 했던 핵심적인 기술적 요소가 정보 통신 기술이었음을 특히 강조한다. 1970년대 자본주의 축적 체계의 위기 속에서 더욱 치열한 경쟁 상황에 내몰린 서구 자본주의 기업들은 포드주의에서 포스트포드주의로의 전략적 이행을 통해 스스로의 안정성을 재확보하고자 했으며 이를 가능하게 했던 기술적 하부 구조가 새로운 정보 통신 기술이었다는 것이다. 따라서 정보 통신 기술이 포드주의에서 포스트포드주의로 이행할 수 있게 한 핵심 기술이었다는 것을 강조하다 보면 정보 통신 기술의 영향력과 그로 인한 변화를 강조하는 것이 되고, 결과적으로 정보 통신 기술은 위기 상황에 처한 자본주의의 지속과 안정화에 기여하였다는 것으로 보면 변화보다는 지속, 즉 연속성을 강조하는 것이 된다. 이 점에서 혹자는 전자를 강조하는 입장을 '포스트포드주의,' 후자를 강조하는 입장을 '네오포드주의'로 구분해서 부르기도 한다.

포스트포드주의를 강조하는 쪽에서는 정보 통신 기술과 생산 및 노동 조직에서의 새로운 변화를 근거로 과거 테일러주의와 그것의 기술적 구현인 포드주의(일관 공정에 의한 대량 생산)의 주된 특징이었던 노동의 분화와 파편화 및 탈숙련화를 극복하고 노동자의 다기능화와 숙련 상승 및 구상과 실행의 통합, 그리고 생산 과정과 의사 결정 과정에서 더욱 적극적인 노동자들의 참여 등을 강조하는 편이다.

그리고 네오포드주의를 강조하는 쪽에서는 대개 정보 통신 기술 및 생산/관리 기술의 혁신과 그와 더불어 노동 조직의 재구성은 1970년대 이후 지속되어 온 축적 위기, 즉 생산 및 노동 과정에서 나타난 포드주의 축적 체계의 위기에 따른 자본의 '합리화' 전략에 다름 아니라는 점을 강조한다. 그리고 자본의 그러한 전략은 테일러주의나 포드주의의 한계를 극복하는 부분적인 성과에도 불구하고, 본질적으로는 '잉여가치율의 증대,' 즉 '노사 관계의 안정적 재생산을 강화함으로써 잉여 가치 생산의 극대화를 꾀하려는 계급적 시도'로 보는 것이다. 그러한 기술 혁신이 노동에 미치는 영향과 관련해서는 과거 기계화, 즉 공장 자동화에 따라 육체노동자의 구상 기능과 실행 기능이 분리된 데 더하여, 컴퓨터의 도움을 받는 자동화, 즉 사무 자동화는 생산 과정을 계획하고 관리하며 통제하던 구상 기능마저도 자동 수치 제어 장치 속에 흡수시킴으로써 — 극히 제한된 관리자나 전문 기술자에게 노동 과정에 대한 통제권이 집중되고 — 대부분의 노동자는 탈숙련화된다는 것이다. 그러므로 정보 통신 기술 혁신과 맞물려 있는 생산 및 노동의 재조직화 전략은 본질적으로 기존의 테일러주의나 포드주의의 연장선에 있거나 포드주의적 생산 및 노동 관리 방식을 사회적 영역으로까지 확장해 나가는 자본의 지배 전략으로 본다. 이런 점에서 새로운 정보 통신 기술의 활용에 의존하는 네오포드주의를 '컴퓨터 지원 테일러주의computer aided Taylorism'라고도 하고 '사회적 테일러주의'라고 부르기도 한다.

그런 점에서 포스트포드주의와 네오포드주의는 정보 통신 기술과 생산 방식 및 노동 관리 방식 등에 있어서 변화가 자본주의의 위기 극복과 안정화를 위해 이루어진다는 점을 공히 인정하면서도, 전자는 변화의 측면을 보다 강조하고 후자는 지속의 측면을 더욱 강조하는 차이를 보인다.

예컨대, 포스트포드주의자들은 앞서 살펴본 바와 같이 생산 과정 속에 새로운 정보 통신 기술이 수용되고 그것이 결과적으로는 노동자와 생산 및 소비의 유연성을 강화시킴으로써 포드주의 대량 생산 체제에 있어서와 같은 조직화된 노동자 저항은 약화될 것이라는 점을 강조한다. 그리고 대량 생산 체제로부터 소비자의 다양한 기호를 중심으로 한 생산 체제로의 변화가 일어나며, 다운사이징과 수직적 해체 경향에 따라 소규모의 혁신적 조직이 기존의 대기업보다 전략적으로 유리하다는 점을 강조하기도 한다. 그러나 네오포드주의자는 포스트포드주의자들이 — 포드주의가 생산에 관심을 보인 데 비해 — 소비에 대한 새로운 관심을 보이지만 소비는 산업화가 본격화된 18세기 후반부터 이미 지속적인 관심의 대상이었으며, 한때 소비 증가는 소비 경향의 증가일 뿐 생산에서 소비로의 급격한 변화는 아니라는 것이다. 또한 이들은 개별 주문 생산 체제를 기존의 포드주의 대량 생산과 대량 소비를 대치하는 새로운 현상으로 보지만 여전히 대량 생산과 대량 소비는 계속되고 있다고 본다. 소비자가 원하는 상품을 주문 생산한다는 기업들의 전략은 여전히 대량 생산의 틀 내에서 소비자의 욕구를 조정하기 위한 전략적 노력에 불과하다는 것이다.

또한 포스트포드주의자들은 세계화된 기업은 지역이나 특정한 요구에 신속하게 대응하지 못한다고 주장하면서 유연성이 강조되는 현대에 있어서는 대기업보다 규모가 작고, 변화되는 상황에 신속히 대처할 수 있는 혁신적인 조직이 유리한 위치에 있다고 지적한다. 그러나 이에 대해 네오포드주의자들은 전 지구를 대상으로 하는 생산 체제와 지역을 대상으로 하는 생산 체제가 양립할 수 없다는 주장에는 논리적 근거가 없다고 본다. 오히려 유연성 있는 초국적 기업이 전 지구적 시장과 지역 시장에 대한 전략을 적절히 조화시켜 나가는 현실을 강조한다.

5) 포스트포드주의 vs. 유연적 전문화론

포스트포드주의 관점은 기본적으로는 네오마르크스주의 시각을 견지한다. 그러므로 자본주의적 축적 체계 자체의 내적 변형에도 불구하고 기존의 자본주의적 관계가 지속된다는 점을 부정하지는 않는다. 그리고 자본의 이윤 추구 동기에 따른 효율화 전략이 노동의 유연성과 파편화를 가속시킴으로써 노동자 계급의 입지를 약화시킨다는 점에 대해서도 기본적으로는 동의한다. 그러나 포스트포드주의의 한 변형인 유연적 전문화론flexible specialization은 상당 부분 포스트포드주의의 입장을 수용하면서도 새로운 정보 통신 기술 등 기술 혁신과 생산 과정의 변화 등을 통해 기존의 자본주의적 관계에 상당한 질적 변화가 초래되며 노동의 미래에 대해서도 보다 낙관적인 견해를 내세운다.

마이클 피어와 찰스 세이블 등에 의해 대표되는 유연적 전문화론은 유연적 전문화의 발생 원인을 크게 세 가지로 제시한다. 첫째, 1960년대와 1970년대 초반 노동 불안을 겪게 되자 각 기업은 탈중심화된 기업 운영 방식을 채택하기 시작하였다. 둘째, 소비자 기호의 차별화로 인해 시장 수요가 세분화되면서 고품질 소량 생산의 틈새시장이 형성되었다. 셋째, 기술적 발전으로 인해 규모의 경제가 점차 영향력을 상실하게 되고 소기업의 경쟁력이 증대되었다(Webster, 2006: 90). 무엇보다도 컴퓨터와 같이 적절한 프로그래밍을 통해 특별히 융통성을 갖추게 된 정보 기술들은 생산 과정에 대한 사람들의 통제력을 회복시켜 주기 때문에 발 빠른 소규모 기업의 경쟁력을 높이고 기존 기술과 기능들을 더욱 숙련시켜 주게 되며, 기계는 다시 그것을 다루는 인간에게 예속된다는 것이다(Piore & Sabel, 1984: 261).

유연적 전문화론에 따르면, 현대의 노동자들은 과거 포드주의 생산 체제하에서의 반복적이고도 탈숙련화된 노동으로부터 해방된다는 점을 특히 강조한다. 시장 상황은 소품종 대량 생산에서 다품종 소량 생산으로의 변화를 수반하게 되고 새로운 정보 통신 및 생산 기술은 기업들이 이러한 시장 상황에 유연하게 대처할 수 있도록 해 주게 되었고, 노동자가 작업 설계에 보다 적극적으로 참여할 수 있게 됨에 따라 노사 간의 믿음이 형성되고, 이에 따라 노동자는 생산 과정에서 통제해야 할 대상이 아니라 스스로 통제 장치를 통제하는 주체로 변하게 된다는 것이다. 그리고 이러한 것들을 가능하게 하는 밑바탕에는 컴퓨터와 통신 기술을 중심으로 하는 기술 혁명이 자리 잡고 있다는 것이다.

그러나 유연적 전문화론은 다음과 같은 이유에서 비판을 받고 있기도 하다. 우선, 기술 혁신이 초계급적이고 보편적인 인류의 진보를 가져온다는 순진한 기술결정론적 시각을 가지고 있다는 점에서 비판의 대상이 된다. 유연적 전문화라는 개념을 대량 생산과 반대되는 개념으로 파악한다는 점에서도 비판을 받는다. 여전히 초국적 기업의 막강한 영향력과 그에 의한 대량 생산이 이루어지고 있다는 현실이 그러한 비판의 근거가 된다. 그리고 유연적 생산 체제하에서 노동의 숙련화가 이루어진다는 유연적 전문화론의 주장 역시 분화된 노동을 통해 일부 노동자만 핵심 역할을 수행하고 나머지 대부분의 노동자는 파트타임으로 근무하는 주변부 노동자로 전락할 위험성이 있다는 점에서 비판을 받는다. 또한 방법론적 측면에서 ― 안나 폴레Anna Pollet 같은 학자가 주장하듯이 ― 유연적 전문화론이 검증을 필요로 하는 여러 부분(고용의 유연성, 기술의 유연성, 시간의 유연성, 생산의 유연성 등)으로 나누어져 있음에도 불구하고, 유연성의 포괄적 측면만을 강조한다는 면에서 매우 공허하다는 비판을 받는다(Webster, 2006: 94~96).

4. 산업경제론적 관점에서의 미디어 기술과 사회 변동

앞서 언급한 바와 같이 이 책에서는 산업경제론적 관점을 정보경제론적 관점과 대비되는 관점으로 놓고 있다. 새로운 정보 통신 기술과 사회 변동의 관계에 관한 기존 논의를 다룰 때 정보경제론은 그러한 논의의 출발점에 위치한다. 새로운 정보 통신 기술과 사회 변동에 관한 학술적 논의는 1960년대 초 산업이나 경제 영역에서의 변화에 주목하면서부터 시작됐다. 정보경제론에 속하는 정보생산론, 정보소비론, 기술 경제 패러다임론은 1960년대와 1970년대, 그리고 1980년대에 각각 시작해서 지금까지도 계속되는 논의들이다. 정보경제론적 관점의 공통점은 새로운 정보 통신 기술에 의해 산업 구조나 경제 질서가 근본적으로 바뀌고 있다는 것이다. '정보 산업,' '정보 경제,' '지식 산업,' '지식 경제' 등은 그러한 변화를 반영하는 말들이다. 그러나 산업경제론적 관점은 정보나 지식, 정보 기술, 정보 통신 기술 등이 산업이나 경제에 미치는 영향에 대해서는 이를 부정하지 않지만, 여전히 자본주의 산업 경제의 근본적인 질서는 유지된다는 입장이다. 새로운 정보 통신 기술은 자본주의의 기업 위기, 산업 위기, 혹은 자본주의 자체의 위기를 극복하는 중요한 도구나 수단이라는 점을 강조한 입장이다.

앞에서는 바로 이러한 산업경제론에 속하는 하부 관점으로 산업주의적 관점과 조절 이론 등을 중점적으로 살펴보았다. 특히 조절 이론을 다루면서는 포드주의에서 포스트포드주의로 이행되는 과정에서 새로운 정보 통신 기술이 핵심적인 기술적 요소라는 점을 강조했으며, 포스트포드주의 논의에서 다소 입장 차이를 보이는 '네오포드주의'와 '유연적 전문화론'과도 비교해 보기도 했다.[98]

여기서 이들 각 관점들이 정보 통신 기술과 사회 구조의 관계를 보는 입장, 즉 변화와 지속 중 어느 쪽을 더 강조하는가를 놓고 비교해 본다면, 앞서 다룬 다른 관점들에 비해서는 그리 간단하거나 명쾌

98 혹자는 '네오포드주의,' '유연적 전문화'를 포스트포드주의의 한 갈래로 보기도 하고, 심지어는 포스트포드주의와 거의 같은 것으로 보기도 한다.

하지가 않을 것 같다. 정보경제론, 정보사회론, 정보양식론 등은 모두 새로운 경제나 사회, 문화로의 이행을 긍정하거나 지지한다는 점에서 '변화'를 강조하는 관점이다. 자본주의산업사회론은 새로운 정보 통신 기술을 자본주의 기존 질서의 유지나 강화를 위한 것이라고 본다는 점에서 '지속'을 강조하는 관점이다. 이에 비해 산업경제론적 관점에 속하는 산업주의적 관점과 조절 이론은 대체로 '변화'와 '지속'의 양면을 강조하는 경향이 강하다. 그러면서도 결국은 '지속'의 손을 들어 준다는 느낌을 갖게 된다. 산업주의적 관점은 특히 미국의 경우를 들어 계속적인 '산업화' 추세 속에서 보다 최근에는 정보 통신 기술의 산업화 속에서 자본주의 미국 경제의 위기를 극복하고자 하는 것으로 보았다. 산업주의적 관점은 미국 사회를 여전히 '산업 사회'라고 하면서도 보다 진화된 '정보 지향적 산업 사회'라는 수식어를 붙인다. 한편으로는 정보 지향적으로 '변화'되었음을 강조하면서도 다른 한편으로는 산업 사회가 '지속'되고 있음을 강조한다. '산업 사회로서의 정보 사회'라고 할 때는 산업주의적 관점의 입장이 갖는 '변화'와 '지속'의 양립성이 더욱 두드러진다.

조절 이론이 새로운 정보 통신 기술을 핵심 요소로 보면서 언급한 '포스트포드주의' 역시 산업주의적 관점과 유사한 입장에 있는 것 같다. 축적 체계가 포드주의에서 포스트포드주의로 변화하고, 그에 따른 조절 양식들이 변화된 측면들을 강조하는 조절 이론은 일견 '변화'를 매우 강조한 것처럼 보인다. 그러나 조절 이론의 이러한 설명들은 자본주의가 위기를 극복하고 스스로의 안정성을 확보하거나 계속 유지하기 위한 전략적 선택이라는 전제를 깔고 있다. 그런 점에서 조절 이론은 새로운 정보 통신 기술이 결국은 기업 자본의 위기 극복과 안정성 확보에 결정적으로 기여한다는 점을 강조한다는 점에서 결국은 '지속' 입장에 서 있다고 볼 수 있다. 조절 이론 역시 '변화'와 '지속'의 양 입장을 동시에 고려하는 관점임을 부인하기 어렵다.

그런데 포스트포드주의와는 다른 입장으로 설명된 네오포드주의의 경우는 새로운 정보 통신 기술이 포드주의식 생산 및 노동 통제를 더욱 심화시키고 사회적인 범위로까지 그러한 통제를 확대시키는 것임을 강조하고 있기 때문에 포스트포드주의에 비해서는 훨씬 더 부정적인 시각에서 자본주의의 '지속'을 강조하는 관점이라고 볼 수 있다. 이에 비해 유연적 전문화론은 오히려 그 반대로 포스트포드주의에 비해 '변화'를 더욱 강조하는 쪽이며, 새로운 정보 통신 기술에 의한 변화를 보다 긍정적으로 평가하고 전망하는 관점이다.

10장

지배양식론 1

새로운 정보 통신 기술에 의한 사회 구조의 근본적 변동을 부정하는 또 다른 주요 관점의 하나로 지배양식론적 관점을 들 수 있다. 이러한 기본 입장을 취하는 관점으로 앞서 자본주의산업사회론적 관점과 산업경제론적 관점을 살펴보았다. 자본주의산업사회론적 관점은 정보사회론적 관점에 대해, 새로운 정보 통신 기술의 발전에도 불구하고 정보 사회가 아니라 여전히 자본주의 산업 사회라는 것을 강조하는 입장을 취하며, 산업경제론 역시 새로운 정보 통신 기술의 발전에도 불구하고 정보 경제가 아니라 여전히 산업화에 따른 자본주의 산업 경제의 지속을 강조한다. 지배양식론 역시 변화를 강조한 앞의 정보양식론과는 달리 기존 지배 관계의 유지와 지속을 강조하는 입장이다.[99]

99 지배양식론적 관점이 앞서 다룬 정보양식론적 관점에 대해 직접적인 평가나 대응을 한

1. 지배양식론의 기본 입장: 미디어 기술과 지배력/지배 관계

그런 점에서 지배양식론적 관점은 보다 정치적인 측면을 강조하는 경향이 있다. '지배력'과 '지배 관계,' 보다 구체적으로는 새로운 정보 통신 기술을 감시와 통제를 통한 기존의 지배력과 지배 관계의 유지와 갖는 관련성 속에서 비판적으로 탐구하려는 관점이라고 할 수 있다. 자본주의산업사회론과 산업경제론이 상대적으로 새로운 정보 통신 기술의 산업적, 경제적 함의에 더 큰 비중을 두는 데 비해, 지배양식론적 관점은 새로운 정보 통신 기술의 정치적 함의를 보다 강조한다. 물론 이러한 관점이 새로운 정보 통신 기술의 정치적 함의를 보다 강조한다고 해서 정치 영역만을 대상으로 하는 것은 아니다. 그것은 마치 자본주의산업사회론이 자본주의 체제에서 정보 통신 기술 또는 그 발전이 갖는 의미에 주안점을 두지만 경제적 영역 또는 경제적 층위만을 고려 대상으로 하지 않는 것과 같다(강상현, 1996: 119~120).

실즈와 사마라지바(Shields & Samarajiva, 1993: 376)는 무젤리스의 '지배력forces of domination' 개념을 원용하여, 이 개념이 정보 통신 기술이 지배와 피지배 관계에 개입하는 방식에 대해 관심을 갖게 만든다고 한 바 있다. 여기서 무젤리스가 말한 지배력이란 "지배 수단을 갖고 있는 이들이 그렇지 못한 사람들에게서 끌어낼 수 있는 정치적 동의

것은 아니지만, 정보양식론은 시대에 따라 상징적 교환 체계가 변화됨에 따라 주체의 위상과 사회적 관계 등에 근본적인 변화가 초래되었다는 것을 강조한 반면, 지배양식론mode of domination은 새로운 정보 통신 기술에 의해 기존의 지배 관계가 변화되기보다 계속 유지, 강화된다는 점을 강조한다는 점에서 서로 매우 다른 관점이라고 볼 수 있다.

나 복종의 정도"를 말하는 것이다. 정보 통신 기술과 관련해서 볼 때 그러한 기술이 지배적인 위치에 있는 사람들에 의해 의도적으로 개발되고 그들의 수중에 있는 한 그것은 하나의 새로운 지배력으로 작용할 수 있다는 것이다. 바로 이러한 관점에서 일부 논자들은 오늘날 새로운 정보 통신 기술이 기존의 지배 관계 유지와 강화를 위한 새로운 지배 양식으로 존재한다고 생각한다. 그들은 특히 그러한 기술이 점차 사회의 전 영역에 걸쳐 감시와 통제를 강화함으로써 기존의 '지배력'을 더욱 공고히 해 나가는 경향에 주목한다. 그런 점에서 그들은 마르크스의 생산력과 생산 관계를 중심으로 한 생산 양식론을 '지배력'과 '지배 관계'를 중심으로 한 '지배양식론'으로 치환시키면서 정보 통신 기술에 새롭게 주목하고는 있지만, 새로운 정보 통신 기술에 의한 구조적이고도 본질적인 사회 변화에 대해서는 다분히 부정적인 입장을 취한다. 감시와 통제의 수단으로서의 새로운 정보 통신 기술이 지닌 '지배력'이 기존의 지배 세력에 더욱 집중되고 있으며, 그로 인해 기존의 불평등 관계는 계속 유지되거나 오히려 더욱 심화되는 방향으로, 정밀하고도 광범위하게 계속 확대되고 있다고 보기 때문이다.

새로운 정보 통신 기술의 발전에도 불구하고, 이러한 기술들이 오히려 기존의 지배 질서나 지배 관계를 계속 유지하거나 확대하는 데 기여하는 것으로 보는 이러한 지배양식론적 관점에는 크게 두 가지 갈래가 있다. 그 하나는 기존의 지배 집단 혹은 지배 세력이 기득권을 유지, 강화시키기 위해 의도적으로 새로운 정보 통신 기술을 개발, 보급, 이용한다는 입장이다. 다른 하나는 그러한 의도성과는 별개로 새로운 정보 통신 기술의 개발, 보급, 이용이 확대될수록 사회 구성원 간의 통합이나 결속보다는 분화와 분열이 심화되고, 공적 연대나 집단적 저항이 약화되고 무력화됨으로써 결과적으로 기존 지배 세력의 기득권이 유지되거나 그 입지가 강화된다는 입장이다. 여기서는 전자를 대표하는 입장을 '감시사회론'으로 통칭하고, 후자와 관련된 입장을 '세포사회론'으로 나누어 그 각각에 대해 나름대로 기술해 보고자 한다.

2. 감시사회론

기존 지배 집단의 지배력 유지나 강화를 위해 새로운 정보 통신 기술을 이용한다는 생각은 이미 오래전부터 있어 왔다. 첨단 정보 통신 기술이 고도로 발달된 오늘날에 있어 그러한 생각은 도처에서 구체적인 현실로 나타나고 있음을 또한 보게 된다. 그런 까닭인지 오늘날 지배 담론으로 확산되는 주류 정보사회론에 대한 가장 강력한 반론의 하나로 제기되는 것이 감시사회론이라 해도 과언이 아닐 것이다. 일부 논자들은 현대 사회를 정보 사회가 아닌 감시 사회surveillance society라고 말하기도 한다. 그만큼 새로운 정보 통신 기술이 의도적으로 혹은 부지불식간에 사람들의 특정 행동이나 말은 물론 그들의 일상생활에 관한 데이터나 정보를 수집하고 처리, 공급하는 데 다양하게 이용되기 때문이다. 이러한 '감시 사회' 현상에 대한 학술적 논의는 1980년대 후반부터 본격화되었지만, 그에 관한 문학적 상상력은 2차 세계 대전 직후인 1940년대 중반에 이미 소설의 형태로 나타났고, 그에 관한 통찰력 있는 철학적 사유는 1970년대 중반에 그 모습을 드러냈다.[100]

100 1990년대부터는 첨단 정보 통신 기술을 이용한 감시 사회 현상을 다룬 여러 편의 영

현대 사회를 새로운 정보 통신 기술에 의한 감시 사회로 보는 학술적 논의에 대해서는 잠시 후 다루기로 한다. 그전에 여기서는 '감시 사회'에 관한 문학적 상상력의 출발점이라 할 수 있는 조지 오웰George Orwell의 《1984》와 '감시 사회'에 관한 철학적 통찰을 보여 주는 미셸 푸코Michel Foucault의 《감시와 처벌*Surveiller et Punir, Naissance de la Prison*》부터 먼저 살펴볼 필요가 있다. 전자는 감시 사회 논의가 나올 때마다 이를 대표 상징하는 문학 작품이며, 후자 역시 시선의 비대칭성에 따른 지식과 권력 작용을 심도 있게 다룸으로써 현대 감시 사회 현상을 이해하는 데 큰 지적 자극을 주었기 때문이다.

1) 조지 오웰의 《1984》: 텔레스크린과 빅 브라더

'감시 사회' 얘기가 나오면 대개 조지 오웰의 《1984》에 등장하는 빅 브라더는 단골 메뉴처럼 언급된다. 빅 브라더는 마치 감시 사회의 대표 상징처럼 되었다. 2차 세계 대전 종전 직후인 1946년부터 쓰기 시작해서 1948년에 완성된 《1984》는 당시로서는 먼 미래 SF 소설처럼 여겨졌을지 모르지만, 갖가지 정보 통신 기술이 발달해 있는 지금에서 보면 일부는 이미 매우 실감나는 현실로 되어 있고, 또 일부는 개연성 있는 미래의 비극처럼 느껴지기도 한다. 《1984》는 앞부분에 "빅

화들이 나왔다. 그 대표적인 예로는 〈슬리버*Sliver*〉(1993), 〈네트*The Net*〉(1995), 〈트루먼쇼*The Truman Show*〉(1998), 〈에너미 오브 스테이트*Enemy of the state*〉(1998), 〈내셔널 트래저*National Treasure*〉(2004), 〈브이 포 벤데타*V for Vendetta*〉(2005), 〈붉은 거리*Red Road*〉(2006), 〈디스터비아*Disturbia*〉(2007), 〈아이보그*Eyeborgs*〉(2008), 〈이글아이*Eagle Eye*〉(2008), 〈타인의 삶*The Lives of Others*〉(2008) 등을 들 수 있다.

브라더가 당신을 지켜보고 있다"는 글이 적힌 대형 얼굴 포스터 얘기로 시작된다. 도처에 설치된 텔레스크린이라고 하는 금속판을 통해서 사람들의 일거수일투족이 감시되고 통제되는 세계가 그려진다. 송수신이 가능하고 어떠한 동작이나 소리도 포착할 수 있는 시설이다. 또한 마이크로폰으로 소리가 전달되기도 한다. 소리를 줄일 수는 있어도 완전히 끌 수는 없도록 되어 있다. 상시 감시되는 세상이다.

> 빅 브라더의 눈은 동전, 우표, 책의 표지, 깃발, 포스터, 담뱃갑 등 모든 곳에 있었다. 항상 그 눈은 당신을 바라보고 있었고, 그 목소리는 당신을 에워싸고 있었다. 잠잘 때건 깨어 있을 때건, 일을 하건 식사를 하건, 집안에 있든 밖에 있든, 목욕할 때건 침상에 있건, 빅 브라더로부터 벗어날 수는 없었다(Orwell, 1949: 27).

> 공개된 장소나 텔레스크린이 작동하는 범위 안에서 딴 생각을 한다면 그건 대단히 위험한 일이다. 아무리 미미한 것이라도 당신을 드러낼 수 있기 때문이다. 얼굴에 나타나는 초조한 기색, 무의식적이지만 불안해하는 표정, 불평하듯 웅얼거리는 습관 등 뭔가를 감추는 듯이 보이는, 뭔가 비정상적으로 보이는 것은 안 된다. 어떤 경우든 부적절한 표정을 짓게 되면(예컨대 승전보가 왔는데 못 믿겠다는 표정을 지으면) 그것만으로도 죄가 된다. 신어Newspeak로 하면, 그게 바로 '표정죄'라는 것이다 (p.62).

> 그는 굴복했다. 결국 동의한 것이다. 사실 그런 결정을 내리기 훨씬 전에 이미 굴복할 준비가 되어 있었던 것이다. 애정부Ministry of Love에 들어서는 그 순간부터…… 당의 권력에 맞선다는 것이 경박하고 무

> 모한 짓이라는 걸 그는 이미 알고 있었던 것이다. 아울러 사상경찰Thought Police이 7년 전부터 자기를 확대경으로 딱정벌레를 보듯 감시하고 있었다는 사실도 알고 있었다(p.276).

> "그들은 당신의 속까지 들여다볼 수는 없어요"라고 그녀는 말했다. 그러나 그들은 그의 속까지 들여다볼 수 있었다(p.290).

《1984》는 텔레스크린, 마이크로폰, 사상경찰 등에 의해 언제 어디서나 감시당하는 세상을 그리고 있다. 행동뿐 아니라 의식까지도 감시당하는 세상이다. 단순히 감시당하는 수준을 넘어 행동이 체크되어 조정되고, 생각까지도 통제되고 또한 조작된다. 불만 섞인 표정조차도 감지되며 지배자에 대한 저항 자체는 결코 용납되지 않는다. 남녀 간의 성관계도 당에 봉사할 아이를 낳는 것 외의 성적 쾌락은 죄악시된다. 저항과 불만이 있는 자는 거세되고 배제된다. 빅 브라더에게 순종하는 자만이 살아남을 수 있는 그런 세상이다.

주인공 윈스턴 스미스는 이러한 세상에서 금지된 일기를 쓰고, 여인(줄리아)과 연인 관계를 맺기도 하고, 반당 지하 조직에 가입하기도 하는 등 당의 통제에 반발도 하고 저항도 하지만 결국은 텔레스크린에 의해 감지되고 사상경찰에 체포된다. 고문에 못 이겨 허위 자백을 하고 자신의 연인을 배반하며 세뇌에 의해 인간의 모든 가치를 상실하면서 당에 순종하고 빅 브라더를 '사랑하는' 단계에 이르지만 그를 기다리는 것은 죽음뿐이다. 《1984》는 감시 사회의 극단적 비극을 보여 준다. 이를 학자들은 — 새로운 정보 통신 기술이 만드는 낙관적인 유토피아에 대비시켜 — 흔히 오웰식 디스토피아Owellian distopia라고 부르기도 한다.

새로운 정보 통신 기술에 의한 감시 사회의 도래 얘기를 할 때 《1984》가 빠지지 않고 언급되는 것은 그만큼 그 소설이 갖는 예견력 때문이다. 오웰이 소설을 쓰던 그 당시보다도 오히려 지금에 와서 소설 속 얘기가 더 실감나는 경우들이 종종 발생했기 때문이다. 지금의 현실을 조금만 더 과장해서 말하면, 어딜 가도 CCTV가 있고, 자신이 하는 모든 컴퓨터 작업이나 인터넷 통신들이 이런 저런 데이터베이스 속에 기록되며, 각종 도/감청盜/監聽 기구들이 범세계적인 규모로 운용되는 현실 속에서 빅 브라더의 그림자가 이미 우리 가까이에 와 있음을 우리 자신이 실감하고 있기 때문이다. 보다 최근에는 새로운 정보 통신 기술에 의해 엄청나게 늘어난 각 분야의 데이터, 즉 빅 데이터 속에서 빅 브라더를 연결시켜 미래를 비관적으로 전망하는 견해들도 있다.

2) 미셸 푸코의 《감시와 처벌》: 파놉티콘

오웰의 소설이 20세기 중반의 시점에서 바라본 미래의 감시 사회에 대한 문학적 상상력의 한 표현이라면, 미셸 푸코의 《감시와 처벌》(1975)은 과거인 19세기 초에 이루어진 감시 기술의 방법론적 대전환에 관한 역사적, 철학적 논의를 담고 있다. '감옥의 탄생'을 부제로 달고 있듯이 푸코의 이 책은 19세기 이전에는 주로 어두운 감옥에 갇힌 범죄자나 수형자에게 직접적인 체형을 통해 이들을 통제하던 방식에서 19세기 초반 이후 감옥의 구조를 개조하여 빛과 공간 및 시선 관리를 통해서도 죄수들을 통제할 수 있게 된 사실에 주목한다.

미셸 푸코는 제러미 벤담Jeremy Bentham이 《파놉티콘, 또는 감옥 *Panopticon, or Inspection House*》(1791)에서 새로운 감옥 형태로 제안했던 원형 감옥에 관한 아이디어를 소개하면서 그로부터 현대 사회에서 다수의 사람들을 관리, 통제하는 감시 기술이 바로 이러한 원형 감옥에서 죄수를 관리, 통제하는 기술과 연결되어 있음을 밝힌다. 과거의 권력이 주로 육체적인 폭력에 의존한 체계적 처벌의 권력이었다면, 현대의 권력은 위계질서적인 감시를 통한 규율 중심적 권력이라는 것이다. 특히 위계질서적 감시는 시선의 배치와 관리를 통한 감시를 의미한다. 바로 원형 감옥이 권력에 의해 시선이 관리되는 대표적인 구조물이다.[101]

원형 감옥은 건물 중앙에 있는 (한 명 혹은 소수의) 간수가 위치해 있는 감시탑과 그 주변을 빙 둘러 다수의 죄수 방들이 연결된 원형 구조물이다. 죄수들 상호 간에는 차단벽이 있어 서로를 볼 수 없다. 그리고 죄수들의 방에는 바깥으로부터 빛이 들어올 수 있게 되어 있기 때문에 간수들이 (마음만 먹으면) 죄수들의 일거수일투족을 다 볼 수 있도록 설계되었다. 그에 비해 간수가 머무는 중앙의 감시대는 매우 어두워서 간수가 있는지, 그리고 간수가 죄수 개개인을 바라보는지를 판단하기가 매우 애매한 상황을 항시 유지한다. 즉 간수는 죄수를 쉽게 볼 수 있는 데 비해, 죄수는 간수를 제대로 보기가 어렵다. 이를 '시선의 비대칭성'이라고 한다. 푸코는 바로 이러한 시선의 비대칭성에서 권력 작용이 일어난다고 보았다.

> '파놉티콘'은 '봄-보임'의 결합을 분리시키는 장치다. 즉 주위를 둘러싼 원형의 건물 안에서는 아무것도 보지 못한 채 완전히 보이기만 하고 중앙부의 탑 속에서는 모든 것을 볼 수 있지만 결코 보이지는 않는

101 그런 의미에서 원형 감옥을 '권력에 대한 벤담식의 물리학'이라고도 한다.

다…… 비대칭과 불균형, 그리고 차이를 보장해 주는 장치가 있을 뿐이다…… 이러한 건축적 장치는…… 어떤 권력관계를 창출하고, 유지하는 기계 장치가 되도록 해 준다…… '파놉티콘'은 아주 다양한 욕망으로부터 권력의 동질적인 효과를 만들어 내는 경이로운 기계 장치다 (Foucault, 1975/1994: 297~299).

파놉티콘, 즉 원형 감옥에 수용된 죄수는 보이지 않는 곳에서 항상 자신을 감시하고 있을 간수의 시선 때문에 규율에서 벗어나는 행동을 못 하다가 점차 이 규율 권력을 내면화하여 스스로 자신을 감시하게 되는 단계로까지 가게 된다는 것이다. "파놉티콘은 직접적으로 개개인에게 작용하며, 정신에 의한 정신에 대한 권력 행사인 것이다"(홍성욱, 2002: 22~24).

원형 감옥의 이러한 원리는 단지 감옥에서뿐 아니라, 군대, 병원, 학교, 공장 등 다수의 사람들이 집단적으로 일하거나 거처하는 공간 속에서 권력을 가진 소수가 관리 대상인 다수를 통제하는 방식으로 작용한다는 것이 푸코의 핵심 논리다. 푸코는 감옥을 위해 설계된 파놉티콘이 사회 전반의 통제와 규율의 원리로 작동한다고 본 셈이다. 집단적 다수는 규율에 의해 통제되며, 그러한 규율은 위계질서화된 감시, 즉 시선의 관리를 통해 개개인의 정신 속에 하나의 규율 권력으로 내면화됨으로써 통제가 용이하게 된다는 것이다. 예컨대, 야영지에 설치하는 군대 막사의 위치는 총지휘관이 한눈에 전체 하급 지휘관의 막사를 볼 수 있게 하고 하급 지휘관들은 자대 부대원들의 막사를 모두 볼 수 있게 하며, 반대로 모든 막사는 해당 지휘관들에게 보이게 배치된다는 것이다. 학교 교실에서는 교탁과 책상의 배치, 병원 응급실에서는 환자의 침상과 진료진의 위치, 공장의 작업장 설비 배치 등에서도 시선의 비대칭성은 얼마든지 발견되며 그 속에 치밀하고도 다양한 권력관계가 스며 있다는 것이다(Foucault, 1975/1994: 256~267 참조).

> 감옥이 공장이나 학교, 병영이나 병원과 흡사하고, 이러한 모든 기관이 감옥과 닮은 것이라 해서 무엇이 놀라운 일이겠는가?(p.329)

그런데 감시 사회에 대한 푸코의 견해 역시 앞서 다룬 조지 오웰의 관점과 마찬가지로 상당히 비관적인 것으로 보인다. 오웰과 같은 극단적인 비관론은 아니라 하더라도, 푸코는 "현대 사회는 거창한 구경거리의 사회가 아니라 감시 사회"라고 말하면서 "우리는 하나의 톱니바퀴와 같은 존재이기 때문에, 결국 우리들 스스로가 이끌어 가는 권력의 효과에 포위된 채 원형 감옥 속에 있다"고 했다(p.317 참조).

현대 사회를 감시 사회라고 규정하고 있는 푸코의 이러한 견해는 고대 사회와의 대비를 통해 현대 사회를 더욱 비관적인 안목에서 바라보고 있다. 고대 문명은 "다수의 인간으로 하여금 소수의 대상을 관찰할 수 있게 하는" 구경거리의 문명으로 보고, 그 예로서 성당, 극장, 원형 경기장 등을 들고 있다. 이러한 공간에서 이루어지는 공적 활동과 축제와 의식 행사 등을 통해 사회는 활력을 되찾고 일체감을 형성할 수 있었다고 보았다. 이에 비해 근대는 "극소수 혹은 단 한 사람이 대다수 집단의 모습을 순식간에 볼 수 있게 되었고" 공동체나 공적 생활은 더 이상 중요한 요소가 아닌 것이 되었다고 했다. 대신 국가가 중요 요소가 되어 사적 개인들을 보호하고 사회생활의 모든 사항과 관계 속에 국가가 더욱 깊숙하게 개입하게 되었다고 보았다. 요컨대, 푸코는 고대 사회는 "다수가 소수를 보는" 스펙터클 문명으로서 공동체적 일체감이 강했다고 긍정적으로 본 반면, 근·현대 사회는 "소수가 다수를 보고" 관리, 통제하는 감시 사회라며 매우 부정적으로 보고 있음을 알 수 있다. 푸코의 눈에는 역사를 퇴행적인 것으로 보고 있다고나 할까?

3) 토마스 마티센의 〈서로 보는 사회〉: 파놉티콘과 시놉티콘

이러한 푸코의 견해에 대해 토마스 마티센Thomas Mathiesen은 반론을 제기한다. 그는 푸코의 '파놉티콘'을 재평가하는 논문(Mathiesen, 1997: 215~234)에서 현대 사회를 파놉티시즘panopticism과 시놉티시즘synopticism[102]이 공존하는 '서로 보는 사회viewer society'라고 했다. 마티센에 따르면, 푸코는 근대 감옥인 파놉티콘이 18세기 중반과 19세기 초반 사이에 생겨난 것으로 보고, 그 이전에는 다수가 소수를 보던 데서 파놉티콘 출현 이후인 근대에서는 소수가 다수를 보는 감시 사회로 바뀐 것으로 보는데, 이는 푸코가 실재를 잘못 본 것이라고 비판했다.[103]

102 마티센에 따르면, 파놉티시즘은 한 사람 혹은 소수가 다수를 보는 현상, 시놉티시즘은 다수가 한 사람 혹은 소수를 바라보는 현상을 일컫는 말이다.

103 푸코의 파놉티콘 모델에 대한 또 다른 비판으로는 그레그 엘머Greg Elmer의 논의를 들 수 있다. 그는 현대의 소비자 감시는 건축물에서의 물리적 감시가 아닌 데이터 감시dataveillance(이 용어는 로저 클라크Roger Clarke가 처음으로 사용. Clarke, 1988 참조)이며, 단순히 시선의 비대칭에 따라 자동적으로 훈육이 이루어지는 것이 아니고 유리한 대가가 주어지는 경우에만 소비자들이 자신의 정보를 제공하며(panopticon rewards participation), 파놉티콘과 함께 시놉티콘도 동시에 작동한다는 점에서 이러한 측면들에 대한 고려를 푸코는 놓치고 있다고 비판했다(Elmer, 2003: 232~233).

표 10-1 파놉티시즘과 시놉티시즘의 공존과 상호작용

구분		파놉티시즘	시놉티시즘
고대	교회	로마 가톨릭 교회에서 다수의 신자들이 소수의 신부에게 하는 고해성사	많은 사람이 동시에 바라볼 수 있는 대성당의 위치나 로마 교황의 연설
	군대	군의 강력한 계급 규율과 감시 체계	승전 귀환 장군에게 환호하는 군중
	감옥	감옥의 예배에서 목사는 각기 고립된 각방 죄수들을 모두 보며 설교	죄수들의 입장에서는 모두가 함께 목사를 바라보며 설교를 들음
현대		광고주 입장에서는 시청자 조사를 통해 다수 소비자의 구매력 관리	많은 시청자들이 동시에 텔레비전의 광고를 보고 광고된 물건을 사게 됨

출처: Mathiesen, 1997: 223의 일부 해당 내용을 도표화함.

마티센은 먼저 푸코가 18세기 중반 이후 처벌의 성격이 직접적인 신체적 처벌에서 감옥에 감금하는 것으로 바뀌었고, 처벌의 내용은 신체를 고문하던 것에서 정신을 변화시키는 것으로 변했으며, 다수가 소수를 보던 데서 소수가 다수를 보는 파놉티시즘으로의 변화는 근대 감옥에 한정되지 않고 사회 각 분야로 확대되면서 감시 사회로의 이행이 이루어진 것으로 보았다고 요약했다. 그러나 좀 더 엄밀히 실재를 분석해 보면, 현대 사회는 한편에서는 감옥 자체가 소수 간수에 의해 다수의 죄수를 감시하는 시스템이 계속 발전해 왔다고 할 수 있다. 경찰이 CCTV와 컴퓨터 시스템에 의해 사회 전체의 치안 상태를 감시하고 있고, 학교나 병원에서 소수의 교육 및 의료 전문가들이 다수 학생들과 환자들의 상태를 상시 점검하고 있는데서 파놉티시즘의 큰 흐름들을 볼 수 있다. 그러나 마티센은 다른 한편에서 다수가 소수를 보는 현상, 즉 시놉티시즘도 크게 발전해 왔음을 강조한다. 그 대표적인 것이 매스 미디어의 발달이다. 신문, 영화, 라디오, 텔레비전, 케이블과 위성 방송 등 매스 미디어는 다수 시청자들이 소수의 등장

인물(예컨대, 뉴스 속 인물, 기자, 출연자 등)을 보는 시놉티시즘이 파놉티시즘 못지않게 발전해 왔다는 것이다. 더군다나 근대 감옥의 출현 등 푸코가 말하는 파놉티시즘이 발전하던 바로 그 시기에 매스 미디어의 발전도 동시에 이루어져 왔다는 것이다.[104]

또한 푸코는 과거, 즉 고대에 다수가 소수를 보는 시놉티시즘이 발전했다고 한정적으로 말하지만, 고대에도 역시 시놉티시즘과 함께 파놉티시즘도 공존했다는 반론을 제기한다. 고대의 극장이나 콜로세움 같은 장소는 시놉티시즘을 상징하는 대표적 장소다. 이와 함께 로마서와 같은 성경에도 나타나 있듯이 당시 주민들은 세금 납부 의무를 위해 호적 등록을 했으며, 호구 조사를 당하기도 했다. 소수 지배자들이 다수의 주민들을 지배하기 위해 그들에 관한 데이터를 수집한 것으로, 이는 오늘날 국가가 국민의 생활 실태를 알기 위해 인구 등 센서스 조사를 하고 컴퓨터로 이를 분석하는 것과 다를 바 없다. 이런 주민 혹은 대국민 조사는 파놉티시즘의 대표적인 사례다.

따라서 마티센은 현대 사회는 물론 고대 사회도 파놉티시즘과 시놉티시즘이 상호작용하는 그런 사회였다는 점을 강조하면서 푸코의 관점을 비판했다고 할 수 있다. 언제 어디서든 한편으로는 다수가 소수를, 그리고 다른 한편으로는 소수가 다수를 바라보는 그런 사회라는 것이다. 그런 의미에서 마티센은 서로가 서로를 바라보는 사회라는 의미로 '서로 보는 사회'라는 용어를 사용했다.

104 푸코는 파놉티시즘의 대표적 사례인 근대 감옥의 출현이 1750년대에서 1830년대 사이에 이루어졌다고 본다. 이에 대해 마티센은 시놉티시즘의 대표적인 사례인 매스 미디어로서의 대중 신문의 출현 역시 벤저민 데이의 〈뉴욕 선〉이 창간되던 1830년대 초부터 본격화되었음을 강조한다.

4) 앤서니 기든스의 《국민 국가와 폭력》: 근대성의 패러독스

영국의 사회학자인 앤서니 기든스도 근대적인 감시 사회의 등장과 관련된 의미 있는 분석을 제공한 바 있다. 그는 저서 《국민 국가와 폭력 *The Nation State and Violence*》(1985)에서 근대적인 국민 국가의 형성과 유지 과정에서 감시와 감시 결과로서의 정보가 매우 중요한 역할을 수행했음에 주목한다.

기든스에 따르면, 국민 국가가 형성되는 과정에서 수많은 전쟁이 치러졌고 그러한 과정에서 국가 간의 경계가 획정되고 변형되기도 했다. 국민 국가의 형성과 조직화 과정에서 정부는 전쟁을 효과적으로 치르기 위해 많은 인적·물적 자원을 동원해야 했고 그러기 위해서는 그에 대한 정확한 동태 파악이 필요했다. 국민의 전쟁 동원을 위해 국민에 대한 감시와 통제가 필요했고 그것은 보다 발전된 감시 기술의 개발을 요구하게 되었다. 전쟁은 동원 대상으로서의 자국민에 대한 실태 파악뿐 아니라 적에 대한 감시도 동시에 요청하였다. 국가 방위를 위해서는 광범위한 자료 수집과 분석이 요구되었기 때문이다. 전쟁 기간에 특히 감시 기술로서의 정보 통신 기술이 급속히 발전한 예를 우리는 쉽게 발견할 수 있다. 컴퓨터는 물론 전신 기술이나 인공위성의 발전도 전쟁 혹은 냉전적인 국가 간의 군사적 대치 상황의 산물이라는 점에서 볼 때, 감시 기술로서의 정보 통신 기술은 많은 경우 전쟁 과정에서 생겨나고 발전된 것이라고도 볼 수 있다. 첨단 병기는 물론 첩보전과 접경 지역의 감시에 필요한 군사 기술의 대부분도 정보 통신 기술과 밀접한 관련이 있다는 것은 결코 우연이 아닌 것이다.

기든스는 또한 국민 국가 형성 이후 통치의 효율화를 위해 관료제가 발전한 것도 정보 통신 기술과 불가분한 관계에 있음을 지적한다. 통제의 효율화를 위해서는 사회의 조직화가 요구되고 효율적인 사회의 조직화를 위해서는 일상적인 감시routine surveillance가 기본적인 요건이 된다는 것이다. 관료 조직의 운영과 의사 결정 과정에 필요한 자료나 정보의 획득을 위해서는 국민의 일상사에 대한 지속적인 감시가 불가피하다는 것이다. 이에 따라 한 국가는 신경조직망과도 같은 정보 네트워크를 구축하게 되고 국민의 공적, 사적 생활에 대한 다양한 정보를 집중적으로 관리할 필요를 느끼게 되며, 동시에 권력이나 체제의 안정화를 위해 국가 내외의 위협 세력에 대해서도 감시망을 계속 가동하게 된다는 것이다. 그러한 과정에서 감시 기술은 더욱 고도화되고 확대되어 왔다는 것이다.

한편 기든스의 논의 중에서 특이한 점은 전쟁을 통한 국민 국가 형성 이후에 있어 통치 권력은 한편으로 정책 수행의 효율화를 위해 국민의 일상사를 보다 효율적으로 감시할 수 있는 관료제적 통제를 강화하면서도, 다른 한편으로는 국가의 공적 정보에 접근할 수 있는 시민권의 확대도 동시에 보장하게 된다는 것이다. 이는 전쟁 기간 중 국가의 필요에 의해 의무적으로 동원된 국민의 강화된 권리 주장에 대해 일종의 반대급부로서 국가가 이를 보장하게 된 것이라고 본다. 기든스는 관료제적 통제와 시민권의 확대가 공존하는 이러한 모순 관계를 국민 국가에서의 국가와 개인 간에도 존재하는 '근대성의 패러독스paradoxes of modernity'로 본다. 즉 국가는 시민 각자의 권리로서의 개인성individuality(개인이 가진 독특한 특성의 발현)을 보호해야 하는 의무를 갖는 동시에 국민을 외부로부터 보호하고 국민 상호 간의 이해관계를 조정하여 합리적인 정책의 관리 집행을 위해서는 그 구성원으로서의 개인에 대해서 또한 알아야 하기 때문에 개인에 대한 정보가 드러날 수밖에 없는individuation(개인에 관한 정보가 알려지는 것) 딜레마가 존재한다는 것이다.

기든스가 말하는 '근대성의 패러독스'는 국민 국가에 있어서 조직의 효율성과 개인의 자율성 간의 갈등 관계를 의미하는 것으로 보인다. 그것은 날로 발전하는 감시 기술로서의 정보 통신 기술이 한편으로는 효율적인 관리, 통제를 위해서는 필요한 것이면서 동시에 개인의 기본권을 침해할 수 있는 잠재력이 항존하고 있음을 말하는 것이기도 하다. 보다 최근에 올수록 정보 통신 기술에 의한 국가 차원의 감시뿐 아니라 기업이나 시장 차원에서의 경제적, 사회적 감시의 고도화에 대한 비판적 논의도 적극적으로 등장한다. 이러한 논의는 정보 통신 기술의 발전을 '정보 사회'와 관련짓기보다는 오히려 '감시 사회' 현상이 보다 치밀화되고 심화되어 가는 현상으로 본다.

5) 오스카 갠디의 감시 사회: 정보 기술과 관료적 사회 통제

오스카 갠디Oscar Gandy(1989)는 "첨단 전자 기술들은 개개인에 대한 자동화된 감시 방법을 가능하게 하고 또 더욱 촉진시킴으로써 — 미국의 법체계는 통제할 수 없는 — 작업장과 시장과 정부 영역에서의 '관료적 이익을 극적으로 증가시킨다"고 하면서 "정보라는 것이 범세계적인 정치 경제 영역에서의 관료적 관리를 위한 핵심적 요소가 되어 왔다"고 언급했다. 즉 그는 '정보 사회'라고 하는 것이 실제 서구 산업 사회가 감시 사회로 되어 가는 것을 은폐하는 그릇된 명칭이라는 데이비드 플래어티David Flaherty(1988) 등의 주장에 동조하면서, 컴퓨터와 텔레커뮤니케이션 기술의 결합이 바로 새로운 감시 기술의 주된 원동력이며, 그러한 기술을 통해 생산, 저장, 유통되는 정보가 정치 및 경제 부문의 관료적 통제를 위한 핵심 자원으로 되어 간다는 것이다(Gandy, 1989: 61~63).

물론 여기서 산업 사회가 감시 사회로 되어 간다는 것은 기존 사회 질서의 구조적 변화를 의미하는 것이 아니다. 그보다는 기존의 지배 질서가 보다 공고화되는 사회적 과정을 말하는 것이다. 새로운 정보 통신 기술에 의해 변화된 것은 감시의 성격 자체라는 것이다. 즉 새로운 정보 통신 기술은 감시자가 눈에 띄지 않으면서도 감시가 가능한 — 벤담의 파놉티콘과 같은 — '원격 감지' 방식으로, 계속 자동화 추세에 있는 새로운 감시는 데이터의 주인공 자신이 스스로 감시의 유발 요인으로 되어 자신이 동의하지 않는 상황에서도 현대의 감시 방식에 자발적으로 참여하는 꼴이 되고 있다는 것이다(p.64).[105]

갠디는 이러한 감시와 통제 방식이 공장과 시장 및 정부 등의 영역에서 작동하는 상황들을 구체적으로 예시하면서 그러한 상황들이 기업 관료제와 정부 관료제를 포함한 현대의 관료 체계 전반의 힘을 강화시키고 있다는 데 주목한다. "관료적 하부 구조의 구석구석까지 스며들고 있는 정보화의 물결은…… 관료 기구의 힘을 증대시키며…… 통신 네트워크는 그러한 이점들을 확대시켜 준다"는 것이다. 그는 정보 통신 기술이 발전해 나가고 확산되는 현상은 그러한 관료 기구의 계획과 이익을 반영해 주는 것일 뿐 아니라 '정보 혁명'의 혜택에서 소외된 이들의 반대와 저항을 억제하는 '훈육 국가'의 동의와 지원을 반

105 이러한 전자 감시는 감시당하는 피감시자의 자발적인 협조에 의해 감시에 필요한 정보를 제공하는 경우가 많은데, 피감시자에 의해 제공된 데이터베이스는 데이터를 제공한 개개인의 의지와는 상관없이 새로운 정체성을 구성하게 되고 그것이 현실 속의 사람들을 규율하고 통제하게 되는데, 이러한 데이터베이스를 마크 포스터는 '슈퍼파놉티콘'이라고 했다(Poster, 1995a: 403~405; Lyon, 1994: 190 등 참조).

영해 주는 것이라 보았다(p.65).

"미국 정부는 컴퓨터와 텔레커뮤니케이션 시스템이 지니고 있는 감시 능력의 유일한 최대 이용자인 동시에 그러한 감시 능력 발전의 최대 지원자"(p.68)라고 본 갠디는 국가 및 민간 기업의 관료 조직들은 평균적인 개인이 가진 자원에 비해 상상하기 어려울 정도의 기술적 이점들을 축적해 왔으며, 관료 조직 내에서도 이러한 불평등은 예외가 아닌 지배적인 추세로 자리 잡고 있다고 말했다. 거대 기업일수록 그만큼 많은 돈을 들여 강력하고도 정교하며 더욱 통합된 감시 체계를 갖추고 있다는 것이다(p.70).

그러면서도 그는 이와 같은 감시 체계의 확대에 대응할 수 있는 희망을 전혀 배제하고 있지는 않다. 감시 체계에 의해 촉진, 확대되는 힘의 불평등에 대한 공중의 확대된 인식과 불만에서 저항의 잠재력은 항존한다는 것이다(p.74). 그러나 그의 전반적인 논조 속에서 그러한 희망은 거대한 골리앗 앞에서 다윗의 등장을 애타게 기다리는 것처럼 다소 공허하게 느껴진다.

6) 데이비드 라이언의 《전자 감시: 감시 사회의 등장》

데이비드 라이언David Lyon만큼 감시 사회 현상을 보다 직접적이고 체계적으로 그리고 폭넓게 학술적으로 연구한 사람도 드물 것이다. 그는 저서인 《전자 감시: 감시 사회의 등장*The Electronic Eye: The Rise of Surveillance Society*》(1994)에서 감시 현상의 역사적 발전은 물론, 20세기 후반 컴퓨터와 통신 기술의 발전에 따라 국가와 기업, 그리고 시장 영역에서 전개되는 전자적 감시 현상의 실제를 다양하게 분석하며, 감시 현상의 심화 현상에 대한 대응 방안까지도 제시한다.

(1) 감시의 역사성

라이언에 따르면, 감시 현상 자체는 인류의 역사와 함께 시작된 이미 오래전부터 있어 왔다. 체계적인 감시의 제도화 역시 이미 과거 역사 속에서 얼마든지 찾아볼 수 있는데, 주민들의 세금 납부 및 군 복무 상황은 물론 이주민 실태까지 숫자로 기록한 고대 이집트의 인구 조사서라든지, 자국민과 그들의 재산에 관해 방대하게 기록한 (1086년부터 시작된) 11세기 중세 영국의 토지대장 등이 그러한 예들이다(Lyon, 1994: 22~23).

그러나 라이언은 그러한 감시 현상이 컴퓨터의 등장, 데이터베이스의 확대, 통신 기술의 발전 등에 힘입어 비약적으로 확대된 데 주목한다. 특히 국가와 대기업이 대형 컴퓨터와 발전된 통신 기술을 이용할 수 있게 됨에 따라 그들의 감시 능력[106]이 엄청나게 증가하였고, 그러한 증대된 감시 능력이 현대 사회를 '감시 사회'로 만들어 버렸다는 것이다. 라이언에 따르면, 과거에는 감시 결과가 문서 형태로 기록되었지만, 이제는 그러한 일들이 "컴퓨터에 의해 이루어지며, 우리들 개개인의 삶의 구체적인 부분까지도 매일매일 여러 대기업과 정부 부처의 대형 컴퓨터 데이터베이스 안에서 수집되고 저장되며 검색, 처리되고 있다. 이것이 바로 '감시 사회'"(Lyon, 1994: 3)라고 했다.[107] 국가

106 라이언은 '감시 능력'과 관련, ① 파일의 크기, ② 접근의 광범위성, ③ 흐름의 속도, ④ 피감시자(대상)의 투명성 등 4가지 측면이 중요한 측정 기준이라고 보고, 컴퓨터와 통신 기술에 의해 이러한 4가지 요소가 크게 확대 혹은 증가함으로써 감시 능력이 비약적으로 발전하게 되었다는 것이다(Lyon, 1994: 51~52).

107 데이터베이스에 의한 이러한 현대 전자 감시를 클라크는 '데이터 감시dataveillance'라고 했다. 그는 데이터 감시를 "한 사람 혹은 그 이상의 사람들의 행위와 의사소통 내용을 탐문하거나 모니터할 때 개개인의 데이터 시스템을 체계적으로 이용하는 것"이라고 정의한다. 또한

와 기업과 시장 등 현대 사회에서의 사람들의 일상생활의 모든 활동 흔적과 기록은 모두 컴퓨터와 통신 기술에 의해 강화된 전자 감시하에 놓여 있다는 것이다.

그러면서 라이언은 종이 문서에서 컴퓨터 데이터베이스로의 발전과 그러한 데이터베이스의 상호 연결 및 통합 등 새로운 감시 기술의 발전 과정을 검토한 후, 전자 기술에 의한 국가 부문에서의 국민 감시, 기업에서의 작업장 및 노동자 감시, 시장에서의 소비자 감시와 관련된 구체적인 사례들을 다양하게 소개했다.

(2) 국가 감시, 작업장 감시, 소비자 감시

먼저 국가 부문에서는 대국민 행정, 치안 및 보안 등을 위해 일반 시민들의 개인 신상은 물론 그들의 일상생활에 관한 거의 모든 정보를 정부 각 부처에서 관련 데이터베이스를 구축하여 활용한다. 이들 데이터베이스는 개별적으로 혹은 '컴퓨터 매칭'을 통해 서로 연결되어 한편으로는 '식별'의 수단으로, 다른 한편으로는 '비교'의 수단으로 이용되면서 주민에 대한 감시를 강화해 나간다는 것이다.[108] 이러한 국가 관료적 감시가 심화되는 과정에서 주민 개개인은 실재하는 자신

그는 개인을 대상으로 하는 개인 데이터 감시personal dataveillance와 여러 사람들을 대상으로 하는 다중 데이터 감시mass dataveillance 방법을 통해 전통적인 감시 기법들을 보완하고 있지만, 여러 위험들이 예상되므로 이에 대한 효과적인 보호책과 공식적인 정책 대응이 필요하다고 역설한 바 있다(Clarke, 1988: 498~499).

108 정부 여러 기관들은 자체 데이터베이스나 기관 간에 서로 연결된 데이터베이스를 통해 주민들의 가족 상황, 고용, 소득과 재무 상태, 주거 및 주택 상황, 건강 기록, 소비 유형과 지출, 전화 통화 자료, 복지 후생, 국적 및 인종, 교육 정도, 범죄 활동 등등에 관련된 자료들에 쉽게 접근, 활용할 수 있다는 것이다(pp.84, 95 참조).

보다도 데이터베이스에 구축된 '데이터 이미지'에 의해 분류되고 예단되는 상황이 나타나기도 한다는 점을 강조하기도 했다(Lyon, 1994: 83~85).

라이언은 국가 감시에 이어 전자 기술을 이용한 기업 부문에서의 작업장 감시 혹은 노동자 감시의 다양한 사례들도 다루고 있다. 그는 새로운 기술로 인해 기업 노동자들이 보다 강화된 감시 상황하에 놓이게 되었다고 했다. 노동자는 직장에 들어가기 전부터 이미 컴퓨터에 입력되어 있는 자료들에 의해 과거의 활동과 성향이 파악됨으로써 취업 여부가 판가름 나기도 한다. 일단 고용되면 자신의 지문과 망막과 음성 식별 등 생체 정보가 전자적으로 입력된 작업장 출입증을 교부받기도 한다. 그러한 출입증은 작업장에서의 노동자의 위치와 이동 정보를 수시로 제공할 수도 있다. 또한 작업장 내에 장착된 컴퓨터는 관리자로 하여금 작업장 내에서 어떤 일이 벌어지는지를 명확하게 볼 수 있게 하고, 노동자들이 어떻게 그리고 얼마만큼 업무 수행을 잘 하고 있는지를 보다 잘 알 수 있게도 한다. 전자 기술은 노동 감시 기술로서도 다양하고 복잡하게 이용되고 있다는 것이다. 그러나 라이언은 작업장 내에서의 전자 기술에 의한 노동자 감시가 더욱 강화되었다고 하면서도, 포스트포드주의로의 이행과 함께 새로운 기술은 더욱 중앙 집중화되는 반면, 노동자에 대한 직접적인 관리, 감독은 완화되고 있다고 했다. 즉 감시 기술에 의한 감시 자체는 강화하면서 감시 기술이 노동자들의 일상생활 속으로 보다 깊이 침투해 들어가게 하고, 노동자들에 의한 자율 규제를 강조함으로써 더욱 '비조직화된 감시'가 이루어지고 있다는 것이다(pp.129~135).

시장에서의 소비자 감시는 특히 라이언이 방점을 찍고 있는 현대 '감시 사회'의 중요한 특성 중 하나다. 전자 기술에 의해 기업의 작업장 감시가 가정으로까지 확대되었다는 것이다.[109] 이는 생산 영역에서의 감시가 소비 영역으로의 보다 유연한 감시로 확대되었음을 의미하는 것이다. 이제 기업체들은 발전된 전자 기술을 이용하여 소비에 대한 감시를 통해 "소비자들이 어디에 사는지, 누구와 함께 사는지, 얼마를 버는지, 어떻게 소비하는지에 대한 정확한 정보를 가지고 있다"는 것이다. 이러한 소비에 대한 감시는 전자 기술에 의해 증대된 감시 능력을 통해 소비자들의 모든 일상생활에 대한 감시를 강화하는 것이라고 보았다. 이러한 기업의 소비자 감시는 이른바 '소비자 자본주의'와 연결되어 소비와 소비자를 강조함으로써 자본주의 사회 질서를 유지하는 것과 무관하지 않다는 것이다. 소비자 자본주의는 소비자의 선택과 자유를 강조하고 소비자 조사를 통해 기업이 소비자의 취향과 수요에 부합하는 생산적 대응을 하는 것처럼 보이지만, 마케팅 회사나 신용 평가 회사가 행하는 소비자 조사는 다른 한편으로 보면 소비 능력, 즉 지불 능력이 없는 자를 배제하는 사회 문제가 발생한다. 그리고 이러한 소비자 조사 결과는 다른 공공 기관이나 기업의 데이터와 다양하게 결합하여 개개인에 대한 — 실제와는 다를 수 있는 — 데이터 이미지를 만들어 내기 때문에 또 다른 사회 문제를 야기할 수 있음도 지적했다(pp.136~147).

109 이는 앞서 살펴봤던 자본주의산업사회론에서의 로빈스와 웹스터의 '사회적 테일러주의'와 같거나 유사한 현상을 가리키는 것이기도 하다. 로빈스와 웹스터는 사회적 테일러주의를 자본의 이윤 증대를 위한 전략으로서 포드주의가 더욱 확대된 네오포드주의의 한 경향이라고 본 데 비해, 라이언은 전자 기술에 의한 증대된 감시 능력으로 인해 직접적이고 강제적이던 기업의 작업장 감시가 보다 간접적이고 유연한 소비자 감시로 변화되고 있는 현상으로 본다.

(3) 감시에 대한 대응: 대항 감시?

이에 따라 라이언은 '감시 사회'에 대한 나름의 대응 방안을 제시했다. 그는 이론적인 영역 — 특히 사회학적 논의 — 에서 기존의 많은 논의들은 전자 기술이 감시 현상과 맺는 관계에 대해 대부분 오웰의 디스토피아적인 악몽을 전제로 하거나 벤담에서 푸코로 이어지는 전자식 파놉티콘 관점에 집착하는 경향이 강했다고 비판했다(pp.57~79). 그리고 실천적인 대응에 있어서는 '대항 감시counter-surveillance'로서 프라이버시 보호법 제정 등과 같은 법적 대응을 해 왔지만 그러한 방식은 근본적인 해결책이 되지 못했다고 했다. 따라서 그는 전자 기술에 의한 현대의 감시 사회화 경향에 적극적으로 대응하기 위해서는 심화·확대되는 국가 감시, 작업장 감시, 소비자 감시 현상을 더 이상 주변적이거나 부분적인 사회 현상으로 다루어서도 안 되고, 또 지나치게 비관주의 입장에서 저항을 포기해서도 안 된다고 했다. 비관주의를 넘어서서 현대 사회의 감시 문제에 대한 구체적인 정책적 해결책 제시가 필요하다고 했다. 그와 관련된 대안으로 그는 '참여participation,' '인간성personhood,' '목적purposes' 등 세 가지 방안을 강조한다. 참여를 통해 여러 감시가 지닌 배타적이고 배제적인 힘에 대한 대안을 만들어야 하며, 인간성으로부터 데이터 이미지를 판단할 기준을 도출하고, 분명한 목적 설정을 통해 감시 기술이 우리의 의지와 관계없이 스스로 자기 증식하는 것에 대한 분명한 해결책을 끌어내야 한다(pp.214~217). 즉 단순히 프라이버시 보호라는 소극적 요구를 넘어 사람들 각자의 개성과 인간적인 존엄성을 보장해 줄 수 있는 방안에 대한 적극적인 요구가 있어야 하며, 적극적인 사회적 참여를 통해 '좋은 사회'를 만들 수 있다는 긍정적 전망에 기초해야 한다고 주장했다(pp.177~178). "숙명론이나 피해망상에서 벗어나 현실을 직시하면서 희망을 가지라"는 것이다(p.223). 그러나 감시와 관련된 그의 폭넓고 다양한 과거 및 현실 분석에 비해 미래에 대한 그의 대안은 여전히 추상적이고 아주 모호한 편이다.

(4) 감시의 4이론

한편 라이언은 또 다른 글에서 '감시의 4이론four strands of surveillance theory'을 제시한 바 있다. 감시에 관한 기존 논의들은 국민 국가, 관료제, 기술 논리, 정치경제학 등의 개념들과 연결시켜 크게 네 가지 흐름으로 이해할 수 있다는 것이다(Lyon, 2004: 329~332).

먼저 국가와의 관련이다. 이는 근대 국민 국가 형성 과정에서 지정학적인 투쟁과 전쟁을 벌이는 과정에서 감시가 필요했다는 정치적 불가피성political imperatives에 초점을 맞춘다. 이러한 입장은 앞서 다룬 기든스의 논의에서도 나타난 바 있다. 이 관점에서는 현대 감시의 기원을 군대에서 찾기도 한다(Dandeker, 1990). 국가는 감시 능력의 증대를 통해 대외적으로는 군부가, 대내적으로는 치안을 담당하는 경찰이 더욱 관료화되었다고 본다. 국가의 감시 능력이 지나치게 극단화된 대표적 사례로는 오웰의 빅 브라더와 1989년 이전 소련과 동유럽 국가의 비밀경찰 조직을 들기도 한다.

감시를 보는 두 번째 흐름은 관료제 관점이다. 이는 앞서의 국민국가와 가장 밀접한 관점이다. 감시를 합리화 과정의 산물로 보는 관점이다. 베버주의적 접근이라고 할 수 있다. 베버의 입장에서 관료적 감시는 계속 팽창하는 현대 국가가 직면하고 있는 대규모의 복잡한 업무들 속에서 효율성을 담보하는 하나의 수단이 된다. 그러한 관료적 수단은 합리적으로 계산할 수 있는 행정 활동을 가능하게 함으로써 비합리성이 제거될 수 있다고 본다. 특히 전자 기술의 발전을 관료제 맥락에서 분석한 제임스 룰James Rule은 그러한 관료적 감시가 전산화에 따라 종이 서류에서 컴퓨터 파일로 바뀌어 온 과정과, 정부 영역에서 점차 상업적인 영역, 즉 기업들로 확대되는 과정을 일찍이 조망한 바 있다(Rule, 1973).

세 번째는 기술 논리의 관점이다. 이는 엘륄주의적 관점을 말한다. 자크 엘륄Jacques Ellul은 기술이 어느 단계에 이르면 인간의 의지를 넘어 스스로 자기 증식적이고 불가역적이며 모든 것을 아우르면서 기하급수적으로 발전해 나간다는 기술결정론적 관점에 서 있다. 이는 기술이 인간을 지배할 수 있다는 입장이다. 감시와 관련하여 엘룰이 우려하는 것 중 하나는 치안 유지와 관련된 것이다. 치안을 위해 감시 기술이 계속 발전하다 보면 나중에는 범인을 보다 효율적으로 체포한다는 입장에서 모든 시민들이 감시 대상이 되어 버린다는 것이다. 특정 기술이나 시스템의 이용이 처음에 의도했던 목적을 넘어 점차 다른 목적으로 변형되는 것[110]으로서 치안을 위한 감시 기술이 개개인의 프라이버시를 침해할 수 있는 경우가 이에 해당한다고 할 수 있을 것이다. 미국 비밀경찰 활동을 연구한 게리 막스Gary Marx는 새로운 기술이 새로운 감시 현상을 낳고 있다고 보고, 특히 "컴퓨터가 감시를 일상화시키고, 확장시키고 또 심층화시키면서 감시의 특성을 질적으로 변화시키고 있다"고 했다(Marx, 1988: 208). 즉 자기 증식적인 전자 감시 기술은 잘못된 사람의 수중에 들어갔을 때 문제가 되는 것이 아니라 기술 그 자체가 얼마든지 새로운 문제를 만들어 냄으로써 민주 사회를 전체주

110 기술이 당초 의도했던 목적과는 다르게 그 이용이 확대 변형되는 이러한 현상을 '기능 변형function creep'이라고 한다.

의적인 사회로도 만들 수 있다는 우려를 나타내기도 했다.

현대 감시 이론의 네 번째 흐름은 정치경제학적인 입장이다. 이 입장은 계급 갈등 속에서 새로운 기술과 감시의 문제를 다룬다. 마르크스주의적 관점이라고 할 수 있다. 여기서 감시는 자본가 계급이 노동자 계급을 조정, 통제함으로써 자본주의 기업과 글로벌 자본주의 체제를 유지, 강화하려는 수단으로 간주된다. 해리 브레이버먼Harry Braverman은 자신의 노동 과정론을 통해 작업장에서의 감시를 통한 노동 통제 과정을 분석했다.[111] 나아가 이러한 마르크스주의적 감시 연구는 1970년대와 1980년대에 이르러서는 기업이나 공장을 넘어 소비자 영역으로까지 감시 기술의 적용이 확대되었다고 보는 견해가 나타나기도 했는데, (앞서 다루었던) 프랭크 웹스터와 케빈 로빈스의 '사회적 테일러주의'가 그 대표적인 예다.

(5) 파놉티콘, 슈퍼파놉티콘, 하이퍼파놉티콘

라이언은 이러한 4가지 현대 감시 이론 외에도 벤담과 푸코에 의해 언급된 '파놉티콘'과 마크 포스터가 얘기한 '슈퍼파놉티콘superpanopticon,' 그리고 윌리엄 보가드William Bogard가 말한 '하이퍼파놉티콘hyperpanopticon'에서도 현대 감시의 특성을 엿볼 수 있음을 부연한다(Lyon, 2004: 333~337). 특히 푸코는 컴퓨터 자체에 대해서는 실

111 브레이버먼(1987)에 따르면, 작업장의 기계화와 자동화는 작업장에서의 노동의 배제와 탈숙련화, 그리고 구상과 실행의 분리를 확대시킨다고 보았다. 죽은 노동(기계)이 산 노동(노동자)을 대체하고, 감시당하는 노동은 점차 탈숙련화되면서 노동자들은 단순 부품으로 점차 전락해 가면서, 배제된다는 것이다. 전자 기술은 이러한 추세를 더욱 심화, 확대시키면서 육체노동뿐 아니라, 정신노동까지도 감시하면서 이를 관리, 통제하는 단계로 이행해 간다는 것이다.

제 전혀 언급한 바 없지만, 감옥의 구조와 시선의 비대칭성을 이용, 파놉티콘의 죄수들로 하여금 자신이 항상 감시당한다는 생각을 갖게 함으로써 이들에게 직접적인 육체적 체벌을 가하지 않고도 특정 질서를 준수하게 하는 통제 방식에 주목했다. 권력이 작용하기 위해서는 감시받고 있다고 생각하게 하는 것이 중요한 것이다. 이러한 통제는 감옥은 물론 군대, 병원, 학교 등의 각종 조직에서는 물론 일상생활 모든 영역에서 사람들로 하여금 누군가가 자신을 지켜보고 계속 체크한다고 생각하게 함으로써 실현되는 것이다. 앎의 내면화를 통한 통제인 셈이다. 곧 지식과 권력의 관계를 말하는 것이다. 도처에 깔린 컴퓨터와 통신 네트워크와 CCTV 등은 사람들로 하여금 이미 자신에 대한 영상과 데이터를 누군가가 계속 지켜보고 있다는 생각을 하게 만든다. 그에 따라 알아서 조심하고 주어진 질서를 따르는 것이다. 이게 다름 아닌 전자 파놉티콘인 것이다. 이처럼 푸코의 파놉티콘은 라이언 등에 의해 전자 파놉티콘 논의로 발전한 셈이다.

이에 비해 포스터의 슈퍼파놉티콘은 직접적으로는 개개인에 관한 정보를 모아놓은 데이터베이스를 말한다. 개인들의 재산이나 세금 납부 상황, 구매한 제품과 여러 가지 거래와 관련된 기록들이 정부 부처나 대기업의 데이터베이스에 구축되면 그러한 기관과 기업은 그러한 데이터를 통해 주민과 소비자에 대한 감시가 가능해진다. 개개인은 자신의 의지와 관계없이 부지불식간에 자신의 정보를 정부나 기업에 제공한 셈이 된다. 이러한 현상을 슈퍼파놉티콘이라고도 한다. 백화점을 드나드는 소비자가 회원 카드를 통해 매일매일 제품을 구매하고 서비스를 이용하는 경우, 전체 소비자는 자신의 의도와 관계없이 소비자, 이용자 정보를 제공하는 셈이 되고, 이를 통해 백화점은 한눈에 백화점 이용자들의 소비 실태와 동향을 구체적으로 알 수 있게 된다. 이러한 슈퍼파놉티콘을 통해 백화점을 이용하는 소비자들은 백화점의 소비자 감시 시스템이 잘 작동하도록 자발적으로 참여하고 적극적으로 조력하고 있는 것이다.

한편 보가드의 '하이퍼파놉티콘'은 마치 실제보다도 더 실제적인 것을 '하이퍼리얼hyper-real'하다고 하듯이, 실제의 감시보다 더 강력하게 기능하는 감시 현상을 말한다. 장 보드리야르의 '시뮬라시옹' 개념을 빌려온 보가드는 현대 사회의 감시 역시 하이퍼리얼리티와 같은 특성을 지닌다고 말한다. 전자 기술에 의해 가상의 기호가 실제 과정을 대체하고 각종 전자 신호와 이미지들이 그들의 실체를 대체한다는 것이다. 즉 현상은 사회적으로 만들어질 뿐 그 배후에 실체를 지니지 않는 시뮬라시옹이다. 그리고 이처럼 만들어진 사회 현상들이 점차 실제보다 더 실제 같은 하이퍼리얼이 된다. 컴퓨터의 빠른 속도 역시 감시가 감시를 추월하는 상황에까지 이르고 있다. 따라서 하이퍼리얼한 감시 상황에서는 개개인은 파놉틱한 이미지로 존재하며, 개인의 특정 행동이 발생하기도 전에 이미 그에 대해 알게 된다. 예컨대 하이퍼파놉티콘에서는 실제의 나보다는 '데이터 이미지'로서의 내가 더 중요하며, 실제의 나와는 별개의 데이터 이미지로서 존재하고 또 평가받게 된다.

(6) 9·11 이후의 현대 감시

미국이 2001년 9·11 사태를 겪은 이후 감시에 대한 라이언의 평가와 태도는 상당히 달라지고 있다. 그는 9·11 이후의 감시에 대한 또 다른 저서(Lyon, 2003)에서 감시에 대한 자신의 입장이 달라졌음을 시인한다. 9·11 이전에는 자신이 — 비록 전자 기술에 의한 감시가 강화되고는 있지만 — 감시 자체에 대해 피해망상적인 비관론에 치우치지도, 그렇다고 자기만족적인 입장에 있지도 않았다고 했다. 감시는 위험한 부분들도 있지만, 필요하거나 바람직하고 도움을 주는 부분도 있다고 보았다는 것이다. 그러나 9·11 이후에는 — 여전히 감시에 대해 그것이 지닌 양면성을 고려하려는 입장을 고수하고는 있지만 — 21세기 초의 감시와 관련된 많은 사례들은 사회 정의와 인간성에 직접적으로 배치되는 경우가 많기 때문에 도저히 받아들이기 어렵다고 했다. 즉 많은 감시 사례들이 이웃을 믿지 못하게 만들고, 감시와 관련된 많은 결정들이 은밀히 이루어지고 있기 때문이라는 것이다. 9·11 이후의 감시는 보다 강화되고 자동화되고 통합되고 글로벌화되는 추세 속에서, 더욱 공포스럽고 보호보다는 통제에 가까우며 의심으로 가득 차 있고, 비밀리에 이루어지는 그런 문화로 되어가고 있다는 것이다(Lyon, 2003: 143~144).

7) 존 포스터와 로버트 맥체스니의 미국 감시자본주의 비판

보다 최근에는 존 포스터John Foster와 로버트 맥체스니Robert McChesney가 함께 미국 자본주의를 '감시자본주의surveillance capitalism'의 발전이라는 맥락에서 분석하고 비판적으로 평가한다. 2차 세계 대전 후 미국은 군사 강국으로서 세계를 계속 지배하고, 자본주의의 안정적 발전을 도모하기 위해 컴퓨터와 디지털 기술과 인터넷을 감시 기술로 적극 활용해 왔다는 것이다.

그들은 전후 자본주의 국가인 미국에서 가장 중요한 것은 시장이었다고 보고, 미국 정부와 기업이 한편으로는 세계 시장을 통제하고 당시 냉전에서의 승리를 위해 — 군부 지도자들과 함께 — 미국을 지속적인 전쟁 국가warfare state로 만들고, 다른 한편으로는 소비자를 대상으로 한 대규모 판촉 활동을 전개함으로써 체제를 안정화시키고

자 했다고 말한다. 2차 세계 대전 후 25년 동안에는 이러한 군산복합체와 판매 노력, 그리고 1970년대 경제 위기 이후에는 금융화가 미국 경제의 주된 잉여 창출 기제였는데, 컴퓨터와 디지털 기술과 인터넷이 이러한 ① 군사/안보 부문, ② 기업 마케팅과 미디어 부문, ③ 금융 부문과 밀접히 연결되면서 감시의 보편화가 이루어졌다는 것이다(Foster & McChesney, 2014: 2).

그들은 먼저 미국을 전쟁 국가로 규정했다. 대공황 상태에 있다가 2차 세계 대전으로 경제 위기를 극복할 수 있었던 미국은 그 후에도 한국 전쟁과 베트남 전쟁 등을 비롯한 많은 전쟁에 개입함으로써 군사적, 경제적 패권을 계속 유지하고자 했다. 그 과정에서 군수 산업이 미국 경제를 떠받치는 중요한 버팀목이 되었으며 군사적, 경제적 강국으로서의 패권 유지와 국가 안보 유지를 위해서는 국가 내부와 외부의 잠재적 위협을 항시 감시할 필요가 있게 되었다.[112] 그리고 미국이 자본주의 제국으로서 지배적 위치를 안정적으로 유지하기 위해서는 미국의 입장을 정당화하는 광범위한 선전이 필요했고 미국이 전쟁에 개입하는 것을 합리화할 필요도 있었다. 이러한 선전을 위해서도 국내외 차원에서의 은밀한 개입과 감시가 필요했다는 것이다(pp.2~8).

또한 포스터와 맥체스니는 1950년대 이후의 미국에서의 소비자 자본주의의 등장에 주목했다. 마케팅 차원에서도 기업과 광고대행사와 미디어는 소비자의 취향과 욕구를 강조하면서 소비자 구매를 독려하는 다양한 전략들을 개발하고 구사하고자 했다. 이 지점에서 소

112 포스터와 맥체스니는 국방부 산하에 국가안전국(NSA: National Security Agency)을 설치한 것도 그러한 감시 체제 강화의 일환이라고 보았다.

비자에 대한 보다 정확한 정보가 필요하게 되었고, 이는 곧 소비자에 대한 체계적인 조사, 즉 소비자 감시 시스템이 필요하게 되었음을 의미했다(p.8).

그리고 1970년대 이후에는 미국 경제가 다시 침체기에 접어들게 되었고, 자본주의 경제는 점차 금융이라는 상부 구조가 생산 시스템이라는 하부 구조를 규정하는 방향으로 거대한 변화를 겪게 되었다고 보았다. 금융 기관의 판단과 결정이 생산 기업의 운명을 좌우하게 되는 상황에서 금융 자본은 시장 상황과 이용자 분석을 위해 컴퓨터와 통신 기술에 더욱 의존하게 되었고, 그것은 계속 금융 자본의 힘을 강화시켜 주는 결과를 가져왔다. 독점 금융 자본을 위해서도 감시 체제의 강화는 불가피한 것이 되었다.

이런 점에서 포스터와 맥체스니는 특히 인터넷의 등장과 발전이 미국의 감시자본주의 발전과 밀접한 연관이 있음을 강조했다. 인터넷의 출발인 ARPANET이 처음에는 군사적인 목적에서 출발했지만 점차 정부의 보안 시스템과 기업의 상업적인 목적을 위해서도 이용되었다. 이는 감시 체계를 국내뿐 아니라 전 지구적인 수준으로 확대하고자 하는 군부와 정부 및 기업의 의도를 직접적으로 반영하는 것이었다. 과거 문서화되어 비밀 보관되던 군사 파일들은 전산화되어 훨씬 더 많이 훨씬 더 빠른 속도로 NSA에 전달되었으며, 여러 가지 프로그램이나 프로젝트를 통해 국내외 주요 인사는 물론 일반 국민들의 동향과 그들 사이에서 주고받은 음성 통화나 메일의 내용까지도 감시할 수 있었다. 미나렛 프로젝트Project Minaret[113]나 에셜론 프로젝

113 미국 NSA가 사법부의 허가 없이 일반 시민들이 포함된 감시 목록을 토대로 벌인 대규

트Project Echelon[114] 등을 그 예로 들 수 있다(p.15). 여기서 수집된 데이터들은 군부나 관련 정부 부처만 소유하는 것이 아니고 점차 군수산업체나 일반 민간 기업 등과 공유하기도 했다. 1990년대 월드 와이드 웹을 통해 인터넷 이용자들이 폭발적으로 늘어나게 되면서 인터넷은 급속도로 상업화되었다. 1995년 NSFNET이 민영화되고 1996년 새로운 통신법 제정으로 텔레커뮤니케이션과 미디어에 대한 대규모 규제 완화가 이루어지고, 1999년 금융 서비스 현대화법이 금융 부문의 탈규제를 촉진함으로써 인터넷의 상업화는 더욱 가속화됐다. 이제 기업들은 인터넷과 스마트폰 등을 통해 소비자 정보를 훨씬 쉽게 얻고 이용할 수 있게 되었다. 언제 어디서든 마음만 먹으면 기업의 소비자 감시가 가능한 세상ubiquitous surveillance이 도래하게 되었다(pp.22~23).[115]

이러한 상황에서 미국의 독점 기업들은 국가의 군사, 정보, 치안 부문과 더욱 강력한 협조 체제를 만들어 나감으로써 군부와 거대 컴퓨터-인터넷 기업체 간에는 '군사-디지털 복합체'가, 비트리스 에드워즈Beatrice Edwards의 말로는 "정부-기업 감시 복합체"가 등장하게 되었다(p.23).

포스터와 맥체스니 역시 9·11 이후 미국의 이러한 감시 체제는 더욱 강화되었다고 보았다. 특히 부시 행정부는 9·11 이후인 2003년

모 통신 감청 프로그램을 말한다. 감시 목록에는 마틴 루터 킹, 제인 폰다, 무하마드 알리 등의 유명인들도 포함되어 있었다.

114 전 세계의 음성 통화와 이메일을 감시하기 위해 구축된 미국의 감청망 시스템이다.

115 포스터와 맥체스니는 더 이상 (소비자) 프라이버시가 존재하지 않는 이러한 상황에서는 기업 광고주가 그들의 표적 수용자에게 도달하기 위해 언론 기관이나 미디어 콘텐츠 제작에 대한 지원을 할 필요가 없어지게 될 것이라고 했다.

초 범죄 사전 예측과 방지를 목적으로 개개인에 관한 세밀한 정보 수집을 가능케 한 TIA(Total Information Awareness) 프로그램을 한때 운영하였고[116] 언론의 비판과 의회의 반대로 이를 곧 중단했지만, 그 뒤 그러한 감시 활동은 명칭을 Terrorism Information Awareness 프로그램으로 바꾸어 NSA 주도로 계속 이어져 왔다고 한다.[117]

2013년 5월 미국의 에드워드 스노든Edward Snowden의 충격적인 폭로에 따르면, NSA는 프리즘Prism 프로젝트를 통해 자국민은 물론 전 세계를 감시해 왔다. 국민들의 전화와 이메일 기록뿐 아니라 인터넷 사용 전체를 감시하였고, 수백만 명의 휴대폰 통화 기록을 무단 감청하고 인터넷 서비스 제공자들로부터 사용자 계정과 그들에 관한 개인 정보를 제공받기도 했다. 또 국제 전화의 80% 이상을 감청했으며 외국의 인터넷 데이터는 물론 심지어 외국 국가 지도자들의 전화까지도 도청하였다고 폭로했다. 그런 일들을 위해 NSA 자체에는 3만 명의 직원을 두고 있지만, 민간 부분에서도 6만 명의 도움을 받고 있다(pp.25~28 참조).

포스터와 맥체스니는 이러한 거대 감시 체제가 오늘날 미국 자본주의를 지탱하는 중요한 요소가 되고는 있으나 실제로는 상당히 취약하고 불안정하다고 보았다. 통제를 위해 계속 더 큰 무리수를 두는 미국의 이러한 제국 시스템은 자국민뿐 아니라 세계인들을 경제적으로 착취하고 있기 때문에 많은 공격과 비난을 받고 있는데, 이러한 상황을 극복하지 못하면 결국 쇠락할 수밖에 없을 것이라고 진단했다.

116 TIA 프로그램 운영은 ARPANET을 만들었던 DARPA가 담당했다고 한다.

117 9·11 직후 부시 행정부에서는 극비리에 NSA 주도로 "President's Surveillance Program"을 통해 모든 미국인을 대상으로 한 국내 감시를 해왔던 것으로 알려지고 있다.

이러한 상황에서 인간과 지구 전체의 재난을 막기 위해서는 미국이 가야 할 길에 대한 민중의 소리에 귀를 기울여야 하고, 디지털 혁명을 탈군사화하고, 그러한 기술 변화가 민주적인 가치와 민주적인 지배 구조가 되도록 해야 한다. 그 외에는 길이 없다는 것이다(p.29).

8) '감시 중독 사회': 감시의 일상화와 시민 감시의 필요성

앞의 몇 가지 기존 논의들을 살펴보면서 정보 통신 기술이 어떤 면에서는 감시 기술이고, 그러한 감시 기술이 고도로 발전된 사회는 '감시 사회'라고 할 만하다는 느낌을 갖게 된다. 실제 우리들 주변에서는 아주 다양하고도 광범위한 감시 기술이 이용되고 있고, 그로 인해 갖가지 크고 작은 일들이 거의 매일매일 생겨나고 있음도 알게 된다.

결코 먼데 이야기가 아니다. 국내의 경우, 평범한 한 개인이 집에서 나와서 귀가할 때까지 CCTV에 하루 130~150회 찍힌다고 한다(〈보안뉴스〉, 2017. 2. 13). 우리 사회는 이제 개인 자동차에까지 블랙박스가 장착되어 오가는 차량과 사람들을 쉬지 않고 온통 찍어 대는 사회다. 이러한 합법적인 카메라 외에 부지불식간에 몰래 카메라를 찍다가 적발되는 경우도 늘고 있다. 스마트폰에 고성능 카메라가 설치되어 있으니 마음만 먹으면 쉽게 찍고 찍힌다. 남의 사생활이나 비밀을 알아내고자 마음먹는 사람이나 조직이 있다면 훨씬 더 고성능인 각종 소형 카메라와 녹음 장치 및 센서를 이용하여 몰래 카메라(몰카)나 도감청 및 탐지를 할 수 있는 세상이다. 보고 듣고 하는 시청각 감시 외에 인터넷을 통한 데이터 감시 역시 이미 다양하고도 광범위하게 일상화되어 있다. 데이터베이스에 저장된 개인 정보는 개인, 기업, 기관에 의해 얼마든지 해킹당할 수 있다. 개인 신상 정보가 불법 유출되기도 하고, 암암리에 거래되기도 한다. 국내에서도 금융 기관이나 백화점, 혹은 대기업이 가진 수십, 수백만 명 간혹은 수천만 명의 개인 정보가 유출되는 엄청난 사건 사고들이 빈발하고 있다. 국가 정보기관의 민간인 사찰도 가끔 폭로되어 정치 쟁점화한다. 개인적인 수준에서도 네티즌들의 신상 털기로 특정인의 사생활이 적나라하게 공개되기도 한다. SNS에서 주고받는 문자들이 종종 폭로되는가 하면, 심지어는 국가 기관이 SNS 메시지를 검열한다고 하여 한때 '사이버망명'을 하는 소동이 벌어지기도 했다.[118] 이로 인해 패킷 감청(DPI: Deep Packet Inspection)에 대한 사회적 관심이 높아지기도 했다.[119] 또한 우리는 특정 사건들이 터졌을 때 검찰 수사 과정에서 개인 이메일이나 전화 통화 기록, 은행 입출금 내역을 분석한다는 보도를 종종 접하는가 하면, 주요 공직자 인사 청문회 때가 되면, 후보자와 그 주변 인물들의 모든 것이 발가벗겨지는 모습도 심심치 않게 보게 된다. 관련 국가 기관이나 조직이 마음만 먹으면 개개인에 관한 정보를 얼

118 2014년 10월, 국내 다음카카오가 정부 수사 기관에 '카카오톡' 이용자에 대한 '패킷 감청'을 허용했다는 얘기가 퍼지면서 검열 논란이 불거지게 되었고, 이로 인해 '텔레그램 Telegram'으로 국내 SNS 이용자들이 대거 '사이버망명'을 하는 소동이 벌어졌다. 패킷 감청이란 "패킷이 오가는 인터넷망에 접근해서 그 내용을 엿보거나 가로채는 것"을 말한다. 국내에 들어온 인터넷 패킷 감청 장비가 2007년 이후 급격히 늘어났다고 한다. 2005년부터 2008년까지 줄곧 9대에 불과하던 인터넷 패킷 감청 설비 인가 건수가 이명박, 박근혜 정부를 거치면서 계속 증가하여 2014년에는 80대로 9배 증가했다고 한다(http://news.kmib.co.kr/article/view.asp?arcid=0008755270&code=61121111&sid1=all 〈국민일보〉, 2014. 10. 12. 14:55 입력 기사 참조).

119 푹스(Fuchs, 2013)는 서구 국가들이 DPI 감시 기술을 통해 자국 정부의 권력을 강화하고 이를 특히 중동에 수출하여 외국 정부가 정치적 반대자들을 감시, 탄압하는 데 일조했다고 비판했다. 그 과정에서 보안 산업이 신자유주의의 물결 속에 급속도로 민영화되었다고 분석했다.

마든지 확인할 수 있음을 실감하게 된다. 지금은 매우 제한적으로만 허용되지만 우리나라의 경우 수많은 개인 정보가 주민등록번호와 연결되어 있어 이를 이용한 국가 기관이나 기업 혹은 사적 개인의 개인 정보 검색 및 사생활 침해가 매우 심각한 수준에 이르기도 했다. 수많은 개인 정보가 크고 작은 컴퓨터에 데이터베이스화되어 저장되어 있고, 이 컴퓨터들이 서로 연결되어 있어 인터넷 환경에서는 쉽게 개인 정보에 접근할 수 있기 때문이다. 이미 우리나라는 1970년대 이후 주민등록 전산화와 국가 기관 전산망 확대 및 각종 정보화 촉진 정책을 통해 훈육 사회와 통제 사회의 단계를 거쳤으며, 보다 최근에는 모바일 미디어와 유비쿼터스 네트워크 및 사물 인터넷 등에 기반을 둔 빅 데이터 감시 사회로 이행하고 있다는 비판적 지적도 제기되고 있다(이광석, 2014: 85~118).

감시 기술은 계속 발전 과정에 있고, 이는 또한 한 사회나 국가 단위를 넘어 범세계적 수준의 감시로 계속 확장되고 있다. 스노든이 폭로한 미국의 세계 감시 프로젝트는 놀라움과 우려의 극치를 보여주는 것이다. 스노든에게서 NSA 기밀문서를 건네받아 〈가디언〉지에 보도한 글렌 그린월드Glenn Greenwald 기자는 《더 이상 숨을 곳이 없다*No Place to Hide*》라는 책을 펴낸 바 있다. 앞서 언급한 바와 같이 오웰은 이미 오래전에 '소설' 속에서 "빅 브라더가 당신을 지켜보고 있다"고 했다. 그러나 지금은 '현실' 속의 방송 미디어가 "누군가 당신을 지켜보고 있다"고 경고하는가 하면,[120] '현실'을 직시하는 기자가 "더 이

120 2013년 9월 8일 밤에 방영된 〈SBS스페셜〉의 주제가 '감시 사회, 누군가 당신을 지켜보고 있다'였다.

상 숨을 곳이 없다"고 개탄한다. 귀담아들어야 할 대목들이다.

물론 모든 감시surveillance가 나쁜 것은 아니다. 국가 안전 보장이나 범죄 예방을 위한 공적 감시는 모든 국가나 사회에 필수적인 것이다. 언론이나 시민단체가 정치권력이나 공직자 부패, 기업 비리를 감시하는 것 역시 민주 사회에서는 꼭 필요한 일이다.[121] 또한 국가 권력이 국민을 불법 감시하고, 기업이 노동자나 소비자의 사생활을 과잉 감시하는 것을 막기 위해 다양한 대응 감시counter-surveillance 노력을 하는 것도 중요한 일이다. 이와 관련해 국내 한 언론사도 2013년 10월 창간 기념 특집 "감시 중독 사회, 감시 권력을 감시하라"를 다룬 바 있다. 여기서 이 언론사 역시 "당신이 어디에서 무엇을 하건…… 권력과 자본이 지켜본다"고 경고하면서 국내의 다양한 감시 사회적 양상과 실태를 소개하고, 이에 대한 대응으로서 적극적인 시민 감시가 필요하다고 역설했다(《경향신문》, 2013. 10. 4. 부록, 1~11면).[122]

121 대학 언론 관련 학과에서 언론(커뮤니케이션)의 3대 역할과 기능에 대한 수업을 할 때 가장 먼저 언급하는 것이 '환경 감시 기능'이다. 해럴드 라스웰Harold Lasswell은 이를 'surveillance of environment'라고 했다. 이때의 환경 감시는 언론의 긍정적인 기능을 나타내는 말이다. 라스웰은 그 외에도 언론의 기능으로 사회 제 부문의 상관 조정correlation of social parts과 세대 간 문화 전수transmission of cultural heritage from one generation to the next 기능을 들었다.

122 이 신문은 시민적 대응책으로 주민등록번호 변경 허용 요구, 감시 카메라(CCTV) 실태 조사와 개인정보보호위원회의 권한 강화, SNS를 통한 자발적인 사생활 '보고'의 위험성에 대한 경각심 고취 등을 주문했다.

11장

지배양식론 2

'감시'라는 것은 '보고 아는 것'을 말하는 것이다. 감시하는 쪽은 봐서 알게 되는 쪽이고, 감시당하는 쪽은 상대적으로 알려지게 되는 쪽이다. '아는 것이 힘'이라고 한다면 감시하는 쪽과 감시당하는 쪽 사이에는 힘의 불평등이 존재한다. 통상 아는 쪽이 힘을 갖게 되기 때문이다. 기존 지배 세력은 늘 자신들이 지배하는 세계는 물론 지배하려는 사람들에 대해 알려고 하고, 감시를 통한 지배를 관철시키고자 했다. 앞서 살펴본 바와 같이 새로운 정보 통신 기술 역시 지배 세력의 이러한 욕망을 실현하고 확대하는 데 크게 기여하는 셈이다. 현대 사회가 '감시 사회'가 된다는 것은 오늘날 새로운 정보 통신 기술을 이용한 지배 집단의 의도적인 감시가 더욱 다양하고 폭넓게, 그리고 보다 치밀하게 이루어지고 있음을 말하는 것이다.

그런데 그러한 지배 계급 혹은 지배 집단의 의도와는 별개로 새로운 정보 통신 기술의 개발, 보급, 이용이 사회 구성원 간의 통합이나 결속보다는 분화, 분열, 차이를 심화시키고, 공적 연대나 집단적 저항을 더욱 약화시키거나 개인을 더욱 고립시킴으로써 결과적으로 기존 지배 세력의 기득권 유지나 입지 강화에 기여하게 된다는 의견들도 있다. 정보 통신 기술이 사람들을 오히려 갈라놓는다는 것이다. 여기서는 이를 '세포사회론'이라고 통칭하고자 한다. 이러한 세포사회론적 입장 역시 앞서의 정보사회론적 관점과는 매우 대조적이다. 특히 주류 정보사회론은 새로운 정보 통신 기술을 이용하여 사람들 간의 소통과 연대를 통한 공동체의 결속력이 더욱 강화되고 시민 사회의 여론 형성을 위한 공론권이 더욱 확장될 것이라고 전망한다. 세포사회론은 그러한 전망에 대해 매우 회의적이다. 새로운 정보 통신 기술은 사람들을 더욱 분열시키고 사람들 간의 격차를 심화시키며, 개개인을 더욱 고립시킬 것이라고 보기 때문이다.

1. 로버트 포트너의 세포사회론

'세포 사회cellular society'란 용어는 로버트 포트너Robert Fortner가 자신의 논문(1995)에서 내세운 말이다. 정보 사회는 이리저리 찢어지고 갈라지면서 사람들이 서로 분립된 '세포 사회'에 다름 아니라는 것이다. 그의 이러한 생각은 그보다 약 20년 전에 있었던 앙드레 고르André Gorz의 다음과 같은 말에서도 발견된다.

> 우리가 더 많이 배울수록 우리 자신과 주변 세계로부터 더욱 분리되고 무력하게 된다…… 현실적으로 정보는 그들을 나눌 수 있고, 그들을

무지하게 만들 수 있으며, 그들을 침묵시키고 조작하고 감시하고 소외시키고 고립시킬 수 있다(Gorz, 1976: 63~64).

고르의 이 말은 배워서 세상에 대해 알면 알수록 사람들과 더욱 가까워지는 것이 아니라 더 갈라지고 더 멀어질 수 있다는 것을 의미한다. 얼핏 이해가 가지 않지만, 고르의 이 말은 편향되거나 제한된 정보나 지식은 오히려 사람들을 진정한 세상 이해를 어렵게 만들고, 사람들 간의 몰이해와 갈등을 유발시키며, 힘 있는 아는 자들이 힘없는 모르는 자들을 조작하고 감시할 수 있으며, 그로 인해 일부 사람들은 사회적 혜택으로부터 배제되고 소외될 수 있음을 의미하는 것으로 이해된다.

이러한 고르의 견해는 앞서 다루었던 주류 정보사회론이나 사이버사회론, 네트워크사회론, 유비쿼터스사회론에서 흔히 말하는 긍정적인 미래 전망과 상당히 대립적인 것으로 보인다. 이들 관점에서는 새로운 정보 통신 기술이 — 물론 부정적인 결과에 대한 언급들이 없는 것은 아니지만 — 현실 공간에서 어려운 사람들 간의 소통을 가능하게 하거나 더욱 확대시킴으로써 상호 연대와 공동체적 결속을 강화하고 보다 적극적인 참여와 토론을 통한 민주적인 여론 형성에도 기여한다는 입장을 보여 왔다.

그런데 새로운 정보 통신 기술이 사람들끼리 서로의 생각과 정보를 소통하고 공유하면서 이해와 참여의 폭을 넓히는 기술이 되어야 함에도 불구하고, 그와 반대되는 사회적 결과를 초래할 수 있다는 견해도 있다. 즉 새로운 정보 통신 기술이 오히려 사람들 사이의 소통을 더 어렵게 하고, 서로 간의 차이를 확대시키며, 그로 인해 사회적 통합보다는 소외와 고립을 초래하고, 더욱 개인화되고 파편화됨으로써 보다 큰 공적 사안에 대한 민주적 여론 형성과 합의를 이루기는 어렵다고 본다. 정보 통신 기술이 진정한 소통과 사회적 통합의 수단이 되지 못하고 분화와 분열을 초래하고 서로 간의 차이를 확대함으로써 세상과 사람들이 계속 갈라지는 — 그럼으로써 결과적으로는 지배 권력이나 집단을 더욱 유력화시키는 — '세포 사회'로 만들고 있다는 것이다. 이를 세포사회론이라고 통칭할 때, 포트너의 견해는 물론 국가 내 혹은 국가 간에 존재하는 '디지털 정보 격차' 논의, 인터넷과 모바일 미디어 이용에 따른 '사회적 고립' 심화 논란, 그리고 위르겐 하버마스의 공론권 논의에서 비롯된 '시민 사회 공론권 쇠퇴' 논쟁 등이 정보 통신 기술에 의한 세포사회화 현상에 대한 우려를 반영하고 있다.[123]

포트너는 1990년대 중반 '보편적 서비스'를 내세우며 활발히 이루어지던 미국 국가 정보 하부 구조 구축 사업이 결국 그러한 서비스를 실현하지 못할 것이라고 내다봤다. 유비쿼터스 통신 기술의 발전에 힘입어 범세계적인 지구촌이 실현될 것이라고 하던 기대 역시 구체적인 현실로 나타나지 않을 것이라고 보았다. 그는 보편적 서비스는 어떠한 커뮤니케이션 기술에 의해서도 실현된 적이 없으며, 새로운 국가 정보 하부 구조가 구축된다고 해서 해결될 일도 아니라고 본다(Fortner, 1995: 133). 포트너의 시각에서는 새로운 정보 통신 기술의 발전에도 불구하고, 그러한 기술은 오히려 세 가지 형태의 새로운 소

123 그 밖에도 정보 통신 기술이 사람들의 입맛이나 취향, 입장 등에 맞는 정보만을 추구하도록 함으로써, 혹은 사람들이 그런 정보만을 추구함으로써 결과적으로는 다양한 정보를 수용하지 못하거나 기존 입장을 강화함으로써 더욱 개인화되고 편협화, 극단화되는 현상과 관련해서 '반향 효과Echo Chamber Effect'나 '사일로 효과Silos Effect,' '집단 극화Group Polarization,' '단속斷續 사회' 등의 개념으로 그러한 우려를 표방하거나 설명하는 견해들도 있다(On the Media, 2011; 엄기호, 2014 등 참조).

통 배제excommnication 현상을 야기시킨다고 비판했다. 현대 사회에서는 과잉, 경제적인 이유, 선택 등에 의해서 새로운 소통 배제 현상이 나타난다는 것이다. 그는 이를 각각 과잉에 의한 소통 배제pleonastic excommuication, 결핍에 의한 소통 배제impedient excommunication, 그리고 금욕에 의한 소통 배제ascetic excommunication라고 칭했다.

먼저 과잉에 의한 배제를 살펴보자(pp.137~139). 현대 정보 사회에서는 정보 과잉으로 인해 오히려 소통이 어렵게 된다는 것이다. 1992년 당시 미국인의 생활 시간에서 가장 많은 비중을 차지하는 시간은 미디어 이용 시간이다. 하루에 9시간 정도 미디어를 접한다. 미디어 이용 시간은 1년간 3,256시간으로 수면 시간 2,737시간, 노동 시간 1,824시간보다 많다. 하루 9시간의 미디어 접촉 시간 중 4시간 9분은 TV 시청, 출퇴근 운전 시간을 포함해서 3시간은 라디오 청취, 음악 녹음과 감상 36분, 신문 구독 28분, 독서 16분, 잡지 구독 14분, 비디오 시청 7분, 영화 감상 2분 등등. 여기에 우편물 확인, 전화 통화나 팩스, 음성 사서함 이용, 이메일, 인터넷 이용, 비디오 콘퍼런스, 게임기 이용 등은 포함되지 않았는데, 이를 감안하면 10시간 이상 미디어에 노출되어 사는 셈이다. 인터넷과 스마트폰 이용이 크게 늘어난 지금도 미디어 이용 양상은 많이 바뀌었지만, 미디어 이용 시간이 전체 생활 시간에서 차지하는 비중은 여전히 제일 많다고 할 것이다.

포트너는 이렇게 다양해진 커뮤니케이션 인프라가 사람들을 한데 모아 주는 구심력이 되기보다는 오히려 사람들을 분산시키는 원심력으로 작용하여 사람들의 소외 현상을 더욱 심화시킬 수 있다고 보았다. 특히 많은 사람들이 같은 프로그램을 함께 보는 텔레비전 시청 시간은 줄고, 개별적으로 다양한 일과 놀이를 하는 인터넷 이용의 폭발적 증가는 세분화된 이용자층을 더욱더 파편화시킨다고 했다. 이처럼 다양하게 특화된 문화의 폭발적인 증가는 좀 더 넓은 사회적 접촉을 거부하는 사람들을 양산하는 원심력으로 작용하며, 이는 보편적 문화 관점에서 볼 때 심각한 우려를 자아낸다. 문화적 규범을 강화하고 일탈 행위를 규제하는 문화적 능력이 위축되거나 사라질 수 있다는 것이다. 지나치게 세분화되고 개인화된 정보 서비스는 다양한 의견을 접하고 보다 균형 잡힌 시각으로 뭔가를 취사선택할 수 있는 기회를 박탈할 수도 있다는 것이다. 인터넷 인프라 자체가 갖는 원심력에 의해 많은 사람들이 보편적인 사회, 문화로부터 스스로를 추방하고, 맹목적인 소수 추종주의자들만의 협소한 울타리에 안주함으로써 듣고 싶은 것만 듣고 보고 싶은 것만 보는 고립화 현상이 심화될 수 있다고 우려했다.

두 번째는 경제적 이유에 의한 배제다(pp.139~144). 포트너는 미국 정부가 정보 고속도로를 구축하면서 "모든 사람들이 감당할 낮은 가격으로 정보 자원을 제공하게 될 것"이라고 공언했지만, 이는 너무 순진한 생각이라고 비판했다. 막상 국가 정보 하부 구조 구축과 관련된 정책은 정부가 세웠지만, 실질적인 투자와 사업 추진은 민간 기업에 크게 의존하고 있고, 또 영리를 목적으로 하는 그들 기업에 적정 이윤을 보장해 주지 않고서는 사업 추진이 어렵기 때문에 "모든 사람이 이용할 수 있을 정도로 낮은 가격으로" 모든 서비스를 제공할 수는 없다는 것이다. 여러 방송 통신 사업자들이 초고속망을 이용해서 경쟁적으로 다양한 서비스를 제공하는 과정에서 일시적으로는 보다 낮은 가격으로 서비스를 제공할 수 있겠지만, 시간이 지남에 따라 민간 기업의 적정 이윤 보장을 위한 유료화 추세가 강화되면서 볼 만한 정보나 프로그램, 혹은 채널들은 더욱 높은 가격으로 서비스되는 프리미엄 요금제가 계속 확대될 수밖에 없다는 것이다. 더군다나 갈수록 다양하고 새로운 방송 통신 미디어가 등장하면서 새로워지는 버전의 컴퓨터, 디지털 TV, 휴대폰 등 하드웨어 단말기 비용은 물론, 네트워크 가입비 및 콘텐츠 비용을 지출해야 하는 상황에서 경제적 여력이 없는 사람들은 경제적인 이유로 인해 미디어 이용과 소통 환경에서 배제되는 입장에 놓일 수밖에 없다.

세 번째는 금욕, 즉 스스로 택한 배제다(pp.144~147). 앞서 언급한 경제적 이유로 인해서 '비용'이 부담스러운 사람은 아무리 좋은 미디어라고 광고를 해도 그것을 사거나 이용하기를 스스로 포기한다. 그리고 새로운 미디어들이 갖는 기능적인 복잡성도 미디어의 구입과 이용을 어렵게 만드는 요인이 된다. TV의 경우는 비교적 조작이 간편하지만, PC나 인터넷의 경우는 좀 더 복잡한 기기다. 또한 새로 출시되는 많은 정보 통신 기기들은 수많은 기능을 탑재하지만, 실제 이용하는 기능은 매우 제한적이다. 일반적으로 기기의 복잡한 기능을 모두 이용하는 사람은 의외로 드물다. 또 어떤 사람들, 특히 노인이나 스스로를 '기계치'라고 생각하는 사람들은 특정 기기에 접근해서 그것을 조작하는 것 자체에 두려움을 느끼는 경우도 있다. 이런 사람들은 아예 그런 기기를 구매하거나 이용하려 들지를 않는다. 그로 인해서 소통 공간에서 배제되는 경우는 얼마든지 있고 그런 사람들이 늘어난다고 포트너는 본다.

이와 같이 현대 사회에서 정보 과잉과 경제적 이유와 자발적 선택에 의한 소통 배제 가능성을 논한 포트너는 현대 '정보 사회'는 바로 '세포 사회'와 같은 것이라고 주장했다. 사회 구성원들은 개인적인 관심사와 기술에의 접근 정도에 따라 수직적으로 서로 나누어지고, 경제적·기술적 능력에 따라 수평적으로 나누어짐으로써 셀룰러 구조, 즉 세포화되는 특성을 보여 준다는 것이다. 이러한 주장을 펴기 전에 그는 하나의 사회 구조를 공동 사회Gemeinschaft와 이익 사회Gesellschaft로 나누어 설명한 19세기 독일 사회학자인 페르디난트 퇴니스Ferdinand Tönnies의 논의를 소개했다. 퇴니스가 말한 공동 사회는 계급 혹은 계층 구조에 의해 수평적으로 나누어진 사회이고, 이익 사회는 이해 관심 집단에 의해 수직적으로 나누어진 사회다. 공동 사회의 경우는 다른 계층이나 계급과는 갈등적이지만 같은 계층이나 계급 내에서는 조화적이다. 소통이 주로 같은 계급이나 계층에 한정해서 내부적으로 이루어지고 다른 계급이나 계층과는 소통이 배제된다는 것이다. 마찬가지로 이익 사회의 경우는 같은 이해 관심 집단끼리는 서로 잘 통하지만 다른 이해 관심 집단과는 갈등적이고 역시 소통이 배제된다는 입장이다. 그러나 포트너는 현대 '정보 사회'는 공동 사회 혹은 이익 사회의 어느 하나로 설명할 수 없다는 입장이다. 바로 이 양자가 교차하는 세포 구조로 설명할 수 있다는 것이다. 과잉, 경제적 이유, 자발적 선택에 의해 보다 세분화되고 더욱 소통이 배제된다. 이제는 비슷한 경제적, 기술적 수준을 가진 사람들 중에서도 개인적인 이해 관심이 같거나 비슷한 사람들끼리만 서로 소통이 잘되고 그렇지 않은 사람들 간에는 소통 배제된다. 경제적, 기술적 수준이 같더라도 이해 관심이 다르면 소통이 어렵고, 이해 관심이 같더라도 경제적, 기술적 수준에 차이가 있으면 역시 소통하기 어렵다. 그만큼 더 분화되고 파편화되어 더욱 제한된 사람들끼리만 소통하는 세포 사회가 된다는 것이다(pp.146~148).

때문에 포트너는 인터넷을 포함한 새로운 정보 통신 기술이 아무리 발전해 나가더라도, 그 혜택이 전 세계적으로 골고루 돌아가는 것은 아니며, 지역적인 불균형과 경제적 능력의 차이, 그리고 자발적으로 새로운 기술을 거부하는 움직임 등으로 인해 실제로 많은 사람들이 소통에서 배제되고 있다는 것이다. 포트너는 많은 사람들이 정보 과잉과 경제적 여력 부족, 혹은 기술적 복잡성으로 인한 회피 때문에 커뮤니케이션 과정에서 배제된다면 향후 그들은 주류 문화에서 제외되면서 심각한 문제를 초래할 것이라고 예단했다. 포트너는 — R. C. 벤지R. C. Benge의 주장에 기대어 — 커뮤니케이션과 문화는 분리될 수 없는 것으로서 커뮤니케이션, 즉 소통이 파편화fractionalization되면 문화 역시 파편화될 것이고, 문화가 없다면 그것은 곧 죽음에 다름 아니라고 강변했다(p.150).

2. 디지털정보격차론

앞의 세포사회론은 현대 '정보 사회'가 한편으로는 경제적, 기술적 차이에 따른 계층 분화와 이해 관심의 차이에 따른 집단 분화가 겹치면서 같은 이해 관심을 갖는 같은 계층 사람끼리만 서로 소통하고, 나머지 사람들과는 상호 소통이 배제됨으로써 사회적 파편화가 심화된다는 문제의식을 바탕에 깔고 있다. 이는 또한 새로운 정보 통신 기술의 발전에도 불구하고 사람 간의 경제적, 기술적 능력이나 이해 관심의 차이가 사회 구성원들을 서로 연결하고 통합시키기보다는 오히려 갈라놓고 분열시킬 수 있다는 비관적 전망에 기초한다. 세포사회론이 차이에 따른 상호 배제 가능성에 관심을 가진다면, 1990년대 중반 이후 관심을 끌어온 디지털 정보 격차digital divide 문제는 차이 혹은 불평등에 따른 새로운 소외 문제에 초점을 맞춘다. 특히 디지털 미디어인 컴퓨터와 인터넷의 보급과 이용이 본격화되면서, 이러한 미디어를 보유하거나 이용할 수 있는 사람들과 그렇지 않은 사람들 간에 존재하는 디지털 정보 격차가 학술적으로나 정책적으로 주목받게 된 것이다. 보다 최근에는 새로운 미디어의 등장과 이용이 확대됨에 따라 스마트폰이나 SNS 이용에 있어서의 격차 문제로 관심이 이동하고 있다.

1) 정보 격차의 해소인가, 확대인가: 정상화 vs. (계)층화

디지털 정보 격차에 대한 연구 역시 미국이 국가 정보 하부 구조(NII: National Information Infrastructure) 구축 계획을 발표하게 된 배경과 밀접한 관련이 있다. 앞서 세포사회론을 제시한 포트너가, NII 구상이 국민 모두에 대한 '보편적 서비스'를 표방하고 나섰지만 그러한 기대가 실현되지 못했다고 지적한 바 있다. 미국 클린턴 행정부는 1993년 NII 구축 계획을 발표하면서 미국 국민이 정보 부자information rich와 정보 빈자information poor로 나뉘는 것을 극복하고 모든 국민이 고도 정보 통신 서비스를 소득, 장애, 지역에 관계없이 저렴한 비용으로 이용할 수 있도록 하겠다고 천명한 바 있다. 디지털 정보 격차를 해소하겠다는 약속을 했던 셈이다.

1995년부터 미국은 상무성 산하 NTIA(National Telecommunication and Information Administration)를 중심으로 국가적 차원에서 미국 사회의 디지털 정보 격차 현상을 꾸준히 조사해 왔다. NTIA(1995, 1998, 1999, 2000) 조사 결과에 따르면, (특히 초기의 경우에는) 대학 교육을 받은 자, 부유층, 55세 이상의 연령층, 남성과 도시 거주자일수록 인터넷 접속이 두드러진 것으로 나타났다. 이는 미국 사회의 경우, 교육 수준, 경제적 소득 수준, 연령과 성별, 주거 지역 등에 따라 인터넷 접속 및 이용에 있어 계층 간에 정보 격차가 있음을 말해 주는 것이었다(Compaine, 2001 참조).

인구 사회학적 변인에 따른 인터넷 접속 및 이용 정도에 대한 여러 다른 연구에서도 이와 유사한 결과들이 확인되었다. 특히 그러한 여러 변인들 중에서 교육과 소득의 차이가 인터넷 접속과 이용 정도에 더 큰 영향력을 미치는 것으로 나타났다. 시일이 지나면서 인터넷이 확산되고 이용자 친화적인 기술들이 발전해 감에 따라 성별과 연령에 따른 차이는 점차 줄어드는 경향이 있는 반면, 미국 내에 거주하는 인종 집단 간에는 유의적인 차이가 지속되거나, 증가 혹은 감소한다는 상반된 조사 결과가 나오기도 했다. 교육 수준이 낮고 저소득층에 속하는 사람들일수록 인터넷의 초기 이용자이기보다는 후기 채택자인 경우가 많은 것으로 나타났다. 인터넷 비이용자들은 컴퓨터를 가지고 있지 않거나 인터넷에 흥미가 없으며 인터넷에 접속하는 것을 원치 않기 때문에 인터넷을 이용하지 않는다는 조사 결과가 있었다. 농촌 지역의 경우, 거주자들이 지역적으로 크게 분산되기 때문에 서비스 제공자들이 인프라 구축에 필요한 상업적 투자와 서비스를 꺼리고, 이용자들도 높은 접속 비용으로 인하여 상대적으로 낮은 인터넷 이용률을 나타냈다(강홍렬·차남경·강상현·김은미, 2002: 40~41).

새로운 미디어가 보급되는 초기에는 그러한 미디어를 구입하거나 이용할 능력이 있는 사람들을 중심으로 제한적으로 이를 채택해서 이용하기 때문에 사람들 간에 차이가 크게 나타나지만 시간이 지남에 따라 많은 사람들이 널리 이용하게 되면 그러한 격차는 자연히 줄어들게 된다는 입장이 있다. 이러한 입장을 '정상화 테제normalization thesis'라고 하는데, 실제 일부 연구들은 그러한 경향을 보여 준다.[124]

124 판데이크는 새로운 미디어의 확산과 관련해서 '정상화normalization 모델과 '(계)층화

예컨대, 1995년부터 1998년 사이의 미국인의 인터넷 이용을 분석한 1998년의 해리스 사회 조사Harris National Surveys는 남녀 간의 인터넷 이용 비율이 거의 대등한 비율로 나타났다고 보고했다. 퓨리서치센터Pew Research Center 보고서 역시 과거보다는 더 많은 저소득층, 여성, 대학 교육 비수혜자들의 인터넷 이용 비율이 고등 교육 수혜자, 남성, 고소득층의 인터넷 이용 비율에 좀 더 가까이 접근한다고 밝혔다(Norris, 2001: 71~72).

그러나 기존의 디지털 정보 격차가 계속 유지되거나 더욱 확대, 심화된다는 조사 결과들도 있었다. 앞서 언급한 NTIA 보고서에 따르며, 인종, 교육 수준, 소득 수준 등을 놓고 볼 때 새로운 디지털 기술을 이용할 수 있는 사람들과 그렇지 못한 사람들 사이의 정보 불평등이 더욱 좁혀진 것이 아니라 더욱 확대되었다. 유럽 15개국을 대상으로 한 조사에서도 소득, 직업, 교육 수준의 차이가 디지털 정보 격차, 즉 정보 불평등의 가장 중요한 요인으로 나타났다. 유럽의 최상위 소득 계층의 인터넷 이용은 최하위 계층보다 3배 이상 인터넷을 이용하며, 소득 격차에 따른 인터넷 이용 격차는 1996년 봄에서 1999년 봄 사이에 큰 변동 없이 일정하게 나타났다. 직업 면에서는 전문·관리직의 인터넷 이용이 육체노동자보다 거의 3배에 달하며, 실업자의 인터넷 이용률은 더 떨어졌다. 대학 교육을 받은 사람들의 인터넷 이

stratification' 모델을 제시한다. 정상화 모델은 새로운 미디어 채택과 이용이 계층에 따라 차이를 보였으나 시간이 흘러 많은 사람들이 그러한 미디어를 이용함에 따라 (계)층 간 차이가 줄어들거나 없어지는 현상을 말하며, 계층화 모델은 시간이 지나도 계층 간 차이가 일정하게 여전히 존재하게 되는 현상을 말한다(van Dijk, 2005: 65~69). 디지털 정보 격차와 관련해서도 향후 추세 및 전망과 관련하여 이 두 모델을 뒷받침하는 조사 결과들이 병존하는 셈이다.

용률은 15세 이전 학업 포기자의 7배나 되는 것으로 나타났다. 일부 유럽 국가(네덜란드, 스웨덴, 이탈리아)에서는 성별 정보 불평등에 유의적인 차이가 나타났지만 전체적으로 많은 나라에서는 성별 격차가 두드러지지 않았다. 연령에 따른 인터넷 이용률은 젊은 층으로 갈수록 높게 나타났으며, (65세 이상) 노년층의 인터넷 이용률이 극히 저조한 것으로 나타났다. 유럽의 경우, 1996년과 1999년 사이라는 비록 한정된 시기이기는 하나 전체적으로 보면, 소득, 교육, 직업, 연령에 따른 디지털 정보 격차는 더욱 확대되는 추세를 나타냈고, 성별 격차만이 줄어드는 추세를 보였다(Norris, 2001: 72~86).

2) 정보 격차의 재개념화

판데이크(2005) 역시 디지털 정보 격차와 관련된 기존의 논의와 조사 연구들을 검토한 후, 새로운 분석틀을 통해 디지털 정보 격차에 대한 좀 더 심층적인 논의와 분석이 필요하다고 제안했다. 그는 디지털 정보 격차가 갖는 기술적, 경제적, 교육적, 사회적 제 차원을 복합적으로 검토해야 하며, 디지털 정보 격차가 가져올 결과와 그에 대한 정책적 대응과 관련해서도 보다 다차원적인 검토와 대응이 필요하다는 점을 강조했다. 이를 위해 디지털 정보 격차를 단순히 컴퓨터나 인터넷의 보유나 이용 측면에서의 차이를 비교하는 단계를 넘어, 새로운 개념화를 통한 입체적 분석이 필요하다(pp.6~8). 그는 (디지털) 기술 이용과 관련하여 동기적 접근, 물질적(물리적인) 접근, 기능적 접근, 활용적 접근 등 네 가지 서로 연속된 접근 유형으로 나누어 검토할 것을 주문했다. 동기적 접근motivational access은 디지털 기술을 이용하고자 하는 심리적 동기를 말한다. 물질적(물리적) 접근material or physical access

은 컴퓨터 보유와 인터넷 연결 및 그것을 통한 콘텐츠의 이용 가능성을 의미한다. 기능적 접근skills access은 컴퓨터를 다루고 네트워크와 연결시키며 정보를 검색, 선택, 처리할 줄 알고 그러한 정보를 자신을 위해 전략적으로 이용할 수 있는 능력을 말한다. 활용적 접근usage access은 이용하는 여러 가지 애플리케이션의 수와 다양성 및 실질적인 활용 시간을 의미한다(pp.20~22).

이러한 네 가지 차원의 분석틀을 기반으로 판데이크는 디지털 정보 격차 현상의 전반적인 흐름을 다음과 같이 5가지로 정리했다(pp.187~191). 첫째는 구조적인 경향으로 세계화 과정에서 네트워크로 연결된 노드나 허브를 이루는 지역과 그렇지 않은 곳 사이의 격차가 더욱 심화된다. 선진국의 도시, 산업, 교육 중심부 간, 그리고 그들 중심부와 개발도상국 중심부 사이에는 서로 연결되어 있지만, 선진국의 주변부 사람들은 이러한 연결망에서 배후로 밀려나 있고, 개도국 주변부 사람들은 더욱더 배제되어 있다. 이러한 현상은 이들 간의 사회적, 정보적 불평등을 더욱 심화시킨다는 것이다. 두 번째 경향은 경제적인 측면으로, 1980년대 중반 이후 전 세계적으로 국가 간은 물론 개인 간의 물질적 불평등과 소득 격차가 더욱 커져 가는데, 이러한 소득 불균형은 새로운 미디어에 대한 접근의 불균형을 심화시키면서 오히려 날로 늘어나는 미디어 비용에 대한 — 특히 개발도상국의 — 저소득층의 부담을 더욱 가중시킨다. 세 번째는 교육 및 기능과 관련된 것으로, 더욱더 늘어나는 정보 통신 기술과 그것을 다룰 줄 아는 기능의 결여가 디지털 정보 격차의 주된 원인이다. 이는 결과적으로 노동 시장에서도 수요가 많지만 공급이 한정된 고기능 노동과 그와 반대인 저기능 노동 사이의 양극화를 더욱 심화시키는 결과를 초래한다는 것이다. 넷째는 사회문화적인 측면에서 개인화와 문화적 분화

cultural differentiation로 인해 디지털 정보 격차가 더욱 심화된다. 개개인이 네트워크를 통해 집단이나 공동체에 연결되기는 하지만, 컴퓨터를 다루거나 인터넷을 하는 것은 개개인의 자의적인 선택에 의한 것이다. 개별화되고 분화된 디지털 미디어 이용이 개개인에게 선택의 기회를 넓혀 주기는 하지만, 결과적으로 사회문화적인 분화가 특히 그러한 미디어의 활용 격차를 심화시키는 주된 요인이 된다는 것이다. 끝으로 정치적인 경향과 관련된 것으로 신자유주의 정책이 사람들의 디지털 정보 격차를 심화시킨다. 정부의 규제 완화에 따른 민영화 및 시장 자유화는 과거의 공영 통신 인프라나 정보 공급 부문은 물론 공적인 교육까지도 민영화, 상업화함에 따라 전통적인 정부 주도나 정부 지원이 시장에서의 민간 투자로 전환하게 되었고 모든 것을 시장에 맡기게 되었다. 그에 따라 과거에는 무료 보편적 서비스를 하던 공영 방송이나 여러 공적인 미디어가 쇠퇴하고 상업적인 유료 서비스가 늘어나게 되었다. 이러한 추세 역시 디지털 정보 격차를 확대하는 요인이 된다는 것이다. 그러면서 그는 디지털 정보 격차를 좁힐 수 있는 정책과 관련하여 역시 동기적 접근, 물질적(물리적) 접근, 기능적 접근 및 활용적 접근 등을 확대할 수 있는 다양한 정책 수단들을 나름대로 제시했다(pp.205~217 참조).

3) 국내의 디지털 정보 격차

국내에서도 이미 오래전부터 디지털 정보 격차에 관한 논의와 조사 및 정책적 대응이 있어 왔다. 1990년대 중반 이후 인터넷 이용자가 급속히 증가하면서, 초기에는 정보화 과정에서 발생하는 지역 간 정보 격차 문제에 관심을 갖고 있던 정부 및 정보화 관련 연구 기관들이

표 11-1 전체 국민 대비 소외 계층 정보화 수준

(단위: %)

구분		장애인	저소득층	농어민	고령층	평균(전체)
종합	2004	57.5	55.6	33.8	40.9	45.0
	2006	73.9	73.0	49.8	58.4	62.0
	2008	78.8	78.1	57.9	64.2	68.0
	2010	81.3	80.5	61.8	67.5	71.1
	2012	83.4	82.2	64.8	71.2	74.0
	2014	85.3	85.3	69.4	74.3	76.6
접근	2004	73.0	61.1	51.3	66.3	63.7
	2006	85.4	79.6	69.5	82.9	80.2
	2008	92.6	87.9	80.9	92.5	89.7
	2010	93.4	89.5	86.2	93.8	91.8
	2012	93.9	92.3	87.5	94.9	93.4
	2014	96.4	94.4	89.3	94.9	94.3
역량	2004	41.1	49.9	18.1	17.7	27.5
	2006	61.0	67.1	29.1	32.4	42.9
	2008	66.0	69.1	33.2	34.5	45.7
	2010	72.8	75.8	37.2	39.4	50.8
	2012	79.0	76.8	39.0	48.0	56.1
	2014	82.1	84.2	47.9	59.0	64.1
활용	2004	48.1	52.5	22.4	24.4	33.1
	2006	66.1	68.1	36.2	41.1	49.2
	2008	68.8	71.0	42.5	44.9	53.1
	2010	71.7	73.0	45.0	49.5	56.5
	2012	74.1	73.9	49.8	54.4	59.9
	2014	75.7	76.8	56.7	59.3	63.5

* 전체 국민의 정보화 수준을 100으로 가정할 때, 전체 국민 대비 소외 계층의 정보화 수준을 의미.

출처: 미래창조과학부 · 한국정보화진흥원, 2015: 42.

표 11-2 전체 국민 대비 소외 계층 디지털 정보화 수준

(단위: %)

구분		장애인	저소득층	농어민	고령층	평균(전체)
종합	2014	60.2	72.5	51.4	42.4	50.1
	2015	62.5	74.5	55.2	45.6	52.4
	2016	65.4	77.3	61.1	54.0	58.6
	2017	70.0	81.4	64.8	58.3	65.1
	2018	74.6	86.8	69.8	63.1	68.9
	2019	75.2	87.8	70.6	64.3	69.9
접근	2014	79.9	82.2	68.1	67.3	72.3
	2015	83.5	87.8	73.4	68.5	73.7
	2016	88.1	89.2	84.8	82.5	84.5
	2017	91.6	94.7	90.4	89.9	91.0
	2018	92.0	94.9	91.0	90.1	91.1
	2019	92.6	95.2	91.3	90.6	91.7
역량	2014	45.0	66.8	40.7	23.4	34.6
	2015	47.0	67.2	41.2	29.6	37.4
	2016	49.8	69.1	46.2	34.9	45.2
	2017	57.7	78.5	53.4	41.0	51.9
	2018	66.9	85.3	63.0	50.0	59.1
	2019	67.8	86.5	63.6	51.6	60.2
활용	2014	59.7	70.3	48.6	39.7	47.7
	2015	62.4	71.5	55.5	44.9	51.6
	2016	64.6	76.9	59.0	52.2	59.0
	2017	71.5	77.7	63.3	59.9	65.3
	2018	73.6	84.3	65.9	62.8	67.7
	2019	74.0	85.4	67.2	63.9	68.8

출처: 미래창조과학부 · 한국정보화진흥원, 2016: 32~41;
과학기술정보통신부 · 한국정보화진흥원, 2019: 6~7.

1997년부터는 인터넷 이용에 따른 정보 격차에도 눈을 돌리게 되었고, 1999년부터 그와 관련된 조사 연구 결과들을 내놓기 시작했다. 디지털 정보 격차와 관련된 조사 연구는 한국정보화진흥원이 한국정보문화센터(1999) 시절부터 매년 국민 정보 생활 실태 및 정보화 인식 조사를 하는 과정에서 파생된 데이터 분석을 통해 이루어졌다. 한편에서는 한국전산원(2000)에서의 소외 계층 대상 정보 격차 실태 조사가 별도로 이루어지다가, 이들 기관들이 한국정보문화진흥원, 한국정보화진흥원 등으로 확대 개편되는 과정을 거치면서 매년 디지털 정보 격차에 관한 조사 연구를 계속 진행해 왔다. 2014년에는 새로운 디지털 모바일 환경에서의 신新정보 격차, 즉 스마트 격차 지수를 시범적으로 산출하기도 했고, 2016년부터는 모바일 기반 유무선 융합 디지털 환경에서 발생하는 정보 격차의 수준 및 특성을 종합적으로 측정한 디지털 정보 격차 지수를 산출하고 있다. 표 11-1은 주로 PC 기반 정보화 수준과 정보 격차를 보여 주고 있는 반면 표 11-2는 모바일 기반의 수정된 정보화 수준과 정보 격차 현상을 보여 주고 있다.

국내의 정보 격차 연구도 초기에는 컴퓨터 보급률과 인터넷 이용률을 중심으로 연령, 학력, 직업, 소득, 지역에 따른 차이를 분석하던 데서,[125] 점차 PC 기반 유선 인터넷 이용 정도를 기준으로 일반 국민들과 소외 계층(장애인, 저소득층, 농어민, 장노년층) 간의 접근 격차와 역량

125 예컨대 유지열(2002)의 연구에서는 정보 격차 지수를 정보화에 대한 인식 지수, 접근 지수, 역량 지수, (정보 통신 기기) 이용 지수 등 4가지 요소로 나누어 성별, 연령별, 학력별, 직업별, 소득 수준별, 지역 규모별로 인식 지수, 접근 지수, 역량 지수, 이용 지수 및 전체적인 격차 지수를 산출했다. 분석 결과, 전체적인 격차 지수에 있어서는 성별 및 거주 지역에 따라서는 큰 차이가 없었으나 연령별, 학력별, 직업별, 소득별 차이에 따라서는 격차가 비교적 큰 것으로 나타났다.

격차, 활용 격차로 나누어 그 각각의 연도별 추세를 분석하는 방향으로, 그리고 보다 최근에는 기존의 PC 기반 유선 인터넷 격차는 물론, 모바일 정보 격차를 조사, 분석하는 단계로 확장되고 있다.[126] 모바일 정보 격차 역시 일반 국민들과 소외 계층 간의 스마트폰과 태블릿 PC 등 모바일 스마트 기기의 보유 여부의 차이(접근 격차)와 이용 능력의 차이(역량 격차) 및 활용 정도의 차이(활용 격차)를 알아보고 있다.

그동안 나타난 비교적 일관된 조사 연구 결과는 해가 갈수록 PC 기반 유선 인터넷은 물론 모바일 스마트 기기의 정보 격차(접근 격차, 역량 격차, 활용 격차)는 계속 줄어들지만, 새로운 미디어의 등장에 따라 새로운 격차가 형성되고 다시 그 격차가 조금씩 줄어드는 상황들이 계속 반복되고 있음을 보여 준다. 간단히 말해서 기존 미디어 보유 및 이용에서 나타나는 격차는 줄어들면서 '정상화normalization' 현상이 나타나지만, 모바일 스마트 미디어와 같은 새로운 미디어가 출현하면 처음에는 다시 새로운 '(계)층화stratification' 현상을 보이다가 그것의 이용이 점차 보편화되면서 다시 '정상화'의 길로 가고 있다. 따라서 디지털 정보 격차는 시간 진전에 따라 해소되는 부분도 있지만, 새롭게 생성되기도 하는 계속 진행형 현상이자 또한 국가 차원에서 해소해 나가야 할 지속적인 정책 과제인 셈이다.

126 한국정보화진흥원은 2011년부터 기존의 PC 기반 유선 인터넷 격차와 함께 모바일 인터넷과 모바일 스마트 기기 보유 및 이용에서의 격차를 나타내는 모바일 정보 격차 조사 연구를 추가했고, 아울러 기존의 4대 정보 소외 계층(장애인, 저소득, 장노년, 농어민)에다 북한 이탈 주민(탈북자)과 결혼 이민자를 신정보 소외 계층으로 추가해서 정보 격차 실태를 조사했다.

4) 글로벌 디지털 정보 격차

디지털 정보 격차 현상과 그 해소를 위한 정책적 대응은 정보화가 계속 진전되면서 모든 나라들이 공통적으로 겪는 경험이라고 할 수 있다. 그런데 이는 21세기에 진입하면서 특정 국가 내부의 문제인 동시에 글로벌한 수준에서의 새로운 국제적 과제로도 부상했다. 디지털 정보 격차 개념은 본래는 미국의 도시 지역과 농촌 지역 간에 인터넷 접근에 있어서의 불평등한 현상에 대한 관심에서 비롯된 것이었는데, 인터넷의 국제적 확산에 따라 점차 선진국과 개발도상국가 간의 격차에 대한 관심으로 확대된 것이라 할 수 있다. 글로벌 수준에서 국가 간 정보 격차가 문제가 되는 것은 그것이 결과적으로는 교육 기회와 소득 격차를 통한 경제적 불평등을 초래하게 되어 이른바 잘사는 선진국과 못사는 후진국 간의 남북 격차를 더욱 심화시킬 수 있다고 보기 때문이다.

그에 따라 2000년 6월 유엔은 특히 국제적인 정보 통신 네트워크인 인터넷 이용에 있어서 심화되는 국가 간 격차와 그로 인한 경제·사

표 11-3 세계 인터넷 이용자 분포

(단위: %)

구분	2010년	2019년
전 세계	29.3	53.6
선진국	66.5	86.6
개도국	21.1	47.0
저개발국	5.5	19.1

출처: ITU, 2020.

회적 불균형의 심화 현상을 우려하는 보고서를 발간했다. 유엔은 같은 해 7월 일본 오키나와에서 열린 G8 정상 회담에 이 보고서를 제출하여 오키나와 헌장(Okinawa Charter on Global Information Society 2000)을 발표한 바 있다. 이 헌장에서는 어느 나라 국민이든지 글로벌 정보 사회에 참가할 수 있고 누구도 그러한 이익에서 배제해서는 안 된다는 '포괄의 원칙'을 천명하면서 선진국과 개발도상국가 간의 정보 격차 해소를 위해 선진국의 도움이 필요하며 국가 간 정보 격차 문제를 종합적으로 검토하기 위해 '닷포스'(DOT-force: Digital Opportunity Taskforce)를 만들기로 결의했다. 이에 따라 닷포스는 2001년 6월 제네바 G8 회담에서 선후진국 간 정보 격차 해소를 위한 기초 보고서와 권고안을 제출했다. 비슷한 때인 2000년 10월 서울에서 열린 ASEM 정상 회담과 같은 해 11월 브루나이에서 열린 APEC 정상 회의에서도 정보 격차 해소를 위한 국가 간 공동 노력에 합의했다.

그 이후 지속적으로 이루어진 각 국가별 정보화 노력과 국제 공

표 11-4 세계의 모바일 광대역 가입자 분포

구분	2010		2019	
	(단위: 100만 명)	(단위: 100명당)	(단위: 100만 명)	(단위: 100명당)
아프리카	14	1.7	354	34.0
아랍국가	28	7.8	288	67.3
아시아/태평양	286	7.3	3,802	89.0
독립국가연합	60	25.7	206	85.4
유럽	190	28.7	671	97.4
미주	238	25.4	1,054	104.4

출처: ITU, 2020.

조로 인해 컴퓨터 보급과 인터넷 이용의 전반적인 추세는 꾸준히 늘어나고 있지만, 국가 간에, 특히 선진국과 개발도상국 사이에 존재하는 격차는 여전히 큰 차이를 보인다. 그러나 글로벌 상황에서도 시간이 지남에 따라 격차의 폭은 점차 줄어들고 있으며, 새로운 모바일 광대역 이용에 있어서 새로운 격차가 다시 발생하면서, 그 격차의 폭이 다시 조금씩 줄어드는 형국이다. 글로벌한 수준에서도 디지털 미디어의 보급과 이용은 미약하나마 정상화와 새로운 (계)층화, 그리고 다시 조금씩 정상화되는 상황을 엿볼 수 있다. 그러나 인터넷 등 정보통신 기술이 크게 발전되고 널리 보급되는 국가의 경우는 초기 (계)층화가 점차 정상화되다가, 다시 새로운 디지털 미디어의 등장에 따라 새로운 (계)층화와 후속 정상화가 일정하게 일어나지만, 개발도상국 또는 후진국의 경우는 컴퓨터나 인터넷은 물론, 새로운 모바일 스마트 미디어 보급이 일부 인구까지는 보급, 이용되더라도 나머지 다수 빈곤층이나 취약 계층이 — 모바일 스마트 미디어는 물론이려니와 — 컴퓨터 보급이나 인터넷 이용에서 아예 배제되어 있는 경우가 많으므로, 시간이 지남에 따라 나중에 디지털 정보 격차가 해소되면서 대부분의 국민이 특정 디지털 미디어를 이용하게 되는 정상화가 이루어진다고 보기 어렵다. 그런 점에서 글로벌 수준에서의 디지털 정보 격차는 후진국의 취약 계층일수록 디지털 환경에서 소외되고 배제되는 양상이 더더욱 두드러질 것으로 보인다.

3. 사회적 고립과 미디어 기술: 고립인가, 결속인가?

앞서 포트너의 세포사회론은 정보 통신 기술의 발전에도 불구하고 정보 과잉과 경제적 결핍, 자발적 선택(주로 두려움)에 의해 서로 다른 사회·경제적 계층과 서로 다른 이해 관심 집단의 사람들끼리는 소통이 잘 안 된다는 점을 강조했다. 달리 말하면 다른 계층과 집단은 배제하고 같은 계층과 같은 이해 관심을 가진 사람들끼리만 소통한다는 것이다. 그다음의 디지털 정보 격차 논의에서는 국가 내적으로는 물론 국가 간에 있어서도 컴퓨터와 인터넷 이용의 차이가 역시 경제적·사회적 불평등에 따른 것일 수도 있고 그러한 불평등을 더욱 심화시킬 수도 있다는 점을 강조했다. 세포사회론이나 디지털 정보 격차 논의 모두 차이에 따른 배제와 분화 혹은 불평등의 재생산을 강조하고 있으며, 그에 따라 결과적으로는 사회가 더욱 통합되기보다는 더욱 분화, 분열되고, 기존의 불평등이 심화되거나 취약 계층 혹은 주변부가 계속 소외되는 점들을 우려한다.

이와 유사한 또 하나의 우려는 정보 통신 기술의 발전과 더욱 폭넓은 이용에도 불구하고 사람들이 사회적으로 더욱 고립되어 간다는 점이다. 그런 우려가 사회적 고립과 새로운 정보 통신 기술의 관계를 살펴보는 연구를 자극하기도 했다. 물론 관련된 연구 결과는 어떤 뚜렷한 경향성을 입증해 주기보다는 아직 논쟁의 영역에 남아 있다.

가장 대표적인 연구가 바로 미국의 GSS(General Social Survey)와 퓨 인터넷 프로젝트(Pew Internet & American Life Project)가 실시한 미국인 대상 조사인데, 이들 두 연구의 서로 상충하는 결과가 최근 주목을 받았다.

GSS의 1985년과 2004년 사이 약 20년 간격을 둔 조사 결과를 비교 분석한 밀러 맥퍼슨Miller McPherson 등(McPherson et al., 2006)은 그 사이에 미국인의 핵심 상의相議 네트워크core discussion networks의 크기와 상의 대상자의 다양성, 그리고 이웃과 자원봉사 단체의 참여가 줄어드는 등 사회적으로 고립된 미국인의 비율이 증가했고 휴대폰과 인터넷 이용이 그에 영향을 미쳤을 것이라고 추정했다. 이에 비해, 2008년 인터넷과 모바일 휴대폰이 미국인의 사회적 네트워크에 미친 영향을 조사, 분석한 키스 햄프턴Keith Hampton 등(Hampton et al., 2009)은 인터넷과 휴대폰 이용자들이 비이용자들보다 사회적 네트워크의 크기와 다양성, 그리고 공적 영역에 참여하는 비율이 더 높게 나타났다는 분석 결과를 내놨다. 전자는 사회적 고립의 심화를, 그리고 후자는 사회적 연대와 참여의 확대라는 결과를 내놓은 것이다. 인터넷과 스마트폰 이용이 계속 늘고 있는 상황에서 이 미디어들이 사람들 간의 관계를 더욱 확대하고 긴밀하게 하는 것인지, 아니면 오히려 가깝거나 제한된 사람들과의 관계만을 강화하면서 사회적으로는 더욱

표 11-5 핵심 상의 네트워크의 크기 변화(1985년과 2004년)

네트워크 수	전체 핵심 상의 네트워크		친족kin 네트워크		비친족non-kin 네트워크	
	1985	2004	1985	2004	1985	2004
0	10.0%	24.6%	29.5%	39.6%	36.1%	53.4%
1	15.0%	19.0%	29.1%	29.7%	22.4%	21.6%
2	16.2%	19.2%	21.0%	16.0%	18.1%	14.4%
3	20.3%	16.9%	11.7%	9.4%	13.2%	6.0%
4	14.8%	8.8%	5.8%	4.0%	6.8%	3.1%
5	18.2%	6.5%	2.8%	1.3%	3.4%	1.4%
6+	5.4%	4.9%	–	–	–	–
평균	2.94	2.08	1.44	1.12	1.42	0.88
최빈값	3.00	0.00	0.00	0.00	0.00	0.00
표준편차	1.95	2.05	1.41	1.38	1.57	1.40

* N(1985)=1,531; N(2004)=1,467.

출처: McPherson et al., 2006: 358.

한정되고 고립되게 만드는 것인지가 논쟁이 되고 있다.

여기서는 앞의 두 연구 결과에 대해 좀 더 자세히 살펴보고자 한다. 먼저 맥퍼슨 등의 연구에서는 "자신의 중요한 문제에 대해서 마음을 터놓고 상의할 사람이 얼마나 되는가?" "자신의 중요한 문제에 대해 누구와 상의하는가?" 그리고 얼마나 오래, 얼마나 자주 그런 상의를 하는지에 대한 1985년과 2004년의 GSS 조사 결과를 비교 분석했다. 주요 분석 결과는 표 11-5 및 표 11-6과 같다.

표 11-5를 보면 전체 응답자 중에서 자신에게 중요한 문제가 있을 때 마음을 터놓고 상의할 수 있는 사람이 얼마나 되는가 하는 설문 문항에 대해 1985년은 응답자 평균이 2.94로 약 3명이던 것이

표 11-6 핵심 상의자 관계 분포의 변화

(응답자와의) 관계	1985, % (N=1,531)	2004, % (N=1,467)	p
상의자 없음	10.0	24.6	**
배우자	30.2	38.1	**
부모	23.0	21.1	**
형제자매	21.1	14.1	**
자식	17.9	10.2	**
여타 가족	18.2	11.8	**
직장 동료	29.4	18.0	**
활동 단체 회원	26.1	11.8	**
이웃	18.5	7.9	**
친구	73.2	50.6	**
상담사	25.2	19.2	**
기타	4.5	3.1	**

** p <.01

출처: McPherson et al., 2006: 359.

2004년은 2.08로 20년 사이에 거의 1명 정도가 줄어들었으며, 아예 그런 사람이 없다고 한 경우도 1985년은 전체 응답자의 10.0%이던 것이 2004년은 24.6%로 거의 2.5배가량이나 늘었다. 4~5명 정도 된다는 비율이 1985년 33.0%이던 것이 2004년 15.3%로 절반 이상 줄었고, 0~1명에 불과하다는 비율은 1985년 25.0%에서 2004년 43.6%로 두 배 가까이 늘었다. 가장 높은 비율을 나타낸 1985년은 3명(20.3%)이던 것이 2004년은 0명(24.6%)으로 바뀌었다. 이를 놓고 보면 전체적으로 핵심 상의 네트워크는 20년 사이에 상당히 줄었다는 것을 알 수 있다.

한편 자신의 중요한 문제를 누구와 상의하는가 하는 설문의 경우, 먼저 상의할 사람이 없다가 상의자가 친족인 경우(29.5% → 39.6%)나 비친족인 경우(36.1% → 53.4%) 모두 그 비율이 크게 늘어났지만, 친족인 경우보다는 비친족인 경우가 아무와도 상의하지 않는다는 비율이 더 크게 늘어났음을 알 수 있다. 표 11-6에서 보는 바와 같이 구체적인 핵심 상의 대상자의 경우, 전체적으로는 상의 대상자가 줄어들었음에도 불구하고 배우자를 언급한 응답자만 1985년(30.2%)에 비해 2004년(38.1%)에 늘어났으며, 나머지 상의 대상자를 언급한 경우는 모두 줄어들었다. 그중에서도 이웃(18.5% → 7.9%), 활동 단체 회원(26.1% → 11.8%), 직장 동료(29.4% → 18.0%)의 감소 비율 폭이 비교적 컸다(pp.357~359).

또한 핵심 상의 네트워크의 안정성을 나타내는 밀도와 관련해서 보면, 1985년(0.60)에 비해 2004년(0.66)에 밀도가 더 높게 나타났는데, 이는 응답자들이 1985년에 비해 2004년에 핵심 상의자들과 더 오랜 기간 알고 지낸 더 긴밀한 사이로서 더 자주 연락하며 지낸다는 것을 의미한다. 결국 핵심 상의자의 수는 줄어들었지만 줄어든 상의자와는 더 긴밀하게 연락하며 지낸다는 것이다(pp.359~361).

맥퍼슨 등은 1985년과 2004년 사이의 이러한 변화가 인터넷과 휴대폰 등의 미디어 이용과 어떤 관계에 있는가를 직접적으로 규명하지는 않았다. 그럼에도 불구하고 연구 보고서의 말미에서 그들은 그러한 변화가 휴대폰과 인터넷의 영향 때문일 것이라는 주장을 내세운다. 휴대폰과 인터넷과 같은 미디어 기술이 특정 네트워크의 지리적인 소통 영역을 크게 확장하고 집 바깥에서의 만남을 확대함으로써 집에서 가족, 이웃, 친구들을 면 대 면으로 만날 수 있는 가능성을 그만큼 줄였다는 것이다. 인터넷 이용은 가정에서 서로 직접적으로 소통하는 것을 제약함으로써, 핵심 네트워크 상의자들과 강하고 밀도 있게 상호작용하게 만들기보다는 상당히 폭넓긴 하지만 덜 지역 밀착적인 약한 연대를 더욱 고양시킬 수 있다고 보았다(p.373).

그러나 그로부터 3년 뒤 휴대폰과 인터넷이 미국인의 고립을 증대시킬 수 있다는 맥퍼슨 등의 이러한 분석 결과에 대한 반론이 제기되었다. 햄프턴 등(Hampton et al., 2009)은 맥퍼슨 등의 연구를 비판적으로 검토한 후 일부 방법론적 보완을 통해 2008년 퓨 인터넷 프로젝트로 새로운 조사를 실시했다. 연구의 핵심 주제는 인터넷과 휴대폰이 미국인들에게 미친 영향을 조사한 것으로, "미국인들은 과거에 비해 더욱더 고립되었는가?" "핵심 상의 네트워크의 크기(수)가 변했는가?" "인터넷과 휴대폰 사용이 사회적 고립 혹은 핵심 상의 네트워크의 크기나 다양성과 어떤 관계에 있는가?" "인터넷이나 모바일 폰이 사람들을 이웃 네트워크나 지역 사회에의 참여를 위축시키는가?" "정보 통신 기술의 사용이 넓고 다양한 인적 네트워크에 기여하는가? 아니면 작고 고립된 네트워크에 기여하는가?" 등을 알아보고자 했다. 핵심 상의 대상자에 대해서도 햄프턴 등의 조사에서 행했던 "…… 당신의 중요한 문제를 누구와 상의하는가?"(이전 연구와는 달

표 11-7 핵심 상의 네트워크의 크기(2008)

네트워크 수	표본(N=2,162)	인터넷 이용자(N=1,642)	휴대폰 이용자(N=1,671)
0	12.0%	9.7%	11.1%
1	34.9%	32.8%	32.8%
2	23.1%	23.5%	24.2%
3	15.4%	17.7%	16.4%
4	7.8%	8.7%	8.1%
5	6.8%	7.4%	7.4%
평균	1.93	2.05	2.00
최빈값	1.00	1.00	1.00
표준편차	1.38	1.38	1.39

* 여기서 핵심 상의 네트워크는 자신의 중요 문제를 상의하는 사람의 수를 말함.

출처: Hampton et al., 2009: 28.

리 5명까지만 이름을 대게 함)와는 별도로 "…… 당신의 인생에서 특별히 의미 있는 사람들은 누구인가?"도 아울러 답하게 했다(pp.20~21).

조사 분석 결과, 핵심 상의 네트워크가 없다고 한 응답자 비율은 12.0%로, 맥퍼슨 등의 2004년 결과인 24.6%보다 크게 줄어든 것으로 나타났다. 응답자의 핵심 상의자(중요 문제 상의자)의 크기(수) 평균은 1.93명으로 맥퍼슨의 2004년 결과(2.08)보다 약간 작은 것으로 나타났다. 그러나 이 평균치는 2004년 조사의 경우는 6명 이상까지를 답하도록 한 것인 데 비해, 2008년 조사는 5명까지만 적도록 했기 때문에 서로 비교하는 것이 적절치 못하다. 2008년 조사는 앞서 언급한 대로 보완된 방법에 의해 핵심 상의자 네트워크를 중요 문제에 대한 상의자 외에 특별히 의미 있는 사람까지를 포함해서 측정했다. 그 결과는 평균치가 3.05명으로 나타났으며, 이 경우 핵심 상의 네트워크

표 11-8 조정된 핵심 상의 네트워크의 크기(2008)

네트워크 수	표본(N=2,258)	인터넷 이용자(N=1,711)	휴대폰 이용자(N=1,728)
0	5.8%	5.1%	5.1%
1	17.4%	16.7%	16.7%
2	21.1%	19.4%	20.9%
3	19.0%	19.5%	19.1%
4	14.8%	15.6%	14.8%
5	11.0%	12.1%	11.9%
6	5.8%	6.0%	6.1%
7	2.5%	2.9%	2.6%
8	1.4%	1.6%	1.6%
9	0.5%	0.5%	0.6%
10	0.6%	0.6%	0.8%
평균	3.05	3.17	3.15
최빈값	2.00	3.00	2.00
표준편차	1.94	1.95	1.97

* 여기서 핵심 상의 네트워크 수는 중요 문제 상의자와 특별 의미자를 합친 수를 말함.

출처: Hampton et al., 2009: 41.

가 없다고 대답한 응답자는 5.8%에 그쳤다. 이 역시 개념 정의를 달리했기 때문에 2004년 결과와 그대로 비교하기는 어렵다. 다만 여기서 같은 기준으로 정확히 비교 가능한 것은 자신에게 중요한 문제에 대해 상의하는 사람이 없다고 대답한 사람의 비율에 관한 것이다. 그것은 2004년의 24.6%보다 훨씬 적은 12.0%로 1985년의 10.0%와 오히려 가깝다. 2004년에 비하면 절반 이하로 줄어든 비율이다. 이는 미국인들이 인터넷과 휴대폰 사용으로 인해 더욱 고립되었다고 하는 맥퍼슨 등의 주장을 뒤집는 조사 결과다.

바로 그 연장선상에서 햄프턴 등은 인터넷과 휴대폰 이용자들이 평균적인 미국인들보다 핵심 상의 네트워크가 없는 경우의 비율이 더 낮은 것으로 나타났다고 보고하고 있으며, 휴대폰 이용자와 인터넷(인스턴트 메시징) 이용자는 각각 12%와 11% 더 큰 핵심 상의 네트워크를 가진다고 했다(p.42). 인터넷 이용자들은 중요 문제 상의 대상자가 배우자 외에도 다른 사람일 가능성이나 비친족일 가능성이 비이용자들보다 높고, 더 다양한 인종의 절친한 친구를 가질 가능성이 비이용자보다 높은 것으로 나타났다. 인터넷을 이용하여 SNS를 하는 사람들은 보다 다양한 사회적 관계망을 형성하는 것으로 나타났다. 또한 인터넷과 휴대폰 이용자는 비이용자보다 지역 단체에 소속될 확률이 더욱 높고 공공장소를 방문할 가능성도 더 높은 것으로 나타났으며, 인터넷의 지역 공개 토론 이용자는 일반 미국인들보다 이웃과 더 긴밀한 관계에 있는 것으로 나타났다. 즉 이웃에 대해 알고(60% vs. 40%) 이웃과 대화를 하고(79% vs. 61%) 이웃의 고충을 들어주며(70% vs. 49%) 이웃의 도움을 받은 적이 있는(63% vs. 36%) 경우가 훨씬 더 많았다(p.60).

요컨대, 햄프턴 등의 보다 최근 연구는 인터넷과 휴대폰 등 새로운 미디어 기술로 인해 미국인은 더 고립된 것이 아니며, 그와는 반대로 자신의 중대사에 대해 상의할 사람이나 자신에게 특별한 의미를 갖는 사람과의 네트워크가 오히려 확대되는 경향이 있으며, 인터넷과 휴대폰을 이용하는 사람들이 더 크고 다양한 사회적 관계망을 형성하며, 이웃과의 교류나 지역 사회 참여가 더욱 활발하다는 결론을 내렸다. 이는 그에 앞선 맥퍼슨 등의 연구 결과와는 상반되는 결론으로 새로운 미디어 기술이 사람들을 더욱 개인화시키고 파편화시키며 더욱 고립시키는지, 아니면 더욱 폭넓은 대인 관계와 적극적인 사회 참여를 가능하게 하는 것인지, 더 많은 사례들을 통해 검토해 봐야 할 것이다.

4. 공론권 구조변동론의 부활?

새로운 디지털 미디어가 보다 자유롭고도 직접적인 의견 개진과 보다 민주적인 토론과 여론 형성의 장이 될 것이라는 낙관적 전망은 이미 많이 제기된 바 있다. 앞서의 주류 정보사회론자들은 물론 사이버사회론, 네트워크사회론, 유비쿼터스사회론 등에서도 그런 전망 혹은 희망들이 많이 제기되었다. 그러나 그와는 달리 새로운 미디어 기술이 오히려 기존의 '공론권'을 위축시키거나 변질시킨다는 주장도 나온다. 새로운 미디어 기술에 의해 형성되는 사이버공간이나 인터넷 공간 혹은 모바일 상황이 새로운 공적 여론 형성을 위한 민주적 소통 공간이 되는 것이 아니라 오히려 기존 지배 집단의 사적 이익 증진을 위한 도구적 공간으로 변질된다는 지적이다. 때로는 권력을 견제해야 할 공론권 자체가 스스로 권력화함으로써 억압과 지배의 도구로 전락한다는 지적도 있었다. 때문에 새로운 정보 통신 기술에 의해 형성되는 새로운 공간이나 네트워크가 자유로운 소통과 합리적인 여론 형성을 위한 열린 공간이 될 수 있는가를 놓고 여전히 논쟁 중에 있다.

바로 이 지점에서 독일의 사회철학자 위르겐 하버마스가 던진 '공론권Öffentlichkeit/public sphere/公論圈'[127] 개념이 논쟁의 핵심에 와 있

127 독일어 Öffentlichkeit 혹은 영어로 public sphere를 우리말로 '공개장,' '공적 영역,' '공공

다. 하버마스는 본래 서구 사회가 산업 혁명과 시민 혁명 등을 거치면서 봉건적인 사회에서 근대적인 시민 부르주아 사회로 이행하면서 '공론권'이라는 새로운 영역이 생성되고 발전해 온 과정을 설명했으며, 나중에는 그것이 변질되었다고 비판했다. 하버마스가 말하는 공론권은 간단히 말해서 "여론이 형성되는 장"이다.[128] 따라서 그것이 봉건적인 질서를 혁파하고 새로운 근대 부르주아 시민 사회를 형성, 발전시키는 데 나름의 큰 기여를 했지만, 나중에 가서는 오히려 지배 집단을 위한 도구가 되거나 스스로 권력 집단화됨으로써 공론권의 본래 기능이 변질, 왜곡되고 오히려 사람들을 오도하고 억압하는 것이 되었다는 것이다. 그 대표적인 공론권이 정당과 의회와 언론 혹은 매스 미디어다. 특히 언론 등의 매스 미디어는 여론을 대변하거나 형성하는 시민 부르주아 공론권의 가장 대표적인 기관의 하나였음에도 불구하고, 정치·경제적인 권력 집단 혹은 스스로의 의견이나 입장을 마치 여론인 양 위장하고 홍보함으로써 여론을 오히려 조작하고 만들어 내기까지 한다는 것이다. 하버마스는 이를 '제조된 공론권 manufactured public sphere'이라고 비판했다.

여기서는 '제조된 공론권' 개념을 중심으로 하버마스의 '공론권' 논의를 먼저 소개하고, 디지털 미디어 환경에서도 진정한 공론권이 위축되거나 변질되고 있다는 비판적 관점을 검토해 보고자 한다.

영역' 등으로 번역하기도 하나 이는 추상성이 높고 구체성이 결여되어 있기 때문에 '공론권'으로 하는 것이 큰 무리가 없을 것이라고 했다(최정호, 1986: 96). 따라서 여기서도 '공론권'이라는 용어를 사용한다.

128 하버마스의 공론권 개념에 대한 우리말 번역을 보면 "그 속에서 공론 비슷한 것이 형성되는 우리들의 사회생활의 한 영역"(최정호, 1986: 96) 혹은 "여론과 같은 것이 형성되는 사회적 삶의 영역"(김재현 외, 1996: 25) 등이다. 즉 "여론이 형성되는 영역"이라는 의미다.

1) 하버마스의 공론권 구조변동론

하버마스의 '공론권' 개념은 그의 교수 자격 논문을 출판한 《공론권의 구조 변동*The Structural Transformation of the Public Sphere*》(1961)에서 본격적으로 등장한다. 그는 서구 사회의 봉건적 질서가 붕괴되고 부르주아 시민 사회가 형성되어 가는 과정에서 새로운 '공론권'이 생성되고 발전해 왔다고 보았다. 본래 공론권의 가장 큰 특징 중 하나는 '공개성公開性'이다. 중세 봉건 사회의 공론권은 지배자 혹은 지배 세력의 위엄과 권위를 다중多衆들에게 드러내는 것으로서 이를 '과시誇示' 공론권이라고 했다. 하지만 근대 부르주아 공론권은 — 나중에 시민 부르주아 계급으로 성장하는 — 사적 개인들이 일정한 공간에 모여서 서로 의논하는 과정에서 생겨나고 구체화되고 제도화되었다. 초기에는 주로 살롱이나 커피숍, 찻집 등에서 문학과 예술을 중심으로 사람들이 모여 서로의 생각을 주고받던 문예적 공론권으로 출발했지만, 점차 서로의 정치적 사상과 생각들을 교류하고 논의하고 때로는 합의하기도 하는 정치적 공론권으로 발전해 갔다. 그에 따라 공론권은 점차 자유롭고 민주적인 여론 형성의 열린 공간이 되었고, 그것이 부르주아 혁명의 성공과 만나면서 정당과 의회와 언론 기관 등으로 제도화되었다는 것이다. 하버마스는 언론을 포함한 매스 미디어가 한동안은 시민들에게 필요한 정보를 제공하고 시민들의 진정한 여론을 반영하는 공론권의 핵심적 요체로서 기능했다고 보았다. 권력에 대한 견제와 감시와 비판도 공론권의 중요한 역할이었다. 공론권 자체가 열린 공간이면서 서로 동등한 입장에서 자유롭게 비판하고 비판받기도 하는 그런 공간이었다. 그러나 19세기 말에 이르러 정당과 의회는 물론 언론은 진정한 공론권으로서의 본래의 역할과 기능에서 벗어나, 새로운 권력 기관이 되고 스스로의 권력을 과시하면서 다수 민중을 억압하는 지배 권력이 되어 버렸다. 새로운 지배 집단이 자신들을 합리화하고 과시하는 왜곡된 공론권으로 변질되어 버렸다. 이를 하버마스는 "공론권의 재봉건화"라고도 하고 "체계에 의한 생활세계의 식민화"라고도 했다. 공론권이 더 이상 공적인 이익을 위한 정보 제공 및 여론 형성의 장이나 그 매개적 수단이 아니라, 특정 사익을 위한 홍보 수단이거나 여론 조작의 도구에 불과한 것이 되어 버렸다는 것이다. 이처럼 초기의 진정한 공론권이 '제조된 공론권'으로 변질되는 역사적 과정을 두고(Habermas, 1962/2001: 331~350 참조), 하버마스는 "공론권의 구조 변동"이란 말을 했던 셈이다.[129]

특히 하버마스는 시민 부르주아 공론권이 나중에 가서는 사적 개인들이 모여 공개적으로 공적 논의를 통해 진정한 공론 혹은 여론을 형성하는 것이 아니라 매스 미디어를 통한 각종 광고와 홍보 활동을 통해(pp.293~330 참조), 주로 지배 권력인 사적 개인들이 마치 공개적이고 공적인 것으로 위장하여 — 실은 은밀한 방법으로 — 자신을 드러내고 과시함으로써 다중을 호도했다는 것이다. 공론권이 다시 스스로의 힘을 전시하고 과시하는 중세 '과시 공론권'으로 회귀한 셈이다. 하버마스는 그런 의미에서 '공론권의 재봉건화'란 말을 썼을 것이다. 공

129 하버마스의 말을 그대로 빌리면, "국가의 점진적인 사회화와 동시에 관철되어 가는 사회의 국가화에 의해 국가와 사회의 분리라는 부르주아 공론권의 기초가 붕괴되었으며…… (중략) …… 공론장의 몰락은 공공 영역과 사적 부문 관계의 구조적 변형 일반에 그 원인이 있었다."(p.246). 그리고 "부르주아 공론장 모델은 공공 영역과 사적 부문의 엄격한 분리를 전제로 했는데…… 이제 공공 영역과 사적 부문이 교착함에 따라 이 모델은 적용할 수 없게 된다…… 공공 영역과 사적 부문의 통합에 상응하여 특히 한때 국가와 사회를 매개했던 공론장의 해체가 일어났다"(pp.237~238).

적, 공개적, 상호작용적, 비판적이어야 할 근대 공론권은 사적, 폐쇄적, 일방적, 무비판적(오히려 홍보적)인 영역으로 변질되었다는 것이다.

그런 점에서 하버마스는 서구 사회의 매스 미디어가 진정한 공론권이 되지 못했다는 점에 대해 매우 비판적이다. 그렇다면 인터넷과 SNS 등 디지털 미디어에 의해서 만들어지는 사이버공간, 인터넷 공간, 네트워크 상황에서는 진정성 있는 새로운 공론권의 부활을 기대할 수 있을까? 하버마스는 《공론권의 구조 변동》 1990년 신판 서문에서 "매스 미디어에 의해 선先구조화되고 동시에 지배당하는 공론권은…… 권력화한 투기장으로 성장하였다"면서 '권력화한 공론권'에 대해서는 여전히 비판하면서도(p.32), "전자적 대중 소통의 점증하는 선택 강제에 의해 그 하부 구조가 각인되는 공론권의 민주적 잠재력이 양가적이라는 사실을 많은 점이 말해 준다…… 민주주의론에 어떤 결과를 가져올 것인가는 알 수 없다"며 유보적인 자세를 취했다(p.55).

2) 공공 정보의 상업화와 공론권의 위축[130]

하버마스의 견해에 기본적으로 동의하는 프랭크 웹스터(Webster, 2006) 역시 오늘날 매스 미디어에 의한 광고와 홍보 활동 등이 판을 치는 공론권은 본래적 의미의 진정한 공론권이 아니라고 본다. 하버마스의 말대로 '제조된 공론권'에 불과하다는 것이다. 웹스터는 시민사회 출현 이후 점차 강화되어 온 자본의 지배에 의해 공론권이 손상

130 이 내용은 프랭크 웹스터의 생각을 필자가 나름대로 재구성한 것이다(Webster, 2006: 169~198 참조).

되지 않도록 하기 위한 사회적 장치로서 전문가들을 중심으로 한 공적 서비스 기관들이 발전하게 되었지만, 이 역시 자본주의의 발전 과정에서, 그리고 정보 통신 기술이 발전해 가는 맥락 속에서 본래의 공적 서비스 정신public service ethos이 점차 쇠퇴하고 있음을 강조한다(p.166). 그는 특히 공영 방송이나 공공 도서관, 정부 통계 기관 등 공공 정보 영역에서 과거 보편적인 정보 서비스가 가능했던 부분들이 점차 약화되거나 위축되어 가는 추세에 주목한다(pp.169~189 참조). 기존의 공적인 정보 서비스 제도는 본래 공론권의 보호를 위해 공공성이나 공익성의 원리에 의해 운영되고 따라서 많은 사람들이 무료로 그러한 정보에 접근할 수 있도록 하였지만, 자본주의가 발전해 가는 과정에서 점차 상업화되고 시장 원리에 의해 지배되는 추세를 보인다는 것이다. 그리고 새로운 정보 통신 기술의 발전에 따라 과거보다 더욱 많은 정보에 접근할 수 있는 기술적 여건이 확보되었음에도 불구하고 이 역시 상업적인 원리가 강조됨에 따라 현실 도피적인 오락물이나 특정한 이해관계가 개입된 정보 등 신뢰성이 없고 왜곡된 정보가 더욱더 많아지는 등 상황은 더욱 악화된다는 것이다. 이 역시 공론권이 변질되고 위축되어 가는 현상으로 보았다.

예컨대, 전통적인 공영 방송(예: 영국의 BBC)은 본래 상업적인 이해관계를 초월하여 공적인 문제에 대해 보다 공정한 정보 제공자, 그리고 시청률에 연연하지 않고 사회의 다양한 계층을 위한 프로그램 제공자의 역할이 강조되었다. 그러한 이유로 상업 방송이 광고 수입에 주로 의존하는 것과는 달리 공영 방송은 준조세나 다름없는 시청료로 운영되는 것이 일반적이었다. 그러나 1970년대 말 이후 TV 수상기의 보급이 거의 포화 상태에 이름에 따라 시청료 수입의 증가가 둔화되는 반면, 민영 상업 방송과의 경쟁에서 방송 제작비가 급상승하고 새로운 방송 기술 개발에 대한 투자가 확대되면서 '공영 방송' 위기론이 대두되었다. 이에 따라 공영 방송 본래의 공적 서비스 문제는 차츰 뒷전으로 물러나고 공영 방송도 일정 정도 시장 논리를 따라야 한다는 입장이 강조되었다. 공영 방송도 광고 방송을 하고 보다 적극적으로 시장 개척을 할 수 있도록 규제 완화해야 한다는 논리가 적극적으로 대두된 것이다. 특히 기존의 지상파 방송이 전통적인 공영 방송 체제를 유지하기가 점차 어렵게 되는 상황에 더하여 케이블 TV나 위성 방송 등 새로운 뉴 미디어 방송이 출현하고 방송 미디어의 멀티미디어가 진전되면서 이러한 시장 논리, 상업화 논리는 더욱 강조되었다. 다매체 다채널화되는 상황에서 이제 방송도 시장 논리에 따라 이윤 창출을 도모하는 비즈니스가 되어가고 있으며, 방송에 대한 민간 자본의 참여(= 민영화)도 더욱 적극적으로 전개된다. 그에 따라 자본과 권력의 논리를 배제하고 다수 시민의 보편적 이익을 보장하기 위한 공론권으로 출발했던 공영 방송 자체의 위상이 약화되고 있음은 물론, 전체 방송 미디어에서 공영 방송이 차지하는 상대적 비중도 훨씬 위축되는 것이 사실이다.

공영 방송의 위축과 함께 공론권으로서의 방송의 역할이 약화되는 한편으로 방송의 상업화는 공적 정보 제공과는 무관한 프로그램의 오락화를 더욱 부채질하고 있으며, 시민적 차원에서 좀 더 선택 가능한 양질의 정보를 공급받기 위해서는 유료화된 뉴 미디어 방송을 시청해야 하는 상황으로 변하고 있는 것이다. 지불 능력에 상관없이 모든 사람들에게 공적 정보를 제공한다던 공영 방송의 공론권 이념이 퇴조를 보이는 대신, 방송 미디어를 통해 보다 양질의 정보를 얻고 의미 있는 프로그램을 시청하기 위해서는 이제 보다 많은 요금을 지불하여야 하는 상황으로 가는 것이다. 그래서 어떤 이는 정보 사회를

'프로그램을 본 만큼' 혹은 '정보 미디어를 이용한 만큼' 요금을 지불하는 사회pay-per society라고 부르기도 했다(Mosco, 1989).

또한 공론권 보호를 위한 또 다른 전통적 공공 정보 서비스 기관이라고 할 수 있는 공공 도서관 역시 점차 위축되어 왔다는 지적이다. 본래 서구 사회에서 발전한 공공 도서관 역시 정보란 것은 누가 전유하거나 사적으로 소유하는 것이 아니라는 발상에서 시작된 것이다. 자신에게 필요한 정보를 얻기 위해 시민 누구나가 공공 도서관을 이용할 수 있도록 한 것이다. 비록 그 설립이나 운영이 국세나 지방세 등에 의해 이루어졌지만 정치적 이해관계와는 무관하게 자율적으로 운영되었다. 그러나 공영 방송과 마찬가지로 영국을 비롯한 서구 국가들의 경우 1970년대 말부터 정부 보조가 줄어들면서 도서관 이용자들에 대한 이용료 부가와 도서관의 민영화 움직임이 확대되는 상황이다. 이러한 추세에 따라 이제 공공 도서관의 경우도 누구나 이용할 수 있는 보편적 정보 서비스 기관이라는 인식에 변화가 오게 되었다. 점차 정보 이용을 위해서는 일정한 이용료를 지불해야 하는 상황으로 바뀐다는 것이다. 특히 이러한 비판적 견해는 공공 도서관에 온라인 서비스 체제가 도입되면서 컴퓨터를 이용한 정보 검색의 유료화가 급진전되는 상황에 주목한다. 과거의 공공 도서관에서는 누구나 무료로 자기에게 필요한 정보를 얻을 수 있었으나, 온라인화되는 도서관에서는 일정한 요금을 지불해야만 필요한 정보를 얻을 수 있게 되었다. 공공 도서관도 '공적인 자원'으로서의 정보는 이제 거래 가능한 '상품'으로 바뀐다는 것이다. 이에 따라 과거에는 누구에게나 보편적 서비스가 가능하던 것이 이제는 가난한 사람보다는 보다 부유한 사람의 경우에, 그리고 개인 이용자보다는 기업이나 조직 이용자의 경우에 유료 정보에 접근하는 것이 용이해지는 사회적 불평등 구조가 점차 심화되고 있음을 지적한다. 이 역시 본래의 공론권 이념이 점차 붕괴되어가는 상황을 말해 주는 한 국면이라는 것이다.

한편 시민 사회의 공론권 형성에서 매우 중요한 역할을 수행해 온 것이 정부 정보 서비스 기관이다. 공적 기관으로서의 정부는 시민 생활과 관련된, 그리고 시민 생활에 필요한 공적 정보가 가장 많이 발생하는 곳이다. 올바른 공론권 형성을 위해서는 시민들이 그러한 정보에 대해 반드시 알아야 하고 또한 알 필요가 있다. 그래서 정부의 정보 서비스 기관은 각종 통계를 비롯한 공공 정보를 만들고 제공한다. 그리고 이에 대한 시민의 보편적 접근권을 보장하는 것을 일반 원칙으로 한다. 이러한 정부 정보는 투명해야 하고 사실에 대한 올바른 기록이어야 한다. 물론 국가에 따라 상당한 차이가 있다. 어떤 나라의 경우는 정부 정보의 공개에 매우 적극적인 반면, 어떤 나라의 경우에는 상당한 제약이 존재한다. 일반적으로 시민 사회적 경험이 풍부한 서구 사회의 경우, 상대적으로 정부 정보(또는 통계)의 작성과 공개에 적극적이다. 그러나 공론권 구조변동론 관점에서는 이러한 서구 국가의 정부 정보 공개 관행에도 점차 새로운 제약 요인들이 대두되고 있으며 더욱 강화되어 왔다고 비판한다. 한편으로는 정부 정보마저도 상품화되어 왔으며, 다른 한편으로는 그러한 정보가 더욱 정치화되어 왔다는 것이다.

정부 정보의 상품화는 그러한 정보를 작성하고 이를 공급하는 데 필요한 정부 보조가 점차 삭감되는 데 비해 정부 정보를 이용하고자 하는 시민들에게 부과되는 비용은 점차 증대되고 있기 때문이라는 것이다. 정부 정보의 이용도 무료이던 것이 점차 유료화된다. 과거 비매품이던 것이 이제는 일정한 요금을 내야 접근할 수 있는 것으로 바뀌는 것이 그 예다. 특히 정부 정보의 데이터베이스(예: 공공 DB)

구축에 따라 일반인들의 비용 부담은 더욱 증가한다는 지적도 있다. DB 구축에 필요한 세수稅收의 증대, DB 접근에 따른 통신료의 부가, 공공 정보 사용에 대한 이용료 지불 등이 그러한 것들이다.

또한 정부 정보의 정치화는 통계 자료 등을 마련하고 공급하는 과정에서 정치인이나 집권 여당 등의 개입에 따라 정부 정보가 오염되거나 왜곡되는 사례가 늘고 있다는 것이다. 통계 자료를 특정 정치 집단에 유리하게 구성하거나, 불리한 통계 자료의 출판이나 공급을 줄이는 정치적 시도가 이루어지며, 통계 자료의 공표 시기를 정치적 이해에 따라 조정하는 등의 정치적 개입이 더욱 교묘하게 이루어지고 그러한 추세가 증대된다는 지적도 있다. 이러한 정부 정보의 상품화와 정치화는 결과적으로 사실적이고도 충분한 정부 정보에 누구나 쉽게 접근할 수 있는 조건을 약화시키고 기회를 그만큼 줄임으로써 올바른 공론권 형성에 장애가 된다. 특히 정부 정보를 수집, 처리, 유포하는 과정에 첨단 정보 통신 기술이 도입되고 이용됨에 따라 정부 정보의 왜곡이나 오염 가능성은 더욱 높아지고 있다는 지적이다.

뿐만 아니라 오늘날의 정보 통신 기술은 기업 광고나 정치적 선전, 그리고 다양한 홍보 기법의 개발을 가능하게 만들고 있기 때문에 공론권 구조 변동론적 관점에서는 여론 조작의 가능성이 그만큼 더 많아졌다는 점에 주목한다. 이들 현대 광고 홍보 기법들은 시민들에게 사실에 대한 정확한 정보를 제공하기보다는 이미 고도로 계산된 논리에 따라 조작된 갖가지 허위 정보를 사람들에게 공급한다. 그 결과 사람들은 실제보다는 이미지에 현혹되고, 내용보다는 포장에 의해 판단을 흐리게 된다. 결과적으로 여론은 진정한 공론권에서 자연스럽게 형성되는 것이 아니라 '제조된 공론권'에서 오히려 관리되는 운명에 처한다. 오늘날에는 이처럼 위장되고 조작된 정보들이 지나치게 넘쳐남에 따라 공론권은 더욱 황폐화되고 위축될 수밖에 없다. 공론권의 위기는 오염된 정보에 의해 더욱 확대 재생산된다는 것이다.

3) 인터넷과 스마트폰을 통한 '제조된 공론권'

하버마스가 자신의 《공론권의 구조 변동》에서 가장 강조하는 개념의 하나가 바로 '제조된 공론권'인 것 같다. 공론권이라는 것이 규범적인 관점에서 '진정한 여론 형성의 장'이라고 했을 때, '진정한 여론'이란 다수의 사적 개인들이 어떤 제약 없이 자유롭게 자신들의 생각을 말하고 충분히 듣고 말하고 비판을 하고 비판을 받기도 하면서 일정한 공적 견해를 공유하게 될 때, 그러한 여과 과정을 거친 공적 견해가 진정한 여론일 수 있을 것이다. 그런 점에서 언론 기관이 참된 공론장이 되기 위해서는 어떤 내적, 외적 압력이나 제약 없이 누구나 자신의 생각을 말하거나 투고할 수 있을 만큼 개방적이어야 하고 합리적인 토론 과정을 거쳐 특정 사실이나 의견이 취사선택되어 보도되어야 한다. 그러나 하버마스도 그렇게 평가했고, 실제 언론도 그렇지 못하다는 것이 부정할 수 없는 현실이다. 어떤 언론도 이해관계로부터 자유롭지 못하며, 다종다양한 내적·외적 압력을 받으면서 최종 산품으로서의 기사나 프로그램을 생산, 공급한다. 때문에 매스 미디어로서의 언론이 참된 공론권이 되기를 기대하는 것은 나무에서 고기를 구하는 것과 같이 비현실적일지 모른다.

공론권 구조 변동론적 관점에서 보면, 역사는 매스 미디어로서의 언론이 공론권 역할을 제대로 못한 데 대해 매우 실망하고 있을 것이다. 때문에 매스 미디어가 아닌 새로운 미디어에서 공론권의 부활을 기대하는 움직임들이 있었다. 한때는 텔레비전과 같은 전자 미디어에서 원격 민주주의의 꿈을 꾸기도 했고, PC 통신이나 인터넷에서 전자 민주주의e-democracy나 사이버민주주의의 가능성을 내다보기도 했다. 특히 어느 사회에서나 기존의 매스 미디어가 정치·경제적인 권력 집단의 소유이거나 그러한 집단의 영향권 속에 있었다. 그렇기 때문에 특히 PC 통신, 인터넷, SNS(Social Network Service), 모바일 미디어 등이 매스 미디어에 의해 '잃어버린 공론권'을 되찾을 수 있는 대안 미디어 혹은 대항 미디어일 수 있다는 기대가 있었고, '빼앗긴 공론권'의 실지失地 회복을 위한 지난한 노력들도 많았다.

특히 우리나라의 경우, PC 통신, 인터넷, 팟캐스트, SNS 등은 젊은이, 진보 세력, 여러 소수파들이 자신들의 목소리를 내고, 자신들만의 취향 공동체를 만들거나 다양한 모듬살이를 하는 공간으로 많이 활용해 온 것이 사실이다. 기존 권력이나 지배 집단에 대한 저항과 비판의 공간으로 두각을 드러낸 예들도 많았다. 마치 그것은 중세 유럽에서 봉건적 질서에 저항하면서 새로운 근대적 질서를 만들어 나가던 시민 부르주아 공론권의 희망과 열기를 닮은 모습이었을 것이다. 한때는 저항하는 이들의 공간이었고, 권위적이고 위계적인 구질서를 타파하려는 열정으로 넘쳐나는 공간이었고, 거기에 참여하는 이들은 모두 자유롭고 평등하며 서로에 대해 격려도 비판도 모두 열려 있는 그런 공간이었다.

그러나 시간이 지날수록 그런 공간이 한편으로는 상업화되고, 다른 한편으로는 스스로 자기 권력화되기도 했으며, 때로는 여론을 조작하는 공간이 되기도 했다. 인터넷 공간이 새로운 돈벌이 공간이 되었고, 세계적인 신흥 갑부들을 만들어 내기까지 했다. 우리나라의 경우도 주요 포털은 최고로 돈을 많이 버는 미디어 기업이 되기도 했다. 인터넷에 홈페이지를 가진 크고 작은 많은 기업이 자신들의 웹페이지를 중요한 소통 공간으로 활용하기도 하지만 종종 파워 블로거나 아르바이트생의 힘을 빌려 소비자 여론을 조작하기도 했다. 페이스북이나 트위터, 카카오톡 등의 SNS 혹은 인터넷 메신저 서비스는 한동안은 진보적인 정치 세력이나 유권자들을 위한 정치 공론권 역할을 하기도 했다. 하지만 그러한 미디어들이 좀 더 폭넓게 대중화된 뒤로는 보수층의 정치 공론권으로도 활용되었다. 유튜브를 이용한 수많은 개인 방송에서 그런 양상을 본다. 또한 선거 때를 틈타서 국가 정보기관이나 군부대가 인터넷이나 스마트폰 등을 이용하여 여당 후보를 찬양하거나 야당 후보를 비방하는 댓글을 대량 살포함으로써 여론을 관리, 조작하려고까지 하였다. 새로운 '대안적 공론권'으로 기대를 모았던 여러 디지털 미디어마저 진정한 공론권으로 역할을 하지 못하고, '제조된 공론권'으로 전락하고 있는 생생한 사례들을 지금 여기의 우리들도 어렵지 않게 목격하거나 경험하고 있는 것이다.

4) 새로운 공론권마저 변질되어 갈 것인가

우리는 위에서 기존의 매스 미디어 환경에서 이미 진정한 공론권이 위축, 변질되어 왔으며 그것이 새로운 디지털 미디어 환경에서도 비슷하게 재연된다는 비관적인 견해에 대해 대략적으로 살펴보았다. 이러한 관점은 우리가 주류 정보사회론적 관점에서 통상적으로 들어 왔던 견해와 상당히 충돌한다는 느낌을 갖게 한다. 일반적으로 새로운 사회로의 이행을 지지하는 여러 낙관적 관점에서는 정보 사회 혹은 유비쿼터스 사회란 "누구나 자신에게 필요한 정보를 쉽게 얻을 수 있고 언제 어디서나 용이하게 접근할 수 있는 사회"쯤으로 묘사하기 때문이다. 그러나 공론권 구조변동론적 관점에서는 오히려 기존의 공적 서비스 정신에 입각해서 이루어져 왔던 보편적 정보 서비스가 정보 통신 기술의 발전과 그것의 제도화 과정에서 오히려 약화되고 있음을 지적한다. 그 근거로 공적 서비스를 위한 공공 지출의 감소, 시장 논리의 득세, 그에 따른 정보 서비스의 상업화, 여론 관리 기법의 발전 등을 들고 있다. 웹스터의 견해에서 보듯이, 정보 통신 기술의 발전과 새로운 미디어의 등장이 오히려 그러한 추세를 더욱 강화시킨다. 그리고 사람들로 하여금 보다 쉽고 다양하게 소통할 수 있고 의견을 한데 모을 수도 있는 각종 스마트 미디어의 등장과 이용이 오히려 유권자나 소비자의 여론을 조작하고 관리하는 수단으로 전락하는 경우도 보게 된다.

우리는 여기서 명분과 실제 사이의 괴리를 느낀다. 새로운 디지털 미디어 기술이 급속히 개발, 보급, 이용되는 현재의 추세 속에서 실제 우리는 자신에게 필요한 의미 있는 정보를 쉽고 충분하게 얻고 있는지, 또는 모든 국민이 주권 시민으로서 차별 없이 그러한 정보에 접근하고 있는지 자문해 보게 된다. 새로운 미디어 환경 속에서 우리가 접하는 정보가 공적인 문제에 대해 합리적인 토론을 하는데 진정으로 도움이 되는 것들인지, 아니면 그러한 논쟁과는 무관한 정보 더미나 오락물의 홍수에 불과한 것인지를 되돌아보게도 된다. 아마도 현재로서는 어떤 단정적인 예단을 하는 것이 시기상조일지도 모른다. 그러나 공론권 구조변동론적 관점은 지나치게 이상적 명분에 길들여져 있는 우리에게 현상을 좀 더 조심스럽게 바라보게 만드는 자극이 될 수는 있다. 새로운 미디어와 정보 환경 속에서 계속 재구성되는 공론권이 적어도 기득 세력에 의해 여론이 관리되고 조작되는 '제조된 공론권'으로 전락하지 않고, 참된 여론을 반영하고 형성하는 진정한 공론권으로 진화할 수 있도록 하는 비판적 성찰과 실천적 노력이 요구된다.

12장

한국 사회의 디지털 미디어 기술과 사회 변동

앞서 말한 것처럼 기술이란 인간의 욕망과 지혜가 서로 어우러져 만들어 낸 구체적인 성과물이다. 미디어 기술도 마찬가지다. 사람들 사이의 의미 공유와 정보 전달 및 상호 소통communication을 보다 효과적, 효율적으로 실현하려는 인간의 욕망에 당대에 가능한 지식과 지혜가 일정하게 작용하여 만들어 낸 성과물이 바로 미디어 기술이다.

보다 정확하게, 보다 빠르게, 보다 멀리, 보다 효과적으로, 필요하다면 보다 많이, 보다 오래 일정한 의미를 보존하고 전달하고 공유하려는 인간의 욕구가 그것을 실현 가능하게 하는 지혜와 결합함으로써 미디어 기술이 꾸준히 발전해 왔고, 그때그때 새로운 미디어들이 등장했다고 볼 수 있다. 디지털 미디어 역시 그러한 역사적 궤적 속에서 발전을 거듭해 온 미디어 기술의 현대적인 발현체다.

디지털 미디어 기술은 2차 세계 대전 이후 등장한 정보 처리 및 저장 기술로서의 컴퓨터와 정보 전달 및 소통 기술로서의 유무선 네트워크 기술의 발전에 힘입어 그동안 지속적으로 발전해 왔다. 특히 1970년대 말 이후, 선진국들이 정보 산업 육성 정책을 본격적으로 추진하고, 산업의 정보화와 정보의 산업화는 물론 인터넷과 같은 디지털 네트워크의 확장과 고도화 과정을 거치면서 디지털화를 가속화시켜 왔다. 1990년대 초 중반 월드 와이드 웹이 등장하고, 멀티미디어 PC의 이용이 가능하게 됨으로써 인터넷은 범세계적인 소통의 네트워크로 발전하고, 신문, 방송, 통신 등 기존의 여러 미디어도 디지털화를 가속함으로써 미디어 융합convergence이 가능한 단계로 발전했다. 21세기로 접어든 현 단계에서는 이러한 미디어 간 디지털 융합과 광대역 유무선 통합망의 발전 등에 힘입어 많은 사람들이 모바일 상황에서도 정보 검색과 전달 및 상호 소통은 물론 다양한 일과 놀이를 할 수 있는 단계로까지 발전했다. 이른바 스마트 미디어 시대를 즐기고 사물 인터넷과 유비쿼터스 미디어 환경 등을 구현해 나가는 단계에 접어들고 있다.

이는 지금 여기의 우리 사회도 마찬가지다. 1980년대의 '정보화' 정책 추진 이후, 특히 2000년대에 접어들어 디지털화가 가속화되면서 새롭고 다양한 미디어들이 계속 쏟아져 나오고 있다. 한편으로는 여러 가지 미디어들이 새롭게 등장하는가 하면, 다른 한편으로는 하나의 미디어를 통해서 여러 가지 일과 놀이를 할 수 있는 상황을 접하고 있다.

미디어가 디지털화된 후 우리 사회에 등장한 새로운 미디어들을 생각나는 대로 열거해 보자. 컴퓨터, PC, 노트북, 넷북, PC 통신, 인터넷, 초고속 인터넷, 휴대 인터넷, HSDPA, 인터넷 포털, 인터넷 신문, 인터넷 방송, 웹 TV, 웹진, 디지털 이동 통신, GMPCS, 디지털 위성 방송, 지상파 DTV, 디지털 케이블 TV, DMB, TV 포털, IPTV, 3DTV, UCC, 블로그, 마이크로 블로그, SNS…… 그러다가 최근에는 스마트폰, 태블릿 PC, 스마트 TV 등이 크게 부상했다. 또한 4차 산업 혁명의 기반 기술인 사물 인터넷(IoT)과 빅 데이터 및 인공 지능 기반의 지능형 미디어 시대가 본격화되고 있다.

먼저 컴퓨터만 하더라도 가정과 직장, 학교 등에 있는 데스크톱 컴퓨터를 비롯해서 노트북 PC, 태블릿 PC 등의 이용이 가능하고 휴대폰과 PDA와 같은 개인 휴대 단말기를 이용하여 다양한 일과 놀이를 할 수 있다. 또한 인터넷을 이용하면 인터넷 신문은 물론 인터넷 라디오 방송, 웹 TV, 웹진, TV 포털, 인터넷 전화, SNS 등을 이용할 수 있고 웹 서핑을 통한 각종 정보 검색은 물론 자신의 일정 관리와 메일 전송, 게임, 쇼핑, 예약, 은행 거래, 주식 투자 등도 얼마든지 할 수 있다. TV 방송만 하더라도 기존의 지상파, 케이블, 위성 TV 방송 외에 주문형 비디오 서비스(VOD), 데이터 방송, DMB, IPTV, 3DTV, OTT, N 스크린 등 새로운 방송 서비스들이 계속 등장한다. 과거에는 통신하면 공중 통신망을 이용한 음성 전화가 대종을 이루었는데, 이제는 SMS, 화상 전화, 인터넷 전화도 일상화되어 있다. 이미 다양한 모바일 융합 서비스가 가능한 4G LTE 시대를 넘어 사물 인터넷 기반의 5G 시대로 접어들었다.

이처럼 미디어 디지털화에 의해 한편으로는 다양한 신종 미디어들이 새롭게 파생, 분화되어 나오는가 하면, 다른 한편으로는 미디어의 디지털화에 의해 기존의 여러 미디어 기능들이 통합된 다기능 융합 미디어가 등장하고 있다. 즉 이동 중에 있는 사람이 더욱 고성능화되고 다기능화된 스마트폰이나 태블릿 PC 하나만 가지고 있으면 기존의 미디어들이 수행했던 대부분의 일과 놀이들을 언제 어디서든 시간과 장소의 구애를 크게 받지 않고 쉽게 행할 수 있게 됐다. 가정이나 직장 등 고정된 장소인 경우에는 스마트 TV 하나만으로도 다채널·고화질의 방송과 동영상 서비스, 고품질의 통신과 인터넷 서비스, 홈네트워킹 등 다양한 서비스를 받고 이용할 수 있게 되었다. 물론 이러한 기능 수행은 그러한 통합 단말이 상당히 고도화된 유무선 네트워크와 끊김 없이 연결되어 있고, 여러 종류의 플랫폼이 이용자들에게 필요한 정보와 콘텐츠를 충분히 제공해 줄 수 있다는 전제 위에서 가능한 일이다.

이 장에서는 디지털 미디어 기술이 우리 사회에 수용되거나 개발되고 확산된 국내 미디어의 디지털화 추이와 현황 등에 대해 먼저 살펴보고, 그러한 디지털 미디어가 널리 확산되면서 사회 전반에서 일어나는 주목할 만한 현상 등에 대해서도 개괄적으로 다루어 보고자 한다. 그리고 한국 사회에서의 디지털 미디어의 변화와 사회 변화가 갖는 관계를 앞서 다룬 여러 관점들에 비추어 나름대로 평가해 본다.

1. 한국 사회의 미디어 디지털화 추이와 디지털 미디어 현황

1) 미디어 디지털화 추이

디지털 미디어의 기술적 기초가 컴퓨터에서 비롯된 것이라고 한다면, 우리 사회의 디지털 미디어 수용은 1967년까지 거슬러 올라간다. 그해 4월 국내 최초의 컴퓨터인 IBM 1401이 경제기획원 조사통계국에 도입됐기 때문이다. 그다음 달 생산성본부에도 일본의 '파콤 222'가 도입되었는데, 그 무게만도 35톤이었다고 하니 그 크기를 쉽게 짐작하기조차 어렵다. 이들 초기의 컴퓨터들은 인구 조사 센서스 등과 같은 통계 계산 업무를 위해 도입되었다. 그로부터 10년이 지난 뒤에 애플 II와 같은 개인용 컴퓨터(PC)가 등장했고, 국내에서도 1981년경부터 PC가 생산되기 시작했다.

초기에는 PC가 개인용 소형 컴퓨터로만 사용되다가 PC가 데이터 통신망과 연결되면서 전자 사서함 서비스, 정보은행 서비스를 포함하는 비디오텍스 서비스로, 그 뒤로는 PC 통신 서비스로 발전했다. 국내에서 종합 정보 서비스를 하는 PC 통신은 1985년부터 한국데이터통신(주)에 의한 시험 서비스를 거쳐 1988년 5월부터 데이콤을 통해 '천리안 II'라는 이름으로 상용화되었다.[131]

1980년대에는 신문이나 도서 출판 등 인쇄 미디어의 제작 과정에 컴퓨터 시스템이 도입되었다. 신문의 경우, 1985년 〈서울신문〉이 CTS를 도입하여 신문 제작 과정이 전산화되었고, 1987년 11월 영진출판사가 16비트 IBM PC를 단행본 제작 과정에 이용함으로써 DTP(Desk-Top Publishing)에 의한 출판이 시작되었다. 그 뒤 국내의 많은 신문사와 출판사들은 제작 과정을 전산화하는 한편 그 결과물을 DB로 구축하여 온라인 서비스 등을 할 수 있는 기반을 마련했다.

초기의 이러한 미디어 디지털화가 보다 다양한 영역에 걸쳐서 본격적으로 이루어지게 된 것은 국내에서도 역시 인터넷이 대중화되

131 그에 뒤이어 하이텔, 나우누리, 유니텔 등의 PC 통신 사업자가 출현하여 다양한 서비스 경쟁을 벌이면서 PC 통신 이용자가 크게 늘었다. 그러나 2000년대 접어들면서 초고속 인터넷망의 확장 속에서 인터넷 이용자들이 늘고, PC 통신 이용자들도 인터넷으로 전환하면서 2005년 이후 PC 통신 이용자는 격감했다.

면서부터였으며, 특히 월드 와이드 웹 방식의 검색어(http)와 웹 브라우저(넷스케이프와 인터넷 익스플로러 등)가 크게 확산된 이후였다. 국내에서 인터넷 상용 서비스가 시작된 것은 1994년 한국통신이 Kornet 서비스를 개시하고부터였다. 그 뒤 기존 미디어들은 이러한 인터넷망을 이용하여 콘텐츠를 온라인으로도 서비스하기 시작했는데, 〈중앙일보〉는 1995년 3월부터 국내 최초로 온라인 전자 신문 서비스를 개시했고, KBS와 같은 방송국들도 1995년 10월부터 인터넷 서비스를 시작했다. KBS의 경우, 그 이듬해인 1996년 제1라디오와 1TV, 그리고 2FM 라디오를 인터넷으로 서비스하기도 했다. 또 같은 해 2월 MBC는 AM 라디오를 인터넷으로 생중계했고, 10월에는 TV 인터넷 생중계를 실시하기도 했다. 1997년 인터넷을 통한 VOD(다시 보기) 서비스가 이루어졌는데, 2월 SBS가 뉴스 VOD 제공을 시작한 데 이어, 4월 MBC가 드라마 VOD 서비스를 시작했다. 같은 해인 1997년 7월 순전히 인터넷을 이용해 방송 서비스를 제공하는 인터넷 방송국인 메가미디어의 m2station이 등장하기도 했다. 최초의 독립 인터넷 신문으로 알려진 〈딴지일보〉가 등장한 것은 그 이듬해인 1998년 7월이었다. 2000년 2월에 대표적인 인터넷 시민 언론의 하나인 〈오마이뉴스〉가 등장했다.

한편 인터넷 서비스를 제공하던 업체가 보다 다양한 서비스를 제공하면서 포털화되기 시작한 것은 1997년 이후의 일이다. 후에 인터넷 포털로 발전한 다음이 이미 그 이전인 1995년 설립되고 1997년 5월 국내 최초의 무료 웹 메일(한메일넷) 서비스를 제공하기도 했지만, 본격적인 포털 서비스가 시작된 것은 1997년 야후코리아를 통해서였다. 초기에는 야후코리아가 국내 최대의 인터넷 포털업체로 군림했지만, 그다음에는 인터넷 카페 등으로 치고 나온 다음이, 그다음에는 SNS 서비스인 싸이월드(1999)와 네이버 뉴스 및 통합 검색 서비스(2000), 그리고 지식IN 서비스(2002) 등으로 급부상하고 한게임과 통합한 네이버가 지금까지도 국내 최대 포털로 군림하고 있다. 이처럼 포털을 통해 인터넷 서비스가 급속히 보급된 것은 초고속 인터넷망의 확대에 의해서도 힘입은 바 크다. 1998년 12월 두루넷이 국내 최초로 초고속 인터넷 서비스를 제공함으로써 그 이후 초고속 인터넷망의 확대와 함께 국내 인터넷 이용자가 급속히 늘어나게 되었다.

그런 와중에 기존의 전화 서비스와 함께 방송 서비스도 점차 디지털화의 길을 걸어왔다. 기존의 국내 전화 서비스가 디지털화된 것은 1996년 1월부터였다. 1993년 미국 CDMA 방식의 디지털 이동 전화를 국내 표준으로 정한 이후 한국이동통신(현재의 SK텔레콤)을 중심으로 1994년 CDMA 셀룰러 시스템(800~900 MHz대)의 시험 통화를 거쳐 1996년 1월 1일 인천과 부천 지역 간에 세계 최초의 상용 서비스를 개시했다. 1997년 10월부터는 CDMA PCS(1.7~1.9GHz대)를 추가로 도입하여 급속히 늘어나는 수요에 대응했다.[132] 이에 따라 1999년부터는 아날로그 이동 전화 서비스는 전면 중단했다. 디지털 이동 전화는 발전을 거듭하여 2006년 세계 최초로 3G 영상 전화 서비스를 제공하기도 했다.[133]

외국의 경우는 1990년대 중반부터 방송의 디지털 전환이 이루어

132 CDMA 셀룰러 시스템은 한국이동통신이 011 번호로 서비스한 것인 데 비해, CDMA PCS는 한국통신프리텔(뒤의 KTF)의 016, LG텔레콤의 019, 한솔PCS(뒤의 KTF)의 018 번호로 서비스되었다.

133 당시 SK텔레콤과 KTF는 각각 3G+와 WCDMA/HSDPA를 통해 영상 전화 서비스를 제공했다.

져 온 데 비해 우리나라는 방송의 디지털 전환이 업계의 갈등과 법제화 지연 등으로 상당히 늦어졌다. 국내에서 디지털 전환 작업이 가장 먼저 시작된 방송 미디어는 지상파였다. 2001년 말부터 지상파의 디지털 전환이 단계적으로 이루어져 왔고, 2012년 12월 31일 전국적으로 아날로그 방송을 종료하고 디지털로 완전 전환했다. 지상파 디지털 전환 개시에 이어 2002년 3월 다채널 디지털 위성 방송인 스카이라이프SkyLife가 개국하였고, 2003년 5월 위성 방송을 통한 여러 가지 데이터 방송 서비스('스카이터치')가 제공되기도 했다. 또한 2005년 5월부터는 CJ케이블넷의 양천방송국을 시작으로 전국의 케이블 방송국들이 디지털 방송 서비스를 제공하기 시작했으며, SK텔레콤이 최대주주인 TU미디어가 휴대용 단말기를 이용한 이동형 TV 방송인 위성 DMB 서비스를 제공하기도 했다.[134] 같은 해 12월부터는 지상파 DMB가 지상파 방송 3사(KBS, MBC, SBS)와 비지상파 방송 사업자들(YTN, U1미디어, 한국DMB)에 의해 제공되기 시작했다.

이러한 방송과 통신의 디지털화와 광대역화에 따라 국내에서도 방송과 통신 서비스가 훨씬 다양화되고, 이동형 서비스와 방송 통신 융합 서비스가 크게 확대되었다. 또한 디지털 기술의 발전에 따른 정보 저장과 처리 및 전달 속도 역시 크게 향상되었다. 이는 콘텐츠 제작 및 전송 장비 등의 지속적인 경박단소화와 저렴화를 가능하게 함으로써 일반 소비자나 시청자도 자신의 콘텐츠를 쉽게 만들 수 있

134 TU미디어는 무료 서비스되는 지상파 DMB의 보급 확대, 스마트폰의 대량 보급, 방송사들의 N스크린 서비스 제공, 그리고 주요 지상파 방송사의 콘텐츠 제공 거부 등 급속한 미디어 환경 변화 속에서 경쟁 대열에서 밀려나면서 계속 적자에 허덕이다가 2012년 8월 31일자로 서비스를 중단하고 할당받은 주파수를 반납했다.

게 했다. 이러한 디지털 미디어 환경은 국내에서도 동영상 UCC(User Created Content)를 제공하는 인터넷 사이트(예: 2004년 말 다모아의 아우라, 판도라TV 등)의 등장을 가능하게 했다. 그 이듬해인 2005년 국내 최초로 동영상 검색 서비스를 제공하는 업체(엠파스)가 생겨나기도 했다. 2005년 8월 인터넷망을 통한 전화 서비스인 VoIP(070 인터넷 전화) 서비스, 2006년 6월 고속 주행 중에도 휴대 인터넷을 통한 동영상 서비스까지 가능한 와이브로WiBro, 2006년 7월 인터넷을 통한 주문형 비디오 서비스가 가능한 TV 포털 서비스, 그리고 2008년 11월 인터넷망을 통한 인터넷 서비스는 물론 멀티미디어 방송까지도 가능한 IPTV 서비스가 각각 개시되기에 이르렀다.

보다 최근에는 SNS와 스마트폰 열풍이 불어 닥쳤다. SNS 서비스는 인터넷을 통해 사람들 간의 인적 관계망을 형성하고 확장한다는 점에서 이미 국내에서는 아이러브스쿨(1999)이나 싸이월드(2001) 등을 통해 크게 유행한 바 있다. 그 뒤 미투데이(2007)가 젊은 층을 중심으로 크게 확산되기도 했다. 그 후 외국산 SNS인 트위터나 페이스북은 물론 국산 카카오톡이나 밴드 등 다양한 모바일 인터넷 메신저 서비스가 경쟁적으로 서비스되고 있고, 그 이용이 널리 대중화되고 있다.

2009년 11월 국내에 애플 아이폰이 공식 출시되면서부터 스마트폰 열풍이 업체 간, 이용자 간에 경쟁적으로 불기 시작하여 대부분의 기존 휴대폰이 스마트폰으로 대거 교체되는 상황 변화가 있었으며, 2010년 11월 휴대용 PC라 할 수 있는 아이패드가 국내에 출시되면서 태블릿 PC 보급과 이용을 둘러싼 경쟁 분위기 역시 가열된 바 있다. 스마트폰이나 태블릿 PC 등은 디지털 미디어의 기능을 통합적으로 제공하는 쌍방향 융합 미디어이면서 모바일 미디어라는 점에서 최근 가장 대중적인 디지털 미디어가 되고 있다. 이처럼 이동형 융합 미디

표 12-1 한국 사회의 디지털 미디어 연표

연도	미디어	관련 내용	비고
1967. 4	컴퓨터	IBM 1401: 경제기획원 조사통계국 도입	1967. 5 생산성본부, '파콤 222' 도입
1970. 6	데이터 통신	경제기획원 예산국 – KIST 전자계산실	최초의 컴퓨터 데이터 통신
1981. 1	PC	삼보컴퓨터 SE – 8001	1977 애플 II 출시
1982. 11	이동 통신	무선 호출 서비스 개시	1986. 3 전화번호 표시 방식
1985. 6	CTS	서울신문, 컴퓨터 제작 시스템 도입	최초의 CTS
1987. 11	CAP[DTP]	영진출판사, DTP(16비트 IBM PC)로 책 제작	알기 쉬운 BASIC 프로그램 모음
1988. 5	PC 통신	데이콤, 천리안 II 상용 서비스 개시	한국데이터통신, 1985 시험 서비스
1994. 6	인터넷	한국통신 Kornet(최초의 인터넷 상용 서비스)	인터넷 상업화 원년
1994. 12	CD-ROM	국내 최초의 CD-ROM 백과사전	
1995. 3	인터넷 신문	중앙일보, 국내 최초의 인터넷(온라인) 신문	
1995. 10	방송국 인터넷	KBS, 인터넷 서비스 개시	1R(1996), 1TV(1996. 10)
1996. 1	이동 통신	한국이통, 세계 최초 CDMA 디지털 이동 전화	1984 아날로그 셀룰러 방식
1996. 3	검색 엔진	한글과컴퓨터의 심마니 서비스 개시	국내 최초 상업용 검색 엔진
1997. 2	VOD	SBS, 동영상 VOD 서비스(뉴스)	1997. 4 MBC, 드라마 VOD
1997. 5	무료 웹 메일	다음, 최초 무료 웹 메일 서비스(한메일넷)	hanmail.net
1997. 7	인터넷 방송국	메가미디어, m2station	최초의 전문 인터넷 방송국
1997. 9	인터넷 포털	야후코리아, 서비스 개시	1995. 2 다음컴, 1999. 6 네이버컴
1997	MP3P	세계 최초 MP3P 개발	디지털 캐스터/새한(엠피맨)
1998. 7	인터넷 신문	딴지일보, 국내 최초의 독립 인터넷 신문	
1998. 12	초고속 인터넷	두루넷, 국내 최초의 초고속 인터넷 서비스	2005 하나로텔레콤이 인수
1999. 9	DVD	국내 최초의 영화 DVD 출시	〈아름다운 비행〉
1999. 9	SNS	iloveschool	커뮤니티 포털
2000. 2	인터넷 시민 언론	오마이뉴스, 국내 최대의 시민기자단	
2001. 9	SNS	싸이월드 '미니홈피' 오픈	개인형 커뮤니티 서비스
2001. 10	지상파 DTV	국내 지상파 TV 디지털 전환 개시	
2002. 10	지식 검색	네이버 지식 검색 서비스 '지식IN' 개시	

2002. 3	디지털 위성 방송	스카이라이프 개국(145개 채널)	비디오 84, 오디오 60, EPG1
2003. 3	포털 뉴스	미디어다음	
2003. 5	데이터 방송	스카이라이프의 '스카이터치' 서비스	디지털 데이터 방송
2004. 10	동영상 포털	판도라TV	
2005. 8	동영상 검색	엠파스, 국내 최초 동영상 검색 서비스 개시	
2005. 5	디지털 CATV	CJ케이블넷(양천방송국)	
2005. 5	위성 DMB	TU미디어, 세계 최초 휴대폰 수신 DMB	2013. 8. 31. 사업 종료
2005. 8	인터넷 전화	삼성네트웍스, 국내 최초 '070' 서비스 개시	2006 기간 통신 사업자 서비스 개시
2005. 12	지상파 DMB	지상파 3사, 비지상파 3사 서비스 개시	세계 최초
2006. 5	이동 통신(3.5G)	SKT의 3G+. KTF의 WCDMA/HSDPA	
2006. 6	휴대 인터넷	KT, SKT WiBro 상용 서비스 개시	세계 최초
2006. 7	TV 포털	하나로텔레콤, '하나TV' 서비스 개시	
2007. 2	SNS	미투데이 설립	2009. 1 NHN에서 인수
2008. 11	IPTV	KT, SK브로드밴드, LG텔레콤 등 3사 개시	
2009. 11	스마트폰	애플, 아이폰 국내 출시 2010. 1(안드로이드폰)	2011 삼성 갤럭시폰 부상
2010	소셜 커머스	티켓몬스터, 위메이크프라이스, 쿠팡 등	
2010. 11	태블릿 PC	애플, 아이패드 국내 출시	
2010. 11	OTT	CJ헬로비전, '티빙tving' 출시	2011. 10 지상파 푹pooq 출시
2011. 7	디지털 이통(4G)	SKT & LG U+ 4G LTE 상용 서비스 개시	
2014. 4	UHD-TV	케이블TV, UHD 전용 채널 '유맥스' 공동 개국	5개 MSO 공동 'UMAX' 채널
2014. 9	UHD-TV	KT, SK브로드밴드, 세계 최초 UHD IPTV	셋톱박스 기반 UHD
2014. 9	IPv6	SKT, IPv6 상용화 개시 (세계 2번째)	LTE 네트워크
2014. 10	초고속 인터넷	KT, 기가 인터넷 상용 서비스 개시	
2015. 12	OTT 서비스	넷플릭스 국내 진출	
2016. 7	사물 인터넷	세계 최초 사물 인터넷 전용망 전국 구축	SKT의 LoRa
2017. 4	인터넷 전문 은행	인터넷 전문 은행 케이뱅크 출범	
2017. 5	지상파UHD	세계 최초 지상파 UHD 본방송 개시	
2019. 4	이동 통신(5G)	5G 서비스 세계 최초 상용화	
2020. 4	인공 지능(AI)	국내 최초 AI 반도체 개발	ETRI & SKT
2020. 8	플랫폼	개방형 클라우드 플랫폼 센터 개소	

어 서비스가 크게 확산되면서 국내 통신 서비스 3사인 KT와 SK텔레콤과 LG U+ 등은 2011년 이후 4세대 이동 통신인 LTE 서비스 제공을 둘러싸고 역시 치열한 경쟁을 벌인 바 있다. 2019년 4월부터는 5G 서비스가 상용화됨으로써 그러한 경쟁은 더욱 치열해지고 있다.

또한 2014년에 접어들어서는 방송사업자 간에 기존의 HDTV가 한층 업그레이드된 초고화질 TV 제공을 둘러싸고 역시 치열한 서비스 경쟁을 벌인 바 있다. 2014년 4월 케이블 TV 5대 MSO가 공동으로 세계 최초로 UHD 전용 채널인 '유맥스UMAX'를 개국한 데 이어, 같은 해 6월 위성 방송사업자인 스카이라이프가 국내 최초의 전국 UHD 채널인 'SkyUHD'를 개국했으며, 또 같은 해 9월 KT와 SK브로드밴드가 세계 최초로 셋톱박스 기반의 UHD IPTV를 선보인 바 있다. 지상파 방송 역시 2017년 5월부터 UHD TV 본 방송을 개시했다. 2015년에는 온라인 동영상 서비스(OTT)업체인 미국의 넷플릭스Netflix가 한국에 진출, 국내 OTT 시장을 장악하면서 해외와 국내 OTT 사업자 간 경쟁도 더욱 치열해지고 있다.

2) 디지털 미디어 보급 및 이용 현황

앞에서는 우리 사회에 컴퓨터가 도입된 이후 기존 미디어가 디지털화되거나 새로운 디지털 미디어가 수용되어 온 추이에 대해 살펴보았다. 1970년대와 1980년대에는 일부 전문가나 기관, 기업 중심의 데이터 통신 이용과 초기 네티즌 중심의 PC 통신 이용, 그리고 신문과 도서 출판 등 인쇄 미디어의 제작 전산화가 본격화되었음을 알 수 있다. 여러 미디어의 디지털화와 새로운 디지털 미디어의 등장은 1990년대 중반 인터넷의 확산이 본격화되고 정보를 처리, 저장하는 컴퓨터 기술이 더욱 고도화되면서 가능하게 되었다. 특히 2000년대에 접어들어서는 인터넷을 이용한 새롭고 다양한 디지털 미디어의 출현과 방송과 통신의 디지털화, 그리고 모바일 미디어 환경의 비약적인 발전 등으로 인해 각종 개인형, 이동형, 융합형 디지털 미디어 서비스가 등장하게 되었다. 이처럼 다양한 디지털 미디어의 등장과 보급이 이루어지면서 우리 사회 구성원들의 삶 속에 디지털 미디어 이용은 중요한 일상이 되었다고 해도 과언이 아닐 것이다. 여기서는 우리 사회에서 그동안 여러 가지 디지털 미디어가 어느 정도로 널리 보급, 이용되고 있는지 — 현실적으로 접근 가능한 자료를 중심으로 — 그간의 전반적인 추이와 현황 등을 살펴보고자 한다.

(1) 컴퓨터 보급과 인터넷 이용

먼저 디지털 미디어의 가장 기본이라 할 수 있는 컴퓨터 보급 현황을 보면, 표 12-2에서 보는 바와 같이 1999년 말에 51.8%이던 가구당 보급률이 2001년 말까지는 76.9%까지 매년 10% 이상씩 급증하다가 2002년 이후부터는 증가세가 정체 혹은 크게 완만해졌지만 2012년 말 82.3%를 정점으로 컴퓨터 보급률은 조금씩 늘어나는 추세를 보였다. 그러다가 201년부터는 가구 보급률이 계속 줄어드는 현상이 나타난다. 이는 스마트폰 등 컴퓨터 기능이 내장된 모바일 미디어 보급이 늘어남에 따라 별도의 컴퓨터를 따로 구매하지 않는 경우들이 조금씩 늘어나고 있기 때문이다.

컴퓨터 보급이 크게 늘어나고 성능이 더욱 고도화되면서 PC 통신과 인터넷도 급속히 발전되고 그 이용도 크게 늘어났다. 국내의 경우 1980년대 후반에 PC 통신 서비스가 이루어지면서 초기에는 단말기나 PC를 통해 대형 컴퓨터에서 정보를 검색하는 서비스를 제공하

표 12-2 가구 컴퓨터 보유율 및 인터넷 보급률

연도	컴퓨터 보유율	인터넷 보급률
2000	71.0%	49.8%
2001	76.9%	63.2%
2002	78.6%	70.2%
2003	77.9%	68.8%
2004	77.8%	72.2%
2005	78.9%	74.8%
2006	79.6%	78.4%
2007	80.4%	79.8%
2008	80.9%	80.6%
2009	81.4%	81.2%
2010	81.8%	81.6%
2011	81.9%	81.8%
2012	82.3%	82.1%
2013	80.6%	79.8%
2014	78.2%	81.6%
2015	77.1%	84.4%
2016	75.3%	85.7%
2017	74.7%	87.6%
2018	72.4%	84.1%
2019	71.7%	81.6%

* 컴퓨터 보유율은 전체 가구 중 데스크톱, 노트북, 태블릿PC 등의 컴퓨터 보유 가구 비율.

* 인터넷 보급률은 가구 내에서 인터넷 접속이 가능한 가구의 비율이며, 여기서는 이동 통신망을 통한 무선 인터넷(이동 전화 무선 인터넷)은 제외.

출처: 과학기술정보통신부 · 한국정보화진흥원, 2020.

다가(예: 비디오텍스 서비스) 점차 PC 통신망을 통해 가입자 간에도 정보 교환이나 동호회 활동 등이 가능한 여러 가지 다양한 서비스가 제공되었다. 그런 와중에 국내에서도 1990년대 후반에는 인터넷 이용자 수가 점차 늘어나기 시작, 1999년 이후 초고속 인터넷망의 확대와 함께 인터넷 이용자 수가 폭발적으로 증가하는 추세를 보였다.

표 12-3 연도별 주요 PC 통신 가입자 현황과 추이

	천리안	하이텔	나우콤	유니텔	넷츠고
1990	5,708	-	-	-	-
1995	377,041	235,586	105,561	-	-
1996	622,952	408,104	388,876	290,981	-
1997	1,029,832	903,000	658,291	526,430	-
1998	1,510,076	1,414,047	839,655	1.159,586	-
1999	2,164,742	1,970,021	1,526,262	1,870,000	459,176
2000	4,195,000	3,753,000	1,850,000	3,810,000	2,266,000
2001	4,391,000	4,409,000	1,967,000	3,953,000	2,380,000
2002	4,844,355	5,039,153	2,551,371	4,018,231	-
2003	6,727,586	6,850,737	1,318,193	4,078,186	-
2004	6,423,044	24,554,939*	224,979	4,264,687	-

* 2004년 하이텔 가입자가 급증한 것은 같은 해 7월, 하이텔과 한미르가 '파란'으로 통합된 수치.

출처: 정보통신부. 2002. 9: 146; 정보통신부, 2005. 1.

국내 PC 통신의 경우는 상용 서비스가 이루어지기 시작한 1988년 이후 1990년까지만 해도 가입자가 수천 명에 불과했다. 그러나 PC 보급이 크게 늘어나고 PC 통신을 통해 전자 우편과 온라인 전자 회의, 전자 대화, 동호회, 공개 토론회 등 가입자 간에 유용한 정보 교환이 가능한 종합적인 정보 통신 서비스가 확대되면서 1990년 이후 이용자가 크게 늘어났다. 그 뒤 한국PC통신(주)의 하이텔, 나우누리(1994), 유니텔(1996) 등 새로운 PC 통신 사업자들이 가세, 서비스 경쟁이 치열해지면서 PC 통신 가입자들이 급속히 늘어났다. 사업자들의 보고에 의한 당시 정보통신부의 공식 집계에 따르면, 2004년경에는 4대 PC 통신 이용자 수가 3,500만 명을 넘었다. 그러나 이 시기를

표 12-4 인터넷 및 초고속 인터넷 이용자 추이

연도	인터넷 이용자 수 (단위: 1,000명)	인구 100명당 인터넷 이용자 수	초고속 인터넷 가입자 수 (단위:1,000명)	인구 100명당 초고속 가입자 수
1998	3,103.0	6.7	-	-
1999	10,860.0	23.6	278.0	0.60
2000	19,040.0	41.0	3,870.0	8.34
2001	24,380.0	56.6	7,806.0	16.71
2002	26,270.0	59.4	10,405.5	22.16
2003	29,220.0	65.5	11,178.5	23.70
2004	31,580.0	70.2	11,921.4	25.17
2005	33,010.0	72.8	12,190.7	25.63
2006	34,910.0	74.1	14,042.7	29.40
2007	35,590.0	75.5	14,710.0	30.67
2008	36,190.0	76.5	15,474.9	32.14
2009	36.580.0	77.2	16,348.6	33.82
2010	37,010.0	77.8	17,224.1	34.76
2011	37,180.0	78.0	17,859.5	35.21
2012	38,120.0	78.4	18,252.6	35.82
2013	40,080.0	82.1	18,737.5	36.50
2014	41,118.0	83.6	19,198.9	37.40
2015	41,940.0	85.1	20,025.0	38.86
2016	43,636.0	88.3	20,554.0	39.76
2017	45,283.0	90.3	21,196.0	40.93
2018	46,125.0	91.5	21,310.0	41.12
2019	46,353.0	91.8	21,720.0	41.89
2020	46,818.0	91.9	21,930.0	42.30

* 2004년부터는 인터넷 이용자 수에 무선 인터넷 이용자 수도 포함하여 집계.

출처: https://www.nia.or.kr/site/nia_kor/ex/bbs/List.do?cbIdx=99871(관련 내용 참조 재구성).

표 12-5 인터넷 이용자 수와 이용률 및 이용 시간 추이(만 3세 이상)

구분	2000	2005	2010	2015	2020
이용자 수(1000명)	19,040	33,010	37,010	41,940	46,818
이용률	44.7%	72.8%	77.8%	85.1%	91.9%
이용 시간(주 평균)	11.7시간	13.3시간	14.7시간	13.6시간	20.1시간

출처: 과학기술정보통신부 · 한국지능정보사회진흥원, 2021: 18~21 등 참조.

전후해서 이미 국내에서 초고속 인터넷망이 급속히 확대되고 새로운 인터넷 포털 사업자가 급성장하는 등 이에 따른 인터넷 이용자 급증 추세를 고려한다면, 실제 크게 줄어든 PC 통신 이용자 수가 제대로 반영된 통계라고 보기는 어려울 것 같다.[135]

한편 표 12-4에서 보는 바와 같이 인터넷 이용자 수의 증가는 가히 폭발적이다. 2000년까지만 해도 인구의 절반 이하가 인터넷을 이용하던 데서 2017년 이후에는 인구의 90% 이상이 인터넷을 이용하는 수준으로 바뀌었고, 초고속 인터넷 가입자 수도 서비스 초기인 1999년만 해도 인구의 1%도 안 되던 데서 2017년 말에는 인구의 40%선인 1,920만 명 수준에 달했다. 또한 국내 가구의 인터넷 접속률[136]은 2000년 49.8%이던 것이 2014년 말에 이미 98.5%에 이른다(미래창조과학부 · 한국인터넷진흥원, 2014: 17).

표 12-5에서 보는 바와 같이 실제 인터넷 이용자 수도 2000년에 인구의 44.7%선인 1,900만 명이던 데서 2010년에는 그 배에 가까운 3,700으로 늘어났으며, 2020년에는 인구의 91.9%선인 4,680만 명을 넘어서고 있다. 주당 평균 인터넷 이용 시간도 1인당 11.7시간이던 데서 2020년에는 20시간을 넘어서고 있어 인터넷 이용이 전국인 일상생활 속으로 더 넓고 더 많이 확대되어 왔음을 알 수 있다.

2020년 현재 국내 인터넷 이용자들의 인터넷 이용 및 활용 실태

135 실제 당시 일부 언론 보도도 2004년을 전후한 PC 통신 이용자 수 통계가 실제보다 "수백 배"나 '뻥튀기'된 것으로 보고 이를 비판한다(《서울경제》, 2006. 1. 10). 또한 2005년 이후에는 '유무선 통신 가입자 현황'에 대한 정부의 공식 집계에서도 PC 통신 가입자 현황에 대한 데이터는 더 이상 나타나지 않고 있다.

136 여기서 '인터넷 접속률'은 전체 가구 중 인터넷 접속이 가능한 가구의 비율을 말한다.

표 12-6 국내 인터넷 이용자의 최근 인터넷 이용 및 활용 실태(2020)

구분		순이용자 수 (1000명)	도달률(%)	총이용 시간 (100만 분)	평균 이용 시간 (분)
모바일 인스턴트 메신저		40,104	98.9	47,637	1,188
SNS	PC	13,638	45.4	419	31
	모바일	32,367	79.8	22,680	701
이메일	PC	17,135	57.0	1,481	86
	모바일	13,435	33.1	317	24
인터넷 이용 목적		커뮤니케이션 95.4%, 자료 및 정보 획득 94.0%, 여가 활동 94.0% 홈페이지등 운영 58.9%, 교육 · 학습 50.5%, 직업 · 직장27.6%, 기타 64.0%			
가구 인터넷 접속률		99.7%			
성별 인터넷 접속률		남성 94.0%, 여성 89.7%			
연령별 인터넷 이용률		3~9세 91.2%, 10대 100.0%, 20대 99.9%, 30대 99.9%, 40대 99.8%, 50대 99.8%, 60대 91.5%, 70대 이상 40.3%			
인터넷 접속 기기		스마트폰 94.9%, 일반 TV 54.9%, 데스크톱 51.9%, 노트북 47.0%, 스마트TV 46.1%, 태블릿PC 26.1%, 인공 지능 스피커 11.1%, 스마트 가전 9.9%, 게임기 7.9%, 전자책 단말기 2.1%			
인터넷 뱅킹	오픈 뱅킹	가입자 4000만 명, 등록 계좌 6,600만(중복 등록 제외 시 2,032만 명 가입)			
	인터넷 전문 은행	카카오뱅크 1,154만 명, 케이뱅크 120만 명 가입 (2019년 말)			
전자 상거래	이용자 비율	52.3%(2017) → 58.3%(2018) → 63.8%(2019)			
	주 이용 매체	스마트폰(79.6%), PC/노트북(10.7%), TV 직접 구매(5.8%), 기타 (4.0%)			

출처: 과학기술정보통신부 · 한국지능정보사회진흥원, 2021: 16~21; 156~171.

를 보면 표 12-6과 같다. 전체 가구의 인터넷 접속률은 99.7%에 달해 거의 모든 가정에서 유무선 인터넷을 이용할 수 있는 환경이 되고 있다. 과거에는 데스크톱 컴퓨터나 노트북 등으로 이용하던 인터넷을 이제는 주로 스마트폰으로 이용하고 있다. 스마트폰으로 인터넷을 접속하는 비율이 94.9%인 데 비해 데스크톱은 51.9%, 노트북은 47.0%이다. 일반 TV나 스마트 TV로 인터넷을 접속을 하는 경우도 각각

54.9%와 46.1%에 달한다. 그밖에도 태블릿PC(26.1%), 인공 지능 스피커(11.1%), 스마트 가전(9.9%), 게임기(7.9%), 전자책 단말기(2.1%)로 인터넷을 이용하는 등 인터넷 접속 기기도 더욱 다양해지고 있다. 인터넷을 이용하는 목적을 유형별로 보면 커뮤니케이션(95.4%)과 자료 및 정보 획득(94.0%), 여가 활동(94.0%)이 압도적으로 높고, 홈페이지 등 운영(58.9%)과 교육·학습(50.5%), 직장과 직업 활동(27.6%)을 위한 경우가 그 뒤를 잇고 있다(과학기술정보통신부·한국지능정보사회진흥원, 2020: 16~21).

커뮤니케이션 활동과 관련해서는 모바일 인스턴트 메신저나 SNS를 이용하는 경우와 이메일을 주로 이용하는데, 모바일 인스턴트 메신저 서비스는 스마트폰 이용자 중 98.9%가 이용하는 보편적 서비스로 2020년 6월 4,010만 4,000명이 월 평균 1,118분을 이용하는 것으로 나타났다. 카카오톡이 도달률 96.7%, 월 평균 이용 시간 887분으로 가장 많이 이용되고 있으며, 페이스북 메신저(도달률 14.6%), 줌 클라우드 미팅(6.3%), 라인(5.4%), 텔레그램(4.1)이 그 뒤를 잇고 있다. SNS의 경우는 PC를 이용하는 경우는 1,346만 명으로 월 평균 31분, 모바일로는 그 두 배가 넘는 3,237만 명이 월 평균 701분을 이용하는 것으로 나타나 스마트폰이 SNS를 이용하는 주요 수단임을 알 수 있다, 모바일 SNS의 경우는 밴드(도달률 47.4%), 인스타그램(40.7%), 페이스북(31.8%), 카카오스토리(23.0%), 트위터(8.5%) 순으로 도달률이 높고, PC를 이용한 SNS는 카카오톡(34.8%), 페이스북(17.0%), 인스타그램(9.2%), 밴드(5.5%), 트위터(4.1%) 순으로 도달률을 나타내고 있다. 이메일을 이용하는 경우는 PC를 이용하는 경우(57.0%)가 모바일을 이용하는 경우(33.1%)보다 도달률이 높게 나타나고 있다(과학기술정보통신부·한국지능정보사회진흥원, 2020: 156~158).

인터넷을 이용한 정보 검색을 넘어 모바일 동영상 콘텐츠 이용도 급속히 늘고 있다. 2020년 8월 기준 국내 10세에서 59세 남녀가 모바일 동영상 콘텐츠를 많이 이용한 서비스는 유튜브, 넷플릭스, 인스타그램Instagram, 네이버TV, 페이스북, 웨이브wavve, 티빙tving 순으로 나타나고 있다. 이들 서비스 중 유튜브, 넷플릭스, 네이버TV, 웨이브, 티빙은 국내외의 대표적인 동영상 OTT 서비스로 모바일 동영상 콘텐츠가 주로 이용되는 미디어로 OTT가 부각되고 있으며, 글로벌 OTT의 공세가 더욱 가속화되고 있는 상황이다(과학기술정보통신부·한국지능정보사회진흥원, 2020: 137~138).

인터넷 뱅킹의 경우도 이용자가 계속 늘고 있는 가운데 새로운 서비스가 계속 등장하고 있다. 2017년 4월에는 인터넷 전문 은행이 들어섰고, 2019년 12월에는 오픈뱅킹 서비스가 전면 시행되었다. 2019년 말 현재 카카오뱅크 가입자가 1,150만 명을 넘어섰으며, 케이뱅크에도 120만 명이 가입했다. 하나의 앱으로 여러 은행의 계좌를 조회하고 결제·송금을 할 수 있는 오픈뱅킹 서비스의 가입자가 4,000만 명을 넘어섰으며 등록 계좌 수도 6,600만 개를 넘어섰다고 한다. 중복 등록을 제외할 경우에도 2,032만 명이 가입한 것으로 나타났다고 한다. 인터넷을 이용한 전자상거래도 꾸준히 늘고 있는데, 2017년 전자상거래 경험자 비율이 52.3%이던 것이 2018년에는 58.3%, 2019년에는 63.8%로 늘어났다. 전자상거래 시 이용 매체로는 스마트폰이 79.6%로 가장 많고, PC와 노트북이 10.7%, TV 직구가 5.8%, 기타 4.0%로 나타나고 있다. 스마트폰을 이용한 모바일 전자상거래가 점차 일상화되고 있다는 얘기다(과학기술정보통신부·한국지능정보사회진흥원, 2020: 161~170).

인터넷 이용을 연령대별로 보면, 10대가 100.0%로 가장 높고, 20대와 30대가 99.9%, 40대와 50대가 99.8%, 60대가 91.5%, 3~9세가 91.2%, 그리고 70대 이상이 40.3%로 나타났다. 70대 이상을 제외하면 거의 모든 국민이 인터넷을 이용하고 있다고 해도 과언이 아니다. 그러면서도 인터넷 이용 행태를 세대별로 보면 약간씩 다르다. 인터넷 이용자 비율이 가장 높은 10대 인터넷 이용자의 99.9%는 교육과 학습 목적으로 인터넷을 이용했으며 전체 연령대 중에서 SNS 이용 빈도가 가장 높고 페이스북(49.8%)과 인스타그램(29.6%)을 주로 이용했다. 20대의 경우는 전체 연령대 중에서 동영상 서비스를 가장 많이 이용했고 인터넷 쇼핑 이용률도 가장 높았다. 유튜브(94.5%), 넷플릭스(36.7%), 네이버(30.6%) 순으로 동영상 서비스를 활용했다. 30대는 다른 연령대에 비해 인공 지능 음성 인식 서비스 이용률(42.4%)이 가장 높게 나타났으며, 회사에서 인터넷을 이용하는 비율(78.0%)과 업무용도로 이메일을 이용하는 빈도(34.4%)도 가장 높게 나타났다. 동영상 서비스 이용(98.4%)과 인터넷 쇼핑(91.1%) 이용 비율도 높게 나타났다. 40대는 전년도 대비 인터넷 쇼핑 및 인터넷 뱅킹 이용률이 크게 상승한 것으로 나타났으며 인터넷 쇼핑 구매 품목 중 건강 관련 제품(49.7%)이 전체 연령대 중 가장 높게 나타났다. 50대는 온라인 미디어를 통한 신문 보기 비율(93.4%)과 네이버, 다음, 구글 등의 포털 사이트 이용이 비교적 높게 나타났고, 인터넷 쇼핑에서도 문화 분야보다 실생활에 필요한 품목 위주로 구매하는 것으로 나타났다. SNS 서비스 이용에서도 다른 세대보다 네이버 밴드(27.7%)나 카카오스토리(20.9%) 이용률이 높게 나타났다. 60대의 경우, 인터넷 뱅킹 이용률이 2019년 26.9%에서 2020년 50.5%로 크게 증가한 것으로 나타났으며, 전체 연령대 중에서 카카오스토리 이용 비중(30.0%)이 가장 높게 나타났다. 네이버 밴드(27.9%)와 페이스북(21.0%)이 그 뒤를 이었다(과학기술정보통신부·한국지능정보사회진흥원, 2020: 57~69).

(2) 디지털 이동 통신 미디어의 이용

한편 국내 이동 통신 이용은 무선 호출 서비스(1982), 아날로그 셀룰러 방식의 이동 전화 서비스(1984), 그리고 CDMA 디지털 이동 전화 서비스(1996)와 최근의 스마트폰 서비스(2009)로의 진화, 확대 과정을 보면 최근까지의 변화 추이를 잘 알 수 있다.

1982년 11월 개시한 무선 호출(일명 '삐삐') 서비스는 서비스 개시 3년이 지날 때만 해도 가입자가 2만 명이 채 되지 않았으나, 1988년 10만 명, 1992년 100만 명을 넘어섰고, 1997년 1,500만 명으로 크게 늘어났다. 그러다가 1997년 이후 이동 전화 가입자가 크게 늘어나면서 무선 호출 서비스는 계속 격감, 2009년 이후에는 2~3만 명 선으로 떨어졌다. 보다 고기능화된 대체재라 할 수 있는 이동 전화 서비스 가입자가 크게 늘면서 무선 호출 가입자는 크게 줄어들었다고 할 수 있다.

아날로그 이동 전화에서 CDMA 디지털 이동 전화를 거쳐 스마트폰으로 이어지는 과정도 비슷하다. 전체적으로 보면 이동 전화 이용자는 1990년까지만 해도 인구 100명당 0.2명꼴인 8만 명에 불과했던 것이 2010년 보급 대수가 5,076만 7,000대로 급증, 인구 100명당 103.9명으로 국민 모두가 이동 전화 1대 이상을 갖고 있는 상황으로 발전했다. 1984년 셀룰러 아날로그 이동 전화 도입 이후 이동 전화 가입자가 꾸준히 늘어나 1996년에는 약 300만 명까지 늘었다. 그러나 1996년부터 디지털 CDMA 전화 서비스가 시작되면서 아날로그 가입자는 크게 줄어드는 대신, 디지털 가입자가 급증했다. 그러한 추세 속에서 결국 1999년 11월 기존의 아날로그 이동 전화 서비스는 완전 중단되고, 대신 디지털 이동 전화 가입자가 폭발적으로 늘어나면서, 2010년 전체 인구수보다도 많은 5,000만 대, 2020년 현재 7,050여

표12-7 통신 서비스(전화) 가입자 변화

(단위: 명)

연도	이동전화	유선전화(PSTN)	인터넷전화(VoIP)
1984	2,658	(5,500,000)	-
1985	4.685	(7,000,000)	-
1995	1,641,293	18,600,203	-
1996	3,180,989	19,600,950	-
1997	6,828,169	20,424,855	-
1998	13,982,477	20,088,543	-
1999	23,442,724	21,303,874	-
2000	26,816,398	21,931,651	-
2001	29,045,596	22,724,668	-
2002	32,342,493	23,490,130	-
2003	33,591,758	22,877,019	-
2004	36,586,052	22,870,615	-
2005	38,342,323	22,920,151	24,000
2006	40,197,115	23,119,170	328,630
2007	43,497,541	23,130,243	614,421
2008	45,606,984	22,131,737	2,475,455
2009	47,944,222	20,089,979	6,660,207
2010	50,767,241	19,273,484	9,142,328
2011	52,506,793	18,632,501	10,725,206
2012	53,624,427	18,458,511	11,736,677
2013	54,680,840	17,620,453	12,618,851
2014	57,207,957	16,939,308	12,453,932
2015	58,935,081	16,341,489	12,458,208
2016	61,295,538	15,745,961	12,225,505
2017	63,658,688	15,038,517	11,878,169
2018	66,355,778	14,334,357	11,513,330
2019	68,892,541	13,600,362	11,081,145
2020	70,513,676	12,859,279	10,959,730

출처: http://stat.ktoa.or.kr/default_client.asp의 관련 내용 외 재구성.

표 12-8 국내 스마트폰 가입자 추이

구분	스마트폰 가입자 수*	구분	개인 매체 스마트폰 보유율**	비고
2009.12	750,000			LTE 상용화(2011.7)
2011	22,578,408	2011	27.0%	
2012	32,727,249	2012	57.5%	
2013	37,516,572	2013	68.8%	
2014	40,698,151	2014	77.0%	
2015	43,667,799	2015	78.8%	
2016	46,418,474	2016	83.3%	
2017	48,659,934	2017	87.1%	
2018	49,441,647	2018	89.4%	5G 상용화(2019.4)
2019	51,132,018	2019	91.1%	(5G) 4,668,154
2020	52,223,153	2020	93.1%	(5G) 11,851,373

출처: * 〈연합뉴스〉, 2018. 8. 26; 과학기술정보통신부, IT STAT, 2020. 7.

** https://www.mediastat.or.kr/kor/stat/StatList.html

표 12-9 연령대별 스마트폰 필수 매체 인식 비율 변화

구분	2018	2019	2020
10대	82.5	87.0	96.2
20대	81.5	87.4	91.6
30대	76.0	80.8	86.2
40대	71.7	71.9	78.2
50대	46.3	57.1	60.3
60대	22.8	33.3	37.6
70세 이상	6.2	6.1	9.2

출처: https://www.mediastat.or.kr/kor/stat/StatList.html

만 대에 이르고 있다.

한편 2009년 11월, 국내에서 아이폰이 출시된 이후 스마트폰의 보급이 급속히 늘어나면서 다시 이동 전화 이용에 큰 변화가 생겼다. 출시 6개월 만인 2011년 5월 스마트폰 사용자가 1,144만 명을 기록하더니, 출시 5년이 지난 2014년 11월에는 4,000만 명을, 그리고 2019년에는 5,000만 명을 넘어섰다. 2020년 현재 우리나라 전체 인구의 93.1%가 스마트폰을 사용하고 있다. 이에 따라 이제는 스마트폰을 일상생활을 하는 필수적인 매체로 인식하는 비율도 크게 증가하고 있으며, 이러한 인식은 표 12-9에서 보는 바와 같이 연령대가 낮을수록 더 높은 경향을 뚜렷이 보이고 있다. 10대와 20대의 90% 이상이 스마트폰을 필수 매체를 생각하고 있으며 연령대가 높을수록 그러한 인식이 상대적으로 낮으나, 이 역시 계속 큰 폭으로 증가하고 있다.

(3) 디지털 방송 미디어의 이용

앞서 살펴본 바와 같이 국내에서도 방송 미디어의 경우 2001년부터 지상파를 필두로 디지털화의 길을 걷기 시작했다. 2001년 말 지상파 DTV 개시에 이어, 2002년 3월 디지털 위성 방송 서비스, 그리고 2005년 5월 디지털 케이블 TV가 서비스되기 시작했다. 같은 해 5월 위성 DMB (2012년 8월 말 서비스 중단)에 이어 12월 지상파 DMB 서비스, 그리고 2008년 11월부터는 보다 다양한 융합 서비스인 IPTV가 제공되기 시작했다. 2003년 5월 위성을 통해 디지털 데이터 방송 서비스가 본격적으로 제공되기 시작한 이후 이제는 지상파, 위성, 케이블 등은 물론 각종 디지털 방송 미디어를 통해 다양한 데이터 방송 서비스가 제공되는 상황이다.

그 뒤 한때 3D TV 붐이 일기도 했고, PC와 스마트폰처럼 운영

표 12-10 연도별 주요 매체 보유율 변화

구분	2015	2016	2017	2018	2019
디지털 TV	81.0%	83.8%	88.2%	90.3%	93.0%
스마트폰	78.8%	83.3%	87.1%	89.4%	91.1%
PC	72.6%	68.9%	68.9%	67.9%	66.9%

출처: https://www.mediastat.or.kr/kor/stat/StatList.html

표 12-11 하루 평균 TV 이용 시간

(단위: 분)

구분	2013	2014	2015	2016	2017	2018	2019	2020
하루 평균	194	181	176	177	178	177	175	189
평일	175	166	162	163	164	165	162	176
주말	237	218	211	212	214	208	207	223

출처: https://www.mediastat.or.kr/kor/stat/StatList.html

표 12-12 스마트폰 이용 시간

(단위: 분)

구분	2016	2017	2018	2019	2020
스마트폰 이용 시간	99	93	96	109	115

출처: https://www.mediastat.or.kr/kor/stat/StatList.html

표 12-13 TV 방송 프로그램 시청 미디어(2020)

구분	비율	비고
TV 수상기 이용하여 시청	92.2%	TV 수상기 보유 96.8%
온라인 동영상 제공 서비스 (OTT) 이용	29.1%	OTT 서비스 이용 67.6%
스마트폰 이용	17.1%	스마트폰 이용 92.5%
컴퓨터 이용	8.3%	가구 내 컴퓨터 이용 51.0%

출처: 방송통신위원회 · kobaco. 2021. 5: 5~8.

표 12-14 연령대별 온라인 동영상 제공 서비스(OTT) 이용률 변화 추이

(단위: %)

구분	전체	10대	20대	30대	40대	50대	60대	70세 이상
2018	42.7	71.7	78.4	64.2	44.6	23.0	10.8	2.6
2019	52.0	84.8	83.2	71.1	55.3	35.8	21.3	4.4
2020	66.3	88.6	91.6	84.2	74.1	63.1	38.3	11.3

출처: https://www.mediastat.or.kr/kor/stat/StatList.html

표 12-15 연령대별 온라인 동영상 제공 서비스(OTT) 이용과 TV 시청 비율(2020)

(단위: %)

구분	13~19세	20대	30대	40대	50대	60대	70세 이상	계
OTT 이용률	82.9	89.7	86.1	77.5	66.5	46.5	13.5	67.6%
OTT로 TV 시청	38.4	49.3	42.2	31.8	22.8	13.9	2.9	29.1%

출처: 방송통신위원회 · kobaco, 2021.5.

표 12-16 OTT 서비스별 이용 및 TV 시청 비율(2020)

(단위: %)

구분	유튜브	넷플릭스	네이버TV	티빙	웨이브	왓차플레이	시즌
서비스 이용률	65.8	18.7	10.3	4.0	3.2	1.4	1.0
OTT로 TV시청	21.6	10.0	4.1	2.2	1.7	0.6	0.4

출처: 방송통신위원회 · kobaco, 2021. 5.

표12-17 TV 방송 프로그램 이외의 동영상 시청 기기(2020)

(단위: %)

구분	스마트폰	컴퓨터	TV 수상기	스마트패드
시청 기기	73.2	18.2	11.8	6.0

출처: 방송통신위원회 · kobaco, 2021.5.

체제(OS)와 중앙 처리 장치(CPU)를 갖춘 스마트 TV 보급이 점차 활기를 띠기도 했다. 이와 함께 같은 방송 콘텐츠를 TV 수상기는 물론 인터넷이나 스마트폰 등 모바일 미디어에서도 이용할 수 있는 N 스크린 서비스나 인터넷을 통해 다채널 주문형 서비스가 가능한 OTT 등도 크게 활성화되고 있다. 케이블, 위성, IPTV 등 유료 방송은 물론 지상파를 통해서도 이미 UHD 방송도 서비스되고 있다.

이런 상황에서 국내 디지털 방송 이용 현황을 보면, 2019년 12월 말 현재, DTV 보급률은 전체 가구의 약 93%, 유료 방송 가입자(가구 기준)는 디지털 위성 방송 약 317만 가구, 디지털 케이블 TV 1,345만 가구, IPTV 1,713만 가구로 집계된다(방송통신위원회, 2020: 125).

방송 매체의 디지털화와 함께 다양한 디지털 미디어를 통한 방송 시청이 가능해짐에 따라 국내의 방송 시청 환경도 많이 달라져 왔다. 디지털 TV 수상기는 물론 태블릿 PC나 노트북 컴퓨터, 그리고 스마트폰 등을 통해 방송 이용도 일상화되었다. 시청자들의 하루 평균 TV 이용 시간은 2013년 이후 2019년까지 크게 달라지지 않았으나, 스마트폰 이용 시간과 온라인 동영상 서비스(OTT) 이용률은 계속 증가하고 있다. 특히 젊은 세대의 OTT 이용률과 OTT를 통한 TV 시청 비율이 높게 나타나고 있어, 시청자들의 방송 시청 행태에도 상당한 변화가 일어나고 있음을 알 수 있다.

예컨대, 방송 매체 이용 형태에 관한 한 조사 결과에 따르면, 국내 OTT 이용률은 2016년 35.0%이던 것이 2020년에는 66.3%로 거의 두 배 가까이 증가했음을 알 수 있다. OTT로 TV 프로그램을 시청하는 경우도 29.1%에 달했다. 연령대별로는 2020년 현재 20대와 30대가 각각 89.7%와 86.1%가 OTT를 이용하고 있고, 각각 49.3%와 42.2%가 OTT로 TV를 시청하고 있는 반면, 50대와 60대의 OTT

이용률은 각각 66.5%와 46.5%만이 OTT를 이용하고 있고, OTT로 TV를 시청하는 비율도 각각 22.8%와 13.9%로 낮다. 70세 이상은 이보다 훨씬 낮다. 점차 젊은 세대로 갈수록 전통적인 TV 시청 형태가 크게 달라지고 있음을 구체적으로 알 수 있다. 2020년 현재, 국내의 경우 유튜브를 통해 OTT를 이용하는 경우가 65.8%로 가장 높고, 그다음이 넷플릭스(18.7%), 네이버TV(10.3%), 티빙(4.0%), 웨이브(3.2%) 등으로 나타나고 있으며, 이들 OTT를 통해 TV를 시청하는 비율도 유튜브(21.6%), 넷플릭스(10.0%), 네이버TV(4.1%), 티빙(2.2%), 웨이브(1.7%)의 순으로 나타나고 있다. 이 조사에 따르면 스마트폰을 이용하여 TV 프로그램을 시청하는 경우는 17.1%, 그리고 컴퓨터를 이용하여 TV 프로그램을 시청하는 경우도 8.3%에 이르는 것으로 나타났다. 그만큼 TV 프로그램을 시청하는 수단도 더욱 다양화되고 있는 셈이다. 이와는 달리 TV 방송 프로그램 이외의 동영상을 시청하는 기기로는 스마트폰(73.2%)이 가장 많았고, 컴퓨터(18.2%)와 TV 수상기(11.8%), 스마트패드(6.0%) 등으로 그러한 동영상을 즐기는 경우도 있었다(방송통신위원회 · kobaco. 2021. 5: 5~9).

2. 미디어 디지털화와 디지털 미디어의 사회적 영향

앞서 살펴본 바와 같이 1960년대 말 우리 사회에 컴퓨터가 도입된 이후 1970년대와 1980년대를 거치면서 각 분야에서 컴퓨터의 도입과 활용을 통한 전산화, 정보화가 확대되어 왔다. 그러나 본격적인 디지털 미디어 시대의 전개는 1990년대 중후반 인터넷 서비스가 급속히 확대 보급되면서부터라고 해야 할 것 같다. 물론 그 이전에 신문과 도

표 12-18 국내 디지털 미디어 서비스 제공 추이(종합)

시기 부분	시기	미디어의 디지털화 및 디지털 서비스 사례
컴퓨터 도입기	1960년대 말	경제기획원(1967), 생산성본부(1967)
컴퓨터 통신 서비스 및 인쇄 미디어 디지털화 시기	1970~ 1990년대 초	데이터 통신(1970), PC 통신(1988), CTS(1985), CAP(1987) 등
인터넷 상용화 및 미디어 본격 디지털화 시기	1990년대 중후반	인터넷 상용 서비스(1994), 인터넷 신문(1995), 인터넷 통한 방송(1996), 디지털 이동 전화(1996), 인터넷 포털(1997), 초고속 인터넷(1998) 등
방송 미디어 디지털화 시기	2000년대 초반	지상파 DTV(2001), 디지털 위성 방송(2002), 디지털 데이터 방송(2003), 디지털 케이블 TV (2005), 위성 DMB(2005), 지상파 DMB(2005) 등
융합 미디어 서비스 시기	2000년대 후반 이후	인터넷 전화(2006), TV 포털(2006), 휴대 인터넷(2006), IPTV(2008), 스마트폰(2009), 태블릿 PC(2010), 4G LTE(2011) IPv6(2014), 지상파 UHD(2017), 5G(2019) 등

서·출판물 제작의 전산화, PC 통신과 데이터 통신의 보급, 일부 이동통신 서비스의 제공이 이루어지고 있었으나, 인터넷 서비스의 상용화(1994), 인터넷 신문 서비스(1995), 인터넷을 통한 방송 서비스(1996), 디지털 이동 전화 서비스(1996), 인터넷 포털 서비스(1997), 초고속 인터넷 보급(1998) 등은 대부분 1990년대 중·후반에 이루어졌기 때문이다. 2000년대에 들어서서는 방송 미디어의 디지털화와 함께 디지털 융합형 미디어의 등장이 두드러졌다.

방송 미디어의 디지털화는 지상파(2001)를 필두로, 디지털 위성 방송(2002), (디지털 방식의) 데이터 방송(2003), 디지털 케이블 TV(2005), 위성 DMB(2005. 5), 지상파 DMB(2005. 12) 등의 디지털 이동 방송 등

주로 2000년대 전반기에 이루어졌고, 후반기에는 인터넷망을 통한 전화 서비스(2006), TV 포털 서비스(2006), 휴대 인터넷 서비스(2006), IPTV 서비스(2008), 그리고 여러 가지 융합 서비스가 가능한 스마트폰(2009)과 태블릿 PC(2010) 등의 (모바일) 스마트 미디어 보급은 물론 소셜 네트워크 서비스(SNS)가 크게 활성화되었다.

여기서는 이러한 미디어의 디지털화 추이 및 디지털 미디어의 이용 확대로 인해서 우리 사회의 미디어 지형에서 일어난 변화의 특징과 그것이 사회에 미친 주요 영향 등을 가설적인 형태로나마 몇 가지로 요약해서 제시해 보고자 한다.

1) 디지털 미디어 산업과 디지털 경제의 확대

우선 무엇보다도 디지털 미디어 서비스의 종류와 양이 확대되고 그 이용자 수가 증가하면서 디지털 미디어 관련 산업은 물론 디지털 미디어를 이용한 경제 활동도 크게 증가하였다.

실제 최근의 한 조사 결과를 보면, 2000년 148조 3,000억 원이던 ICT 산업 매출액(생산액)이 2019년에는 462조 9,000억 원으로 크게 늘었으며, 관련 산업 종사자 수도 2000년 약 70만 명이던 데서 2019년 103만 명 선으로 늘었다.

인터넷을 통한 전자상거래 총액은 2001년 119조 원이던 것이 2011년 1,000조 원을 넘어선 데서 그 규모 확대를 쉽게 확인할 수 있다. 온라인쇼핑액도 2002년 6조 300억 원이던 데서 2012년에는 34조 680억 원으로 늘어났고, 2017년 94조 1,857억, 2018년 113조 3,140억 원, 그리고 2019년 135조 2,640억 원으로 계속 늘어나고 있다. 최근에는 온라인 쇼핑에서 모바일 쇼핑이 차지하는 비중이 꾸준히 늘

표 12-19 국내 ICT 산업 실태와 추이(2000~2019)

구분		2000	2005	2010	2015	2019
사업체 수 (단위: 업체)	정보 통신 방송 기기	6,995	7,912	8,375	8,936	8,680
	정보 통신 방송 서비스업	3,125	2,519	2,829	4,687	4,447
	S/W 및 디지털콘텐츠 개발 · 제작업	6,264	7,833	11,497	21,224	25,188
	계	16,384	18,264	22,701	34,847	38,315
종사자 수 (단위: 명)	정보 통신 방송 기기	482,439	552,549	566,301	595,960	578,061
	정보 통신 방송 서비스업	106,074	101,700	116,621	123,240	134,175
	S/W 및 디지털 콘텐츠 개발 · 제작업	107,720	142,180	227,304	313,122	319,234
	계	696,233	796,429	910,226	1,032,322	1,031,470
생산(매출)액 (단위: 1000억)	정보 통신 방송 기기	1,065	1,870	3,097	3,166	3,227
	정보 통신 방송 서비스업	315	480	593	701	782
	S/W 및 디지털 콘텐츠 개발 · 제작업	103	192	343	496	620
	계	1,483	2,542	4,043	4,363	4,629

출처: 과학기술정보통신부 · 한국정보통신진흥협회 · 한국전자정보통신산업진흥회, 2021. 6: 166~181 재구성.

어나는데, 2019년에는 전체 온라인 쇼핑에서 모바일 쇼핑의 비중이 2/3를 넘어서고 있다. 인터넷 쇼핑 이용자 비율도 점차 늘어나는 추세인데, 2015년 53.6%이던 이용자 비율이 2019년에는 64.1%로 증가했다. 같은 기간 인터넷 이용자 비율 증가가 6.7%p인 데 비해 인터넷 쇼핑 이용자 비율 증가는 10.5%p다. 인터넷 뱅킹 이용자 비율은 2015년 52.5%이던 데서 2019년 64.9%로 늘어나 그사이 12.4%p나 증가해서 더 가파른 상승세를 보이고 있다. 오픈뱅킹 서비스 시행과 인터넷 전문 은행의 등장 등이 영향을 준 것으로 보인다. 인터넷 뱅킹 역시 PC를 이용하는 비율은 조금씩 줄고 있는 반면, 모바일을 통한 경우가 더욱 늘고 있다. 2017년 PC를 통한 인터넷 뱅킹 이용률이

39.7%였는데 2019년 37.3%로 줄어든 반면, 모바일을 이용하는 경우는 57.1%에서 61.1%로 늘어났다(한국정보화진흥원, 2020.11: 405).

미디어 이용자의 미디어 소비·지출과 관련해서 보더라도 2008년 국내 미디어 이용자의 소득은 1989년에 비해 4.8배 증가한 데 비해, 이들의 미디어/통신 비용은 7.5배 증가했다. 특히 전화와 인터넷(관련 기기 포함) 등 통신 관련 지출은 같은 기간에 무려 14배 증가한 것으로 나타났다(김영주·정재민, 2009: 83~86).

이러한 데이터들은 미디어의 디지털화와 디지털 미디어의 확산에 따라 국내에서 디지털 미디어 산업과 디지털 미디어를 이용한 산업 및 경제 규모가 계속 커지고 있음을 직간접적으로 보여 주는 것이다.

2) 미디어 네트워크의 확장과 사이버공간의 확대

컴퓨터 보유 가구와 인터넷 이용자가 계속 늘어난다는 것은 그만큼 컴퓨터 네트워크를 통해 활동하는 사람들이 증가하고 있음을 의미한다. 2019년 현재 전 세계 인터넷 이용자 수가 이미 41억 3,000만 명을 넘어섰다. 우리나라의 경우도 1990년대에 들어서면서 PC 통신 이용자가 급속히 늘어나더니 2000년대에 접어들면서는 인터넷 이용자 수가 폭발적으로 늘어났다. 2000년 당시 1,900만 명(전체 인구의 44.7%)이던 인터넷 이용자 수가 2020년에 와서는 4,680만 명(91.9%)으로 20년간 두 배 반 가량 늘었다. 앞서 살펴본 것처럼 인터넷 이용자 수 외에 인터넷 이용 시간도 늘었다. 2000년에는 1인당 주 평균 이용 시간이 11.7시간이던 데서 2020년에는 20.1시간으로 늘었다. 하루에 3시간 정도 인터넷을 이용하는 셈이다. 이는 20년 전에 비해 보다 많은 사람이 보다 적극적으로 보다 많은 시간을 내서 인터넷을 이용한다는 의미다.

인터넷 이용자가 늘어나고 그들의 활동이 보다 적극적으로 된다는 것은 그만큼 이용자들 상호 간의 미디어 네트워크가 확대되고, 네트워크상의 활동 공간, 즉 사이버공간이 다양한 활동 무대로 확대되고 있음을 의미한다. 이제는 이메일을 넘어 인스턴트 메신저는 물론 다양한 SNS 서비스를 통해서도 서로 소통하는 비율이 크게 늘고 있다. 모바일 미디어의 이용 확대에 따라 무선 인터넷을 이용한 소통 비율도 계속 늘고 있다. 또한 인터넷 쇼핑뿐 아니라 인터넷 뱅킹, 인터넷 주식 거래, 동영상 이용, 각종 게임이나 배팅 등 인터넷을 이용한 활동도 보다 다양화되면서 그 비율이 계속 늘고 있다. 물론 이런 인터넷 활동도 무선망을 이용한 모바일 미디어를 이용하는 비율이 점차 늘고 있다.

인터넷이 범세계적인 컴퓨터 네트워크라는 점에서 유무선 인터넷 이용자 수의 확대와 인터넷 이용 범위의 확대와 다양화, 그리고 인터넷 이용자들의 보다 적극적인 인터넷 이용 활동은 결과적으로 미디어 네트워크가 계속 확장하고 사이버공간이 계속 확대되는 국면을 보여 주는 것이다. 이는 다른 말로 인터넷을 비롯한 디지털 미디어 이용자가 공간과 시간의 제약을 훨씬 덜 받으면서 자신에게 필요한 정보에 접근하거나 다른 이들과 소통할 수 있고 네트워크상의 사이버공간에서도 자신이 원하는 일이나 놀이를 보다 용이하게 할 수 있게 되었다는 것이기도 하다. 물론 이러한 디지털 미디어 환경이 모두에게 차별 없이 제공되는 것은 아니다. 일부 소외되는 이들이 있는 경우에는 새로운 디지털 정보 격차나 불평등을 초래하는 요인이 될 수도 있다. 우리 사회에도 일부 지역, 계층, 연령층의 경우 컴퓨터 보유나 인터넷 이용 등과 관련된 디지털 격차가 여전히 존재하고 있음이 확인되고 있다.

3) 미디어 분화와 융합의 가속화

미디어 디지털화는 국내의 경우에도 한편으로는 미디어 분화를, 그리고 다른 한편으로는 미디어 융합을 촉진시키는 결과를 가져왔다. 디지털화는 기존의 미디어 제작 방식이나 전송 방식 혹은 미디어 이용 방식을 혁신시켜 새롭고도 다양한 서비스를 가능하게 했을 뿐 아니라 압축 기술 등을 통해 동일한 주파수 대역에서도 훨씬 많은 가용 채널이나 데이터 전송을 가능하게 했다.

표 12-20에서 보는 바와 같이 1970년대까지만 하더라도 신문, 잡지, 도서, 출판 등의 인쇄 미디어와 라디오와 텔레비전 같은 방송 미디어, 전신, 전화, 전보와 같은 통신 미디어, 그리고 음반이나 테이프와 같은 그 밖의 패키지 계열 미디어가 고작이었던 것이 미디어 디

표 12-20 미디어의 분산과 융합

분류	올드 미디어	미디어 분화	미디어 융합
인쇄 미디어	신문, 잡지, 책	CTS, 팩스 신문, 전자 신문, 웹진, CAP(DTP), CD-ROM	인터넷 신문 전자책 디지털 라디오 DTV/UHD TV 포털/IPTV 스마트 TV 인터넷 전화/웹 TV DMB폰/스마트폰 마이크로 블로그/SNS TPS/QPS/홈네트워킹 N-Screen BcN 4G LTE/5G OTT
방송 미디어	라디오, TV	AM 스테레오 방송, FM 다중 방송, PCM 음성 방송, 코드 · 데이터 방송, 케이블 TV, 위성 방송, 문자 다중 방송, 정지화 방송, 저출력 TV, HDTV	
통신 미디어	전신, 전화, 전보	오디오텍스, 전자사서함, 비디오텍스, PC 통신, 이메일, 영상 전화, 영상 회의 시스템, 무선 호출, 이동 전화, TRS, LAN, WAN, ISDN	
기타 (패키지)	음반, 테이프	플로피 디스크, 광 디스크, CD, DVD, CD-ROM, CD-I	

지털화 추세에 따라 각 계열 미디어 안에서도 새롭고 다양한 뉴 미디어들이 다수 등장하였고, 그 뒤 1990년대 중반 이후 디지털화가 더욱 가속됨에 따라 기존의 미디어 특성에 따른 미디어 구분을 더욱 어렵게 하는 융합형 미디어들이 등장하게 되었다. 인터넷 신문이나 전자책은 더 이상 기존의 신문이나 책과 같은 인쇄 미디어가 아니며, 디지털 라디오나 DTV는 기존의 라디오와 TV 방송 외에 부가적인 데이터 서비스를 제공하며, IPTV는 실시간 방송 외에 VOD나 인터넷 서비스를 제공할 수 있게 되었다. 더군다나 보다 최근의 융합형 모바일 미디어인 스마트폰이나 태블릿 PC 등은 이동 중에도 전화나 컴퓨터 기능 외에 인터넷이나 방송 서비스를 이용할 수 있고 자신에게 필요한 응용 소프트웨어를 다운받아 이용할 수 있게도 되었다. 새로운 디지털 융합형 미디어를 통해 전화, 인터넷, TV는 물론 홈네트워킹 서비스를 이용할 수 있게 되었고, 특정 콘텐츠를 끊김 없이 휴대폰, TV, PC 등에서 이어서 이용할 수도 있게 되었다. 최근 이용자 수가 크게 늘어나고 있는 OTT 서비스를 통해서는 영화와 비디오, 텔레비전 방송 영상 등 온갖 동영상을 싸게 이용할 수 있게 되었다.

미디어의 분산은 새롭고 다양한 서비스 개발과 이를 제공할 수 있는 새로운 플랫폼들에게 새로운 시장과 사업 기회를 제공해 주기도 하고, 보다 다양하고도 전문적인 콘텐츠 개발을 자극하는 새로운 동인이 될 수도 있을 것이다. 또한 이는 시장 불확실성의 제고와 함께 사업자들 간의 경쟁을 촉진시키는 요인이 될 수도 있다.

미디어 융합 역시 새로운 융합 서비스를 둘러싼 새로운 시장과 사업 기회를 제공해 주는 측면이 있지만, 길게 보면 미디어 융합은 서비스 융합을 가져오고 서비스 융합은 사업자 융합을 초래함으로써 국내와 국제적인 거대 자본에 의한 미디어 산업의 집중화나 독과점화 경향을 가져오고 있기도 하다.

4) 미디어의 폭발과 여론 독과점의 모순

디지털 미디어 시대에는 서비스되는 미디어의 종류가 많아질 뿐 아니라 각 미디어별 채널 수나 제공되는 정보량도 훨씬 많아진다. 앞서 살펴본 디지털화에 따른 미디어 분산과 융합은 새로운 미디어가 대거 등장함을 의미한다. 그러한 뉴 미디어들은 디지털 압축에 의해 가용 채널이나 처리 가능한 정보량 역시 크게 증가한다. 보다 많은 미디어나 채널에 의해 보다 많은 미디어 보이스media voice가 출현할 가능성이 높아진다. 그것은 독과점적인 미디어 환경에서 제한된 일부 입장만이 과잉 강조되는 상황과 대비된다. 대안적이고 대항적인 미디어의 출현 가능성이 그만큼 더 높아지는 것이다. 실제 우리 사회에서의 미디어 디지털화는 시기적으로 사회 민주화 과정과 궤를 같이하면서 수많은 대안 미디어의 출현을 가능하게 했다. 특히 1990년대 중후반 인터넷의 급속한 확산과 이용은 사이버공간을 활용한 보다 적극적인 정치 사회적인 참여와 풀뿌리 민주주의의 발전에 크게 기여했다. 그런 과정에서 여러 분야의 '관성적 권위'는 크게 붕괴되었다.[137]

방송 미디어의 경우도 디지털화에 따라 채널 수가 폭발적으로 늘어났다. 2019년 현재, 국내 방송 사업자는 플랫폼 사업자와 채널 제

137 미디어 폭발은 동일 현상에 대한 새로운 해석과 평가의 가능성과 다수의 대안 제시 가능성 등으로 인해 과거 지식 독과점 시대의 정치적, 종교적, 교육적 권위를 크게 약화시켰다. 미디어 시장 내에서도 대안적이거나 전문적인 미디어의 대거 등장으로 인해 과거 독과점적 지위를 누리던 유력 언론의 영향력은 실제 크게 감소했다.

표 12-21 국내 방송 사업자별 방송 운영 채널 현황

구분			사업자 수	운영 채널	비고
지상파	TV		30개사	15	사업자: 14개사 + MBC 지역 16개사 채널 수: KBS 2채널 + 29개사 13채널
	라디오		51개사	47	
	DMB		6개사	15	TV 11개 채널, 라디오 4개 채널
종합유선	아날로그		91개사	1,218(72)	( ) 속은 사업자당 평균 채널 수
	8VSB			9,578(105)	
	QAM	지상파 채널		495(5)	
		직사 채널		28(0)	
		종편 채널		364(4)	
		지역 채널		91(1)	
		PP 채널		17,230(189)	
		해외 위성		859(9)	
		PPV		37(0)	
		가이드		113(1)	
		음악		2,960(33)	
		데이터 방송		713(8)	
		계		22,890(252)	
	HD 방송 채널			16,174(178)	
	UHD 방송 채널			198(2)	
중계 유선			30개사	786(26)	( ) 속은 사업자당 평균 채널 수
위성방송	지상파		1개사	6	( ) 속은 UHD 방송 채널 수
	직사 채널			21	
	종편 채널			4	
	PP 채널			166(5)	
	해외 위성			14	
	가이드 채널			0	
	음악(오디오) 채널			33	
	데이터 방송			19	
	계			263(5)	
IPTV			3개사	800(266)	( ) 속은 사업자당 평균 채널 수
방송 채널 사용 사업			270개사		데이터 방송 제외
계			488개사	51,984	

출처: 과학기술정보통신부·방송통신위원회. 2020.11: 112~131, 165~170, 177 등 참조.

공 사업자를 포함하여 모두 488개사가 총 5만 1,984개 채널을 제공한다.[138] 먼저 지상파의 경우는 지상파 DTV 15개 채널을 비롯해, 라디오 47개 채널과 지상파 DMB 15개 채널(임대 채널 포함)을 방송한다. 또한 91개 종합 유선 방송사가 내보내는 방송 채널은 기존의 아날로그 1,218개 채널에 디지털 4만 8,840개 채널이다. 종합 유선 방송 1개사가 운용하는 채널은 평균 아날로그 72개 채널에, 디지털 537개 채널(HD 180개 채널)인 셈이다. 게다가 중계 유선 방송이 30개사 786개 채널(사당 26개 채널)을 제공한다. 유일한 디지털 위성 방송사인 스카이라이프가 UHD 5개 채널을 포함한 총 263개 채널을 서비스하며, IPTV 3개사가 800개 채널(사당 평균 266개 채널)을 운용한다. 1994년까지만 해도 TV의 경우는 지상파 5개 채널(KBS1. KBS2. MBC, SBS, EBS 등)에 불과했지만, 그로부터 25년이 지난 2019년 현재 지상파, 케이블, 위성, IPTV 등을 통해 전국에서 공급되는 TV 방송 채널 수는 단순 합산하면 1,190개를 넘고 있다.

디지털화에 의해 방송 사업자들이 제공하는 채널이 크게 늘어났다는 것은 시청자 입장에서 보면 이용 가능한 채널이 그만큼 늘어난 것이고, 그들의 보다 다양한 입장을 반영할 수 있는 채널이 늘어난 것이라고 볼 수도 있다. 채널의 증가는 과거에는 존재하기 어려웠던 대안 채널(예: 시민 채널이나 소지역 채널 등)의 등장 가능성을 그만큼 더 높여 주는 것이 사실이다. 그러나 현실적으로는 늘어난 방송 채널이 의견의 다양성을 보장하는 채널의 증가보다는 연예, 오락, 스포츠

138 이는 상이한 플랫폼이나 방송 사업자가 제공하는 모든 방송 채널들을 모두 단순 합산한 것이다.

채널 등 엔터테인먼트 채널의 증가로 이어지는 경우가 압도적으로 많았다. 그리고 늘어난 채널의 운영 주체가 다양한 계층과 집단으로 분산되기보다는 영향력 있는 인물이나 조직, 기존의 지배적인 미디어, 혹은 제한된 자본에 집중되는 경향을 보여 준다. 따라서 방송 미디어의 경우는 디지털화에 따른 채널 증가가 곧바로 의견의 다양성 보장으로 이어지는지, 아니면 오히려 여론 독과점을 더욱 심화시키는 것인지 그에 대한 논란은 계속될 것으로 보인다.[139]

5) 미디어 개인화와 개인 미디어의 네트워크화

디지털 미디어의 발전은 새로운 미디어와 채널의 폭발적 증가와 함께 미디어 수신 단말기의 경박단소화를 동시에 실현시켰다. 그것은 결과적으로 미디어와 채널의 세분화와 전문화를 가능하게 했고, 동시에 미디어 이용의 개인화를 촉진시켰다. 특히 우리나라의 경우, 개인용 컴퓨터(PC)와 인터넷, 휴대폰의 급속하고도 광범위한 보급은 개개인의 수준에서 미디어 이용을 더욱 용이하게 만들어 주는 조건이 되었다. 미디어 융합이 가속화되면서 이제는 하나의 개인용 단말로 전화와 인터넷은 물론 방송 시·청취와 홈네트워킹, 다양한 거래와 놀이와 활동 등 멀티태스킹을 할 수 있는 단계로 계속 진화하고 있다.

139 디지털화에 따른 방송 채널 수 증가에도 불구하고 국내 방송계에서는 기업 결합에 따라 방송 사업자 혹은 채널에 대한 소유 집중도는 계속 높아지는 현상이 두드러진다. 특히 지상파 방송 3사(KBS, MBC, SBS)는 다수의 계열사 PP를 거느리고 있으며, 일부 케이블 방송 사업자들은 MSO, MPP, MSP 등의 형태로 소유 집중화를 심화시킨다. 최근에는 유력 신문사들의 종편 진출로 인해 우리 사회의 여론 독과점이 더욱 심화된다는 우려의 소리도 높다.

이러한 상황이라면 공급되는 디지털 미디어는 더욱 세분화, 전문화되고 그러한 미디어를 이용하는 사람들은 보다 개인화되는 현상을 쉽게 상상할 수 있다. 디지털 미디어 환경은 세분화, 전문화, 개인화의 흐름을 촉진시킨다는 것이다. 어느 때부턴가 우리 사회에서는 미디어 이용의 개인화 현상이 아주 자연화되고 있다. 지하철이나 공공장소에서 수많은 사람들이 이어폰이나 헤드폰을 끼고 혹은 스마트폰이나 태블릿 PC, PMP, PDA 등을 손에 들고 각자 뭔가에 몰두하고 있음을 쉽게 보게 된다.[140] 어떤 이는 연결된 다른 사람과 통화나 문자를 하기도 하고, 다른 이는 게임을 즐기거나 인터넷 검색을 하거나 혹은 미리 다운받은 동영상을 감상하기도 한다. 집에서 보던 아침 드라마를 출근길 지하철 속에서도 끊김 없이 계속 시청하는 이도 있을 것이다. 누군가와 통화하면서 혼자 지껄이는 사람들도 흔히 본다. 주변 다른 사람에게는 전혀 관심 없이 자신에게만 몰두하는 이런 풍경을 어떻게 해석할 것인가?

주변에 대한 무관심이 사회적으로는 분절화와 파편화의 길을 재촉하는 것은 아닌지 생각해 볼 만한 문제이다. 지나치게 자신의 취향이나 관심에 맞는 채널이나 미디어에만 치중하다 보면 수용자 극화 현상audience polarization이 발생함으로써 개개인의 지적 편식에 의해 사회적 합의나 여론 수렴이 어려워질 수 있다는 우려도 제기되고 있다(김영석, 2000: 586). 반대로 물리적으로는 떨어져 있지만 이미 아는 친지나 동료 혹은 같은 취향 집단과는 개인화된 단말을 통해 지속적으로 연

140 길거리나 공공장소에서 혼자 말하고 혼자 웃는 풍경이 이제 한국 사회에서는 전혀 이상한 일이 아니다. 디지털 모바일 미디어 환경 속에서는 눈앞에 보이는 자와는 침묵하면서도 보이지 않는 자와는 열심히 대화하는 데 점차 익숙해져 가고 있다.

결됨으로써 오히려 더 강한 연대를 만들어 나간다고 볼 수도 있다. 디지털 시대의 개인 휴대용 단말기는 서로 분절된 단말segmented terminal이 아니라 '네트워크화된 단말networked terminal'이라는 점에서 낯선 자들끼리는 더 낯설게 하고, 익숙한 이들끼리는 더 익숙하게 만드는 미디어 환경을 만들어 나간다고 볼 수도 있다. 이러한 사례는 다음의 미디어 오케스트레이션media orchestration을 통해 설명할 수도 있다.

6) 미디어 오케스트레이션과 새로운 집합 행동

디지털 미디어 시대에 들어서면서 여론 형성 과정이나 집합 행동에도 새로운 변화의 물결이 일어나고 있다. 과거에는 주로 매스 미디어의 특종을 통해 사회적으로 중요한 의제가 제시되고 그것이 여론 형성에 크게 기여하고 또 특정한 사회운동이나 캠페인을 끌고 가는 경향이 강했다. 매스 미디어 주도형 여론 형성과 집합 행동이 주된 흐름을 형성했다. 그러나 디지털 시대에는 매스 미디어와 인터넷 메일, 사이버커뮤니티, SNS, 휴대폰, UCC, CCTV, 전광판 등이 총동원되면서 특정한 문제에 대한 사회적 관심과 참여를 고무시키고 집단행동이나 거대한 사회운동, 때로는 정치적인 민주화운동까지도 야기시킨다. 일종의 미디어 오케스트레이션이라 할 만하다.

예컨대 우리 사회의 미국산 쇠고기 수입 협상을 반대했던 촛불 시위나 선거 국면에서의 여론 형성 등이 그 대표적인 예라 할 수 있다. 한 방송국의 사회 고발 프로그램에서 문제 제기가 이루어진 후 몇몇 학생의 시청 앞 촛불 시위가 인터넷과 휴대폰 등으로 알려지면서 젊은이들의 참여를 고무시키고 사이버공간의 다수 커뮤니티가 움직이면서 자발적 참여가 더욱 확대되었다. 이것이 다시 신문과 방송 등의 매스 미디어와 사이버공동체 및 1인 미디어 등 다양한 미디어에 의해 확대 부각되면서 사회 전체 구성원들의 인지, 관심, 참여를 더욱 증폭시켜 나갔던 것이다. 2002년 월드컵 거리 응원이나 2016년 박근혜 대통령 퇴진 촉구 촛불집회, 그리고 2019년 조국 사태에서의 보수, 진보 진영 집회도 이러한 미디어 오케스트레이션에 의한 집합 활동으로 볼 수도 있을 것이다. 최근 몇 차례 선거를 치르면서 널리 보급된 스마트폰과 SNS의 결합 역시 유권자의 여론 형성 과정에 적지 않은 영향을 미친 것으로 보인다. 사이버공간(온라인)과 현실 공간(오프라인)을 결합시킨 모바일 SNS가 플랫폼 정치를 활성화하고 네트워크 포퓰리즘을 부추겼다는 지적도 있다(백욱인, 2011). 디지털 미디어 시대의 여론 형성과 집합 행동이 여러 다양한 미디어 간에 어떤 조합과 연대에 의해 이루어지는지를 분석해 보는 것도 매우 흥미로운 연구가 될 것으로 보인다.

7) 신新정보 격차와 정보 격차의 너울 현상

어느 나라 어느 사회에서나 미디어 보유와 이용 및 활용에 있어 사람들 간에 일정한 차이를 나타내고 있다. 그러나 어느 정도 시간이 지나 특정한 미디어 보급이 일반화, 대중화되면서 그러한 차이가 점차 줄기도 하지만, 다시 새로운 미디어가 보급되면서 새로운 격차가 발생하기도 한다. 디지털 미디어 시대에는 한편으로 기존의 격차가 해소되면서, 다른 한편으로 새로운 격차가 형성되는 디지털 격차의 너울 현상이 계속될 것으로 보인다.

디지털 미디어 시대의 기본 매체라 할 수 있는 컴퓨터 보유와 인터넷 이용과 관련하여 정부에서도 사회 구성원 간에 존재하는 차이

표 12-22 소외(취약) 계층의 연도별 인터넷 이용률 변화

구분		2005	2007	2009	2011	2013	2015	2017	2019
전체 국민		72.8	76.3	77.6	78.3	82.1	85.1	90.3	91.8
소외 계층	평균	29.4	40.1	43.0	45.6	50.8	63.6	70.1	76.1
	장애인	41.0	49.9	52.7	54.4	56.7	73.9	74.5	78.3
	고령층	22.5	34.1	37.6	41.4	48.5	61.7	66.5	74.0
	저소득층	44.2	52.8	55.7	57.4	60.4	66.8	79.2	85.3
	농어민	23.0	33.4	36.2	38.9	42.2	56.2	67.5	72.5

출처: 한국정보화진흥원. 2014: 10, 2015: 368, 2017: 378, 2020: 422 내용 통합 재구성.

표 12-23 소외(취약) 계층의 연도별 스마트폰 보유율 변화

구분		2011	2012	2013	2014	2015	2016	2017	2018	2019
전체 국민		39.6	61.5	74.3	78.3	82.5	85.3	89.5	91.0	92.2
소외 계층	평균	8.6	21.7	42.8	52.2	54.9	61.2	68.7	71.3	75.3
	장애인	8.6	23.1	39.9	51.3	62.6	66.8	72.4	75.8	76.8
	고령층	6.2	18.8	41.5	51.4	49.3	57.2	65.2	68.4	73.3
	저소득층	17.0	31.8	55.1	61.6	70.6	73.1	77.5	81.2	84.7
	농어민	7.3	19.2	35.7	44.7	54.3	59.6	66.6	69.1	72.0

출처: 한국정보화진흥원. 2014: 10, 2015: 259, 2017: 378, 2020: 423 내용 통합 재구성.

를 조사하고 이를 해소하기 위한 노력들을 계속해 왔다. 컴퓨터 보급과 인터넷 이용이 대중화되고, 국가 차원의 디지털 격차 해소를 위한 정책적 지원이 이루어짐으로써 그러한 차이는 실제 조금씩 줄어들고 있다.

표 12-22와 표 12-23에서 보는 바와 같이 한국 사회 취약 계층(장애인, 고령층, 저소득층, 농어민 등)의 인터넷 이용률과 스마트폰 보유율이 전체 국민의 그것에 비해 상당히 낮은 편이다. 2005년의 경우, 전체 국민의 인터넷 이용률이 72.8%인 데 비해 장애인은 41.0%, 저

소득층은 44.2%, 농어민은 23.0%에 불과한 것으로 나타났다. 이것이 2019년의 경우에는 전체 국민 91.8%에 장애인 78.3%, 저소득층 85.3%, 농어민 78.5%로 약 15년 이에 그 격차가 모두 크게 줄어들고 있음을 알 수 있다.

스마트폰 보유률 역시 전체 국민과 취약 계층 모두 해가 갈수록 증가하면서 그 격차는 줄어들고 있음을 알 수 있다. 2011년 전체 국민의 인터넷 이용률이 39.6%인 데 비해 소외 계층 평균은 8.6%에 불과해 그 격차가 31.0%이던 것이 2019년 전체 국민 90.2%에 소외 계층 평균 75.3%로 그 격차는 16.9%로 점차 줄어들고 있다.

인터넷 보급과 이용은 기존 격차가 시간이 지날수록 조금씩 줄어들고 있는 그 뒤 스마트폰 이용이 활성화되면서는 다시금 새로운 디지털 격차가 발생하고 있음을 알 수 있다. 이를 한때 "신정보 격차"라고 했는데 이러한 신정보 격차 역시 시간이 지남에 따라 차츰 줄어들고 있음을 보게 된다. 아마도 또 새로운 디지털 미디어가 나타나면 새로운 격차가 발생했다가 그 격차 축소가 줄어드는 디지털 정보 격차의 너울 현상은 거듭 나타날 것으로 예상된다.

8) 디지털 선진국과 아날로그 후진국의 공존: 남북한 디지털 격차

한국은 이미 오래전부터 스스로를 'IT 강국'으로 자임해 왔다. 디지털 미디어와 IT 산업 발전에 힘입어 실제 국제적으로 높은 수준의 정보화를 이룩해 놓고 있다. 국가 간의 정보화 수준을 비교하는 국가 정보화 지수를 보면 대략 그 수준이나 위상을 알 수 있다.

주로 미디어 부문의 지수로 국가 정보화 지수를 산출한 바 있는 2007년도의 《국가 정보화 백서》를 보면, 한국은 1999년 이후 2005년

표 12-24 한국의 국가 정보화 지수 부문 및 지표별 국가 순위(1999~2005)

부문 및 주요 지표	1999	2000	2001	2002	2003	2004	2005
컴퓨터 부문	20	9	8	8	9	15	17
인터넷 부문	17	11	10	13	1	1	1
통신 부문	14	22	25	24	23	17	6
방송 부문	18	13	15	10	12	13	12
PC 부문	20	9	8	8	9	15	17
인터넷 이용자	11	6	1	2	3	3	5
초고속 인터넷 가입 가구	-	-	-	1	1	1	1
유선 전화 회선	24	21	18	19	15	10	11
이동 전화 가입자	8	18	21	21	24	26	29
무선 초고속 인터넷 가입자	-	-	-	-	-	-	1
TV 보유 가구	30	31	40	24	36	29	31
CATV 가입 가구	10	9	8	4	3	4	1
국가 정보화 지수	22	19	14	14	12	7	3

출처: 한국정보사회진흥원, 2007: 30~40, 473~484.

에 이르기까지 여러 미디어 부문에서 국제적으로 앞선 순위를 차지했다. 일부 부문(컴퓨터 부문, 이동 전화 가입자, PC 부문, TV 보유 가구 등)을 제외한 나머지 부분에서 계속 해가 갈수록 계속 순위 상승을 보였다. 2005년 현재 인터넷 부문과 초고속 인터넷 가입 가구, 무선 초고속 인터넷 가입자, CATV 가입 가구 등 적지 않은 부문과 지표에서는 세계 1위를 나타냈다. 게다가 2006년 이후의 급속한 이동 전화 보급이나 꾸준한 컴퓨터 보급, 디지털 TV 수상기 보급 등을 고려하면 2006년 이후의 미디어 지수도 상승했을 것으로 보인다.

표 12-25 국제 정보화 지수별 우리나라 순위

(괄호 속은 조사 대상 국가 수)

구분	2012	2014	2016	2018	비고 (측정 내용)
ICT 발전 지수(ITU)	1 (155)	2 (166)	1 (175)	–	정보 사회 발전 정도 및 정보 격차 측정
네트워크 준비 지수 (WEF)	12 (142)	10 (148)	13 (139)	–	경제 발전 및 경쟁력 제고를 위한 ICT 활용 정도 측정
전자 정부 발전 지수 (UN, EDGI)	1 (190)	1 (193)	3 (193)	3 (193)	ICT 주도의 발전을 위해 전자 정부를 이용하는 역량과 의지 측정
온라인 참여 지수 (UN,EPI)	1 (190)	1 (193)	4 (193)	1 (193)	온라인을 통한 시민의 공공 정책 의사 결정에 참여할 수 있는 수준 측정
국가 경쟁력 지수: 기술인프라(IMD)	14 (59)	8 (60)	15 (61)	14 (63)	국가 경쟁력 중 정보 통신 분야의 경쟁력 측정
세계 디지털 경쟁력 순위(IMD)	–	21 (60)	17 (61)	14 (63)	지식, 기술 및 미래 준비도에 대한 디지털 경쟁력을 지수화
세계 경쟁력 지수: 기술 준비도(WEF)	19 (144)	26 (144)	26 (138)	29 (137)	국가 경쟁력 중 기술 경쟁력 측정
공공 데이터 개방 지수(OECD)	–	–	1 (30)	–	공공 데이터 개방 전략 수립·이용을 돕기 위해 가용성·접근성·정부 지원 등 측정
데이터 개방 지수 (WWW재단)	–	17 (86)	5 (115)	5 (115)	공공 데이터 개방 정책과 실행 수준 측정

출처: 한국정보화진흥원, 2018. 12: 308~309 내용 참조.

보다 최근의 《국가 정보화 백서》(2018)를 보면, 국제적인 수준에서 국가 정보화 수준을 비교하는 지표가 상당히 달라지긴 했지만, 온라인 참여 지수나 전자 정부 발전 지수, ICT 발전 지수, 공공 데이터 개방 지수 등에서는 세계 1~4위의 높은 수준을 보이고, 네트워크 준비 지수(10~13위), 기술 인프라 부문의 국가 경쟁력 지수(8~15위), 기술 준비도 부문의 국가 경쟁력 지수(19~29위)도 비교하는 나라 수에 비하면 결코 낮은 순위라고 할 수 없다. 전반적으로 세계가 공인하는 IT 기술 선진국임에 분명하다.

이에 비해 북한은 아예 논외로 취급된다. 1990년대와 2000년대를 통해 꾸준히 디지털 미디어를 수용하거나 개발해 온 남한에 비해 해킹 기술은 상당히 발달해 있는 것처럼 종종 보도되는 북한은 크게 뒤처져 있다. 이러한 남북한 격차는 길게 보면, 남한 사회 내의 디지털 정보 격차보다 더 심각한 문제이자 향후의 해결 과제다. 남한이 디지털 선진국으로 달려오는 사이에 북한은 여전히 아날로그 후진국으로 남은 채 디지털 영역에서 아예 비교의 대상조차 되지 못하고 있는 셈이다. 이에 대한 대책은 갈수록 그 중요성이 강조될 것이다. 후진국 혹은 개발도상국에 대한 IT나 디지털 미디어 지원은 남한 사회에 매우 중요한 '디지털 책무'의 하나로 남아 있는 셈이다.

9) 디지털 미디어 시대 한국 사회의 권력 이동?

미디어의 변화를 보면 실로 놀랍다. 우리 사회의 미디어 환경 자체가 많이 달라졌을 뿐 아니라 그로 인해 우리나라의 위상도 크게 달라진 듯이 보인다. 또한 디지털 미디어로 인해 우리 사회 곳곳에서 크고 작은 변화들이 다양하게 감지된다. 그러나 곰곰이 살펴보면 디지털 미디어의 수용이나 개발, 보급, 이용 등을 둘러싸고 그때마다 치열한 경쟁과 그러한 경쟁에서 이기고 또 변화에 적응해 나가려는 지난한 노력들이 있어 왔음을 부인하기 어렵다. 그러한 노력과 경쟁 과정에서 성공한 이들이 있었는가 하면 실패한 이들도 적지 않았다. 우리 사회에 성공적으로 수용되고 급속하게 확산된 미디어가 있었는가 하면, 적정 가입자 확보에 실패함으로써 사업권을 반납한 미디어도 있었다.

대량 보급에는 성공하고도 제대로 수익 모델을 찾지 못한 미디어도 또한 있었다.

그러나 새롭고 다양한 디지털 미디어들이 개발, 보급, 이용되면서 우리 사회의 산업 구조가 달라지고 우리의 새로운 디지털 경제를 선도하는 새로운 기업들이 출현하기도 했다. 특히 네이버나 카카오와 같은 인터넷 포털이나 플랫폼 기업이 인터넷으로 가능한 많은 서비스들을 개발하여 제공함으로써 새롭고도 강력한 미디어 기업으로 성장했다.[141] 경쟁력 있는 토종 포털로 인해 구글 같은 세계적 기업의 국내 검색 시장 진출에 대해서도 상당히 선방했다. 그러한 와중에서 디지털 미디어 기업을 포함한 수많은 IT 벤처 기업들이 생멸했다.

이러한 변화에도 불구하고 보다 큰 흐름을 보면, 변하지 않은 것도 있다. 디지털 미디어 열풍에도 불구하고 국내의 (재벌급) 거대 기업들은 여전히 건재를 과시한다. 이들 재벌 기업들은 우리 사회의 여전한 경제 세력으로 시장 지배력을 행사하며, 주요 재벌들은 디지털 미디어 산업에서도 선도 그룹을 형성하고 있다.

표 12-26은 정보화와 미디어 디지털화가 본격적으로 시작된 1980년대 중반부터 최근까지 35년 동안의 (총자산 혹은 법인세 신고 기준의) 국내 10대 기업 그룹의 서열 변화를 보여 준다. 10대 그룹에서 밀려나거나 극히 일부 해체된 그룹도 간혹 있긴 했지만 전체적으로 우

141 2010년도 전체 온라인 광고 매출이 1조 5,800억 원이었는데, 네이버(NHN)가 이 중 약 70%(69.6%)에 해당하는 1조 1,000억 원, 다음이 3,455억 원(19.3%)을 기록했다. 두 포털 업체가 전체의 89%를 차지한 셈이다. 네이버의 광고 매출은 KBS(5,858억 원)와 SBS(5,023억 원)의 광고 매출을 합친 것보다 많은 것이며, 다음의 매출액은 〈조선일보〉(2,500억 원)나 〈중앙일보〉(2,100억 원)보다 많은 것이다(《매일경제》, 2011. 5. 30; 〈경향신문〉, 2011. 5. 30 인터넷판 기사 참조).

표 12-26 국내 10대 기업(그룹)의 변화(1985~2020)

순위	1985	1990	2005	2015	2020
1	삼성	현대	삼성	삼성	삼성
2	현대	삼성	현대차	현대차	현대차
3	럭키금성	대우	LG	SK	SK
4	대우	LG	SK	LG	LG
5	선경	선경	롯데	롯데	롯데
6	쌍용	쌍용	KT	포스코	포스코
7	한국화약	한진	포스코	현대중공업	한화
8	한진	기아	한진	GS	GS
9	효성	한화	GS	한진	현대중공업
10	대림	롯데	한화	한화	농협

출처: 공정거래위원회, 상호출자 제한기업 집단 지정 자료 참조.

리나라를 대표하는 주요 기업군은 큰 지각 변동이 없음을 알 수 있다. 삼성, 현대(현대차, 현대중공업), LG(럭키금성, GS), SK(선경), 롯데, 한화 등 재벌 기업들이 디지털화와 정보화의 큰 물결 속에서도 여전히 한국을 대표하는 기업군으로 건재하고 있음을 알 수 있다.

표 12-27에서 보는 바와 같이 좀 더 구체적인 기업을 나타내는 국내 10대 방송 광고주 변천 과정을 보더라도, 재벌 기업들이 상위권에 포진하며, 디지털 미디어와 관련된 기업들도 결국은 이들 기업군에 속하는 회사들임을 알 수 있다. 재벌 기업들이 점차 디지털 미디어 관련 기업들 쪽으로 투자를 돌린 것이라 할 수 있다. 1990년까지만 하더라도 삼성전자(6위)나 LG전자(8위) 등의 가전사들이 10위권 내에 있긴 했지만, 당시의 주요 광고주들은 주로 생활용품이나 식음료

표 12-27 국내 10대 방송 광고주 변천 추이

순위	1995	2000	2005	2010	2015
1	삼성전자	삼성전자	삼성전자	SK텔레콤	삼성전자
2	LG	SK텔레콤	SK텔레콤	KT	현대자동차
3	LG전자	KT마케팅전략본부	LG전자	삼성전자	LG전자
4	CJ제일제당	LG	KT프리텔	LG전자	KT
5	아모레퍼시픽	LG전자	KT마케팅전략본부	현대자동차	SK텔레콤
6	롯데제과	아모레퍼시픽	현대자동차	기아자동차	LG유플러스
7	대우일렉트로닉스	현대자동차	농심	동서식품	기아자동차
8	농심	기아자동차	LG생활건강	농심	GM Korea
9	롯데칠성음료	KT프리텔	매일유업	LG유플러스	한국P&G판매
10	해태식품제조	남양유업	하이마트	한국P&G판매	아모레퍼시픽

회사들이었다. 1990년대 중반 이후 디지털 미디어의 개발, 보급이 활성화되면서 공기업에서 민영화된 KT와 같은 전문 통신사업자가 주요 광고주로 부각되기도 했지만, 재벌 기업들 역시 기존의 자사 내 디지털 미디어 관련 기업들에 더 많은 투자를 하거나 인수·합병 혹은 구조 조정 등을 통해 새로운 디지털 미디어 기업을 주력 사업으로 육성하기도 했던 것이다. 표 12-27에서 보는 바와 같이 2000년 이후 삼성, LG, SK, KT 등이 이른바 '컴, 통, 텔' 미디어 분야에서도 상위권 주요 광고주로 계속 자리 잡고 있다. 새로운 디지털 미디어 상황에서도 국내 경제의 지배 집단은 신규 사업 투자 등을 통해 지속적인 이윤 창출을 도모하고 있음을 보여 준다.

이러한 경제 권력 외에 정치권력이나 문화 권력, 언론 권력 등 우리 사회의 기존 지배 세력이 미디어 환경 변화에도 불구하고, 혹은 미디어 환경 변화에 오히려 더 적극적으로 적응하면서 자신들의 기득권을 계속 유지, 강화하는 것인지, 아니면 디지털 미디어 환경 속에서는 질적으로 전혀 다른 새로운 권력이 창출되고 사회 전반의 권력 프레임이 근본적으로 재구조화되는 것인지를 우리 사회의 경우에도 전반적으로 검토해 봐야 한다. 즉 새로운 디지털 미디어 환경 속에서 한국 사회 역시 권력 이동powershift을 경험하고 있는가, 아니면 디지털 미디어는 기존 권력의 유지 혹은 강화에 더 기여하는 것인지를 묻게 되는 것이다.

10) 디지털 미디어와 위험 사회의 징후

울리히 벡Ulich Beck(1992)은 과학 기술의 발전에 의해 한편으로는 합리적이고 효율적이며 풍요로운 사회를 구가하면서도 다른 한편으로는 그러한 기술로 인해 불안과 위험, 재난과 더욱 큰 불확실성에 노출되는 사회, 즉 위험 사회에 직면하게 되었음을 경고한 바 있다. 이러한 관점의 연장선상에서 디지털 미디어와 사이버공간상에서 벌어지는 여러 가지 부정적 현상들이 그러한 기술에 의한 사회 경제적 혜택을 넘어서는 사회 상태를 디지털 위험 사회digital risk society라고 보는 관점도 있다(최홍석 외, 2009: 15~17). 실제 우리 사회도 인터넷의 확산을 비롯한 디지털 미디어의 보급과 이용이 광역화, 일상화되면서 사회 곳곳에서 과거에 없었던 신종 범죄나 사회적 부작용 등의 역기능적인 현상들이 다수 생겨나고 있다. 소셜 미디어의 이용 확대에 따른 명예훼손이나 프라이버시 침해, 보안 위협, 저작권 침해 그리고 사이버스토킹 등의 위험성이 지적되고 있기도 하다(설진아, 2011: 240~250).

디지털 미디어의 보급과 이용 확대에 따른 위험 사회의 징후로는 복사나 복제의 용이성으로 인한 저작권 침해, 각종 바이러스 유포와 해킹, 스팸 메일 발송, 개인 정보 유출, 각종 인터넷 사기, 유해 사이트, 악성 댓글이나 허위 정보 유포, 신상 털기 등을 통한 사이버폭력, 언어 파괴, 인터넷 중독, 불법 혹은 과잉 감시·감청 등 매우 다양한 범죄와 부작용이 경계의 대상이 되고 있다. 보다 최근에는 인터넷을 통한 디지털 성범죄나 불법 온라인 도박, 불법 금융 정보나 마약류 및 불법 의약품 판매 정보 유통 등이 사회적인 문제로 부각되고 있다.

한편, 경찰청의 사이버수사국이 공개한 자료에 따르면, 사이버범죄는 해가 갈수록 계속 늘어나고 있다. 해킹과 악성 프로그램을 비롯해서, 인터넷 사기, 사이버금융 범죄, 사이버음란물, 사이버도박, 개인 위치 정보 침해, 사이버저작권 침해, 사이버명예훼손·모욕, 사이버스토킹, 기타 불법 콘텐츠 등의 매우 다양한 사이버범죄가 2014년에는 한 해 동안 약 10만 9,979건 발생했는데 해마다 증가하면서 2019년에는 17만 7,674건으로 늘어났다.

특히 많은 증가세를 보인 것은 직거래와 쇼핑몰, 게임, 무역 등에서의 인터넷 사기로 2014년 5만 6,667건 발생했던 것이 2019년에는 13만 6,074건으로 2.4배나 증가했다. 사이버명예훼손·모욕도 2014년 8,880건이던 것이 2019년에는 1만 6,633건으로 배증했다. 해킹과 악성 프로그램을 비롯 정보통신망 침해형 범죄도 계속 증가세를 보이고 있다.

또한 개인의 정보 보호와 관련된 과거의 한 조사에서 애드웨어나 스파이웨어 등에 의한 인터넷 침해 사고를 경험한 사람은 전체 응답자의 36.2%(평균 6.9회), 웜·바이러스에 의한 침해 경험은 34.3%(평균 3.8회), 그리고 해킹 피해를 당해 본 경우는 14.0%(평균 2.0회)인 것으로 나타났다. 또한 전체 응답자의 95.1%는 정보 보호와 관련하여 인터넷의 역기능이 심각하다("심각한 편" 65.4%, "매우 심각" 29.7%)고 답했다. 그러면서 가장 심각한 역기능으로는 개인 정보/프라이버시 침해(38.4%), (DDos 등의) 해킹(33.1%), 웜 · 바이러스(8.1%), (이메일/메신저 등을 통한) 피싱(7.8%), (이메일/전화/인터넷 게시판 등을 통한), 불법 스팸(7.5%), 애드웨어/스파이웨어(5.0%), 기타(0,1%) 등을 들었다(방송통신위원회 · 한국인터넷진흥원, 2011. 5, ii~viii).

특히 갈수록 심각해지는 디지털 위험 사회의 '위험'과 관련하여 우려하는 현상 중 하나가 디지털 미디어에 의해 사회 전반이 더욱더 감시 사회화되고 있다는 지적이다. 계속 발달되고 있는 디지털 미디어를 통해 타인의 행위나 타인에 대한 데이터를 보다 정교하고 풍부하게 획득할 수 있게 되었다. 크기는 작아지고 성능은 향상된 각종 장비(영

표 12-28 연도별 사이버범죄 유형별 발생 건수 현황과 추이

구분		2014	2015	2016	2017	2018	2019
해킹	계정 도용	567	1,062	758	1,160	721	751
	단순 침입	760	809	714	904	1,003	1,458
	자료 유출	116	69	71	67	114	114
	자료 훼손	205	307	304	299	340	341
	계	1,648	2,247	1,847	2,430	2,178	2,664
서비스 거부 공격		26	40	192	43	20	35
악성 프로그램	랜섬웨어	0	0	0	11	33	24
	기타	0	0	0	156	86	246
	계	0	0	0	167	119	270

기타 정보통신망 침해형 범죄		487	701	594	516	571	669
인터넷 사기	직거래	45,877	67,861	76,228	67,589	74,044	89,797
	쇼핑몰	1,672	2,184	2,149	560	647	960
	게임	1,700	2,731	4,555	7,227	9,380	7,687
	이메일 무역 사기	0	0	0	187	367	305
	기타	7,418	9,073	17,437	17,073	27,562	37,325
	계	56,667	81,849	100,369	92,636	112,000	136,074
사이버 금융	피싱	1,962	1,726	427	545	1,978	2,874
	파밍	7,101	9,233	2,817	1,933	191	45
	스미싱	4,917	1,120	562	667	293	207
	메모리 해킹	155	124	12	12	11	11
	몸캠 피싱	0	102	1,193	1,234	1,404	1,824
	메신저 피싱	0	0	0	0	0	2,756
	기타	1,461	2,381	1,710	1,675	1,742	2,825
	계	15,596	14,686	6,721	6,066	5,619	7,717
개인 위치 정보 침해		939	609	2,410	413	246	179
사이버저작권 침해		14,168	18,770	9,796	6,667	3,856	2,562
기타 정보통신망 이용형 범죄		2,149	2,448	2,571	1,489	1,954	2,559
사이버 음란물	일반 음란물	3,633	3,523	2,515	2,043	2,661	1,769
	아동 성착취물	721	721	1,262	603	1,172	756
	불법 촬영물 유포	0	0	0	0	0	165
	계	4,354	4,244	3,777	2,646	3,833	2,690
사이버 도박	스포츠 토토	2,610	2,270	6,227	3,169	1,629	3,078
	경마·경륜·경정	151	133	296	211	276	366
	카지노	0	31	592	227	176	366
	기타	1,510	918	2,423	1,523	931	1,536
	계	4,271	3,352	9,538	5,130	3,012	5,346
사이버명예훼손·모욕		8,880	15,043	14,908	13,348	15,926	16,633
사이버 스토킹		363	134	56	59	60	25
기타 불법 콘텐츠		431	390	159	124	208	251
합계		109,979	144,513	152,938	131,734	149,602	177,674

출처: https://www.data.go.kr/data/15053887/fileData.do의 내용을 재구성함.

상 녹화 및 음성 녹취 장비와 정보 검색 장치 및 원격 감지 장비)와 다양한 해킹 소프트웨어, 그리고 유무선 네트워크를 활용해서 다른 사람이나 다른 조직 및 기관의 정보를 쉽게 취득 혹은 확인할 수 있게 된 것이다. 이러한 디지털 감시 장치는 개인이나 조직, 국가를 특정한 위험으로부터 안전하게 보호하기 위해서도 필요하지만, 반대로 본인도 모르는 사이에 얼마든지 악용될 수도 있기 때문에 상당한 잠재적 위험성을 갖고 있는 것이다. 이러한 디지털 감시 미디어는 대개 힘 있는 쪽에 집중되어 있다. 개별 국민보다는 정부나 정치권력 쪽에, 노동자보다는 기업주나 경영진 쪽에, 후진국보다는 선진국에 더 집중되어 있다.

우리 사회도 이는 마찬가지다. 앞서 살펴본 전자 정부 세계 1위라는 것이 행정 편의 등 긍정적인 측면도 있지만, 그만큼 국민 개개인의 정보에 정부가 쉽게 접근할 수 있다는 얘기도 된다. 국민 개개인은 이미 주민등록번호로 번호 매김되어 있다. 2014년 8월 7일부터 법령 근거 없이는 주민등록번호를 요구하거나 수집할 수 없도록 하고 있지만, 코드화된 개인 번호가 악용될 잠재력은 여전히 상존한다. 또한 개인들은 각종 신용 카드와 회원 카드를 발부받지만 이미 은행과 기업은 그 개인의 소비/지출 행태와 라이프스타일을 쉽게 감지한다. 감시 카메라인 CCTV가 범죄를 예방하고 범인을 잡거나 사건의 진상을 밝히는 데 종종 효자 노릇을 하기도 하지만, 이미 우리의 일상을 수시로 감시하는 기계가 되어 버렸다. 전국에 약 300만 대의 CCTV가 설치되어 있다고 한다.[142] 수도권 시민은 하루 평균 83회나 CCTV에 찍히

142 세계에서 가장 많은 (약 420만 대의) CCTV를 설치한 것으로 알려진 영국의 경우, 런던 시민은 이미 1999년에 하루 300번 이상 CCTV에 찍힌다고 보도된 바 있다(《매일경제》, 2011. 5. 10 참조). 국토가 넓은 중국의 경우도 지금까지 700만 대의 CCTV가 설치됐으며 2014년까

고, 거리를 지날 때는 9초마다 CCTV에 포착된다는 실사 결과가 발표되기도 했다(《연합뉴스》, 2010. 12. 14). 아마 지금은 훨씬 더 많이 찍히고 자주 찍히고 있을 것이다. 보다 최근에는 하루에 130~150회 가량 CCTV에 노출된다는 연구 결과도 있었다(《보안뉴스》, 2017. 2. 13).

몇몇 '신상 털기'에서 보듯 인터넷상에서 여러 사람이 마음먹고 달려들면 평범한 개인에 관한 정보도 쉽게 드러난다. 그런 점에서 첨단 디지털 미디어가 고도로 발전해 있는 자본주의 사회에서 힘 있고 돈 있는 자들이 누군가에 대해/무언가에 대해 알고자 한다면, 개인이나 집단에 대한 정보 취득은 그리 어려운 일이 아닐 것이다. 디지털 위험 사회에서는 정보가 곧 힘이지만, 그러한 정보를 제한된 사적 이익을 위해서만 악용하는 경우, 그것은 매우 위험한 힘이 되고 마는 것이다. 이미 도처에서 그처럼 위험한 힘이 작동하는 사건들이 계속 터지고 있는 것이 우리 사회의 또 다른 현실이기도 하다.

3. 한국 사회 미디어 디지털화와 사회 변동의 이론적 함의

앞에서는 미디어 디지털화의 현황과 추이, 그리고 그러한 미디어 디지털화가 미친 사회적 영향에 대한 몇 가지 가설적 논의를 중심으로 살펴보았다. 이러한 검토와 논의를 바탕으로 여기서는 그 전에 다루

지 이를 배로 늘릴 것이라고 했다(《문화일보》, 2011. 5. 19 참조). 300만 대 가까운 CCTV를 설치한 우리나라도 'CCTV 강국' 혹은 '감시 공화국'이라 할 만하다.

었던 미디어 기술과 사회 변동의 관계에 대한 여러 관점을 다시 상기해 보고자 한다. 과연 한국 사회의 미디어 기술과 사회 변동의 관계를 가장 적절하게 설명해 주는 혹은 줄 수 있는 관점은 무엇인가 하는 것이 1차적인 관심이었다.

우선 결론부터 말하자면, 그동안 한국 사회에서 일어난 미디어 디지털화와 그와 연관된 사회 변화 현상 전반을 적절하고도 적실하게 통관洞觀하면서 설명하는 하나의 관점을 찾기는 어려웠다. 다만 각각의 관점들이 어느 일부 측면을 설명하는 데는 나름대로 유효하고 또 실제로 적지 않은 도움이 되었다. 종종 상반되어 보이는 관점들은 동일한 현상의 전혀 다른 측면만을 보고서 그것을 기술, 설명하거나 예측하는 경향이 있었다. 개별 관점이 특정 측면을 바라보고 기술, 설명하는 그 자체는 나름대로 옳았을지 모르지만, 그와 상반되는 관점이 주목하는 측면은 아예 보지 않거나 보고도 무시하는 경향마저 있었다.

1) 정보 경제인가, 산업 경제인가?

예컨대, 정보경제론적 관점들, 특히 정보생산론과 소비론은 정보 생산 영역과 정보 소비 및 이용 영역의 비중이 전체 산업 혹은 경제에서 차지하는 비중이 증가하는 현상에 주목했다. 그래서 지식 산업의 성장이나 정보 경제의 도래를 주장했다. 이를 우리 사회에 그대로 적용할 경우, 1990년대 이후, 더 정확히는 1990년대 중반 이후 디지털 미디어에 의한 지식 산업과 정보 경제, 혹은 디지털 경제의 본격적인 전개를 정보생산론 관점에서 설명할 수 있을 것이다. 또한 디지털 미디어의 보급과 이용이 급속히 증가하고 그와 연관된 정보화 지수가 지속적으로 상승하는 것을 보고 정보소비론적 관점을 들이댈 수도 있다.

그러나 정보생산론과 정보소비론은 산업과 경제 영역에서 정보 생산과 공급, 소비 및 이용 등의 크기나 비중이 증가하고 있는 변화에 주로 주목했다. 그러나 그들이 강조하는 지식 산업이나 정보 경제의 주체 혹은 주도 세력에 대한 관심과 분석은 크게 결여되어 있다. 산업경제론의 산업주의적 관점이나 네오포드주의(혹은 좀 더 크게 봐서 조절 이론) 입장에서는 누가? 왜?라는 부분에 특히 주목했다. 정보 생산과 소비의 변화가 비록 사실일지라도 왜 그런 변화가 일어날 수밖에 없었으며, 그러한 변화를 주도하는 이들이 누군가라는 점에 관심을 가진 셈이다. 그들의 주장은 여전히 기존의 기업가들, 나아가서는 자본가들이 보다 많은 이익 혹은 이윤을 얻기 위한 새로운 기술적, 산업적, 경제적 선택을 했다고 본 것이다. 디지털 미디어 기술이 더 부가가치가 높기 때문일 수도 있고, 기존의 산업 구조나 아이템으로서는 지속적인 성장을 유지하기 어렵다고 판단한 때문이기도 했다. 좀 더 적극적으로는 일종의 위기의식을 느꼈기 때문이라고 볼 수도 있다.[143] 결과적으로 산업 아이템이나 관리 방식은 달라졌지만 산업화 사회의 주도 세력인 기업가나 자본가 그룹이 — 일부 예외는 있지만 — 여전한 경제적 지배 집단으로 존재한다는 것이다. 이러한 논리를 우리 사회에 적용해 보면, '컴, 통, 텔' 등 디지털 미디어 관련 산업이

143 정보경제론에 속하는 기술경제패러다임론이 이러한 위기 국면에서 자본주의 경제가 디지털 미디어 기술에 의해 5차 상승 국면을 반영하는 것이라고 본 것인데, 자본주의 경제의 주기적 순환 이론을 역사적 발전 국면이 다른 한국 사회에 그대로 적용하는 것은 어려울 수 있다. 다만 짧은 기간 내에 압축 성장을 했다는 점에서 단축주기론에 의한 기술경제패러다임론의 적용 가능성은 검토가 필요한 부분이다.

중심을 이루는 오늘날의 한국 경제에서 여전히 산업화의 주역이었던 상당수 재벌 기업이 디지털 미디어 관련 산업의 주도권도 여전히 장악하고 있음을 확인할 수 있다.

달라진 것과 달라지지 않은 것. 아주 단순화해서 말하자면 정보경제론은 정보화에 따라 달라진 정보 생산과 정보 소비의 양적 변화에 주목했고, 산업경제론은 기존 지배 세력으로서의 기업주와 자본가에 의한 정보 지향적 산업화에 더욱 주목했다고 볼 수 있다. 양쪽 다 부분적인 진실만을 강조한 셈이다.

2) 정보 사회인가, 자본주의 산업 사회인가

정보사회론적 관점은 정보나 정보 기술, 즉 디지털 미디어 기술에 의한 사회 전반의 다양한 변화를 강조했다. 또한 그러한 변화의 기축 원리가 이론적 지식, 즉 정보와 정보 기술이라는 점도 강조했다. 이 역시 변화의 영역을 확대했을 뿐 정보와 정보 기술에 의한 사회 제 영역에서의 변화에 주목하면서 그 사례들을 인용한다. 사회 변화의 동인으로서의 정보와 정보 기술이 때로는 네트워크가 되고, 때로는 사이버공간이 되고, 또 때로는 모바일 미디어나 스마트 미디어, 유비쿼터스 미디어가 되기도 한다. 그러한 미디어에 의해서 새롭게 조형되는 사회는 정보 사회, 네트워크 사회, 사이버사회, 모바일 사회, 스마트 사회, 유비쿼터스 사회 등으로 이름을 갈아입는다. 정보 기술, 네트워크, 사이버공간, 모바일 미디어, 스마트 미디어, 유비쿼터스 미디어는 다른 말로 총칭하면 디지털 미디어라고 할 수도 있다. 그런 이유로 디지털 미디어에 의해 조형되는 새로운 사회를 '디지털 사회'라고 부르는 이도 있다.

이들 정보사회론적 관점들 역시 미디어 기술 변화에 따른 사회 변화를 강조했다. 기술이 크게 달라졌고, 그처럼 달라진 기술이 정치, 경제, 사회, 문화, 법, 교육, 의료, 군사 등 사회의 제 영역에 적용되는 까닭으로 사회 제 영역도 그만큼 달라졌다는 논리다. 디지털 미디어는 그러한 변화를 더 극명하게 표현한다. 아날로그 대 디지털이 그것이다. 아날로그 경제와 디지털 경제는 전혀 다르다는 식이다. 아날로그 방송과 디지털 방송이 다르듯 아날로그 조직과 디지털 조직이 다르며, 아날로그 문화와 디지털 문화도 다른 것이다.

이미 앞에서 우리 사회에서도 미디어 디지털화에 따른 네트워크의 확장과 사이버공간의 확대, 디지털 미디어 산업과 디지털 경제의 확대, 미디어의 분화와 융합, 그에 따른 개인화 경향과 전문성, 다양성의 증대, 새로운 집합 행동 양태, 개방과 참여와 공유 문화의 확대 등이 확인되고 있음을 강조했다. 적어도 정보사회론적 관점에서 보면 새로운 디지털 미디어의 보급과 이용에 따른 여러 가지 변화가 우리 사회에서도 다양하게 목격된다고 할 수 있다. 국회에서의 전자 투표, 인터넷 쇼핑과 인터넷 경매, 촛불 시위 인터넷 생중계, 앱스토어에서의 무료 앱 다운 받기, 인터넷을 통한 VOD 감상이나 스마트폰으로 UCC 다시 보기, 다종다양한 유튜브 업로드와 다운로드 등등 이런 것들을 보면서 정치도 달라졌고, 경제도 달라졌고, 사회도 달라졌으며, 문화도 달라졌다고 말할지 모른다. 틀린 말은 아니다. 많이 달라진 것이 사실이다.

그러나 자본주의산업사회론적 관점에서는 그러한 변화를 여전히 자본에 의한 하나의 거대한 프로젝트로 보았다. 목적은 오로지 자본 축적과 자본주의 체제 정당화, 그리고 지속적인 통제 가능성 확보에 있다는 것이다. 디지털 미디어는 바로 그러한 목적을 효과적으로 달성하기 위한 도구나 수단에 불과한 것이다. 더군다나 계속적으로 직면하게 되는 자본주의의 위기 극복을 위해 새로운 정보 통신 기술, 즉 디지털 미디어의 개발, 보급, 이용은 자본 일반은 물론 자본주의 사회의 국가에게도 매우 중요한 선택인 셈이다.

자본주의 체제를 유지하고 있지만 부존자원이 부족한 우리 사회의 경우에 있어서도 1970년대의 두 차례 석유 파동에 따른 경제 위기 극복과 산업 구조 조정 과정에서 선진 자본주의 국가의 뒤를 따라 정보 산업 육성의 길을 걷게 되었고, 1990년대의 외환 위기 이후 디지털 미디어 부문을 포함하는 IT 산업 육성으로 경제 위기를 헤쳐 왔다고 할 수 있다. 자본주의산업사회론적 관점에서는 디지털 미디어 기술에 의한 사회 변화를 읽기 전에 왜, 어떤 상황에서, 누구 주도하에, 누구의 이익을 위해서 IT 산업 육성과 디지털 미디어 기술 개발과 보급 및 이용이 촉진되었는지를 이해하는 것이 더 중요한 관심 사항인 셈이다.[144]

3) 정보 양식의 변화인가, 지배 양식의 지속인가?

한편 정보양식론적 관점은 미디어 디지털화가 새로운 전자적 글쓰기 문화 양식을 만들어 냄으로써 주체의 구성 방식과 개인이 사회와 맺는 관계 등에 상당한 변화가 왔을 뿐 아니라, 미디어의 폭발로 인해 기존의 모더니즘적 권위가 붕괴되고 기호가 갖는 의미화 기능이 크게

144 우리 사회의 경우도 정보화, 정보 산업 육성, 미디어 디지털화 등이 국가의 지원을 받는 자본(재벌 혹은 대기업) 주도적인 것이었는지(도구주의적 관점), 아니면 자본과 국가의 상호 호혜적인 타협의 산물이었는지(구조주의적 관점) 좀 더 엄밀히 따져볼 필요가 있다.

약화되었다고 보았다. 그리고 디지털 미디어가 포스트모던 문화 현상을 초래한 주요한 기술적 기초였음을 강조한다. 이 역시 변화를 설명하는 데 주안점을 두고 있다. 이에 비해 지배양식론적 관점은 디지털 미디어 기술 역시 기존의 지배력과 지배 관계를 유지, 강화하기 위한 도구나 수단으로 보려고 한다. 그러므로 디지털 미디어 기술의 발전도 기존의 정치, 경제적인 기득권층이 자신들의 이익을 극대화하기 위하여, 그리고 그런 방향으로 개발하고 보급하고 작용하는 것이라고 본다. 디지털 미디어 기술이 그들을 위한 중요한 감시 기술이고, 그로 인해 미래 사회는 디지털 미디어 기술에 의해 새로운 정보 사회가 되는 것이 아니라 더욱 정교하고 견고한 감시 사회가 되는 것이라고 보기도 한다. 또한 디지털 미디어 기술은 다수 사회 구성원을 네트워크나 사이버공간을 통해 강하게 결속시키고 사회의 공통 관심사에 함께 주목하게 하는 것이 아니라 오히려 개인화시키고 개별적 관심사로 더욱 분산시킴으로써 지배를 더욱 효율적으로 실행할 수 있게 한다는 것이다.

이러한 관점들을 우리 사회에 적용시켜 본다면 역시 부분적으로는 옳은 지적들을 한다. 디지털 미디어의 급속하고도 광범위한 보급에 따라 우리 사회에서도 여러 분야의 모더니즘적 권위가 많이 붕괴되었다. 개별 미디어가 갖는 전통적 권위도 많이 약화되었다. 디지털 미디어 환경은 네트워크로 연결된 사이버공간에서의 원격 현전telepresence을 가능케 함으로써 주체의 분산과 다중화도 누구나 경험할 수 있는 구체적 현실이 되었다. 디지털 HD 영상은 젊은이들의 패션과 문화 소비 양식에 훨씬 더 포스트모던한 경향성을 주입시켰다. 그런 과정에서 성적, 인종적, 문화적 차별이 아닌 차이가 강조되었고, 혼종 모방이 더욱 일반화되었다.

이처럼 개별화되고 개인화되면서 자유분방하게 보이는 포스트모던 문화는 지배양식론의 관점에서 보면 오히려 세포화, 파편화로 읽힌다. 세포사회론은 사람들이 공적인 관심사를 중심으로 전체 사회나 공동체에 하나로 묶이기보다는 사회경제적 능력의 차이나 관심영역의 차이에 따라 더욱 고립 분산된다고 본다. 때로는 현실을 피해서 제한된 네트워크나 사이버세계로 도망가 버리기도 한다. 그들에게 공동 대의를 위한 희생정신civitas을 기대하기는 더욱 어렵게 된다. 우리 사회에서도 개인화된 미디어에 더욱 탐닉하는 사람들이 늘고 있다. 아예 폐인이나 중독 상태인 경우도 드물지 않다. 기득권 세력이 이들을 통제하기는 쉽다. 그들은 저항하지 않기 때문이다. 이미 개별화, 분절화되어 있고 공동 대의와는 거리가 멀기 때문이기도 하다.

오히려 감시 대상은 정상적인 사람들이다. 이미 우리 사회는 감시망이 그물망처럼 엮어져 있다. 세계 최상위권에 속하는 CCTV 설치율 때문만은 아니다. 이미 주민등록번호로 코드화되어 있는 개인들은 중요한 대부분의 행위에서 자신의 코드를 밝히도록 요구받고 있다. 지갑을 채우고 있는 여러 개의 신용 카드와 회원 카드를 통해 개인들은 그 카드를 쓸 때마다 이용자로서, 소비자로서, 한 회원으로서 아주 자발적으로 자신의 활동과 관련된 모든 정보를 보고하는 셈이다. 어떤 면에서는 아이디나 비밀번호도 비슷한 역할을 한다. 온라인 회원 가입 시 이미 본인의 신상 정보를 보고한 상태이기 때문에 회원 가입을 요구하는 사이트에 들어갈 때마다 그는 자신의 활동을 보고하고 있는 셈이다. 이미 오래전에 이루어진 공장 자동화와 사무 자동화는 물론 사회 자동화를 통해, 그리고 금융망, 행정망, 교육망, 공안망, 국방망 등을 통해 우리의 일거수일투족은 공적, 사적으로 기록되고 점검되고 또한 통제되고 있는 것이다. 정보양식론이 변화를 이야기하는 사이에 지배양식론은 그러한 변화가 왜, 누구에 의해서, 무엇을 위해서 기획

되고 완성되고 관리되고 있는지를 설명하고 있는 셈이다.

4. 변화하는 것과 변화하지 않는 것에 대한 분별

앞에서는 실제 우리 사회에서 이루어진 미디어 디지털화의 추이와 함께 그러한 디지털 미디어가 우리 사회에 어느 정도 보급 이용되고 있는지 그 현황과 추이에 대해 먼저 살펴보았다. 특히 디지털 미디어와 관련해서는 컴퓨터를 시작으로 PC 통신, 인터넷, 인터넷을 이용한 각종 서비스, 무선 호출과 이동 전화 등의 이동 통신 미디어, 디지털 방송 미디어, 그리고 각종 융합형, 모바일, 스마트 미디어 등의 보급 및 이용 실태를 살펴보았다. 연도별 추이를 보다 정확히 확인하기 위해 기존의 여러 실태 및 추세 자료를 수집하여 재구성한 경우가 많았다.

이러한 디지털 미디어 현황 및 추이 자료를 바탕으로 국내 디지털 미디어 서비스를 컴퓨터 도입기로부터 융합 미디어 서비스 시기까지 5단계로 구분해 보았고, 그러한 추세 변화에 따라 나타난 우리 사회 미디어 디지털화의 주요 특징과 그로 인한 사회적 영향 중 비교적 두드러진 10가지의 특징과 변화를 가설적인 형태로 제시해 보았다. 그러한 논의를 바탕으로 앞서 제시했던 미디어 기술과 사회 변화의 관계에 관한 제 관점들이 한국 사회의 특징과 변화를 설명하는 데 얼마나 적절하고 유용한지 나름대로 검토해 보았다.

우리 사회 역시 1990년대 중후반에 와서 인터넷이 상용화되고 여러 미디어가 본격적으로 디지털화되면서 디지털 미디어가 사회적으로 널리 보급되고 또 이용되었음을 확인하였다. 이러한 미디어 디지털화와 디지털 미디어의 보급 및 이용 확대에 따라 국내 디지털 미디어 산업과 디지털 경제도 크게 확대되었다. 자연히 그 결과로 미디어 네트워크가 확장되고 사이버공간도 확대되었다. 미디어 디지털화는 한편으로 미디어의 분산과 미디어 폭발 현상을 가져옴으로써 사회적 다양성을 반영하고 표출할 수 있는 기회가 확대되기도 했지만, 동시 혹은 후발적으로 전개된 미디어 융합 추세는 거대 자본에 의한 미디어 집중화나 그로 인한 사회적 다양성 감소의 요인으로 작용할 수 있다는 우려도 자아내게 했다. 특히 미디어 디지털화는 미디어의 개인화나 개인 미디어의 활성화를 통해 사회적 분절과 파편화 가능성을 예상하게도 하지만, 네트워크화된 단말에 의한 보다 강한 소집단 연대나 사회적 연대의 새로운 가능성도 엿보게 한다. 새롭고도 다양한 디지털 미디어는 기존의 매스 미디어는 물론 네트워크화된 개인 미디어 등과 결합함으로써 사람들의 자발적 참여를 고무시키고 대안적 여론 형성을 가능하게 하는 새로운 유형의 집합 행동을 창출하기도 했다.

디지털 미디어가 우리 사회에 여러 가지 긍정적인 변화도 가져왔지만, 우리 사회에 미친 여러 가지 부정적인 측면들도 확인되고 있다. 각종 사이버범죄가 늘어남으로써 사회적 위험 수위가 고조되고 있음도 확인했다. 새로운 미디어에 제대로 적응하는 사회 구성원과 사회적 취약 계층 간에 지속적인 디지털 격차 너울 현상이 초래되고 있고, 분단 상황에서 남북한 간의 디지털 정보 격차도 더욱 심화되고 있다. 디지털 미디어가 범죄 예방이나 사회 안전망 구축에 기여하는 바도 있지만 많은 경우, 관리와 통제의 효율화를 위한 감시 기술로 이용되기도 하고 새로운 사회적 일탈이나 범죄를 만들어 내기도 하는 불편한 진실도 확인되었다.

우리 사회의 미디어 디지털화와 그것의 사회적 영향 등을 검토하면서 얻은 결론은 분명 변화하는 것이 있는 반면, 변화하지 않는 것도 있다는 것이다. 미디어 디지털화에 의해 변하는 것은 미디어 그 자체이고 그것을 생산, 공급하는 미디어 산업이고 그것을 이용하는 소비자 영역이며, 디지털 미디어 이용 행태와 그로부터 얻게 되는 여러 분야에서의 다양한 편익들이다. 그러나 그러한 미디어들이 누구에 의해 어떤 목적으로 개발되고 보급되고 이용되고 있는가를 묻게 되면 대답은 달라진다. 한편에서의 변화에도 불구하고 다른 한편에서는 여전히 기존의 전통적인 (특히 경제적) 지배 세력에 의해 디지털 미디어가 수용되거나 개발되고 산업화, 시장화되는 경향도 있기 때문이다. 국가도 많은 경우 이러한 추세에 조력하거나 타협한다. 디지털 미디어 역시 지배 세력의 — 이윤 추구와 통제 지배력 확보라는 — 욕망을 채워 주는 도구나 수단인 경우가 많기 때문이다.

앞서 제시했던 디지털 미디어 기술과 사회 변화의 관계에 관한 여러 관점을 통해 우리 사회의 미디어 디지털화를 조망해 본 결과, 이들 제 관점은 각기 부분적인 진실에 충실했다. 대부분 전체를 조망하기보다는 특정 국면들에 주목했다. 비록 한정적이긴 하지만 각 관점들은 그 나름대로의 설득력을 갖고 있었다. 정보경제론, 정보사회론, 정보양식론에 속하는 관점들은 대체로 변화하는 국면에 초점을 맞추어 그러한 변화를 설명하고자 했다. 이에 비해 산업경제론, 자본주의 산업사회론, 지배양식론에 속하는 관점들은 대체로 변하지 않은 측면에 더욱 주목하여 그 이유를 설명하고자 했다. 서로 다른 것을 보고, 다른 얘기를 했다고 볼 수 있다. 그런 점에서 여러 관점이 무엇을 보고 무엇을 강조하였는지 그 차이를 이해하는 것이 디지털 미디어 기술과 사회 변화의 관계를 이해하는 데 더 실질적인 도움이 될 것으로 보인다. 변화하는 것에 지나치게 주목하다 보면, 변화하지 않는 국면에 대한 이해에 둔감할 수 있다. 마찬가지로 변화하지 않는 것에 대한 지나친 집착은 또한 엄연히 변화하고 있는 것이 갖는 의미에 대한 이해를 놓치게 할 수 있다. 변하는 것과 변하지 않는 것에 대한 충분하고도 균형 잡힌 접근과 이해가 필요하다.

13장

소통 기술의 과잉과 소통 부재의 한국 사회

결론

앞에서는 먼저 그동안 이루어져 온 여러 가지 미디어 기술의 변화와 발전 과정을 통시적으로 고찰하고, 그러한 미디어 기술이 사회 변화와 갖는 관계에 관한 기존 논의들을 종합적으로 검토하였다. 그런 다음 미디어 기술과 사회 변화의 관계를 바라보는 기존 관점들을 재구성하여 그와 관련된 여러 논의들을 하나씩 좀 더 구체적으로 살펴보았다. 물론 충분하지는 않지만, 미디어 기술과 사회 변화의 관계에 관한 기존의 제 관점들을 체계적으로 정리해 보고자 했다. 그러한 논의에 추가하여, 마지막 부분에서는 우리 사회에서 새로운 디지털 미디어 기술이 수용되고 또 이용되어 온 그간의 과정을 검토하고, 그러한 과정에서 두드러졌던 우리 사회의 미디어-사회의 관계 지형을 살펴보면서 그것이 미디어 기술과 사회 변화의 관계 관점에서 어떤 의미를 갖는지에 대해서도 개략적으로나마 살펴보았다.

먼저 미디어 기술의 변화와 발전 과정을 보면, 그것은 분명 인간 커뮤니케이션의 진화 과정을 반영해 준다. 말만이 존재하던 초기의 인간들은 직접적인 면 대 면 상황에서 몸말과 입말을 통해 서로 소통함으로써 현장에서의 커뮤니케이션이 나름대로 이루어졌을 것이다. 하지만 바로 그 장소와 시간을 벗어나게 되면 — 모든 것을 기억에만 의존했을 당시에는 — 서로 같은 의미를 지속적으로 공유하는 것이 매우 어려웠을 것이다. 그 뒤 의미를 고정시키는 그림이나 문양, 문자 등이 등장함으로써 기록을 통한 서로 간의 의미 공유와 보존이 상당히 수월해졌을 것이다. 나아가 인쇄술이 발명되고 널리 확산된 뒤로는 훨씬 많은 사람들이 동일한 텍스트를 이용하여 — 교육이나 다중 설득을 통해 — 서로 같은 의미를 공유하는 것이 가능하게 되었을 것이다. 보다 근대에 들어와서는 과학 기술을 이용한 통신 기술의 발전으로 순식간에 먼 데까지 메시지를 보내고 또 쌍방 간에 실시간 소통하는 것도 가능하게 되었을 것이다. 위성 기술의 발전은 글로벌한 수준에서도 동시적인 메시지의 전파와 상호 소통을 가능하게 한 셈이다. 보다 최근에는 컴퓨터와 인터넷, 디지털 모바일 기술의 비약적인 발전으로 문자와 소리, 영상 메시지의 저장과 보존은 물론, 다량 복제와 전송, 다자간 동시 소통도 가능한 시대를 열어놓고 있다. 계속적인 미디어 기술의 발전은 인간 커뮤니케이션의 지속적인 기능 확장을 가져왔고, 오늘날과 같은 디지털 미디어 시대에는 미디어 기술의 융복합화에 따라 그러한 기능이 훨씬 다기능화되고 고기능화되는 양상을 보이고 있다.

돌이켜 보면, 미디어 기술의 변화와 발전은 전달하고자 하는 메시지의 의미 변질을 막고(문자의 기능), 보다 많은 사람들에게 같은 메시지를 전하며(인쇄술의 기능), 보다 먼 데까지 보다 빨리 자신의 메시지를 전하고자 하는(텔레컴 미디어의 기능) 인간의 욕망이 그러한 기술의 발명과 개발을 가능하게 한 당대의 인간 지혜와 만나면서 가능하게 된 것이라고 할 수 있다. 그래서 나는 미디어 기술을 더 나은 커뮤니케이션을 하고자 하는 인간의 욕망과 지혜의 변증법적 산물이라고 한 바 있다. 특정한 커뮤니케이션 욕망이 그러한 욕망의 실현을 가능하게 하는 지혜와 만났을 때 특정한 미디어 기술의 출현과 발전이 가능했다. 때문에 미디어 기술 그 자체로 보면, 인류는 꾸준히 발전적인 진보의 길을 걸어왔다고 할 수 있다.

그렇다고 사회도 발전적인가? 물론 그렇지 않다. 그렇지만 사회가 늘 변하고 있는 것은 사실이다. 이 책에서는 사회 변동에 관한 기존 논의들도 간단히 살펴보았다. 기존의 사회 변동 논의에서는 사회가 일정한 패턴을 (주기적으로) 반복한다고 보는 관점이 있는가 하면, 계속적으로 진보·발전해 간다고 보는 관점, 하나의 시스템으로서 여러 하부 체계가 나름의 역할과 기능을 함으로써 전체 체계를 유지해 나간다고 보는 관점, 그리고 사회 구성원들이나 지도자의 의지나 동기, 창의성 등에 따라 변화의 방향과 크기가 달라질 수 있다는 관점 등 여러 가지가 있어 왔다. 미디어 기술이 사회 변화와 갖고 있는 관계에 있어서도 이러한 각각의 관점들과 상당히 유사하거나 그러한 관점들에 기댄 경우들이 적지 않음을 이미 앞에서 확인한 바 있다. 물론 새로운 미디어 기술의 개발, 보급, 이용에 따라 사회 역시 보다 나은 방향으로 발전해 나간다는 견해들이 상당히 많은 것도 사실이다. 컴퓨터와 인터넷 등에 의해 '정보 사회'나 '네트워크 사회,' '유비쿼터스 사회'가 도래할 것이라는 주류 정보사회론이 그 대표적인 입장의 하나다.

그러나 미디어 기술과 사회 변화의 관계를 다루어 온 기존의 학술적인 논의들을 종합적으로 검토해 본 결과, 매우 다양한 관점들이 존재함을 알 수 있었다. 먼저 이 책에서는 매스 미디어와 사회 변화의 관계에 관한 관점들을 유형 분류한 후 미디어가 사회에 영향을 미친다고 보는 관념론적 입장과 사회가 미디어에 영향을 미친다는 유물론적 입장에 속하는 기존 이론이나 관점들을 개괄적으로 살펴보았다.

그에 이어 새로운 미디어 기술과 사회 변화의 관계에 관한 여러 관점 역시 크게는 새로운 미디어 기술에 의해 새로운 사회가 도래한다는 관점(예: 기술결정론적 관점)과 그렇지 않다고 보는 관점(예: 사회구성론적 관점)으로 나누어 그에 속하는 하부 관점들을 보다 구체적으로 정리해서 소개했다. 미디어 기술에 의한 새로운 사회 변화를 강조하는 관점은 정보경제론, 정보사회론, 정보양식론으로, 그리고 반대로 사회의 지배 계층이나 기득권층의 어떤 의도나 목적에 의해 새로운 미디어 기술이 개발, 보급, 이용되고 있음을 강조하는 관점은 산업경제론, 자본주의산업사회론, 지배양식론으로 나누어 그 각각에 대해 살펴보았다.

먼저 정보경제론적 관점은 1960년대 초 미국(프리츠 매클럽)과 일본(우메사오 다다오)에서 지식 산업이나 정보 산업의 비중이 점차 커지거나 중요해지고 있다는 인식 혹은 조사 결과를 시작으로 한 국가의 경제나 산업 부분에서 정보나 지식 산업이 차지하는 비중이 증대되는 전반적 추이를 강조하는 정보생산론과 1970년대부터 선진국 경제에서 정보 유통 및 소비, 이용 등의 비중이 커져 가는 현상을 강조하는 정보소비론, 그리고 1970년대 말과 1980년대 초의 자본주의 경제 위기 국면에서 극소전자공학과 정보 통신 기술이 경기 회복의 결정적 요인이 되었음을 강조하는 기술경제패러다임론으로 나누어 하나씩 자세히 살펴본 바 있다. 이들 논의는 정보나 정보 통신 기술이 산업과 경제 영역에서 점차 그 비중이나 중요성이 커져가고 있음을 강조한다는 점에서, 그렇지만 사회 변동의 범위를 산업이나 경제 변화에 한정해서 제한적으로 논의한다는 점에서 공통적으로 정보경제론적 관점으로 묶었다. 특히 정보생산론과 정보소비론에서 제시되는 구체적인 데이터들은 종종 새로운 사회로의 변동 혹은 이행을 정당화하는 구체적인 증거로 인용되곤 했다.

정보사회론적 관점은 초기 정보사회론적 관점과 후기 정보사회론적 관점으로 나누어 각각 별개의 장으로 다룬 바 있다. 초기 정보사회론적 관점은 1970년대 초 대니얼 벨의 후기산업사회론을 기점으로 1980년대 초·중반에 봇물처럼 쏟아져 나온 주류 정보사회론, 1980년대 중반 정보 사회의 도래는 인정하되 그 원인을 상황론적으로 설명한 통제혁명론으로 나누어 살펴보았다. 그리고 후기 정보사회론적 관점은 초기 정보사회론적 관점과 기본적으로는 같은 입장을 취하지만 달라진 미디어나 미디어 환경을 반영하거나 이를 강조한 1990년대 중반 이후의 네트워크사회론, 사이버사회론, 유비쿼터스사회론(최근의 초연결사회론) 등으로 나누어 하나씩 살펴보았다. 그리고 그 연장선상에서 보다 최근에 등장한 지능정보사회론에 대해서도 간단히 정리해 보았다. 미디어 기술에 의한 사회변동론의 가장 중심적인 논의이자 다양한 논의들을 포함한 정보사회론적 관점은 — 일부 예외에도 불구하고 — 대부분 기술결정론적인 입장을 취하며, 미디어 기술에 의한 새로운 사회를 대개 낙관적으로 전망하는 경향이 있다. 따라서 이러한 관점은 '정보(화) 사회'나 '디지털 사회,' '모바일 사회,' '유비쿼터스 사회,' '초연결 사회' 그리고 '지능 정보(화) 사회' 등을 강조하는 국가 정책 정당화의 주요 논거로 종종 차용되기도 했으며, 그 자체가 바로 국가 정책의 미래 비전이 되기도 했다.

정보양식론적 관점은 마크 포스터가 인류의 주된 상징적 교환 방식 변화를 설명하는 과정에서, 문자에 이은 TV, 데이터베이스, 온라인 대화나 회의 등 전자 매개에 의한 상징적 교환이 주체 개념은 물론 주체 인식과 사람들 간의 사회관계 등에 근본적인 변화를 가져왔다고 보았다. 이러한 논의는 포스트모던 이론가들의 미디어 기술에 대한 인식이나 그러한 기술에 의해 생성, 교환, 소비되는 지식, 정보, 기호, 상징 등과 그것이 사회 문화 영역에 미치는 영향에 대한 인식과 궤를 같이한다고 보았다.

이 책에서는 정보경제론적 관점, 정보사회론적 관점, 정보양식론적 관점 등 미디어 기술에 의한 새로운 사회로의 이행을 지지하는 관점들에 대해 먼저 살펴본 다음, 그에 이어 새로운 사회로의 이행에 대해 부정적인 관점으로 산업경제론적 관점과 자본주의산업사회론적 관점, 그리고 지배양식론적 관점 등을 논의한 바 있다. 먼저 이들 관점의 기본적인 입장은 산업경제론적 관점 경우, 새로운 미디어 기술의 개발, 보급, 이용에도 불구하고 '새로운 정보 경제'가 아닌 '여전한 산업 경제'가 지속되고 있는 것으로 보았고, 자본주의산업사회론은 새로운 미디어 기술로 인해 '새로운 정보 사회'가 도래하는 것이 아니라 '여전한 자본주의 산업 사회'가 계속되는 것이라고 보았다. 그리고 지배양식론은 '새로운 정보 양식'이 아니라 '여전한 지배 양식'이 관철되는 것으로 보았다.

그런데 이 책에서는 이들 새로운 사회로의 이행 부정론의 논의 순서를 자본주의산업사회론부터 다루었다. 새로운 사회로의 이행론에 있어 가장 대표적인 관점이 정보사회론적 관점이었기 때문이다. 실제 후기산업사회론이나 주류 정보사회론 등의 정보사회론적 관점이 맹위를 떨치고 있을 때, 가장 강력한 반론은 자본주의산업사회론에서 나왔다. 과거 자본주의 사회의 매스 미디어 현상에 대해 가장 비판적이었던 마르크스주의자들(예: 실러, 마텔라르, 간햄, 머독, 골딩 등)은 그 연장선상에서 뉴 미디어와 새로운 정보 사회 도래론에 대한 옹호 혹은 예찬론에 대해서도 즉각적인 반론을 제기하고 나섰다. 실제 초기의 자본주의산업사회론적 관점들이 산업경제론적 관점보다도 먼저 나왔다는 점도 고려되었다.

1980년대 초중반에 등장한 초기 정보사회론적 관점들에 대한 반론 형식으로 제기된 1980년대의 자본주의산업사회론과 관련해서는, 새로운 미디어 기술의 개발, 보급, 이용을 자본주의 사회의 위기 극복과 함께 자본의 시장 확대 및 이윤 추구 욕구 때문이라고 보는 도구주의적 관점과 그러한 자본의 필요는 물론 자본주의 국가의 통제력 강화나 지배 욕구를 포함한 다양한 요인들이 복합적으로 작용한다고 보는 구조주의적 관점으로 나누어 살펴봤다. 이와 아울러 보다 최근에 등장한 (특히 푹스에 의한) 새로운 초국적 정보자본주의론에 대해서도 살펴봤다. 이는 미디어 기술과 같은 생산력에 있어서는 변화를 인정하면서도, 여전히 자본주의의 기존 계급 관계인 생산 관계에 있어서는 변화가 없다고 보는 입장이다. 또한 미디어 기술의 영향력을 지나치게 강조하기 때문에 상대적으로 노동이나 작용 주체agents의 입장을 무시하는 기술 지향적인 객관적 접근은 물론, 기술의 영향력을 지나치게 무시하는 지식 지향적인 주관적 접근 모두에 대해서도 역시 반대 입장을 취했다. 따라서 푹스는 변화와 불변 양자를 고려하는 연속-불연속 변증법과 기술과 지식 양자를 모두 고려하는 주관-객관 변증법을 강조한 셈이다. 이 개정판에서는 보다 최근에 등장한 플랫폼 자본주의론에 대해서도 추가해서 살펴보았다. 여기서는 인공 지능과 사물 인터넷과 빅 데이터를 기반으로 하는 다양한 글로벌 플랫폼의 독점화 경향이 계속 강화되면서 점차 노동이 배제되고 주변화되는 현대 사회의 새로운 양상을 비판적으로 살펴볼 수 있었다. 플랫폼 자본주의론 역시 그러한 현상이 모두 자본의 이윤 추구적 동기 때문인 것으로 보고 있다.

산업경제론적 관점 역시 산업주의적 입장에서 '정보 경제'가 아닌 '산업 경제'를 강조한다는 점에서는 근본적인 변화를 부정하고 있다. 특히 미국 사회가 여전히 '산업 사회'라는 점 역시 강조한다. 그러나 수식어가 달라진다. '정보 지향적인 산업 경제,' '정보 사회로서의 산업 사회'라는 용어를 자주 사용한다. 뭔가 변화한다는 점도 역시 강조하고 있다. 그래서 셰먼트와 리브로는 미디어 기술과 사회 변동에 관한 기존 논의를 평가하면서 자신들의 관점을 새로운 것으로 자리매김하고자 했다. 즉 초기 정보사회론자들의 관점을 변화를 강조하는 '후기 산업적인 것'으로, 그리고 이에 대한 비판론들을 '불변의 산업자본주의'라고 양자를 모두 비판하면서 자신들의 관점을 '제3의 관점'이라고 했다. 특히 미국은 자본주의적이고 산업적이지만 두드러지게 정보 지향적인 사회라는 것이다. 이 책에서는 산업경제론적 관점에 조절 학파 이론가들의 입장을 포함시켰다. 조절 학파 이론가들 역시 자본주의 사회에서의 기업(자본)의 자기 조절 기능을 강조한다. 자본주의가 축적 체계의 위기 속에서 그에 상응하는 조절 양식을 통해 스스로의 위기를 극복해 나간다고 보는 조절 학파 이론가들이 가장 관심을 두고 있는 것 중 하나가 포드주의가 포스트포드주의로 이행해 나가는 국면에 대한 설명이다. 이 과정에서 유연성flexibility과 세계화globalization가 매우 중요하다. 생산과 소비, 노동과 임금 등의 유연성을 제고하고, 글로벌화되는 기업이 시간과 공간의 제약을 극복하고 효율적으로 작동하기 위해서는 네트워크화된 미디어 기술과 적절한 정보의 수집과 처리 및 분석 등이 중요한 요소가 된다는 것이다.

포스트포드주의는 물론 유연적 전문화도 새로운 미디어 기술의 기반 위에서 작동한다고 보았다. 이 역시 자본의 이윤 추구와 효율성을 극대화하는 합리화 전략에 불과하다는 (네오포드주의 등에 의한) 비판의 꼬리표가 늘 붙어 다닌다.

앞의 자본주의산업사회론적 관점이나 산업경제론적 관점은 경제적인 측면에서의 자본주의 비판 이론이라는 성격이 강하다. 이에 비해 지배양식론적 접근은 (물론 경제적인 지배 논리도 포함되지만) 정치 사회적인 측면에서의 비판적 견해들이 다수 포진하고 있다. 지배양식론적 관점을 크게는 감시사회론과 세포사회론으로 나누어 살펴봤다.

새로운 미디어 기술에 의한 새로운 사회로의 이행을 지지하는 관점 중에서 가장 자주, 가장 많이, 그리고 가장 꾸준히 얘기되는 것이 정보사회론적 관점이라면, 새로운 사회로의 이행론에 대해 가장 비판적이고 부정적인 관점 중에서 가장 자주, 가장 많이, 그리고 가장 꾸준히 얘기되는 최근의 관점은 감시사회론이다. 새로운 미디어 기술이 개발, 보급, 이용되고 그것이 더욱 고도화됨에 따라 도처에서 개개인의 음성, 영상, 메일, 문자 등은 물론 개인과 기업, 공공 조직, 국가 등에 대한 각종 데이터나 정보가 불법 유출되거나 해킹, 도·감청되는 사례가 엄청나게 늘어나고 있다. 이와 관련해서 이 책에서는 조지 오웰의 《1984》와 미셸 푸코의 《감시와 처벌》을 비롯해서 감시 사회와 관련된 고전과 현대의 여러 논의들은 물론 최근 우리 주변에서 일어나는 다양한 감시 현상에 대한 분석들을 소개했다. 현대 사회는 '감시 사회'이며 '정보 사회'니 '유비쿼터스 사회'니 '초연결 사회'니 하는 말들은 오히려 현대 사회가 '감시 사회'인 것을 은폐하기 위한 말처럼 보인다.

세포사회론에서는 문자 그대로 '세포'처럼 나누어진 사회와 관련된 논의들을 모았다. 로버트 포트너가 말한 '세포 사회'를 이해하는 키워드는 '소통 배제'다. 새로운 미디어 기술 때문에 서로 간의 소통이 늘어나는 것이 아니라, 반대로 계층적인(계급적인) 차이와 이해 관심의 차이 때문에 서로가 서로를 소통에서 배제한다는 것이다. 그 밖에도 세포사회론에서는 디지털 정보 격차, 사회적 고립, 공론권 구조변동의 문제를 짚었다. 디지털 정보 격차는 시간이 지남에 따라 컴퓨터나 인터넷의 보급과 이용에 있어서의 격차는 점차 줄어들지 모르지만 스마트폰이나 SNS, 사물 인터넷 등 새롭고 더욱 고도화된 디지털 미디어나 새로운 기능이 계속 등장하고 이용됨으로써 새로운 디지털 정보 격차가 계속 추가적으로 발생할 수도 있다. 또한 새로운 미디어들이 보다 넓고 다양한 상호 연결과 소통을 위해 만들어지고 보급된다지만 다른 한편에서는 그러한 기술 발전과는 달리 사람들 간의 진정한 소통과 의미 공유가 이루어지지 못하고 사회적으로 더욱 고립되고 소외되는 사람들이 오히려 늘어난다는 조사 결과도 있었다. 범람하는 미디어 기술 환경 속에서 느끼는 사회적 고립감은 마치 홍수 속에서 마실 물을 찾지 못하는 심정과 같을 것이다. 끝으로 공론권 구조변동론은 하버마스의 공론권 논의를 새로운 미디어 상황에 접합시켜 살펴본 것이다. 하버마스는 근대 시민 사회의 의회와 정당은 물론 언론이 처음에는 여론을 반영하고 대변하는 공론권으로 기능했지만 나중에는 그러한 제도가 권력과 밀착하거나 스스로 자기 권력화되고 공론권이 재봉건화됨으로써 생활 세계의 진정한 소통을 방해하고 여론을 조작하기까지 하는 체계로 변질되어 버렸다고 비판했다. PC 통신, 인터넷, 팟캐스팅, 스마트폰, SNS 등 새로운 미디어 기술 역시 한때는 보다 민주적이고 수평적이며 보다 참여적이고 서로 공유하는 미디어로서 각광을 받았고, 때로는 혁명적인 미디어로서도 예찬되었다. 물론 그러한 가능성은 여전히 크게 열려 있다. 그러나 이 역시 특정 사회의 지배 권력이나 보수 기득권층 혹은 정보기관이나 군사 기구에 의한 여론 조작 매체로서 악용될 여지 역시 부정할 수는 없을 것이다. 바람직하기로는 새로운 미디어가 사회를 위해 선용될 가능성은 극대화하고 악용될 가능성은 최소화해야 할 것이다. 그러한 가능성은 바로 그 사회 구성원인 시민들의 민주 의식과 역량에 달려 있다고 할 것이다.

이 장에서는 어떠한 관점이 우리 사회의 디지털 미디어 기술과 사회 변화를 설명하는 데 보다 적합한지를 나름대로 따져 보고자 했다. 그러나 결과적으로 각각의 관점은 현상의 일부를 설명하는 데는 유용할지 모르지만, 하나의 관점이 모든 것을 설명할 수는 없음을 확인했다.

새로운 미디어 기술에 의해 그것이 정치적이든 사회적이든 문화적이든 아니면 경제적이든 분명 어떤 변화가 일어나는 것은 사실이다. 새로운 미디어 기술이 그냥 진공 상태에서 개발되고 보급되고 이용되는 것은 결코 아니다. 어떤 미디어이든 개발의 목적이나 동기가 있고, 그것을 사회적으로 수용하거나 보급하려는 이유나 목적 역시 있기 마련이다. 새로운 미디어 기술을 이용하는 개개인에게도 그 나름의 사연이 있게 마련이다. 분명한 것은 특정한 미디어 기술에 의한 사회 변동과 특정한 사회적 조건이나 의도 및 목적에 따른 특정 미디어 기술의 선택과 이용이 동시에 존재한다는 점이다. 기술이 사회에 영향을 주기도 하고, 사회가 기술에 영향을 주기도 한다. 현상을 바라보는 기술결정론적인 관점과 사회구성론적인 관점은 서로 따로 존재하겠지만, 한 사회 내에서 미디어 기술과 사회가 서로 영향을 주고받는 현상의 기술결정론적인 측면과 사회구성론적인 측면은 서로 공존한다고 할 수 있다. 때문에 미디어 기술과 사회 변화의 관계를 고려할 때 이들 양 관점은 물론 그 하부의 다양한 관점들을 함께 고려할 필요가 있다. 문제는 보다 구체적인 내용과 방향이다. 어떤 미디어 기술이 어떤 사회적 영향이나 결과를 초래했거나 할 것인지, 혹은 어떤 정책결정자나 기업 집단이 어떤 의도와 목적으로 어떤 미디어 기술을 개발하거나 도입했거나 도입하려고 하는 것인지를 보다 구체적으로 파악할 때 그것이 미치는 사회적 영향은 물론 그 의도와 목적의 합리성이나 정당성을 제대로 파악할 수 있다는 것이다.

이 책은 미디어 기술과 사회 변화의 관계에 관한 기존의 여러 가지 관점들을 소개하고 각 관점에서 생각해 볼 수 있는 여러 가지 정보나 아이디어들을 제공해 주고자 하는 목적에서 시도된 것이다. 특정한 미디어 기술이 사회 각 분야의 어떤 영역에 구체적으로 어떤 변화를 가져왔는지를 알아보기 위한 것이 아니다. 그보다는 다양한 관점에 관한 책이다. 이 책을 통해 우리가 접하는 여러 가지 미디어 기술과 사회 변화의 관계를 분석하거나 설명하는 데는 의외로 많은 여러 시각과 관점들이 있음을 확인했을 것이다. 또한 어떤 측면을 강조해서 보느냐, 혹은 어떤 시각에서 보느냐에 따라 같은 현상이라도 달리 볼 수 있는 여지가 많다는 것도 알 수 있을 것이다. 그동안 국내에 주로 소개된 관점들이 매우 제한적이었다는 점을 고려할 때, 이 책은 좀 더 다양한 시각에서 새로운 미디어 기술과 사회 변화의 관계를 조망함으로써 그에 대한 인식의 지평을 넓힐 수 있기를 바라는 목적도 깔려 있었다. 그러한 목적에 얼마나 부합됐는지는 시간을 두고 지켜봐야 할 일인 것 같다. 이 책을 마무리하면서 여전히 부족하거나 아쉬웠던 점도 적지 않다.

우선 우리 사회의 디지털 미디어 기술과 사회 변화 논의가 좀 더 심층적으로 다루어졌더라면 하는 아쉬움이 남는다. 주지하는 바와 같이 새로운 디지털 미디어 기술이 국내에 유입되거나 국내에서 개발, 보급, 이용된 사례는 매우 많다. 여기서는 그러한 미디어 기술들이 국내에 도입 혹은 개발, 보급, 이용된 과정과 추이 등을 소개하고, 그에 따른 미디어 환경과 사회적인 큰 변화들을 소개하는 데 그쳤다.

디지털 미디어 기술과 사회 변화의 관계에 대해 기존 관점들을 나름대로 적용해 보긴 했지만, 각각의 관점들이 현상의 어느 측면만을 제한적으로 설명할 수밖에 없다는 점을 확인하였다. 상대적으로 어느 관점이 한국 사회의 디지털 미디어 기술과 사회 변화의 관계를 가장 잘 설명하고 있는가를 물을 때, 어느 한 관점을 들어 모든 것을 설명할 수는 없을 것이다. 사람마다 자신의 입장에 따라 서로 다른 대답을 할 것이고, 어떤 측면을 설명하는가에 따라 역시 다른 답변을 할 가능성이 높다. 모든 것을 설명할 수 있는 관점이나 이론은 없을 것이다. 다만, 어떤 측면을 설명하는 데 어떤 관점이 더 설득력이 있다는 상대적 평가는 가능할 것이다. 우리에게 주어진 과제는 더욱 설득력 있는 관점들을 찾는 것이 될 것이고, 나아가서는 그런 설득력을 가진 보다 새롭고 참신한 관점을 만들어 내는 것이 되어야 할 것이다.

끝으로 이 책에서는 다루지 못했지만 새로운 미디어 기술과 사회 변화의 관계에 대한 좀 더 구체적인 현상 분석에 대한 미련은 여전히 남아 있다. 우리 사회에는 새롭고도 다양한 디지털 미디어가 계속해서 널리 보급되고 이용되고 있다. 이들 미디어들이 구체적인 정치, 경제, 사회, 문화, 과학, 교육, 국방 등등의 제 영역에 어떤 영향을 주고 있는지, 혹은 그러한 부분으로부터 어떤 영향을 받는지에 대한 보다 실제적인 분석 역시 필요한 작업이다. 새로운 미디어가 사회에 크고 작은 여러 가지 영향을 주는 것은 분명하다. 반대로 기존의 사회 구조나 여러 가지 사회적 상황이 새로운 미디어의 개발과 보급과 이용을 가능하게 하는 요인으로 작용하는 것 역시 부정할 수 없는 일이다. 그것을 보다 구체적으로 확인하는 것이 필요하다. 이를 위해서는 바로 우리 앞에서 일어나고 있는 새로운 미디어와 사회 변화와 관련된 새로운 쟁점들을 지속적으로 문제화하고, 그러한 문제를 함께 검토, 분석하면서 그 해법을 지혜롭게 풀어나가는 노력들이 필요할 것이다. 우리 사회에는 유무선 인터넷과 스마트폰, SNS 등 사람들 간의 소통을 위한 디지털 미디어의 보급과 이용이 넘쳐나고 있다. 그런데도 사람들 간의 실질적인 소통은 잘 안 된다는 지적들이 많다. 소통 기술의 보급과 이용은 세계 최상위권이라고 늘 자랑하면서도 사회 구성원 간의 소통 지수는 매번 최하위권이다. 소통 기술의 과잉과 소통 부재의 한국 사회를 어떻게 이해할 것인가? 미디어 기술과 사회 변동의 관계에 관한 하나의 논의를 마무리하면서 뇌리에 가장 크게 남는 숙제다. 더 치열한 고민이 필요한 과제라 하겠다.

끝으로 코로나19 팬데믹 상황을 겪으며 미디어 기술과 코로나바이러스와 사회 변동의 3자간의 관계에 대해서도 새로운 연구 관심이 필요한 때라는 생각을 지울 수가 없다. 논의의 패러다임 자체를 송두리째 뒤흔들고 있기 때문이다. 이에 대해서는 동료들이나 학생들과도 더 깊은 논의를 이어가고 싶다.

미디어 기술과 인간 커뮤니케이션 진화의 역사

I. 구두 커뮤니케이션 시대(BC 35,000~): 인류의 가장 오래된 미디어 '말'		
BC 35,000	말의 사용	크로마뇽인
	* 말의 기원에 관하여: 창조론 vs. 진화론	
BC 22,000	동굴 벽화/문양	알타미라 동굴 벽화/문양 전쟁

II. 문자 커뮤니케이션 시대(BC 4000~): 메시지의 저장과 보존		
	* 그림 → 문양 → 문자	
BC 4000	찰흙판에 글씨 쓰기	수메르인(그림 문자)
BC 3000	상형 문자	고대 이집트인
BC 1800	알파벳의 등장	페니키아인
100	제지법 발명	중국

III. 인쇄 커뮤니케이션 시대(8세기 이전~): 메시지의 다량 복제와 다자간 의미 공유		
600	책 인쇄 시작	중국
676	종이와 잉크의 사용	아랍과 페르시아인
751	목판 인쇄술의 등장	한국 《무구정광대다라니경》(현존 최고最古)
1234~1241	금속 활자의 발명	한국 《직지심체요절》(고려)
1456	금속 활자 + 수동식 인쇄기	독일 구텐베르크 《42행 성서》 인쇄
1480	인쇄 신문의 등장	독일 플루크 블라트Flug Blatt(1482)
1600~1620	근대 신문의 출현	독일, 네덜란드, 프랑스, 벨기에 등
1833	페니 프레스의 등장	미국 벤저민 데이의 〈뉴욕 선*New York Sun*〉
1839	은판 사진술 등장	프랑스 루이 자크 망데 다게르

IV. 텔레커뮤니케이션 시대(1844~): 메시지 전달의 신속성과 원격성

1844	최초의 (유선) 전신 메시지 송신	미국 새뮤얼 모스
	* 한국 1885년 한성전보총국 * 서로전선, 남로전선, 북로전선	
1854	최초의 전화 메시지 송신	이탈리아 안토니오 메우치
1895	영화의 발명과 공개 상영	프랑스 뤼미에르 형제
1896	무선 전신 메시지 송신	이탈리아 굴리엘모 마르코니
1897	브라운관 발명	독일 카를 페르디난트 브라운
1907	전자기 스캐닝 이용한 영상 재생법	러시아 보리스 로징
1912	진공관 발명	미국 리 드포리스트
1920	최초의 정규 라디오 방송	미국 피츠버그의 KDKA 방송국
	* 일제 강점기, 한국 최초의 라디오 방송(1927. 2, JODK)	
1921	무선 이동 통신 서비스	미국 디트로이트 경찰국(순찰차)
1923	아이코노스코프Iconoscope 발명	러시아 블라디미르 츠보리킨(TV의 아버지)
1936	최초의 정규 TV 방송	영국 BBC
	* 매일 방송하는 최초의 TV 방송(1936. 11), 런던 북쪽 알렉산드라 궁 * 한국은 1956년부터, 1961년 12월 재개(컬러 TV는 1980년)	

V. 디지털 커뮤니케이션 시대(1946~): 기존 미디어 기능의 고도화와 디지털화

1946	최초의 진공관 컴퓨터 발명	미국 펜실베이니아대학(ENIAC)
	* 존 머클리와 존 에커트/최초의 범용 컴퓨터	
1947	트랜지스터 발명	미국 벨연구소 윌리엄 쇼클리 등
	* 제2세대 컴퓨터 * 제3(LSI), 제4(VLSI), 제5(극초집적회로)······ 단전자	
1954	컬러 TV 방송 본격화	미국 NBC(RCA)
	* 1950년 10월, CBS 방식(기계식 비호환) 미국 표준으로 결정 * 1953년 12월 RCA-NTSC 방식을 미국 표준으로 번복 승인 * 미국의 NTSC(1953), 프랑스 SECAM(1957), 독일 PAL(1962) 방식	

1956	비디오테이프 발명	미국 엠펙스사
1957	최초의 인공위성 발사	소련 스푸트니크
	* 미소 냉전 체제와 위성 전쟁	
1962	CTS 시스템 도입	미국 〈LA 타임스*LA Times*〉
	* HTS와 CTS	
1969	인터넷 등장	미국 국방성 ARPANET
1971	마이크로프로세서 발명	미국 인텔사 테드 호프
1979	최초의 비디오텍스 서비스	영국 프레스텔
	* 프랑스의 미니텔(전화번호부 서비스) 등 여러 나라 * PC 통신으로 발전 → 인터넷 포털 서비스로 발전	
1982	CD 플레이어 등장	일본 소니 CDP–101
1983	CD–ROM 규격 발표	네덜란드 필립스 + 일본 소니
	전자 신문 상용 서비스 개시	미국 나이트리더와 AT&T
1984	직접 위성 방송(DBS) 개시	일본 BS–2a
	* CS와 BS	
1989	CT-2(디지털 방식) 개발	영국 이후 PCS → IMT2000으로 발전
1991	HDTV 방송 개시	일본 MUSE 방식
	* 일본 1968년부터 NHK 중심 차세대 TV 개발 * HDTV 국제 표준 전쟁과 방송의 디지털화 가속	
1992	MPEG-1 (MPEG–2는 1997)	동영상 압축 기술(ISO 표준)
	* 1997 MPEG–II, DVD 등장	
	최초의 스마트폰 IBM 사이먼Simon 발표	미국 라스베이거스 Comdex
1993	NII 사업 시작(1991 법 제정)	미국 정보초고속도로 사업(→ GII)
	www(http와 모자이크)	미국 인터넷 이용의 급속 확산
	인터넷 방송 개시	미국 인터넷 토크 라디오Internet Talk Radio
	* 인터넷 방송 = 웹캐스팅, 스트리밍 미디어, 포인트 캐스팅, 넷캐스팅	
	최초의 스마트폰 사이먼 출시	미국 IBM과 벨사우스
	* 1996 노키아Nokia 9000	스웨덴 노키아

1994	Windows '95 발표	미국 마이크로소프트사
	야후 등장(포털 사이트)	미국 스탠퍼드대 제리 양 등
	디지털 위성 TV 방송 개시	미국 DirecTV(다채널)
	* 한국 KDB(스카이라이프Sky Life, 2002. 3, 145개 채널; V 84, A 60, EPG 1)	
	최초로 VoIP 기술 개발	이스라엘 보컬텍
1995	주문형 비디오 서비스(VOD)	미국 타임워너, 실리콘그래픽스, 오라클
	디지털 오디오 방송(DAB)	영국 BBC
	* 영국, 스웨덴(1996) 등 유럽 국가 중심 * 유럽 방식(Eureka 147)과 미국 방식(IBOC)	
1996	CDMA 방식 휴대폰 상용화	미국 퀄컴 + 한국전자통신연구원(ETRI)
1997	디지털 케이블 TV 방송	미국 TCI
	* 1999. 2 AT&T가 TCI 인수 * 한국은 2005. 2 CJ미디어의 양천 케이블 방송	
	웹TV 본격 서비스	미국 스티브 펄먼(웹TV → MS 인수)
	블로그 탄생('웹블로그Weblog')	미국 조너선 배거
	디지털 지상파 TV 방송 개시	영국 BBC, 미국 등
	* 1998. 9(영국 BBC), 1998. 11(미국) * 스웨덴(1999), 스페인(2000), 호주/핀란드/한국(2001)	
	전자책e-book 출현	미국 누보미디어의 '로켓 e북Rocket eBook'
1999	데이터 방송(iTV) 서비스 개시	영국 BIB의 Open...
	* 한국의 경우는 스카이라이프의 '스카이터치'(2003. 5)	
	'사물 인터넷Internet of Things' 용어 첫 사용	미국 케빈 애슈턴
2000	IPTV 상용 서비스 개시	영국 비디오 네트웍스의 '홈초이스Homechoice'
	* 한국은 KT, SK브로드밴드, LGT 등 3사(2008)	
2001	위키피디아Wikipedia	미국 지미 웨일스
	아이팟iPod 출시	미국 애플
	태플릿 PC	미국 마이크로소프트

2004	위성 DMB 상용 서비스 개시	일본 MBCo(2004. 10. 20 차량용)
	* 휴대용 단말기의 경우는 한국의 TU미디어가 최초(2005. 5. 1)	
	BcN 상용 서비스 개시	이탈리아(한국은 2006년 세계 두 번째)
	제1회 웹2.0 콘퍼런스	미국 샌프란시스코(팀 오라일리)
	페이스북 서비스 개시	미국 마크 저커버그
2005	지상파 DMB 서비스 개시	한국 ETRI, 5개 사업자 시작
	유튜브 설립	미국 채드 헐리, 스티브 첸, 자베드 카림
2006	HSDPA 서비스 개시	한국 SKT(3G+), KTF(WCDMA/HSDPA)
	휴대 인터넷(와이브로) 서비스 개시	한국 KT, SKT
	트위터 서비스 개시	미국 잭 도시
	애플 TV(1세대)	미국 애플(2006. 9)
2007	아이폰iPhone 발표	미국 애플 스티브 잡스, 샌프란시스코
	* 2007. 1 발표. 2007. 8 미국 시장 출시(2009. 11 한국 시장 출시) * 아이폰 3G(2008. 7), 4G(2010. 6), 5G(2012. 9), 6G(2014. 9)	
	전자책 단말기 킨들kindle 출시	미국 아마존
2009	LTE 최초 상용 서비스	스웨덴 텔리아소네라(2009. 12)
	* 한국은 SKT(2011. 7/LTE A+는 2013년 세계 최초 서비스)	
	넷플릭스 인터넷 스트리밍 서비스 개시	2012년부터 자체 콘텐츠 제작
2010	아이패드iPad 북미 대륙 출시(2010. 4)	미국 애플
	구글Google TV (2010. 3)	미국 구글
	* 애플 TV (2010. 9, 2세대)	
2011	세계 최초 양자 컴퓨터 D-Wave One 출시	캐나다의 D-Wave System
2013	'산업 인터넷Industrial Internet' 시대 예고	미국 GE 마르코 안눈지아타
2016	구글의 인공 지능 알파고	이세돌 9단에 불계승
	4차 산업 혁명	독일 클라우스 슈바프
2019	세계 최초 5G 상용화	한국 SK텔레콤, KT, LGU+

참고 문헌

강명현 외 (2006). 《모바일 미디어: 디지털 유목민의 감각》. 커뮤니케이션북스.

강상현 (1984). 〈한국의 커뮤니케이션 기술 체계 수용에 관한 비판적 고찰〉. 연세대학교 대학원 신문방송학과 석사 학위 논문.

강상현 (1996). 《정보 통신 혁명과 한국 사회: 뉴 미디어 패러독스》. 한나래.

강상현 (2000). "대안 매체로서의 사이버공간의 가능성과 한계," 〈한국방송학보〉, 제14권 1호, pp.7~40.

강상현 (2006). "유비쿼터스 신화와 모바일 미디어," 강명현 외, 《모바일 미디어: 디지털 유목민의 감각》. 커뮤니케이션북스. pp.2~33.

강상현 (2018). 《크리스티안 푹스의 초국적 정보자본주의 비판》. 커뮤니케이션북스

강홍렬 · 차남경 · 강상현 · 김은미 (2002). 《정보 격차에 대한 사회경제적 함의》. 정보통신정책연구원.

〈경향신문〉 (2011. 5. 30). "NHN, 광고 시장의 '신권력.'"

〈경향신문〉 (2013. 10. 4). "감시 중독 사회, 감시 권력을 감시하라."

과학기술정보통신부 (2021. 6). 《2020 ICT 실태조사》.

과학기술정보통신부 · 방송통신위원회 (2020.11). 《2020년 방송산업실태조사보고서》.

과학기술정보통신부 · 한국정보화진흥원 (2019). 《2019 디지털정보격차 실태조사》.

과학기술정보통신부 · 한국정보화진흥원 (2020). 《2020 인터넷이용실태조사》.

과학기술정보통신부 · 한국지능정보사회진흥원 (2020). 《2020 한국인터넷백서》.

〈국민일보〉 (2014. 10. 12). "불가능한 사이버 망명, 정부의 인터넷 감청 설비 10년새 9배 증가."

김영석 (2000). 《디지털 미디어와 사회》. 나남.

김영주 · 정재민 (2009). 《미디어 소비: 경기 변동과 미디어 이용》. 한국언론재단.

김위근 · 김춘식 (2010. 11). 《한국의 인터넷 뉴스 서비스》. 한국언론진흥재단.

김재현 외 (1996). 《하버마스의 사상: 주요 주제와 쟁점들》. 나남.

김정탁 (1998). 《미디어와 인간》. 서울: 커뮤니케이션북스.

김환석 (1999). "정보 기술과 정보 사회를 어떤 관점에서 볼 것인가," 크리스찬아카데미시민사회 정보포럼 엮음, 《시민이 열어가는 지식 정보 사회》. 대화출판사.

노규형 외 (1986. 12). 《정보 유통 센서스: 개인 매체를 중심으로》. 통신정책연구소. 연구보고 '86~04.

루소, 장자크 (1982). 《인간 불평등 기원론》. 최석기 옮김. 문공사.

루소, 장자크 (2002). 《언어 기원에 관한 시론》. 주경복 · 고봉만 옮김. 책세상.

梅棹忠夫 (1963). "情報産業論," 《中央公論》, 3月號.

마스오카 세이코 (1998). 《정보의 역사를 읽는다》. 김승일 · 박관선 옮김. 넥서스.

〈매일경제〉 (2011. 5. 10). "CCTV의 위력."

〈매일경제〉 (2011. 5. 30). "네이버 · 다음 광고 매출 지상파 3사 육박하지만."

〈문화일보〉 (2011. 5. 19). "CCTV로 뒤덮인 중국."

미래창조과학부 · 한국인터넷진흥원 (2014). 《2014년 인터넷 이용 실태 조사 요약 보고서》.

미래창조과학부 · 방송통신위원회 (2014). 《2014년 방송 산업 실태 조사 보고서》.

미래창조과학부 · 한국정보화진흥원 (2015). 《2014 정보격차지수 및 실태조사》.

미래창조과학부 · 한국정보화진흥원 (2016). 《2016 디지털정보격차 실태조사》.

박정은 (2005). "개념과 사례로 본 유비쿼터스 사회 전략," 〈유비쿼터스사회연구시리즈〉, 제11호. 한국전산원.

박태훈 (2000). 〈국내 인터넷 이용자 수 급증 요인 분석〉. 한국인터넷정보센터(분석 보고서).

방송통신위원회 (2008~2014). "유 · 무선 통신 서비스 가입자 현황."

방송통신위원회 · 지식경제부 (2008). 〈전기 통신에 관한 연차 보고서〉.

방송통신위원회 · 한국인터넷진흥원 (2010). 〈2010년 인터넷 이용 실태 조사〉(요약 보고서).

방송통신위원회 · 한국인터넷진흥원 (2011. 5). 〈2010년 정보 보호 실태 조사〉(개인편).

방송통신위원회 · 한국인터넷진흥원 (2013). 〈2010년 인터넷 이용 실태 조사〉(요약 보고서).

방송통신위원회 (2013. 12). 〈2013년 방송 매체 이용 행태 조사〉.

방송통신위원회 (2015. 2. 12). "방통위, 2014년 방송 매체 이용 행태 조사 결과 발표"(보도자료).

방송통신위원회 (2020. 12). 《2020년도 방송시장 경쟁상황 평가》.

방송통신위원회 · kobaco (2021. 5). 《2020년 시청점유율 기초조사》.

백욱인 (2011). "모바일 소셜 네트워크 서비스와 사회 운동의 변화: 대안 공론장과 네트워크 포퓰리즘," 〈동향과 전망〉, 제84호. pp.130~159.

〈보안뉴스〉 (2017. 2. 13). "하루에 150번 CCTV에 찍힌다고?"

브레이버맨, 해리 (1987). 《노동과 독점 자본: 20세기에서의 노동의 사회》. 이한주 · 강남훈 옮김. 까치.

삼성경제연구소 (2001). 《2001년판 한국 경제 리포트》.

서르닉, 닉 (2020). 《플랫폼 자본주의》. 심성보 옮김. 킹콩북.

〈서울경제〉 (2006. 1. 10). "'헉!' PC 통신 이용자가 2,100만 명?"

서정우 · 한태열 · 차배근 · 정진석 (2001). 《신문학 이론》. 박영사.
설진아 (2011). 《소셜 미디어와 사회 변동》. 커뮤니케이션북스.
슈워츠, 토니 (1994). 《미디어: 제2의 신》. 심길중 옮김. 리을.
신지형 · 하형석 (2014. 12. 23). 〈2011년~2014년 미디어 보유와 이용 행태 변화〉. KISDISTAT Report.
엄기호 (2014). 《단속 사회: 쉴새없이 접속하고 끊임없이 차단한다》. 창비.
〈연합뉴스〉 (2009. 2. 29). "세계 2천 500개 언어 소멸 위기."
〈연합뉴스〉 (2010. 12. 14). "'빅 브라더 현실화' 매일 83회 CCTV에 찍힌다."
유지열 (2002). "우리나라의 정보 격차에 관한 지수(Index) 접근 연구," 〈한국사회학〉, 36(1), pp.223~246.
이공순 (1994. 5. 19). "'콘드라티예프 파동' 다시 햇빛: 러시아 학술지, '자본주의 경제순환성' 조명," 〈한겨레21〉.
이광석 (2014). 《디지털 야만: 기술 잉여, 빅 데이터와 정보 재난》. 한울아카데미.
이광석 (2021). "인류세 국면 AI 자동화와 산노동의 위상학." 한국언론정보학회 연속 포럼 〈팬데믹과 사회적 가치〉 3회 '팬데믹과 자동화' 발제문.
이상호 · 김선진 (2011). 《디지털 미디어 스마트 혁명》. (주)엠에스디미디어.
이원태 (2005). "사이버공동체와 한국 사회: 개인과 공동체의 관계를 중심으로." [http://blog.naver.com/cadline/13566972].
이재현 (2000). 《인터넷과 사이버사회》. 커뮤니케이션북스.
이종구 · 조형제 · 정준영 외 (2005). 《정보 사회의 이해》. 미래 M&B.
이항우 · 이창호 · 김종철 · 임현경 외 (2011). 《정보 사회의 이해》. 미래인.
이호영 · 유지연 (2005). "유비쿼터스 통신 환경의 사회문화적 영향 연구," 정보통신정책연구원. (연구보고 04~05).
일리인, 미하일 (2004). 《인류 탄생의 역사》. 민영 옮김. 일빛.
정보통신부 (1995~2007). 〈전기 통신에 관한 연차 보고서〉.
정보통신부 (1996~2001). 〈전기 통신에 관한 연차 보고서〉.
정보통신부 (2001~2007). "유 · 무선 통신 서비스 가입자 현황"(매년 12월 말 기준).
정보통신부 (2002. 9). 〈2002년도 전기통신에 관한 연차 보고서〉.
정보통신부 (2005. 1). u-Korea 추진 방향과 전략.
정보통신부 (2005. 1). 유무선 통신서비스 가입자 현황(2004. 12월 말).
정보통신부 (2006. 5). 세계 최초의 유비쿼터스 사회 실현을 위한 u-Korea 기본 계획. [http://rfid.hc.ac.kr/board/board.html?board_id=policy&mode=read&uid=7].
조명래 (1999). 《포스트포디즘과 현대 사회 위기》. 다락방.
增田朱二 (1981). 《情報化社會》. [이봉진 옮김. 《정보화 사회》. 전설문화사. 1983.]
総務省情報通信政策研究所 (2009). 《我が国の情報流通量の指標体系と計量手法に関する報告書 -情報流通インデックス研究会報告書》.

체신부 (1984~1994). 〈전기 통신에 관한 연차 보고서〉.
체신부 (1985~1986). 〈전기 통신에 관한 연차 보고서〉.
최민석 · 하원규 (2013. 12. 18). "초연결 사회(hyper-connected society)로의 전환: 사물 인터넷의 활용 가치와 사례를 중심으로," 〈주간기술동향〉. 정보통신산업진흥원.
최정호 (1982). 《언론 문화와 대중 문화》. 민음사.
최정호 (1986). "조선조 공론권의 구조변동에 관한 시론," 〈사회과학논집〉, 17집. 연세대학교 사회과학연구소. pp.95~106.
최종원 외 (1989. 12). 《국가 정보화 측정 지표 개발에 관한 연구》. KISDI.
최홍석 외 (2009. 2). 《디지털 위험 사회 대응 정책 방안》. 행정안전부, 한국정보문화진흥원.
하원규 · 김동환 · 최남희 (2002). 《유비쿼터스 IT 혁명과 제3공간》. 전자신문사.
한국인터넷진흥원 (2011. 4). 《2010 해킹 · 바이러스 현황 및 대응》.
한국저작권단체연합회 저작권보호센터 (2011. 5). 〈2011 저작권 보호 연차 보고서〉.
한국저작권단체연합회 저작권보호센터 (2014. 6). 〈2014 저작권 보호 연차 보고서〉(요약본).
한국전산원 (2000). 〈소외 계층 정보화를 위한 정보 격차 실태 조사〉.
한국전산원 (2003). 《IPv6 동향 2003》.
한국전산원 (2006). 《유비쿼터스 사회 새로운 희망과 도전》. 진한M&B.
한국정보문화센터 (1999). 《국민 생활 정보화 실태 및 정보화 인식 조사》.
한국정보보호센터 (2000. 12). 《2000 정보 시스템 해킹 · 바이러스 현황 및 대응》.
한국정보보호진흥원 (2006. 12). 《2006 정보 시스템 해킹 · 바이러스 현황 및 대응》.
한국정보사회진흥원 (2007). 《2007 국가 정보화 백서》.
한국정보화진흥원 (2010). 《2010 국가 정보화 백서》.
한국정보화진흥원 (2011). 《2011 국가 정보화 백서》.
한국정보화진흥원 (2012). 〈2011 정보 격차 지수 및 실태 조사〉(요약 보고서). [http://www.nia.or.kr/bbs/board_view.asp?BoardID=201408061331181623&id=6586&Order=020304&search_target=&keyword=&Flag=020000&nowpage=2&objpage=0].
한국정보화진흥원 (2012). 《2012 국가 정보화 백서》.
한국정보화진흥원 (2013). 《창조적 가치 연결, 초연결 사회의 도래》(IT & Future Strategy).
한국정보화진흥원 (2013. 12). 《2013 국가 정보화 백서》.
한국정보화진흥원 (2014). 〈2013 스마트 시대의 신(신)정보 격차 현황 분석 및 제언: 2013 정보격차지수 및 실태조사〉(요약 보고서). [http://www.nia.or.kr/bbs/board_view.asp?BoardID=201408061331181623&id=13154&Order=020304&search_target=&keyword=&Flag=020000&nowpage=1&objpage=0].
홍성욱 (2002). 《파놉티콘 — 정보 사회 정보 감옥》. 책세상.
홍성태 엮음 (1996). 《사이버공간, 사이버문화》. 문화과학사.
황장엽 (1989). 《인류 사회는 어떻게 발생하였으며 발전해 왔는가?》. 나라사랑.
한국인터넷진흥원 (2006). 《2006 한국인터넷백서》.

한국정보화진흥원 (2014). 《2014 국가정보화백서》.
한국정보화진흥원 (2015). 《2015 국가정보화백서》.
한국정보화진흥원 (2016). 《새로운 기술, 새로운 세상 지능 정보 사회》.
한국정보화진흥원 (2017). 《2017 국가정보화백서》.
한국정보화진흥원 (2020). 《2020 국가정보화백서》.

Aglietta, Michel (1979). *A Theory of Capitalist Regulation: The US Experience*. (trans.) David Fernbach. London: NLB. [성낙선 외 옮김. 《자본주의 조절 이론》. 한길사. 1994].

Altschull, J. Herbert (1984). *Agents of Power*. New York & London: Longman.

Appelbaum, Richard P. (1970). *Theories of Social Change*. Chicago: Markham. [김지화 옮김. 《사회 변동의 이론》. 한울. 1987].

Baudrillard, Jean (1972). *Pour une Critique de l'Economie Politique du Signe*. [이규현 옮김. 《기호의 정치경제학》. 문학과지성사. 1992].

Baudrillard, Jean (1981). *Simulacres et Simulation*. [하태환 옮김. 《시뮬라시옹》. 민음사. 1992].

Beck, Ulich (1992). *Risk Society: Toward a New Modernity*. London: Sage.

Bell, Daniel (1973). *The Coming of Post-Industrial Society: A Venture in Social Forecasting*. New York: Basic Books.

Bell, Daniel (1980). "The Social Framework of the Information Society," in Tom Forester (ed.), *The Microelectronics Revolution*. Cambridge: MIT Press.

Beniger, James (1986). *Control Revolution: Technological and Economic Origins of the Information Society*. Cambridge, MA: Harvard University Press.

Boczkowski, Pablo J. (2004). "The Mutual Shaping of Technology and Society in Videotex Newspapers: Beyond the Diffusion and Social Shaping Perspectives," *The Information Society*, 20.

Bohn, Roger E. & James E. Short (2010). *How Much Information? 2009: Report on American Consumers*. Global Information Industry Center. University of California, San Diego.

Boyer, Robert (1986). *La Théorie de la régulation: une analyse critique*. [정신동 옮김. 《조절 이론: 위기에 도전하는 경제학》. 학민사. 1991].

Cappella, Joseph N. & Kathleen Hall Jamieson (1997). *Spiral of Cynicism: The Press and The Public Good*. New York: Oxford University Press.

Castells, Manuel (1989). *The Informational City: Information Technology, Economic Restructuring, and the Urban Regional Process*. [최병두 옮김. 《정보 도시: 정보 기술의 정치경제학》. 한울. 2001].

Castells, Manuel (1996). *The Rise of Network Society*. Malden, MA: Blackwell.

Castells, Manuel (1997). *End of Millenium*. Malden, MA: Blackwell.

Castells, Manuel (1998). *The Power of Identity*. Malden, MA: Blackwell.

Castells, Manuel (2004). "An Introduction to the Information Age," in Frank Webster (ed.), *The*

Information Society Reader. New York: Routledge.

Clarke, Roger A. (1988). "Information Technology and Dataveillance," *Communications of the ACM*, 31(5). pp. 498~512.

Compaine, Benjamin M. (2001). *The Digital Divide: Facing a Crisis or Creating a Myth?*. Cambridge, MA: The MIT Press.

Dandeker, Christoper (1990). *Surveillance, Power and Modernity*. Cambridge: Polity.

Dizard, Wilson P. (1982). *The Coming Information Age*. New York: Longman.

Doheny-Farina, Stephen (1996). *The Wired Neighborhood*. Yale University Press.

Douglas, Sara & Thomas Guback (1984). "Production and Technology in the Communication/information Revolution," *Media, Culture and Society*, 6. pp.233~245.

Drucker, Peter F. (1968). *The Age of Discontinuity*. New York: Harper & Row.

Drucker, Peter F. (1993). *Post-Capitalist Society*. [이재규 옮김. 《자본주의 이후의 사회》. 한국경제신문사. 1993].

Elmer, Greg (2003). "A Diagram of Panoptic Surveillance." *New Media & Society*, 5(2): 231~247.

Feather, John (2004). *The Information Society: A Study of Continuity and Change*. London: Facet Publishing.

Fernback, Jan (1997). "The Individual within the Collective: Virtual Ideology and the Realization of Collective Principles," in Steven G. Jones (ed.), *Virtual Culture*. London: Sage. pp.36~54.

Flaherty, David H. (1988). "The Emergence of Surveillance Societies in the Western World: Toward the Year 2000," *Government Information Quarterly*, 5(4). pp.377~387.

Forester, Tom (1987). *High-Tech Society: The Story of Information Technology Revolution*. Oxford: Basil Blackwell.

Fortner, Robert S. (1995). "Excommunication in the Information Society," *Critical Studies in Mass Communication*, 12. pp.133~154.

Foster, John Bellamy & Robert W. McChesney (2014). "Surveillance Capitalism: Monopoly-Finance Capital, the Military-Industrial Complex, and the Digital Age," *Monthly Review*, 66(3). pp.1~31.

Foucault, Michel (1975). *Surveiller et punir*. [오생근 옮김. 《감시와 처벌: 감옥의 탄생》. 나남. 1994].

Freeman, Chris (1987). "The Case for Technological Determinism," in R. Finnegan, G. Salaman & K. Tompson (eds.), *Information Technology: Social Issues*. London: Hodder & Stoughton.

Freeman, Chris (1988). "Information Technology and the New Economic Paradigm," in H. Schoette (ed.), *Strategic Issues in Information Technology: International Implications for Decision-Makers*. Berkshire: Pergamon.

Freeman, Chris (2001). *As Time Goes By: From the Industrial Revolutions to the Information Revolution*. Oxford: Oxford University Press.

Fuchs, Christian (2009a). "A Contribution to the Critique of the Political Economy of Transnational Informational Capitalism," *Rethinking Marxism*, 21(3). pp.387~402.

Fuchs, Christian (2009b). "Information and Communication Technologies and Society: A Contribution of the Political Economy of Internet," *European Journal of Communication*, 24(1). pp.69～87.

Fuchs, Christian (2012). "Capitalism or information society? The fundamental question of the present structure of society," *European Journal of Social Theory*, 16(4). pp.413～434.

Fuchs, Christian (2013). "Societal and Ideological Impacts of Deep Packet Inspection Internet Surveillance," *Information, Communication & Society*, 16(8). pp.1328～1359.

Gandy, Oscar, Jr. (1989). "The Surveillance Society: Information Technology and Bureaucratic Social Control," *Journal of Communication*, 39(3). pp.61～76.

Garnham, Nicholas (1979). "Contribution to a political Economy of Mass Communication," *Media Culture and Society*, 1(2). pp.123～146.

Garnham, Nicholas (1985). "Communication Technology and Policy," in Michael Gurevitch & Mark R. Levy (eds.), *Mass Communication Review Yearbook*, 5. pp.65～74.

Garnham, Nicholas (2004). " Information Society Theory as Ideology," in Frank Webster (ed.), *The Information Society Reader*. London & New York: Routledge. pp.165～183.

Gerbner, George & Larry Gross (1976). "Living with Television: The Violence Profile," *Journal of Communication*, 26(2). pp.172～194.

Gerbner, George (1973). "Cultural Indicators — the Third Voice." in G. Gerbner, L. Gross, & W. Melody (eds.), *Communication Technology and Social Policy*. New York: Wiley.

Giddens, Anthony (1985). *The Nation State and Violence: Volume Two of a Contemporary Critique of Historical Materialism*. Cambridge: Polity.

Gorz, André (1976). "On the Class Character of Science and Scientist," in H. Rose & S. Rose (eds.), *The Political Economy of Science*. New York: Macmillan. pp.59～71.

Gouldner, Alvin W. (1976). *The Dialectic of Ideology and Technology: The Origins, Grammer, and Future of Ideology*. New York: Oxford University Press.

Habermas, Jürgen (1962). *The Structural Transformation of the Public Sphere*. [한승완 옮김. 《공론장의 구조 변동: 부르주아 사회의 한 범주에 관한 연구》. 나남. 2001].

Hampton, Keith, Lauren Sessions, Eun Ja Hur, & Lee Rainie (2009). "Social Isolation and New Technology: How the Internet and Mobile Phones Impact Americans' Social Networks." [http://www.pewinternet.org/2009/11/04/social-isolation-and-new-technology/].

Hassan, Robert (2008). *The Information Society*. Digital Media and Society Series.Malden, MA: Polity Press.

Holmes, David (1997). "Virtual Reality: Communities of Broadcast, Communities of Interactivity," in David Holmes (ed.), *Virtual Politics: Identity and Community in Cyberspace*. London: Sage.

Hunter, Richard (2002). *World Without Secrets: Business, Crime and Privacy in the Age of Ubiquitous Computing*. [윤정로 · 최장욱 옮김. 《유비쿼터스: 공유와 감시의 두 얼굴》. 21세기북스. 2003].

Innis, Harold (1951). *The Bias of Communication*. Toronto: University of Toronto Press.

ITU. 2020. "The State of Broadband 2020: Tackling digital inequaliyies. A decade for action." (https//www.itu.int/dms_pub/itu-s/opb/pol/S-POL-BROADBAND.21-2020-PDF-E.pdf)

Jones, Steven G. (1998). *Cybersociety2.0.* Thousand Oaks, CA: Sage.

Jonscher, Charles (1983). "Information Resources and Economic Productivity," *Information Economics and Policy*, 1. pp.13～35.

Katz, James A. & Ronald E. Rice (2002). *Social Consequences of Internet Use: Access, Involvement, and Social Interaction*. Cambridge, MA: The MIT Press.

Komatsuzaki, S. (1986). "An Economic Impact of Informatization," *Keio Communication Review*, 7. [http://hmi.ucsd.edu/howmuchinfo_research_report_consum.php]

Kovarik, Bill (2011). *Revolutions in Communication: Media History from Gutenberg to the Digital Age.* New York: Continuum.

Kübler, Hans-Dieter (2005). *Mythos Wissensgesellschaft: Gesellschaftlicher Wandel zwischen Information, Medien und Wissen.* [이남복 옮김. 《지식 사회의 신화: 정보, 미디어와 지식의 사회 변동》. 한울. 2008].

Lauer, Robert H. (1977). *Perspectives on Social Change.* (2nd ed.). Boston: Allyn & Bacon. [정근식 · 김해식 옮김. 《사회 변동의 이론과 전망》. 한울. 1989].

Lerner, Daniel (1958). *The Passing of Traditional Society.* New York: Free Press.

Lievrouw, Leah A. (2002). "Determination and Contingency in New Media Development: Diffusion of Innovation and Social Shaping of Technology Perspectives," in Leah A. Lievrouw & Sonia Livingstone (eds.), *The Handbook of New Media*. London: Sage.

Lin, Carolyn A. & David J. Atkin (eds.) (2007). *Communication Technology and Social Change: Theory and Implications.* Mahwah, NJ: Lawlence Erlbaum.

Lipietz, Alain (1982). *The Enchanted World: Inflation, Credit and the Global Crises.* [김균 옮김. 《조절 이론과 마르크스 경제학의 재해석》. 인간사랑. 1993].

Lipietz, Alain (1987). *Mirages and Miracles: The Crises of Global Fordism*. London: Verso.

Lyman, Peter & Hal Varian (2000). *How Much Information? 2000.* [http://www2.sims.berkeley.edu/research/projects/how-much-info/].

Lyman, Peter & Hal Varian (2003). *How Much Information? 2003.* [http://www2.sims.berkeley.edu/research/projects/how-much-info-2003/].

Lyon, David (1994). *The Electronic Eye: The Rise of Surveillance Society.* Cambridge: Polity Press.

Lyon, David (2003). *Surveillance after September 11.* Cambridge: Polity Press.

Lyon, David (2004). "New Directions in Theory," in Frank Webster (ed.), *The Information Society Reader.* New York & London: Routledge. pp.327～344.

Lyotard, Jean-François (1979). *La Condition postmoderne: Rapport sur le savoir.* Paris: Éditions de Minuit. [유정완 외 옮김. 《포스트모던의 조건》. 민음사. 1992].

Machlup, Fritz (1962). *The Production and Distribution of Knowledge in the United States.* Princeton, NJ:

Princeton University Press.

Martin, James (1981a). *Telematic Society: A Challenge for Tomorrow.* Englewood Cliffs, NJ: Prentice-Hall.

Martin, James (1981b). *Wired Society.* Englewood Cliffs, NJ: Prentice-Hall.

Martin, L. John & Anju G. Chaudhary (1983). *Comparative Mass Media Systems.* New York: Longman.

Marx, Gary T. (1985). "The Surveillance Society: The Threat of 1984-style Techniques," *The Futurist.* pp.21~26.

Marx, Gary T. (1988). *Undercover: Police Surveillance in America.* Berkely: University of California Press.

Marx, Karl & Friedrich Engels (1989). *German Ideology.* [김대웅 옮김. 《독일 이데올로기 I》. 서울: 두레].

Masuda, Yoneji (1990). "Image of the Future Information Society," in Webster, Frank (ed.) (2004), *The Information Society Reader.* London & New York: Routledge. pp.15~20.

Mathiesen, Thomas (1997). "The Viewer Society: Michel Foucault's 'panopticon' revisited," *Theoretical Criminology,* 1(2). pp.215~234.

Mattelart, Armand (1979). "The Satellite System," in Armand Mattelart and Seth Siegelaub (eds.), *Communication and Class Struggle,* 1. New York: International General. pp.328~330.

Mattelart, Armand (2003). *The Information Society: An Introduction.* Thousand Oaks, CA: Sage.

McCombs, Maxwell E. & Donald L. Shaw (1972). "The Agenda–Setting Function of Mass Media," *Public Opinion Quarterly,* 36(2). pp.176~187.

McLuhan, Marshall (1962). *The Gutenberg Galaxy.* University of Toronto Press. [임상원 옮김. 《구텐베르크 은하계》. 커뮤니케이션북스. 2001].

McLuhan, Marshall (1964). *Understanding Media: The Extention of Man.* London: Routledge.

McPherson, Miller, Lynn Smith-Lovin, & Mattew E. Brashears (2006). "Social Isolation in America: Changes in Core Discussion Networks over Two Decades," *American Sociological Review,* 71(3). pp.353~375.

McQuail, Denis (1983). *Mass Communication Theory: An Introduction.* Beverly Hills, CA: Sage.

McQuail, Denis (1986). "Is Media Theory Adeguate to the Challenge of New Communication Technologies?" in M. Ferguson (ed.). *New Communication Technologies and the Public Interest.* Beverly Hills: Sage.

McQuail, Denis (1987). *Mass Communication Theory.* Beverly Hills: Sage.

Moody, James B. & Bianca Nogrady (2010). *The Sixth Wave: How to Succeed in a Resource-limited World.* Sydney: Random House.

Mosco, Vincent & Andrew Herman (1981). "Radical Social Theory and the Communication Revolution," in Emile. G. McAnany et al. (eds.), *Communication and Social Structure: Critical Studies in Mass Communication Research.* New York: Praeger. pp.58~84.

Mosco, Vincent (1982). *Pushbutton Fantasies: Critical Perspectives on Videotex and Information Technologies.* Norwood, NJ: Ablex.

Mosco, Vincent (1989). *The Pay-per Society: Computers and Communication in the Information Age.* Norwood, NJ: Ablex.

Murdock, Graham & Peter Golding (1977). "Capitalism, Communication and Class Relations," in James Curran, Michael Gurevitch & James Woollacott (eds.) (1977), *Mass Communication and Society.* London: Arnold.

Naisbitt, John (1984). *Megatrends: Ten new Directions transforming Our Lives*, New York: Warner Books.

Noelle-Neumann, Elizabeth (1973). "Return to the Concept of Powerful Mass Media," *Studies of Broadcasting*, 9.

Noelle-Neumann, Elizabeth (1974). "The Spiral of Silence: A Theory of Public Opinion," *Journal of Communication*, 24(2). pp.43~51.

Nora, Simon and Alan Minc (1980). *The Computerization of Society.* Cambridge, MA: MIT Press.

Norris, Pippa (2001). *Digital Divide: Civic Engagement, Information Poverty, and the Internet Worldwide.* Cambridge University Press.

NTIA (1995). *Falling through the Net: A Survey of 'Have Nots' in Rural and Urban America.* Washington, DC: US Dep. Commerce.

NTIA (1998). *Falling through the Net II: New Data on the Digital Divide.* Washington, DC: US Dep. Commerce.

NTIA (1999). *Falling through the Net III: Defining the Digital Divide.* Washington, DC: US Dep. Commerce.

NTIA (2000). *Falling through the Net: Toward Digital Inclusion.* Washington, DC: US Dep. Commerce.

Ohira, Komatsuzaki (1987). "Economic Analysis of Information Activities in Japan," *Keio Communication Review*, 8.

On the Media (2011). "The Echo Chamber Revisited." (June 17). [http://www.onthemedia.org/story/143347-echo-chamber-revisited/transcript/].

Orwell, George (1949). *1984.* New York: Penguin Books.

Perez, Carlota (1986). "structural Changes and Assimilation of the New Technologies in the Economic and Social System," in Chris Freeman (ed.), *Design, Innovation and Long Cycle in Economic Development.* London: Frances Pinter.

Perez, Carlota (January 2009). "Technological Revolutions and Techno-Economic Paradigms," Working papers in Technology Governance and Economic Dynamics, 20. Tallinn University of Technology, Tallinn. [http://hum.ttu.ee/wp/paper20.pdf]

Piore, Michael & Charles Sabel (1984). *The Second Industrial Divide.* New York: Basic Books.

Pool, Ithiel de Sola (1982). *Communications Flows in the United States: A Census, with comparisons to Japan.* Research Program on Communications Policy. MIT.

Porat, Marc U. (May 1977). *The Information Economy: Definition and Measurement.* Washington, D. C.: Office of Telecommunications.

Porat, Marc U. (1978). "Communication Policy in an Information Society," in Glen O. Robinson (ed.), *Communications for Tomorrow: Policy Perspectives for the 1980s*. New York: Prager Publication. pp.3~60.

Poster, Mark (1984). *Foucault, Marxism and History*. Cambridge: Polity Press. [이정우 옮김. 《푸꼬, 마르크시즘, 역사》. 인간사랑. 1990].

Poster, Mark (1990). *The Mode of Information*. Cambridge: Polity Press. [김성기 옮김. 《뉴 미디어의 철학》. 민음사. 1994].

Poster, Mark (1995a). *The Second Media Age*. Cambridge: Polity Press. [이미옥 · 김준기 옮김. 《제2미디어 시대》. 민음사. 1998].

Poster, Mark (1995b). "The Mode of Information and Postmodernity," in Frank Webster (ed.) (2004). *The Information Society Reader*. London & New York: Routledge. pp.398~410.

Progress and Freedom Foundation (1993). "Cyberspace and the American Dream: A Magna Carta for the Knowledge." [안정옥 옮김. "사이버스페이스와 미국의 꿈: 지식 시대를 위한 헌장," 홍성태 엮음. 《사이버공간, 사이버문화》. 문화과학사. 1996. pp.15~41]. [http://www.pff.org/issues-pubs/futureinsights/fi1.2magnacarta.html].

Putnam, Robert D. (1995). "Bowling Alone: America's Declining Social Capital." in Larry Diamond & Marc F. Plattner (eds.), *The Global Resurgence of Democracy*. Baltimore: The Johns Hopkins University Press. pp.290~303.

Pye, Lucian W. (1963). *Communications and Political Development*. Princeton, NJ: Princeton University Press.

Rheingold, Howard (1993). *The Virtual Community: Homesteading on the Electronic Frontier*. New York: Addison-Westley.

Ritzer, George (1992). *Contemporary Sociological Theory*. (3rd ed.). New York: McGraw-Hill.

Rogers, Everett M. (1962). *Diffusion of Innovation*. Glencoe, IL: Free Press.

Rogers, Everett M. (1986). *Communication Technology: The New Media in Society*. New York: Free Press.

Roobeek, Annemieke J. M. (April 1987). "The Crisis in Fordism and the Rise of NewTechnological Paradigm," *Futures*, 19(2). pp.129~154.

Rosengren, Karl Eric (1981). "Mass Media and Social Change: Some Current Approaches," in E. Katz & T. Szecskö (eds.), *Mass Media and Social Change*. Beverly Hills, CA: Sage.

Rule, James (1973). *Private Lives, Public Surveillance*. Harmondsworth: Allen Lane.

Schement, Jorge Reina, Leach A. Lievrouw, & Herbert S. Dordick (1983). "The Information Society in California," *Telecommunications Policy*, 7(1). pp.64~72.

Schement, Jorge Reina & Leah A. Lievrouw (1987). "A Third Vision: Capitalism and the Industrial Origins of the Information Society," Schement, J. R. & L. A. Lievrouw (eds.), *Competing Visions, Complex Realities: Social Aspects of the Information Society*. Norwood, NJ: Ablex. pp.33~45.

Scheufele, Dietram A. (1999). "Framing as a Theory of Media Effects," *Journal of Commu nication*,

49(1). pp.103~122.

Schiller, Herbert I. (1969). *Mass Communication and American Empire.* New York: Augustus M. Kelly.

Schiller, Herbert I. (1979). "Transnational Media and National Development," in K. Nordenstreng & H. I. Schiller (eds.), *National Sovereignty and international Communications.* New York: Ablex.

Schiller, Herbert I. (1981). *Who Knows: Information in the Age of the Fortune 500.* Norwood, NJ: Ablex.

Schiller, Herbert I. (1983). "Critical Research in the Information Age," *Journal of Communication* 33(3). pp.249~257.

Schiller, Herbert I. (1986). *Information and the Crisis Economy.* Norwood, NJ: Ablex.

Schramm, Wilbur (1964). *Mass Media and National Development.* Stanford, CA: Stanford University Press.

Schwab, Klaus (2016). *The Fourth Industrial Revolution* (https://books.goole.co.kr/books?id=ST_FDAAAQBAJ). New York: Crown Publshing Group (published 2017).

Shields, Peter & Rohan Samarajiva (1993). "Competing Frameworks for Research on Information-Communication Technologies and Society: Toward a Synthesis," *Communication Yearbook,* 16. pp.349~380.

Siebert, Fred S., Theodore A. Peterson, & Wilbur Schramm (1956). *Four Theories of the Press.* Urbana, IL: University of Illinois Press.

Slack, Jeniffer D. (1984a). "Surveying the Impacts of Communication Technologies," in B. Dervin & M. J. Voigt (eds.), *Progress in Communication Sciences,* 5. Norwood, NJ: Ablex. pp.73~109.

Slack, Jeniffer D. (1984b). "Information Revolution as Ideology," *Media, Culture and Society,* 6(3). pp.247~256.

Šmihula, Daniel (2009). *The Waves of the Technological Innovations of the Modern Age and the Present Crisis as the End of the Wave of the Informational Technological Revolution.* Bratislava: Studia Politica Slovaca.

Smith, Anthony (ed.) (1980). *Goodbye Gutenberg: the Newspaper Revolution of the 1980's.* New York: Oxford University Press.

Smith, Anthony (1983). *The Newspaper: An International History.* [최정호·공용배 옮김. 《세계 신문의 역사》. 나남. 1990].

Smythe, Dallas W. (2006). "On the Audience Commodity and its Work," in M. G. Durham & D. M. Keller (eds.), *Media and Cultural Studies Key Works.* Malden, MA: Blackwell. pp.230~256.

Srnicek, Nick (2017). *Platform Capitalism.* Cambridge: Polity.

Steinfeld, Charles & Jerry L. Salvaggio (1989). "Toward a Definition of the Information Society." in J. L. Salvaggio (ed.), *The Information Society: Economic, Social, and Structural Issues.* Hillsdale, NJ: Lawrence Erlbaum Associates. pp.1~14.

Stewart, James S. & Robin Williams (2000). "The Coevolution of Society and Multimedia Technology: Predicting Future Innovation." in G. David Garson (ed.), *Social Dimensions of Information*

Technology: Issues for the New Millenium. Hersey, PA: Idea Group. pp.46～61.

The Greenlining Institute (2009). *Digital Inequality: Information Poverty on the Information Age.*

Toffler, Alvin (1970). *Future Shock.* New York: Bantam Books.

Toffler, Alvin (1980). *The Third Wave.* New York: Bantam Books.

Toffler, Alvin (1990). *Powershift.* New York: Bantam Books.

van Dijk, Jan (1999). *The Network Society: Social Aspects of New Media*. (trans.). Leontine Spoorenberg. London: Sage.

van Dijk, Jan (2005). *The Deepening Divide: Inequality in the Information Society.* Thousand Oaks, CA: Sage.

van Dijck, Jose, Thomas Poell, & Martijn de Waal (2018). *The Platform Society: Public Values in a Connective World.* New York: Oxford University Press.

Vattimo, Gianni (1992). *The Transparent Society.* Cambridge: Polity Press. [김승현 옮김. 《미디어 사회와 투명성》. 한울아카데미. 1997].

Webster, Frank & Kevin Robins (1986). *Information Technology: A Luddite Analysis.* Norwood, NJ: Ablex.

Webster, Frank & Kevin Robins (1988). "Cybernetic Capitalism: Information, Technology, Everyday Life," in Vincent Mosco & Janet Wasko (eds.), *The Political Economy of Information*. Madison, Wisconsin: The University of Wisconsin Press. pp.44～75.

Webster, Frank (1995). *Theories of the Information Society.* London & New York: Routledge.

Webster, Frank (2002). *Theories of the Information Society.* (2nd ed.). London & New York: Routledge.

Webster, Frank (2006). *Theories of Information Society.* (3rd ed.). New York: Routledge. [조동기 옮김. 《정보사회이론》. 개정판. 나남. 2007].

Weiser, Mark (1991). "The Computer for the Twenty-First Century," *Scientific American*. [http://www.ubiq.com/hypertext/weiser/SciAmDraft3.html].

Williams, Frederick (1982). *The Communications Revolution*. Beverly Hills: Sage.

Williams, Raymond (1975). *Television: Technology and Cultural Form*. New York: Schockem Books.

Williams, Raymond (1983). *The Year 2000.* New York: Pantheon Books.

Winston, Brian (1998). *Media, Technology and Society: A History from the Telegraph to the Internet.* New York: Routledge.

Woolgar, Steve (2002). "Five Rules of Virtuality," in Steve Woolgar (ed.), *Virtual Society?: Technology, Cyberbole, Reality.* New York: Oxford University Press. pp.1～22.

http://en.wikipedia.org/wiki/Fritz_Machlup

https://en.wikipedia.org/wiki/Fourth_Industrial_Revolution (4차 산업 혁명 관련).

http://en.wikipedia.org/wiki/Post-Fordism.

http://ignoblesse.tistory.com/13

http://isis.nic.or.kr/sub05/?pageId=050300#

http://netan.go.kr/share/sub3.jsp

http://news.kmib.co.kr/article/view.asp?arcid=0008755270&code=61121111&sid1=all

http://news.naver.com/main/read.nhn?mode=LSD&mid=sec&sid1=101&oid=003&aid=0003773707

https://omniglot.com/writing/stats.htm

http://s.hankyung.com/dic/dicTodayList.php?seq=9582

http://soluweb.kr/220145015329

http://trend.logger.co.kr/trendForward.tsp

http://w2.eff.org/Censorship/Internet_censorship_bills/barlow_0296.declaration

https://www.data.go.kr/data/15053887/fileData.do (경찰청 연도별 사이버범죄 통계 현황)

https://www.nia.or.kr/site/nia_kor/ex/bbs/List.do?cbIdx=99871 (한국인터넷백서).

http://www.itu.int/en/ITU-D/Statistics/Pages/stat/default.aspx

http://www.msip.go.kr/web/msipContents/contentsView.?cateId=mssw4b&artId=1247440

https://www.ethnologue.com/guides/how-many-languages

http://www.kobaco.co.kr/information/db/db_client.asp

http://www.kosis.kr/

http://www.krcert.or.kr/kor/data/reportView.jsp?p_bulletin_writing_sequence=22304

찾아보기